BREVIARIO DI
DIRITTO DEL LAVORO

ANTONIO VALLEBONA

BREVIARIO DI DIRITTO DEL LAVORO

Quattordicesima edizione

2023

G. Giappichelli Editore

VIA PO, 21 - TEL. 011-81.53.111 - FAX 011-81.25.100
http://www.giappichelli.it

ISBN/EAN 979-12-211-0012-9

Composizione: Voxel Informatica s.a.s. - Chieri (TO)

Stampa: Stampatre s.r.l. - Torino

Ai miei studenti

INDICE

PARTE PRIMA
IL DIRITTO SINDACALE

CAPITOLO I
LA LIBERTÀ E L'ATTIVITÀ SINDACALE

Capitolo III
IL CONFLITTO COLLETTIVO

CAPITOLO IV
LA REPRESSIONE DELLA CONDOTTA ANTISINDACALE

PARTE SECONDA
IL RAPPORTO DI LAVORO

CAPITOLO V
LAVORO SUBORDINATO E ALTRI TIPI DI LAVORO

CAPITOLO VIII
L'ESTINZIONE DEL RAPPORTO DI LAVORO

SEZIONE A
IL LICENZIAMENTO INDIVIDUALE

pag.

Capitolo IX
ARTICOLAZIONI INTERNE AL LAVORO SUBORDINATO

pag.

Capitolo X
GARANZIE E TUTELE DEI DIRITTI DEL LAVORATORE

PREFAZIONE ALLA PRIMA EDIZIONE

L'espressione «Breviario» indica l'obiettivo di affiancare ai due volumi delle mie «Istituzioni di diritto del lavoro» un manuale di dimensioni più ridotte per soddisfare esigenze diverse.

I temi da trattare, ovviamente, non cambiano, rimanendo tutti quelli fondamentali del diritto sindacale e del diritto del rapporto di lavoro.

Cambia, invece, inevitabilmente l'approfondimento dei singoli argomenti, limitato ai problemi di largo principio senza indugiare su questioni particolari.

L'esclusione di riferimenti normativi troppo specifici e di note a piè di pagina contribuisce a rendere più agile il testo.

Questo «Breviario» può, quindi, costituire un'utile guida per chi si avvicina per la prima volta al Diritto del lavoro preferendo un percorso più semplice, ma pur sempre rigoroso e completo, in vista del successivo necessario approfondimento.

Roma, settembre 2001

PREFAZIONE ALLA SECONDA EDIZIONE

Nei due anni trascorsi dalla prima edizione del Breviario il diritto del lavoro ha sommato, alla consueta evoluzione giurisprudenziale e di fonte collettiva, importanti modificazioni della disciplina legislativa, riguardanti, tra l'altro: il lavoro parasubordinato, ora incostituzionalmente ridotto, nel settore privato, alla figura del lavoro a progetto; il lavoro in cooperativa; l'associazione in partecipazione; il nuovo istituto della certificazione dei contratti; il collocamento; la dirigenza pubblica; l'orario di lavoro, il riposo settimanale e le ferie; la tutela della riservatezza; le discriminazioni e la promozione delle pari opportunità tra i sessi; il trasferimento d'azienda; il divieto di interposizione e gli appalti; la sostituzione del lavoro temporaneo con la somministrazione di lavoro, consentita anche a tempo indeterminato; il lavoro a tempo parziale; il nuovo istituto del lavoro intermittente; il lavoro ripartito; l'apprendistato ed il nuovo contratto di inserimento, che sostituisce nel settore privato il contratto di formazione e lavoro; il lavoro degli extracomunitari.

Pertanto questa seconda edizione è ampiamente rinnovata, anche se l'impianto complessivo del diritto del lavoro non è cambiato e, quindi, rimane ferma l'impostazione di fondo del Breviario.

Roma, ottobre 2003

PREFAZIONE ALLA TERZA EDIZIONE

Questa edizione tiene conto della evoluzione del diritto del lavoro nell'anno e mezzo che la separa dalla precedente, ricordandosi in particolare: le correzioni della riforma dei lavori e la relativa implementazione di fonte collettiva e amministrativa; le nuove disposizioni sulle invenzioni del lavoratore e sulle ferie; l'estensione del licenziamento collettivo ai datori di lavoro non imprenditori; la disciplina delle ispezioni, ivi compreso l'accertamento amministrativo dei crediti di lavoro con incostituzionale efficacia di titolo esecutivo.

Roma, marzo 2005

PREFAZIONE ALLA QUARTA EDIZIONE

Negli oltre due anni trascorsi dalla precedente edizione le novità legislative più rilevanti sono state l'estensione della nomofilachia accelerata della Cassazione ai contratti collettivi nazionali del settore privato, la riforma della previdenza complementare con i relativi effetti sulla disciplina del trattamento di fine rapporto e alcuni interventi contro il lavoro nero, specie negli appalti e subappalti, e contro il lavoro precario, soprattutto nell'ambito delle pubbliche amministrazioni.

Significative evoluzioni del diritto vivente sono venute anche dalla giurisprudenza della Corte costituzionale e della Cassazione.

Nel complesso l'ordinamento del lavoro rimane abbastanza stabile, mentre si preannunziano demagogiche innovazioni inutili o dannose al posto dei veri miglioramenti attesi ormai da circa trent'anni.

Roma, agosto 2007

PREFAZIONE ALLA QUINTA EDIZIONE

Le novità legislative più rilevanti intervenute dopo la quarta edizione dell'agosto 2007 sono espressione del diritto del lavoro dell'alternanza, poiché la maggioranza di centro-sinistra ha proseguito negli eccessi rigoristici che nelle elezioni politiche della primavera 2008 hanno concorso a determinare la vittoria della opposta coalizione. E questa, a sua volta, ha subito emanato provvedimenti di flessibilizzazione, ripristinando norme abrogate e abrogando i vincoli ritenuti intollerabili.

E così il vincolo di forma per le dimissioni è stato dapprima introdotto e poi abrogato; il lavoro intermittente è stato dapprima abrogato e poi ripristinato; il lavoro a termine è stato dapprima ristretto in alcuni aspetti e poi ampliato per altri versi; le regole sui precari delle pubbliche amministrazioni sono state ripetutamente modificate; il testo unico sulla sicurezza del lavoro appena emanato è stato temperato in alcuni eccessi; la disciplina dell'orario di lavoro è stata flessibilizzata, ma sono rimasti alcuni inasprimenti per il lavoro a tempo parziale.

Per rispondere alla crisi economica si sono verificati vari interventi sugli ammortizzatori sociali, ma non è stato ancora introdotto l'auspicato generale sistema universalistico.

È in corso una profonda riforma del lavoro pubblico privatizzato.

Il processo del lavoro si è salvato dalle pericolose modifiche che erano in cantiere nella legislatura conclusasi anticipatamente nel 2008 ed, anzi, esce quale modello trionfante dalla riforma del codice di procedura civile del 2009.

Si segnala, infine, l'accordo quadro del 22 gennaio 2009 sulla riforma degli assetti della contrattazione collettiva che ha sostituito il protocollo del 1993.

Roma, settembre 2009

PREFAZIONE ALLA SESTA EDIZIONE

Questa edizione tiene conto delle novità intervenute dal settembre 2009. In particolare si segnalano: la riforma del lavoro pubblico privatizzato realizzata con il d.lgs. n. 150 del 2009 (c.d. riforma Brunetta) per evitare abusi dei lavoratori ed eliminare lo strapotere sindacale; le importanti disposizioni della legge n. 183 del 2010 (c.d. Collegato lavoro), tra cui la decadenza per l'introduzione di giudizi finora spesso differiti a fini speculativi (licenziamento, termine illegittimo, trasferimento spaziale, interposizione, trasferimento d'azienda), la previsione di una limitata indennità onnicomprensiva al posto del risarcimento da mora accipiendi *in caso di termine illegittimo per bilanciare gli interessi di fronte alla lunghezza del giudizio, la liberazione dell'arbitrato irrituale con lodo inoppugnabile per violazione delle regole legali e collettive relative al merito della controversia.*

Roma, novembre 2010

PREFAZIONE ALLA SETTIMA EDIZIONE

Dopo il c.d. Collegato lavoro del 2010, di cui si è già tenuto conto nella precedente edizione, il legislatore, nel pieno della crisi economica, è intervenuto anche nel settore del lavoro e della previdenza.

Le novità più importanti riguardano: la facoltà dei contratti collettivi territoriali e aziendali stipulati da soggetti rappresentativi della maggioranza dei lavoratori interessati di derogare con efficacia generale la legge e i contratti collettivi nazionali per determinate importanti materie; la disciplina dell'apprendistato; l'innalzamento dell'età pensionabile; le regole del lavoro a termine e della somministrazione; serie restrizioni per il lavoro a progetto, il lavoro autonomo non coordinato e l'associazione in partecipazione; la disciplina del licenziamento, con un primo complicato passo verso l'eliminazione della tutela reale per il licenziamento ingiustificato; la convalida di dimissioni e risoluzione consensuale; l'estensione del sistema di integrazione salariale e l'universalizzazione delle tutele contro la disoccupazione.

Resta confermata la sensazione di impotenza del legislatore democratico astretto da troppi vincoli per individuare e realizzare il vero interesse generale.

Roma, luglio 2012

PREFAZIONE ALL'OTTAVA EDIZIONE

Dopo la legge n. 92 del 2012 (c.d. legge Fornero), di cui si è tenuto conto nella precedente edizione, il legislatore non è più intervenuto massicciamente nell'ordinamento del lavoro e previdenziale, limitandosi a qualche piccolo aggiustamento.

La crisi economica, purtroppo, perdura e non resta che ribadire la sensazione d'impotenza che attraversa ormai tutto il popolo.

Lo Stato sociale voluto dalla Costituzione è miseramente fallito, mentre i giuristi continuano ad affannarsi per dipanare un ordinamento, anche internazionale, sempre più esteso e complicato.

Dopo l'edonismo consumista, il pensiero relativo, la distruzione dell'ambiente e la globalizzazione dell'economia con lo scontro tra paesi ricchi e poveri è maturo il tempo in cui solo «personalità eccezionali» non elette potranno guidare il mondo. Altrimenti ci sarà solo il diluvio.

Roma, settembre 2013

PREFAZIONE ALLA NONA EDIZIONE

Dopo l'edizione del 2013 il legislatore è intervenuto abrogando la giustificazione del contratto a termine e del contratto di somministrazione a termine e riducendo le tutele contro il licenziamento per i nuovi assunti

Per il resto si può rimandare all'ultima prefazione.

Roma, febbraio 2015

PREFAZIONE ALLA DECIMA EDIZIONE

Il legislatore ha continuato l'opera di riforma del diritto del lavoro modificando la disciplina del lavoro parasubordinato, delle mansioni, del lavoro a tempo parziale, del lavoro intermittente, del lavoro a tempo determinato, della somministrazione di lavoro, dell'apprendistato, del lavoro accessorio e abrogando il lavoro ripartito e l'associazione in partecipazione con associato lavoratore.

La certezza del diritto, a causa di tante riforme alle volte inutili, è completamente scomparsa, anche perché le nuove norme non sono retroattive e quindi convivono nell'ordinamento regimi diversi.

Roma, settembre 2015

PREFAZIONE ALLA UNDICESIMA EDIZIONE

Negli ultimi anni il diritto del lavoro italiano è stato modificato con norme che tutelano gli interessi delle imprese al fine di accrescere gli investimenti che producono posti di lavoro. Ma, purtroppo, questa evoluzione non è bastata, perché il capitale continua ad allocarsi negli inferni lavoristici e ambientali e nei paradisi fiscali. Mentre gli investimenti pubblici sono pochi, in quanto in Italia c'è un debito pubblico enorme. E quindi trionfa ancora la disoccupazione, soprattutto nel meridione e per i giovani.

I rimedi contro questa situazione disastrosa sono solo due: uno lavoristico cioè l'attuazione dell'art. 46 Cost., secondo cui i lavoratori hanno diritto a collaborare alla gestione delle aziende e quindi se l'azienda è in crisi i dipendenti che vogliono conservare il posto di lavoro devono ridurre i loro diritti compresa la retribuzione; l'altro fiscale cioè dazi elevatissimi per le merci importate dagli inferni lavoristici e ambientali.

Roma, luglio 2017

PREFAZIONE ALLA DODICESIMA EDIZIONE

Nell'anno trascorso dalla precedente edizione l'unico provvedimento importante è stato il c.d. decreto dignità (d.l. n. 87 del 2018 conv. legge n. 96 del 2018), che riguarda, nell'ambito lavoristico, il contratto a termine, la somministrazione di lavoro, il lavoro occasionale e il licenziamento. Il fine è l'aumento delle tutele del lavoratore.

Lo stesso Governo annunzia l'emanazione del Codice del lavoro, che dovrebbe abrogare molte leggi semplificando l'ordinamento. Vedremo.

Roma, settembre 2018

PREFAZIONE ALLA TREDICESIMA EDIZIONE

Dopo l'edizione del 2018 sono state emanate pochissime norme, come ad esempio quelle sui riders, in quanto l'emergenza sanitaria provocata dal COVID non solo ha causato tanti decessi, ma con le misure adottate per fronteggiare questa pandemia ha distrutto l'economia.

Questi provvedimenti (ad es. divieto di licenziamenti per giustificato motivo oggettivo e collettivi, eliminazione della giustificazione per i contratti a termine, cassa integrazione in deroga) sono temporanei e quindi non vale la pena di commentarli.

Roma, marzo 2021

PREFAZIONE ALLA QUATTORDICESIMA EDIZIONE

Dopo l'edizione del 2021 sono state emanate le seguenti norme: l'incremento dell'obbligo di informazione (d.lgs. n. 104 del 2022); congedo di paternità e permessi per chi accudisce un disabile (d.lgs. n. 104 del 2022); una norma relativa al periodo di prova (art. 7 d.lgs. n. 104 del 2022); cumulo di impieghi (art. 8 d.lgs. n. 104 del 2022); la procedimentalizzazione dell'obbligo di sicurezza prevista dal d.lgs. n. 81 del 2008 è stata modificata (d.l. n. 146 del 2021 conv. legge n. 215 del 2021); parità di genere (legge n. 162 del 2021); procedura preventiva per il licenziamento collettivo per evitare le delocalizzazioni (legge n. 234 del 2021 art. 1, c. 224 e ss.); i contratti collettivi possono prevedere la giustificazione del termine (d.l. n. 73 del 2021 conv. legge n. 106 del 2021); la disciplina del lavoro sportivo (d.lgs. n. 36 del 2021).

Ovviamente la Corte costituzionale e la Cassazione hanno pronunziato sentenze importanti.

Roma, gennaio 2023

INTRODUZIONE GENERALE

IL DIRITTO DEL LAVORO

SOMMARIO: 1. Nozione. – 2. Cenni storici. – 3. I principi costituzionali. – 4. Le fonti. – 5. La situazione attuale e le prospettive.

1. Nozione

Oggetto

Il diritto del lavoro studia quella parte dell'ordinamento che ha ad oggetto il lavoro umano, definibile, in via generalissima, come attività diretta ad un risultato produttivo o che, comunque, «concorra al progresso materiale o spirituale della società» (art. 4, c. 2, Cost.).

Il diritto del lavoro riguarda, però, ancora essenzialmente il lavoro subordinato, che viene svolto da un soggetto «alle dipendenze e sotto la direzione» di un altro soggetto obbligato alla controprestazione retributiva (art. 2094 cod. civ.).

Il lavoratore subordinato è considerato un soggetto debole sul piano socio-economico e, conseguentemente, sul piano contrattuale, in quanto situato in un contesto di diffusa disoccupazione e privo di redditi diversi dalla retribuzione. In presenza di questi presupposti, storicamente verificatisi per masse sterminate di individui (proletariato), si determina, infatti, per il lavoratore l'assoluta necessità di ottenere e conservare un'occupazione onde poter scambiare, giorno dopo giorno, il suo unico e deperibile bene (il lavoro) con la retribuzione indispensabile per il suo sostentamento. Per soddisfare questa necessità, vincendo la concorrenza degli altri interessati, il lavoratore è indotto ad accettare condizioni contrattuali al limite della sopravvivenza e a subire arbitrari aggravamenti e deviazioni del vincolo di subordinazione. Quest'ultimo, del resto, ove pure correttamente finalizzato alle esigenze tecniche della produzione, comporta inevitabilmente l'implicazione della persona del prestatore in un rapporto che legittima l'esercizio di poteri privati da parte del datore di lavoro e, quindi, l'assoggettamento funzionale di una persona ad un'altra.

Scopo

Il diritto del lavoro nasce per proteggere il lavoratore subordinato contro la sua stessa libertà negoziale, abbandonando il mito liberistico della eguaglianza formale dei contraenti e della conseguente naturale equità del contenuto del contratto («*qui dit contractuel dit juste*») per prendere atto della diseguaglianza sostanziale delle parti che impone interventi correttivi esterni a tutela del più debole (art. 3, c. 2, Cost.).

Tripartizione

Questi interventi si possono raggruppare in tre grandi aree, che corrispondono appunto alla tradizionale tripartizione della materia.

Un primo settore, denominato diritto del rapporto di lavoro o diritto del lavoro in senso stretto, è costituito dalle norme che disciplinano direttamente il rapporto di lavoro fissando a tutela del lavoratore minimi inderogabili di trattamento, anche se non mancano disposizioni di tipo diverso volte a proteggere l'interesse del datore di lavoro o l'interesse generale.

Un altro settore, denominato diritto sindacale, riguarda il fenomeno delle coalizioni professionali e della loro attività, comprendendo sia le relative norme statuali, sia le regole autonomamente prodotte dalle parti sociali. Qui la protezione del singolo lavoratore si realizza in modo meno immediato ma non meno efficace, mediante una serie di norme strumentali, di fonte legale e negoziale, sulla libertà e attività sindacale e sullo sciopero in vista di contratti collettivi contenenti una disciplina del rapporto di lavoro aggiuntiva rispetto a quella stabilita dalla legge.

Nell'ambito di un corso universitario non v'è spazio per studiare sistematicamente le diversificate regole di condotta poste dai numerosissimi contratti collettivi esistenti, sicché la trattazione è tendenzialmente limitata ad illustrare come il fenomeno sindacale, nei suoi diversi aspetti, acquisti rilevanza nell'ordinamento generale.

Infine vi è il settore denominato diritto della previdenza sociale, che riguarda l'intervento pubblico a favore dei lavoratori in condizioni di bisogno per il verificarsi di eventi pregiudizievoli quali l'infortunio, la malattia, l'invalidità, la vecchiaia e la disoccupazione involontaria (art. 38, c. 2 e 4, Cost.).

Questa complessa normativa, che comprende anche la disciplina della previdenza privata (art. 38, u.c., Cost.), rientra nel diritto del lavoro fino a quando le prestazioni siano riservate ai soli lavoratori ed il finanziamento del sistema avvenga, almeno in prevalenza, mediante una contribuzione collegata al rapporto di lavoro, in tal modo realizzandosi tra i lavoratori una solidarietà più o meno ampia ed anche intergenerazionale nei regimi pensionistici a ripartizione. Laddove, invece, i beneficiari delle prestazioni siano tutti i cittadini bisognosi indipendentemente dalla posizione attuale o pregressa di lavoratori ed il finanziamento avvenga mediante il generale prelievo fiscale, si passa ad un sistema di assistenza (art. 38, c. 1, Cost.) o sicurezza sociale, che esula dal diritto del lavoro e si fonda su una solidarietà c.d. universale.

In ogni caso anche la previdenza sociale in senso stretto, che appartiene al diritto del lavoro, ha conquistato da tempo una sua autonomia, anche didattica, soprattutto a causa della complessità della relativa disciplina, che, quindi, nel presente manuale sarà solo di volta in volta sommariamente ricordata negli aspetti più strettamente collegati al rapporto di lavoro.

La disciplina del rapporto di lavoro e del sindacalismo dei dipendenti pubblici, ormai compresa a pieno titolo nel diritto del lavoro a seguito della nota privatizzazione, non costituisce partizione autonoma della materia, sicché conviene riferirne, per quanto occorra, non separatamente, ma nel corpo di ciascun capitolo.

Autonomia scientifica

In effetti il diritto del lavoro è caratterizzato dall'oggetto (appunto il lavoro) e non dalla natura delle sue norme, sicché, al pari del diritto commerciale, supera le tradizionali ripartizioni dell'ordinamento ed in particolare quella tra diritto privato e diritto pubblico, comprendendo disposizioni di entrambe le specie. L'implicazione della persona del lavoratore in un rapporto che pure conserva un contenuto patrimoniale colloca il diritto del lavoro tra il diritto dei beni e quello delle persone e quindi tra la sfera dell'avere e quella dell'essere, il che costituisce, unitamente alla disciplina del peculiare fenomeno sindacale, il fondamento della autonomia scientifica della materia.

Evoluzione

Tuttavia il fine originario e unificante di protezione della libertà del prestatore, che per definizione deve operare nella sfera di dominio dell'altro contraente, presenta aspetti diversi una volta che, proprio per effetto del sistema giuslavoristico, le condizioni di lavoro siano notevolmente migliorate. L'ordinamento passa, così, da una fase di mero cumulo di tutele sempre crescente ad una fase di contenimento, razionalizzazione e redistribuzione delle tutele nell'interesse generale e degli stessi lavoratori, sicché convivono norme di segno opposto con intuibile complicazione del sistema (cfr. 5).

Scienza giuridica

Il diritto del lavoro, infine, si distingue da altre scienze, soprattutto sociologiche ed economiche, aventi anch'esse ad oggetto il lavoro ed il fenomeno sindacale, perché ne studia la disciplina giuridica e, quindi, non l'essere, ma il dover essere. Una certa conoscenza, anche storica, dei fenomeni regolati è indispensabile per l'adeguata comprensione del sistema normativo, ma non è consentito confondere questo presupposto strumentale, particolarmente rilevante in un settore dell'ordinamento strettamente legato alla continua evoluzione della vita economica e sociale, con lo studio del diritto che riguarda esclusivamente l'*actio sub specie iuris* ovverosia la qualificazione giuridica della condotta.

2. Cenni storici

2.1. *Il lavoro nel mondo romano e nel medioevo*

Mondo romano

L'esperienza del lavoro nel mondo romano non è raffrontabile a quella moderna, poiché il lavoro manuale ed eterorganizzato era svolto prevalentemente dagli schiavi, considerati come leciti oggetti di negoziazione, dal che la ammissibilità anche della *locatio hominis*. Quando, invece, era un uomo libero ad obbligarsi a lavorare sotto la direzione altrui, l'oggetto del contratto non poteva essere la persona, bensì la sua attività, dando luogo all'istituto della *locatio operarum*, come si vedrà ancora utilizzato nei codici del XIX secolo. Da questi servizi, detti illiberali, si distinguevano sia la *locatio operis*, in cui era dedotto in contratto il compimento di un'opera determinata con autonomia di esecuzione e rischio del risultato sul lavoratore, sia le *operae liberales* (medico, avvocato, precettore).

Medioevo

Nel basso medioevo, con lo sviluppo della civiltà comunale, le corporazioni professionali di arti e mestieri ebbero grande rilievo non solo per la regolazione delle attività economiche, ma anche come veicolo per la partecipazione alla vita politica finendo per coincidere con la stessa organizzazione istituzionale delle città-stato. Le corporazioni associavano obbligatoriamente i maestri artigiani delle botteghe e poi gli imprenditori più grandi, ma vi partecipavano, seppure in posizione non paritaria, anche i lavoranti e gli apprendisti. Gli statuti delle corporazioni disciplinavano principalmente la concorrenza tra gli imprenditori associati nei suoi vari aspetti e le controversie tra soci, ma contenevano anche disposizioni relative alle condizioni di lavoro di operai e apprendisti (ad es. età minima, durata massima del lavoro), sicché i rapporti di lavoro erano sottoposti a questa regolamentazione pubblicistica che prevaleva sull'autonomia contrattuale individuale.

2.2. *La rivoluzione industriale e la questione sociale*

Rivoluzione industriale

La vera storia del diritto del lavoro contemporaneo inizia, però, solo con la rivoluzione industriale che, a partire dalla metà del XVIII secolo, quando ormai il consolidamento degli stati nazionali e la navigazione oceanica avevano da tempo allargato i mercati, investì, sia pure in tempi diversi, tutte le società occidentali. Si trattò di un fenomeno economico-sociale dirompente caratterizzato dal rapido estendersi della produzione di massa, mediante uno sviluppo capitalistico impetuoso fondato sulla divisione del lavoro, sulla diffusione delle macchine e sul bassissimo costo della manodopera, che consentì un forte accumulo di capitale per nuovi investimenti.

Pauperismo

Moltitudini di lavoratori affluivano dalle campagne verso le città ove sorgevano le fabbriche, offrendo agli imprenditori la loro attività non qualificata e fungibile in una situazione pauperistica di diffusa disoccupazione e, quindi, con una spietata concorrenza reciproca che ridusse i salari a livello di mera sussistenza appena sufficiente al ricambio generazionale (legge bronzea dei salari). Le condizioni di vita e di lavoro di queste masse di individui (proletariato) erano terribili, sia per la durata della prestazione, sia per la pesantezza delle mansioni, sia per la insalubrità e la pericolosità dell'ambiente, sia per l'assenza di qualsiasi forma di previdenza. Nel processo produttivo venivano impiegati senza riguardo anche i fanciulli e le donne, denominati mezze-forze per il loro minore apporto cui conseguiva un minor compenso.

Liberismo

Tutto questo imponente fenomeno economico, la cui forza trainante era una borghesia impaziente di liberamente utilizzare i propri capitali, non poteva tollerare i vincoli della organizzazione corporativa, ormai divenuta un sistema burocratico che ingabbiava la vita economica, proteggendo pochi monopolisti timorosi della concorrenza con inevitabile freno allo sviluppo. E così, in un clima segnato dal pensiero illuminista antropocentrico e dall'esaltazione della libertà individuale, la rivoluzione francese del 1789 spazzò via la struttura corporativa affermando l'ideologia liberale, che considerava dannoso qualsiasi corpo intermedio tra i cittadini e lo Stato e qualsiasi vincolo alla libertà di contrattazione ed alla libera concorrenza (*laissez faire*). Le conseguenze di questa impostazione sulle condizioni dei lavoratori furono tragiche, risultandone pienamente legittimata la pesantissima situazione di cui si è detto.

Divieto di coalizioni

Gli strumenti giuridici che sancirono l'indicato assetto di interessi furono da un lato il divieto di associazioni professionali e dall'altro la assenza di regolamentazione legale del rapporto di lavoro, abbandonato così alle determinazioni delle parti individuali in nome della uguaglianza formale dei contraenti e del rispetto della loro volontà, con conseguente sfrenato dominio di fatto (dittatura contrattuale) della parte economicamente più forte.

Il divieto di coalizione professionale, che escludeva automaticamente anche il conflitto collettivo, fu stabilito nei diversi Stati con uno sventagliamento di date che, al pari di quello del successivo riconoscimento della libertà sindacale, non deve meravigliare, poiché in ciascun paese l'evoluzione giuridica seguiva i problemi dello sviluppo industriale.

Assenza di protezione legale

L'assenza di disciplina legale del rapporto di lavoro risulta dal codice civile francese del 1803 (codice napoleonico), le cui scarne disposizioni di origine romanistica furono riprese quasi alla lettera nel codice civile italiano del 1865, che, dopo aver premesso che il contratto di locazione ha per oggetto le cose o le opere (art. 1568), definiva la locazione di opere come il «contratto in cui una delle parti si obbliga a fare per l'altra una cosa mediante la pattuita mercede» (art. 1570), limitandosi poi a stabilire come unica regola per il lavoro dipendente che «nessuno può obbligare le proprie opere all'altrui servizio che a tempo o per una determinata impresa» (art. 1628), onde evitare la costituzione di un rapporto a vita che sarebbe stato troppo simile ad un rapporto servile.

Questione sociale

In questa situazione di spaventoso degrado, materiale e spirituale, della classe lavoratrice per la mancanza di qualsiasi protezione legale o collettiva si aprì inevitabilmente la questione sociale (o questione operaia). I lavoratori, riuniti nella fabbrica e quindi compartecipi delle medesime condizioni di lavoro e di vita, avvertirono l'interesse comune e la conseguente spinta ad associarsi per tutelarlo efficacemente, eliminando la concorrenza reciproca con la fissazione di un vincolo minimo alle richieste salariali (regola comune).

Sorsero, così, dopo le prime coalizioni episodiche, le leghe di resistenza (o sindacati o *trade unions*) con lo scopo di ottenere dall'imprenditore migliori condizioni di lavoro mediante il rifiuto collettivo (appunto la resistenza) di lavorare fino a quando non fossero state concesse. In tal modo, ed a condizione che il vincolo fosse rispettato da tutti, alla debolezza del singolo si sostituiva la forza della coalizione che ristabiliva una tendenziale parità tra le parti della contrattazione. Ma i ricordati divieti legali collocavano automaticamente questa lotta nell'area dell'illecito, mentre il collegamento dell'azione sindacale a movimenti politici con programmi talvolta eversivi determinava un ulteriore irrigidimento da parte della classe dirigente, già ideologicamente ostile verso qualsiasi turbamento dello spontaneo equilibrio del mercato.

In Italia solo con il governo Giolitti ai primi del '900 lo Stato assunse un atteggiamento di effettiva neutralità nel conflitto sociale.

Dottrina sociale della Chiesa

La Chiesa cattolica prese posizione in senso sostanzialmente riformista con l'enciclica *Rerum novarum* di Leone XIII del 1891, che rifiutò i due estremi materialistici del liberismo e della lotta di classe socialista, auspicando nell'interesse della persona umana una collaborazione tra capitale e lavoro, che non poteva prescindere dalla libertà sindacale, di cui avrebbe beneficiato anche il movimento sociale cattolico, e da un intervento diretto dello Stato per il miglioramento delle condizioni di lavoro (giusta retribuzione, riduzione dell'orario di lavoro, riposo festivo, regolamentazione del lavoro delle donne e dei ragazzi). Questa dottrina è stata, poi, ripresa e aggiornata, anche con riferimento ai fenomeni del consumismo e della mondializzazione dell'economia, dalle encicliche di Giovanni Paolo II *Laborem exercens* del 1981, *Sollicitudo rei socialis* del 1987 e *Centesimus annus* del 1991 e di Benedetto XVI *Caritas in veritate* del 2009.

2.3. *Il riconoscimento della libertà sindacale e la prima legislazione sociale*

Libertà sindacale

L'insostenibilità del conflitto sociale e l'intento di agevolare una evoluzione non sovversiva della questione operaia finirono per determinare dappertutto il riconoscimento della libertà sindacale.

In Italia il codice penale Zanardelli del 1889 considerò leciti lo sciopero e la serrata se non attuati con violenza o minaccia (artt. 165 e 166), pur permanendo la qualificazione civilistica di inadempimento degli obblighi derivanti dal contratto di lavoro con conseguente esposizione degli scioperanti, ed in particolare dei promotori, a rappresaglie del datore di lavoro sul piano del rapporto. Nonostante ciò il metodo della contrattazione collettiva cominciò a diffondersi, inizialmente con riferimento alla materia salariale dal che il nome di contratti o concordati di tariffa. Il movimento sindacale ebbe una larga affermazione e nel 1906 i sindacati si riunirono nella Confederazione generale italiana del lavoro fondata sul principio della lotta di classe contro il capitalismo, mentre dopo qualche anno sorse la Confederazione italiana dei lavoratori ispirata alla dottrina sociale della Chiesa.

Legislazione sociale

Parallelamente al riconoscimento della libertà sindacale e per le stesse ragioni di apertura riformistica fu gradualmente abbandonato l'altro caposaldo del sistema liberale puro (astensione della legge sulle condizioni di contratto) e cominciò a formarsi la legislazione sociale di protezione dei lavoratori, con le prime leggi sul lavoro delle donne e dei fanciulli, sul riposo settimanale e festivo, sulle assicurazioni contro gli infortuni e per l'invalidità e vecchiaia.

Probiviri

In questo periodo, in cui il diritto del lavoro vide le sue origini, ebbe particolare rilievo la istituzione con legge dei Collegi dei probiviri, con la funzione di conciliare o, altrimenti, di decidere le controversie individuali tra industriali e operai. Le decisioni, mancando una normativa sul rapporto di lavoro, erano adottate secondo equità, orientata in base alla prassi o agli usi del lavoro impiegatizio o alle regole dei contratti collettivi di cui in tal modo veniva estesa l'efficacia.

Categorie di lavoratori

La maggior parte dei ricordati interventi del legislatore riguardava esclusivamente gli operai, ritenuti più bisognosi di tutela a causa della diffusa disoccupazione e del basso livello culturale, mentre per gli impiegati, all'epoca non sindacalizzati, provvide la successiva ed importante legge sull'impiego privato (r.d.l. n. 1825 del 1924). Invece i funzionari pubblici ed i marittimi ebbero sin dalle origini un loro speciale regime.

2.4. *L'ordinamento corporativo*

Dopo la prima guerra mondiale, per le conseguenti difficoltà economiche ed in un clima condizionato nelle speranze e nei timori dalla rivoluzione russa del 1917, si intensificarono le lotte sociali, anche con la occupazione delle fabbriche, cui rispose il movimento fascista che, una volta preso il potere (1922), diede origine al sistema corporativo.

Corporazioni pubblicistiche e contratti collettivi erga omnes

Già con il Patto di Palazzo Vidoni del 2 ottobre 1925 la Confindustria e la Confederazione dei sindacati fascisti si riconobbero reciprocamente la rappresentanza esclusiva delle categorie professionali ed abolirono le commissioni interne di fabbrica assai combattive e difficili da addomesticare. Seguì l'introduzione dell'ordinamento corporativo (legge 3 aprile 1926, n. 563 e altri provvedimenti successivi), nel quale per ogni categoria autoritativamente predeterminata era attribuita personalità pubblica ad un solo sindacato di lavoratori e ad un solo sindacato di imprenditori riuniti nella Corporazione che era organo dello Stato. Tali sindacati avevano la rappresentanza legale esclusiva della categoria e conseguentemente stipulavano tra loro contratti collettivi con efficacia generale per tutti gli appartenenti alla categoria medesima a prescindere dalla affiliazione sindacale. I contratti collettivi corporativi erano fonti del diritto in senso formale, come risulta anche dall'art. 1 delle disposizioni preliminari al codice civile del 1942 in cui furono riportate (artt. 2060 e ss.) le linee essenziali della disciplina corporativa delle attività professionali.

Divieto del conflitto collettivo

L'ordinamento corporativo rispettava l'iniziativa economica privata, ma intendeva superare il conflitto tra capitale e lavoro, che dovevano collaborare nel superiore interesse dell'economia nazionale (Stato etico) ed a tal fine erano inseriti nella indicata organizzazione pubblicistica. Lo sciopero e la serrata erano, conseguentemente, vietati e puniti come delitti contro l'economia pubblica (artt. 502 e ss. del codice penale del 1930), mentre l'abbandono collettivo di pubblici impieghi e servizi era considerato reato contro la pubblica amministrazione (art. 330 del medesimo codice penale). Nel caso, assai raro, di mancato accordo per la conclusione del contratto collettivo era previsto l'intervento della Corte d'Appello in funzione di Magistratura del lavoro, la quale risolveva la controversia collettiva economica con una sentenza che non applicava, ma creava la norma secondo equità, tenendo conto dell'interesse superiore della produzione.

Legislazione protettiva

L'ordinamento corporativo riconosceva, dunque, la necessità di tutelare i lavoratori ed, in effetti, in quel periodo furono realizzati seri miglioramenti delle condizioni di lavoro sia mediante i contratti collettivi, sia mediante apposite leggi, come quelle sull'orario di lavoro, sul riposo settimanale e festivo e in materia previdenziale. Di grande rilievo, infine, fu l'incorporazione nel codice civile del 1942 di importanti disposizioni (artt. 2087, 2094 e ss., 2239 e ss.) sul rapporto di lavoro e sulla previdenza, molte delle quali sono ancora oggi vigenti.

Soffocamento della libertà sindacale

Tuttavia l'esigenza di coordinare queste tutele con l'interesse superiore della produzione nazionale, cui rispondeva la stessa impresa (artt. 2085, 2088 e ss., 2104 cod. civ.), sfociava nella ricordata impostazione pubblicistica, gestita dalla classe politica dominante, con sostanziale soffocamento della libertà sindacale e di qualsiasi contropotere dei lavoratori in azienda. I più decisi oppositori del regime abbandonarono l'Italia e la stessa Chiesa cattolica, pur continuando ad auspicare una collaborazione tra i fattori della produzione, riaffermò la necessità di una effettiva libertà sindacale con l'enciclica *Quadragesimo Anno* di Pio XI del 1931, appunto dopo quaranta anni dalla *Rerum novarum*.

2.5. *La soppressione dell'ordinamento corporativo e le norme rimaste in vigore*

Subito dopo la caduta del fascismo furono soppresse le corporazioni (r.d.l. 9 agosto 1943, n. 721) e commissariati i relativi sindacati, mentre l'accordo interconfederale Buozzi-Mazzini (2 settembre 1943) ricostituiva le commissioni interne. L'anno dopo furono definitivamente soppressi i sindacati di diritto pubblico, ma vennero lasciati in vigore, fino alle successive modifiche, i contratti collettivi e le altre norme corporative (art. 43, d.lgt. 23 novembre 1944, n. 369), onde assicurare la necessaria continuità di disciplina dei rapporti di lavoro nelle diverse categorie in aggiunta alla normativa generale del codice civile e delle altre leggi di tutela del lavoro rimaste tranquillamente in vigore.

Non furono espressamente abrogate neppure le norme del codice penale incriminatrici dello sciopero e della serrata, di cui si sarebbe occupata molti anni dopo la Corte Costituzionale, ma di fatto si ristabilì un regime di piena libertà sindacale, ivi compresa la libertà di sciopero e di contrattazione collettiva.

3. I principi costituzionali

3.1. *Il lavoro nei principi fondamentali*

Valore del lavoro

Il lavoro occupa una posizione centrale nella Costituzione repubblicana entrata in vigore nel 1948, che gli dedica alcuni dei preliminari Principi fondamentali, oltre a diverse norme (artt. 35 e ss.) del titolo III (Rapporti economici) della parte prima (Diritti e doveri dei cittadini).

Già la dichiarazione d'apertura, secondo cui la Repubblica è «fondata sul lavoro» (art. 1, c. 1), non a caso tutelato «in tutte le sue forme ed applicazioni» (art. 35, c. 1), indica l'alto valore civile assegnato all'attività dell'uomo diretta alla soddisfazione dei bisogni.

Dovere di lavorare

Il lavoro è un «dovere» di «ogni cittadino» (art. 4, c. 2), che, oltre ad indicare un significativo orientamento etico, spiega anche concreti effetti giuridici, ad esempio giustificando le disposizioni di legge che condizionano il godimento di prestazioni previdenziali sostitutive del reddito alla disponibilità del beneficiario ad accettare un altro lavoro (c.d. principio di condizionalità).

Definizione di lavoro

La Costituzione adotta volutamente una definizione amplissima di lavoro, inteso come «un'attività o una funzione che concorra al progresso materiale o spirituale della società» (art. 4, c. 2). Da questo punto di vista, non solo non v'è distinzione tra attività manuale ed attività intellettuale, ma neppure tra lavoro subordinato e lavoro autonomo o imprenditoriale. L'aspetto comune e qualificante è la funzione sociale («progresso della società») dell'adempimento del dovere del lavoro, che peraltro non pregiudica la libertà dell'individuo cui è lasciata ogni determinazione su come impiegare utilmente la propria esistenza «secondo le proprie possibilità e la propria scelta» (art. 4, c. 2). Se ne ricava un principio di pari dignità sociale di ogni forma di lavoro, dall'operaio al poeta, dall'industriale al sacerdote, che presuppone e tutela una società pluriclasse.

La conferma viene dalla garanzia di «pari dignità sociale» e di pari trattamento legislativo assicurata a «tutti i cittadini», con esclusione di qualsiasi distinzione non solo in relazione ai fattori storici di discriminazione («sesso», «razza», «lingua», «religione», «opinioni politiche»), ma anche con riferimento alle «condizioni personali e sociali» dell'individuo (art. 3, c. 1). Non esistono, quindi, cittadini di serie A e cittadini di serie B, il ricco non ha più diritti o più dignità del povero, ma neppure i lavoratori dipendenti costituiscono una casta privilegiata.

Rimozione delle disuguaglianze sostanziali

Le diseguaglianze sostanziali che hanno dato origine al diritto del lavoro (cfr. 1 e 2) sono espressamente considerate dalla Costituzione, che le definisce come «ostacoli di ordine economico e sociale, che, limitando di fatto la libertà e l'eguaglianza dei cittadini, impediscono il pieno sviluppo della persona umana e l'effettiva partecipazione di tutti i lavoratori all'organizzazione politica, economica e sociale del Paese» (art. 3, c. 2). L'esplicito impegno («compito della Repubblica») a «rimuovere» questi ostacoli (art. 3, c. 2) contiene *in nuce* tutto il diritto del lavoro e le altre parti dell'ordinamento dirette alla promozione dei più deboli, consentendo di qualificare la Costituzione come di «polemica contro il presente» in vista della progressiva realizzazione dell'eguaglianza sostanziale, con una soluzione nitidamente riformistica della questione sociale (cfr. 2).

Diritto al lavoro

Si tratta, evidentemente, di una disposizione programmatica al pari di quella, che ne costituisce essenziale specificazione, sul diritto al lavoro, ove l'idea di un obiettivo da raggiungere per la realizzazione della persona è insita nell'espressione secondo cui «la Repubblica ... promuove le condizioni che rendano effettivo questo diritto» (art. 4, c. 1), impegnandosi così nella lotta contro la disoccupazione.

Stato sociale

Il valore di disposizioni del genere consiste nella indicazione della direzione in cui deve evolversi l'ordinamento. Tuttavia i tempi e i modi e, quindi, la gradualità di realizzazione del programma costituzionale sono riservati alla insindacabile discrezionalità del legislatore, orientata anche in base al complesso e mutevole quadro delle compatibilità economiche. Ciò vale sia per la misura della tutela previdenziale e assistenziale (art. 38), sia per la fissazione di limiti legali alla iniziativa economica al fine di attuare i principi costituzionali anche nei rapporti interprivati, evitando che la libertà di impresa si svolga «in contrasto con l'utilità sociale o in modo da recare danno alla sicurezza, alla libertà, alla dignità umana» (art. 41, c. 2) e, quindi, a detrimento dei «diritti inviolabili dell'uomo» garantiti anche «nelle formazioni sociali ove si svolge la sua personalità» (art. 2).

3.2. *Tutela del lavoro, retribuzione, riposi, protezione di donne e minori*

Protezione del lavoro

Il titolo III dedicato ai «rapporti economici», di cui già si sono ricordate le fondamentali disposizioni sulla previdenza e assistenza (art. 38) e sui limiti alla iniziativa economica privata (art. 41), inizia con un articolo «contenitore» (art. 35), in cui sono affastellati l'impegno della Repubblica a tutelare «il lavoro in tutte le sue forme ed applicazioni» (c. 1), a curare «la formazione e l'elevazione professionale dei lavoratori» (c. 2), a promuovere e favorire «gli accordi e le organizzazioni internazionali intesi ad affermare e regolare i diritti del lavoro» (c. 3) (cfr. 4). Si aggiunge il riconoscimento della «libertà di emigrazione» e l'impegno a tutelare «il lavoro italiano all'estero» (c. 4), con disposizioni legate ad un'epoca in cui l'Italia era ancora un paese di forte emigrazione ed ignorava i problemi, ora scottanti, del lavoro degli immigrati, su cui non a caso la Costituzione è del tutto silente, limitandosi al generalissimo cenno alla «condizione dello straniero» da regolare con legge in conformità alle norme internazionali (art. 10, c. 2).

Retribuzione

Di grandissima importanza è la disposizione dell'art. 36, c. 1, che riconosce al lavoratore il «diritto ad una retribuzione proporzionata alla quantità e qualità del suo lavoro e in ogni caso sufficiente ad assicurare a sé e alla famiglia una esistenza libera e dignitosa» (cfr. 60).

Riposi

Con le disposizioni del secondo e del terzo comma dell'art. 36 vengono elevati al rango di principi costituzionali i diritti, già riconosciuti dalla legge ordinaria, ad un limite massimo dell'orario di lavoro, al riposo settimanale e a ferie annuali retribuite, di cui si prevede l'irrinunziabilità (cfr. 55).

Donne e minori

L'art. 37 affronta l'altro problema storico della tutela del lavoro delle donne e dei minori, ribadendo la necessità della fissazione da parte del legislatore di un limite minimo di età per il lavoro dipendente (c. 2), sancendo il principio della parità di diritti e in particolare di retribuzione rispetto a quella dell'uomo adulto a parità di lavoro (c. 1 e 3) e disponendo la protezione della donna lavoratrice per consentirne lo svolgimento della funzione familiare e di madre (c. 1). Queste disposizioni hanno avuto ampia attuazione da parte del legislatore e della giurisprudenza, ma ancora si discute sui mezzi più idonei per assicurare alle donne una effettiva parità (cfr. 59.4).

3.3. *Previdenza e assistenza*

Previdenza e assistenza

Nell'art. 38 si tratta della previdenza e dell'assistenza sociale, la cui distinzione, limpida in astratto, si va oscurando nel concreto dell'ordinamento positivo (cfr. 1). La disposizione comune è che «ai compiti previsti in questo articolo provvedono organi ed istituti predisposti o integrati dallo Stato» (c. 4), che qui interviene non per limitare i poteri dell'imprenditore, ma per sostenere chi si trova in situazioni di bisogno.

Da un lato vi è il «diritto al mantenimento e all'assistenza sociale», che spetta ad «ogni cittadino inabile al lavoro e sprovvisto dei mezzi necessari per vivere» (c. 1), dando luogo a tutele per definizione sganciate da un rapporto di lavoro pregresso o attuale e perciò garantite ad «ogni cittadino» con finanziamento inevitabilmente a carico della fiscalità generale.

Dall'altro lato si pone il «diritto», spettante ai soli «lavoratori», a che siano «preveduti ed assicurati mezzi adeguati alle loro esigenze di vita» qualora venga a mancare, temporaneamente o definitivamente, il reddito da lavoro, come «in caso di infortunio, malattia, invalidità e vecchiaia, disoccupazione involontaria» (c. 2), conseguendone una impostazione in termini di solidarietà ristretta a categorie di lavoratori o al massimo alla generalità dei lavoratori, con finanziamento prevalente mediante contributi collegati al rapporto di lavoro e proporzionati alle retribuzioni.

La differenza tra previdenza e assistenza non riguarda solo i beneficiari delle prestazioni e il sistema di finanziamento, ma anche l'entità delle prestazioni medesime, non potendosi ignorare lo scarto tra il mero «mantenimento» assistenziale e i «mezzi adeguati alle esigenze di vita», i quali, invece, implicano un rapporto, discrezionalmente determinato dal legislatore ordinario, con il livello retributivo goduto durante il lavoro e posto a base della contribuzione previdenziale.

Nell'ordinamento vigente si intrecciano, quindi, istituti assistenziali (ad es. l'assegno sociale per gli anziani bisognosi, le prestazioni del servizio sanitario nazionale) ed istituti previdenziali (ad es. le prestazioni dell'INAIL in caso di infortunio sul lavoro o di malattie professionali, le pensioni di vecchiaia erogate dall'INPS senza integrazione al minimo), discutendosi se possano o no essere tutti ricompresi in un unitario sistema di sicurezza sociale.

Previdenza privata

Infine va sottolineato il riconoscimento costituzionale della libertà della previdenza privata (art. 38, u.c.), che non esclude la adottata disciplina legislativa di incentivo e tutela (Corte Cost. n. 393 del 2000) specie ora che si spera di compensare con una efficiente previdenza integrativa la riduzione, peraltro ancora insufficiente, delle prestazioni imposta dalla crisi finanziaria del sistema previdenziale pubblico.

La previdenza complementare e integrativa è affidata alla legislazione concorrente di Stato e Regioni, mentre la previdenza pubblica è di competenza esclusiva dello Stato (art. 117 Cost.).

Crisi finanziaria del sistema pubblico

La crisi finanziaria del sistema pubblico costituisce la conseguenza dei dissennati provvedimenti legislativi clientelari di spesa (tra cui le pensioni di anzianità e soprattutto quelle, ora eliminate, cosiddette *baby*), emanati sino alla fine degli anni '80, con inescusabile rimozione del problema del progressivo invecchiamento della popolazione notoriamente destinato a dissestare qualsiasi sistema pensionistico a ripartizione non tempestivamente adeguato con riferimento all'età pensionabile e alla misura delle prestazioni, come finalmente è stato fatto con il d.l. n. 201 del 2011 conv. legge n. 214 del 2011.

3.4. *Libertà sindacale, contratto collettivo e sciopero*

Modello pluralistico conflittuale

La più profonda differenza della Costituzione repubblicana rispetto all'ordinamento corporativo sta nel riconoscimento della libertà sindacale (art. 39, c. 1) e del diritto di sciopero (art. 40), con una decisa scelta per il modello pluralistico-conflittuale nel quale il bene comune è identificato con la libera competizione tra gruppi privati, i cui costi, soprattutto in termini di disordine sociale, sono ritenuti minori di quelli, in termini di libertà, inevitabilmente connessi ad una organizzazione pubblicistica funzionale alla risoluzione burocratica delle contrapposizioni di interessi economici presenti nella società civile.

Al fondo della impostazione costituzionale, assai discussa negli anni '50 fino al definitivo superamento delle tesi pubblicistiche, vi è l'idea che l'equilibrio, sia pure instabile, faticosamente raggiunto mediante una autonoma composizione privatistica dei conflitti economici collettivi sia comunque preferibile ad un equilibrio che non scaturisca dal libero confronto delle parti sociali. Non è che sia improvvisamente svanito l'interesse superiore dell'economia nazionale che nell'ideologia corporativa giustificava la compressione della libertà sindacale e del conflitto collettivo, ma opera l'opposta convinzione che il miglior modo per realizzare proprio l'interesse generale sia di lasciare normalmente spazio all'autonomia privata collettiva.

Questa scelta costituzionale si accompagna, tuttavia, specie in determinati periodi, ad una concertazione di fatto della politica economica e delle condizioni di lavoro tra governo e sindacati (cosiddetta concertazione sociale o neocorporativa o scambio politico) (cfr. 12.2), ma anche ad interventi del legislatore in situazioni eccezionali per correggere i risultati dell'autonomia collettiva con provvedimenti di ordine pubblico economico (cfr. 21.2), a conferma che, in caso di contrasto, l'interesse generale deve prevalere su quelli particolari, pur a volte amplissimi, dei gruppi organizzati.

In svolgimento del principio dell'art. 39 Cost. la libertà sindacale ed il diritto di sciopero sono garantiti non solo nei confronti dello Stato, ma anche nei rapporti interprivati (divieto di atti discriminatori; repressione della condotta antisindacale del datore di lavoro), mentre un'apposita normativa promozionale sostiene la presenza e la attività nei luoghi di lavoro dei sindacati effettivamente rappresentativi (cfr. 9).

Lo sciopero è riconosciuto come «diritto» (art. 40), sicché non è configurabile né come illecito penale, né come illecito civile contrattuale (cfr. 23.1).

Inattuazione della Costituzione

La Costituzione è rimasta inattuata sia con riferimento al previsto sistema di contrattazione collettiva con efficacia generale (art. 39, c. 2 e ss.), sia con riferimento alla regolamentazione legislativa dello sciopero (art. 40), poiché la legge n. 146 del 1990 riguarda solo i servizi pubblici essenziali. Ne consegue la vigenza di un ordinamento sindacale di fatto privo di disciplina legale su aspetti fondamentali e sensibilmente diverso da quello prefigurato dal costituente. Solo nel settore pubblico sono regolate per legge la rappresentanza sindacale e la contrattazione collettiva (cfr. 9.4 e 22).

3.5. *Libertà d'impresa e partecipazione dei lavoratori*

Libertà di iniziativa economica privata

Presupposto indispensabile del pluralismo competitivo è il riconoscimento che «l'iniziativa economica privata è libera» (art. 41, c. 1), derivandone quella contrapposizione tra interessi del capitale e interessi del lavoro composta di volta in volta mediante l'esercizio dell'autonomia privata collettiva. Il nostro ordinamento si distingue, dunque, dai sistemi fondati sulla proprietà pubblica dei mezzi di produzione, ora in gran parte superati per la minore efficienza nella allocazione delle risorse comportante un minore benessere materiale e, comunque, non risolutivi del conflitto sociale, che si ripropone, in forme peculiari, nei confronti della burocrazia preposta alla direzione dell'economia e della singola impresa.

Limiti

Si è già accennato ai limiti posti alla iniziativa economica privata, che «non può svolgersi in contrasto con l'utilità sociale o in modo da recare danno alla sicurezza, alla libertà, alla dignità umana» (art. 41, c. 2), potendo ben dirsi che tutte le disposizioni di tutela del lavoratore nei confronti dell'imprenditore trovano il loro fondamento nella combinazione di questa norma con quella sulla rimozione delle diseguaglianze sostanziali (art. 3, c. 2). E si deve ancora sottolineare come la graduale attuazione di questo programma costituzionale di difesa sociale sia compito esclusivo del legislatore e dell'autonomia collettiva, che la giurisprudenza non può sopravanzare pretendendo di applicare direttamente generali principi costituzionali per controllare l'esercizio di poteri datoriali non altrimenti limitati (cfr. 4.5; 51.2).

Compromesso costituzionale e modello collaborativo

Il carattere compromissorio della Costituzione, in cui confluiscono, oltre alla ideologia liberale, quella socialista e quella cristiano-sociale, emerge dalla coesistenza delle ricordate disposizioni sulla libertà sindacale e sul diritto di sciopero (artt. 39 e 40) con la disposizione sulla partecipazione dei lavoratori alla gestione delle aziende (art. 46). Di fatto in Italia è prevalso il primo modello, tant'è che non sono state emanate le «leggi» che avrebbero dovuto stabilire i «modi» e i «limiti» della indicata partecipazione «ai fini della elevazione economica e sociale del lavoro».

Tuttavia la legge e la contrattazione collettiva hanno introdotto una serie di diritti sindacali di informazione e consultazione (ad es. per il trasferimento d'azienda, per il licenziamento collettivo) per consentire un controllo dei sindacati su determinate scelte imprenditoriali mediante il consueto schema del conflitto e dell'accordo. In proposito si è parlato di partecipazione conflittuale, che però, a parte la contraddizione in termini, ha nella sostanza poco a che vedere con la disposizione dell'art. 46 Cost., che riguarda i «lavoratori» e non i sindacati e si riferisce ad una «collaborazione» e non ad un conflitto.

Solo con la legge n. 350 del 2003 (art. 4, c. 112 e ss.) era stato istituito un Fondo per incentivare la partecipazione dei lavoratori ai risultati e alle scelte gestionali delle imprese, ma è intervenuta una dichiarazione di illegittimità costituzionale (Corte Cost. n. 231 del 2005) per la mancata previsione di qualsiasi strumento di leale cooperazione tra Stato e Regioni. Mentre le direttive comunitarie sulla partecipazione nella società europea (2001/86) e nella società cooperativa europea (2003/72) scoraggiano per ora l'adozione di questi modelli societari che sono facoltativi e, comunque, sono state attuate in modo da salvaguardare il più possibile le prerogative dei sindacati ed il modello conflittuale (d.lgs. n. 188 del 2005). L'attuazione della direttiva comunitaria n. 2002/14, che prevede diritti di informazione e consultazione molto ampi, è avvenuta con il d.lgs. n. 25 del 2007.

Tende, comunque, ad emergere un interesse comune alla creazione e alla sopravvivenza dell'organizzazione produttiva per la difesa dell'occupazione, sul cui altare vengono talvolta liberamente sacrificate altre tutele. E così, dopo il preciso richiamo nella disciplina dei contratti di prossimità (art. 8, c. 1, legge n. 148 del 2011 = «adozione di forme di partecipazione dei lavoratori»), è stata sancita la consacrazione ufficiale, «in conformità agli indirizzi assunti in sede europea», della via partecipativa («modalità partecipative di relazioni industriali») per migliorare la competitività delle imprese, con definitivo *de profundis* per la sconvolgente equazione tra conflitto e bene. Il tutto affidato a decreti legislativi «finalizzati a favorire le forme di coinvolgimento dei lavoratori nell'impresa, attraverso la stipulazione di un contratto collettivo aziendale», con analitica importante elencazione dei «principi e criteri direttivi» che devono essere rispettati dagli emanandi decreti (artt. 1, c. 1, lett. h) e 4, c. 62, legge n. 92/2012). Ma questi decreti non sono stati ancora emanati, poiché la lotta tra conflitto e partecipazione è dura a morire.

3.6. *Il buon andamento e l'imparzialità dell'amministrazione*

Il lavoro alle dipendenze delle pubbliche amministrazioni deve fare i conti con il principio che assicura «il buon andamento e l'imparzialità dell'amministrazione», imponendo l'organizzazione degli uffici pubblici «secondo disposizioni di legge» (art. 97, c. 1, Cost.) e l'accesso all'impiego «mediante concorso» (art. 97, c. 3, Cost.).

La privatizzazione di rapporti di lavoro con le pubbliche amministrazioni (1993) comporta: la costituzione del rapporto mediante contratto individuale; la applicazione, salvo eccezioni, di tutta la disciplina del lavoro con i privati; la stipulazione di contratti collettivi con efficacia diretta sui rapporti regolati; la gestione del rapporto «con la capacità e i poteri del privato datore di lavoro» e, quindi, con atti paritetici non sottoposti al controllo per eccesso di potere; la giurisdizione del giudice ordinario del lavoro.

Tuttavia, per il rispetto dei ricordati principi costituzionali: rimane di competenza della legge e della potestà amministrativa l'organizzazione dei pubblici uffici mediante atti c.d. di macrorganizzazione; la contrattazione collettiva è analiticamente regolata anche per la tutela delle finanze pubbliche; per l'accesso all'impiego è necessario un concorso pubblicistico con relativa giurisdizione del giudice amministrativo; conseguentemente sono escluse la regola di promozione automatica per svolgimento di mansioni superiori e la conversione automatica in rapporti a tempo indeterminato dei contratti precari illegittimi; la disciplina della dirigenza prevede selezioni e controlli per il conferimento e la revoca degli incarichi e lo *spoils system* è consentito solo per i dirigenti di vertice contigui agli organi di governo.

Permane, purtroppo, una diffusa inefficienza della pubblica amministrazione, da imputarsi, soprattutto, allo strapotere sindacale ed alle ingerenze politiche.

4. Le fonti

4.1. *Fonti formali e informali*

Il discorso sulle fonti non può esaurirsi in un arido elenco dei procedimenti di formazione delle norme (fonti di produzione) e degli atti contenenti le norme medesime (fonti di cognizione), specie nel diritto del lavoro, che si caratterizza per la sua formazione in gran parte (contratti collettivi privatistici, usi negoziali, giurisprudenza) estranea al sistema oggettivo delle fonti e per i peculiari rapporti tra norme eteronome ed atti di autonomia privata individuale e collettiva, nonché di tali atti fra loro.

Conviene, pertanto, fermare l'attenzione sul concreto processo evolutivo dell'ordinamento giuslavoristico, considerandone i fattori essenziali a prescindere dalla loro configurabilità come fonti di diritto oggettivo.

4.2. *La Costituzione e la giurisprudenza costituzionale*

Caratteri della Costituzione

La nostra Costituzione è «lunga», nel senso che non si limita a disciplinare i poteri dello Stato, ma si occupa anche diffusamente dei rapporti civili, sociali ed economici (cfr. 3), ed è «rigida», nel senso che la legge ordinaria difforme è dichiarata costituzionalmente illegittima e quindi inefficace dalla Corte costituzionale, nella quale è accentrato il controllo di costituzionalità.

La combinazione tra i due menzionati caratteri della Costituzione determina un forte ed originale contributo alla evoluzione del sistema da parte della giurisprudenza costituzionale, ma anche di tutto il ceto forense e accademico impegnato nella elaborazione di un diritto vivente conforme a Costituzione (cosiddetta preferenza per l'interpretazione costituzionalmente orientata). Ciò soprattutto nelle materie, come quella del lavoro, in cui operano numerosi principi costituzionali di larga portata (cfr. 3) e quindi tali da lasciare all'interprete notevoli spazi nel momento del raffronto con la legge ordinaria.

Tendenze della giurisprudenza costituzionale

Nel complesso emerge una generale tendenza della giurisprudenza costituzionale sul lavoro a ratificare, mediante importanti pronunzie di rigetto, le scelte di fondo del legislatore repubblicano, con un effetto di razionalizzazione successiva che finisce per rafforzare le linee essenziali dell'ordinamento, esplicitandone i presupposti costituzionali. Alla stessa logica risponde anche la rimozione, mediante numerose pronunzie di accoglimento, delle incoerenze interne al sistema, sicché la Corte interviene consapevolmente a completare l'opera del legislatore spesso imperfetta a causa del deprecabile convulso, confuso e compromissorio modo di legiferare.

4.3. *La legge*

Legge e autonomia collettiva

La legge ordinaria occupa gran parte del diritto del lavoro, essendo escluso che il principio di libertà sindacale comporti una riserva a favore della contrattazione collettiva, sicché si verifica un concorso di fonti eteronome e autonome nella regolamentazione dei rapporti di lavoro, con possibili problematiche interferenze (cfr. 21).

Leggi statali e leggi regionali

Nel testo originario dell'art. 117 Cost. l'unica materia di interesse lavoristico affidata alla potestà legislativa concorrente delle Regioni era l'istruzione professionale (c. 1). Per il resto il diritto del lavoro rimaneva nella potestà legislativa generale dello Stato, salva la possibilità di deleghe attuative alle Regioni (c. 3), come quella prevista in materia di collocamento e politiche attive del lavoro (d.lgs. n. 469 del 1997).

Ora il nuovo testo dell'art. 117 Cost., come modificato dalla legge costituzionale n. 3 del 2001 (cfr. anche le indicazioni attuative della legge n. 131 del 2003), ha rovesciato il sistema precedente affidando alle Regioni una generale ed esclusiva potestà legislativa (c. 4), con la sola eccezione delle materie espressamente riservate alla legislazione esclusiva (c. 2) o concorrente (c. 3) dello Stato.

Alla legislazione statale esclusiva è affidato l'«ordinamento civile», nel quale rientra la disciplina di tutti i rapporti interprivati, compresi quelli di lavoro, così opportunamente sottratta alla frammentazione che deriverebbe dalla competenza regionale (Corte Cost. n. 359 del 2003, n. 379 del 2004, n. 50 del 2005, n. 24 del 2007).

Anche il diritto sindacale, che riguarda gruppi liberamente costituiti e operanti in regime privatistico, appartiene a pieno titolo all'«ordinamento civile», con la conseguente competenza esclusiva dello Stato (Corte Cost. n. 2 del 2004, n. 411 del 2006).

Alla legislazione concorrente è affidata solo la «tutela e sicurezza del lavoro», da intendersi come azione amministrativa di protezione del lavoratore soprattutto nel mercato e nei confronti dei rischi per la sua integrità psico-fisica. Mentre l'istruzione e formazione professionale sono devolute alla legislazione esclusiva delle Regioni, che non si estende, ovviamente, alla regolazione dei contratti di lavoro a finalità formativa riservata, come per tutti i contratti, alla legislazione esclusiva dello Stato.

La disciplina del lavoro con le pubbliche amministrazioni, a seguito della nota privatizzazione, rientra nell'«ordinamento civile» e, quindi, nella competenza esclusiva dello Stato, prevista anche espressamente per l'ordinamento e l'organizzazione dello Stato e degli enti pubblici nazionali (Corte Cost. n. 359 del 2003).

Alla legislazione statale esclusiva è riservata anche la «previdenza sociale», nonché la determinazione dei «livelli essenziali» delle altre prestazioni concernenti i diritti civili e sociali, mentre la «previdenza complementare e integrativa» è materia di legislazione concorrente.

Quanto al processo del lavoro e previdenziale è prevista («giurisdizione e norme processuali») la legislazione esclusiva dello Stato.

Leggi in materia sindacale

Non è mai stata emanata la legge in materia sindacale che, in attuazione degli artt. 39 e 40 Cost., avrebbe dovuto istituire un sistema di contrattazione collettiva con efficacia generale e regolare l'esercizio del diritto di sciopero. Tuttavia non si può neppure dire che il diritto sindacale sia un diritto completamente senza norme, poiché il legislatore, tra l'altro, ha promosso la presenza sindacale nei luoghi di lavoro, ha munito il sindacato di un efficace strumento processuale per la tutela contro la condotta antisindacale del datore di lavoro, ha distribuito fra i sindacati attuali il patrimonio dei soppressi sindacati corporativi, ha riconosciuto l'inderogabilità del contratto collettivo in occasione della disciplina degli atti di disposizione dei diritti del lavoratore, ha regolato lo sciopero nei servizi pubblici essenziali, ha regolato la contrattazione collettiva nel settore pubblico, ha attribuito a determinati sindacati una serie di diritti di informazione e consultazione, autorizzandoli anche in taluni casi a derogare con il contratto collettivo disposizioni imperative. Manca, quindi, una legge organica, ma vi sono importanti regole legali in materia sindacale.

Inderogabilità in peius *delle leggi di tutela del lavoratore*

Quanto alle leggi di protezione del lavoratore, la loro caratteristica essenziale è l'inderogabilità *in peius* da parte dell'autonomia privata, cui si accompagna l'efficacia sostitutiva (artt. 1339 e 1419, c. 2, cod. civ.) con conseguente conservazione del contratto automaticamente adeguato alla norma imperativa violata. Si tratta di un meccanismo di favore per il lavoratore analogo a quello operante nei rapporti tra contratto collettivo e contratto individuale (cfr. 18), sicché il contenuto di quest'ultimo finisce per essere quasi completamente determinato dall'esterno (cfr. 42).

Evoluzione del sistema e caos legislativo

Nella evoluzione del sistema si è passati dalla prima legislazione sociale (cfr. 2.3) alle importanti leggi del periodo corporativo (cfr. 2.4), con l'inserimento nel codice civile dei lineamenti essenziali della disciplina del rapporto di lavoro, la quale, peraltro, in gran parte rimaneva nelle leggi speciali e nei contratti collettivi corporativi, richiamati dalle disposizioni codicistiche con rinvio attualmente inteso come riferito ai contratti collettivi di diritto comune. Conservano una disciplina speciale i rapporti di lavoro regolati dal codice della navigazione (cfr. 82.4), mentre la disciplina dell'impiego pubblico, in origine affidata a leggi speciali rispetto alle quali la regolamentazione privatistica aveva una funzione meramente suppletiva (art. 2129 cod. civ.), è stata ora ricondotta nell'ambito di tale regolamentazione con il d.lgs. n. 29 del 1993 ora assorbito nel d.lgs. n. 165 del 2001 (cfr. 82.3).

Nel vigente regime costituzionale si sono moltiplicate le leggi speciali, sia per il lavoro subordinato in generale sia per particolari rapporti, in uno spaventoso crescendo di disordine sotto la pressione degli interessi più disparati essendo ormai affermata la tecnica della «legge contrattata» con i sindacati, sicché ora, dopo oltre mezzo secolo, si deve contemplare il triste spettacolo di un ordinamento così inutilmente complicato da non poter quasi essere adeguatamente conosciuto ed insegnato.

In effetti fino alla metà degli anni '70 il legislatore aveva seguito, pur con scelte talora discutibili, una linea di progressivo ampliamento delle tutele culminata con lo statuto dei lavoratori (1970), che attua i principi costituzionali di protezione della libertà e dignità della persona e promuove la presenza sindacale nei luoghi di lavoro in funzione di contropotere, e con il processo del lavoro (1973), che mira a rendere effettivi i diritti dei lavoratori.

Subito dopo, però, di fronte ai problemi macroeconomici della inflazione, della disoccupazione e del debito pubblico, è iniziata una sarabanda di provvedimenti legislativi, specialmente sul mercato del lavoro (cassa integrazione guadagni, collocamento, mobilità, occupazione giovanile, prepensionamenti, lavori socialmente utili, sgravi contributivi per le nuove assunzioni, trasferimenti di aziende in crisi, contratti di formazione e lavoro, contratti di inserimento, contratti di solidarietà, contratti a termine, contratti di lavoro temporaneo, somministrazione di lavoro, contratti di lavoro a tempo parziale, contratti di lavoro intermittente, contratti di riallineamento, contratti di area, contratti di prossimità), talvolta perfino in risposta ad una singola crisi aziendale da cui hanno mutuato il nome, spesso senza alcun coerente disegno complessivo, ma annegati nel contingente. Ne conseguono continui aggiustamenti, sovrapposizioni e modifiche.

In questo quadro sconfortante, ulteriormente complicato dalla continua necessità di adeguamento alle direttive comunitarie, è, ovviamente, un miraggio la emanazione di un codice del lavoro, che presupporrebbe una radicale opera di bonifica del sistema impensabile senza un serio cambiamento della politica. Pertanto, per orientarsi nella giungla di leggi, occorre accontentarsi delle raccolte private, predisposte da meritevoli studiosi che tentano in qualche modo di ordinare la sterminata massa mobile di norme o, almeno, di selezionare i provvedimenti più importanti.

4.4. *Il contratto collettivo*

Contratti collettivi privatistici

I contratti collettivi attuali sono atti privatistici (cosiddetti di diritto comune) e pertanto non costituiscono fonte di diritto oggettivo, a differenza dei contratti collettivi corporativi (cfr. 2.4). Tuttavia contengono sempre una normativa assai articolata, che costituisce componente fondamentale della disciplina dei rapporti rientranti nel relativo campo di applicazione, il cui numero è elevatissimo per gli accordi interconfederali e per i contratti nazionali delle maggiori categorie.

I contratti collettivi privatistici contribuiscono, dunque, in modo cospicuo alla formazione del diritto del lavoro vivente, ponendosi rispetto alla legge come mezzo di specificazione di precetti generali oppure come fonte di regole aggiuntive di miglior favore che talvolta, nell'evoluzione dell'ordinamento, vengono recepite dalla legge medesima. Questa, negli ultimi anni, utilizza il contratto collettivo anche come strumento di flessibilità, autorizzandolo, in certe situazioni, a derogare alcune tutele legali.

Di grande rilievo sono stati gli accordi trilaterali tra governo e sindacati, che realizzano la cosiddetta concertazione sociale della politica economica e salariale (cfr. 12.2).

È ancora inattuato il sistema di contrattazione collettiva con efficacia generale previsto dalla Costituzione (art. 39, c. 2 e ss.). Solo nel settore pubblico la contrattazione collettiva è analiticamente regolata dalla legge ed ha efficacia generale (cfr. 22).

4.5. *La giurisprudenza ordinaria*

Formazione giurisprudenziale del diritto del lavoro

La giurisprudenza ordinaria costituisce fattore essenziale di formazione del diritto del lavoro vivente, che non può essere conosciuto senza lo studio delle sentenze che interpretano le norme di legge e dei contratti collettivi e sopperiscono, con elaborazioni a volte complesse, alle lacune del sistema.

Il contenzioso elevatissimo, agevolato dalla apposita legge processuale, si svolge non solo innanzi ai giudici di merito, ma anche in sede di legittimità, come dimostrano le migliaia di sentenze emesse ogni anno dalla Sezione lavoro della Corte di cassazione in adempimento della sua funzione nomofilattica.

Gli spazi per la formazione giurisprudenziale del diritto del lavoro sono stati accresciuti in taluni settori dall'inerzia del legislatore, che ha determinato una inevitabile supplenza da parte dei giudici, manifestatasi in modo macroscopico nel diritto sindacale con l'elaborazione dei principi relativi al contratto collettivo di diritto comune ed allo sciopero. E sempre nel senso di accentuare il ruolo della giurisprudenza opera la legislazione per clausole generali o concetti indeterminati, che rinvia alla mediazione giudiziaria la ricerca del punto di equilibrio tra interessi contrapposti, come avviene, ad esempio, a proposito del giustificato motivo di licenziamento o di trasferimento.

Si aggiunge la dinamica incessante del dialogo tra i giudici ordinari, la Corte costituzionale, la Corte di giustizia comunitaria e la Corte europea per i diritti dell'uomo.

Eccessi di una parte della giurisprudenza

Invece costituiscono pericolose arbitrarie invasioni da parte del potere giudiziario di spazi riservati al legislatore, all'autonomia collettiva o all'autonomia individuale tutte quelle azzardate opinioni interpretative dirette a consentire un controllo del giudice su poteri privati ancora liberi mediante la elaborazione di principi generali in effetti inesistenti, come quelli, ormai disattesi, di omnicomprensività della retribuzione e di parità di trattamento nei rapporti interprivati.

Nel complesso l'opera della giurisprudenza del lavoro è sicuramente meritoria, non potendo incidere su questa valutazione alcune intemperanze, sempre meno frequenti nel mutato clima generale.

Il ruolo di professori e avvocati

Il discorso sulla formazione giurisprudenziale del diritto del lavoro, riferito inevitabilmente all'opera dei giudici, comprende, ovviamente, l'importantissimo contributo della dottrina e dell'avvocatura, poiché sovente le sentenze, pur essendo vietate le citazioni di autori giuridici (art. 118, c. 3, disp. att. cod. proc. civ.) nella illusione di un giudice semplice «*bouche de la loi*», sono tributarie delle elaborazioni sistematiche dei professori e delle impostazioni difensive dei legali, alle volte essi stessi professori.

4.6. *L'equità*

Ambito del giudizio equitativo

Il ruolo del giudice nella formazione del diritto è valorizzato al massimo nei casi in cui gli è consentito giudicare secondo equità. Si tratta di ipotesi eccezionali, espressamente previste dalla legge, al di fuori delle quali il giudice «deve seguire le norme del diritto» (art. 113 cod. proc. civ.), mentre solo in materia di diritti disponibili la pronunzia secondo equità può essere richiesta concordemente dalle parti (art. 114 cod. proc. civ.).

Nel diritto del lavoro il legislatore si affida all'equità solo in mancanza di altre fonti (legge, contratti collettivi, usi normativi), come accade per la determinazione della retribuzione, del periodo di ferie, del periodo di comporto per malattia o infortunio, del periodo di preavviso di licenziamento o di dimissioni. Inoltre è prevista la valutazione equitativa della prestazione, quando sia certo il diritto, ma non sia possibile determinare altrimenti la somma dovuta al lavoratore (art. 432 cod. proc. civ.), nonché la liquidazione equitativa del risarcimento quando sia accertato il danno ma non sia possibile determinare il suo preciso ammontare (art. 1226 cod. civ.).

Lo spazio per l'equità, che tanta parte ha avuto alle origini del diritto del lavoro (cfr. 2.3), parrebbe, dunque, ormai estremamente ridotto in un sistema denso di regole, se non si considerasse che anche l'applicazione delle clausole generali o dei concetti indeterminati dà luogo a pronunzie sostanzialmente equitative.

Equità integrativa

In questi casi, come in quelli sopra analiticamente ricordati, si tratta di equità integrativa (o suppletiva) e non di equità formativa (o sostitutiva), sicché il giudice non può trarre la regola direttamente dalla realtà sociale sulla base di elementi metagiuridici, bensì deve sviluppare elementi razionali già presenti nell'ordinamento.

4.7. *Gli usi*

Usi normativi

Gli usi normativi, caratterizzati dalla reiterazione generale e costante di una condotta accompagnata dalla *opinio iuris seu necessitatis* della medesima, sono vere e proprie fonti di diritto oggettivo (art. 1 disp. prel. cod. civ.), che operano solo in mancanza di norme di legge o di contratto collettivo (art. 2078 cod. civ.). Gli usi più favorevoli ai lavoratori prevalgono sulle norme dispositive di legge, ma non sul contratto individuale.

Alcune disposizioni del codice civile richiamano espressamente gli usi per la determinazione, in mancanza di leggi speciali o di contratti collettivi, della durata del periodo di ferie, del periodo di conservazione del posto in caso di malattia o infortunio e del periodo di preavviso di licenziamento o di dimissioni.

Nel diritto del lavoro attuale, nel quale sembrano superate le disposizioni dell'art. 8 disp. prel. cod. civ., gli usi normativi hanno pochissimo spazio, in conseguenza della fitta regolamentazione legale e collettiva.

Usi aziendali Con gli usi normativi non vanno confusi gli usi aziendali, consistenti in una prolungata condotta generale e costante del datore di lavoro relativa alle condizioni di lavoro (ad es. emolumenti o riposi aggiuntivi), i quali non sono fonti di diritto oggettivo, poiché operano sul piano del contratto individuale integrandone il contenuto quali usi negoziali (art. 1340 cod. civ.).

Ne consegue: la immodificabilità *in peius* dell'uso aziendale ad opera di un successivo contratto collettivo o di iniziative unilaterali del datore di lavoro; la possibile sostituzione dell'uso con un uso contrario; la estraneità all'uso dei lavoratori assunti dopo la sua formazione e deliberatamente esclusi dal relativo trattamento; la immodificabilità *in peius* del contratto collettivo da parte dell'uso sopravvenuto.

Le conseguenze sono, ovviamente, diverse se si qualifica l'uso aziendale come uso normativo oppure come una sorta di contratto collettivo aziendale, secondo il più recente orientamento della Cassazione che conseguentemente ammette la modificabilità dell'uso ad opera del contratto collettivo sopravvenuto. Ma del primo manca sia il requisito della generalità di una condotta per definizione limitata ad una sola azienda, sia l'*opinio iuris seu necessitatis* trattandosi di una libera scelta del datore di lavoro, che poi finisce per obbligarlo, e non del riconoscimento di un vincolo esterno al contratto. Mentre del secondo manca la partecipazione alla formazione della regola di qualsiasi soggetto rappresentativo dell'interesse collettivo dei lavoratori, sicché la figura più prossima è quella del contratto plurimo, appunto mero cumulo di contratti individuali, e non quella del contratto collettivo.

4.8. *Le fonti internazionali e comunitarie*

Diritto internazionale del lavoro Molte norme di diritto del lavoro traggono origine dal diritto internazionale o dal diritto comunitario, in armonia con i principi costituzionali secondo cui la Repubblica «promuove e favorisce gli accordi e le organizzazioni internazionali intesi ad affermare e regolare i diritti del lavoro» (art. 35, c. 3, Cost.) e «consente, in condizioni di parità con gli altri Stati, alle limitazioni di sovranità necessarie ad un ordinamento che assicuri la pace e la giustizia fra le Nazioni; promuove e favorisce le organizzazioni internazionali rivolte a tale scopo» (art. 11 Cost.).

Vi è, tuttavia, una differenza fondamentale tra il diritto internazionale e quello comunitario: il primo produce norme che possono penetrare nell'ordinamento nazionale solo attraverso la legge di ratifica e di esecuzione del Trattato che le contiene; il secondo, invece, proprio in virtù di una preliminare limitazione di sovranità degli Stati aderenti alla Unione Europea, produce anche norme che operano direttamente nell'ordinamento nazionale prevalendo su quelle interne, con intuibili complicazioni e problemi di coordinamento.

Pertanto le convenzioni promosse dall'OIL (Organizzazione Internazionale del Lavoro) necessitano, come tutte le Convenzioni internazionali multilaterali, della ratifica degli Stati membri.

Regolamenti comunitari

Invece i regolamenti della Unione Europea, compresi quelli in materia di lavoro, sono direttamente operanti nell'ordinamento nazionale e, al pari delle norme del trattato istitutivo, prevalgono sulle norme interne anteriori e successive (c.d. primato del diritto comunitario). Il contrasto è rilevato e risolto dal giudice ordinario, che non deve neppure rivolgersi alla Corte costituzionale, ma, all'occorrenza, può adire in via incidentale la Corte di giustizia comunitaria per l'esatta interpretazione del diritto comunitario.

Direttive comunitarie

Le direttive dell'Unione si rivolgono agli Stati che hanno l'obbligo di adeguare il proprio ordinamento interno ed in mancanza la Corte di giustizia, su ricorso della Unione, accerta l'inadempimento. Tuttavia se la direttiva è chiara, precisa e incondizionata ha efficacia diretta, nel senso che lo Stato inadempiente non può farsi scudo dell'inosservanza del diritto comunitario e, quindi, deve risarcire il danno causato al privato dal mancato tempestivo adeguamento del diritto interno. Si tratta, comunque, di una efficacia verticale della direttiva, cioè solo nei confronti dello Stato, mentre rimane esclusa l'efficacia orizzontale nei rapporti tra privati riservata alle norme del Trattato e dei regolamenti. In ogni caso le direttive e le sentenze della Corte di giustizia che le interpretano spiegano una efficacia orizzontale indiretta, imponendo una interpretazione del diritto nazionale il più possibile ad esse conforme.

Trattato di Roma

In origine (Trattato di Roma del 1957) la Comunità Europea aveva lo scopo essenziale di creare un libero mercato per la circolazione delle merci e dei lavoratori. Solo successivamente si è sviluppata la politica sociale e sono state emanate numerose direttive, tra cui quelle sulla sicurezza del lavoro, sulla parità tra i sessi, sui licenziamenti collettivi, sul trasferimento d'azienda sulla tutela dei crediti di lavoro, sui comitati aziendali, sull'orario di lavoro, sul lavoro a termine, sul lavoro a tempo parziale, sui divieti di discriminazione.

Atto Unico Europeo

Nel 1987 entrava in vigore l'Atto Unico Europeo del 1986, che, pur non accogliendo la proposta di modifica del Trattato diretta ad introdurre nell'art. 117 la nozione di «spazio sociale europeo», fissava come obiettivo primario della Comunità il miglioramento della sicurezza del lavoro, affidava alla Commissione il compito di promuovere il dialogo sociale tra sindacati contrapposti, istituzionalizzava la «coesione economica e sociale» e la solidarietà tra gli Stati membri perseguita in particolare mediante Fondi a finalità strutturali per favorire uno sviluppo equilibrato del benessere e dell'occupazione delle diverse nazioni.

Carta sociale comunitaria

Nel 1989 veniva approvata la Carta comunitaria dei diritti sociali fondamentali (c.d. Carta sociale) che fissava importanti principi di tutela dei lavoratori (libera circolazione, occupazione e retribuzione, miglioramento delle condizioni di vita e di lavoro, protezione sociale, libertà di associazione sindacale e contrattazione collettiva, formazione professionale, parità di trattamento tra uomini e donne, informazione e consultazione e partecipazione dei lavoratori, sicurezza dell'ambiente di lavoro, protezione dell'infanzia e degli adolescenti), ma non ha valore precettivo, poiché rinvia ad una futura attuazione ad opera degli Stati membri o della stessa Comunità.

Trattato di Maastricht

Con il Trattato di Maastricht sull'Unione Europea del 7 febbraio 1992 (in vigore dal 1° novembre 1993) la politica sociale comunitaria avanzava solo mediante un complicato meccanismo reso necessario dal dissenso del Regno Unito: si escogitava, così, un Protocollo allegato al Trattato che autorizza gli altri undici Stati membri stipulanti un accordo, anch'esso allegato, ad utilizzare le procedure comunitarie (regolamenti, direttive, ecc.) per l'attuazione dell'accordo medesimo, che aveva come obiettivo la promozione dell'occupazione, il miglioramento delle condizioni di vita e di lavoro, una protezione sociale adeguata, il dialogo sociale, lo sviluppo delle risorse umane, la lotta contro le esclusioni, la sicurezza del lavoro, l'informazione e la consultazione dei lavoratori, la pari opportunità tra i sessi sul mercato del lavoro, la parità di retribuzione tra uomini e donne. Per tale attuazione veniva stabilita la regola generale di decisione a maggioranza qualificata, ma è stata conservata la regola dell'unanimità per alcune rilevanti materie (sicurezza sociale, licenziamenti, contributi per l'occupazione, rappresentanza collettiva dei lavoratori e dei datori).

Inoltre veniva istituzionalizzata la partecipazione consultiva delle parti sociali al procedimento di formazione degli atti comunitari di politica sociale ed era prevista la conclusione di accordi collettivi a livello comunitario destinati ad essere recepiti in apposite direttive come mezzo prioritario di realizzazione degli obiettivi sociali.

Trattato di Amsterdam

Con il Trattato di Amsterdam del 2 ottobre 1997 venivano notevolmente modificati sia il Trattato di Maastricht istitutivo dell'Unione Europea, sia il Trattato di Roma istitutivo della Comunità Europea, tant'è che di entrambi veniva approvata una versione consolidata.

Trattato di Lisbona

Con il Trattato di Lisbona entrato in vigore il 1° dicembre 2009 è stato modificato il nome del Trattato di Roma, ora denominato Trattato sul funzionamento dell'Unione Europea, ed è stata modificata la numerazione degli articoli di questo Trattato, nonché di quello di Maastricht con l'aggiunta di nuove disposizioni.

Tra le disposizioni fondamentali per il diritto del lavoro si ricordano: l'inserimento tra gli obiettivi dell'Unione e della Comunità della promozione anche mediante il dialogo sociale, del progresso economico e sociale e di un elevato livello di occupazione e protezione sociale per uno sviluppo equilibrato e sostenibile, con il rafforzamento della coesione economica e sociale; la possibilità di una cooperazione rafforzata tra alcuni soltanto degli Stati membri; la libertà di circolazione e di stabilimento dei lavoratori, con le relative necessarie misure in materia pensionistica; la deroga al divieto di aiuti degli Stati alle imprese idonei a falsare la concorrenza, se tali aiuti sono destinati a favorire lo sviluppo economico delle regioni ove il tenore di vita sia anormalmente basso oppure con una grave forma di sottoccupazione; l'esclusione delle disposizioni nazionali relative ai diritti ed interessi dei lavoratori dipendenti, al pari di quelle fiscali, dalla procedura di ravvicinamento delle legislazioni a maggioranza invece che all'unanimità, con riaffermazione del dominio del singolo Stato membro sulla propria legislazione lavoristica (sicurezza sociale, risoluzione del contratto, rappresentanza collettiva, lavoratori extracomunitari, contributi per l'occupazione), essendo eccezionalmente consentita l'adozione a maggioranza di direttive solo in materie tassative come l'ambiente di lavoro e la parità tra i sessi; la totale esclusione dalla competenza dell'Unione in materie fondamentali, quali la retribuzione, lo sciopero e la serrata; la possibilità per ciascuno Stato membro di affidare alla contrattazione collettiva la attuazione delle direttive e di mantenere o introdurre una maggiore protezione rispetto a quella prevista nelle direttive; la promozione del dialogo tra le parti sociali anche a livello comunitario con possibili accordi attuati a richiesta congiunta con direttive comunitarie; la promozione della cooperazione tra gli Stati membri in materia di diritto del lavoro, sindacale e previdenziale; l'espressa cautela secondo cui va rispettata la diversità delle prassi nazionali nelle relazioni contrattuali, va tutelata la competitività dell'economia dell'Unione e non va ostacolata la creazione e lo sviluppo di piccole e medie imprese.

Risulta, così, con chiarezza la filosofia del sistema comunitario, diretto a proteggere i lavoratori entro limiti ben precisi, segnati sia dalla necessità del consenso degli Stati membri a maggioranza o all'unanimità a seconda delle materie, sia dall'esigenza di garantire la competitività economica rispetto ai paesi terzi. Mentre ciascuno Stato è lasciato libero di valutare l'opportunità di stabilire nel proprio ordinamento una protezione maggiore.

Questi forti limiti della politica sociale comunitaria derivano, quindi, dalla necessità di rispettare le diversità nazionali e le compatibilità economiche di ciascuno Stato membro, nonché di mantenere la competitività complessiva dell'economia dell'Unione.

In questo quadro il processo di graduale armonizzazione delle tutele non è rapido, sicché permane, tra i diversi Stati membri, l'alterazione della concorrenza causata dal diverso costo del lavoro (c.d. *dumping* sociale).

Carta dei diritti fondamentali

Alla fine del 2000 è stata approvata dall'Unione europea la Carta dei diritti fondamentali, che contiene importanti disposizioni in materia sindacale e del lavoro, ma di cui è discussa l'efficacia giuridica, secondo l'impostazione preferibile solo indiretta nonostante l'espresso richiamo nel Trattato di Lisbona.

5. La situazione attuale e le prospettive

5.1. *La barbarie dell'incertezza del diritto*

Incertezza del diritto e pregiudizio dell'individuo

Il nostro diritto del lavoro è ridotto in condizioni vergognose al pari dell'intero ordinamento vigente. L'incertezza regna sovrana, con costi fortissimi per l'individuo incapace di orizzontarsi nella giungla di fonti, di norme e di arresti giurisprudenziali.

La funzione del diritto è di rassicurare ciascuno nei rapporti con gli altri consentendogli di vivere, di scegliere e di programmare, mentre l'ordinamento attuale atterrisce ostacolando la vita.

In una società complessa che ha fatto del cambiamento permanente, funzionale allo sviluppo capitalistico, la sua incivile bandiera, costringendo l'individuo ad uno sterile impegno di continuo aggiornamento per inseguire l'effimero quotidiano in tutte le dimensioni dell'esistenza a scapito di radicamenti affettivi e ideali, il diritto deve essere il più possibile semplice e stabile per dare certezze. Invece la velocità del cambiamento ha investito in pieno anche l'ordinamento, che ormai non governa l'economia, ma ne è governato.

La persona si scontra ogni giorno, in tutte le direzioni del suo agire, nelle complicazioni e nei continui mutamenti del diritto, dal quale non si sente più difesa, soffrendo, anzi, anche su questo versante, l'angoscia dell'incertezza che travolge la qualità della vita. La frequenza e variabilità dei rapporti tipica della società opulenta carica, infatti, sull'uomo comune tutti i problemi di un ordinamento non più degno di questo nome, perché non crea ordine ma disordine.

Perfino i giuristi hanno difficoltà a conoscere tutte le norme in base alle quali dovrebbero costruire il sistema.

L'illusione di una inversione di tendenza, sorta a seguito dell'intervento della Corte Costituzionale che ha arrestato l'indecente fenomeno della reiterazione per anni di decreti legge sempre in attesa di conversione, è stata subito stroncata dalla risposta del Parlamento, che abusa della delega legislativa al Governo oppure sforna mostruose leggi-contenitore con centinaia di articoli composti da moltissimi commi sulle materie più disparate. Mentre le stesse direttive comunitarie determinano una conseguente proliferazione delle leggi di attuazione, di solito colpevolmente prive del necessario coordinamento con il sistema nazionale vigente.

Risulta, così, sempre più difficile inseguire discipline in continuo mutamento, scovare disposizioni nascoste all'interno di leggi chilometriche, individuare l'effettiva volontà normativa nelle pieghe di ambigui compromessi, rinvenire un minimo di coerenza tra disposizioni irrimediabilmente contraddittorie.

Oggi i più gravi pericoli per la libertà dell'individuo vengono proprio dall'incertezza del diritto, che finisce per privilegiare i furbi ed i forti nei confronti dei semplici onesti. Sicché libertà e ordine non possono più essere disgiunti.

5.2. *Le due anime del diritto del lavoro*

Evoluzione del sistema

In questo triste quadro generale si inserisce, con specifiche complicazioni, l'evoluzione del diritto del lavoro, in cui l'anima tradizionale, privatistica, microeconomica e conflittuale, incentrata sulla tutela della persona del lavoratore implicata nel rapporto mediante norme inderogabili poste dalla legge o dall'autonomia collettiva, a sua volta garantita o sostenuta dalla legge stessa, convive ormai con una diversa anima pubblicistica, macroeconomica e partecipativa, attenta alle interrelazioni tra la disciplina del lavoro da un lato ed il funzionamento dell'impresa e del complessivo sistema economico dall'altro, nella consapevolezza che tale funzionamento condiziona la stessa possibilità di effettiva soddisfazione delle esigenze dei lavoratori.

Questi sono considerati dall'ordinamento non solo come parti del rapporto, ma anche come soggetti del mercato alla ricerca di un rapporto; non solo come produttori interessati al conseguimento e all'accrescimento del proprio reddito, ma anche come consumatori e utenti interessati all'acquisizione di beni e servizi mediante l'utilizzazione di tale reddito e come cittadini interessati al buon andamento dell'economia.

Con lo sviluppo economico si è passati, dunque, da una situazione di diseguaglianza di fatto così forte da rendere socialmente utile per definizione il progressivo miglioramento delle condizioni di lavoro ed il conflitto per ottenerlo ad una situazione di diffuso benessere in cui l'interesse generale, ed anche quello di molti lavoratori, non sempre coincide con l'accrescimento o la conservazione delle tutele, potendo anche prevalere esigenze di compatibilità economica, riferite alla singola impresa oppure agli equilibri di un settore o dell'intero sistema, ed esigenze di solidarietà all'interno di un gruppo o tra gruppi per una più equa distribuzione delle risorse. Il diritto del lavoro diviene, in tal modo, strumento della politica economica, che a sua volta mette altri suoi strumenti a disposizione degli obiettivi lavoristici.

Caratteri tradizionali

Si spiega, allora, come nel nostro ordinamento si sia realizzata dapprima, e per lungo tempo, una irrazionale stratificazione di garanzie, secondo un processo caratterizzato da: a) la fortissima compressione dell'autonomia individuale a favore di regole sovraordinate, di fonte legale e collettiva, dotate di efficacia sostitutiva; b) il sostanziale lungo accantonamento dei problemi di compatibilità economica delle tutele, considerate assurdamente come variabili indipendenti, con la conseguente sottovalutazione dei possibili effetti macroeconomici negativi del loro eccesso in termini di inflazione, disoccupazione e debito pubblico; c) l'attribuzione di tali tutele in base al mero *status* di lavoratore dipendente, sull'erroneo presupposto di una automatica ed indistinta coincidenza tra subordinazione e debolezza contrattuale, con conseguente spreco di risorse private e pubbliche a favore di soggetti non bisognosi di tutta la protezione loro accordata e, comunque, drammatizzazione della qualificazione del rapporto in quanto esclusiva chiave di accesso a tutele, anche previdenziali, prive della necessaria graduazione; d) la divisione del mondo del lavoro dipendente in un'area a tutela debole ed un'area a tutela forte, limitata quest'ultima agli occupati nelle imprese di una certa dimensione come tali beneficiari di efficaci garanzie sindacali nei luoghi di lavoro, di protezione reale contro il licenziamento ingiustificato con la connessa effettiva fruibilità delle altre tutele nel corso del rapporto e di serie prestazioni previdenziali in caso di temporanea o definitiva eccedenza di personale.

Nuove tendenze

Solo dopo la metà degli anni '70 a questo discutibile sistema di difesa del lavoratore, che pure ha avuto il grande merito di agevolare e consolidare l'evoluzione del costume nel senso della libertà della persona, ha cominciato ad affiancarsi una serie di norme dirette a contemperare la rigida tutela della posizione dei lavoratori stabilmente occupati con interessi diversi.

Inizialmente la novità è apparsa così forte ed inconciliabile con gli schemi consueti da far parlare di diritto del lavoro dell'emergenza, ma ben presto è risultato evidente che si tratta, al di là della espressa temporaneità di alcune disposizioni, di una componente stabile della materia. E così: a) l'interesse generale al contenimento dell'inflazione, ritenuto legittimamente prevalente rispetto a qualsiasi interesse collettivo professionale anche di dimensione confederale (Corte Cost. n. 34 del 1985), giustifica la riduzione d'imperio degli automatismi retributivi con la imposizione di tetti legali all'autonomia collettiva, anche in funzione repressiva di ogni dissenso alla concertazione trilaterale del costo del lavoro; b) l'interesse generale al godimento dei diritti della persona costituzionalmente tutelati consente la limitazione del diritto di sciopero nell'ambito dei servizi pubblici essenziali (Corte Cost. n. 317 del 1992); c) l'interesse generale alla riduzione del fenomeno dell'assenteismo giustifica le restrizioni della disciplina delle cure termali e l'obbligo di reperibilità del lavoratore malato in determinate fasce orarie per un efficace e tempestivo controllo; d) l'interesse ad evitare il dissesto degli enti previdenziali ed il sacrificio delle generazioni future in una società con poche culle e poche tombe determina la riduzione ed il differimento del trattamento pensionistico pubblico; e) l'interesse all'occupazione, la cui soddisfazione dipende dalla creazione e dalla sopravvivenza dell'impresa, spiega la graduazione e disapplicazione di tutele diretta ad agevolare le nuove iniziative imprenditoriali e la conservazione di quelle esistenti, nonché la tendenza verso una maggiore flessibilità normativa in tema di scelta del contraente, di durata del rapporto, di orario di lavoro e di retribuzione; f) l'interesse ad evitare abusi e incertezze nella fruizione delle tutele giustifica le decadenze per l'introduzione del giudizio e le limitazioni del risarcimento nelle controversie ad importo crescente; g) l'interesse ad una gestione rapida delle controversie senza le lungaggini dell'accertamento giudiziale consente l'arbitrato irrituale liberamente scelto dalle parti con lodo contrattuale inoppugnabile per violazione di norme relative al merito della controversia; h) nel lavoro pubblico privatizzato l'efficienza della pubblica amministrazione è protetta con una severa disciplina dell'assenteismo e degli illeciti disciplinari, oltre che con la riduzione delle prerogative sindacali e il rafforzamento dei poteri della dirigenza.

Si tratta di interessi che, pur in contrasto con quello al miglioramento o alla conservazione delle condizioni di lavoro e previdenziali, non sono estranei agli stessi lavoratori, come risulta evidente non solo per l'interesse all'occupazione, ma anche per l'interesse alla salvaguardia degli enti previdenziali e per l'interesse al funzionamento dei servizi pubblici essenziali ed al contenimento dell'inflazione, di cui beneficiano i lavoratori che, in qualità di utenti o consumatori, impiegano il loro reddito.

Pertanto si può ben dire che il diritto del lavoro ha ormai due anime, ma conserva uno spirito unitario consistente nella tutela della persona del lavoratore dentro e fuori il rapporto.

Resistenza criminale

Invece alcuni fuorilegge, nostalgici del modello esasperatamente conflittuale in vista di una vagheggiata rivoluzione contro il sistema capitalistico, considerano come nemici da eliminare gli intellettuali riformisti. Da qui i crimini efferati contro impegnati giuristi ed economisti del lavoro, quali i professori Giugni (1983), Tarantelli (1985), D'Antona (1999) e Biagi (2002).

5.3. *Occupazione e diritto del lavoro nella società opulenta*

Materialismo e omologazione consumistica

In tutti i paesi sviluppati il capitalismo, dopo avere sfruttato impietosamente alcune generazioni di lavoratori per una accumulazione forse senza alternative, ha fronteggiato e sconfitto il conseguente attacco marxista migliorando le condizioni di lavoro e distribuendo benessere materiale, ma con la contestuale inevitabile affermazione della ideologia edonistica del consumo, funzionale alla sopravvivenza del capitalismo stesso e di facile penetrazione in masse spinte ad identificare il senso della vita nel continuo scontro di interessi individuali e collettivi per la spartizione di beni terreni in una vana ricerca della felicità.

Il diritto del lavoro e il diritto tributario sono stati gli strumenti di questa epocale trasformazione del costume, estendendo la legittimazione dell'egoismo edonistico «dalla borghesia al popolo» (Balzac), secondo una prevedibile evoluzione del sistema liberale fondato sulla proprietà e sul contratto. La persona, schiacciata tra i due contrapposti materialismi liberista e marxista, ha ottenuto, così, adeguata tutela nei confronti dei pericoli connessi al rapporto di lavoro, ma, con la vittoria del capitalismo, è rimasta in balia del mercato sia nella ricerca dell'occupazione, sia nella tragica e nevrotica omologazione consumistica indotta anche dalla televisione, secondo la ineccepibile descrizione contenuta nelle Encicliche di Giovanni Paolo II *Laborem exercens* del 1981 e *Centesimus Annus* del 1991, che riecheggiano le amare e lucide considerazioni degli *Scritti corsàri* di Pasolini. La garanzia delle libertà formali e sostanziali, traguardo del liberalismo illuminato, consente e lascia all'individuo la ricerca della propria realizzazione, con una soluzione adeguata solo per forti personalità, che sarebbero comunque emerse come sempre nella storia. Mentre l'uomo comune cade nel vuoto del pensiero debole e della indistinta tolleranza liberale, subendo il conseguente incontrastato dominio della tecnica, della competizione economica e della superficiale passiva frenesia edonistica, senza una seria possibilità di coltivare i valori spirituali del vero, del bello e del bene, poiché usura, lussuria e potere, anche prima e sempre diffusi ma considerati come male nella morale comune in cui si acquietavano gli ultimi, sono ora nell'immaginario collettivo i traguardi da raggiungere con ansia nevrotica, livore ed infelicità per chi ne resta escluso. E così il superamento della prima degenerazione illuministica (libertà solo formali e dittatura contrattuale del più forte) conduce ad una seconda degenerazione non meno grave della prima ed ancora priva di adeguate risposte.

Tuttavia questa evoluzione, che pure ha determinato importanti progressi sociali, non è ancora avvenuta nei paesi poveri ed in quelli di recente industrializzazione, dove le condizioni di lavoro e di vita sono spesso disumane, ripetendosi, in alcune situazioni, il fenomeno dello sfruttamento di massa secondo la legge bronzea dei salari.

Il capitalismo ed il conseguente diritto del lavoro tradizionale hanno determinato, dunque, due grandi categorie di esclusi dall'opulenza edonistica: da un lato i disoccupati e i nuovi poveri nei paesi sviluppati, per i quali non a caso si parla di società dei due terzi; dall'altro lato intere popolazioni nei paesi arretrati.

Economia mondializzata e occupazione

In un'economia ormai mondializzata, dove si muovono con facilità capitali, merci, imprese e persone, proprio il diritto del lavoro, al pari del diritto tributario e del diritto ambientale, costituisce un fondamentale fattore di distribuzione delle imprese e, quindi, dell'occupazione.

La norma inderogabile, infatti, funziona solo se copre l'intero mercato, altrimenti induce, come è avvenuto, la fuga dei soggetti onerati verso le aree libere (paradisi fiscali e/o lavoristici e/o ambientali) provviste di sufficienti requisiti infrastrutturali e di ordine pubblico. Le imprese, specie se impiegano personale poco qualificato, si spostano facilmente dove il costo del lavoro è minore, sicché le occasioni di occupazione crescono dove il diritto del lavoro è più arretrato e si riducono nei paesi a tutela avanzata.

Nel breve periodo questo fenomeno contrappone, in un violento contrasto di interessi, i due gruppi di esclusi, con esito peraltro scontato a favore di chi offre la propria prestazione a condizioni eclatantemente inferiori. Sicché è stato efficacemente rilevato che l'operaio occidentale è stretto tra salari orientali e prezzi occidentali. Si profila, così, la necessità di proteggere le produzioni dei paesi avanzati mediante aiuti alle imprese, dazi e limiti quantitativi all'importazione, almeno per quei beni altrove realizzati a basso costo mediante lo sfruttamento del lavoro e dell'ambiente. Dal che il fortissimo conflitto tra Stati, anche nell'ambito degli organismi internazionali come il *WTO*. Dovendosi, peraltro, distinguere la posizione dei paesi poveri che difendono l'esportazione dei prodotti agricoli essenziale per la sopravvivenza dei loro popoli, da quella di altri paesi ormai prepotenti protagonisti dell'economia mondiale come la Cina, che invade i mercati con prodotti industriali a bassissimo prezzo sfruttando non solo un costo del lavoro dieci volte inferiore a quello occidentale con pace sociale imposta dallo Stato, ma anche una fortissima accumulazione di capitale assai più rapida di quella storicamente verificatasi in occidente, poiché somma alla accumulazione interna il massiccio trasferimento di capitali esteri, in uno sviluppo trionfante secondo lo slogan governativo lanciato negli anni '90 «arricchirsi è glorioso».

Nel lungo periodo, invece, il sofferto movimento incrociato di imprese verso i mercati a basso costo del lavoro e di lavoratori verso le aree a retribuzione più elevata dovrebbe realizzare un migliore equilibrio internazionale. Si comincia, così, ad intravedere, in relazione al fondamentale obiettivo dello sviluppo dei paesi poveri irrisolto sul piano degli aiuti tra Stati, un altro di quei positivi effetti macroeconomici non intenzionali del capitalismo, il cui vero ed irrimediabile costo sociale rimane la distruzione dell'ambiente, delle civiltà e delle coscienze sistematicamente annegate nel ricordato modello uniforme del relativismo etico e dell'edonismo consumistico.

In questa non breve transizione occorre governare il problema della crescente disoccupazione nelle economie opulente, aggredite dall'irresistibile *dumping* sociale dei paesi emergenti, che richiede, anche per la tutela delle popolazioni di tali paesi, un diritto di fonte sovranazionale come risposta di civiltà alla mondializzazione dell'economia.

In effetti nell'immediato risulta impossibile eliminare con una equiparazione in alto il fortissimo scarto di tutele che provoca la migrazione delle imprese, sicché viene istintivo nei paesi avanzati considerare il proprio diritto del lavoro come un ostacolo all'occupazione interna.

Da qui la spinta verso la flessibilizzazione, la graduazione e, perfino, la riduzione delle tutele, che però sono strumenti sicuramente insufficienti a compensare macroscopiche differenze di costo del lavoro, potendo efficacemente incidere, come si vedrà, solo sulla concorrenza tra diverse aree interne alle economie sviluppate.

Del resto non è agevole la redistribuzione del lavoro esistente secondo il riscoperto slogan «lavorare meno per lavorare tutti». Mentre neppure l'intensificazione dello sviluppo per creare nuova occupazione è esente da ostacoli, sia per le note difficoltà di una crescita economica legata ad attività sofisticate che richiedono forti investimenti in formazione e ricerca, sia per le caratteristiche della evoluzione tecnologica che spesso distrugge più posti di lavoro di quanti ne crea. Senza dire delle serie controindicazioni al dogma capitalistico dello sviluppo permanente, che non sempre nella società opulenta migliora la qualità della vita, fondandosi sulla induzione edonistica di nuovi bisogni e sulla mercificazione di bisogni prima soddisfatti altrimenti. Le democrazie occidentali poggiano sul ferreo fondamentalismo dell'opulenza di massa, incarnato nella ricerca di un continuo aumento del PIL, attuale *totem* di classi dirigenti incapaci di guidare l'evoluzione culturale necessaria per la condivisione di un progetto sociale alternativo all'egoismo consumistico. Fondamentalismo che non assicura aumento dell'occupazione e vero progresso per l'individuo, ma significa sovente distruzione di civiltà e di risorse ambientali con sacrificio delle generazioni future, in un clima di scomparsa di valori ideali che concorre anche a spiegare alcune forme di contestazione (c.d. *no global*) o di rifiuto (ad es. nel mondo islamico) della odierna civiltà occidentale.

Disoccupazione nel Mezzogiorno

Diverso, seppur sovrapposto a quello di dimensione mondiale fin qui esaminato, è il problema delle punte di disoccupazione in alcune aree interne ai paesi ad economia avanzata, come ad esempio nel Meridione d'Italia ed in altre regioni dell'Unione Europea.

Qui lo squilibrio non deriva dal diritto del lavoro o dal diritto tributario, che sono uniformi nell'intero paese di riferimento, bensì da differenze relative ad altri fattori determinanti gli insediamenti produttivi, come le infrastrutture, l'efficienza della pubblica amministrazione, l'ordine pubblico, il costo del denaro, la distanza dai mercati delle materie prime e del prodotto finito, la formazione di imprenditori e lavoratori. Non v'è dubbio che solo con interventi di fondo diretti ad attenuare le indicate differenze si può affrontare in via strutturale il problema, ma questa definitiva soluzione richiede tempi non brevi.

Rimedi giuslavoristici

Si comprende, così, l'importanza dell'intervento giuslavoristico al fine di agevolare la creazione e la sopravvivenza delle imprese in difesa dell'interesse all'occupazione. In questa prospettiva il diritto del lavoro opera su se stesso, flessibilizzando o riducendo le tutele precedentemente stabilite per rendere conveniente la instaurazione o la prosecuzione di rapporti di lavoro altrimenti fuori mercato, e, dunque, finisce per essere utilizzato quale strumento di politica economica per compensare gli svantaggi derivanti all'impresa da altri fattori. Sicché è evidente che, se si vuole ridurre la disoccupazione e far emergere il lavoro sommerso in una determinata area, la riduzione del costo del lavoro, al pari di ogni altro incentivo, deve riguardare solo quell'area, oltretutto con meditata graduazione nei diversi settori economici onde evitare che l'intervento si risolva in un mero accrescimento di profitti senza creazione di nuovi posti di lavoro o, peggio, con precarizzazione dei posti esistenti.

L'eliminazione di alcune rigidità e una razionale redistribuzione delle tutele in base alle effettive condizioni di debolezza ambientale e personale dei beneficiari possono anche servire ad accentuare il *turn over* sui posti di lavoro disponibili, con attenuazione della attuale ingiusta iperprotezione degli occupati stabili nei confronti dei disoccupati, la cui concorrenza è inibita proprio dalla generale applicazione della disciplina inderogabile. Anche se non sembra ragionevolmente realizzabile in Italia, se non con un definitivo stravolgimento antropologico, un modello di forte mobilità professionale e geografica, più consono ad una popolazione, come quella degli USA, per la sua stessa origine geneticamente incline alla competizione sfrenata ed al continuo cambiamento, seppur anch'essa ormai diffusamente colpita dalla conseguente sindrome ansioso depressiva. Il che non va trascurato, insieme all'oggettivo minor costo della vita, nella valutazione della sufficienza nel Meridione di retribuzioni sensibilmente inferiori a quelle del Nord, ma non a caso preferite dagli stessi interessati pur di «restare a casa».

Impotenza del legislatore

Nelle attuali democrazie è per definizione impossibile la ricerca e l'attuazione della sapienza e, quindi, del vero bene, secondo le concorrenti formulazioni della *veritas in caritate* di S. Paolo e della *caritas in veritate* di Benedetto XVI. Invero l'esigenza del consenso elettorale o parlamentare impone nella migliore delle ipotesi pacati programmi di mera mediazione tra i diversi interessi particolari e nella peggiore sguaiate ideologie partigiane. In entrambi i casi con sicuro sacrificio dell'interesse generale, sconosciuto alla volontà popolare legata a necessità contingenti e orientata da un dibattito mediatico e informatico di infimo livello. Da qui l'impotenza di qualsiasi legislatore, costretto nel buio dei senzaspirito.

Irti ha ragione quando rileva che il diritto non ha più alcun fondamento diverso dalla mera volontà del legislatore del momento. Ma sbaglia nel ritenere che questa volontà potrebbe tutto, poiché, al contrario, nei regimi democratici si tratta di una volontà impotente. I senzaspirito guardiani spietati della propria avidità o idolatri di transeunti strumenti di giustizia sociale tengono in scacco il legislatore democratico, impedendogli di guardare lontano alla sapienza senza tempo per individuare e realizzare con norme adeguate l'interesse generale. E così, in un intreccio malefico, governanti e governati si uniformano tra loro barcollando in una impotenza epocale.

Il giurista leale prende atto e imperterrito continua nel suo paziente e difficile impegno di costruzione del sistema, avvertito come ultimo baluardo alla babele diabolica già nel pensiero di Nietzsche, per cui non ci si può sbarazzare di Dio fin quando si crede nella grammatica. Poiché la grammatica, ed il diritto che ne fa parte, garantiscono l'ordine delle parole e della convivenza rispecchiando l'ordine del *Logos*, al pari della matematica e della musica nella triplice via pitagorica. Quando difendo la certezza contro l'orgia di diritti riconosciuti solo *ex post* in base a norme generiche e multilivello, difendo un ordine per ora dimenticato.

Nell'economia globalizzata la concorrenza dei paesi a basso costo del lavoro e ambientale determina migrazioni delle imprese e disoccupazione. Conseguenze evitabili solo con adeguate barriere doganali, che non sono state predisposte, o con l'applicazione all'intero mercato delle stesse norme inderogabili ad opera di una, per ora inesistente, autorità politica mondiale con poteri coercitivi. *Rimedi veri*

E nel mercato finanziario globale è difficile collocare, se non con interessi elevati, titoli di Stati con alto debito pubblico e bassa crescita come l'Italia.

In questo contesto il nostro paese può salvarsi solo se si riconosce e si dice la verità sul vigente modello di giustizia sociale: 1) la disciplina del lavoro è dannosa per i suoi caratteri di conflittualità, uniformità oppressiva e incertezza, che ignorano l'interesse comune; 2) lo Stato sociale impersonale non è adatto al popolo italiano, che non lo riconosce come proprio sia quando diffusamente ne abusa e ne approfitta, sia quando non lo finanzia con l'evasione fiscale o lo finanzia malvolentieri pagando *obtorto collo* il troppo ingiustamente richiesto.

Gli strenui difensori dell'attuale modello di Stato sociale, di fronte alla carenza di risorse, affermano che si potrebbe mantenere il livello delle prestazioni se venisse debellata l'evasione fiscale. Ma a tal fine non servono teatrali blitz della Guardia di finanza, da dare in pasto mediatico ai tartassati. E non serve neppure identificare i cattivi solo con imprenditori e lavoratori autonomi, poiché molti evasori sono lavoratori subordinati che svolgono un secondo lavoro in nero. Serve solo sostituire all'attuale sistema di dichiarazione con controlli successivi anche sulla base di discutibili studi di settore un diverso semplice sistema di concordato preventivo di ciascun contribuente con un funzionario esperto del settore ed informato del tenore di vita del contribuente e della sua famiglia. E sarebbe utile anche un'imposta patrimoniale selettiva, a carico di tutto il patrimonio immobiliare o mobiliare acquisito negli ultimi dieci anni che il contribuente non possa giustificare con i redditi da lui dichiarati o con altre lecite provenienze.

Mentre per il problema del debito pubblico, oltre alla tassazione delle transazioni finanziarie che stroncherebbe una speculazione certo non meno indecente dell'evasione fiscale, basterebbero titoli di stato garantiti da beni pubblici precisamente individuati, che, in caso di mancato rimborso alla scadenza del corrispondente titolo nominativo non commerciabile, passerebbero automaticamente nella proprietà dell'avente diritto.

Quanto ai servizi dello Stato sociale, di cui il popolo italiano approfitta senza limiti se sono gratuiti, occorre: far pagare sempre qualcosa in proporzione al reddito; per i farmaci e le prestazioni sanitarie di diagnosi e cura con o senza ricovero, che i medici non possono negare secondo coscienza per il timore della responsabilità, occorre la seria verifica, anche d'urgenza, sulla base di precise informazioni ad opera di apposite commissioni in seduta permanente a rotazione coperte da assicurazione; per l'istruzione non obbligatoria e specialmente universitaria occorre che i benestanti paghino adeguate rette da cui ricavare anche, nel rapporto di 1 a 1, borse di studio per i non abbienti capaci e meritevoli, mentre gli altri, incapaci o neghittosi, non devono studiare, ma iniziare subito a lavorare o a formarsi per un lavoro, con eliminazione dell'attuale triste fenomeno, conseguenza del populismo cattocomunista, della disoccupazione di una gioventù (si fa per dire) illusa dall'aver completato, alla meno peggio, corsi di studio non selettivi e che conseguentemente rifiuta moltissimi lavori ritenuti incongrui e lasciati agli immigrati; per le prestazioni di disoccupazione, al fine di impedire il diffuso lavoro nero, occorre rafforzare la condizionalità imponendo comunque per otto ore al giorno al percettore di formarsi o di svolgere un qualsiasi lavoro socialmente utile.

Per far aumentare l'occupazione ed emergere il lavoro nero occorre esaltare l'interesse comune, privilegiando i contratti associativi rispetto al contratto di scambio corrispettivo. E, quindi, largo spazio nelle piccole e medie imprese ai contratti di associazione in partecipazione, con seri controlli sulla effettività del rendiconto ed equa parametrazione del reddito del lavoratore associato agli utili dell'impresa, restando automaticamente esclusa tutta la disciplina del lavoro subordinato salvo la sicurezza del lavoro e la previdenza. E largo spazio, anche con sgravi fiscali, alle vere cooperative di lavoro di dimensioni ragionevoli e con i seri controlli previsti dalla Costituzione, con soppressione dell'assurda e incostituzionale sovrapposizione al contratto societario di un contratto di lavoro con la relativa disciplina, che non ha senso nei confronti di un comproprietario dell'impresa.

Nelle aziende più grandi partecipazione dei lavoratori alla gestione, con propri rappresentanti nel consiglio di amministrazione, ed equa ripartizione tra capitale e lavoro degli eventuali utili. Con adeguamento della disciplina del lavoro alle reali esigenze di ciascuna impresa, mediante contratti di prossimità o regole del caso concreto fissate di volta in volta da organismi paritetici introaziendali.

5.4. *Il ruolo dell'autonomia collettiva tra tutela delle condizioni di lavoro e difesa dell'interesse all'occupazione*

Conflitti tra lavoratori

Ormai bisogna prendere atto che è proprio la società opulenta dei consumi di massa, resa possibile dalla crescita del diritto del lavoro, a scatenare nuovi violenti conflitti tra lavoratori sia al suo interno, sia nei confronti dei paesi poveri. Si tratta di conflitti non più governabili con il tradizionale strumento della norma inderogabile uniforme, con il quale per lungo tempo è stato affrontato il problema della tutela dei lavoratori dalla concorrenza reciproca in una situazione di diffusa disoccupazione. Ed, anzi, sovente è l'eccesso delle tutele inderogabili a generare o a complicare tali conflitti.

Non deve meravigliare, dunque, se, alle ricordate contrapposizioni di interessi tra lavoratori di diversi Stati o di diverse regioni per la dislocazione delle imprese e tra occupati e disoccupati per la distribuzione delle tutele e delle occasioni di lavoro esistenti, si aggiungono i contrasti tra addetti a diversi settori economici nell'avvicendamento dei ruoli di produttore e di consumatore-utente o tra addetti al medesimo settore divisi a seconda del mestiere o tra diverse generazioni a proposito della entità e distribuzione della spesa sociale.

In questa situazione anche la contrattazione collettiva è chiamata ad assolvere una funzione opposta a quella tradizionale di fissazione di condizioni minime uniformi che eliminano dal mercato le imprese meno efficienti e, quindi, privilegiano l'interesse dei lavoratori ad un miglior trattamento rispetto all'interesse ad una maggiore occupazione. Questa logica, sostanzialmente necessitata in una situazione di sfruttamento della manodopera fronteggiabile solo con una ferrea autodisciplina della concorrenza tra lavoratori mediante la posizione di una norma comune inderogabile, tende a rovesciarsi nella diversa situazione, tipica delle società opulente, in cui il vero pericolo per la persona non è più tanto nel rapporto di lavoro ormai adeguatamente disciplinato, quanto nella mancanza di lavoro. Sicché gli stessi sindacati dei lavoratori possono ritenere conveniente non solo concertare con il Governo un generale contenimento delle tutele per il conseguimento di obiettivi macroeconomici funzionali ad una crescita dell'occupazione, ma anche flessibilizzare e diversificare i modelli protettivi per rendere legittimamente fruibili occasioni di lavoro particolari e per consentire la creazione e la sopravvivenza di imprese altrimenti fuori mercato.

Contrasti tra interessi collettivi di diversa dimensione

Esplode, così, il contrasto tra interessi collettivi di diversa dimensione: sia in relazione ai sacrifici concordati a livello confederale, ai quali tendono a sottrarsi gruppi di settore o di mestiere indisponibili a mediazioni così ampie e consapevoli della propria forza contrattuale utilizzabile per ottenere vantaggi particolari; sia in relazione a riduzioni di trattamento a livello aziendale o di area propugnate dalle organizzazioni periferiche, ma sovente malviste da vertici sindacali timorosi di indebolirsi a seguito dello sgretolamento della norma comune nazionale.

La tradizionale preferenza per gli occupati rende i sindacati assai più disponibili a concordare riduzioni di tutele per salvare in tutto o in parte i posti di lavoro esistenti (trasferimenti di aziende in crisi, contratti di riallineamento, cassa integrazione, contratti di solidarietà difensiva, licenziamenti collettivi), che non per crearne di nuovi, per i quali vengono consentite flessibilità controllate di impiego (contratti a termine, somministrazione di lavoro, contratti a tempo parziale), ma solo eccezionalmente riduzioni della retribuzione prevista nel contratto nazionale.

L'ineludibile necessità per l'autonomia collettiva di assolvere contemporaneamente la doppia funzione di tutela delle condizioni di lavoro e di difesa dell'interesse all'occupazione finisce per incidere sulla stessa articolazione del sistema contrattuale, dubitandosi perfino, in una economia a bassa inflazione, della opportunità di conservare il livello di contrattazione nazionale nella prospettiva di un sostanziale adeguamento del trattamento dei dipendenti alla produttività di ciascuna impresa.

Ormai l'accordo interconfederale per l'industria del 28 giugno 2011 e l'art. 8 del d.l. n. 138 del 2011 conv. in legge n. 148 del 2011 consentono ai contratti aziendali e territoriali di derogare con efficacia generale numerose e importanti tutele previste dalla legge e dai contratti nazionali per adeguare la disciplina del lavoro agli specifici contesti produttivi al fine di conservare e accrescere l'occupazione.

5.5. *La necessità di modificare il sistema delle tutele*

Anche nel diritto del lavoro la stagione del disordine, che è servita all'avanzamento indiscriminato delle tutele, identificato all'epoca con il bene comune, deve volgere al termine perché possano essere protetti i veri deboli, aggiornando i meccanismi di attuazione del principio dell'art. 3, c. 2, Cost.

Selezione delle tutele

La stessa nozione formale di subordinazione come criterio selettivo delle tutele è apertamente in crisi, poiché non è più vero il suo presupposto secondo cui tutti e solo i lavoratori subordinati sarebbero bisognevoli di tutela. Non è più vero il «solo», in quanto molti lavoratori non subordinati sono soggetti contrattualmente deboli che vanno protetti, ma non è più vero neppure il «tutti», in quanto all'interno dell'area della subordinazione le esigenze di tutela sono fortemente differenziate.

Appare, dunque, davvero improcrastinabile un sistema di diversificazione della disciplina protettiva non tanto in base a modelli astratti di rapporto, quanto in base alla concreta situazione di debolezza socio-economica e quindi contrattuale del singolo lavoratore, che tenga conto anche di fattori ambientali (ad es. il livello del costo della vita e la possibilità di soddisfazione non mercificata di bisogni nel luogo di residenza), personali (ad es. le condizioni della famiglia del lavoratore: monoreddito o plurireddito; con patrimonio o senza patrimonio) e professionali (ad es. le probabilità di reperimento immediato di altra occupazione). Mentre oggi, proprio come inevitabile conseguenza del fondamento del sistema giuslavoristico su modelli normativi astratti, la giurisprudenza è costretta a dichiarare irrilevante l'effettiva situazione di debolezza del lavoratore ai fini della qualificazione del rapporto e, quindi, dell'accesso alle tutele.

Norme astratte e precetti specifici

Devono essere limitate all'indispensabile le tutele fondate sul binomio, foriero di incertezza, norma astratta inderogabile – giudice, privilegiando le tecniche alternative di fissazione di precetti specifici da parte dell'autonomia collettiva o dell'autorità amministrativa o dell'autonomia individuale assistita. In queste ipotesi, infatti, l'intervento del giudice è per definizione diretto a sanzionare la violazione di un precetto specifico ben conoscibile *ex ante* e non a sindacare la conformità della condotta rispetto a principi inderogabili generici, come avviene ancora nel disordinato sistema della ipocrita moltiplicazione di modelli di rapporto, diretta a mascherare o giustificare l'esclusione di alcune tutele di cui non si vuole discutere apertamente e direttamente.

La perniciosa e acritica preferenza per il controllo successivo da parte del giudice sulla base di norme generiche rispetto al controllo preventivo delle parti sociali e della pubblica amministrazione funzionale alla creazione di regole specifiche certe costituisce la maledizione del diritto del lavoro. Si verifica, così, una sorta di eterogenesi dei fini dell'inderogabilità, nata per impedire l'autodanneggiamento di soggetti deboli e non per cristallizzare una prevalenza manichea del binomio norma astratta-giudice, con il relativo costo in termini di certezza, sulle tecniche alternative di fissazione extralegislativa di precetti specifici ed insindacabili *ex post* in virtù delle garanzie genetiche che li circondano.

La volontà individuale assistita

Pertanto sia per ridurre il costo delle norme inderogabili in termini di certezza del diritto, che disincentiva l'allocazione delle imprese indispensabile per creare nuova occupazione, sia per tutelare i veri deboli, è necessario intervenire non sul tipo astratto di rapporto, bensì apertamente e direttamente sulla regolazione del singolo rapporto. I sindacati o gli enti bilaterali devono essere autorizzati dalla legge ad assistere la volontà individuale di uno o più lavoratori non solo, come già è previsto (art. 2113 cod. civ.), nella fase di disposizione dei diritti derivanti da norme inderogabili, ma anche nella fase di fissazione *ex ante* di una disciplina specifica con possibilità di deroga, entro limiti predeterminati, ad alcuni precetti imperativi della legge e del contratto collettivo. In tal modo: da un lato sarebbe finalmente consentito individuare, di volta in volta, un apparato di tutele davvero calibrato sulla effettiva situazione del lavoratore, senza quegli sprechi che attualmente pregiudicano lo stesso interesse all'occupazione sacrificandolo sull'altare di una ormai intollerabile uniformità; dall'altro lato sarebbero in gran parte eliminate le controversie sulla qualificazione del rapporto, con sensibile beneficio anche per la dignità del lavoratore non più tentato di rinnegare la parola data essendo comunque certa la disciplina in concreto applicabile per come pattuita, salve, ovviamente, le oneste doglianze fondate sull'eventuale scostamento di fatto nella attuazione del rapporto dal programma negoziale originario.

Invece è finora prevalsa una miope resistenza a questa soluzione, preferendosi insistere nella deleteria moltiplicazione dei tipi negoziali che accresce l'incertezza.

Flessibilità delle tutele

Del resto se si vuole continuare sulla strada della regolamentazione generale, al di là dei necessari interventi di politica economica e istituzionale, vi è un solo provvedimento giuslavoristico serio da adottare per combattere immediatamente, senza l'attuale ipocrisia del sostegno ai diversi modelli di lavoro precario (contratto a termine, somministrazione di lavoro), la piaga della disoccupazione giovanile nel Mezzogiorno, spesso corrispondente ad una occupazione in nero: ripristinare provvisoriamente in determinate aree il principio del licenziamento libero *ex* art. 2118 cod. civ. per un periodo di almeno due anni dalla regolare assunzione. In tal modo le aziende non correrebbero il rischio di accollarsi personale che, dopo la prova, si rivela o diventa inefficiente o inaffidabile, mentre dal lato dei lavoratori si verificherebbe una salutare selezione meritocratica negli anni giovanili, che sono i più adatti alla competizione e al cambiamento, lasciando i meno dotati alla cura dello Stato sociale. Sempre meglio questa lotta, con tutti i pericoli connessi alla precarietà del rapporto, rispetto alla umiliante inerte attesa di un posto stabile o alla diseducativa illegalità del lavoro nero, che ne risulterebbe opportunamente disincentivato.

Per il resto, se tra i fattori di allocazione delle imprese, ormai aperte a scelte di livello mondiale, vi è il costo del lavoro, è sicuro che una forte attrazione può essere esercitata dal contenimento salariale conseguente a specifici accordi collettivi per la «creazione d'impresa» consentiti dal diritto vigente, ma ancora osteggiati da una parte del movimento sindacale in eclatante contraddizione rispetto alla stipulazione di analoghi accordi per la «conservazione d'impresa» (trasferimenti di aziende in crisi, integrazione salariale, contratti di riallineamento, contratti di solidarietà). Non a caso gli accordi interconfederali e la legge consentono ormai ai contratti collettivi di prossimità di stabilire discipline adeguate a ciascun contesto anche in deroga alla legge e ai contratti collettivi nazionali (cfr. 20.2 e 21.2).

Infine deve essere ridotto l'elevatissimo tasso di conflittualità individuale, sia mediante la creazione di una disciplina certa per ciascun rapporto, sia mediante l'incentivazione di un rapido arbitrato irrituale con lodo inoppugnabile.

Riduzione del contenzioso giudiziario

5.6. *Una seria protezione per gli esclusi*

Tutela dei disoccupati poveri

A queste risposte si deve, peraltro, necessariamente accompagnare una seria tutela sociale per gli esclusi, poiché chi soccombe alla logica del mercato non deve morire, neppure nel senso metaforico di privazione degli essenziali strumenti di realizzazione della persona. Pertanto deve essere introdotto in via generale, per tutti i soggetti privi di sufficienti redditi alternativi a quello da lavoro, siano essi giovani in cerca di prima occupazione o lavoratori espulsi dal sistema produttivo, il diritto ad una adeguata indennità economica condizionato soltanto all'onere dell'effettivo svolgimento di un lavoro a tempo pieno a favore di chiunque lo richieda, secondo l'oculata gestione dei Centri per l'impiego in collaborazione con gli enti bilaterali.

In tal modo il numero dei disoccupati involontari indicato nelle attuali statistiche si ridurrebbe immediatamente in misura sensibile, poiché sarebbero correttamente eliminati tutti coloro che non si rendessero disponibili alla esecuzione del lavoro, in quanto non intenzionati a lavorare oppure aspiranti ad altro lavoro oppure dediti ad attività in nero più lucrose dell'indennità sociale. Senza dire che gli attuali disoccupati sovente non sono «involontari» e non meritano alcuna tutela, se si pensa che in Italia milioni di posti di lavoro (ad es. domestici, badanti, lavori edili, lavori agricoli) e di lavori autonomi sono appannaggio di immigrati poiché rifiutati dagli italiani.

È del tutto irragionevole continuare a negare al vero disoccupato involontario disponibile a lavorare quanto già viene concesso, in via assistenziale, all'anziano che non lavora. Né può valere, in contrario, l'argomento delle limitate disponibilità del bilancio pubblico, sia perché il costo aggiuntivo non sarebbe eccessivo per rispondere adeguatamente al problema più grave del Paese, sia perché comunque, anche a spesa invariata, non si potrebbe evitare una sua equa ripartizione tra anziani e giovani.

La vera spiegazione della mancanza, finora, di questa razionalizzazione sta, ancora una volta, nella forza degli interessi conservatori, che, almeno per il problema della distribuzione delle tutele, sono non più fuori dalla classe lavoratrice, ma ben radicati al suo interno, coinvolgendo il conflitto tra generazioni, la strenua difesa di privilegi di settore e l'imbarazzo degli stessi sindacati, ormai composti in gran parte da pensionati.

E sono sempre i sindacati confederali, forti del loro coinvolgimento nella concertazione della politica economica, a preferire, sia per la disciplina del rapporto di lavoro, sia per la disciplina di previdenza e assistenza, modelli di intervento non generalizzato (integrazioni salariali, indennità di mobilità con contribuzione ridotta, contratti a termine, somministrazione di lavoro, contratti di lavoro a tempo parziale, contratti di lavoro intermittente, contratti di riallineamento, contratti di prossimità), che richiedono di volta in volta la loro mediazione, con accrescimento del loro potere.

Ma il sindacato, se vuole davvero sopravvivere, deve aggiungere alla tradizionale funzione conflittuale di creazione di norme per gruppi quella di gestione della applicazione adeguata di tali norme a ciascun lavoratore, nell'ambito di un modello collaborativo anche mediante un sistema di volontà individuale assistita, di commissioni paritetiche, di enti bilaterali e di arbitrato con lodo inoppugnabile.

Il d.l. n. 4 del 2019 conv. in legge n. 26 del 2019 ha introdotto il c.d. reddito di cittadinanza, che è una misura assistenziale per i giovani senza lavoro, che si prefigge, tramite i Centri per l'impiego, di procurare una proposta di lavoro alle persone che beneficiano del reddito di cittadinanza. Ma le norme sono tante e complicate, perché il legislatore è scriteriato. Ed infatti il governo di centrodestra nato ad ottobre 2022 sta eliminando gradualmente il reddito di cittadinanza.

Parte Prima

IL DIRITTO SINDACALE

CAPITOLO I
LA LIBERTÀ E L'ATTIVITÀ SINDACALE

SOMMARIO: 6. La libertà sindacale. – 7. Il sindacato come associazione non riconosciuta. – 8. L'organizzazione sindacale in Italia. – 9. La legislazione di sostegno al sindacato: a) la selezione dei beneficiari ed il problema della rappresentatività. – 10. Segue: b) i diritti sindacali nei luoghi di lavoro. – 11. Segue: c) i diritti di informazione e consultazione e la legittimazione esclusiva per determinati accordi collettivi. – 12. La partecipazione dei sindacati a funzioni pubbliche.

6. La libertà sindacale

6.1. *Fonti interne e internazionali*

Art. 39 Cost.

L'accoglimento del principio di libertà sindacale nel nostro ordinamento risulta dalla ricordata (cfr. 3.4) disposizione immediatamente precettiva dell'art. 39, c. 1, Cost., secondo cui «l'organizzazione sindacale è libera».

Convenzioni internazionali

Il medesimo principio, con dovizia di specificazioni, è sancito in numerose convenzioni internazionali ratificate anche dall'Italia, quali le convenzioni OIL n. 87 del 1948 e n. 98 del 1949, la convenzione europea per i diritti dell'uomo del 1950, il Patto internazionale ONU del 1966.

Nell'ambito dell'Unione Europea, invece, non esiste una norma vincolante sulla libertà sindacale, sicché anche il recente interesse per i problemi sociali, a lungo posposti a quelli economico-commerciali, ha condotto alla affermazione del principio di libertà sindacale solo nella Carta dei diritti sociali fondamentali del 1989, che, però, non ha valore vincolante, tant'è che sulla materia della «rappresentanza e difesa collettiva degli interessi dei lavoratori e dei datori di lavoro» il Consiglio può deliberare solo all'unanimità, mentre i diritti di associazione sindacale, di sciopero e di serrata sono espressamente esclusi dalla competenza comunitaria. Ora, tuttavia, la Carta dei diritti fondamentali approvata alla fine del 2000 segna un'importante modifica dell'atteggiamento dell'Unione, anche se ne è discussa l'efficacia giuridica (cfr. 4.8).

6.2. *Nozione e titolarità*

Nozione

Libertà sindacale vuol dire facoltà di coalizione e di azione per la difesa di interessi collettivi professionali.

La libertà sindacale riguarda, innanzitutto, la posizione dei singoli nella loro facoltà di iniziativa, scelta, adesione e partecipazione alla attività della coalizione. Ed in questo senso è tutelata sia la libertà positiva di costituire o aderire ad un sindacato, sia la libertà negativa di non affiliarsi ad alcun sindacato, che sarebbe invece disconosciuta laddove fossero ammesse clausole di *closed shop* che impongono all'imprenditore di assumere solo lavoratori aderenti al sindacato.

La libertà sindacale riguarda anche il gruppo in sé considerato, titolare di un proprio interesse ad esistere e ad agire.

È tutelata anche la scelta del tipo di organizzazione che gli interessati intendono dare alla loro coalizione. Sicché sono ammesse sia coalizioni occasionali, sia aggregazioni stabili, che di solito assumono forma associativa. Non a caso il dettato costituzionale utilizza l'ampia espressione «organizzazione».

Datori di lavoro

Non può essere condivisa la tesi per cui la libertà sindacale protetta dall'art. 39 Cost. sarebbe solo quella dei lavoratori, mentre le associazioni imprenditoriali troverebbero una più limitata tutela nelle disposizioni degli artt. 18 e 41 Cost. Infatti l'art. 39 Cost., conformemente al principio di bilateralità della libertà sindacale sancito dalle fonti internazionali, non solo non distingue tra i sindacati contrapposti, ma li considera espressamente sullo stesso piano nella disciplina, pur finora inattuata, dei commi secondo e seguenti, anche perché per i contratti collettivi di categoria sono egualmente necessari i sindacati di entrambe le parti.

Del resto la Corte Costituzionale ha più volte ricondotto alla disposizione dell'art. 39, c. 1, Cost. la libertà sindacale dei datori di lavoro, come quando ha ricavato il principio di libertà di serrata, non menzionato nella Costituzione, dal principio di libertà sindacale riferito simmetricamente ad entrambe le parti in conflitto (sent. n. 29 del 1960).

Anche i lavoratori autonomi, specie se parasubordinati, possono ritenersi tutelati dall'art. 39 Cost.

Dipendenti pubblici

La libertà sindacale è riconosciuta non solo ai dipendenti privati ed a quelli degli enti pubblici economici tradizionalmente a disciplina privatistica (art. 2093 cod. civ.), ma anche ai dipendenti degli enti pubblici non economici e dello Stato.

Infatti dopo la caduta dell'ordinamento corporativo, nonostante la costruzione all'epoca del rapporto di pubblico impiego come rapporto non contrattuale ma autoritario funzionalizzato agli interessi della pubblica amministrazione e conseguentemente disciplinato esclusivamente da atti eteronomi quali la legge e il regolamento, fu consentita la costituzione di sindacati di pubblici dipendenti ai quali furono anche riconosciuti il diritto di sciopero e, in prosieguo di tempo, diritti di attività sindacale nei luoghi di lavoro. Infine con il d.lgs. n. 29 del 1993 (poi sostituito dal d.lgs. n. 165 del 2001) i rapporti di lavoro con le pubbliche amministrazioni, salvo alcune eccezioni, sono stati privatizzati e la loro disciplina è stata, seppur non completamente, rimessa alla contrattazione collettiva (cfr. 22).

La libertà sindacale è esclusa solo per i militari (art. 8 legge n. 382 del 1978), per l'incompatibilità con l'assolvimento dei compiti propri delle forze armate.

Invece il personale della Polizia di Stato, proprio per effetto della sua smilitarizzazione, ha diritto di associarsi in sindacati, a condizione che siano costituiti solo per tale categoria e privi di collegamenti con altri sindacati (artt. 82 e 83 legge n. 121 del 1981), al fine di evitare inammissibili condizionamenti dell'attività di tutela delle persone e del patrimonio considerata tanto essenziale da escludere anche il diritto di sciopero (cfr. 24.2).

6.3. *Interesse collettivo professionale e pluralismo sindacale*

Indivisibilità dell'interesse collettivo

La nozione di interesse collettivo, attentamente approfondita dalla dottrina, si riferisce ad un interesse diverso dalla mera somma di interessi individuali, di cui costituisce, piuttosto, una sintesi, nella quale ciascun componente del gruppo sacrifica una parte del proprio specifico interesse. In questo senso è corretto affermare l'indivisibilità dell'interesse collettivo, la cui soddisfazione postula necessariamente la realizzazione dell'interesse di tutta la collettività. E si comprende anche da un lato la maggiore difficoltà dei singoli di riconoscersi negli interessi collettivi di più ampia dimensione, in quanto tali particolarmente distanti dalla posizione concreta di ciascuno e, dall'altro lato, la grande coesione interna di piccoli sindacati rappresentativi di interessi collettivi molto specifici, nei quali ciascun componente del gruppo tende ad identificarsi quasi completamente.

L'interesse collettivo, anche nelle sue più vaste dimensioni che emergono negli accordi interconfederali ed in quelli triangolari di concertazione della politica economica, resta sempre interesse di un gruppo particolare, come è anche quello in ipotesi comprendente tutti i lavoratori subordinati o tutti i datori di lavoro, sicché si distingue nettamente dall'interesse generale della popolazione curato dallo Stato.

Categorie professionali

L'individuazione dell'interesse collettivo professionale per la cui difesa si forma la coalizione spetta alla libera volontà degli stessi componenti del gruppo, sicché non esistono categorie professionali ontologiche predeterminate in via eteronoma, come era nel sistema corporativo.

Da qui, ad esempio, la possibilità di costituire sindacati per ramo di industria, per la tutela di tutti i dipendenti di un determinato tipo di aziende, oppure sindacati di mestiere, per la tutela dei soli dipendenti addetti a determinate mansioni, conseguendone anche sovrapposizioni e problemi di rappresentatività inevitabili in un sistema di libertà sindacale.

Pluralismo sindacale

Di tale sistema, del resto, è caratteristica essenziale il pluralismo sindacale, cioè la possibilità, storicamente verificatasi in Italia, della costituzione di diversi sindacati, in concorrenza tra loro, per la stessa categoria professionale.

6.4. *La libertà sindacale nei confronti dello Stato*

Autonomia privata collettiva

La libertà sindacale è riconosciuta, innanzitutto, nei confronti dello Stato, che non può, quindi, né vietare od ostacolare la costituzione di sindacati e la loro attività, né assorbirli nella propria organizzazione, come è accaduto in passato (cfr. 2.4).

Libertà sindacale significa, quindi, ineluttabilmente, dopo il superamento delle tesi pubblicistiche ancora autorevolmente sostenute negli anni '50, riconoscimento dell'autonomia privata collettiva (cfr. 3.4), cioè del potere dei sindacati, liberi soggetti di diritto privato, di creare regole sia per la disciplina dei rapporti interni tra gli affiliati, sia per la disciplina dei rapporti con la controparte, sia per la disciplina dei rapporti individuali di lavoro, che costituisce il fine essenziale del fenomeno sindacale.

Dal primo punto di vista vengono in rilevo gli statuti sindacali (cfr. 7.3), mentre per gli altri due profili si deve fare riferimento alle clausole, rispettivamente obbligatorie e normative, dei contratti collettivi (cfr. 16).

Ordinamento intersindacale

La considerazione unitaria di questo complesso di regole di fonte sindacale alla luce della teoria della pluralità degli ordinamenti giuridici ha consentito la configurazione del cosiddetto ordinamento intersindacale, inteso come organizzazione normativa autonoma delle relazioni tra imprenditori, sindacati e pubblici poteri.

Questa prospettiva, pur feconda per gli studi del fenomeno sindacale, non supera, ovviamente, la necessità di ricondurre qualsiasi esperienza alle regole dell'ordinamento statuale, che sono le sole suscettibili di tutela giurisdizionale. Ed in questo senso, nel silenzio del legislatore che ha fatto per lungo tempo del diritto sindacale un diritto senza norme, sono state opportunamente utilizzate come indispensabili strumenti di inquadramento giuridico le categorie civilistiche dell'associazione non riconosciuta e del contratto.

6.5. *La libertà sindacale nei confronti del datore di lavoro e il divieto degli atti discriminatori*

Libertà sindacale nei rapporti interprivati

La libertà sindacale opera anche nei rapporti interprivati, in particolare nei confronti del datore di lavoro, in forza delle disposizioni del titolo II dello statuto dei lavoratori (legge n. 300 del 1970), anticipate solo in materia di licenziamento (art. 4 legge n. 604 del 1966) ed attuative del principio costituzionale fino ad allora privo di efficacia diretta sul rapporto di lavoro.

La norma decisiva è quella dell'art. 15 stat. lav., che sancisce il divieto degli atti discriminatori del datore di lavoro che colpiscano un lavoratore per motivi sindacali, essendo strumentalmente vietate anche le indagini sulle opinioni sindacali del lavoratore (art. 8 stat. lav.). La disposizione si riferisce sia alle discriminazioni in sede di assunzione (art. 15, c. 1, lett. a), sia alle discriminazioni in corso di rapporto (art. 15, c. 1, lett. b), travolgendo con la sanzione della nullità qualsiasi patto o atto diretto a pregiudicare in qualsiasi modo il lavoratore «a causa della sua affiliazione o attività sindacale ovvero della sua partecipazione ad uno sciopero», estendendo così a tutti gli atti del datore di lavoro quanto già previsto per il solo licenziamento dal ricordato art. 4 della legge n. 604 del 1966.

Senza dire che all'esperimento da parte del singolo di questa tutela antidiscriminatoria, di cui si dirà ampiamente nell'esame della tipologia dei limiti ai poteri del datore di lavoro (cfr. 51.2), può aggiungersi l'azione del sindacato per la repressione della condotta antisindacale *ex* art. 28 stat. lav. (cfr. 31.1).

La libertà sindacale è protetta non solo all'esterno, ma, in forza dello statuto dei lavoratori (art. 14), anche all'interno dei luoghi di lavoro, in conformità alla sua riconosciuta efficacia nei rapporti interprivati.

Tutela dell'attività aziendale

Ovviamente, per il necessario contemperamento degli opposti interessi, l'esercizio della libertà sindacale nei luoghi di lavoro non può pregiudicare il normale svolgimento dell'attività aziendale, sacrificata solo in caso di sciopero e negli altri casi previsti espressamente dalla legge (cfr. 10).

6.6. *Il divieto delle discriminazioni collettive di favore e del sostegno al sindacato di comodo*

Trattamenti collettivi discriminatori

L'esigenza di garantire un leale svolgimento della dialettica sindacale, specie in presenza di una pluralità di sindacati in concorrenza tra loro, giustifica il divieto (art. 16, c. 1, stat. lav.) per il datore di lavoro di erogare trattamenti economici collettivi discriminatori di maggior favore ai dipendenti che si astengano dalla affiliazione o dalla azione sindacale.

La sanzione per la violazione del divieto non è l'equiparazione in alto del trattamento, bensì la cessazione del comportamento illecito, che può essere ordinata su richiesta dei sindacati lesi in sede di repressione della condotta antisindacale (art. 28 stat. lav.), nonché la condanna del datore di lavoro, su richiesta dei singoli lavoratori discriminati o dei sindacati loro mandatari, a pagare al Fondo pensioni dell'INPS una somma pari all'importo dei trattamenti di maggior favore illegittimamente corrisposti nel periodo massimo di un anno (art. 16, c. 2, stat. lav.). Qui, pertanto, si cumulano una tutela inibitoria ed una sanzione civile pecuniaria, idonee a dare effettività al divieto.

Sindacati di comodo

La medesima esigenza di corretta esplicazione della dialettica sindacale spiega il divieto (art. 17 stat. lav.) per i datori di lavoro e per le loro associazioni di costituire o sostenere, con mezzi finanziari o altrimenti, sindacati di lavoratori, detti sindacati di comodo (o sindacati gialli). Infatti si pensa che il sostegno della controparte, da non confondersi con la semplice preferenza a trattare e stipulare con i sindacati più rappresentativi o più affidabili, determini un addomesticamento del sindacato beneficiario, con alterazione della contrapposizione di interessi tra capitale e lavoro e della concorrenza con i sindacati genuini.

Questi ultimi possono chiedere, con azione di repressione della condotta antisindacale, l'ordine di cessazione del sostegno illegittimo effettuato dal datore di lavoro.

Non è prevista, invece, alcuna sanzione contro il sindacato di comodo, né tanto meno il suo scioglimento, per il necessario rispetto della libertà di associazione, di cui non possono essere censurati i fini se non sono vietati dalla legge penale (art. 18 Cost.). Tuttavia si può escludere la qualificazione di «sindacale» per gli atti compiuti dal sindacato di comodo, con tutte le conseguenze che ne derivano.

7. Il sindacato come associazione non riconosciuta

7.1. *L'inattuazione delle disposizioni costituzionali sul sindacato con personalità giuridica*

Si è già visto (cfr. 6.2) che la libertà sindacale implica anche la libertà di scelta del tipo di organizzazione del gruppo.

Inattuazione costituzionale

Attualmente è preclusa solo la costituzione di sindacati con personalità giuridica. Infatti sono rimaste inattuate le disposizioni dell'art. 39, c. 2-4, Cost., che prevedono il riconoscimento della personalità giuridica ai sindacati provvisti di registrazione, la cui unica condizione è l'ordinamento interno a base democratica, nonché la possibilità per i sindacati così registrati, rappresentati unitariamente in proporzione ai rispettivi iscritti, di stipulare contratti collettivi con efficacia generale.

Ragioni storiche

Le ragioni storiche di questa inattuazione costituzionale sono state: il timore sindacale di ingerenze da parte dello Stato, in anni ancora troppo vicini all'esperienza corporativa; il rifiuto da parte dei sindacati meno numerosi di contare comparativamente gli iscritti, passando così da una situazione di formale parità ad una situazione di attestata minoranza; il rifiuto sindacale della regolazione per legge del diritto di sciopero prevista dall'art. 40 Cost., la cui attuazione avrebbe probabilmente accompagnato quella dell'art. 39; la obiettiva difficoltà di istituire un'anagrafe sindacale.

7.2. *La disciplina civilistica del sindacato come associazione non riconosciuta*

Soggettività e capacità di agire

I sindacati attuali sono costituiti, dunque, come associazioni non riconosciute, disciplinate dalle disposizioni degli artt. 36 e ss. cod. civ.

In tal modo i sindacati possono operare senza alcuna limitazione, come se avessero la personalità giuridica, con la sola esclusione del potere di stipulare contratti collettivi con efficacia generale.

Invero le associazioni non riconosciute hanno una propria soggettività e un proprio fondo comune (art. 37 cod. civ.), possono svolgere attività giuridica e possono stare in giudizio (art. 36, c. 2, cod. civ.).

La differenza fondamentale rispetto alle associazioni con personalità giuridica è che queste hanno una autonomia patrimoniale perfetta, mentre delle obbligazioni assunte dalle associazioni non riconosciute rispondono, oltre al fondo comune, anche personalmente e solidalmente le persone fisiche che hanno agito in nome e per conto dell'associazione (art. 38 cod. civ.). Ma per il sindacato, il cui scopo di tutelare interessi collettivi professionali non comporta impegni economici esorbitanti, questa differenza non è particolarmente rilevante.

Quel che, invece, risulta decisivo, ed ha consentito un rigoglioso sviluppo dell'attività sindacale pur nella inattuazione del disposto costituzionale, è la possibilità per il sindacato associazione non riconosciuta di stipulare contratti collettivi di diritto comune (cfr. 13).

Si comprende, così, l'importanza dell'opera della dottrina e della giurisprudenza, che, mediante le categorie civilistiche dell'associazione non riconosciuta e del contratto, sono riuscite ad inquadrare adeguatamente il fenomeno sindacale nonostante il vuoto legislativo.

7.3. *Gli statuti sindacali e le organizzazioni complesse*

Libertà di disciplina

I fini, l'organizzazione ed il funzionamento delle associazioni non riconosciute sono regolati dagli accordi degli associati (art. 36, c. 1, cod. civ.).

Da qui la rilevanza degli statuti sindacali, le cui clausole sono accettate da ciascun socio al momento della iscrizione.

La libera determinazione del contenuto dello statuto costituisce una delle principali manifestazioni dell'autonomia collettiva, che, come si è visto, riguarda anche la disciplina dei rapporti interni all'associazione sindacale.

Gli statuti, oltre ad individuare la categoria professionale per la cui tutela si costituisce l'associazione (cfr. 6.3), regolano l'ordinamento del sindacato e, quindi, gli organi dello stesso (assemblea, comitato direttivo, segreteria, collegio sindacale, collegio dei probiviri, ecc.), le rispettive modalità di formazione e competenze.

Associazioni complesse

Possono essere costituite anche associazioni molto complesse, che raggruppano altre associazioni, sicché si qualificano associazioni di primo grado quelle composte da singoli, mentre le associazioni di associazioni sono di secondo grado e, se si riuniscono a loro volta, danno luogo ad associazioni di terzo grado. Può essere previsto dagli statuti che i singoli siano contemporaneamente soci della associazione di primo grado e di quelle di grado superiore.

Non necessariamente le organizzazioni più vaste sono composte da altre associazioni, essendo consentito anche un decentramento organico di un'associazione che rimane unica.

7.4. *Il recesso degli associati e le delibere dell'associazione*

Recesso

I singoli soci possono in qualsiasi momento recedere dall'associazione, senza però diritto ad esigere una quota del fondo comune (art. 37, c. 2, cod. civ.). Lo statuto può prevedere il differimento degli effetti del recesso, ma solo ai fini del pagamento della quota associativa sino alla scadenza del periodo stabilito, mentre per il resto il principio di libertà sindacale garantisce l'immediatezza della cessazione del vincolo con piena facoltà di aderire ad altro sindacato.

Nell'ipotesi di associazione di secondo grado l'associazione minore può recedere dalla maggiore, salvo che le clausole dei rispettivi statuti prevedano l'essenzialità del collegamento non modificabile neppure con delibera assembleare della associazione minore, la cui autonomia ne risulta considerevolmente ridotta. In questo caso è consentito solo il recesso di singoli iscritti alla associazione minore, che in sé resta affiliata, con il suo nome e patrimonio, alla maggiore.

Il problema del distacco dall'apparato centrale non può, invece, neppure essere posto per le articolazioni periferiche di una associazione unitaria, in quanto prive di soggettività propria.

Le delibere dell'associazione possono essere impugnate dal singolo socio per contrarietà alla legge, allo statuto o all'atto costitutivo, in base alla disposizione dell'art. 23, c. 1, cod. civ., ritenuta applicabile anche alle associazioni non riconosciute. *Delibere*

Per le delibere di natura disciplinare, che possono consistere anche nella espulsione del socio, gli statuti prevedono sovente l'impugnazione innanzi ad un collegio di probiviri, con tutti i problemi di coordinamento di questa tutela con quella giurisdizionale ordinaria e cautelare.

7.5. *Gli scopi del sindacato ed il rapporto con i lavoratori non iscritti*

Di grande importanza sono le clausole degli statuti che definiscono gli scopi del sindacato, poiché ad esse occorre fare riferimento per individuare i limiti del mandato conferito da ciascun socio alla propria associazione. *Fini del sindacato*

L'efficacia del contratto collettivo privatistico nei confronti degli iscritti al sindacato stipulante si fonda, appunto, su tale mandato (cfr. 17.2).

Tuttavia, nell'esperienza italiana, non si rinvengono clausole di riserva del trattamento previsto dal contratto collettivo a favore dei soli iscritti al sindacato stipulante, che ha interesse alla generalizzazione di tale trattamento, sia per evitare la concorrenza al ribasso nei confronti dei propri iscritti, sia per coinvolgere anche i non iscritti almeno nella attuazione dello sciopero. Questo atteggiamento di apertura verso i non aderenti trova riscontro proprio nelle clausole statutarie che definiscono i fini del sindacato, di solito riferiti alla tutela di tutti gli appartenenti alla categoria a prescindere dalla affiliazione sindacale.

8. L'organizzazione sindacale in Italia

8.1. *Pluralismo sindacale e modelli organizzativi*

Il diritto studia il dover essere e non l'essere, la regola e non il fatto regolato, tuttavia di quest'ultimo occorre avere una certa conoscenza per comprendere l'effettivo significato delle norme (cfr. 1). *Fenomeno storico*

Pertanto è necessaria una pur rapida descrizione delle caratteristiche storiche assunte dal fenomeno sindacale in Italia, sempre nella consapevolezza della sua strumentalità rispetto ai ragionamenti giuridici.

Pluralismo

Il primo fondamentale rilievo riguarda l'assetto pluralistico, come si è visto (cfr. 6.3) consentito, ma non certo obbligato dal principio di libertà sindacale.

In Italia, a differenza dei Paesi ove il movimento sindacale si presenta in forma tendenzialmente unitaria (Gran Bretagna, Germania), esistono numerosi sindacati in concorrenza tra loro.

Sindacati per ramo d'industria e di mestiere

Questa situazione emerge già dalla coesistenza di sindacati per ramo di industria, costituiti per la cura degli interessi di tutti gli addetti ad una determinata attività economica (ad es. chimici, bancari, metalmeccanici), e di sindacati di mestiere, in cui i lavoratori si coalizzano in ragione della loro particolare professionalità all'interno di un determinato settore (ad es. medici, piloti, macchinisti ferroviari, insegnanti, giornalisti) oppure trasversalmente ai diversi settori (dirigenti, quadri).

Ma il fenomeno del pluralismo sindacale si manifesta in modo davvero macroscopico nella presenza di più sindacati per ogni ramo d'industria, come conseguenza della divisione del movimento sindacale in confederazioni ideologicamente rispecchianti le divisioni politiche del Paese.

A queste confederazioni (CGIL, CISL, UIL, CISNAL ora UGL) se ne aggiungono altre cosiddette «autonome» (CISAL, CONFSAL), nonché importanti sindacati non confederali (ad es. la FABI nel settore del credito, lo SNALS nel settore della scuola), risultandone un pluralismo assai accentuato.

Modelli organizzativi

Altra caratteristica fondamentale del fenomeno sindacale in Italia è la prevalenza del modello associativo nella organizzazione territoriale, ove anche le aggregazioni spontanee e provvisorie tendono nel tempo ad assumere la forma stabile dell'associazione non riconosciuta (cfr. 7).

Invece l'organizzazione interna alle aziende si realizza di solito in forme non associative, il che determina, nonostante varie modalità di collegamento con i sindacati esterni, un doppio canale di rappresentanza dei lavoratori, funzionale all'esigenza di dare adeguato spazio ai fermenti della base.

8.2. *L'organizzazione sindacale dei lavoratori sul territorio*

L'organizzazione sindacale dei lavoratori esterna alle aziende è generalmente per ramo d'industria o settore produttivo, mentre i sindacati di mestiere costituiscono un'eccezione, diversamente dal periodo corporativo in cui gli impiegati avevano una organizzazione separata dagli operai.

Organizzazione verticale e orizzontale

Di solito, all'interno delle grandi confederazioni, si distinguono una organizzazione verticale di categoria, composta da sindacati di primo grado (a livello provinciale o comprensoriale) e da federazioni regionali e nazionali, ed una organizzazione orizzontale intercategoriale, a livello provinciale (ad es. la camera del lavoro della CGIL) e regionale.

Vicende dell'unità sindacale

Subito dopo la caduta dell'ordinamento corporativo vi era una sostanziale unità sindacale nella CGIL, al cui interno si muovevano le correnti comunista, socialista e democristiana. Ma dopo la sconfitta dei partiti di sinistra nelle elezioni del 1948 l'interesse all'unità scemò. Sicché, attraverso successive scissioni e complesse vicende anche giudiziarie risolte transattivamente, si arrivò nel 1950 all'assetto, ancora attuale, delle tre grandi confederazioni CGIL, CISL e UIL, la cui azione è più o meno coesa a seconda delle situazioni politico-sindacali.

Associazioni internazionali

Sul piano internazionale la CISL e la UIL hanno sempre aderito alla CISL internazionale, cui dal 1991 aderisce anche la CGIL, che fino ad allora aveva fatto parte della comunista FMS. Tutte e tre le confederazioni aderiscono anche alla CES, che raggruppa i sindacati dei paesi della Comunità Europea, stipula accordi a livello comunitario e intrattiene un importante dialogo con gli organi comunitari.

8.3. *L'organizzazione dei lavoratori interna alle aziende*

Fenomeno storico e disciplina giuridica

L'organizzazione dei lavoratori all'interno dell'azienda svolge un'essenziale funzione proprio laddove l'imprenditore esercita con continuità i propri poteri per la gestione dei rapporti di lavoro.

A differenza dell'organizzazione sindacale territoriale, riservata all'autonomia di ciascuna associazione, l'organizzazione dei lavoratori interna all'impresa, dovendo essere subìta dall'imprenditore, è per definizione regolata da accordi oppure anche dalla legge, come è avvenuto in Italia a partire dal 1970 con le disposizioni promozionali dello statuto dei lavoratori. Qui, pertanto, la descrizione storica del fenomeno si intreccia inevitabilmente con la sua disciplina giuridica.

Modelli organizzativi

In linea di principio si contrappongono forme di collaborazione con l'imprenditore di vario tipo, fino a modelli di vera e propria cogestione, e forme conflittuali di contropotere sindacale nei luoghi di lavoro. Tuttavia in concreto, almeno in Italia, si sono realizzati assetti intermedi, in cui le rappresentanze del personale hanno cumulato, di fatto, funzioni partecipative e di lotta, oscillando dall'uno all'altro polo a seconda delle situazioni e delle discipline.

Commissioni interne

Al di là delle aggregazioni spontanee a livello di fabbrica, che sono le più antiche forme di coalizione dei lavoratori, in Italia i primi organismi stabili furono le commissioni interne, poi soppresse nel periodo corporativo e ripristinate alla caduta di questo. Era stabilita l'elezione a suffragio universale con voto di preferenza in relazione a liste concorrenti presentate da sindacati o da altri soggetti, con un meccanismo che garantiva una rappresentanza anche agli impiegati, assai meno numerosi degli operai. Nell'accordo del 1966 era escluso il potere di contrattazione collettiva.

Alla fine degli anni '60, nel clima di contestazione dell'autunno caldo, le commissioni interne, nonostante il rigore formale dell'accordo istitutivo, furono di fatto sostituite dai delegati, eletti liberamente da gruppi omogenei di lavoratori, dal consiglio di fabbrica, composto da tutti i delegati dell'unità produttiva con poteri di contrattazione collettiva, e dall'assemblea di tutti i lavoratori con compiti di elaborazione delle piattaforme rivendicative e di ratifica delle ipotesi di accordo.

R.s.a. Pur trattandosi di strutture non associative i legami con i sindacati territoriali ne risultarono rafforzati, anche in virtù del sostegno legale (artt. 19 e ss. stat. lav.) che da allora garantisce, nelle unità produttive con almeno sedici addetti, la costituzione di rappresentanze sindacali aziendali (r.s.a.), una per ciascun sindacato avente diritto (cfr. 9.2).

R.s.u. A partire dagli anni '80 si è verificata, però, una notevole frammentazione della rappresentatività a scapito delle grandi confederazioni, sicché da un lato con il referendum del 1995 è stato abrogato il privilegio di cui godevano queste ultime per la costituzione delle r.s.a. (cfr. 9.3), e dall'altro lato con il protocollo del 23 luglio 1993 sono state introdotte le rappresentanze sindacali unitarie (r.s.u.), poi regolate specificamente con accordi per il settore privato del 20 dicembre 1993 e per il settore pubblico del 20 aprile 1994. Nel protocollo interconfederale del 31 maggio 2013, poi attuato con l'accordo interconfederale del 10 gennaio 2014, è prevista la costituzione delle r.s.u. nelle unità produttive che occupino più di 15 dipendenti, l'elezione a suffragio universale e a scrutinio segreto, l'assunzione a maggioranza delle decisioni che spettano alle r.s.u.

La differenza rispetto alle r.s.a., previste dalla legge e quindi ancora in vigore, è proprio la unitarietà della rappresentanza, con il ritorno, dunque, al sistema elettivo, con voto proporzionale con elettorato attivo e passivo riconosciuto a tutti i lavoratori a prescindere dalla loro affiliazione sindacale. Tuttavia i sindacati esterni mantengono il monopolio nella presentazione delle liste, senza preclusioni se sono aderenti alle confederazioni firmatarie dell'accordo del 2014 o abbiano accettato espressamente quest'accordo e i precedenti o siano firmatari del contratto collettivo applicato nell'unità produttiva, mentre in assenza di questi requisiti la lista deve essere corredata da una soglia minima di firme dei lavoratori interessati.

Il primo riconoscimento legale delle r.s.u. è venuto nel settore dell'impiego con le pubbliche amministrazioni (art. 42 d.lgs. n. 165 del 2001, che incorpora norme precedenti), con una disciplina valida fino alla non ancora realizzata modifica delle norme sulla rappresentatività sindacale dello statuto dei lavoratori. In questa regolamentazione provvisoria, destinata peraltro a fungere da modello per la ricordata modifica generale, è prevista la elezione della r.s.u. con metodo proporzionale ed è consentita la presentazione di liste a qualsiasi associazione sindacale che abbia aderito agli accordi che disciplinano l'elezione e il funzionamento delle r.s.u, riservati ai sindacati rappresentativi.

Infine si devono ricordare i comitati aziendali europei (c.a.e.) previsti originariamente dalla direttiva comunitaria n. 45 del 1994, ora rifusa nella direttiva n. 38 del 2009, per le imprese ed i gruppi di imprese di dimensioni comunitarie (almeno 1.000 dipendenti ed almeno 150 per Stato in almeno due Stati membri), con diritti di informazione e consultazione secondo modalità rinviate alla contrattazione collettiva o, in mancanza, fissate da una disciplina suppletiva contenuta nella stessa direttiva. *C.a.e.*

Una prima recezione in Italia della direttiva era avvenuta mediante l'accordo interconfederale del 27 novembre 1996 stipulato tra CGIL, CISL e UIL da un lato e Confindustria e Assicredito dall'altro, che, peraltro, non essendo un contratto collettivo con efficacia generale, non esauriva il problema dell'adeguamento del nostro ordinamento alla normativa comunitaria.

La direttiva in esame è stata definitivamente attuata con il d.lgs. n. 74 del 2002, che, per le imprese ed i gruppi di imprese di dimensioni comunitarie, prevede l'istituzione di un c.a.e. o in alternativa di una procedura di informazione e consultazione.

La disciplina della costituzione, del funzionamento e delle competenze del c.a.e. è rimessa ad un accordo stipulato tra la direzione centrale, o il dirigente delegato, dell'impresa o del gruppo ed una delegazione speciale di negoziazione.

I membri di questa delegazione, suddivisi in proporzione alla consistenza del personale nei diversi Stati membri, sono designati dai sindacati stipulanti il contratto collettivo nazionale applicato nell'impresa o nel gruppo congiuntamente con le r.s.u., in mancanza delle quali i lavoratori sono comunque chiamati a concorrere direttamente a tale designazione secondo modalità concordate dai predetti sindacati con la direzione centrale. Ne risulta confermato il collegamento del c.a.e. sia con i sindacati nazionali, sia con i lavoratori delle imprese interessate.

Ulteriore conferma viene dalla disposizione per cui i componenti italiani del c.a.e. sono designati per un terzo dai predetti sindacati nazionali e per due terzi dalle r.s.u.

Qualora la direzione centrale rifiuti per sei mesi l'apertura dei negoziati oppure l'accordo per la disciplina del c.a.e. non sia stato raggiunto entro tre anni dalla richiesta di avvio della negoziazione opera una disciplina sussidiaria predisposta dal legislatore.

La finalità dell'istituto di migliorare l'informazione e la consultazione dei lavoratori nelle imprese o gruppi di dimensioni comunitarie emerge anche dalle previsioni per cui la negoziazione dell'accordo di disciplina del c.a.e. deve avvenire «con spirito di cooperazione» ed i rapporti tra la direzione centrale e il c.a.e. devono essere improntati a «spirito di collaborazione».

Dall'obbligo di informazione sono escluse le notizie suscettibili di creare notevoli difficoltà o di danneggiare le imprese interessate o di turbare i mercati. Mentre alcune delle notizie fornite possono essere qualificate come riservate dalla direzione centrale con conseguente divieto per i membri del c.a.e. e i loro esperti di rivelarle a terzi.

Per la violazione degli obblighi di informazione e consultazione da parte del preposto alla direzione centrale o del dirigente delegato è prevista una commissione di conciliazione e, in caso di mancato accordo, un ordine di adempimento da parte del Ministero del lavoro con sanzione amministrativa pecuniaria per l'eventuale inottemperanza allo stesso. Sembra esclusa, dunque, l'esperibilità della azione di repressione della condotta antisindacale *ex* art. 28 stat. lav.

Sono espressamente fatte salve le disposizioni sulla informazione e consultazione sindacale in materia di trasferimento d'azienda, di licenziamento collettivo e in altre materie regolate da contratti collettivi.

Società europee

Nelle società europee (direttiva 2001/86) e nelle società cooperative europee (direttiva 2003/72) è previsto il «coinvolgimento dei lavoratori» in tre forme alternative: organismo rappresentativo con diritti di informazione – consultazione; procedure di informazione – consultazione senza organismo rappresentativo; partecipazione dei lavoratori nell'organo di amministrazione o nell'organo di vigilanza della società.

La scelta è effettuata mediante accordo, in mancanza del quale operano le disposizioni suppletive nazionali.

La direttiva sul coinvolgimento di lavoratori nella società europea è stata attuata in modo da salvaguardare il più possibile le prerogative dei sindacati ed il modello conflittuale (d.lgs. n. 188 del 2005).

8.4. *L'organizzazione sindacale dei datori di lavoro*

Pluralismo organizzativo

L'organizzazione sindacale dei datori di lavoro, come si è visto anch'essa garantita dall'art. 39 Cost. nonostante il suo carattere di risposta e la sua funzione di evitare la concorrenza fondata sul minor costo del lavoro (cfr. 6.2), si presenta assai articolata.

Nel settore industriale opera la Confindustria, formata da associazioni provinciali e regionali intercategoriali e da federazioni nazionali di categoria (ad es. Federmeccanica). In concorrenza con la Confindustria si pongono la Confapi, che raggruppa le piccole imprese, e la Federazione del terziario avanzato.

Nel settore commerciale è costituita la Confcommercio, anch'essa composta da associazioni provinciali generali e da organizzazioni nazionali distinte per categoria. In concorrenza opera la Confesercenti, politicamente orientata a favore della sinistra.

Nel settore agricolo oltre alla Confagricoltura, articolata in unioni provinciali (UPA) ed in federazioni nazionali distinte anche per tipo di attività, agiscono la Coldiretti e la Confcoltivatori in rappresentanza di piccoli imprenditori, che si pongono come datori di lavoro nei confronti degli operai e come parte socialmente debole nei confronti dei proprietari terrieri.

Nel settore del credito le banche sono state a lungo rappresentate da Assicredito, incorporata dall'ABI nel 1997, mentre le Casse rurali (ora Banche di credito cooperativo) sono associate nella Federcasse.

Le società di assicurazione sono riunite nell'ANIA, le imprese editrici di giornali nella FIEG, le Case di cura private laiche nell'AIOP (aderente a Confindustria) e quelle religiose nell'ARIS.

A causa dei diversi orientamenti ideologici sono numerose le organizzazioni delle cooperative e degli artigiani.

Imprese a capitale pubblico

Le imprese a prevalente partecipazione statale facenti capo all'IRI erano associate all'Intersind e quelle del gruppo ENI all'ASAP. Il distacco dalla Confindustria venne imposto per legge (n. 1589 del 1956) e fu rigettata la relativa questione di costituzionalità (Corte Cost. n. 1 del 1960). Ora, nell'ambito della dismissione delle partecipazioni statali, si è verificato un opposto processo di rientro nella Confindustria.

Pubbliche amministrazioni

Infine le pubbliche amministrazioni sono rappresentate dall'ARAN ai sensi dell'art. 46 d.lgs. n. 165 del 2001, anche qui senza lesione del principio di libertà sindacale (cfr. 22.3).

8.5. *Gli enti bilaterali*

Gli enti bilaterali sono enti di fatto, istituiti e disciplinati dai contratti collettivi, composti dalle contrapposte associazioni sindacali che designano i rispettivi rappresentanti negli organi dell'ente.

La bilateralità indica, appunto, questa composizione mista, che garantisce la salvaguardia degli interessi sia dei lavoratori che dei datori di lavoro nella gestione collaborativa delle materie affidate alla cura dell'ente.

I compiti degli enti bilaterali, tra i quali vanno ricordate per importanza e consolidata tradizione almeno le Casse edili, sono molteplici secondo le svariate previsioni dei contratti collettivi istitutivi recepite negli statuti: mutualizzazione di obblighi retributivi; formazione professionale; sicurezza del lavoro; prestazioni previdenziali e assistenziali, ecc.

Ora la stessa legge valorizza il ruolo degli enti bilaterali, indicandoli, se costituiti da sindacati comparativamente più rappresentativi (art. 2, c. 1, lett. h), d.lgs. n. 276 del 2003), tra i soggetti che possono svolgere attività di intermediazione (art. 6, c. 3, d.lgs. cit.) e possono certificare i contratti e gli atti di disposizione (art. 76, c. 1, lett. a); art. 82 d.lgs. cit.), in aggiunta ad alcune competenze in materia di formazione (art. 12, c. 4, d.lgs. cit.) e di sicurezza del lavoro (art. 2, c. 1, lett. ee) e art. 51 d.lgs. n. 81 del 2008). Gli enti bilaterali rivestono un ruolo importante nella riforma degli ammortizzatori sociali.

Anche l'accordo quadro 22 gennaio 2009 sulla riforma degli assetti contrattuali (cfr. 12.2 e 20.1) demanda alla contrattazione collettiva nazionale o confederale la definizione di ulteriori forme di bilateralità per il funzionamento di servizi integrativi di *welfare*.

9. La legislazione di sostegno al sindacato: a) la selezione dei beneficiari ed il problema della rappresentatività

9.1. *Il significato della legislazione promozionale*

Il diritto sindacale era stato definito un diritto senza norme, a causa della inattuazione delle disposizioni costituzionali sulla registrazione dei sindacati e sul contratto collettivo con efficacia generale (art. 39, c. 2-4) e sulla regolamentazione del diritto di sciopero (art. 40), conseguendone un ordinamento di fatto fondato sulle categorie civilistiche della associazione non riconosciuta e del contratto (cfr. 3.4 e 7.1).

Quando il legislatore ha deciso di intervenire non lo ha fatto in chiave di disciplina generale, bensì al solo fine di sostenere i sindacati dei lavoratori (cosiddetta legislazione promozionale), riconoscendone il diritto di presenza e attività nei luoghi di lavoro e vietando gli atti discriminatori dell'imprenditore.

Questa scelta, operata inizialmente con lo statuto dei lavoratori del 20 maggio 1970, è diretta, insieme alle contestuali limitazioni dei poteri del datore di lavoro, ad assicurare una effettiva ed immediata protezione del lavoratore nel corso del rapporto e nel luogo ove lo stesso si svolge. Ma, all'epoca, servì anche ad aiutare le grandi confederazioni sindacali nel recupero della base coinvolta nei movimenti spontanei di contestazione culminati nell'autunno caldo del 1969, tant'è che ironicamente si disse trattarsi dello statuto non dei lavoratori, ma dei sindacati.

In effetti, se ogni deroga al principio di astensione della legge in materia di rapporti collettivi determina quasi inevitabilmente una alterazione della dialettica sindacale, nella specie il privilegio per le confederazioni storiche era davvero notevole.

9.2. *Il privilegio per le confederazioni maggiormente rappresentative ai fini della costituzione delle rappresentanze sindacali aziendali*

Le r.s.a.

Lo statuto dei lavoratori garantiva, su «iniziativa dei lavoratori», alle «associazioni aderenti alle confederazioni maggiormente rappresentative sul piano nazionale» (art. 19, lett. a) la presenza in ciascuna unità produttiva mediante una propria rappresentanza sindacale aziendale (r.s.a.), dotata di tutti i diritti previsti nel titolo III (cfr. 10) e, quindi, nettamente avvantaggiata rispetto ai sindacati protetti dai soli principi generali di libertà e attività sindacale nei luoghi di lavoro e di non discriminazione del titolo II.

Per la selezione dei beneficiari il legislatore faceva, dunque, riferimento alla «rappresentatività», che indica l'idoneità del sindacato a tutelare l'interesse collettivo professionale senza distinzione tra iscritti e non iscritti, con profonda differenza rispetto alla «rappresentanza» volontaria dei soli iscritti, che indica il potere del sindacato di compiere attività giuridica in nome e per conto di questi come avviene con la stipulazione del contratto collettivo (cfr. 7.2 e 17.2).

La maggiore rappresentatività a livello confederale

Ma la scelta davvero decisiva riguardava l'ambito (o livello) in relazione al quale misurare tale rappresentatività, avendo il legislatore volutamente scartato il livello aziendale e quello di categoria a favore del livello confederale.

La nozione di maggiore rappresentatività confederale, che a tale livello è anch'essa rappresentatività effettiva e non presunta, è stata intesa non in senso comparativo, ma come rappresentatività significativa, ricavata da una serie di indici quali la equilibrata diffusione sul territorio nazionale e nelle diverse categorie, la conseguente sistematica stipulazione di contratti collettivi, il numero degli iscritti.

Questioni di legittimità costituzionale

Nonostante il ricordato allargamento interpretativo della nozione di confederazione maggiormente rappresentativa la disposizione dell'art. 19, lett. a), stat. lav. fu subito attaccata sul piano della legittimità costituzionale, a causa della ingiustificata preferenza per tali confederazioni a discapito degli altri sindacati.

In difesa si replicò che: una selezione dei beneficiari dei diritti sanciti nel titolo III dello statuto era indispensabile per evitare una eccessiva proliferazione di r.s.a. che avrebbe pregiudicato lo stesso imprenditore; l'esordio della norma («possono essere costituite») era di natura definitoria e non permissiva, sicché non escludeva che anche altri sindacati potessero ottenere con la forza una posizione analoga a quella dei sindacati indicati dal legislatore; i titolari delle suddette prerogative legali non erano solo i sindacati individuati nella lett. a), ma anche quelli individuati nella lett. b) del medesimo art. 19 («associazioni sindacali, non affiliate alle predette confederazioni, che siano firmatarie di contratti collettivi nazionali o provinciali di lavoro applicati nell'unità produttiva»); in ogni caso la disposizione dell'art. 14 stat. lav. garantiva a tutti la libertà e l'attività sindacale nei luoghi di lavoro.

Ma questi argomenti non superavano il problema, in quanto non era comparabile la posizione di chi godeva automaticamente di determinati diritti per investitura legale con quella di chi poteva eventualmente riuscire a conquistarli con la propria forza contrattuale nei confronti del singolo imprenditore o a livello territoriale. Sicché, pur ammessa la necessità di una selezione dei beneficiari di legge, rimaneva da spiegare la scelta del criterio selettivo fondato sulla maggiore rappresentatività a livello confederale, che poteva non corrispondere ad una rappresentatività effettiva a livello di categoria o di azienda.

Tuttavia la Corte costituzionale (sent. n. 54 del 1974) rigettò la questione con gli argomenti sopra ricordati, senza affrontare il problema fondamentale del tipo di criterio selettivo adottato dal legislatore.

Solo dopo molti anni, in una situazione profondamente mutata (cfr. 5), la Corte (sent. n. 334 del 1988), giustificò il privilegio per le confederazioni maggiormente rappresentative sottolineando la loro responsabilità nel contenere le rivendicazioni in funzione di una solidarietà macroeconomica consentita dall'ampiezza dell'interesse collettivo rappresentato. In tal modo il sistema di concertazione sociale dell'economia mediante accordi trilaterali di scambio politico, emerso formalmente nel Protocollo Scotti del 1983 (cfr. 12.2), venne utilizzato per legittimare una preferenza a tutto campo, e quindi anche per i diritti di attività nei luoghi di lavoro, a favore dei sindacati protagonisti del sistema medesimo.

Il discorso venne, poi, portato alle estreme conseguenze con la non condivisibile affermazione (Corte Cost. n. 30 del 1990) della nullità di accordi aziendali di attribuzione delle prerogative del titolo III dello statuto a sindacati diversi da quelli indicati dall'art. 19, ai quali si riconosceva così una sorta di monopolio con inammissibile sovvertimento della ricordata natura definitoria e non permissiva di tale disposizione. Contestualmente, però, la Corte Costituzionale, rendendosi conto dello scollamento del modello rispetto alla evoluzione della realtà per cui in alcuni settori i sindacati confederali non erano rappresentativi, invitò il legislatore ad apprestare nuove regole di verifica della effettiva rappresentatività, non sembrando più adeguato il mero riferimento al livello confederale senza alcun ulteriore più specifico riscontro.

9.3. *L'abrogazione referendaria di tale privilegio*

Il referendum del 1995

Da qui gli accordi sulle r.s.u. del 1993 e del 1994 (cfr. 8.3), mentre l'intervento legislativo è stato anticipato dal referendum abrogativo del 1995, con il quale è stata soppressa la disposizione della lett. a) dell'art. 19 stat. lav. e modificata la lett. b). Sicché il sostegno legale per l'attività in azienda non spetta più alle confederazioni maggiormente rappresentative in quanto tali, ma solo ai sindacati che abbiano stipulato un contratto collettivo di qualsiasi livello, anche aziendale, applicato nell'unità produttiva, così dimostrando una rappresentatività effettiva specifica sul piano dei rapporti con la controparte imprenditoriale. In tal modo le tutele del titolo III dello statuto non costituiscono più un corredo della forza sindacale a livello confederale, bensì della forza nello specifico settore o azienda cui appartiene l'unità produttiva nella quale sono destinate ad operare.

Si tratta di una secca battuta d'arresto, per volontà popolare, della politica di favore verso le grandi confederazioni protagoniste della concertazione sociale, in cui, evidentemente, la maggioranza dei cittadini non si riconosce.

Il criterio selettivo della forza contrattuale specifica

Il modello uscito dal referendum, attaccato dai nostalgici del vecchio sistema, è stato ritenuto conforme ai principi costituzionali (Corte Cost. n. 244 del 1996), in quanto il criterio selettivo della capacità di imporsi al datore di lavoro o alla sua associazione come controparte contrattuale indica una rappresentatività effettiva ed è un criterio ragionevole fondato sulla forza del sindacato.

Nel nuovo assetto per il sorgere del diritto alla costituzione della r.s.a. non basta l'adesione formale del sindacato ad un contratto stipulato da altri, ma occorre una partecipazione attiva alla negoziazione, che, oltretutto, deve riguardare un vero e proprio contratto collettivo normativo contenente una disciplina organica dei rapporti di lavoro.

È stato respinto (Corte Cost. n. 345 del 1996) anche il dubbio di costituzionalità avanzato sull'ipotesi che il sindacato, pur di ottenere il diritto alla r.s.a., sarebbe indotto a sottoscrivere un contratto collettivo inadeguato, trattandosi di un mero calcolo di convenienza, mentre se il contratto fosse davvero contrario agli interessi dei lavoratori il sindacato sarebbe di comodo con tutte le relative conseguenze.

Invece, a quasi vent'anni di distanza, è stato dichiarato incostituzionale (Corte Cost. n. 231 del 2013) l'art. 19 stat. lav. nella parte in cui esclude il diritto a costituire la r.s.a. nei confronti del sindacato che abbia partecipato alla trattativa senza sottoscrivere il contratto applicato nell'unità produttiva.

9.4. *La disciplina della costituzione delle r.s.a. nel settore pubblico*

Originario privilegio per le grandi confederazioni

Anche nel settore pubblico, in analogia alla disposizione dell'art. 19 stat. lav., il diritto alla costituzione delle r.s.a. era riservato alle «associazioni sindacali aderenti alle confederazioni maggiormente rappresentative sul piano nazionale» ed ai sindacati ammessi alla contrattazione di comparto in quanto più rappresentativi nel medesimo (artt. 25 e 26, c. 4, legge n. 93 del 1983).

Queste disposizioni non erano state direttamente sottoposte al referendum abrogativo del 1995, che però aveva travolto la disposizione (art. 47 d.lgs. n. 29 del 1993) che indicava la modalità di individuazione della maggiore rappresentatività sindacale (cfr. 22.4).

Il nuovo criterio della maggiore rappresentatività nel comparto o nell'area

Pertanto il legislatore è dovuto intervenire con il d.lgs. n. 396 del 1997, secondo cui nell'ambito delle pubbliche amministrazioni il diritto alla costituzione delle r.s.a. spetta alle organizzazioni sindacali «ammesse alle trattative per la sottoscrizione dei contratti collettivi» (cfr. ora art. 42 d.lgs. n. 165 del 2001), cioè ai sindacati che «abbiano nel comparto o nell'area una rappresentatività non inferiore al 5%», considerando a tal fine la media tra il dato associativo, espresso dalla percentuale delle deleghe per il versamento dei contributi sindacali, e il dato elettorale, espresso dalla percentuale dei voti ottenuti nelle elezioni delle r.s.u. (art. 43 d.lgs. n. 165 del 2001).

In tal modo al criterio, ora vigente nel settore privato, della effettiva stipulazione del contratto collettivo applicato si sostituisce il criterio della ammissione alle trattative, che nell'ambito delle pubbliche amministrazioni non è affidata come nel settore privato ai rapporti di forza, ma è regolata per legge (cfr. 22.4). Sicché, in effetti, il criterio selettivo sancito dal referendum viene soppiantato dagli altri due possibili criteri, in concorso tra loro, indicati dalla Corte costituzionale (n. 244 del 1966): quello della consistenza numerica e quello elettivo, qui peraltro utilizzato indirettamente con riferimento ai risultati delle votazioni per le r.s.u.

9.5. *La nuova tendenza al sostegno dei sindacati più rappresentativi nella categoria e la sua convivenza con la promozione delle grandi confederazioni*

Non sono state sottoposte a referendum, e quindi sono sopravvissute, numerose norme che attribuiscono alle associazioni aderenti alle confederazioni maggiormente rappresentative la legittimazione esclusiva a stipulare determinati contratti collettivi oppure diritti di informazione e consultazione (cfr. 11).

Pertanto il sostegno legale alle grandi confederazioni è ancora radicato nell'ordinamento, ma convive con il sostegno di sindacati che abbiano dimostrato la loro rappresentatività a livello di categoria o di azienda in vari modi, quali la stipulazione di contratti collettivi, la consistenza numerica, i risultati elettorali.

I sindacati comparativamente più rappresentativi nella categoria

Non a caso è, infine, comparsa nel sistema la nozione di organizzazione sindacale «comparativamente più rappresentativa» nella categoria, utilizzata dal legislatore per l'individuazione tra più contratti collettivi quello la cui retribuzione è assunta come base imponibile previdenziale o come traguardo del progressivo riallineamento retributivo o come retribuzione minima dei soci dipendenti di cooperative. Questo criterio selettivo è previsto anche dall'art. 51 del d.lgs. n. 81 del 2015 che fa parte del c.d. jobs act.

Si passa, così, alla logica del confronto e, quindi, appunto al principio di maggioranza nella categoria, sancito nella Costituzione (art. 39, c. 4: «in proporzione dei loro iscritti») per la inattuata disciplina del contratto collettivo con efficacia generale ed ora accolto per i contratti di comparto o di area nel settore pubblico, che possono essere stipulati solo se i sindacati consenzienti rappresentano la maggioranza dei lavoratori (cfr. 22.5).

10. Segue: b) i diritti sindacali nei luoghi di lavoro

10.1. *La tipicità dei diritti per il c.d. contropotere sindacale in azienda*

Tutele tipiche aggiuntive

Il diritto alla costituzione della r.s.a. previsto dall'art. 19 stat. lav. (cfr. 9) non è fine a se stesso, ma costituisce il presupposto per numerose prerogative di attività sindacale in azienda disciplinate nel titolo III dello statuto, non a caso definito come un'unica lunga norma che si dipana appunto dall'art. 19. Infatti, come si vedrà, l'assemblea, il referendum, i permessi, la bacheca, i locali costituiscono tutti diritti spettanti alla r.s.a.

Si tratta di tutele tipiche aggiuntive rispetto alla generale garanzia di libertà e attività sindacale in azienda (art. 14 stat. lav.). La loro caratteristica comune consiste nella compressione del potere organizzativo e direttivo dell'imprenditore e, in alcuni casi, dello stesso suo diritto di esigere la prestazione lavorativa.

La protezione dell'interesse sindacale comporta, dunque, in queste ipotesi tassative e nei limiti ivi indicati, il sacrificio dell'attività produttiva, altrimenti non pregiudicabile dall'attività sindacale, se non con lo sciopero.

Contropotere sindacale

Il sostegno legale al contropotere sindacale nei luoghi di lavoro, per una effettiva ed immediata difesa degli interessi dei lavoratori, è davvero intenso, arrivando perfino ad imporre la retribuzione di dipendenti che, invece di rendere la prestazione, svolgono attività sindacale (permessi retribuiti, assemblea retribuita). Come dire che una parte è costretta a finanziare la parte avversa.

Nei primi anni di applicazione dello Statuto, in una temperie ideologica di demonizzazione del capitale sfociata nel funesto terrorismo, si verificarono alcuni eccessi nella lotta sindacale, anche con violenze ed intimidazioni nei confronti dei quadri aziendali. La reazione, che ristabilì l'equilibrio tra le parti in un mutato clima sociale, è simboleggiata dalla «marcia dei quarantamila» a Torino nel 1980 e dal coevo licenziamento di sessantuno dipendenti della FIAT accusati di violenza.

10.2. *Il campo di applicazione*

Imprese e dimensioni dell'unità produttiva

Il diritto alla costituzione della r.s.a. con tutte le conseguenti prerogative, proprio perché integra una tutela aggiuntiva, ha un campo di applicazione limitato alle sole imprese, con esclusione quindi dei datori di lavoro non imprenditori, e, all'interno delle stesse imprese, alle sole unità produttive e ambiti comunali con più di quindici dipendenti quanto alle imprese industriali e commerciali o con più di cinque dipendenti quanto alle imprese agricole (art. 35, c. 1 e 2, stat. lav.).

Il favore per i datori di lavoro non imprenditori (partiti, sindacati, enti di assistenza, associazioni culturali, sportive, ricreative, ecc.), che non sono tenuti a subire la costituzione delle r.s.a. e quanto ne consegue, si giustifica con la loro finalità non economica e spesso di elevato valore sociale (Corte Cost. n. 159 del 1975; n. 2 del 1986).

Invece per le imprese l'esclusione delle minori unità produttive o ambiti comunali si spiega sia con la necessità di una collettività di una certa dimensione per un serio esercizio dei diritti sindacali, sia con l'esigenza di sottrarre a logiche conflittuali le relazioni interpersonali in ambienti ristretti.

Mentre la differente soglia numerica a seconda del tipo di impresa si giustifica con le «sensibili differenze, organizzative e strutturali, che nella realtà economica e sociale del nostro Paese, separano» le imprese agricole da quelle industriali e commerciali (Corte Cost. n. 152 del 1975).

Le specifiche caratteristiche dell'attività di navigazione, con le connesse imprescindibili esigenze di sicurezza, determinano l'esclusione del personale navigante dalla applicazione diretta delle disposizioni del titolo III dello statuto, i cui principi possono essere estesi a tale personale solo mediante apposite clausole dei contratti collettivi, cui spetta contemperare l'interesse della navigazione con l'interesse sindacale, comunque fornito per legge della garanzia di base derivante dagli artt. 14-17 stat. lav. che sono direttamente operanti (art. 35, c. 3, stat. lav.).

L'onere della prova dei requisiti qualitativi (impresa) e quantitativi (dimensioni dell'organico dell'unità produttiva o nel comune) dell'organizzazione grava sul sindacato interessato alla costituzione della r.s.a., trattandosi di fatti costitutivi del relativo diritto, normalmente tutelato con l'azione di repressione della condotta antisindacale del datore di lavoro *ex* art. 28 stat. lav.

Enti pubblici

Per gli enti pubblici economici valgono le stesse regole e gli stessi limiti dettati per le imprese private (art. 37, primo periodo, stat. lav.).

Per gli altri enti pubblici l'applicazione della disciplina dello statuto è suppletiva rispetto alla diversa regolamentazione derivante da norme speciali (art. 37, secondo periodo, stat. lav.; Corte Cost. n. 118 del 1976). Attualmente è previsto che le r.s.a. e le r.s.u. possono essere costituite ed esercitare i loro diritti sia «in ciascuna amministrazione o ente che occupi oltre quindici dipendenti», salvo diversa disciplina collettiva, sia presso le sedi o strutture periferiche considerate livelli decentrati di contrattazione collettiva dai contratti collettivi nazionali (art. 42, c. 8, d.lgs. n. 165 del 2001).

Quanto al contenuto di tali diritti la legge quadro n. 93 del 1983, dopo aver esteso direttamente alle pubbliche amministrazioni le tutele generali del titolo II dello statuto, rimetteva agli accordi sindacali, da recepire negli appositi decreti, la applicazione dei particolari diritti sindacali previsti dallo statuto. Questa sistemazione è stata, però, abrogata con la disciplina di privatizzazione del pubblico impiego (cfr. ora art. 72 d.lgs. n. 165 del 2001), che regola espressamente solo i permessi e le aspettative (cfr. 10.9), mentre per tutto il resto rinvia direttamente alle disposizioni dello statuto dei lavoratori (art. 42, c. 1, d.lgs. n. 165 del 2001).

Nozione di unità produttiva

La nozione di unità produttiva, ricavabile dal testo della disposizione dell'art. 35 stat. lav., è quella di un'articolazione dell'impresa (sede, stabilimento, filiale, ufficio, reparto) che, per la sua struttura e organizzazione, è idonea a conseguire autonomamente un risultato produttivo.

Sono, dunque, le r.s.a. a doversi adeguare, come ambito di riferimento, alla effettiva organizzazione dell'impresa e non viceversa.

Lavoratori computabili

La dimensione dell'unità produttiva è riferita espressamente al numero dei «dipendenti» occupato, con esclusione dal computo dei lavoratori non subordinati (lavoratori autonomi anche parasubordinati, amministratori).

L'organico da prendere in considerazione è quello normale costante nel tempo, con irrilevanza dei fattori di variabilità transitoria. Pertanto non si possono cumulare il lavoratore assente e quello assunto a termine in sostituzione, mentre si devono calcolare i lavoratori in prova, i quali vanno a coprire posti compresi nell'organico delle aziende. Si computano anche i lavoratori con contratto a termine in base al numero medio mensile degli ultimi due anni e all'effettiva durata dei rapporti. I lavoratori a tempo parziale si computano come unità intera.

Sono esclusi dal computo i lavoratori somministrati, gli apprendisti, i titolari di contratti di formazione e lavoro e di contratti di inserimento.

10.3. *L'assemblea*

Convocazione Secondo la disciplina dell'art. 20 stat. lav. le rappresentanze sindacali aziendali hanno, singolarmente o congiuntamente, il potere di convocare all'interno dei luoghi di lavoro l'assemblea dei lavoratori addetti all'unità produttiva, intesa come strumento di democrazia diretta e di collegamento dei sindacati con la base.

Il diritto di convocazione spetta, ora, anche alle r.s.u., secondo i relativi accordi istitutivi.

Invece tale potere non spetta ad altri organismi diversi dalle r.s.a. costituiti in virtù del principio di libertà sindacale nei luoghi di lavoro *ex* art. 14 stat. lav., proprio perché, come si è detto, i diritti sindacali tipici del titolo III sono aggiuntivi e riservati.

La convocazione deve essere preventivamente comunicata al datore di lavoro, per consentirgli: di mettere a disposizione un locale idoneo rispettando «l'ordine di precedenza delle convocazioni»; di verificare se l'ordine del giorno riguardi effettivamente «materie di interesse sindacale e del lavoro»; di predisporre le opportune misure organizzative per fronteggiare la mancata prestazione dei lavoratori partecipanti all'assemblea eventualmente indetta nell'orario di lavoro.

Oggetto L'oggetto dell'assemblea è limitato dalla legge alle sole «materie di interesse sindacale e del lavoro», da indicarsi nell'apposito «ordine del giorno».

Tuttavia, mentre le materie di interesse del lavoro sono oggettivamente definibili, quelle di interesse sindacale dipendono dalle scelte dello stesso sindacato circa l'ambito della propria effettiva attività.

Una importante attività dell'assemblea è quella di discutere e deliberare, a volte mediante referendum, circa le piattaforme rivendicative e la ratifica delle ipotesi di contratto collettivo siglate dai sindacati.

Locale L'imprenditore è obbligato a mettere a disposizione per il tempo dell'assemblea legittimamente convocata un locale idoneo, dal punto di vista della dimensione e delle caratteristiche ambientali, ovviamente tra quelli disponibili.

Partecipanti

I titolari del diritto di partecipazione all'assemblea sono tutti i lavoratori dell'unità produttiva, anche non sindacalizzati, compresi quelli collocati in cassa integrazione e gli scioperanti, questi ultimi ovviamente senza diritto alla retribuzione.

È previsto che all'assemblea possano partecipare, «previo preavviso al datore di lavoro, dirigenti esterni del sindacato che ha costituito la rappresentanza sindacale aziendale».

L'assemblea non è solo generale, cioè di tutto il personale dell'unità produttiva, ma può essere anche convocata per «gruppi» ed in quest'ultimo caso non possono parteciparvi i lavoratori estranei al gruppo interessato.

Il datore di lavoro non ha diritto a partecipare all'assemblea.

Tempo e retribuzione

L'assemblea può svolgersi fuori dell'orario di lavoro senza limiti di tempo.

Invece durante l'orario di lavoro l'assemblea è ammessa solo per dieci ore annue, salve migliori condizioni previste dai contratti collettivi. Entro questo limite l'imprenditore non solo deve tollerare che i lavoratori partecipanti all'assemblea si astengano dalla prestazione dovuta, come avviene in caso di sciopero, ma deve anche corrispondere loro la normale retribuzione, come pure accade in altri casi di sospensione della prestazione con conservazione della retribuzione.

Esigenze della produzione

Le esigenze della produzione, che non devono essere pregiudicate dall'esercizio del generale diritto di libertà e attività sindacale nei luoghi di lavoro, cedono di fronte al diritto tipico di assemblea nell'orario di lavoro, salve cautele previste dai contratti collettivi e, comunque, la garanzia degli utenti dei servizi pubblici essenziali.

Sicurezza

Diverso è il principio generale, affermato per lo sciopero (cfr. 27) ma da ritenersi operante anche per l'assemblea, di salvaguardia della sicurezza delle persone e della produttività dell'azienda, intesa come integrità degli impianti e possibilità di ripresa della produzione. In applicazione di questo principio si giustifica la comandata di una quota indispensabile di lavoratori.

10.4. *Il referendum*

Indizione

L'altro strumento di democrazia diretta previsto dallo statuto dei lavoratori (art. 21) è il referendum, per il quale, diversamente dall'assemblea, il potere di indizione spetta solo a tutte le r.s.a. congiuntamente oppure, se riguarda più unità produttive della stessa azienda, agli organi di coordinamento delle r.s.a. eventualmente costituiti *ex* art. 19, u.c., stat. lav. Attualmente il potere di indire il referendum spetta alla r.s.u., laddove esistente.

La ragione della indizione necessariamente unitaria è che il referendum ha un senso solo se riguarda tutti i lavoratori interessati al quesito proposto.

Oggetto Il referendum può avere oggetto generale, con conseguente partecipazione dell'intero personale addetto all'unità produttiva, oppure particolare, con partecipazione dei soli appartenenti alla categoria interessata.

In ogni caso deve trattarsi di «materie inerenti all'attività sindacale», con formula più ristretta di quella relativa al diritto di assemblea, che è riferito anche a materie di interesse «del lavoro». Tuttavia, in concreto, tutto quanto riguarda il lavoro è solitamente oggetto di attività sindacale, sicché si ripropone qui la stessa delimitazione della materia indicata a proposito dell'assemblea (cfr. 10.3).

Il referendum viene sovente utilizzato per l'approvazione in via preventiva delle piattaforme rivendicative e successivamente delle ipotesi di accordo siglate dai sindacati.

Luogo e tempo L'imprenditore «deve consentire» lo svolgimento del referendum «nell'ambito aziendale», con conseguente limitazione del suo potere organizzativo e con obbligo, non previsto espressamente ma desumibile dalla *ratio* della norma, di cooperare mettendo a disposizione un locale idoneo per le votazioni. A tal fine, peraltro, il datore di lavoro può pretendere, pur nel silenzio della legge, un congruo preavviso.

Il referendum deve svolgersi «fuori dall'orario di lavoro», sicché, a differenza dell'assemblea, non può mai pregiudicare il normale andamento della produzione.

Anche per il referendum, come per l'assemblea, i contratti collettivi possono stabilire ulteriori modalità di svolgimento.

10.5. *Il diritto di affissione*

Titolarità La titolarità del diritto di affiggere in azienda documentazione sindacale previsto dall'art. 25 stat. lav. è riconosciuta alle r.s.a., alle quali si sostituiscono o si aggiungono le r.s.u. ove costituite.

Il diritto spetta solo alle r.s.a. e non ai singoli componenti delle stesse, che peraltro possono essere all'uopo delegati.

Contenuto Il datore di lavoro è obbligato a concedere alle r.s.a. «appositi spazi» per l'affissione, di solito utilizzati mediante bacheche.

Tali spazi, di dimensione ragionevole in relazione al loro scopo, devono essere collocati non solo «all'interno dell'unità produttiva», ma in particolare «in luoghi accessibili a tutti i lavoratori», onde consentire appunto a tutti la lettura della documentazione affissa.

L'utilizzazione del plurale «spazi» induce a ritenere che ciascuna r.s.a. abbia diritto ad un proprio spazio.

Una volta ottenuto lo spazio la r.s.a. diviene titolare di un diritto proprio sulla cosa, tutelabile contro eventuali aggressioni di terzi mediante l'azione possessoria.

La r.s.a. ha diritto di affiggere qualsiasi tipo di documento, secondo l'amplissimo riferimento normativo a «pubblicazioni, testi e comunicati», purché inerente «a notizie di interesse sindacale e del lavoro», espressione del cui significato si è già detto a proposito dell'oggetto dell'assemblea (cfr. 10.3).

Tutele del datore di lavoro

Il datore di lavoro non può procedere direttamente alla defissione di documenti non inerenti a tali materie, potendo soltanto rivolgersi al giudice, eventualmente con procedimento d'urgenza *ex* art. 700 cod. proc. civ. L'intervento diretto dell'imprenditore in via di autotutela è ammesso solo se i documenti da defiggere non provengano dalle r.s.a. oppure se ricorrono gli estremi della legittima difesa, come nel caso di comunicati offensivi o diffamatori non ancora letti da tutti con conseguente attualità del pericolo, la cui mancanza renderebbe l'imprenditore responsabile del reato di esercizio arbitrario delle proprie ragioni.

10.6. *Il locale delle rappresentanze sindacali aziendali*

Locale comune

In base all'art. 27 stat. lav. in ciascuna unità produttiva con almeno 200 dipendenti le r.s.a. (ed ora anche la r.s.u.) hanno diritto a disporre in modo permanente di un locale «comune».

Pertanto, a differenza delle bacheche per l'affissione, il locale che l'imprenditore deve concedere è uno solo per tutte le r.s.a., onde escludere un onere eccessivo, salvo migliori previsioni dei contratti collettivi dirette ad evitare una convivenza a volte difficile.

Idoneità

Il locale deve essere idoneo per lo svolgimento delle funzioni sindacali, consistenti nelle riunioni dei componenti della r.s.a., nel ricevimento dei lavoratori, nell'attività preparatoria di iniziative ed altro.

Il locale deve essere collocato «all'interno dell'unità produttiva o nelle immediate vicinanze di essa». Tuttavia, se è sicura la insindacabile facoltà di scelta dell'imprenditore tra più locali tutti idonei e interni all'unità produttiva, non può dirsi altrettanto per la scelta di un locale esterno, seppur adiacente, se vi è una possibilità interna non pregiudizievole per l'attività produttiva.

Utilizzazione

Il locale è utilizzabile solo per l'esercizio delle funzioni sindacali, sicché l'imprenditore può opporsi ad un uso improprio.

L'utilizzazione, per ovvie ragioni di sicurezza, è consentita solo durante l'orario di apertura dell'unità produttiva.

In mancanza di una disposizione come quella in tema di assemblea è vietato l'accesso agli estranei, anche se dirigenti sindacali esterni.

Nelle unità produttive con meno di 200 dipendenti il locale non spetta in via permanente, bensì soltanto per le riunioni delle r.s.a. previa apposita richiesta. In tal modo si è voluto evitare un onere troppo gravoso per le imprese di minori dimensioni e, comunque, ingiustificato con riferimento a collettività non tanto ampie da richiedere l'utilizzo permanente di un locale.

10.7. *L'attività di proselitismo e collettaggio*

Titolarità

La disposizione dell'art. 26, c. 1, stat. lav. sancisce il diritto dei lavoratori di svolgere attività di proselitismo e collettaggio sindacale nei luoghi di lavoro.

La titolarità del diritto spetta ai singoli «lavoratori», e non alle r.s.a., sicché la norma può considerarsi una specificazione del generale diritto di libertà e attività sindacale nei luoghi di lavoro (cfr. 6.5) previsto dall'art. 14 stat. lav. La disposizione dell'art. 26 è compresa nel titolo III della legge, che ha un campo di applicazione limitato (cfr. 10.2), ma sarebbe stata più correttamente collocata nel titolo II e, comunque, non può intendersi preclusiva dell'attività di proselitismo e collettaggio nelle organizzazioni non imprenditoriali e nelle minori unità produttive garantita dal ricordato generale principio dell'art. 14 stat. lav.

Contenuto

La tutela riguarda solo il proselitismo e il collettaggio svolti dai lavoratori «per le loro organizzazioni sindacali», con esclusione di una analoga attività per altri fini (ad es. politici).

L'«opera di proselitismo» è più ampia della libera manifestazione del pensiero garantita dall'art. 1 stat. lav. in attuazione dell'art. 21 Cost., poiché include anche l'attività di raccolta delle eventuali adesioni.

I «contributi» cui si riferisce la norma non sono solo le ordinarie quote associative, ma anche versamenti *una tantum* per uno scopo determinato, sempre però di natura sindacale.

Tutela delle esigenze aziendali

L'espressa previsione per cui l'esercizio del diritto in esame deve avvenire «senza pregiudizio del normale svolgimento dell'attività aziendale» conferma un principio generale, ricavabile dal sistema, in cui sono tassative ed eccezionali le ipotesi in cui la tutela dell'interesse sindacale giunge fino al sacrificio dell'interesse della produzione (cfr. 6.5 e 10.1).

10.8. *La contribuzione sindacale mediante ritenuta*

Il sistema dell'art. 26 stat. lav.

Le disposizioni dell'art. 26, c. 2 e 3, stat. lav. prevedevano il diritto delle associazioni sindacali di percepire i contributi dei lavoratori mediante l'effettuazione da parte del datore di lavoro, su richiesta del lavoratore, di una ritenuta sul salario.

Il sistema era stato, poi, esteso anche alle prestazioni erogate dal datore di lavoro per conto degli enti previdenziali (art. 18, c. 2, legge n. 223 del 1991, che aveva novellato in tal senso il secondo comma dell'art. 26 stat. lav.).

Si trattava di un rilevante sostegno legale per tutti i sindacati, non essendoci qui selezione dei beneficiari, in quanto la ritenuta alla fonte garantiva la certezza e la tempestività del versamento ed agevolava notevolmente la gestione finanziaria del sindacato.

Per contro l'imprenditore era costretto a sopportare il corrispondente aggravio amministrativo.

La qualificazione dell'istituto oscillava tra la cessione parziale del credito (art. 1260 cod. civ.) e la delegazione di pagamento (art. 1269 cod. civ.), ma in effetti la apposita disciplina speciale superava le caratteristiche di entrambe le figure, consentendo di escludere sia la irrevocabilità tipica della cessione del credito, sia la facoltà di rifiuto dell'incarico da parte del delegato.

La segretezza del versamento, nel senso della impossibilità per l'imprenditore di abbinare il lavoratore richiedente allo specifico sindacato beneficiario, era garantita da apposite modalità stabilite dai contratti collettivi, ma in mancanza era espressamente ammesso anche il versamento palese.

Abrogazione referendaria e situazione attuale

Le disposizioni in esame sono state integralmente abrogate con il referendum del 1995, sicché attualmente il sistema di contribuzione mediante ritenuta opera soltanto laddove sia previsto dal contratto collettivo applicato al rapporto ed a favore dei soli sindacati stipulanti. Entro questi stessi limiti possono considerarsi ancora vigenti le disposizioni (art. 11 legge n. 334 del 1968 e art. 19, c. 2, legge n. 724 del 1994 per il settore agricolo; art. unico della legge n. 311 del 1973 per gli altri settori) che consentono agli enti previdenziali, su richiesta e per conto dei sindacati nazionali con cui siano convenzionati, di assumere il servizio di esazione dai datori di lavoro dei contributi associativi dovuti a tali sindacati dai rispettivi iscritti.

Nei casi in cui non sia applicabile la previsione di un contratto collettivo l'obbligo per il datore di effettuare la ritenuta e versarne l'importo, eventualmente tramite l'ente previdenziale esattore, al sindacato indicato dal lavoratore non può sorgere da una delegazione di pagamento, che non costringe il terzo delegato ad accettare l'incarico (art. 1269, c. 2, cod. civ.), ma soltanto da una cessione parziale del credito retributivo, che non richiede, salvo i casi di eccessiva onerosità, il consenso dell'imprenditore debitore non trattandosi di prestazione strettamente personale (art. 1260, c. 1, cod. civ.) (Cass. SU n. 28269/05).

È rimasta, invece, in vigore, in quanto non oggetto del referendum, la disciplina che attribuisce ai sindacati il diritto di percepire dagli enti previdenziali, previo accordo diretto con questi, i contributi dei propri iscritti che abbiano richiesto l'effettuazione della corrispondente ritenuta sulle prestazioni previdenziali loro spettanti (art. 23 *octies* legge n. 485 del 1972; art. 2 legge n. 852 del 1973; art. 18, c. 1 e 3, legge n. 223 del 1991).

Il diritto alla contribuzione mediante ritenuta sulla retribuzione è sospeso, con un limite di tempo e di importo, per il sindacato proclamante o aderente ad uno sciopero illegittimo nei servizi pubblici essenziali (cfr. 28.10).

10.9. *Permessi e aspettative sindacali*

Permessi retribuiti per i dirigenti delle r.s.a.

L'art. 23 stat. lav. prevede il diritto ad un certo numero di permessi retribuiti per i dirigenti delle rappresentanze sindacali aziendali.

Anche qui, come nel caso dell'assemblea retribuita, il datore di lavoro, oltre a subire la mancata prestazione lavorativa, deve corrispondere la retribuzione al proprio avversario, sicché si tratta della punta massima della legislazione di sostegno del sindacato.

I titolari del diritto sono i «dirigenti delle rappresentanze sindacali aziendali», ma la stessa legge, onde evitare abusi, limita, con salvezza di eventuali migliori clausole dei contratti collettivi, il numero dei possibili fruitori in proporzione al numero dei dipendenti della categoria organizzata dalla r.s.a. occupati nell'unità produttiva (art. 23, c. 2).

La legge fissa anche la quantità di permessi, con la solita salvezza di eventuali clausole collettive più favorevoli, prevedendo otto ore al mese per le unità produttive con più di 200 dipendenti e un'ora all'anno per dipendente nelle unità produttive minori (art. 23, c. 3).

I contratti collettivi usano fissare un monte ore annuo complessivo semplificando ogni problema.

Il godimento del permesso deve essere preceduto da una comunicazione scritta al datore di lavoro, «di regola 24 ore prima», da parte non del dirigente interessato, bensì «tramite» la r.s.a. (art. 23, u.c.).

La provenienza della comunicazione è coerente con la destinazione del permesso retribuito, che i dirigenti sindacali devono utilizzare «per l'espletamento del loro mandato» (art. 23, c. 1), da intendersi in senso ampio. Il datore di lavoro può verificare *ex post* se il beneficiario abbia effettivamente rispettato la dichiarata destinazione, ben potendo in caso negativo rifiutare la retribuzione e procedere disciplinarmente.

Le esigenze della produzione sono tutelate solo dal ricordato preavviso scritto, che consente all'imprenditore di organizzarsi tenendo conto dell'assenza del lavoratore in permesso, mentre per il resto cedono di fronte all'esercizio del diritto sindacale tipico. Peraltro i contratti collettivi possono salvaguardare le esigenze aziendali condizionando alle stesse il godimento della eventuale quantità di permessi eccedente quella minima legale.

Come già si è visto per l'assemblea, diverso è il discorso relativo alla garanzia della sicurezza delle persone e della integrità degli impianti, poiché questi interessi sono sempre prevalenti e condizionano l'esercizio del diritto al permesso.

Il diritto ai permessi retribuiti è sospeso con un limite di durata e di importo complessivo per il sindacato proclamante o aderente ad uno sciopero illegittimo nei servizi pubblici essenziali (cfr. 28.10).

Permessi non retribuiti per i dirigenti delle r.s.a.

L'art. 24 stat. lav. prevede un distinto diritto a permessi non retribuiti per i dirigenti delle rappresentanze sindacali aziendali.

Qui la destinazione è, però, più ristretta, riferendosi la legge solo alla «partecipazione a trattative sindacali o a congressi e convegni di natura sindacale».

Anche per questi permessi viene escluso un potere di controllo preventivo del datore di lavoro, cui peraltro non può essere negato il diritto ad un controllo successivo.

La quantificazione legale è di otto giorni all'anno. La comunicazione scritta al datore deve avvenire, sempre tramite la r.s.a., «di regola tre giorni prima» (art. 24, c. 2).

Permessi retribuiti per i dirigenti sindacali esterni

L'art. 30 stat. lav. prevede il diritto a permessi retribuiti per i dirigenti provinciali e nazionali delle associazioni di cui all'art. 19, che, ormai, dopo il referendum del 1995, sono solo quelle firmatarie o partecipanti alla negoziazione di contratti collettivi applicati nell'unità produttiva.

Anche questa norma, dunque, protegge i medesimi sindacati che hanno titolo a costituire la r.s.a. Qui, peraltro, non operano i limiti d'applicazione relativi al tipo e alle dimensioni dell'organizzazione del datore di lavoro previsti dall'art. 35 stat. lav. (cfr. 10.2), in quanto l'art. 30 è collocato fuori dal titolo III.

La destinazione dei permessi in esame è prevista esclusivamente «per la partecipazione alle riunioni degli organi» direttivi provinciali o nazionali di cui il lavoratore è componente. L'attività sindacale qui tutelata non è, dunque, quella nei luoghi di lavoro, ma quella esterna.

La norma non prevede, come invece fanno gli artt. 23 e 24, una preventiva comunicazione al datore, da ritenersi peraltro egualmente necessaria secondo buona fede.

Anche qui è esclusa una facoltà di controllo preventivo da parte del datore di lavoro, che però può effettuare la solita verifica *ex post* sulla utilizzazione del permesso per i fini cui è destinato.

La legge non determina la quantità di permessi spettanti, rinviando ai contratti collettivi, che spesso fissano un monte ore complessivo annuo. In mancanza di questa quantificazione contrattuale provvede il giudice secondo equità.

Aspettativa non retribuita per i dirigenti sindacali esterni

L'art. 31 stat. lav. prevede, infine, il diritto all'aspettativa non retribuita per i dirigenti sindacali provinciali e nazionali.

Questa disposizione, al contrario delle precedenti, riguarda tutti i sindacati, anche se non titolari del diritto alla costituzione delle r.s.a., dando luogo così ad un sostegno non selettivo.

La norma si applica anche a tutti i datori di lavoro, essendo collocata, come la precedente, fuori dal titolo III e dal relativo campo di applicazione segnato dall'art. 35.

L'aspettativa consegue ad un'apposita «richiesta», che può riguardare tutta la durata della carica oppure anche una parte soltanto di essa.

Il periodo di aspettativa sindacale, sebbene non retribuito, è utile ai fini pensionistici, con onere gravante sugli enti previdenziali che devono accreditare a favore del lavoratore interessato una contribuzione figurativa. Inoltre durante l'aspettativa resta operante la tutela previdenziale, sanitaria ed economica, in caso di malattia e in caso di maternità.

Disciplina per il settore pubblico

Nel settore pubblico il limite massimo delle aspettative e dei permessi sindacali è stabilito in un apposito accordo tra l'ARAN e le confederazioni sindacali rappresentative (art. 50, c. 1, d.lgs. n. 165 del 2001). Le aspettative e i permessi spettano, in proporzione alla rispettiva rappresentatività, alle organizzazioni sindacali ammesse alla contrattazione collettiva nazionale e che hanno conseguentemente diritto a costituire rappresentanze sindacali aziendali (artt. 42 e 43 d.lgs. n. 165 del 2001). Le modalità di utilizzo e di distribuzione delle aspettative e dei permessi sindacali in ciascun comparto o area sono affidate alla relativa contrattazione (art. 50 d.lgs. n. 165 del 2001). Ai fini della riduzione della spesa pubblica, i distacchi, le aspettative e i permessi sindacali sono ridotti del cinquanta per cento per ciascuna associazione sindacale (art. 7 d.l. n. 90 del 2014 conv. legge n. 114 del 2014).

10.10. *La tutela speciale dei sindacalisti interni contro il trasferimento ed il licenziamento*

Titolari

Lo statuto dei lavoratori appresta delle protezioni particolari, aggiuntive rispetto a quelle generali, a favore dei sindacalisti interni, equiparando a tal fine i dirigenti delle r.s.a. ed i candidati e membri di commissione interna, anche se, ormai, di fatto il discorso riguarda solo i primi.

Queste tutele sono riservate a chi dirige effettivamente la r.s.a., come risulta per *tabulas* per coloro che utilizzano i permessi retribuiti *ex* art. 23 stat. lav., mentre per gli altri componenti della r.s.a. la prova della funzione dirigenziale deve essere rigorosissima.

Le tutele speciali in esame si applicano «sino alla fine dell'anno successivo a quello in cui è cessato l'incarico» (art. 22, c. 2, stat. lav.), onde evitare ritorsioni immediate dell'imprenditore.

Limite esterno al trasferimento

La prima garanzia riguarda il trasferimento dall'unità produttiva, consentito soltanto «previo nulla osta» della associazione sindacale di appartenenza (art. 22, c. 1).

Pertanto per trasferire il dirigente sindacale aziendale non basta il giustificato motivo invece sufficiente per ogni altro lavoratore *ex* art. 2103 cod. civ. (cfr. 54), ma occorre anche l'assenso del sindacato, il cui interesse a mantenere il sindacalista nella unità produttiva in cui opera come tale prevale in via assoluta ed insindacabile sull'interesse imprenditoriale ad impiegare il dipendente nel luogo ove risulti obiettivamente più utile per l'organizzazione produttiva.

La disposizione concerne soltanto il trasferimento da una unità produttiva ad un'altra e non le trasferte o gli spostamenti interni alla medesima unità produttiva, per i quali non occorre, dunque, il nulla osta sindacale poiché non eliminano il collegamento del sindacalista con la sua base. Ovviamente a questi spostamenti e alle trasferte restano applicabili le disposizioni generali sul divieto degli atti discriminatori e della condotta antisindacale, ove ne ricorrano effettivamente gli estremi.

La nozione di unità produttiva rilevante per il trasferimento in esame è la stessa elaborata (cfr. 10.2) per ogni altro disposto dello statuto.

Le altre tutele speciali a favore dei sindacalisti interni riguardano il licenziamento e sono sancite negli ultimi quattro commi dell'art. 18 stat. lav., che si applicano anche ai nuovi assunti solo se c'è il provvedimento di reintegra previsto dal d.lgs. n. 23 del 2015.

Reintegrazione d'urgenza

La prima è una tutela processuale, consistente nella possibilità per il giudice di disporre la reintegrazione del sindacalista interno nel posto di lavoro prima della sentenza, mediante una ordinanza emessa, in ogni stato e grado del giudizio di merito, su istanza congiunta del lavoratore e del sindacato di appartenenza, allorché risultino «irrilevanti o insufficienti gli elementi di prova forniti dal datore di lavoro».

Si tratta di una tutela sommaria non cautelare, che prescinde da un concreto *periculum in mora* che sarebbe invece necessario per l'emanazione di un provvedimento d'urgenza *ex* art. 700 cod. proc. civ., in quanto nella norma in esame l'esigenza di celerità è sancita una volta per tutte dal legislatore a protezione dell'interesse sindacale.

Il presupposto dell'ordinanza è solo il *fumus* di illegittimità del licenziamento e non anche la sua natura antisindacale, poiché la norma tutela l'interesse sindacale alla permanenza in azienda del sindacalista interno licenziato illegittimamente a prescindere dal tipo di vizio inficiante il recesso.

Questa tutela processuale appare compatibile con il nuovo rito speciale per le controversie sul licenziamento, poiché consente un provvedimento anticipato interno a ciascuna fase del giudizio.

Sanzione per l'omessa reintegrazione

La seconda tutela è costituita da una misura coercitiva indiretta patrimoniale finalizzata ad ottenere l'ottemperanza del datore di lavoro all'ordinanza o alla sentenza di reintegrazione in servizio del dirigente sindacale interno illegittimamente licenziato, anche qui a prescindere dalla natura antisindacale del recesso.

Trova, così, inequivoca conferma l'impossibilità di una esecuzione diretta dell'ordine di reintegrazione a causa della infungibilità del *facere* dell'imprenditore, che esclude anche la coercibilità delle sottoprestazioni fungibili (cfr. 70).

La misura compulsoria consiste nell'obbligo a carico del datore inottemperante di pagare al Fondo pensioni dell'INPS, per ogni giorno di ritardo nella reintegrazione, una somma pari all'importo della retribuzione dovuta al lavoratore.

11. Segue: c) i diritti di informazione e consultazione e la legittimazione esclusiva per determinati accordi collettivi

11.1. *I diritti di informazione e consultazione sindacale*

Funzione

Un notevole sostegno legale al sindacato deriva dalla attribuzione di diritti di informazione e consultazione, che procedimentalizzano l'esercizio di alcuni poteri del datore di lavoro, aggiungendosi agli analoghi diritti di fonte contrattuale (cfr. 3, 8.3, 31.1).

In tal modo il sindacato è messo in condizione di conoscere tempestivamente le scelte imprenditoriali e di svolgere la sua azione a difesa degli interessi dei lavoratori coinvolti, sia nella fase di consultazione imposta dalla legge, sia, occorrendo, mediante lo sciopero. Il tutto in vista di un eventuale accordo, che può riguardare gli aspetti della scelta organizzativa a monte e le ricadute di questa sui rapporti di lavoro.

È evidente, dunque, il vantaggio concorrenziale per i sindacati selezionati dal legislatore come titolari di diritti di informazione e consultazione, poiché tali sindacati costituiscono, in vicende di estrema delicatezza, il punto di riferimento per tutti i lavoratori, anche non sindacalizzati o aderenti ad associazioni escluse dal sostegno legale.

Diritto generale di informazione e consultazione

Il d.lgs. n. 25 del 2007, attuativo della direttiva 2002/14, prevede un generale diritto di informazione e consultazione.

I titolari sono i rappresentanti dei lavoratori nelle aziende con almeno 50 addetti.

L'oggetto della informazione-consultazione è amplissimo, riguardando l'attività dell'impresa, l'occupazione e l'organizzazione del lavoro.

Sono salve le procedure specifiche per determinate vicende.

Diritti specifici Nel nostro ordinamento sono già previsti numerosi procedimenti specifici, che, come si è detto, restano fermi.

E così per la concessione della integrazione salariale (cfr. 62.9), per il licenziamento collettivo (cfr. 75) e per il trasferimento d'azienda (cfr. 63.2) sono necessarie apposite procedure di informazione e consultazione sindacale. Altri diritti di informazione riguardano il lavoro notturno, la somministrazione di lavoro, il lavoro a termine e il lavoro intermittente, i c.a.e., le società europee.

Nel settore pubblico è rimessa ai contratti collettivi nazionali l'individuazione delle materie oggetto di partecipazione sindacale e per le quali è esclusa la contrattazione.

11.2. *La riserva della legittimazione a stipulare determinati contratti collettivi*

Funzione La riserva della legittimazione a stipulare determinati accordi è prevista dalla legge a favore dei sindacati in possesso di determinati requisiti di rappresentatività, onde garantire l'adeguatezza di delicate regolamentazioni.

Questa legittimazione esclusiva costituisce un sostegno molto rilevante per i rispettivi titolari, sia nei confronti del datore di lavoro che voglia regolare certe materie, specie se con gli accordi riservati è consentito derogare la disciplina legale, sia nei confronti degli altri sindacati, esclusi da questo rapporto privilegiato con la controparte che accresce il potere di chi ne è protagonista.

Tuttavia, per evitare un eccessivo potere dei sindacati così sostenuti, la legge talvolta prevede, in mancanza dei contratti collettivi, l'intervento regolatorio della pubblica amministrazione.

Casistica Tra gli accordi riservati si ricordano quelli in materia di licenziamento collettivo, integrazione salariale, somministrazione di lavoro, lavoro a tempo parziale, contratti di riallineamento, lavoro a termine, lavoro intermittente, orario di lavoro, minimo retributivo per i soci dipendenti di cooperative. Di particolare importanza sono gli accordi di prossimità per regolazioni adeguate agli specifici contesti territoriali o aziendali anche in deroga alla legge e ai contratti collettivi nazionali (cfr. 20.2 e 21.2).

Anche la contrattazione collettiva con le pubbliche amministrazioni è riservata ai sindacati rappresentativi (cfr. 22.4).

12. La partecipazione dei sindacati a funzioni pubbliche

12.1. *I vari tipi di partecipazione formale*

Designazione di rappresentanti

A volte i sindacati sono chiamati a partecipare all'esercizio di funzioni pubbliche, in modi peraltro assai diversi tra loro.

Il sistema più diffuso è quello di attribuire ai sindacati il potere di designare loro rappresentanti all'interno di organismi pubblici.

Innanzitutto i sindacati dei lavoratori dipendenti, degli imprenditori e dei lavoratori autonomi nominano loro rappresentanti nel Consiglio Nazionale dell'Economia e del Lavoro (CNEL), previsto dall'art. 99 Cost. con funzioni consultive e di iniziativa legislativa e disciplinato attualmente dalla legge n. 936 del 1986.

I sindacati maggiormente rappresentativi a livello nazionale designano loro rappresentanti anche negli organi collegiali degli enti previdenziali, negli organi collegiali di gestione del mercato del lavoro, nonché in altri organismi previsti, ad esempio, per il lavoro a domicilio e per il lavoro temporaneo.

È stata, invece, soppressa (art. 44 d.lgs. n. 165 del 2001) la rappresentanza elettiva del personale nei consigli di amministrazione delle amministrazioni statali.

Funzioni consultive

A volte al sindacato sono formalmente attribuite funzioni consultive nell'ambito di un procedimento amministrativo, come ad esempio per la concessione del trattamento di integrazione salariale (cfr. 62.9).

Partecipazione all'attività giurisdizionale e conciliativa

I sindacati partecipano anche all'attività di risoluzione delle controversie individuali di lavoro, sia fornendo al giudice, su richiesta dell'ufficio o su istanza di parte, informazioni e osservazioni orali o scritte (artt. 421, c. 2 e 425 cod. proc. civ.), nonché il testo dei contratti collettivi (art. 425, c. 4, cod. proc. civ.), sia designando i propri rappresentanti nelle commissioni di conciliazione istituite presso ogni Ispettorato territoriale del lavoro (art. 410 cod. proc. civ.).

12.2. *La concertazione sociale dell'economia*

Natura giuridica

La più importante delle forme di partecipazione sindacale a funzioni pubbliche non è, invece, prevista dalla legge, bensì si svolge di fatto dando luogo a quella che è stata definita concertazione sociale dell'economia o anche modello neocorporativo o dello scambio politico.

Si tratta di un fenomeno di grande rilevanza negli equilibri politici e costituzionali, poiché sottopone alla trattativa del Governo con i sindacati scelte decisive per il Paese, poi formalizzate con leggi, dette appunto «negoziate», o con provvedimenti governativi.

Se questo sistema fosse cogente sarebbe incostituzionale, poiché il governo dovrebbe godere di una doppia fiducia, rendendosi necessaria oltre a quella del Parlamento, prevista dalla Costituzione, anche quella dei sindacati, con eclatante violazione dei principi della democrazia formale o procedimentale.

La Corte Costituzionale (n. 34 del 1985) ha fermamente escluso che l'interesse collettivo anche di dimensione confederale possa prevalere sull'interesse generale, la cui cura è rimessa ai poteri costituzionali che restano sovrani anche quando venga a mancare il consenso sindacale sui provvedimenti da adottare. E la Cassazione a Sezioni Unite (n. 124 del 1993) ha ribadito che le iniziative legislative e amministrative del Governo non sono suscettibili di negoziazione vincolante.

Pertanto, dal punto di vista formale, nonostante il riconoscimento dello sciopero politico ed economico-politico (cfr. 26), la concertazione sociale rimane una mera scelta di opportunità liberamente sospendibile, *in toto* o per alcune materie, in qualsiasi momento.

Evoluzione storica

In una prospettiva storica, però, non si può dimenticare che sin dagli anni '70 le più importanti decisioni di politica economica e sociale sono state sempre negoziate con le confederazioni sindacali maggiormente rappresentative.

Il protocollo Scotti del 1983

Ma il primo vero accordo trilaterale fu il protocollo Scotti del 22 gennaio 1983 sottoscritto da alcuni Ministri, dalle maggiori organizzazioni imprenditoriali e dalle tre confederazioni sindacali CGIL, CISL e UIL. Tale accordo conteneva, oltre ad alcuni impegni tra le contrapposte parti sociali, anche una serie di impegni del Governo per l'adozione di provvedimenti legislativi e amministrativi sia in materia di lavoro, sia in materie attinenti al consumo e al fisco. Emergeva, così, in modo palese la inscindibilità della posizione del lavoratore come produttore di reddito e come utilizzatore, quale consumatore o utente, del reddito netto disponibile, con il conseguente inevitabile coinvolgimento dello Stato non più quale semplice mediatore del conflitto, ma come diretto protagonista delle possibili soluzioni in quanto gestore di rilevanti variabili del complessivo equilibrio del lavoratore-consumatore.

Il modello neocorporativo ebbe una battuta d'arresto nel 1984, allorché la componente comunista della CGIL si oppose al taglio della contingenza, scatenando una battaglia contro la imposizione di detto taglio realizzata con la legge n. 219 del 1984, ma subendo una sonora sconfitta sia nel giudizio di costituzionalità conclusosi con il rigetto della questione per la ricordata prevalenza dell'interesse generale su quello collettivo anche di dimensione confederale, sia nel referendum abrogativo del 1985 anch'esso bocciato dal popolo.

Ma la concertazione riprendeva dopo poco, allorché veniva negoziata la nuova disciplina e, poi, la soppressione dell'indennità di contingenza, ancora con uno scambio politico riguardante prezzi, tariffe, politiche fiscali e contributive.

Il modello neocorporativo resisteva negli anni '90 anche ai profondi mutamenti del quadro politico italiano, probabilmente perché la concertazione continuava tra sindacati e partiti non troppo mutati.

Il protocollo Giugni del 1993

Con il protocollo del 23 luglio 1993, sotto la regia del Ministro del lavoro prof. Giugni, veniva concordata una politica dei redditi per la riduzione del tasso d'inflazione e del deficit pubblico, con una istituzionalizzazione periodica del confronto tra Governo e parti sociali, con dinamiche salariali coerenti con il tasso di inflazione programmato e con impegno degli imprenditori e dello Stato a contenere coerentemente prezzi e tariffe. Veniva realizzata una ristrutturazione del sistema contrattuale (cfr. 20) e prefigurata la disciplina delle r.s.u. (cfr. 8.3). Si convenivano politiche del lavoro ed un sostegno al sistema produttivo.

La politica dei redditi, unita al contenimento del deficit pubblico, aveva successo, il tasso di inflazione scendeva ai minimi storici e consentiva una notevole riduzione dei tassi di interesse sul debito pubblico con serio beneficio per le finanze dello Stato. Ma la disoccupazione cresceva.

L'accordo per il lavoro del 1996

Da qui l'accordo per il lavoro del 24 settembre 1996, promosso dal Ministro del lavoro prof. Treu e diretto appunto a fronteggiare il grave problema della disoccupazione, nel quale veniva ribadita espressamente la scelta del metodo concertativo, si rinnovavano gli impegni per la formazione professionale e la ricerca e venivano previste numerose misure per promuovere l'occupazione.

Seguivano diverse disposizioni attuative, ma i risultati sperati non venivano conseguiti (cfr. 5).

Vicende relative ai tempi di lavoro

La concertazione sociale veniva messa, nuovamente, a dura prova nella vicenda relativa alla recezione della direttiva comunitaria n. 104 del 1993 sui tempi di lavoro, poiché il Governo Prodi, per salvare la maggioranza, non teneva fede agli impegni presi con le parti sociali. Anche questa crisi veniva, però, superata con una modifica della compagine di maggioranza.

Il patto sociale del 1998

E così con il patto sociale del 22 dicembre 1998 voluto dal Governo D'Alema la concertazione, allargata a ben trentadue associazioni sindacali anche di lavoratori autonomi, veniva istituzionalizzata e sul patto il Governo chiedeva ed otteneva con un ordine del giorno il voto di approvazione del Parlamento. Sicché la fiducia investiva, ormai, il programma di governo per come concordato con i sindacati.

Il patto per l'Italia del 2002

Ma questo scostamento dalla Costituzione formale rimane un accidente storico, superabile in qualsiasi momento, come è avvenuto con il Patto per l'Italia del 5 luglio 2002 sottoscritto dal Governo con le altre confederazioni nonostante il dissenso della CGIL.

La legge delega n. 30 del 2003, attuativa di buona parte di tale programma, prevede una consultazione, in effetti avvenuta, dei sindacati sugli schemi dei decreti legislativi (d.lgs. n. 276 del 2003 e successive modifiche), così da un lato istituzionalizzando il dialogo sociale e dall'altro ribadendo che il consenso dei sindacati è opportuno, ma non indispensabile.

Un'altra formalizzazione del dialogo sociale al fine della «predisposizione di provvedimenti legislativi» è prevista per l'armonizzazione della disciplina del lavoro pubblico ai principi del d.lgs. n. 276 del 2003, mediante convocazione da parte del ministro per la funzione pubblica dei sindacati maggiormente rappresentativi dei pubblici dipendenti (art. 86, c. 8, d.lgs. cit.). Si ricordano anche le deleghe della legge n. 123 del 2007 per la riforma della sicurezza del lavoro e della legge n. 247 del 2007 per l'attuazione del Protocollo sul *welfare*, che prevedono la consultazione dei sindacati maggiormente rappresentativi di lavoratori e datori nel procedimento di emanazione dei decreti legislativi.

Il protocollo del 2007

Il Governo di centro-sinistra conseguente alle elezioni del 2006 puntava molto sulla concertazione, riuscendo nel luglio del 2007 a far sottoscrivere alle contrapposte parti sociali un protocollo in materia di pensioni, ammortizzatori sociali, mercato del lavoro, competitività e soggetti svantaggiati, riuscendo ad attuarlo solo in parte a causa della fine anticipata della legislatura.

Accordo quadro del 2009

A sua volta il Governo di centro-destra, espresso dalla coalizione vittoriosa nelle elezioni del 2008, concludeva il 22 gennaio 2009, anche stavolta come nel 2002 con il dissenso della sola CGIL, l'accordo quadro sulla riforma degli assetti contrattuali (cfr. 20), in sostituzione del Protocollo del 1993, con l'obiettivo dello sviluppo economico e della crescita occupazionale fondata sull'aumento della produttività, l'efficiente dinamica retributiva e il miglioramento di prodotti e servizi resi dalle pubbliche amministrazioni.

Il governo Renzi (2014) ha dichiarato che le decisioni politico-economiche devono essere prese dagli organi costituzionali, senza alcun bisogno di concertazione con i sindacati che possono essere al massimo consultati.

Dialogo sociale comunitario

La concertazione si esplica anche a livello comunitario (c.d. dialogo sociale), ove è formalizzata con espresse limitazioni del potere legislativo. Molte direttive in materia di lavoro recepiscono, dunque, accordi quadro a livello europeo (ad es. congedi parentali, lavoro a termine, lavoro a tempo parziale).

CAPITOLO II

IL CONTRATTO COLLETTIVO

13. Il contratto collettivo di diritto comune

13.1. *Funzione e natura*

Funzione

Il contratto collettivo è un accordo tra un gruppo di lavoratori ed un datore di lavoro o un gruppo di datori di lavoro per determinare le condizioni applicabili a ciascun rapporto individuale.

In tal modo alla debolezza contrattuale del singolo lavoratore si sostituisce la forza della coalizione, che riesce ad ottenere dalla controparte imprenditoriale trattamenti migliori di quelli che potrebbe pattuire il lavoratore isolato, con eccezione al divieto comunitario di atti restrittivi della concorrenza.

La funzione tipica del contratto collettivo è appunto questa funzione normativa di disciplina dei rapporti individuali di lavoro.

Il contratto collettivo è stato, così, ricondotto alla figura del contratto normativo, da cui, però, si discosta sia perché disciplina non solo rapporti futuri ma anche rapporti già esistenti, sia perché i rapporti disciplinati non intercorrono tra le parti del contratto collettivo, che è sempre stipulato da soggetti collettivi almeno dal lato dei lavoratori, bensì tra i singoli datori di lavoro ed i singoli lavoratori. Neppure sembra condivisibile l'assimilazione al contratto tipo, che è predisposto da una sola parte con le conseguenti esigenze di tutela dell'altra, che non si pongono certamente a proposito del contratto collettivo, utile proprio quale accordo derivante dal confronto tra parti in posizione tendenzialmente paritaria.

Il contratto collettivo disciplina l'interesse professionale di un gruppo gestito da un soggetto collettivo e si distingue, perciò, dal contratto plurimo o plurisoggettivo, che è costituito da una somma di pattuizioni individuali uniformi contenute in un unico atto sottoscritto dai singoli interessati.

Nell'ordinamento attuale il contratto collettivo è espressamente nominato nella Costituzione (art. 39, c. 4) e in molte leggi ordinarie, anche se è specificamente disciplinato solo nel settore pubblico (cfr. 22).

Autonomia privata collettiva

La consolidata elaborazione dottrinale e giurisprudenziale ha qualificato l'autonomia collettiva come autonomia privata, in quanto tale libera di regolare l'interesse professionale senza le funzionalizzazioni proprie di un inquadramento pubblicistico. Pertanto all'odierno contratto collettivo viene applicata la disciplina generale dei contratti contenuta nel codice civile (artt. 1321 e ss.), dal che la definizione di contratto collettivo privatistico o di diritto comune.

È evidente la differenza rispetto al vecchio contratto collettivo corporativo (cfr. 2.4), che costituiva una fonte pubblicistica di diritto oggettivo (artt. 1 e 5 disp. prel. cod. civ.). Non a caso l'attuale contratto collettivo di diritto comune viene anche detto post-corporativo ed allo stesso sono ritenute per lo più inapplicabili le disposizioni che regolavano il contratto corporativo (artt. 2067 e ss. cod. civ.).

Categoria professionale

Non esistono categorie contrattuali predeterminate in via eteronoma (cfr. 6.3), ma è lo stesso contratto collettivo a fissare liberamente il proprio ambito oggettivo di applicazione, salva sempre la necessità del consenso delle parti del singolo rapporto di lavoro per l'efficacia nei loro confronti (cfr. 17.1).

Solo per il lavoro pubblico privatizzato la legge impone che la contrattazione avvenga per «comparti», mentre i contratti di mestiere (c.d. «aree contrattuali») sono qui previsti solo per i dirigenti e per i giornalisti (cfr. 22.3).

13.2. *Interpretazione e controllo della Cassazione*

Criteri di interpretazione negoziale

Proprio perché il contratto collettivo di diritto comune è un contratto e non una legge si applicano alla sua interpretazione i criteri di ermeneutica negoziale previsti dagli artt. 1362 e ss. cod. civ., sia pure con giustificata preferenza per il criterio letterale e per l'interpretazione complessiva e conservativa, almeno per la parte normativa al fine di dare certezza ai destinatari di questa, che sono soggetti diversi da quelli stipulanti, salvo il datore di lavoro nel contratto aziendale.

Controllo della Cassazione

Conseguentemente, a differenza di quanto avveniva per i contratti corporativi, l'interpretazione del contratto collettivo di diritto comune accolta dal giudice di merito non era direttamente censurabile in cassazione non essendo configurabile una violazione di legge, ma era attaccabile solo per specifiche violazioni dei menzionati criteri legali di ermeneutica negoziale oppure per vizi logici della motivazione.

Tuttavia in considerazione della grande importanza dei contratti collettivi nazionali e degli accordi interconfederali, era stata auspicata l'introduzione, per questi contratti di più vasto ambito, di una norma che consentisse il controllo diretto della Cassazione sulla loro interpretazione.

Ciò è avvenuto dapprima per i soli contratti collettivi nazionali del settore pubblico, dei quali, appunto, è denunziabile con ricorso per cassazione, al pari delle norme di legge, la «violazione e falsa applicazione» (art. 63, c. 5, d.lgs. n. 165 del 2001 che incorpora una norma del 1998) (cfr. 22.6).

Successivamente è stato generalmente ammesso anche nel settore privato il ricorso per cassazione «per violazione o falsa applicazione di norme ... dei contratti e accordi collettivi nazionali di lavoro» (art. 360, c. 1, n. 3, cod. proc. civ., nel testo sostituto dal d.lgs. n. 40 del 2006), adeguandosi conseguentemente le disposizioni sul contenuto necessario del ricorso e sui documenti da depositare insieme allo stesso, con l'indicazione, appunto, dei «contratti o accordi collettivi sui quali il ricorso si fonda» (artt. 366, c. 1, n. 6, e 369, c. 2, n. 4, cod. proc. civ., come sostituiti dal d.lgs. cit.).

Il riferimento non solo ai contratti, ma anche agli accordi è diretto a ricomprendere le discipline collettive del lavoro autonomo (ad es. agenti).

Deve trattarsi, come già nel lavoro pubblico, di contratti o accordi «nazionali» sia di categoria che interconfederali, con esclusione di quelli aziendali o territoriali, ritenuti non meritevoli della nomofilachia della Cassazione per la più ristretta platea degli interessati e per non aggravare ulteriormente la Corte.

Il controllo diretto della Cassazione sul significato della regola collettiva non ne modifica la natura, che rimane negoziale privatistica, con il limitato campo di applicazione soggettivo (cfr. 17) e con il regime interpretativo dei contratti previsto dagli artt. 1362 e ss. cod. civ. La novità è che la Cassazione deve ora procedere direttamente all'interpretazione del contratto collettivo, sicché l'oggetto della censura è la violazione e falsa applicazione della regola collettiva e non, come in precedenza, la violazione dei criteri legali di ermeneutica negoziale, ormai ricondotti, come nel giudizio di merito, al ruolo di strumenti per la corretta interpretazione, che ora deve essere fornita dalla Cassazione, così come è sempre stato per l'interpretazione della legge.

Nomofilachia accelerata

Lo scopo di fare certezza, con conseguente benefico effetto di riduzione del contenzioso, attraverso l'estensione della nomofilachia della Cassazione anche alle regole collettive nazionali è rafforzato mediante la accelerazione di questo intervento nomofilattico.

Infatti per le questioni pregiudiziali concernenti l'interpretazione, la validità o l'efficacia (oggettiva e nel tempo) delle clausole di contratti o accordi collettivi nazionali è imposta al giudice di primo grado la pronunzia di una sentenza non definitiva sulla sola questione pregiudiziale, con rinvio obbligatorio della causa di almeno novanta giorni (art. 420 *bis*, c. 1, cod. proc. civ., introdotto dal d.lgs. n. 40 del 2006; per il settore pubblico cfr. art. 64, c. 3, d.lgs. n. 165 del 2001). Questa sentenza è impugnabile solo con ricorso per cassazione, e quindi con esclusione del grado d'appello (che non è costituzionalizzato), entro il termine di sessanta giorni dalla comunicazione dell'avviso di deposito da parte della cancelleria (art. 420 *bis*, c. 2, cod. proc. civ.; per il settore pubblico cfr. art. 64, c. 3, d.lgs. n. 165 del 2001). In tal modo la nomofilachia della Cassazione rimane eventuale, in quanto condizionata all'impugnazione della parte soccombente, ma viene accelerata, sia con l'eliminazione dell'appello, sia con l'imposizione del ricordato termine breve decorrente dalla comunicazione di cancelleria e non dalla notifica ad istanza di parte. Del resto l'eventualità della nomofilachia riguarda ciascuna singola causa in cui rilevi una determinata questione pregiudiziale, ma l'obiettivo del sistema è raggiunto se anche in una sola di tali cause è proposto il ricorso per cassazione. In questo quadro di incentivazione della nomofilachia la disposizione che consente alla Cassazione di condannare anche d'ufficio la parte soccombente al risarcimento del danno per lite temeraria (art. 64, c. 8, d.lgs. n. 165 del 2001 richiamato dall'art. 146 *bis* disp. att. cod. proc. civ.) si spiega solo come un maldestro tentativo di evitare che siano proposte e coltivate questioni poco serie.

Le vicende del singolo processo sono profondamente influenzate dal meccanismo in esame, poiché la proposizione del ricorso per cassazione avverso la sentenza non definitiva determina, ad iniziativa dell'interessato ricorrente, la sospensione necessaria del giudizio di merito (art. 420 *bis*, c. 3, cod. proc. civ.; per il settore pubblico cfr. art. 64, c. 3, d.lgs. n. 165 del 2001), in attesa della pronunzia della Cassazione, solo a seguito della quale il giudizio sospeso può essere riassunto da ciascuna delle parti (art. 64, c. 4, d.lgs. n. 165 del 2001, applicabile anche nella controversia di lavoro privato in virtù del richiamo disposto dall'art. 146 *bis* disp. att. cod. proc. civ.). In particolare se il ricorso per cassazione è accolto il giudizio di rinvio si svolge innanzi allo stesso giudice che ha pronunziato la sentenza non definitiva cassata (art. 64, c. 4, cit.), sicché la sentenza definitiva di merito deve rispettare (art. 384 cod. proc. civ.) la soluzione della questione pregiudiziale sancita dalla Cassazione. In tal modo è impedita una decisione di merito fondata su una diversa soluzione della questione pregiudiziale. Ciò anche in eventuali ulteriori giudizi tra le stesse parti, poiché l'estinzione del processo non travolge l'effetto vincolante della sentenza della Cassazione (art. 64, c. 4, cit., in conformità al principio generale dell'art. 393 cod. proc. civ.).

Questo sistema non sembra lesivo dell'autonomia del singolo magistrato, cui opportunamente si impone di attendere l'esito dell'impugnazione della propria sentenza non definitiva, di cui, se errata, si impediscono così ingiuste conseguenze.

Ed anche dal punto di vista della parte che aspira ad una rapida conclusione del giudizio il sistema è ragionevole in quanto: la sentenza non definitiva non è imposta laddove sussistano eccezioni, di rito o di merito, utili per l'immediato rigetto della domanda, senza che sia «necessario» risolvere la questione pregiudiziale relativa al contratto collettivo; la sentenza non definitiva è imposta solo se la questione pregiudiziale è «seria», altrimenti non v'è alcuna effettiva questione da risolvere in via pregiudiziale; la tutela cautelare è sempre esperibile nelle more della decisione di merito; la Suprema Corte ha predisposto un canale privilegiato per la decisione in tempi rapidi dei ricorsi in esame; il principio di solidarietà giustifica un modesto sacrificio dell'interesse delle parti ad una rapida definizione della loro controversia a vantaggio dell'interesse generale alla certezza derivante da una rapida nomofilachia (Corte Cost. n. 199 del 2003 e n. 298 del 2007).

La decisione della questione pregiudiziale relativa al contratto collettivo, che come si è detto rimane fonte negoziale privatistica, può richiedere lo svolgimento di istruttoria, ad esempio sul comportamento delle parti precedente e successivo alla stipulazione del contratto (art. 1362, c. 2, cod. civ.). Se una istruttoria necessaria viene omessa, la Cassazione deve cassare la sentenza non definitiva per questa sola ragione, senza avventurarsi in una interpretazione che, proprio per la carenza di informazioni, non avrebbe utilità nomofilattica ben potendosi giungere a diversa conclusione in presenza delle informazioni mancanti. In questo caso il giudice di merito, quale giudice di rinvio, dovrà emettere una nuova sentenza non definitiva dopo l'espletamento dell'istruttoria indicata dalla Cassazione. Per evitare questo andirivieni è opportuno che il giudice di primo grado, ove occorra, istruisca da subito compiutamente la questione pregiudiziale, se mai peccando per eccesso e non per difetto.

Qualora il giudice di primo grado pronunzi sentenza definitiva, ad esempio ritenendo non «seria» la questione pregiudiziale, il giudice d'appello che sia di contrario avviso non potrà rimettere la causa al primo giudice, in assenza di una previsione in tal senso; né tanto meno potrà pronunziare egli stesso sentenza non definitiva, poiché il meccanismo in esame riguarda solo il giudizio di primo grado, come risulta sia dalla lettera della norma («impugnabile soltanto con ricorso immediato per cassazione»), sia dalla *ratio*, poiché l'obiettivo della nomofilachia è comunque soddisfatto anche con il ricorso per cassazione avverso una sentenza definitiva d'appello, sia dalla opportunità sistematica di rispondere subito ad una sentenza definitiva con un'altra sentenza definitiva. Ciò significa che l'imposizione al primo giudice della sentenza non definitiva sulla questione pregiudiziale è norma priva di sanzione processuale, sicché in caso di pronunzia di sentenza definitiva l'impugnazione di questa va effettuata con un normale appello.

Resta da dire della disciplina degli altri processi in cui rilevi la stessa questione pregiudiziale. Se la Cassazione non si è ancora pronunziata è lasciata al singolo giudice la scelta tra una sospensione facoltativa fino a quando non sopravvenga tale pronunzia o l'emanazione di sentenza non definitiva a sua volta ricorribile per cassazione (art. 64, c. 6, d.lgs. n. 165 del 2001 richiamato dall'art. 146 *bis* disp. att. cod. proc. civ.). Se, invece, la Cassazione si è già pronunziata, il giudice se ritiene di conformarvisi può emettere sentenza definitiva, altrimenti deve pronunziare sentenza non definitiva (art. 64, c. 7, d.lgs. cit., richiamato come detto).

In conclusione il sistema esaminato non determina un accentramento nella Cassazione della decisione delle questioni pregiudiziali sul contratto collettivo nazionale, ma ne promuove ed accelera l'intervento nomofilattico con normale valore di precedente, dal quale i giudici di merito possono con pronunzia non definitiva motivatamente discostarsi, con la sola ovvia eccezione del giudizio in cui è stata emessa la sentenza della Cassazione.

Sarebbe opportuna una estensione di questo sistema alle questioni relative alla interpretazione di importanti norme di legge.

14. I soggetti

14.1. *I soggetti della contrattazione collettiva*

Il soggetto stipulante il contratto collettivo dal lato dei lavoratori è sempre esponente di un gruppo, altrimenti si tratterebbe di un contratto non collettivo ma individuale o, tutt'al più, plurimo (cfr. 13).

Tuttavia il soggetto stipulante non deve essere necessariamente un'associazione sindacale, essendo riconosciuti come veri contratti collettivi anche quelli sottoscritti da organismi non associativi (commissioni interne, rappresentanze sindacali aziendali) o da coalizioni non stabili, purché sia contemplato un interesse collettivo che trascenda quello dei singoli componenti del gruppo.

Dal lato imprenditoriale, invece, il soggetto stipulante può essere esponente di un gruppo, come nel caso di un'associazione o di una delegazione *ad hoc*, ma è ammessa anche la stipulazione da parte del singolo datore di lavoro in caso di contratto collettivo aziendale.

Ecco perché, nella definizione del contratto collettivo, si dice che l'agente contrattuale deve essere un soggetto collettivo almeno dal lato dei lavoratori.

14.2. *La libertà di scelta della controparte contrattuale e i suoi limiti*

Libertà di trattare e di contrarre

Il principio di libertà sindacale comporta non solo la libertà di trattare o no, ma anche la libertà di scelta della controparte contrattuale.

Non esiste, pertanto, un generale obbligo a trattare, nel senso che l'associazione imprenditoriale o il singolo imprenditore possono scegliere di non intavolare affatto la trattativa richiesta dai sindacati dei lavoratori oppure di iniziarla solo con alcuni sindacati escludendone altri.

È possibile, poi, che la trattativa si concluda senza un accordo oppure che questo sia stipulato solo con alcuni dei sindacati partecipanti alla trattativa medesima (assenza di obbligo a contrarre).

Non è previsto, infatti, un obbligo di parità di trattamento tra sindacati ai fini dell'accesso alle trattative o alla stipula del contratto collettivo, essendo tutto rimesso sul piano dei rapporti di forza, sebbene risulti una tendenza a consentire il controllo giudiziale su eventuali esclusioni arbitrarie e irrazionali, specie se a danno di sindacati maggiormente rappresentativi.

Ovviamente anche i sindacati dei lavoratori possono rifiutare di trattare o di stipulare determinati accordi in assoluto o con determinate associazioni datoriali, benché di fatto ciò accada raramente a causa dell'interesse sindacale a vincolare il più possibile quanti più datori di lavoro possibile.

Limiti

La libertà di scelta della controparte è esclusa in relazione ai contratti collettivi riservati dalla legge a determinati sindacati (cfr. 11.2), al fine di garantire l'adeguatezza di delicate regolamentazioni comportanti il sacrificio di alcuni interessi dei lavoratori. In questi casi il datore di lavoro, se vuole trattare, deve farlo con tutti i sindacati in possesso dei requisiti indicati dalla legge, mentre la stipulazione può avvenire con alcuni soltanto, peraltro con seri problemi di efficacia soggettiva dell'accordo così raggiunto (cfr. 17.6).

L'obbligo a trattare con determinati sindacati può essere previsto dallo stesso contratto collettivo, di solito con riferimento ai livelli inferiori di contrattazione cui è rinviata la disciplina di specifiche materie (cfr. 20).

Nel settore dell'impiego con le pubbliche amministrazioni vige un principio opposto rispetto a quello del settore privato, in quanto è la legge a predeterminare i soggetti della contrattazione collettiva, qui utilizzata per realizzare un trattamento generale uniforme (cfr. 22).

15. La forma

Libertà di forma

È noto che la disciplina generale dei contratti prevede la libertà di forma in tutti i casi in cui una determinata forma non sia prescritta espressamente dalla legge (artt. 1325, n. 4 e 1350 cod. civ.).

Per il contratto collettivo di diritto comune l'assenza di una regolamentazione legale e l'applicazione dei principi generali sul contratto hanno condotto, dopo un contrasto interno alla Cassazione, alla affermazione da parte delle Sezioni Unite (n. 3318 del 1995) della libertà di forma.

Tuttavia la funzione normativa del contratto collettivo, destinato a disciplinare rapporti individuali tra soggetti diversi da quelli stipulanti, pone un'esigenza di certezza e di conoscibilità che solo la forma scritta può soddisfare, come previsto espressamente dalla legge per i contratti collettivi del settore pubblico.

Argomenti contrari

Questa esigenza è ormai penetrata nell'ordinamento, come si evince, tra l'altro, dalla disposizione dell'art. 17 legge n. 936 del 1986, che prevede l'istituzione presso il CNEL dell'archivio dei contratti collettivi organizzato in modo tale da consentirne la pubblica consultazione, e dalla disposizione dell'art. 425, u.c., cod. proc. civ., secondo cui il giudice può richiedere alle associazioni sindacali il testo dei contratti collettivi, anche aziendali, da applicare nella causa. Per i contratti collettivi nazionali del settore pubblico è prevista addirittura la pubblicazione sulla Gazzetta Ufficiale della Repubblica, mentre quelli integrativi di secondo livello sono raccolti nell'apposito archivio presso il CNEL.

Queste norme non si limitano a presupporre la forma scritta del contratto collettivo, ma ne riconoscono positivamente l'indispensabilità per il conseguimento della funzione tipica di tale contratto.

16. Il contenuto

16.1. *La parte normativa*

Le clausole del contratto collettivo che adempiono alla già indicata funzione tipica di disciplina dei rapporti individuali di lavoro costituiscono la cosiddetta parte normativa.

In tal modo vengono fissati i rispettivi diritti ed obblighi di ciascun lavoratore e di ciascun datore di lavoro.

In origine l'istituto regolato era essenzialmente la retribuzione, dal che il nome di concordati di tariffa.

Contrattazione acquisitiva e ablativa

Nel corso del tempo il contenuto del contratto collettivo si è sempre più arricchito, sicché gli attuali contratti disciplinano minuziosamente tutti gli aspetti del rapporto di lavoro, dando luogo ad una contrattazione acquisitiva quando incrementano i diritti dei lavoratori e ad una contrattazione ablativa quando riducono il precedente trattamento.

Le stesse leggi sovente fissano solo principi generali, rinviando per la loro specificazione all'autonomia collettiva (cfr. 21.3), onde consentire l'opportuno adeguamento delle regole alle diverse realtà economiche e produttive.

Accordi gestionali

Una funzione innegabilmente normativa hanno anche gli accordi che, specialmente in situazioni di crisi, limitano i poteri del datore di lavoro (c.d. accordi gestionali), poiché anche da tali accordi derivano posizioni di diritto e di obbligo per i soggetti del rapporto individuale (*contra* Corte Cost. n. 268 del 1994). Si ricordano, ad esempio, gli accordi collettivi per la fissazione dei criteri di scelta dei lavoratori da licenziare per riduzione di personale o da collocare in cassa integrazione guadagni oppure gli accordi per l'installazione di apparecchiature di controllo a distanza.

16.2. *La parte obbligatoria*

Il contratto collettivo, oltre a fissare la disciplina dei rapporti individuali di lavoro, può anche prevedere diritti ed obblighi in capo agli stessi soggetti stipulanti, dando luogo alla cosiddetta parte obbligatoria.

Gli esempi più noti sono le clausole di articolazione della contrattazione in più livelli, quelle di regolamentazione del conflitto collettivo (patti di tregua o di raffreddamento mediante procedimentalizzazione), quelle relative a diritti sindacali di informazione e consultazione e quelle istitutive di commissioni intersindacali.

In questi casi il rapporto di diritto-obbligo intercorre tra le parti collettive, ma può anche essere previsto un obbligo del singolo datore di lavoro nei confronti del sindacato (cosiddette clausole diagonali).

Le clausole obbligatorie esulano dalla funzione normativa del contratto collettivo, sicché sono escluse da ogni riferimento legale ai minimi di trattamento del lavoratore (cfr. 17.4).

La distinzione tra parte normativa e parte obbligatoria non va confusa con quella, interna alla parte normativa, fra trattamento economico (la retribuzione) e trattamento normativo (i riposi, i provvedimenti disciplinari, la cessazione del rapporto, ecc.).

17. L'efficacia soggettiva

17.1. *La limitazione dell'efficacia ai soli soggetti consenzienti e le sue conseguenze*

Il problema della efficacia soggettiva della parte normativa del contratto collettivo riguarda l'individuazione dell'ambito dei soggetti vincolati e, quindi, dei singoli rapporti di lavoro le cui parti sono entrambe reciprocamente obbligate a rispettare la disciplina collettiva.

La riconosciuta natura privatistica dell'autonomia collettiva esclude, infatti, il contratto collettivo dal novero delle fonti di diritto oggettivo ed impone la ricerca del fondamento della sua vincolatività nei confronti dei singoli imprenditori e lavoratori.

Questo fondamento, in un sistema di diritto comune, può essere rinvenuto solo nella volontà di entrambe le parti del rapporto individuale di sottoporsi alla disciplina collettiva.

Necessità del consenso bilaterale

Ove tale volontà bilaterale sussista effettivamente il contratto collettivo produce i suoi effetti nella sfera individuale dei soggetti consenzienti.

Non si tratta, però, di una incorporazione delle clausole del contratto collettivo nel contratto individuale, poiché il contratto collettivo opera dall'esterno, come fonte distinta e concorrente in virtù di un rinvio dinamico (cosiddetto rinvio formale o alla fonte o non recettizio) che determina un automatico adeguamento della disciplina del rapporto individuale alla evoluzione della contrattazione collettiva oggetto del rinvio.

La qualificazione del contratto collettivo di diritto comune come fonte negoziale con efficacia limitata ai soli soggetti consenzienti rende inapplicabili le disposizioni dell'art. 2070 cod. civ., che imponevano l'applicazione del contratto collettivo corporativo corrispondente all'attività esercitata dall'imprenditore. Nell'attuale sistema, in cui sono scomparse le categorie ontologiche corporative (cfr. 13), il datore di lavoro che non si sia già spontaneamente vincolato è, infatti, libero di rifiutare qualsiasi contratto collettivo o di scegliere quello ritenuto più conveniente, con il solo limite della retribuzione proporzionale e sufficiente, che il giudice potrebbe individuare in quella fissata da altro contratto considerato equitativamente più adeguato al tipo di attività aziendale.

Oneri di deduzione e di prova

L'esclusione per il contratto collettivo di diritto comune della natura di fonte di diritto oggettivo rende inoperante il principio *iura novit curia* che valeva per i contratti corporativi, sicché la parte interessata deve invocare in giudizio il contratto, la cui applicazione d'ufficio costituirebbe ultrapetizione, e deve provarne l'esistenza, come conferma l'agevolazione per cui il giudice può richiedere alle associazioni sindacali il testo del contratto da applicare nella causa (art. 425, c. 3, cod. proc. civ.). Il solo onere probatorio dell'esistenza del contratto, ma non l'onere di invocazione dello stesso, è escluso per i contratti collettivi nazionali del settore pubblico, che sono pubblicati sulla Gazzetta Ufficiale.

La limitata efficacia soggettiva del contratto collettivo di diritto comune impone alla parte che lo invoca in giudizio l'ulteriore e distinto onere di deduzione e prova, escluso solo per i contratti del settore pubblico, delle circostanze che lo rendono vincolante nello specifico rapporto di lavoro in questione.

17.2. *Le forme di manifestazione del consenso*

La volontà delle parti del rapporto individuale di lavoro di sottoporsi alla disciplina collettiva può essere manifestata in qualsiasi modo, non rinvenendosi alcuna prescrizione di forma o di procedimento. Si tratta, dunque, di una normale *quaestio voluntatis*, come tale da risolversi in base alle circostanze del caso concreto.

Tuttavia la tipicità sociale del fenomeno della contrattazione collettiva ha consentito di individuare alcune modalità ricorrenti di espressione di tale volontà.

Iscrizione alla associazione stipulante

La prima tradizionale ipotesi è quella della iscrizione all'associazione stipulante il contratto collettivo, dalla quale si evince, secondo le clausole statutarie, la volontà del singolo socio di obbligarsi al rispetto della disciplina dei rapporti di lavoro pattuita dall'associazione cui aderisce.

Questa situazione è suscettibile di diverse ricostruzioni sul piano tecnico formale (mandato rappresentativo, dismissione di poteri, contratto plurilaterale), tutte egualmente volte a spiegare come il contratto collettivo possa direttamente produrre effetti nella sfera individuale.

Il fondamento volontaristico di tali effetti è confermato dalla constatazione che essi cessano, seppur non immediatamente ma alla scadenza dei già assentiti contratti in corso, in caso di recesso dall'associazione.

Caratteristica della volontà manifestata con l'iscrizione è il riferimento non ai soli contratti collettivi vigenti in quel momento, bensì, con il ricordato limite dell'eventuale recesso, anche ai contratti futuri, stante l'affidamento del socio nella attività sindacale di tutela dell'interesse collettivo al quale partecipa.

Volontà di rinvio

L'altra tipica forma di manifestazione della volontà di vincolarsi al rispetto del contratto collettivo consiste semplicemente nell'esternare questa intenzione all'altra parte del rapporto individuale di lavoro.

Ciò può avvenire in modo espresso verbalmente o per iscritto, di solito con una clausola della lettera-contratto di assunzione, oppure mediante un comportamento concludente, individuato nella costante pacifica applicazione di fatto della disciplina collettiva.

Il rinvio può essere ad un singolo contratto collettivo oppure alla linea (o rete o sistema) contrattuale, con conseguente aggancio della disciplina del rapporto alla evoluzione della contrattazione.

Qualora sia pattuito, per espresso o per fatti concludenti, quest'ultimo tipo di rinvio, non è più consentito uno svincolo unilaterale né dell'una né dell'altra parte, sicché questo legame può cessare solo consensualmente ed è, quindi, più resistente di quello derivante dall'iscrizione, che, come si è visto, può finire con il recesso del singolo dall'associazione.

17.3. *Il consenso del datore di lavoro al contratto collettivo acquisitivo e la sua incentivazione*

Rispetto al contratto collettivo acquisitivo (cfr. 16.1) è scontato il consenso dei lavoratori, ovviamente interessati a conseguire il nuovo miglior trattamento, mentre alcuni imprenditori rifiutano la norma comune per svolgere una concorrenza fondata sul minor costo del lavoro. Il problema della efficacia soggettiva del contratto collettivo acquisitivo consiste, dunque, essenzialmente nella ricerca del consenso del datore di lavoro.

Iscrizione sindacale del datore di lavoro e vincolo nei confronti di tutti i dipendenti

Se questi è iscritto all'associazione stipulante è vincolato al rispetto del contratto collettivo nei confronti di tutti i propri dipendenti e non soltanto di quelli affiliati ai sindacati stipulanti. Invero nel nostro sistema non si rinvengono clausole di riserva della disciplina collettiva ai soli lavoratori sindacalizzati (cfr. 7.5), essendo, anzi, interesse dei sindacati la generalizzazione delle tutele anche per evitare la concorrenza al ribasso degli esclusi. Sicché il datore di lavoro, nell'associarsi, sa bene che i contratti collettivi riguardano tutti i lavoratori e che, quindi, sarà vincolato nei confronti di tutti i propri dipendenti che intendano beneficiare della disciplina collettiva.

Questa impostazione vale anche per il contratto collettivo aziendale, con la semplificazione per cui qui la volontà del datore di lavoro di obbligarsi nei confronti di tutti è insita nella stipulazione in proprio di un accordo senza clausole di riserva a favore dei lavoratori rappresentati dai soggetti stipulanti.

Individuazione della volontà di rinvio

Quanto al vincolo per l'imprenditore derivante dal rinvio al contratto collettivo, non sorgono problemi se il rinvio è espresso oppure se l'applicazione di fatto riguarda l'intera disciplina collettiva. Mentre è discusso l'effettivo significato negoziale di una condotta consistente nella applicazione di una parte soltanto del contratto collettivo, senza esclusione espressa del resto.

Incentivi al consenso

Il legislatore, proprio nella consapevolezza della limitata efficacia soggettiva dei contratti collettivi di diritto comune, ne incentiva l'applicazione ponendola come condizione per l'accesso del datore di lavoro a determinati vantaggi.

Non si tratta di una coercizione, con i conseguenti problemi di costituzionalità in relazione all'art. 39, c. 4, Cost., bensì di un semplice onere poiché è rimessa all'imprenditore la scelta tra ottenere il vantaggio accettando di applicare il trattamento previsto nel contratto collettivo oppure rinunziare al vantaggio medesimo restando libero da vincoli.

Riduzione della contribuzione previdenziale

Il primo tipo di benefici così condizionati consiste nella riduzione dell'importo dei contributi previdenziali (fiscalizzazione degli oneri sociali e sgravi) e, quindi, in una sostanziale riduzione del costo del lavoro disposta per agevolare le imprese e l'occupazione. Il risparmio sul piano del rapporto previdenziale compensa il maggior onere sul piano del rapporto di lavoro derivante dall'applicazione di condizioni non inferiori a quelle previste dal contratto collettivo.

Nelle aree ad alto tasso di disoccupazione gli sgravi contributivi sono riconosciuti anche agli imprenditori che stipulino accordi aziendali conformi a contratti provinciali di riallineamento (detti anche di emersione o di gradualità o di rientro), impegnandosi ad avvicinare progressivamente il trattamento dei propri dipendenti a quello previsto nei contratti nazionali.

Anche la riduzione della contribuzione previdenziale sul salario di produttività è utilizzata come incentivo per l'applicazione del contratto collettivo.

La condizione del rispetto dei contratti collettivi nazionali è prevista anche per il riconoscimento di alcuni benefici fiscali, come il credito di imposta per le nuove assunzioni ad incremento dell'organico.

Benefici pubblici o appalti di opere pubbliche

Un altro tipo di vantaggio riservato agli imprenditori disposti ad applicare ai propri dipendenti condizioni non inferiori a quelle dei contratti collettivi consiste nella possibilità di ottenere benefici pubblici o appalti di opere o servizi pubblici, essendo previsto a tal fine l'inserimento nel provvedimento di concessione del beneficio o nel capitolato d'appalto di una apposita clausola d'obbligo con pesanti sanzioni amministrative per la sua violazione, anche al fine di escludere offerte anormalmente basse implicanti l'inadempimento degli obblighi retributivi e previdenziali e di quelli in materia di sicurezza.

Si discute se clausole del genere vincolino l'imprenditore solo nei confronti della pubblica amministrazione oppure, come ritiene la prevalente giurisprudenza, costituiscano anche una stipulazione a favore dei terzi lavoratori, in tal modo direttamente legittimati a pretendere dall'imprenditore l'indicato trattamento, ovviamente con onere a loro carico di tempestiva deduzione e prova della clausola.

Benefici per le imprese artigiane, commerciali e turistiche

Per le sole imprese artigiane, commerciali e del turismo «il riconoscimento di benefici normativi e contributivi» è subordinato all'«integrale rispetto» dei contratti collettivi nazionali, territoriali e aziendali stipulati dalle organizzazioni sindacali comparativamente più rappresentative sul piano nazionale.

Altri incentivi

Infine, nel quadro promozionale in esame, occorre ricordare tutte le norme di legge che, autorizzando la contrattazione collettiva a derogare *in peius* alcune tutele legali (cfr. 21.2 e 21.4), costituiscono per il datore di lavoro interessato a tali deroghe un incentivo all'applicazione dell'intero contratto che le dispone, stante la consueta inscindibilità delle relative clausole o il riferimento legale espresso ai contratti collettivi «applicati».

17.4. *Il problema dell'efficacia generale del contratto collettivo acquisitivo*

Inattuazione del sistema costituzionale

La Costituzione (art. 39, c. 4) prevede un procedimento per la stipulazione di contratti collettivi con efficacia generale, proprio al fine di superare i problemi della altrimenti limitata efficacia soggettiva. È stabilito, infatti, che i sindacati registrati, aventi personalità giuridica, «possono, rappresentati unitariamente in proporzione dei loro iscritti, stipulare contratti collettivi di lavoro con efficacia obbligatoria per tutti gli appartenenti alle categorie alle quali il contratto si riferisce».

Sono note le ragioni storiche per le quali la volontà del costituente non ha finora ricevuto attuazione (cfr. 7.1), derivandone un ordinamento sindacale di fatto profondamente diverso da quello sancito nella Costituzione.

Tutta l'evoluzione del sistema è stata condizionata da siffatto accantonamento della via maestra per l'*erga omnes*, risolvendosi in una affannosa e talvolta contorta ricerca di strumenti alternativi in qualche modo compatibili con il dettato costituzionale.

Ammissibilità di leggi specifiche

Nella situazione attuale occorre, innanzitutto, rilevare che dalla Costituzione non deriva alcuna riserva a favore della contrattazione collettiva, sicché sono per definizione ammissibili singoli interventi del legislatore per determinate materie, anche quando il contenuto della legge riprenda quello di precedenti contratti collettivi.

Divieto di recezione legislativa generalizzata

Il dettato costituzionale impedisce, invece, una legislazione a tappeto che recepisca materialmente il contenuto dei contratti collettivi così rendendolo generalmente vincolante. Il contrasto sta nella sostituzione del sistema costituzionale di stipulazione di contratti con originaria efficacia generale, caratterizzato da agenti contrattuali in cui sono proporzionalmente rappresentati tutti i sindacati a base democratica, con un sistema diverso in cui il legislatore fa proprie, e quindi in sostanza estende a tutti, discipline collettive i cui soggetti stipulanti non rispondono alle regole indicate.

Divieto di rinvio legale in bianco all'autonomia collettiva

Sarebbe in contrasto con l'art. 39, c. 4, Cost. anche qualsiasi meccanismo di rinvio legale in bianco all'autonomia collettiva, le cui determinazioni andrebbero sistematicamente a riempire il precetto legale-contenitore applicabile a tutti gli appartenenti alla categoria. Si tratterebbe, infatti, di una incostituzionale forma di estensione *erga omnes* del contratto collettivo.

La legge n. 741 del 1959

Proprio questa diversità inficiava il meccanismo della legge n. 741 del 1959 (c.d. legge Vigorelli), salvato solo come rimedio *una tantum* all'inattuazione del sistema costituzionale, ma immediatamente arrestato nel momento in cui tendeva esso stesso a farsi sistema.

Con tale legge, infatti, il Governo era stato delegato ad emanare decreti legislativi «al fine di assicurare minimi inderogabili di trattamento economico e normativo nei confronti di tutti gli appartenenti ad una medesima categoria», con obbligo di «uniformarsi a tutte le clausole dei singoli accordi economici e contratti» stipulati prima dell'entrata in vigore della legge e depositati presso il Ministero del lavoro a cura di una delle associazioni stipulanti. Fu, appunto, l'estensione, con legge n. 1027 del 1960, di tale sistema anche ai contratti collettivi stipulati nei dieci mesi successivi alla legge n. 741 del 1959 a far scattare l'incostituzionalità, sia pure limitatamente a questa proroga che contrastava con l'eccezionalità giustificante la deroga all'art. 39, c. 4, Cost. (Corte Cost. n. 106 del 1962).

Sono rimasti validi, dunque, tutti i decreti delegati emanati ai sensi della legge Vigorelli, purché relativi a clausole normative («minimi di trattamento»), essendo esclusa dalla delega la parte obbligatoria dei contratti collettivi, che pure il Governo aveva ricopiato nei decreti senza effettuare, nella fretta, la dovuta cernita.

I trattamenti così stabiliti con efficacia generale in relazione alla categoria individuata dal contratto collettivo di riferimento costituiscono minimi, come tali derogabili, da contratti collettivi e individuali precedenti e successivi, solo a favore dei lavoratori (art. 7 legge n. 741 del 1959). In tal modo si è determinata, però, una seria limitazione per i nuovi contratti collettivi non più liberi di bilanciare gli avanzamenti delle tutele essenziali con qualche arretramento su aspetti ritenuti superati o meno rilevanti. Il problema è stato, in buona parte, risolto con il principio per cui il confronto non si deve fare clausola per clausola, bensì per istituti ampiamente intesi e tenendo conto delle reciproche interrelazioni.

Retribuzione sufficiente

Per i rapporti esclusi dall'applicazione dei nuovi contratti collettivi di diritto comune la sopravvenuta inadeguatezza dei minimi retributivi fissati nei decreti legislativi è stata fronteggiata mediante la già collaudata determinazione giudiziale della retribuzione sufficiente *ex* art. 36 Cost. (cfr. 60.6).

Si tratta di una essenziale tutela alternativa all'inattuato sistema costituzionale e realizzata mediante un principio generale eteronomo affidato al buon governo dei giudici.

Il meccanismo è fondato sul riconoscimento della immediata precettività del disposto dell'art. 36, c. 1, Cost., in base al quale la retribuzione ritenuta dal giudice proporzionale e sufficiente viene imposta, per il tramite dell'art. 2099 cod. civ., anche ai datori di lavoro non vincolati da contratti collettivi.

Qui la giurisprudenza più accorta si è rimessa alle valutazioni dell'autonomia collettiva per la individuazione di importi che presuppongono apprezzamenti macroeconomici globali e di settore sicuramente estranei alla funzione giurisdizionale.

Peraltro è esclusa una definizione dell'operazione in esame come estensione *erga omnes* delle clausole retributive dei contratti collettivi, trattandosi, piuttosto, della applicazione giudiziale di un principio generale che trova nelle tariffe collettive un insostituibile parametro di riferimento, da adattare, ove necessario, al caso concreto secondo criteri di cui è auspicabile una razionalizzazione ordinante.

Norme compatibili con la Costituzione

Non sono qualificabili come incostituzionali imposizioni per legge del contratto collettivo a datori di lavoro dissenzienti le disposizioni che individuano la retribuzione imponibile per il calcolo dei contributi previdenziali in quella stabilita dai contratti collettivi, poiché non assegnano efficacia generale sul piano del rapporto di lavoro alla disciplina collettiva della retribuzione, bensì si limitano a determinare l'entità del contributo previdenziale, utilizzando i parametri ritenuti più opportuni dal legislatore nell'esercizio della propria discrezionalità.

Sono legittime anche le disposizioni che impongono alle pubbliche amministrazioni di applicare ai propri dipendenti i contratti collettivi nazionali di comparto o di area stipulati dall'ARAN, poiché questa le rappresenta (cfr. 22).

Tesi incompatibili con la Costituzione

Non possono, invece, essere condivise le tesi che, in vario modo, affermano l'efficacia generale del contratto collettivo di diritto comune, che sarebbe così vincolante anche nei confronti dei datori di lavoro dissenzienti pur nella persistente inattuazione del procedimento all'uopo previsto dalla Costituzione.

Invero il sistema di incentivi e alternative fin qui descritto sarebbe privo di significato se il contratto collettivo obbligasse automaticamente tutti i datori di lavoro appartenenti alla categoria di riferimento.

In questo contesto l'idea della efficacia generale del contratto collettivo stipulato dai sindacati maggiormente rappresentativi non solo è priva di un espresso fondamento normativo, ma si scontra con il ben diverso principio della rappresentanza proporzionale sancito nella Costituzione, che esige una verifica della effettiva consistenza numerica di ciascun sindacato, oltretutto nella categoria alla quale il contratto si riferisce e non in un ambito diverso.

Ma neppure la tesi della efficacia generale del contratto collettivo stipulato da sindacati che costituiscano la maggioranza nel complesso sindacalmente organizzato sembra compatibile con il dettato costituzionale, se non rispetta oltre al principio maggioritario, anche il principio di tutela delle minoranze inserite anch'esse nella rappresentanza unitaria in proporzione dei loro iscritti, con la conseguente attivazione di una importante dialettica interna e nei confronti della controparte, che non è affatto assicurata nell'attuale contrattazione di diritto comune per la quale non è previsto un generale diritto di partecipazione alle trattative (cfr. 14.2). Il sistema previsto dall'art. 8 d.l. n. 138 del 2011 conv. legge n. 148 del 2011 di contrattazione aziendale e territoriale con efficacia generale è in grado di garantire entrambe queste condizioni (cfr. 17.6).

17.5. *Il consenso del lavoratore al contratto collettivo ablativo o gestionale e la sua incentivazione*

Rispetto al contratto collettivo ablativo o gestionale (cfr. 16.1), spesso di livello aziendale, è scontato il consenso dell'imprenditore, mentre il dissenso può provenire da singoli lavoratori o da gruppi interessati alla conservazione delle migliori condizioni preesistenti o svantaggiati, nel confronto con altri lavoratori, dalla regola gestionale concordata.

Iscrizione al sindacato stipulante

Il consenso del singolo lavoratore espresso con l'iscrizione al sindacato riguarda, come si è detto, tutti i contratti collettivi stipulati da tale sindacato e quindi anche quelli peggiorativi (cfr. 19) o regolanti la distribuzione di sacrifici, certo non esclusi da clausole statutarie che affidano al sindacato la libera valutazione dell'interesse collettivo.

Tuttavia il lavoratore può sottrarsi a questo tipo di vincolo sia evitando di associarsi sindacalmente, sia recedendo dall'associazione prima della stipula del contratto sgradito, mentre a nulla vale il dissenso espresso in costanza di iscrizione.

Il vincolo, ovviamente, non riguarda neppure gli iscritti a sindacati non stipulanti.

Volontà di rinvio

Il consenso del singolo lavoratore manifestato direttamente al datore di lavoro per espresso o per fatti concludenti, se riguarda l'intera linea (o sistema) contrattuale, ovverosia tutti i contratti stipulati e stipulandi da determinati sindacati (di solito quelli firmatari del richiamato contratto nazionale), impedisce, invece, al lavoratore di rifiutare un sopravvenuto contratto sgradito, non essendo ammesso uno svincolo unilaterale dal patto individuale di sottoporre il rapporto alla disciplina collettiva presente e futura.

Se il patto non è estorto dal datore, il che non può dirsi sol perché l'assunzione sia a tanto condizionata, la libertà sindacale del lavoratore è salva, ben potendo questi iscriversi a qualsiasi associazione anche estranea alla linea contrattuale assentita e scioperare.

Incentivi al consenso

Il consenso del lavoratore nei confronti di contratti collettivi che riducono le tutele o regolano la distribuzione di sacrifici è incentivato se costituisce condizione per il godimento di determinati vantaggi.

Ovviamente il problema si pone solo nei casi in cui il lavoratore potrebbe validamente dissentire, non essendo vincolato al rispetto del contratto per mancanza di iscrizione al sindacato stipulante o di rinvio alla linea cui il contratto appartiene oppure per estraneità del contratto alla linea assentita.

Il primo e fondamentale incentivo investe il momento dell'assunzione, che il datore di lavoro prudente condiziona all'accettazione da parte del lavoratore interessato della linea contrattuale applicata in azienda. Qui il consenso del lavoratore è prestato per ottenere il posto di lavoro, che è il massimo beneficio in una situazione di larga disoccupazione.

In questo modo il lavoratore si sottopone liberamente anche alla futura disciplina collettiva peggiorativa, purché ricompresa nella linea contrattuale assentita.

Sempre per ottenere l'assunzione il lavoratore accetta contestualmente la disciplina collettiva che consente o regola particolari tipi di contratto, come avviene per il contratto a termine, per il contratto di formazione lavoro, per il contratto di inserimento, per il contratto di lavoro intermittente e per il contratto a tempo parziale. Non occorre, dunque, scervellarsi per cercare di sostenere l'efficacia generale di tali discipline, che sono normalmente operanti in quanto consentite dal lavoratore interessato.

Lo stesso accade per i contratti collettivi che, per incentivare l'occupazione, prevedano per i nuovi assunti un trattamento inferiore a quello altrimenti spettante, poiché anche in questo caso il lavoratore, pur di ottenere l'occupazione, accetta la disciplina peggiorativa.

Invece nel corso del rapporto il consenso del lavoratore non vincolato può essere incentivato solo se il contratto collettivo contiene non solo condizioni a lui sgradite, ma anche condizioni vantaggiose. In tal caso, infatti, in base alla previsione di inscindibilità delle clausole, il lavoratore è costretto a scegliere tra l'accettazione dell'intero contratto e la rinunzia al beneficio.

Quando il vantaggio è la conservazione dell'occupazione difficilmente il lavoratore rifiuta il contratto collettivo, purché le parti prevedano con chiarezza che tale rifiuto comporterebbe automaticamente la perdita del posto, come accade negli accordi conclusivi della procedura di licenziamento collettivo o per il trasferimento dell'azienda in crisi.

17.6. *Il problema dell'efficacia generale del contratto collettivo ablativo o gestionale*

Le considerazioni svolte sulla ricognizione e l'incentivazione del consenso del lavoratore ai contratti ablativi o gestionali possono ridurre, ma non certo eliminare aree anche consistenti di legittimo dissenso.

La questione del dissenso individuale si presenta, dunque, soprattutto come un riflesso della pluralità dei sindacati e della loro divisione, con problemi insormontabili quando i soggetti stipulanti il contratto nazionale, che normalmente è il fulcro del sistema contrattuale oggetto del rinvio, si separano a livello aziendale dando luogo ad un accordo sottoscritto solo da alcuni di essi e, quindi, non vincolante per i lavoratori non sindacalizzati o aderenti ai sindacati non stipulanti.

Tesi incompatibili con la Costituzione

Si è verificata, in proposito, una vera e propria crociata della dottrina alla ricerca del marchingegno giuridico idoneo a sterilizzare tale dissenso, in nome della innegabile esigenza di una gestione unitaria di interessi indivisibili.

Sono fiorite, così, numerose teorie, dirette ad affermare l'efficacia generale nei confronti dei lavoratori del contratto collettivo ablativo o gestionale a prescindere dalla attuazione del disposto dell'art. 39, c. 4, Cost.

Nessuna di queste costruzioni riesce, però, a convincere.

Per quelle che fanno leva su determinate qualità dei soggetti stipulanti (maggiore rappresentatività; maggioranza nel complesso sindacalmente organizzato) vale anche qui quanto si è detto a proposito del contratto acquisitivo (cfr. 17.4), aggiungendosi che il rilevato contrasto con il dettato costituzionale riguarda anche i contratti aziendali. Il Governo e le maggiori organizzazioni sindacali erano consapevoli della inesistenza di contratti collettivi aziendali con efficacia generale nei confronti dei lavoratori dissenzienti, tant'è che nel protocollo del luglio 1993 le parti auspicavano un intervento legislativo finalizzato, tra l'altro, ad una generalizzazione dell'efficacia soggettiva dei contratti collettivi aziendali che siano espressione della maggioranza dei lavoratori. Come è poi avvenuto solo con l'art. 8 del d.l. n. 138 del 2011 conv. legge n. 148 del 2011, che conferma definitivamente l'impossibilità di una efficacia generale del contratto collettivo senza una previsione legale.

La tesi per cui sarebbe *erga omnes* il contratto collettivo aziendale approvato dalla maggioranza dei lavoratori partecipanti all'assemblea sconta una volontà del singolo partecipante di vincolarsi al principio maggioritario, che invece andrebbe comprovata in concreto e, comunque, non risolve il problema nei confronti dei non partecipanti.

La prospettazione per cui avrebbe efficacia generale il contratto collettivo aziendale stipulato da un soggetto eletto dai lavoratori richiede, in alternativa, o una legge che conferisca a tale soggetto il potere di stipulare per tutti oppure la prova che tale potere sia attribuito da un atto negoziale in concreto consentito, per iscrizione o per rinvio, da tutti i dipendenti.

L'idea per cui sarebbe *erga omnes* il contratto collettivo di qualsiasi livello effettivamente vigente in azienda dà per scontata una volontà di rinvio che invece deve essere sempre comprovata in concreto a tutela della libertà del singolo.

Il rilievo per cui avrebbe efficacia generale il contratto collettivo relativo a interessi o materie indivisibili confonde l'essere con il dover essere, in quanto la constatazione descrittiva della inconcepibilità per tali materie di un contratto ad efficacia limitata determina la necessità, ma non la legittimità di una efficacia *erga omnes*, attingibile, nell'ordinamento positivo, solo nel rispetto del dettato costituzionale, con conseguente attuale efficacia soggettiva limitata anche del contratto collettivo aziendale. E non a caso il discorso viene qui subito portato sui soggetti che sarebbero titolari dell'asserito potere di contrattazione *erga omnes* (sindacati maggiormente rappresentativi; maggioranza dei destinatari), ma con gli stessi insuperabili problemi già in proposito segnalati.

L'impostazione (Corte Cost. n. 268 del 1994) per cui esulerebbero dal disposto, e quindi dal vincolo, dell'art. 39, c. 4, Cost. i contratti collettivi non normativi, esatta nella sua formulazione di principio, è riferita erroneamente ai contratti che, ponendo limiti sostanziali o procedimentali ai poteri del datore (ad es. contratti gestionali), disciplinano anch'essi il rapporto di lavoro creando diritti e obblighi per i singoli, quindi con funzione normativa in senso proprio (cfr. 16).

L'idea (Corte Cost. n. 268 del 1994) secondo la quale il contratto collettivo costituirebbe una fonte di diritto *extra ordinem*, cui la legge potrebbe delegare funzioni di produzione normativa con efficacia generale, si pone in contrasto con l'art. 39, c. 4, Cost., sostituendo al sistema costituzionale fondato sul principio maggioritario con tutela delle minoranze un rinvio legale in bianco agli atti di soggetti diversamente identificati. Il richiamo della Corte Costituzionale (n. 344 del 1996) agli «interessi generali connessi al mercato del lavoro» e alle esigenze di «uniformità di disciplina» sottolinea la necessità di una contrattazione collettiva con efficacia generale, ma non giustifica certo la sostituzione da parte del legislatore ordinario del sistema previsto nella Costituzione con uno diverso.

Alternative al consenso compatibili con la Costituzione

Le alternative al consenso del singolo lavoratore, almeno fino alla auspicabile attuazione o modifica dell'art. 39 Cost., sono altre.

Il vincolo per il dissenziente che, come si è visto, non può venire da un contratto collettivo con efficacia generale, neppure mediante l'*escamotage* del rinvio legale in bianco, deve provenire da altra fonte: la legge, l'atto amministrativo, l'atto unilaterale del datore di lavoro.

La legge

Innanzitutto l'assenza di una riserva costituzionale a favore dell'autonomia collettiva consente una disciplina diretta di legge, eventualmente negoziata con i sindacati.

È ammissibile anche, come si è visto (cfr. 17.4), una legge, che, per una determinata materia, ponga regole analoghe a quelle di un contratto collettivo, poiché la recezione materiale rientra nella discrezionalità legislativa specificamente e concretamente esercitata, a differenza del rinvio in bianco all'autonomia collettiva che determina l'efficacia generale automatica di tutte le sopravvenute regole collettive senza alcun controllo.

Il legislatore è certamente libero, salvo vincoli costituzionali, di ridurre o modificare la tutela legale preesistente. Quando, però, la legge, anche per superare il dissenso tra sindacati, tocca la disciplina collettiva, ponendo limiti di trattamento, sorgono problemi di legittimità costituzionale nei rapporti tra le fonti (cfr. 21.2).

L'art. 8, d.l. n. 138 del 2011

L'art. 8, c. 1, d.l. n. 138 del 2011 conv. legge n. 148 del 2011 attribuisce efficacia generale ai contratti aziendali o territoriali stipulati da associazioni comparativamente più rappresentative sul piano nazionale o territoriale oppure dalle loro rappresentanze aziendali, purché sottoscritti «sulla base di un criterio maggioritario relativo alle predette rappresentanze sindacali».

In sostanza, a prescindere dalla stipulazione da parte di sindacati esterni o da parte delle loro rappresentanze aziendali, quello che conta per il legislatore è il rispetto di un criterio maggioritario riferito all'ambito aziendale. E, quindi, sia il contratto territoriale sia quello aziendale si applicano a tutti i lavoratori di una determinata azienda se i soggetti stipulanti, siano essi sindacati esterni o organismi aziendali, rappresentano la maggioranza dei lavoratori dell'azienda medesima. E per il conteggio dovrebbe valere il riferimento al numero delle deleghe per i contributi sancito dall'accordo interconfederale per l'industria 28 giugno 2011, non a caso espressamente richiamato nel medesimo comma 1 dell'art. 8.

Questo sistema di efficacia generale è di fonte legale, sicché qui conta solo la valutazione di legittimità costituzionale.

Tale valutazione è positiva con riferimento all'art. 39, c. 4, Cost., che considera anch'esso il «numero degli iscritti», solo se alla trattativa e alla stipulazione a maggioranza nel senso suddetto possano partecipare tutti i sindacati (o le loro rappresentanze) aventi iscritti o almeno quelli che superino una soglia ragionevole di iscritti (ad es. il 5 per cento) nell'ambito dei lavoratori interessati per la necessaria tutela delle minoranze.

Ovviamente se i soggetti stipulanti intendono anche qui applicare le regole dell'accordo interconfederale 28 giugno 2011 secondo quanto concordato il 21 settembre 2011, non sorge alcun problema, purché sia rispettato il predetto vincolo di costituzionalità. Ma questa applicazione non è necessaria, non potendosi invocare a tal fine neppure il principio di libertà sindacale dell'art. 39, c. 1, Cost. Invero il «sistema» contrattuale fissato negli accordi interconfederali, ivi compresi i rapporti tra i diversi livelli di contrattazione, non vincola il legislatore, che ben può, nell'interesse generale a discipline specifiche territoriali o aziendali certe e valide per tutti, individuare come strumento normativo idoneo diverso dalla legge un accordo collettivo rispettoso, come si è visto, del principio maggioritario e di tutela delle minoranze fissato nell'art. 39, c. 4, Cost. Mentre non si pone alcun problema di invasione legale dell'autonomia collettiva, poiché è sempre questa la fonte della regola specifica appunto liberamente pattuita.

Infine si rileva che l'eventuale esclusione, per mancanza dei necessari requisiti, della efficacia generale di un contratto aziendale o territoriale non toccherebbe, ovviamente, il potere di derogare la legge e il contratto nazionale con riferimento ai soli lavoratori rappresentati dai soggetti stipulanti o che abbiano, espressamente o tacitamente, fatto rinvio alla attività negoziale di questi.

Il comma 3 dell'art. 8 prevede l'efficacia generale anche per i contratti aziendali sottoscritti prima dell'accordo interconfederale 28 giugno 2011, purché approvati «con votazione a maggioranza dei lavoratori». Ma il tentativo appare incostituzionale, perché, come si è già detto, per l'efficacia generale occorre una rappresentanza trattante aperta a tutti con stipulazione a maggioranza in proporzione agli iscritti. Condizioni che non possono essere sostituite dal diverso criterio della maggioranza referendaria, qui indicato così precisamente da impedire quella interpretazione conservativa invece possibile per la diversa norma a regime.

L'atto amministrativo

La seconda soluzione è quella dell'atto amministrativo, per sua natura ad efficacia generale con eliminazione del problema del dissenso, ma apertura al controllo giudiziale di legittimità. L'attività amministrativa può essere variamente collegata con l'attività sindacale, purché l'autorità pubblica eserciti volta per volta la sua discrezionalità e non sia ridotta incostituzionalmente ad un ruolo passivo di mero recepimento del contratto collettivo.

Si ricordano i provvedimenti amministrativi in materia di impianti di controllo a distanza, di visite personali di controllo, di concessione dell'integrazione salariale, di rotazione dei cassintegrati.

Il potere libero del datore di lavoro

La terza soluzione è quella dell'atto unilaterale del datore di lavoro, emanato in conformità ad un previo accordo collettivo, purché il potere sia in origine effettivamente libero da vincoli specifici e quindi liberamente esercitabile nei confronti di tutti i dipendenti per come limitato dall'accordo.

Questa situazione si verifica, ad esempio, nei concorsi privatistici per assunzione o promozione, nella individuazione dei lavoratori da collocare in cassa integrazione all'interno delle limitazioni legali, nella individuazione dei dipendenti ai quali concedere l'anticipazione del trattamento di fine rapporto in caso di domande superiori al limite annuo, nella individuazione dei lavoratori ai quali assegnare, nel rispetto del principio di equivalenza, determinate mansioni o di quelli da trasferire a parità di esigenze organizzative. In tutti questi casi, infatti, l'eventuale disciplina collettiva incide su di un potere di scelta del datore di lavoro altrimenti libero da vincoli.

Il potere vincolato del datore di lavoro

Invece, con riferimento alla fissazione dei criteri di scelta dei lavoratori da licenziare collettivamente, il potere dell'imprenditore è difficilmente qualificabile come libero e, quindi, liberamente esercitabile nei confronti di tutti i dipendenti per come poi limitato dall'accordo collettivo. Invero, pur intendendo i criteri legali come meramente suppletivi rispetto a quelli eventualmente previsti collettivamente, resta sempre un limite legale la cui inibizione è affidata dalla legge all'autonomia collettiva, che quindi non regola un potere libero, neppure valorizzando, come fa la Corte Costituzionale (n. 268 del 1994), la distinzione tra deroga e inibizione.

Non sono poteri liberi neppure quelli relativi agli impianti di controllo a distanza (art. 4 stat. lav.) e alle visite personali di controllo (art. 6 stat. lav.), sicché neppure qui le regole fissate nell'eventuale accordo collettivo potrebbero essere applicate a tutti i dipendenti per il tramite di un potere che, invece, è esercitabile solo nei confronti dei lavoratori vincolati dall'accordo, ben potendo gli altri attestarsi sul divieto legale.

Neppure per la individuazione delle prestazioni indispensabili in caso di sciopero nei servizi pubblici essenziali (cfr. 28.4) la soluzione riposa sulla efficacia generale di un potere libero che nella specie non esiste. Qui condivisibilmente la Corte costituzionale (n. 344 del 1996) si riferisce alla efficacia generale di un potere-dovere del datore «a contenuto vincolato» non da un mero accordo collettivo, ma da un procedimento incentrato sull'«intervento di un'autorità *super partes* esponente dell'interesse pubblico generale».

Impossibilità di efficacia generale di fonte negoziale

L'accordo interconfederale per l'industria 28 giugno 2011 attribuisce al contratto aziendale efficacia nei confronti di «tutto il personale in forza» e di «tutte le associazioni sindacali firmatarie del presente accordo interconfederale». Ma le eventuali clausole di tregua sindacale vincolano solo tali associazioni e le rappresentanze sindacali, con espressa esclusione dei singoli lavoratori.

L'efficacia generale è prevista dall'accordo solo «se» il contratto aziendale è stipulato dalla r.s.u. a maggioranza dei suoi componenti oppure «se» è approvato dalle r.s.a. costituite da sindacati che rappresentano la maggioranza dei lavoratori sindacalizzati dell'azienda conteggiati mediante il numero di deleghe per i contributi sindacali. Solo in questa seconda ipotesi è previsto, ove richiesto da uno dei sindacati firmatari dell'accordo interconfederale oppure dal 30 per cento dei lavoratori dell'impresa, un referendum non per l'approvazione, ma per il rigetto del contratto, che si verifica con la partecipazione alla consultazione di più della metà degli aventi diritto e con la maggioranza semplice dei votanti.

Questo sistema di efficacia generale è di fonte negoziale, sicché valgono le regole privatistiche. Pertanto opera per i sindacati stipulanti l'accordo interconfederale e i loro iscritti, poiché per costoro il vincolo è voluto e non imposto. Invece i sindacati estranei all'accordo interconfederale sono vincolati dal contratto aziendale stipulato dalla r.s.u. solo se sottoscrittori del relativo accordo istitutivo o comunque rappresentati nella stessa, mentre il contratto aziendale stipulato da r.s.a. ad essi estranee non li può mai vincolare neppure per il tramite del referendum.

17.7. *I limiti alla disponibilità collettiva dei diritti individuali*

Intangibilità del contratto individuale

Il contratto collettivo può modificare in peggio per il futuro la precedente disciplina collettiva (cfr. 19, 20), ma non le pattuizioni individuali, alle quali viene ricondotto anche l'uso aziendale (cfr. 4.7), richiedendosi per la modifica del contratto individuale il consenso specifico del singolo lavoratore non desumibile dalla generale volontà di sottoporre il rapporto alla disciplina collettiva (cfr. 18.2).

Intangibilità dei diritti maturati

La tutela della posizione individuale nei confronti dell'autonomia collettiva è assicurata anche con riferimento alla disponibilità da parte del contratto collettivo dei diritti già maturati ed entrati nel patrimonio del lavoratore, poiché anche qui viene richiesto un consenso specifico, pure quando il diritto sia sorto per effetto della disciplina collettiva.

Tuttavia v'è spazio per ritenere, in base alle clausole degli statuti sindacali e degli stessi contratti collettivi, che il rinvio alla disciplina collettiva comprenda, a volte, anche questi atti di disposizione che vanno sotto il nome di «transazioni collettive». Sicché l'accertamento del consenso del lavoratore, preventivo o successivo, anche per fatti concludenti, costituisce una mera *quaestio voluntatis*, non potendosi escludere *a priori* la gestione sindacale dei diritti individuali.

Accordi di interpretazione autentica

Gli accordi sindacali impropriamente detti di interpretazione autentica del contratto collettivo sono ricompresi tra gli atti appena esaminati, essendo impossibile escluderne un contenuto dispositivo proprio per l'impossibilità di conoscere, in mancanza di un accertamento giudiziale, l'effettivo significato originario delle clausole oggetto della interpretazione negoziale. Questa è, dunque, efficace per il futuro, mentre per il passato opera negli stessi limiti indicati per gli atti di disposizione, ovverosia in presenza di un consenso, variamente esprimibile, del singolo titolare dei diritti già maturati.

L'interpretazione autentica negoziale, produce, comunque, un effetto indiretto, costituendo un comportamento delle parti successivo alla conclusione del contratto, come tale utile per l'interpretazione della clausola originaria (art. 1362, c. 2, cod. civ.).

Nel settore pubblico, invece, l'eventuale accordo di interpretazione autentica, incentivato dal rinvio del processo disposto a tal fine, «sostituisce la clausola in questione sin dall'inizio della vigenza del contratto» (art. 49 d.lgs. n. 165 del 2001) e, quindi, regola retroattivamente ogni situazione con un effetto legale tipico, sollevando, peraltro, dubbi di legittimità costituzionale per i casi in cui manchi un consenso, preventivo o successivo, del lavoratore interessato.

Controversie giuridiche collettive

Si deve ritenere ammissibile, contro il tralaticio orientamento giurisprudenziale, un giudizio tra i sindacati stipulanti per l'accertamento della validità e della esatta interpretazione di clausole normative del contratto collettivo, con esito automaticamente vincolante per i singoli destinatari di tale clausole non in virtù di una inammissibile estensione soggettiva del giudicato, ma in forza degli stessi meccanismi privatistici che governano l'efficacia soggettiva del contratto collettivo. Qui, infatti, è la stessa pronunzia dichiarativa ad escludere qualsiasi profilo di disposizione, nel senso che non vengono toccate posizioni individuali, ma semplicemente se ne accerta la fonte regolatrice. Sicché chi invoca il contratto collettivo non può rifiutarne l'interpretazione giudiziale resa nel contradditorio di tutte le parti stipulanti.

Un primo passo, seppur esitante (cfr. 22.6), è stato fatto dal legislatore per i contratti collettivi nazionali del settore pubblico, con la prevista possibilità di intervento dei soggetti firmatari di tali contratti collettivi nel processo individuale in cui si controverte sulle relative clausole (art. 64, c. 5, d.lgs. n. 165 del 2001).

Per le questioni relative all'arbitrato sindacale cfr. 95.3.

18. L'inderogabilità

18.1. *L'inderogabilità* in peius

Funzione

Se i singoli vincolati dal contratto collettivo potessero con un atto di autonomia individuale stabilire per il loro rapporto una disciplina difforme da quella collettiva in senso peggiorativo per il lavoratore, allora il contratto collettivo servirebbe a ben poco. Infatti la forza della coalizione ed i risultati ad essa conseguenti sanciti nelle disposizioni del contratto collettivo sarebbero alla mercé della debolezza contrattuale del singolo lavoratore, di cui il datore di lavoro riuscirebbe facilmente ad ottenere il consenso ad un trattamento peggiorativo.

Pertanto si è posta prepotentemente l'esigenza di affermare l'inderogabilità *in peius* del contratto collettivo da parte del contratto individuale.

Si tratta di un problema relativo al tipo di efficacia del contratto collettivo, di cui è presupposta, ovviamente, l'applicabilità al rapporto. Sicché la questione della inderogabilità è logicamente successiva rispetto alla già esaminata questione della efficacia soggettiva.

Sostituzione automatica

Inderogabilità vuol dire che la disciplina della fonte sovraordinata non può essere modificata dalla fonte inferiore, il che, appunto, implica una previsione di gerarchia tra le fonti, come è quella relativa ai rapporti tra la legge e l'autonomia privata (artt. 1322, c. 1 e 1418 e ss. cod. civ.). Ma per i rapporti tra contratto collettivo di diritto comune e contratto individuale il problema è complesso, essendo entrambi prodotti dell'autonomia privata. Sicché occorre spiegare non solo la ragione della prevalenza della disciplina collettiva su quella individuale, ma anche il tipo di sanzione per la disciplina individuale peggiorativa, potendosi ipotizzare sia una sanzione meramente obbligatoria consistente nel risarcimento del danno, sia una sanzione reale con sostituzione automatica delle clausole collettive a quelle individuali difformi.

Fondamento

Quest'ultima soluzione era stata accolta nell'ordinamento corporativo, coerentemente alla natura di fonte di diritto oggettivo ivi riconosciuta al contratto collettivo (artt. 1 e 5 disp. prel. cod. civ.), essendo stabilito che «le clausole difformi dei contratti individuali, preesistenti o successivi al contratto collettivo, sono sostituite di diritto da quelle del contratto collettivo» (art. 2077, c. 2, cod. civ.).

Per il contratto collettivo di diritto comune non esiste una analoga disposizione, ma la giurisprudenza, risolvendo il problema con una discussa operazione creativa, ha ritenuto applicabile la ricordata norma dell'art. 2077 cod. civ.

Invece la dottrina, per giungere alla stessa conclusione della inderogabilità reale del contratto collettivo privatistico, ha tentato altre vie: l'irrevocabilità del mandato conferito anche nell'interesse del mandatario o di terzi (art. 1723, c. 2, cod. civ.) o conferito da più persone per un interesse comune (art. 1726 cod. civ.); la dismissione di poteri da parte del singolo iscritto al sindacato; il riconoscimento costituzionale dell'autonomia collettiva (art. 39 Cost.); gli effetti della ricordata giurisprudenza creativa sulla stessa autonomia privata, conformatasi ad un principio ormai consolidato.

In questa situazione è sopravvenuta, con l'art. 6 della legge n. 533 del 1973, la novella dell'art. 2113 cod. civ., che nel nuovo testo fa riferimento a disposizioni inderogabili dei contratti collettivi ovviamente anche di diritto comune. Questa importante indicazione di diritto positivo è stata utilizzata come definitiva conferma della inderogabilità reale del contratto collettivo.

In effetti si tratta di una caratteristica tipica di questo contratto, che viene stipulato proprio in considerazione della sua inderogabilità reale indispensabile per la realizzazione dell'interesse collettivo ed al quale le parti del rapporto individuale si sottopongono nella consapevolezza della essenzialità di tale efficacia reale. In tal modo si supera la necessità di una espressa previsione legale, essendo sufficiente il riferimento alla causa del contratto collettivo e alla combinazione delle volontà delle parti del contratto collettivo e del contratto individuale.

Il confronto tra contratto collettivo e contratto individuale va effettuato non per singole clausole, ma complessivamente per istituti, il che lascia maggiore spazio all'autonomia individuale.

18.2. *La derogabilità* in melius

Fondamento

La funzione del contratto collettivo di fissare non *standards*, ma minimi di trattamento, rende ammissibili deroghe migliorative per contratto individuale.

Nell'ordinamento corporativo la già ricordata disposizione dell'art. 2077, c. 2, cod. civ., nel sancire l'inderogabilità *in peius* faceva espressamente salve le «speciali condizioni più favorevoli ai prestatori di lavoro» contenute nei contratti individuali.

Con riferimento al contratto collettivo di diritto comune la giurisprudenza, nel ritenere applicabile l'intera disposizione ricordata, ha limitato inizialmente tale salvezza ai soli trattamenti più favorevoli riconosciuti per particolari meriti (*intuitu personae*) del dipendente. Ma in seguito il principio è stato esteso a qualsiasi condizione di miglior favore, a prescindere dalle ragioni della stessa.

Le condizioni più favorevoli al lavoratore contenute nel contratto individuale resistono anche al contratto collettivo sopravvenuto, che non può modificarle in peggio in mancanza di un espresso mandato o di una successiva ratifica da parte del singolo lavoratore interessato (cfr. 17.7).

Assorbibilità dei superminimi

Tuttavia per i superminimi retributivi individuali che non dipendono da una particolare qualità della prestazione si può presumere la volontà di assorbimento nel successivo aumento della retribuzione collettiva, salva, ovviamente, una espressa previsione di non assorbibilità o una condotta reiterata in tal senso in occasione di diversi rinnovi contrattuali.

19. L'efficacia nel tempo

Il contratto collettivo di diritto comune può essere stipulato con un termine di durata, come era sempre necessario per il contratto collettivo corporativo (art. 2071 cod. civ.), oppure anche senza tale termine.

Contratti con termine di durata

Nel primo caso l'efficacia del contratto cessa automaticamente con la scadenza del termine pattuito, salvo che le parti non abbiano concordato una ultrattività per il periodo di trattativa in vista della stipulazione del nuovo contratto (c.d. rinnovo). Per il contratto collettivo aziendale il patto di ultrattività può essere desunto anche dal comportamento del datore di lavoro, che in occasione di precedenti rinnovi abbia sempre continuato ad applicare il contratto collettivo scaduto in attesa della conclusione del nuovo accordo.

Pertanto per il contratto collettivo di diritto comune vi è ultrattività solo se è voluta dalle parti (c.d. ultrattività negoziale), mentre resta inapplicabile la regola legale di ultrattività automatica (Cass. SU n. 11325 del 2005) già stabilita per il contratto collettivo corporativo (art. 2074 cod. civ.) in ragione della sua natura di fonte di diritto oggettivo per una categoria ontologicamente predeterminata che non tollerava vuoti di disciplina.

Attualmente l'accordo quadro del 22 gennaio 2009 prevede una durata triennale sia per il contratto nazionale, sia per quello di secondo livello, disciplinando anche la procedura per il rinnovo (cfr. 20.1).

Contratti senza termine di durata

I contratti collettivi senza termine di durata, di solito diretti a disciplinare a livello nazionale o aziendale una determinata materia, cessano di avere efficacia solo mediante mutuo consenso (art. 1372 cod. civ.) oppure mediante recesso di una delle parti (art. 1373 cod. civ.).

È discusso se il recesso sia consentito solo ove previsto dalla legge o dalle parti oppure in ogni caso. La giurisprudenza prevalente tende ad attestarsi su quest'ultima posizione, invocando un asserito principio generale di temporaneità dei vincoli obbligatori. Ma, a ben vedere, anche la soluzione opposta aveva seri argomenti, sia in base alla interpretazione congiunta delle ricordate disposizioni del codice civile, sia perché l'esigenza di evitare il pericolo di vincoli perpetui può ben essere soddisfatta altrimenti (attribuzione negoziale espressa del potere di recesso; risoluzione del contratto per impossibilità o eccessiva onerosità sopravvenuta).

Il contratto collettivo sopravvenuto può modificare per il futuro il precedente contratto, stipulato dalle medesime parti allo stesso livello, sia *in melius*, sia *in peius*, proprio perché le clausole del contratto collettivo non si incorporano nel contratto individuale (cfr. 17.1).

Rapporti tra contratti successivi

Non è consentita, invece, una modifica peggiorativa per il passato, che travolgerebbe i diritti già acquisiti dal lavoratore in attuazione del contratto collettivo precedente (cfr. 17.7), il che equivale ad un divieto di retroattività *in peius*, salvo mandato o rinvio espresso da parte dei singoli.

Tuttavia non esiste un generale divieto di retroattività, come quello che era stabilito per il contratto collettivo corporativo dall'art. 11, c. 2, disp. prel. cod. civ., sicché è ammessa la retroattività *in melius* del contratto di diritto comune, secondo le libere determinazioni delle parti collettive, che possono anche escludere dal beneficio i lavoratori non più in servizio al momento della stipulazione del nuovo contratto.

20. Struttura e livelli di contrattazione

20.1. *La struttura della contrattazione collettiva*

Libertà

Il contratto collettivo può riguardare ambiti di diversa ampiezza, distinguendosi così: gli accordi interconfederali, relativi all'intera economia o a grandi settori di essa (industria, commercio, agricoltura); i contratti nazionali, ciascuno relativo ad una determinata categoria produttiva o di mestiere; i contratti territoriali non nazionali (ad es. provinciali); i contratti aziendali.

La legge non pone, in proposito, alcun limite alla libertà sindacale, sicché si sono potuti realizzare nel tempo diversi assetti della contrattazione, secondo un'evoluzione di fondamentale importanza per la comprensione del fenomeno sindacale.

Evoluzione storica Subito dopo la soppressione dell'ordinamento corporativo e nell'emergenza postbellica si stipularono accordi interconfederali, che fissavano anche i minimi retributivi.

Solo verso la metà degli anni '50 iniziò a svilupparsi la contrattazione nazionale di categoria, con una diversificazione della disciplina economica e normativa dei rapporti di lavoro in base alle specifiche esigenze di ciascun settore produttivo.

La contrattazione rimaneva, comunque, centralizzata, senza spazi per accordi aziendali, osteggiati sia dai sindacati interessati al mantenimento della generale solidarietà di classe, sia dalle associazioni imprenditoriali a difesa della discrezionalità dei singoli datori di lavoro nella concessione di trattamenti superminimali.

La situazione cambiò con l'accordo per le imprese a partecipazione statale concluso da Intersind e Asap il 5 luglio 1962, che inaugurava il sistema, poi affermatosi in tutta l'industria anche privata, di contrattazione articolata, in base al quale era previsto per determinate materie (ad es. orario, classificazione, cottimo, retribuzioni incentivanti) un rinvio dal contratto nazionale al livello di settore (rimasto lettera morta) ed al livello aziendale, con l'impegno dei sindacati dei lavoratori a non promuovere rivendicazioni e scioperi in relazione a quanto già regolato ai diversi livelli (c.d. tregua sindacale: cfr. 24.3).

Il sistema della contrattazione articolata fu travolto dalle vicende dell'autunno caldo del 1969, che condussero alla contrattazione permanente (o non vincolata), cioè riproponibile, per incrementare le tutele dei lavoratori, in qualsiasi momento, a qualsiasi livello e su qualsiasi materia, anche se già regolata da un accordo in vigore. Con ovvia ostilità della parte imprenditoriale verso questo clima di continua conflittualità e di incertezza normativa pregiudizievole per la programmazione aziendale e ritenuto lesivo del principio fondamentale *pacta sunt servanda* (cfr. 24.3).

A partire dalla seconda metà degli anni '70 il deterioramento della situazione economica ha costretto i sindacati dei lavoratori a farsi carico sia dei problemi microeconomici della crisi e riconversione delle singole imprese, sia dei problemi macroeconomici dell'intero sistema. Sicché da un lato si è affermato il modello della concertazione sociale mediante accordi interconfederali triangolari (cfr. 12.2), con conseguente moderazione delle rivendicazioni salariali anche a livello di contrattazione di categoria, e dall'altro lato i contratti aziendali hanno sovente scambiato la salvezza, talvolta perfino parziale, dell'occupazione con il contenimento del trattamento economico e normativo (cfr. 17.5).

Il protocollo del 1993

L'assetto della contrattazione veniva delineato nel protocollo del 23 luglio 1993 (cfr. 12.2), che prevedeva: contratti collettivi nazionali di durata quadriennale per la parte normativa e biennale per la parte economica, che doveva essere coerente con i tassi di inflazione programmata; contratti collettivi di secondo livello (aziendale o territorale) di durata quadriennale limitati alle sole materie stabilite dal contratto nazionale; la correlazione di eventuali erogazioni retributive pattuite a livello aziendale ad incrementi di produttività e qualità, con esclusione di istituti ripetitivi di quelli del contratto nazionale; procedimentalizzazione del rinnovo dei contratti con la presentazione, tre mesi prima della scadenza del contratto, della piattaforma rivendicativa, con conseguenti trattative; obbligo di tregua nelle more delle trattative, per un periodo massimo di quattro mesi; in caso di prolungamento delle trattative oltre il terzo mese dalla scadenza del contratto, indennità di vacanza contrattuale proporzionale ad una percentuale (30 per cento e, dopo il sesto mese, 50 per cento) del tasso di inflazione programmata, così ripristinandosi provvisoriamente un automatismo retributivo fino alla stipulazione dell'accordo.

L'accordo quadro del 2009

Il protocollo del 1993, che aveva sacrificato i salari con tassi di inflazione programmata volutamente bassi, è stato sostituito dall'accordo quadro del 22 gennaio 2009 di riforma degli assetti contrattuali, con il dissenso della sola CGIL (cfr. 12.2). Le previsioni più rilevanti sono: semplificazione e riduzione del numero dei contratti collettivi nazionali; assetto della contrattazione su due livelli, uno nazionale e l'altro territoriale o aziendale; durata triennale del contratto nazionale, per la parte economica e per la parte normativa, e del contratto di secondo livello; affidamento al contratto nazionale della dinamica salariale in funzione della inflazione prevista, e non più programmata, in base ad un indice dei prezzi (depurato da quelli dei beni energetici importati) elaborato da un soggetto terzo, con verifica di eventuali scostamenti tra inflazione prevista e inflazione reale effettuata in sede paritetica interconfederale e recupero degli eventuali scostamenti entro il periodo di vigenza del contratto nazionale; applicazione dell'indice ad un valore retributivo da definire con specifiche intese; predeterminazione concordata di tempi e procedure per il rinnovo del contratto con meccanismo di copertura economica dalla data di scadenza del contratto precedente a favore dei soli lavoratori in servizio alla data del rinnovo; tregua sindacale effettiva durante il negoziato; limitazione della contrattazione di secondo livello alle sole materie delegate dal contratto nazionale o dalla legge, con esclusione di materie ed istituti già negoziati al livello superiore; affidamento alla contrattazione di secondo livello del salario di produttività, con fruizione degli appositi incentivanti sgravi contributivi e benefici fiscali (art. 1, c. 67, legge n. 247 del 2007); eventuale previsione di elementi economici di garanzia, nei casi di assenza di contrattazione di secondo livello; facoltà per la contrattazione di secondo livello di derogare istituti del contratto nazionale in caso di crisi o per favorire lo sviluppo e l'occupazione; applicazione del sistema anche al lavoro pubblico, ma con serie differenze quanto alla base cui applicare l'indice previsionale, costituita solo dalle voci stipendiali, al recupero degli scostamenti, differito al contratto successivo e solo eventuale, all'incentivo fiscale-contributivo del salario di produttività condizionato alla compatibilità con i vincoli di finanza pubblica.

Sia il protocollo del 1993 che l'accordo del 2009 costituiscono forme di istituzionalizzazione debole della contrattazione, poiché non sono imposte dalla legge, ma sono frutto della stessa autonomia collettiva con i connessi limiti di efficacia e vincolatività (cfr. 20.2).

Il protocollo del 2013

Il protocollo d'intesa del 31 maggio 2013 stipulato tra la Confindustria e le Confederazioni CGIL, CISL e UIL dà applicazione all'accordo 28 giugno 2011 disciplinando essenzialmente la contrattazione collettiva nazionale.

Si tratta di regole collettive e non legali, ma per la prima volta viene varato un sistema completo, che prevede disposizioni precise sia sulla rappresentanza, sia sul procedimento negoziale, sia sulla sottoscrizione a maggioranza del contratto nazionale.

La rappresentanza per ogni singola organizzazione aderente alle tre confederazioni al fine della stipulazione del contratto collettivo nazionale di categoria viene misurata per ciascuna organizzazione dal CNEL in base alle deleghe relative ai contributi sindacali trasmessi dall'INPS e ai voti ottenuti in occasione delle elezioni delle r.s.u. trasmessi dai comitati Provinciali dei Garanti o da altro analogo organismo.

Le suddette organizzazioni sono ammesse alla contrattazione nazionale se posseggono una rappresentatività non inferiore al 5 per cento considerando a tal fine la media tra il dato associativo e il dato elettorale. Le organizzazioni rappresentative decideranno le modalità di definizione della piattaforma e della delegazione trattante. La piattaforma unitaria è privilegiata, ma in assenza di essa la parte datoriale favorirà la piattaforma presentata da organizzazioni che rappresentano almeno il 50% + 1 del settore.

All'esito della negoziazione, i contratti nazionali vengono sottoscritti da organizzazioni che rappresentano almeno il 50% + 1 del settore, previa consultazione certificata dei lavoratori a maggioranza semplice. Il contratto nazionale si applica a tutti i lavoratori della categoria.

L'accordo in esame è molto ragionevole. Ed, anzi, il legislatore dovrebbe subito emanare una legge che recepisca l'accordo, così finalmente sarebbe risolto il problema del contratto collettivo di categoria con efficacia *erga omnes*.

L'accordo del 2014

L'accordo interconfederale del 28 giugno 2011 e il protocollo del 31 maggio 2013 sono stati attuati con l'accordo interconfederale del 10 gennaio 2014, suddiviso nelle seguenti parti: misura e certificazione delle rappresentanze ai fini della contrattazione collettiva nazionale di categoria; regolamentazione delle rappresentanze in azienda; titolarità ed efficacia della contrattazione collettiva nazionale di categoria e aziendale; disposizioni relative alle clausole e alle procedure di raffreddamento e alle clausole sulle conseguenze dell'inadempimento. L'accordo interconfederale del 4 luglio 2017 ha rinnovato quello del 2014 e la più importante modifica è stata di affidare non più al CNEL ma direttamente all'INPS la competenza per misurare la rappresentatività delle organizzazioni nazionali di categoria aderenti alle tre confederazioni.

... e il rinnovo del 2017

Ipotesi di accordo

L'intesa raggiunta viene definita «ipotesi di accordo», in quanto destinata all'approvazione da parte delle assemblee dei lavoratori o mediante referendum. Dopo questa approvazione le parti stipulanti provvedono congiuntamente, con un lavoro lungo e non privo di contestazioni, ad inserire nel vecchio testo le modificazioni ed integrazioni pattuite con l'accordo di rinnovo, stendendo così l'articolato definitivo del nuovo contratto.

20.2. *I rapporti tra contratti collettivi di diverso livello*

Concorso-conflitto

Se ad un medesimo rapporto di lavoro sono applicabili più contratti collettivi di diverso livello può porsi il problema del contrasto tra le rispettive disposizioni (c.d. concorso-conflitto).

In questi casi occorre, innanzitutto, verificare se il contrasto è superabile in via interpretativa, assegnando a ciascuna disposizione un significato compatibile con le altre. Ma se questo doveroso tentativo non dà esito positivo, diventa indispensabile procedere alla individuazione della disposizione prevalente.

In proposito la legge, con la sola eccezione del settore pubblico, non sanciva alcuna regola, sicché spettava all'interprete ricavare dal sistema il criterio risolutivo del conflitto.

Regola legale

È stato, poi, introdotto il principio della derogabilità con efficacia generale del contratto nazionale da parte dei contratti aziendali o territoriali stipulati dai sindacati comparativamente più rappresentativi sul piano nazionale o territoriale limitatamente ad alcune importanti materie al fine di conservare o accrescere l'occupazione (art. 8 d.l. n. 138 del 2011 conv. legge n. 148 del 2011).

Criterio cronologico

Per materie diverse da quelle indicate e per contratti stipulati da sindacati privi del ricordato requisito di rappresentatività, il principio generale di diritto comune relativo alla successione di più contratti stipulati dalle stesse parti è quello della prevalenza dell'ultima pattuizione (c.d. criterio cronologico), idonea a travolgere tutte le precedenti in virtù del disposto dell'art. 1372, c. 1, cod. civ. Pertanto, in base a questo criterio, fondato sull'assenza di una gerarchia tra contratti, il sopravvenuto contratto collettivo di diverso livello, sia più ampio che più ristretto rispetto al precedente, prevale in ogni caso, nei rapporti ai quali è applicabile, non solo quando è più favorevole ai lavoratori, ma anche quando introduce una disciplina peggiorativa, ovviamente per il futuro e, quindi, con salvezza dei diritti già maturati.

Altri criteri

Sono stati operati diversi tentativi per giungere ad una conclusione diversa, ma nessuno convince pienamente.

E così il principio del *favor*, vigente nei rapporti tra contratto collettivo e contratto individuale (cfr. 18.2), non sembra applicabile ai rapporti tra contratti collettivi, poiché l'autonomia collettiva deve essere lasciata libera di modificare anche *in peius* il precedente trattamento collettivo, anche di diverso livello, quando la nuova situazione lo richieda.

L'idea secondo cui la collettività più ristretta non potrebbe disvolere quanto pattuito dalla collettività più ampia che la ricomprende sconta una meditata costruzione sistematica del fenomeno sindacale, alla quale, però, può essere contrapposta, con validi argomenti, la persistente libertà del gruppo minore, proprio in quanto collettività e non mera sommatoria dei singoli.

La proposta di desumere dalla gerarchia endoassociativa degli agenti contrattuali una gerarchia tra contratti non solo non conduce ad un vincolo con efficacia reale, ma, se fondata sull'annullamento della delibera interna, deve anche superare la tutela dell'affidamento della controparte.

Del resto la secca affermazione della prevalenza del contratto di livello superiore non trova alcun condivisibile aggancio normativo, neppure nell'art. 39 Cost.

All'opposto la tesi fondata sul principio di specialità, secondo cui dovrebbe sempre prevalere la regola più specifica, sembra utile come criterio interpretativo per evitare, ove possibile, il contrasto, ma stenta a trovare un fondamento come regola del concorso-conflitto.

Regole collettive

Infine le norme di struttura della contrattazione e di regolazione dell'eventuale conflitto poste dalla stessa autonomia collettiva sono pur sempre clausole contrattuali inidonee a vincolare, sul piano dell'ordinamento generale, il contenuto dei successivi contratti collettivi, fino a quando non sia previsto dalla legge un ordine gerarchico tra le diverse fonti contrattuali collettive, come è attualmente per la contrattazione collettiva nel settore pubblico (cfr. 22.3)e nel settore privato quanto alla ricordata derogabilità del contratto nazionale da parte dei contratti aziendali e territoriali (art. 8, d.l. n. 138 del 2011 conv. Legge n. 148 del 2001).

L'accordo interconfederale per l'industria del 28 giugno 2011, seguito dal protocollo del 31 maggio 2013, ribadisce la prevalenza del contratto nazionale, che può essere derogato dai contratti aziendali solo nei limiti e con le procedure previste nello stesso contratto nazionale. L'accordo interconfederale del 10 gennaio 2014 attua i precedenti accordi, prevedendo, tra l'altro, che i contratti collettivi aziendali devono essere approvati dalla maggioranza dei componenti delle r.s.u.

21. I rapporti tra la legge e l'autonomia collettiva

21.1. *La tradizionale inderogabilità* in peius *della legge da parte del contratto collettivo*

Funzione e fondamento

La legge e l'autonomia collettiva sono fonti concorrenti di disciplina dei rapporti di lavoro.

Dalla disposizione dell'art. 39 Cost. non si può ricavare una competenza esclusiva dell'autonomia collettiva, ma soltanto la necessità che il legislatore lasci a questa uno spazio adeguato.

Ciò si verifica per definizione quando la legge si limita a fissare minimi di trattamento, come tali inderogabili *in peius* ma derogabili *in melius* da parte del contratto collettivo.

Questa è, appunto, l'impostazione tradizionale del nostro ordinamento, ricavabile in via interpretativa dalla stessa funzione delle norme legali di tutela del lavoro e confermata da alcune espresse disposizioni di leggi importanti, che fanno salve le condizioni dei contratti collettivi più favorevoli ai lavoratori (art. 17, c. 1, r.d.l. n. 1825 del 1924; art. 7, c. 3, legge n. 741 del 1959; art. 12 legge n. 604 del 1966; art. 40, c. 2, stat. Lav.).

Pertanto la contrattazione collettiva può liberamente avere corso al di sopra delle garanzie minime di legge.

Modalità del confronto

In questa logica un problema si è posto solo con riferimento alla disciplina «a tappeto» contenuta nei decreti legislativi emanati ai sensi della legge n. 741 del 1959, ma in proposito il temuto effetto di cristallizzazione di singole norme è stato sostanzialmente evitato con l'affermazione del criterio di confronto per istituti (cfr. 17.4), che ha consentito ampio margine di manovra ai sopravvenuti contratti collettivi di diritto comune. Questi, del resto, erano già stati ritenuti idonei, ovviamente nel solo ambito della loro limitata efficacia soggettiva, a modificare, in qualsiasi direzione, l'altra disciplina «a tappeto» derivante dai contratti collettivi corporativi mantenuti in vigore dall'art. 43 del d.lgs.lgt. n. 369 del 1944.

Disciplina della nullità

Le clausole dei contratti collettivi privatistici peggiorative del trattamento minimo legale sono nulle ai sensi dell'art. 1418, c. 1, cod. civ. e dell'art. 1419, c. 2, cod. civ. Se si tratta di clausola normativa tale nullità può essere rilevata, anche d'ufficio, in qualsiasi controversia individuale in cui sia invocata tale clausola, con effetti del giudicato limitati alle parti di quella controversia.

Il necessario rispetto dell'autonomia collettiva da parte della giurisprudenza impone da un lato un'interpretazione conservativa del contratto (art. 1367 cod. civ.) e dall'altro lato l'astensione da operazioni creative di vincoli legali inesistenti, come i cosiddetti principi di omnicomprensività della retribuzione e di parità di trattamento, prima incautamente affermati e, poi, opportunamente disconosciuti.

In tal modo la dichiarazione di nullità di clausole dei contratti collettivi viene limitata ai casi di effettivo ed insanabile contrasto con la legge, verificatosi, ad esempio, per le disposizioni collettive che prevedevano, a parità di mansioni, una retribuzione delle donne e dei minori inferiore a quella dell'uomo adulto in aperta violazione dell'art. 37, c. 1 e 3, Cost.

Nel lavoro pubblico privatizzato i rigorosi limiti legali alla contrattazione collettiva nell'interesse generale sono inderogabili anche *in melius* con espressa nullità delle clausole difformi e sostituzione automatica che consente in ogni caso la conservazione del contratto collettivo così conformato (cfr. 22.5).

21.2. *La derogabilità della legge da parte dei contratti collettivi aziendali o territoriali*

La tecnica della norma inderogabile

La norma inderogabile con efficacia sostitutiva costituisce la tecnica fondamentale del diritto del lavoro per la protezione della parte debole contro la dittatura contrattuale della parte forte, superando le strettoie e i limiti dell'istituto civilistico della rescissione. In questo sistema la protezione minimale economica e normativa del lavoratore deriva da fonti esterne al contratto individuale: la legge e i contratti collettivi.

Si tratta di una tecnica efficacissima di massima invasione dell'autonomia privata individuale, i cui prodotti difformi dalle norme inderogabili non sono solo eliminati, ma anche automaticamente sostituiti dal contenuto del precetto violato, con conseguente conservazione del contratto anche se ne sono travolte clausole essenziali.

L'inderogabilità va oltre la fase acquisitiva dei diritti proiettandosi anche nella fase di disposizione dei diritti già sorti, che possono essere sottratti all'accertamento giurisdizionale, oltre che dall'inerzia del titolare fino al compimento della decadenza o della prescrizione, solo mediante rinunzie e transazioni in sede assistita o non impugnate nel termine stabilito oppure mediante arbitrato irrituale liberamente scelto.

I difetti della norma inderogabile

Questo consolidato sistema di tutela del lavoratore presenta, però, un difetto gravissimo allorché, come è avvenuto in Italia, le norme inderogabili si moltiplicano fino a costituire una pesante coltre che copre ossessivamente tutti gli aspetti del rapporto.

L'encomiabile aspirazione ad impedire qualsiasi pregiudizio della persona del lavoratore anche nella sua realizzazione extraprofessionale si trasforma, così, in una maledizione diabolica. Sia a causa della oppressiva uniformità di norme comuni troppo ampie, in sé per definizione inidonee a disciplinare adeguatamente la variabilità del reale. Sia a causa della esiziale incertezza di norme inderogabili a precetto generico e dei conseguenti conflitti applicativi rimessi a procedimenti giurisdizionali che si concludono definitivamente solo dopo molti anni.

Si verifica, così, una fortissima disincentivazione alla allocazione delle imprese, che, nella concorrenza internazionale, non possono rinunziare ad un sistema di regole adeguate e certe. Ed anche le organizzazioni erogatrici di servizi legati al territorio hanno la stessa esigenza per accrescere una produttività intollerabilmente bassa.

Pertanto sussiste un forte interesse comune di imprese, lavoratori, utenti e contribuenti a modificare profondamente un diritto del lavoro troppo a lungo rimasto inalterato nei suoi snodi essenziali per uno stupido conservatorismo ideologico, quasi che fosse una variabile indipendente intoccabile.

Il rimedio: la norma semimperativa

Al di là della pur necessaria riformulazione di alcune tutele legali sproporzionate, la tecnica per realizzare questo bene comune è una sola.

Si tratta della previsione di procedimenti che consentano di fissare preventivamente la regola specifica e certa del caso concreto, con potere di discostarsi all'uopo dalle norme inderogabili di più ampia dimensione.

Questi procedimenti possono essere affidati all'autorità amministrativa, a enti bilaterali, all'autonomia collettiva o all'autonomia individuale assistita. Non si intendono qui approfondire vantaggi e costi di ciascuna di queste variabili, indicando i casi in cui l'una si può far preferire all'altra. Quel che conta è la loro natura di norme sulla produzione giuridica secondo la classica distinzione dalle norme di azione.

Le disfunzioni della tecnica della norma inderogabile con efficacia sostitutiva possono essere fronteggiate solo con un'altra tecnica dello stesso tipo. Quella che, appunto, trasforma la norma imperativa in norma semimperativa, cioè derogabile da un'altra fonte espressamente indicata.

Questa tecnica è sancita dall'art. 8 del d.l. n. 138 del 2011 conv. legge n. 148 del 2011, che consente a contratti collettivi aziendali o territoriali anche con efficacia generale di derogare la disciplina legale e quella collettiva nazionale di fondamentali materie «con specifiche intese finalizzate alla maggiore occupazione, alla qualità dei contratti di lavoro, all'adozione di forme di partecipazione dei lavoratori, alla emersione del lavoro irregolare, agli incrementi di competitività e di salario, alla gestione delle crisi aziendali e occupazionali, agli investimenti e all'avvio di nuove attività».

La legge sceglie come fonte derogatoria l'autonomia collettiva a livello aziendale e a livello territoriale, affidando così alla responsabilità sindacale il proporzionamento delle tutele a specifici contesti per favorire lo sviluppo e l'occupazione.

Si tratta di una svolta epocale, poiché finora l'autonomia collettiva era stata chiamata dalla legge a collaborare soprattutto per il superamento delle crisi di impresa e per l'emersione del lavoro irregolare (integrazione salariale, licenziamenti collettivi, trasferimento di aziende in crisi, solidarietà, riallineamento), ma senza il potere di derogare tante tutele legali ora riconosciuto per finalità assai più ampie. Sicché solo da ora i sindacati, se e nei limiti in cui lo riterranno necessario per il bene comune, potranno di volta in volta adeguare gran parte della disciplina del lavoro nelle forme più utili in ciascuna azienda o in ciascun territorio.

Il potere di derogare la legge può venire solo dalla legge, come nella specie dall'espressa disposizione dell'art. 8, c. 2 *bis*, d.l. cit. («anche in deroga alle disposizioni di legge»), che è legge statale attinente all'«ordinamento civile» con esclusione della competenza legislativa delle regioni (Corte Cost. n. 221 del 2012).

La fonte così abilitata alla deroga sono «i contratti collettivi di lavoro sottoscritti a livello aziendale o territoriale».

Ma con una condizione relativa alla qualità dei soggetti stipulanti, di cui si dirà subito, ed un limite relativo all'oggetto della deroga.

Sono previste anche le già ricordate finalità della deroga ma con formulazioni così generali e ampie che difficilmente se ne potrà affermare l'insussistenza con la conseguente nullità dell'accordo.

Soggetti abilitati alla deroga

I soggetti abilitati alla stipulazione in deroga, altrimenti nulla, sono individuati solo con riferimento alla parte sindacale, trattandosi di accordi ablativi che esigono l'affidabilità di chi dispone delle tutele.

Innanzitutto sono abilitate le «associazioni dei lavoratori comparativamente più rappresentative sul piano nazionale o territoriale». La disgiuntiva «o» comporta la sufficienza di tale rappresentatività sull'uno o sull'altro piano alternativamente. L'espressione sottoscritti «da» (e non «dalle») consente la stipula anche da parte di una sola di tali associazioni.

In alternativa i contratti aziendali, e non anche quelli territoriali, possono essere stipulati dalle rappresentanze sindacali in azienda delle suddette associazioni comparativamente più rappresentative, come risulta dall'aggettivo «loro». Si aggiunge l'espresso richiamo agli «accordi interconfederali vigenti» al fine della individuazione delle «appresentanze sindacali operanti in azienda», dovendosi, dunque, considerare legittimata anche la r.s.u. ove esistente. Anche qui, come per le associazioni esterne, basta una sola rappresentanza sindacale, essendo prevista la necessità di «un criterio maggioritario relativo alle predette rappresentanze sindacali» ai soli fini della eventuale efficacia generale dell'accordo.

In conclusione il legislatore ha individuato ragionevolmente i soggetti legittimati a sottoscrivere un accordo derogatorio. Per l'efficacia generale di questo accordo, cfr. 17.6.

Materie derogabili

I contratti aziendali e territoriali previsti dall'art. 8 d.l. cit. possono derogare la legge e i contratti nazionali, solo per le materie espressamente elencate nel comma 2. Il che, se per la deroga alla legge costituisce una grande apertura, per la deroga al contratto nazionale costituisce una limitazione del principio generale di illimitata derogabilità.

È previsto il necessario rispetto della Costituzione e del diritto comunitario e internazionale, sicché, come è ovvio, il contratto derogatorio ha gli stessi limiti della legge, variando solo la conseguenza della violazione di tali limiti, che per la legge è l'incostituzionalità o la disapplicazione, mentre per il contratto è la nullità. Ne consegue un controllo diffuso di costituzionalità e di rispetto del diritto comunitario e internazionale affidato ai giudici ordinari, con il finale intervento nomofilattico della Cassazione in proficuo dialogo con la giurisprudenza della Corte Costituzionale.

Le materie indicate dal legislatore sono numerose ed importanti: gli impianti audiovisivi e le nuove tecnologie; le mansioni e la classificazione del personale, con la facoltà del contratto di indicare le mansioni tra loro equivalenti oppure di fissare una penale sostitutiva del risarcimento per le ipotesi di demansionamento oppure di escludere la promozione automatica o di allungare il termine per la produzione di questo effetto; il lavoro a termine, con la facoltà del contratto di prevedere specifiche ipotesi di legittimazione del termine oppure di escludere la c.d. conversione in determinati casi come ad esempio per il primo isolato contratto; il lavoro a tempo parziale; il regime di solidarietà negli appalti, che il contratto potrà escludere o limitare; i casi di ricorso alla somministrazione di lavoro, che il contratto potrà liberamente individuare; la disciplina dell'orario di lavoro, che il contratto potrà opportunamente flessibilizzare; le modalità di assunzione, ad esempio con il prolungamento del limite massimo della prova; il lavoro parasubordinato anche a progetto e il lavoro autonomo, con la possibilità per il contratto di escludere la necessità di un progetto o la trasformazione automatica in lavoro subordinato per mancanza di progetto; il licenziamento, salvo quello discriminatorio, per matrimonio, per maternità o per congedi parentali, con la possibilità di elevare la soglia numerica per l'applicazione della tutela reale incrementando l'indennità alternativa alla riassunzione o di escludere la tutela reale per le imprese minori che superino la soglia con nuove assunzioni o di sopprimere l'indennità sostitutiva di reintegrazione o di escludere il risarcimento per il *medio tempore* dopo un certo periodo o di sostituirlo con una indennità forfetaria o di onerare il lavoratore della prova della disoccupazione.

21.3. *I «tetti» legali imposti all'autonomia collettiva*

Legislazione dell'emergenza

A partire dal 1976 sono state emanate alcune leggi aventi una funzione opposta rispetto a quella tradizionale di tutela minimale del lavoratore, essendo dirette a favorire l'obiettivo macroeconomico di contenimento dell'inflazione mediante la limitazione degli automatismi salariali ed, in particolare, dell'indennità di contingenza istituita e disciplinata da accordi collettivi.

Il legislatore ha introdotto, così, per determinate voci retributive, dei limiti massimi di trattamento invalicabili dall'autonomia collettiva, che è stata compressa con riferimento al contenuto non solo degli accordi futuri, ma anche di quelli già stipulati.

In questo quadro si inscrivono la disposta erogazione per un certo periodo di una parte dell'indennità di contingenza mediante buoni del tesoro (legge n. 797 del 1976); l'eliminazione delle cosiddette scale mobili anomale previste da appositi accordi collettivi (ad es. per il settore del credito) con obbligatorio generale appiattimento sul sistema meno favorevole per i lavoratori previsto dagli accordi per il settore industriale, l'eliminazione dei punti di contingenza scattati dopo il 31 gennaio 1977 dalla base di calcolo dell'indennità di anzianità ed il divieto di indicizzazione con modalità diverse e per istituti retributivi diversi da quelli considerati dalla contrattazione del settore industriale (legge n. 91 del 1977); la predeterminazione del numero massimo dei punti di contingenza per il semestre febbraio-luglio 1984 (legge n. 219 del 1984); il blocco degli automatismi per i ferrovieri (art. 7, c. 5, legge n. 438 del 1992 e art. 3, c. 36, legge n. 537 del 1993; art. 1, c. 66, legge n. 662 del 1996; art. 22 legge n. 488 del 1999).

Tale capovolgimento del rapporto tradizionale tra la legge e l'autonomia collettiva è rimasto limitato alle materie indicate e ad una determinata stagione del diritto del lavoro (c.d. legislazione dell'emergenza), anche se il suo superamento è coinciso proprio con il definitivo consolidamento della linea di riduzione degli automatismi salariali, mediante le discipline legali a termine (leggi n. 38 del 1986 e n. 191 del 1990) e, poi, la scomparsa dell'indennità di contingenza, che inseguiva e generava l'inflazione, ora finalmente debellata con il contenimento del deficit pubblico e con l'attuazione di una politica dei redditi sulla base di un tasso di inflazione programmato (cfr. 12.2).

Questioni di costituzionalità

Dal punto di vista strettamente tecnico-giuridico quel che resta di più interessante è la esclusione dei dubbi di legittimità costituzionale sollevati con riferimento alle ricordate limitazioni legali. In particolare, pur nella riconosciuta immediata precettività della tutela costituzionale dell'autonomia collettiva che impedisce al legislatore di cancellare gli esiti della contrattazione, è stata rilevata l'inesistenza di una riserva normativa a favore dei sindacati e la prevalenza dell'interesse generale sull'interesse collettivo dei lavoratori da ritenersi sempre, per quanto ampio, un interesse particolare (Corte Cost. n. 34 del 1985). Si è anche sottolineata la possibilità di compensazioni contrattuali non essendo investita dai vincoli legali l'intera retribuzione, alla quale soltanto si riferiscono i principi costituzionali di sufficienza e proporzionalità, ma singole componenti di essa (Corte Cost. n. 141 del 1980, n. 34 del 1985, n. 242 del 1999, n. 470 del 2002), nonché l'avvenuto conseguimento dell'obiettivo di contenimento dell'inflazione che incide favorevolmente sul valore reale della retribuzione, indicando i lavoratori dipendenti non solo come soggetti passivi pregiudicati dalla norma, ma anche come cointeressati al raggiungimento di tale obiettivo (Corte Cost. n. 34 del 1985).

Soltanto il divieto di indicizzazione di istituti retributivi diversi o con criteri diversi da quelli previsti dalla contrattazione del settore industriale è stato ritenuto incostituzionale, ma significativamente solo per il periodo successivo alla ritenuta fine (1986) dell'emergenza, mediante una pronunzia di incostituzionalità sopravvenuta che espressamente fa salvo il divieto per il periodo precedente (Corte Cost. n. 124 del 1991).

Ed anche per l'esclusione degli scatti di contingenza posteriori al 31 gennaio 1977 dalla base di calcolo dell'indennità di anzianità la conclusione è stata nel senso della temporanea efficacia della norma, qui derivata non da una pronunzia di incostituzionalità, ma dalla sopravvenuta riforma dell'istituto (legge n. 297 del 1982), peraltro sollecitata dal monito della Corte Costituzionale circa l'intollerabilità di una eccessiva decurtazione dell'emolumento (Corte Cost. n. 142 del 1980).

In conclusione i «tetti» legali di trattamento sono stati ammessi nell'ordinamento, ma limitatamente alle situazioni in cui l'interesse generale richieda questo sacrificio, da contenersi comunque in misura ragionevole, dei lavoratori e dell'autonomia collettiva e per il tempo in cui tali situazioni perdurino.

La legge impone anche limiti ai trattamenti pensionistici erogati dai fondi di previdenza complementare istituiti dai contratti collettivi (Corte Cost. n. 393 del 2000).

Lavoro pubblico

La contrattazione collettiva nel lavoro pubblico è sottoposta a rigorosi limiti di legge, per le materie e per il contenuto, a tutela dell'interesse generale all'efficienza della pubblica amministrazione, con espressa previsione di nullità e sostituzione di diritto delle clausole difformi (cfr. 22.5). Il blocco legale della contrattazione collettiva nel pubblico impiego è stato dichiarato incostituzionale per violazione dei principi di libertà sindacale (Corte Cost. n. 178 del 2015).

21.4. *I diversi rinvii della legge alla contrattazione collettiva*

Rinvio tradizionale

Sovente è la stessa legge a rimettere espressamente alla negoziazione collettiva la disciplina di alcuni istituti.

Il rinvio di stampo tradizionale serve alla specificazione da parte dell'autonomia collettiva di un principio protettivo fissato dalla legge, come accade, ad esempio, per le ferie, per il periodo di comporto di malattia e infortunio, per il periodo di preavviso, per il codice disciplinare.

Rinvio per la flessibilizzazione delle tutele

Invece a partire dalla metà degli anni '70 l'esigenza di tutela dell'interesse all'occupazione ha indotto il legislatore ad utilizzare il contratto collettivo, in varia combinazione con provvedimenti amministrativi (cfr. 17.6), come strumento per allentare determinate rigidità normative e per ripartire sacrifici tra lavoratori.

La legittimazione a stipulare questi contratti è riservata a sindacati ritenuti affidabili (cfr. 11.2) ed è assai discusso l'ambito di efficacia soggettiva dei contratti stessi, che per la loro funzione tendono a provocare il dissenso di una parte dei destinatari (cfr. 17.5 e 17.6).

Tra i rinvii diretti alla flessibilizzazione del sistema di tutele si ricordano quelli relativi alla disciplina dei contratti di formazione e lavoro, dei contratti di solidarietà, della somministrazione di lavoro, del regime di solidarietà tra committente e appaltatore, dei contratti di riallineamento, del lavoro a tempo parziale, del lavoro intermittente.

Vere e proprie deroghe *in peius* della disciplina legale sono consentite al contratto collettivo per agevolare il trasferimento dell'azienda in crisi, per la conservazione dell'occupazione dei lavoratori esuberanti mediante assegnazione a mansioni inferiori, per la riduzione della base di calcolo del trattamento di fine rapporto.

Infine l'autonomia collettiva è chiamata a gestire le crisi aziendali, con le consultazioni e gli accordi in materia di integrazione salariale e licenziamento collettivo, anche con riferimento alla selezione dei lavoratori da sospendere e da licenziare.

Ad una diversa funzione assolve, invece, l'importante rinvio per la determinazione delle prestazioni indispensabili e delle altre misure di contemperamento in caso di sciopero nei servizi pubblici essenziali (cfr. 28.6).

22. La contrattazione collettiva nel settore pubblico

22.1. *Dalle intese informali alla legge quadro n. 93 del 1983*

Intese informali

Mentre per i rapporti di lavoro con gli enti pubblici economici e con le imprese gestite dagli altri enti pubblici opera tradizionalmente la contrattazione collettiva di diritto comune in virtù della riconosciuta natura privatistica di tali rapporti (art. 2093 cod. civ.; art. 37 stat. lav.), i rapporti di impiego con lo Stato e le altre pubbliche amministrazioni avevano natura non contrattuale ma autoritativa in funzione del prevalente interesse pubblico ed erano conseguentemente disciplinati da atti eteronomi, quali la legge e il regolamento, con esclusione dell'autonomia privata individuale e collettiva.

Tuttavia i sindacati dei pubblici dipendenti, costituiti dopo la soppressione dell'ordinamento corporativo, riuscivano, anche mediante l'esercizio del diritto di sciopero (cfr. 24.2), a raggiungere intese informali sul trattamento che sarebbe stato previsto dalle anzidette fonti eteronome.

La legge quadro del 1983

Solo a partire dalla fine degli anni '60, dapprima con alcune leggi particolari (per il settore ospedaliero, per i dipendenti civili dello Stato, per il settore del parastato) e, poi, con la assorbente «legge quadro» n. 93 del 1983, gli accordi sindacali per il pubblico impiego furono riconosciuti formalmente, seppure ancora privi di efficacia diretta, essendo destinati esclusivamente alla recezione in appositi atti eteronomi (decreti del Presidente della Repubblica) di disciplina del rapporto.

Le caratteristiche fondamentali di questo sistema erano: la perdurante assenza di efficacia diretta degli accordi collettivi; il privilegio per le confederazioni maggiormente rappresentative, sempre ammesse alle contrattazioni di comparto e con legittimazione esclusiva per la definizione dei comparti e la contrattazione intercompartimentale; l'assenza di un principio di maggioranza per le determinazioni della delegazione sindacale; i controlli del Consiglio dei Ministri e della

Corte dei Conti, ai quali era condizionata anche l'efficacia del decreto di recezione.

22.2. *Dal decreto legislativo n. 29 del 1993 al testo unico n. 165 del 2001*

Privatizzazione del pubblico impiego e contratti collettivi ad efficacia diretta

Con il d.lgs. n. 29 del 1993, di attuazione della legge delega n. 421 del 1992, poi sostituito dal d.lgs. n. 165 del 2001, è stata disposta, salvo alcune eccezioni (magistrati, avvocati dello Stato, militari, forze di polizia, diplomatici, professori universitari, personale della Banca d'Italia, ecc.), la privatizzazione dei rapporti di lavoro con le pubbliche amministrazioni ormai di fonte contrattuale e gestiti con i poteri del privato datore di lavoro. La relativa disciplina è stata conseguentemente rimessa alla legislazione privatistica ed a contratti collettivi con efficacia diretta sul rapporto, con esclusione delle sole materie riservate alla legge e agli atti normativi o amministrativi (organici, concorsi, ecc.).

La Corte Costituzionale (n. 313 del 1996 e n. 309 del 1997) ha seccamente respinto la tesi secondo cui l'interesse pubblico impedirebbe la privatizzazione del rapporto di impiego con le pubbliche amministrazioni, replicando che solo l'organizzazione degli uffici è riservata alla legge e alla potestà amministrativa (art. 97, c. 1, Cost.), mentre il rapporto di lavoro può essere affidato alla disciplina privatistica, intesa proprio come strumento di realizzazione della finalità costituzionale del «buon andamento dell'amministrazione» (art. 97, c. 1, Cost.).

Ed è, appunto, il perseguimento di questa finalità costituzionale che giustifica, anche nei confronti del principio di libertà sindacale, la minuziosa regolamentazione legale degli aspetti fondamentali della contrattazione collettiva nel settore pubblico, a differenza di quanto avviene nel settore privato.

Il testo originario del d.lgs. n. 29 del 1993, già modificato con i d.lgs. n. 470 e n. 546 del 1993, è stato ampiamente novellato, proprio con riferimento alle norme sulla contrattazione collettiva, dai d.lgs. n. 396 del 1997 e n. 80 del 1998, sicché, alla fine, è stato approvato un testo unico (d.lgs. n. 165 del 2001), al quale occorre riferirsi. Ma, ormai, nel testo ampiamente novellato dal d.lgs. n. 150 del 2009, anche con l'introduzione di rigorosi vincoli inderogabili alle materie e al contenuto della contrattazione collettiva per evitare lassismi contrari all'efficienza della pubblica amministrazione (cfr. 22.5).

22.3. *Struttura e procedimento della contrattazione*

L'ARAN

Innanzitutto è stata istituita, con personalità giuridica di diritto pubblico, l'ARAN (Agenzia per la rappresentanza negoziale delle pubbliche amministrazioni), che ha la rappresentanza sindacale di tutte le pubbliche amministrazioni per la contrattazione nazionale.

Il Presidente dell'ARAN è nominato con decreto del Presidente della Repubblica e presiede il Collegio di indirizzo e controllo composto da altri quattro membri, di cui due designati dal Presidente del Consiglio rispettivamente su proposta del Ministro per la pubblica amministrazione e del Ministro per l'economia, uno designato dalla Conferenza delle Regioni ed uno dall'ANCI e dall'UPI. Ciò al fine di dare doverosamente spazio non solo all'amministrazione statale, ma anche alle autonomie regionali, provinciali e comunali.

Contrattazione nazionale

Tutte le pubbliche amministrazioni esercitano un potere di indirizzo nei confronti dell'ARAN, mediante appositi comitati di settore (uno costituito nell'ambito della Conferenza delle Regioni ed uno nell'ambito dell'ANCI dell'UPI e di Unioncamere, mentre per tutte le altre amministrazioni opera come comitato il Presidente del Consiglio tramite il Ministro per la pubblica amministrazione di concerto con il Ministro dell'economia) per i contratti nazionali di comparto e di area e mediante i comitati di settore collegialmente per gli accordi che definiscono o modificano i comparti o le aree e per gli accordi riguardanti istituti comuni a più comparti.

La contrattazione nazionale è suddivisa in non più di quattro comparti, cui corrispondono quattro separate aree contrattuali per la dirigenza. Nell'ambito di ciascun comparto possono essere costituite separate sezioni per specifiche professionalità. La definizione e la modifica dei comparti e delle aree avviene mediante appositi accordi. La Presidenza del Consiglio costituisce comparto autonomo.

Per la vicedirigenza non è prevista una distinta area contrattuale ma solo una apposita disciplina come contenuto necessario del contratto di comparto.

Invece per i giornalisti degli uffici stampa delle pubbliche amministrazioni è prevista una «speciale area di contrattazione, con l'intervento delle organizzazioni rappresentative della categoria dei giornalisti».

Sono consentiti contratti nazionali quadro «che regolano istituti comuni a tutte le pubbliche amministrazioni o riguardanti più comparti».

La durata dei contratti collettivi nazionali e integrativi deve coincidere sia per la parte giuridica che per la parte economica. Per i procedimenti negoziali relativi al personale non privatizzato è fissata per legge una cadenza triennale.

Procedimento e controlli

Le disponibilità finanziarie complessivamente destinate alla contrattazione collettiva nazionale sono determinate preventivamente dal Ministro dell'economia, previa consultazione con le rappresentanze istituzionali delle autonomie per i soli contratti relativi ai dipendenti di regioni, province e comuni ed enti del SSN. Gli oneri finanziari derivanti dalla contrattazione collettiva nazionale per regioni, enti locali, enti del SSN, enti non economici, Università, istituzioni di ricerca e altri enti sono a carico dei rispettivi bilanci. L'ipotesi di accordo raggiunta dall'ARAN è sottoposta, entro dieci giorni, con riferimento al testo contrattuale e agli oneri finanziari, ad un parere che deve essere espresso dal Governo oppure dal comitato di settore per Regioni ed enti locali. Se il parere è favorevole l'ARAN, il giorno successivo, trasmette alla Corte dei Conti la quantificazione dei costi contrattuali, contenuta in un prospetto allegato a ciascun contratto, ai fini della certificazione di attendibilità dei costi e della loro compatibilità con gli strumenti di programmazione e di bilancio. Se la delibera della Corte dei Conti, che può avvalersi di esperti, è positiva, anche mediante silenzio-assenso che si forma nel termine di quindici giorni, il Presidente dell'ARAN sottoscrive definitivamente il contratto. Se la delibera della Corte dei Conti è negativa l'ARAN provvede alla riapertura al ribasso della trattativa e alla sottoscrizione di una nuova ipotesi di accordo con adeguamento dei costi, sulla quale si riapre la procedura di certificazione. Se la certificazione è negativa solo su singole clausole, il contratto può essere sottoscritto definitivamente con inefficacia delle clausole non certificate.

I contratti collettivi devono, comunque, contenere una clausola di salvaguardia che consenta di sospendere l'efficacia del contratto in caso di accertata esorbitanza dai limiti di spesa.

Questa complessa tutela delle finanze pubbliche costituisce un limite esterno al contratto collettivo, che quindi rimane strumento privatistico tra parti in condizione paritaria, mentre il principio costituzionale di buon andamento della pubblica amministrazione (art. 97, c. 1) giustifica questo limite, ma non funzionalizza in senso pubblicistico la contrattazione.

Invero nella contrattazione del settore privato la tutela degli equilibri economici delle aziende è interamente affidata alle libere ed informali valutazioni della parte imprenditoriale, che nega il consenso su rivendicazioni eccessivamente onerose, mentre nel settore pubblico questo stesso tipo di valutazioni è necessariamente procedimentalizzato. Sicché, a ben vedere, la differenza sta solo nei meccanismi di formazione del consenso di una parte, restando integro in entrambe le situazioni lo strumento privatistico del contratto come prodotto dell'incontro di due volontà.

I termini acceleratori sopra ricordati, dal cui computo sono esclusi i giorni festivi e il sabato, stabiliti per la formazione del consenso definitivo dell'amministrazione sono disposti, appunto, a tutela della parte sindacale, ad evitare il rischio che l'ipotesi di accordo rimanga tale per tempi biblici, come accadeva nel vigore della legge quadro del 1983 per l'emanazione del decreto di recezione e per la sua efficacia onde differire gli oneri per l'amministrazione.

Anticipazioni degli aumenti retributivi

Gli incrementi stipendiali previsti nella legge finanziaria possono essere erogati in via provvisoria dopo sessanta giorni dall'entrata in vigore di tale legge previa delibera del comitato di settore e sentiti i sindacati rappresentativi, salvo conguaglio nel successivo contratto collettivo nazionale.

In mancanza della suddetta erogazione provvisoria, il ritardo nel rinnovo del contratto collettivo nazionale che superi il mese di aprile dell'anno successivo alla scadenza determina, in conformità al protocollo del 2009 (cfr. 20.1) una copertura economica, nella misura stabilita nel contratto nazionale e nei limiti previsti dalla legge finanziaria, quale anticipazione dei benefici da riconoscere nel futuro rinnovo.

Queste disposizioni rendono ancor più evidente come nel lavoro pubblico gli spazi per la contrattazione della parte economica siano davvero esigui contando essenzialmente la quantità di risorse destinate dalla legge finanziaria, sicché risulta decisiva a monte la relativa concertazione sociale.

Pubblicazione

I contratti collettivi nazionali definitivamente sottoscritti e i relativi accordi di interpretazione autentica sono pubblicati sulla Gazzetta Ufficiale della Repubblica.

Contrattazione integrativa

Le pubbliche amministrazioni, eventualmente assistite dall'ARAN, possono procedere in proprio ad una contrattazione integrativa con i soggetti e le procedure, nonché sulle materie e nei limiti stabiliti dai contratti nazionali, nel rispetto dei vincoli fissati dai medesimi contratti e dei vincoli di bilancio e di programmazione di ciascuna amministrazione, essendo previsti, a tal fine, una serie di controlli. Le clausole dei contratti integrativi in contrasto con i vincoli e i limiti posti dal contratto nazionale o su materie da questo non espressamente delegate o che comportino oneri non previsti sono nulle e sostituite di diritto e l'eventuale superamento dei vincoli finanziari impone il recupero nella sessione negoziale successiva. Le risorse per la contrattazione integrativa sono ripartite dal contratto nazionale tra le singole amministrazioni o enti nazionali in base ad una graduatoria articolata in tre livelli di merito predisposta dalla Commissione per la valutazione. A sua volta il contratto integrativo deve destinare al trattamento accessorio collegato alla performance individuale una quota prevalente del trattamento accessorio complessivo. In caso di mancato raggiungimento dell'accordo per il contratto integrativo l'amministrazione può provvedere unilateralmente in via provvisoria sulle materie oggetto di contrattazione fino al successivo raggiungimento dell'accordo.

Controversie

Le controversie promosse dai sindacati, dall'ARAN o dalle pubbliche amministrazioni in relazione alle procedure di contrattazione collettiva, ivi compresa la selezione della parte sindacale di cui al paragrafo seguente, sono devolute al giudice del lavoro.

22.4. *La selezione della parte sindacale*

Disciplina legale

Anche la selezione della parte sindacale, che nel settore privato è normalmente rimessa, tranne che per alcuni contratti (cfr. 11.2), ai rapporti di forza (cfr. 14.2), nel settore pubblico è regolata dalla legge che fissa i criteri a cui l'ARAN deve attenersi, senza lesione del principio di libertà sindacale trattandosi di una scelta dello Stato nella qualità di datore di lavoro e, comunque, per il buon andamento dell'amministrazione.

Originario privilegio per le grandi confederazioni

Il testo originario del d.lgs. n. 29 del 1993 assegnava alle confederazioni sindacali maggiormente rappresentative sul piano nazionale la parte del leone, attribuendo loro non solo il diritto di partecipare, insieme ai sindacati più rappresentativi nel comparto o nell'area, alla contrattazione di comparto o di area a prescindere da qualsiasi verifica della rappresentatività di tali confederazioni nell'ambito di riferimento, ma anche la legittimazione esclusiva a negoziare con la Presidenza del Consiglio la definizione della maggiore rappresentatività confederale e di comparto e con l'ARAN sia la definizione e modificazione dei comparti, sia i contratti collettivi quadro per discipline uniformi in tutti i comparti e le aree.

Referendum abrogativo del 1995

Successivamente il referendum del 1995, nell'ambito di una tendenza alla riduzione dei privilegi per le grandi confederazioni (cfr. 9), aveva abrogato le disposizioni che consentivano alle confederazioni di autodefinire la rappresentatività propria e dei sindacati di categoria.

Pertanto si era determinata una lacuna che impediva fino ad una nuova legge lo svolgimento di qualsiasi contrattazione, ma il Ministro del lavoro prof. Treu, disattendendo l'esito referendario ed un parere del Consiglio di Stato, invitava l'ARAN a procedere nella contrattazione con le parti sindacali già individuate secondo il sistema abrogato.

La novella del 1997

Ora la novella realizzata con il d.lgs. n. 396 del 1997, ed ormai assorbita nel d.lgs. n. 165 del 2001, sembra inserirsi nella nuova tendenza sistematica diretta a privilegiare la rappresentatività effettiva nell'ambito di riferimento del contratto (cfr. 9).

Infatti la contrattazione di comparto o di area è riservata ai sindacati che nel comparto o nell'area raggiungano la soglia del 5 per cento, come media tra il dato associativo (ricavato dalla percentuale delle deleghe per il versamento dei contributi sindacali) e il dato elettorale (percentuale di voti ottenuti nelle elezioni delle r.s.u.), entrambi riferiti all'ambito considerato e verificati da un comitato paritetico costituito presso l'ARAN, vincolato da un parere del CNEL in caso di contestazione avanzata da un sindacato non rappresentato nel comitato. Mentre le confederazioni sono ammesse a questa contrattazione non più in quanto in sé rappresentative a livello confederale, ma solo se affiliano un sindacato rappresentativo nel comparto o nell'area.

Tuttavia alle confederazioni è stata concessa una patente di rappresentatività per il sol fatto di affiliare sindacati rappresentativi, nella misura appena ricordata, in almeno due comparti o aree. E le confederazioni così titolate hanno conservato la legittimazione esclusiva a trattare, ora sempre con l'ARAN, sia gli accordi di definizione o modifica dei comparti o aree, ormai peraltro nel limite massimo di quattro, sia gli accordi quadro regolanti «istituti comuni a tutte le pubbliche amministrazioni o riguardanti più comparti».

Mentre sarebbe stato molto più coerente, fugando i problemi di legittimità costituzionale che inevitabilmente si ripropongono, affidare la contrattazione per la definizione e modifica dei comparti e la contrattazione quadro intercompartimentale ad una commissione composta dai sindacati rappresentativi nei diversi comparti o nei comparti interessati, applicando anche qui il principio di maggioranza per la stipulazione dell'accordo.

22.5. *Il principio maggioritario, gli effetti del contratto e i rapporti con la legge*

Principio maggioritario

Con la novella del 1997, poi assorbita nel d.lgs. n. 165 del 2001, è stato finalmente sancito il principio maggioritario, in quanto i contratti collettivi di comparto o di area, e non anche quelli integrativi, possono essere stipulati solo se i sindacati consenzienti rappresentano nel loro complesso la maggioranza, individuata nel 51 per cento come media tra dato associativo e dato elettorale nel comparto o area oppure nel 60 per cento del solo dato elettorale.

Il legislatore ha accolto, così, per la prima volta il principio di maggioranza previsto dall'art. 39, c. 4, Cost. («in proporzione dei loro iscritti») per i contratti collettivi con efficacia generale, anche se neppure nel settore pubblico è attualmente attribuita al contratto collettivo tale efficacia.

Efficacia del contratto

Infatti l'applicazione a tutti i dipendenti dell'amministrazione destinataria del contratto deriva non da un'intrinseca efficacia *erga omnes* di questo, bensì dal vincolo per l'amministrazione conseguente al potere di rappresentanza legale dell'ARAN od alla stipula diretta, con il conseguente dovere di adempiere agli obblighi derivanti dai contratti collettivi, nonché di garantire ai propri dipendenti parità di trattamento contrattuale e comunque trattamenti non inferiori a quelli previsti dai contratti collettivi e di inserire nei contratti individuali, facendolo così accettare a ciascun dipendente, il rinvio ai contratti collettivi.

Il contratto collettivo viene, quindi, utilizzato dalla legge per realizzare condizioni di lavoro uniformi all'interno di ciascuna amministrazione, con meccanismi sicuramente diversi dalla attribuzione diretta di efficacia generale, che sarebbe consentita solo con la completa attuazione delle disposizioni dell'art. 39, c. 2-4, Cost. Pertanto la salvezza del sistema sopradescritto deriva non da una, poco sostenibile, assenza di vincolo per i lavoratori, bensì dalla legittimità di tale vincolo per l'amministrazione e per i dipendenti.

Rapporti con la disciplina legale

Il contratto collettivo, secondo la regola generale, può derogare solo *in melius* la disciplina legale privatistica di tutela minimale del lavoratore estesa al lavoro pubblico privatizzato *ex* art. 2, c. 2. Infatti non si applica al lavoro pubblico la disposizione dell'art. 8 del d.l. n. 138 del 2011 (cfr. 21.2).

Invece le disposizioni del d.lgs. n. 165 del 2001, come novellato dal d.lgs. n. 150 del 2009 e dal d.lgs. n. 75 del 2017, sono assolutamente inderogabili dal contratto collettivo, in cui sono inserite automaticamente e le cui clausole contrarie a norme imperative o ai limiti fissati alla contrattazione collettiva sono nulle e sostituite di diritto, con conservazione del contratto così conformato. Anche le disposizioni del d.lgs. n. 150 del 2009 sulla retribuzione di merito e premiale hanno la stessa efficacia nei confronti della contrattazione collettiva.

Nella nuova individuazione degli ambiti riservati rispettivamente alla legge, alla contrattazione collettiva e al potere dei dirigenti, sono completamente escluse dalla contrattazione collettiva le materie attinenti all'organizzazione degli uffici, che insieme alla gestione del personale è rimessa «in via esclusiva» agli organi preposti, le materie oggetto di partecipazione sindacale individuate dai contratti nazionali, le materie afferenti alle prerogative dei dirigenti ed al conferimento e revoca dei relativi incarichi. Inoltre la contrattazione collettiva è consentita nei soli limiti previsti dalla legge nelle materie relative alle sanzioni disciplinari, alla valutazione delle prestazioni, alla mobilità e alle progressioni economiche.

Eventuali nuove disposizioni di legge limitate al lavoro pubblico sono derogabili dai contratti collettivi nazionali nelle materie affidate alla contrattazione collettiva e nel rispetto dei principi del d.lgs. n. 165 del 2001.

In conclusione il contratto collettivo non è più considerato come strumento per fronteggiare eventuali lassismi del legislatore, bensì, all'opposto, come possibile fonte esso stesso di lassismi rispetto al rigore della legge e di turbative rispetto alla ordinata gestione della cosa pubblica.

22.6. *Le questioni di interpretazione, validità ed efficacia dei contratti collettivi nazionali*

L'esigenza di dare una soluzione uniforme alle questioni concernenti la validità, l'efficacia e l'interpretazione del contratto collettivo (cfr. 17.7) è stata, per ora, affrontata dal legislatore in relazione al solo settore pubblico, anche al fine di contenere il relativo contenzioso nel momento del passaggio dal giudice amministrativo al giudice del lavoro.

Interpretazione nomofilattica della Cassazione

Innanzitutto è prevista la possibilità, ora estesa anche al settore privato (cfr. 13), del ricorso per cassazione «per violazione o falsa applicazione dei contratti e accordi collettivi nazionali». In tal modo la funzione di nomofilachia della Cassazione, finora limitata alla legge, si estende anche a questi importanti contratti, con il consueto benefico effetto in termini di (relativa) certezza e di conseguente riduzione delle liti.

Incentivazione degli accordi di interpretazione o modifica della clausola controversa

In secondo luogo viene agevolata la conclusione di accordi collettivi di interpretazione autentica o di modifica della clausola controversa, la cui efficacia per il passato nei confronti dei singoli interessati non è più condizionata al consenso di questi ultimi (cfr. 17.7). L'agevolazione consiste nel rinvio obbligatorio di durata predeterminata (almeno centoventi giorni) della causa individuale in cui rilevi una delle questioni in esame al fine di concedere ai soggetti firmatari del contratto collettivo un certo lasso di tempo (novanta giorni) per l'eventuale conclusione di un accordo di interpretazione autentica o di modifica della clausola.

Ricorso in cassazione per saltum

Se l'accordo collettivo non viene raggiunto, viene imposta al giudice la pronunzia di una sentenza non definitiva sulla sola questione relativa al contratto collettivo, impugnabile soltanto con ricorso per cassazione, e quindi con esclusione del grado di appello. L'impugnazione determina la sospensione necessaria del processo di merito, che va poi riassunto innanzi allo stesso giudice anche se la sentenza non definitiva viene cassata (Corte Cost. n. 199 del 2003).

In tal modo si incentiva e si accelera il ricordato intervento nomofilattico della Cassazione, con effetto rafforzato dalla prevista sospensione facoltativa degli altri processi in cui rilevi la medesima questione della quale è investita la Cassazione. Tuttavia, in linea con la facoltatività di questa sospensione, è espressamente ribadito il normale valore non vincolante del precedente della Cassazione, da cui il giudice di merito di un successivo processo tra altre parti individuali può motivatamente discostarsi, evidentemente confidando in una modifica dell'orientamento della Cassazione, la quale, altrimenti, su ricorso della parte interessata, annullerebbe la pronunzia difforme dal proprio precedente (cfr. 13.2).

Intervento nel processo dell'ARAN e dei sindacati stipulanti

In questo quadro è assai ambigua la riconosciuta possibilità di intervento nella controversia individuale e di impugnazione della relativa sentenza da parte dell'ARAN e dei sindacati firmatari del contratto collettivo in discussione. Da un lato, infatti, il legislatore finalmente ammette le parti del contratto collettivo all'accertamento giudiziale della validità, efficacia e interpretazione delle clausole normative di tale contratto, assegnando loro una posizione processuale autonoma atteso il potere di impugnazione. Ma dall'altro lato consente ciò non in via diretta, bensì solo mediante intervento in una controversia individuale, precisando espressamente che altre analoghe controversie possono essere decise diversamente.

Successivamente la possibilità di intervento dell'ARAN è stata ampliata e, a tutela delle finanze pubbliche, si è aggiunta la facoltà di intervento del Dipartimento della funzione pubblica (artt. 61, c. 1 *bis* e 63 *bis*, d.lgs. n. 165 del 2001 introdotti dall'art. 1, c. 133 e 134, legge n. 311 del 2004).

Capitolo III
IL CONFLITTO COLLETTIVO

23. Il riconoscimento costituzionale del diritto di sciopero

23.1. *Sciopero-delitto, sciopero-libertà e sciopero-diritto*

Nel descrivere l'evoluzione storica del diritto del lavoro si è già ricordato (cfr. 2.2, 2.3, 2.4) l'originario divieto penale dello sciopero, poi venuto meno con il codice Zanardelli del 1889, ma ripristinato nel periodo corporativo, fino al riconoscimento dello sciopero come diritto nell'art. 40 Cost. (cfr. 3.4).

Si sono realizzate, dunque, nel nostro ordinamento, in momenti diversi, le tre ipotesi dello sciopero-delitto, dello sciopero-libertà e dello sciopero-diritto.

Sciopero-delitto

La qualificazione dello sciopero come reato significa illiceità della condotta sia sul piano dei rapporti con lo Stato, con eliminazione della relativa libertà, sia sul piano del rapporto di lavoro, dove l'astensione volontaria dalla prestazione dovuta equivale ad inadempimento contrattuale con tutte le conseguenze civilistiche (risarcimento del danno) e disciplinari.

Sciopero-libertà

La semplice abolizione della incriminazione penale ripristina la libertà di sciopero escludendone la repressione da parte dello Stato, ma lascia intatto l'illecito sul piano contrattuale.

Sciopero-diritto

Solo con il riconoscimento dello sciopero come diritto viene eliminato anche il profilo dell'inadempimento contrattuale, consentendosi al lavoratore scioperante di rifiutare legittimamente la prestazione dovuta.

Sono conseguentemente vietati, con sanzione di nullità, gli atti discriminatori, tra cui il licenziamento, diretti a colpire il lavoratore a causa della sua partecipazione ad uno sciopero. Inoltre ogni ostacolo o impedimento frapposto dal datore di lavoro all'esercizio del diritto di sciopero costituisce condotta antisindacale reprimibile *ex* art. 28 stat. lav. dal sindacato interessato (cfr. 31.1).

Perdita della retribuzione

In base al principio di corrispettività l'attuazione dello sciopero determina, ovviamente, la perdita della retribuzione corrispondente al periodo di mancato svolgimento della prestazione lavorativa.

23.2. *La mancata emanazione delle leggi regolatrici dello sciopero e la supplenza giurisprudenziale*

Immediata precettività del riconoscimento del diritto di sciopero

La disposizione dell'art. 40 Cost. prevede che «il diritto di sciopero si esercita nell'ambito delle leggi che lo regolano», ma tali leggi non sono state emanate, salvo alcune norme particolari per gli addetti agli impianti nucleari e per il personale di assistenza al volo, mentre la disciplina, anch'essa settoriale, dello sciopero nei servizi pubblici essenziali è arrivata dopo oltre quaranta anni dalla Costituzione.

In questa situazione è stata subito affermata la immediata precettività della tutela del diritto di sciopero anche in mancanza delle programmate leggi regolatrici (Corte Cost. n. 123 del 1962, n. 1 del 1974, n. 54 del 1974; Cass. n. 584 del 1952).

Elaborazione giurisprudenziale necessitata della nozione di sciopero

La giurisprudenza ha dovuto, così, procedere inevitabilmente alla individuazione in via interpretativa della fattispecie protetta, elaborando la nozione di sciopero e, quindi, automaticamente i limiti di tale diritto.

Questa macroscopica funzione di supplenza, che costituisce uno dei principali aspetti della formazione giurisprudenziale del diritto del lavoro, ha opportunamente impedito «l'assurdo di un diritto suscettibile di svolgersi per un tempo indeterminato al di fuori di ogni limite» (Corte Cost. n. 31 del 1969). Pertanto è stata doverosa sia la distinzione (cfr. 25) tra le condotte qualificabili come sciopero e quelle estranee alla nozione accolta dal Costituente, sia la individuazione dei cosiddetti limiti esterni a tutela di interessi costituzionali di rilievo tale da imporre il sacrificio del diritto di sciopero (cfr. 27). Restando preclusa all'interprete soltanto la fissazione, mediante la criticata tecnica definitoria (cfr. 25.2), di specifiche modalità di attuazione dello sciopero (c.d. limiti interni).

Alla costruzione giurisprudenziale hanno partecipato non solo i giudici ordinari, dopo lo statuto dei lavoratori specialmente in sede di giudizio sulla condotta antisindacale del datore di lavoro, ma anche quelli costituzionali, essendo stata esclusa (Corte Cost. n. 29 del 1960) la automatica abrogazione delle disposizioni penali sul conflitto collettivo (artt. 502 e ss. cod. pen.) nonostante la soppressione dell'ordinamento corporativo. La Corte Costituzionale si è onerata così del confronto tra le vecchie norme ed i nuovi principi costituzionali privi della programmata specificazione legislativa, aprendosi la strada ad un'opera di distinzione tra le disposizioni da eliminare radicalmente in quanto intimamente connesse al superato regime illiberale e le disposizioni da salvare, in tutto o in parte, in quanto finalizzate alla tutela di interessi ancora preminenti nell'attuale ordinamento oppure relative a condotte non qualificabili come sciopero.

24. Natura, titolarità e disponibilità del diritto di sciopero

24.1. *La natura del diritto di sciopero*

Diritto potestativo

Il diritto di sciopero, riguardato dal punto di vista del contratto di lavoro, è esattamente definito come diritto potestativo del lavoratore di sospendere l'esecuzione della prestazione, al quale corrisponde la posizione dell'imprenditore, soggetto passivo che deve subire tale sospensione.

Diritto di libertà

In una prospettiva più ampia, che considera la funzione dello sciopero nell'ambito del sistema della Costituzione, si può parlare di diritto assoluto di libertà per la difesa di fondamentali interessi della persona.

Viene, così, in rilievo il collegamento della disposizione dell'art. 40 Cost. con il principio dell'art. 3, c. 2, Cost., nel senso che l'esercizio del diritto di sciopero costituisce uno dei principali strumenti per la rimozione delle diseguaglianze di fatto, che impediscono lo sviluppo della persona e la partecipazione sociale dei lavoratori.

24.2. *La titolarità del diritto di sciopero*

Nel fenomeno dello sciopero si intrecciano la posizione del gruppo, cui fa capo l'interesse collettivo difeso con questo mezzo di conflitto, e la posizione del singolo, che liberamente sceglie se partecipare o no all'astensione dal lavoro.

Se fossero state emanate le previste leggi regolatrici, sarebbe stata certamente disciplinata la relazione tra il profilo collettivo e quello individuale. Invece, nel vuoto normativo determinato dall'inerzia del legislatore, è toccato all'interprete affrontare il problema.

Titolarità individuale

La titolarità del diritto di sciopero è stata, così, riconosciuta ai singoli lavoratori, poiché a ciascuno di essi spetta, di volta in volta, la decisione sul concreto esercizio del diritto.

Ma è stato, altresì, rilevato che lo sciopero può essere attuato solo per la difesa di un interesse collettivo, la cui valutazione è rimessa al gruppo.

Esercizio collettivo

Pertanto l'esercizio del diritto da parte del singolo è condizionato dalle determinazioni del gruppo, dal che la qualificazione dello sciopero come diritto individuale ad esercizio collettivo, affermandosi anche la necessaria pluralità degli scioperanti (Corte Cost. n. 123 del 1962, n. 222 del 1975). Non appare, peraltro, necessaria una previa formale delibera di proclamazione, costruita come negozio di autorizzazione allo sciopero, non potendosi ricavare in via interpretativa un obbligo del genere o quello conseguente di preavviso minimo (Corte Cost. n. 124 del 1962), poi previsto espressamente con la legge n. 146 del 1990 nel solo ambito dei servizi pubblici essenziali, con conseguente distinzione tra il diritto del gruppo a proclamare lo sciopero e il diritto del singolo ad attuare lo sciopero proclamato.

Il soggetto collettivo che concerta lo sciopero non deve essere necessariamente un'associazione sindacale, ma può essere un gruppo qualsiasi, come si evince anche dalle disposizioni della legge n. 146 del 1990 che fanno sempre generico riferimento a «soggetti che promuovono lo sciopero» o a «organizzazioni dei lavoratori che promuovono l'azione».

Identificazione dei titolari

La titolarità del diritto di sciopero spetta ai lavoratori subordinati, ivi compresi i pubblici dipendenti, con esclusione dei soli militari (art. 8 legge n. 382 del 1978) e appartenenti alla Polizia di Stato (art. 84 legge n. 121 del 1981).

Il diritto è stato riconosciuto anche ai lavoratori autonomi parasubordinati, in quanto soggetti contrattualmente deboli nei confronti del committente coordinatore della loro prestazione, almeno quando si tratti di committente unico o prevalente.

Per i liberi professionisti, invece, è stato correttamente escluso un vero e proprio diritto di sciopero *ex* art. 40 Cost., fondandosi la tutela della loro protesta collettiva sui principi generali di libertà sanciti nella prima parte della Costituzione ed in particolare sulla libertà di associazione (Corte Cost. n. 171 del 1996). E non a caso, nella disciplina legale relativa ai servizi pubblici essenziali, per i lavoratori autonomi non si parla di sciopero, ma di «astensione collettiva dalle prestazioni» (cfr. 28.8).

Suscita perplessità la riconduzione alla nozione di sciopero della serrata di protesta dei piccoli esercenti senza dipendenti, la cui incriminazione per effetto del combinato disposto degli artt. 505 e 506 cod. pen. è stata conseguentemente dichiarata incostituzionale per contrasto con l'art. 40 Cost. (Corte Cost. n. 222 del 1975). Qui, infatti, manca il requisito essenziale della sospensione di un rapporto di lavoro, mentre la stessa Corte Costituzionale (n. 53 del 1986) ha successivamente escluso la assimilazione allo sciopero della serrata di protesta di piccoli esercenti con dipendenti.

24.3. *La tregua sindacale*

La mancata regolazione per legge dello sciopero ha lasciato aperta la questione della esercitabilità del diritto nel periodo di vigenza del contratto collettivo. Ovviamente, trattandosi di contratto collettivo di diritto comune, il problema si pone solo per i sindacati stipulanti e per i lavoratori vincolati dal contratto medesimo.

Dovere implicito e relativo di pace sindacale

La funzione di pacificazione sociale propria del contratto collettivo, che risolve il conflitto di interessi tipico della controversia economica collettiva, conduce alla esclusione dello sciopero che, in violazione del principio *pacta servanda sunt*, sia diretto a rompere l'accordo ancora vigente per sostituirlo con un altro più favorevole sulle materie già regolate. Ma questo, peraltro discusso, dovere implicito e relativo di tregua sindacale riguarda soltanto la riproposizione del conflitto allo stesso livello per il quale è stato stipulato il contratto, sicché non può impedire nuove rivendicazioni ad un altro livello (cfr. 20.2).

Clausole espresse di tregua a tutti i livelli

Tuttavia può accadere che con il contratto collettivo di livello superiore vengano demandate ai livelli inferiori soltanto alcune materie (cfr. 20.1), escludendosi la riapertura del conflitto a qualsiasi livello per ogni altro istituto già regolato centralmente.

In proposito la prima questione attiene all'accertamento della effettiva volontà di concordare una simile tregua sindacale.

Solo in caso di risposta affermativa si pone il problema della legittimità di queste clausole espresse, nonché dei destinatari dell'obbligo e delle sanzioni per la sua violazione.

Non è condivisibile l'idea, abbastanza diffusa, che i sindacati non possano disporre del diritto di sciopero dei loro aderenti e dei lavoratori che si sottopongono volontariamente al contratto collettivo contenente la clausola di tregua.

Ovviamente questo temporaneo impedimento negoziale dell'esercizio del diritto non può riguardare scioperi per materie diverse da quelle regolate o per finalità diverse da quelle contrattuali, come ad esempio lo sciopero economico-politico, lo sciopero di solidarietà e lo sciopero politico.

Il dovere di tregua viene meno, anche prima della scadenza del contratto, qualora si verifichi una situazione tale da giustificare la risoluzione per eccessiva onerosità sopravvenuta *ex* art. 1467 cod. civ. Inoltre non impedisce, se le parti sono d'accordo, la stipulazione in qualsiasi momento di un diverso contratto collettivo (cfr. 20.2).

Nella pratica sono rarissime le cause relative alla violazione dell'obbligo di tregua, di cui i giudici, con forzature interpretative, hanno talvolta escluso l'esistenza, così evitando di affrontare il problema della individuazione dei soggetti vincolati e del tipo di sanzioni applicabili.

Il protocollo del 1993 e l'accordo quadro del 2009

Nella definizione a livello interconfederale degli assetti della contrattazione collettiva, avvenuta con il protocollo del 1993 poi sostituito dall'accordo quadro del 2009 (cfr. 12.2 e 20.1), sono previsti obblighi di tregua sindacale espliciti, per il periodo di negoziazione del rinnovo del contratto nazionale, ed impliciti, con riferimento alle materie sottratte alla contrattazione di secondo livello.

L'accordo interconfederale del 2011

L'accordo interconfederale per l'industria del 28 giugno 2011 prevede che le clausole di tregua contenute nei contratti collettivi aziendali maggioritari vincolano solo sindacati e rappresentanze sindacali e non i singoli lavoratori.

La disciplina nel settore pubblico

Nel settore pubblico è previsto, a pena di nullità con sostituzione automatica, che la contrattazione integrativa può svolgersi solo sulle materie e nei limiti stabiliti dai contratti nazionali. Ne discende un ovvio divieto di sciopero in relazione alle materie già definitivamente regolate nel contratto nazionale per tutto il periodo di vigenza di questo, salva, anche qui, l'eventuale eccessiva onerosità sopravvenuta.

25. La definizione dello sciopero

25.1. *Lo sciopero come mera astensione dal lavoro e la distinzione da altre condotte*

Si è già visto (cfr. 23.2) come in assenza delle leggi regolatrici sia toccato all'interprete definire lo sciopero.

Il comportamento materiale garantito come diritto è stato, così, individuato nella sospensione dell'attività lavorativa (Corte Cost. n. 123 del 1962, n. 31 del 1969, n. 1 del 1974). Una conferma indiretta viene dalla legge sullo sciopero nei servizi pubblici essenziali che, per i lavoratori autonomi, utilizza l'espressione «astensione collettiva dalle prestazioni».

Sciopero delle mansioni

L'astensione deve essere totale, non nel senso che debba essere attuata da tutto il personale o per l'intera giornata di lavoro (cfr. 25.2), ma nel senso che deve riguardare l'intera attività dello scioperante, che non può selezionare i compiti da svolgere e quelli da sospendere con inammissibile invasione della sfera organizzativa del datore di lavoro. Pertanto non è consentito il cosiddetto sciopero delle mansioni (Corte Cost. n. 123 del 1962), che costituisce inadempimento contrattuale e autorizza il datore di lavoro a rifiutare la prestazione parziale offertagli (art. 1181 cod. civ.).

Sciopero dello straordinario

È legittimo, invece, lo sciopero dello straordinario, la cui peculiarità attiene solo alla durata e collocazione temporale dell'astensione, che nei periodi di attuazione è completa.

Sciopero del cottimo

È ammesso anche il cosiddetto sciopero del cottimo, con il quale i cottimisti riducono il rendimento al minimo dovuto, mentre al di sotto di questo limite si verificherebbe un illegittimo rallentamento concertato della produzione.

Sciopero del rendimento e ostruzionismo

Al pari di questo rallentamento, detto sciopero del rendimento, anche la non collaborazione, l'ostruzionismo e il cosiddetto sciopero pignolo o alla rovescia, consistente nella applicazione pedante e cavillosa di direttive e regolamenti, costituiscono condotte diverse dalla mera astensione dal lavoro e, quindi, non riconducibili alla nozione di sciopero, bensì da valutarsi nella prospettiva del corretto adempimento della prestazione effettivamente dovuta in base alla prescritta diligenza e buona fede.

Sabotaggio

Proprio in quanto relativa ad un comportamento non riconducibile alla mera astensione dal lavoro è costituzionalmente legittima l'incriminazione del sabotaggio prevista dall'art. 508, c. 2, cod. pen., poiché «non è mai coperto da protezione costituzionale il danneggiamento, in qualsiasi modo ed in qualsiasi circostanza effettuato. E non lo è, *a fortiori*, quello di aziende agricole o industriali ovvero di attrezzi, macchine, scorte, apparecchi o strumenti alle aziende adibiti» (Corte Cost. n. 220 del 1975). Pertanto è indifferente che a commettere il reato di sabotaggio sia un lavoratore scioperante o chiunque altro. Sicché coerentemente è stata dichiarata incostituzionale la disposizione dell'art. 635, c. 2, n. 2, cod. pen. che prevedeva l'aggravamento di pena e la procedibilità d'ufficio del reato di danneggiamento se commesso in occasione di un conflitto collettivo (Corte Cost. n. 119 del 1970).

Occupazione d'azienda

Anche l'incriminazione dell'occupazione d'azienda, prevista dall'art. 508, c. 1, cod. pen. è considerata legittima, trattandosi di condotta estranea alla nozione di sciopero, che «non comporta come mezzo indispensabile l'occupazione dell'azienda altrui» (Corte Cost. n. 220 del 1975). Per la sussistenza del reato occorre, però, il dolo specifico consistente nel solo scopo di impedire o turbare il normale svolgimento del lavoro, peraltro non escluso dalla compresenza del fine sindacale. L'occupazione d'azienda rende impossibili le prestazioni offerte dai lavoratori non occupanti, consentendo al datore di lavoro di rifiutarle legittimamente e, conseguentemente, di non retribuirle.

Il reato di occupazione d'azienda non si verifica in caso di «sciopero bianco», cioè di breve permanenza degli scioperanti all'interno dell'azienda che non impedisce la prosecuzione dell'attività produttiva da parte degli altri lavoratori.

Picchettaggio La tutela della «libertà di lavoro di chi non aderisce allo sciopero» (Corte Cost. n. 31 del 1969, n. 290 del 1974, n. 220 del 1975) e la rigorosa condanna di «ogni violenza» (Corte Cost. n. 220 del 1975) costituiscono il presupposto per escludere dalla nozione di sciopero anche il picchettaggio violento, che integra il reato di violenza privata o di minaccia nei confronti dei lavoratori non scioperanti, dei quali è diretto ad impedire l'ingresso in azienda o ad imporre l'abbandono del lavoro. Il reato si verifica anche quando il picchettaggio o, comunque, l'ostacolo al lavoro altrui è realizzato mediante una barriera umana non superabile se non con la forza, mentre è ovviamente lecito il tentativo di convincere civilmente allo sciopero pur se attuato in prossimità o all'interno dei luoghi di lavoro.

Crumiri La libertà di lavoro protetta contro il picchettaggio violento è anche quella dei cosiddetti lavoratori crumiri, con i quali legittimamente il datore di lavoro, nell'esercizio della sua libertà economica *ex* art. 41 Cost., sostituisce gli scioperanti al fine di limitare le conseguenze pregiudizievoli dello sciopero. La giurisprudenza ammette il crumiraggio interno, purché nel rispetto delle regole del rapporto con il dipendente crumiro, mentre erroneamente dubita della legittimità del crumiraggio esterno, vietato solo se realizzato con lavoro a termine, intermittente o somministrato.

Blocco delle merci Anche il blocco delle merci, con il quale gli scioperanti ne impediscono l'entrata e l'uscita dall'azienda, costituisce reato di violenza privata.

Boicottaggio L'incriminazione (art. 507 cod. pen.) del boicottaggio, quale comportamento diretto ad escludere l'imprenditore dai rapporti economici inducendo, anche senza violenza o minaccia che sono solo aggravanti, una o più persone a non fornirgli lavoro, materie prime e attrezzature o a non acquistarne i prodotti, è costituzionalmente legittima, trattandosi di condotta diversa dallo sciopero. Né la valutazione cambia quando il boicottaggio è realizzato «valendosi della forza e autorità di partiti, leghe o associazioni» (art. 507, c. 1, cod. pen.), in quanto la Costituzione «assegna ai partiti e ai sindacati compiti che, se sono altissimi, sono specificamente delimitati» e tra questi compiti, o tra gli strumenti per il loro svolgimento, non v'è certo il boicottaggio (Corte Cost. n. 84 del 1969). È incostituzionale, invece, la medesima disposizione dell'art. 507, c. 1, cod. pen. nella parte in cui incrimina la «propaganda di puro pensiero e di pura azione» contro un imprenditore, ma ciò non per violazione dei principi in tema di libertà sindacale e di sciopero, bensì per la salvaguardia della libertà di manifestazione del pensiero di cui all'art. 21 Cost. (Corte Cost. n. 84 del 1969). Il quadro, fin qui abbastanza chiaro, è complicato, però, dalla stessa sentenza con l'osservazione, giustamente criticata perché introduce una distinzione impraticabile, secondo cui sarebbe consentito al singolo propagandista «il semplice richiamo» alla forza e autorità dei gruppi, essendo vietato soltanto che questi «si facciano effettivamente sentire e valere, attraverso un loro totale peso».

Blocco stradale

È escluso, infine, dalla nozione di sciopero, in quanto condotta diversa dalla mera astensione dal lavoro, il blocco stradale.

Reazioni lecite del datore di lavoro

L'imprenditore può reagire a condotte illecite dei dipendenti scioperanti che ostacolino o impediscano l'attività produttiva (occupazione d'azienda, blocco delle merci, boicottaggio, picchettaggio violento) sia con provvedimenti disciplinari fino al licenziamento, sia esperendo adeguati rimedi civilistici, come, a seconda dei casi, le azioni possessorie o il procedimento d'urgenza, sia rivolgendosi all'autorità di pubblica sicurezza.

25.2. *Le modalità di attuazione dello sciopero*

In assenza di leggi regolatrici non è consentito all'interprete imporre determinate modalità di attuazione della astensione dal lavoro.

Pertanto è condivisibile, come si è visto (cfr. 23.2), la critica alla cosiddetta tecnica definitoria, che pretendeva di ricavare in via interpretativa limiti interni all'esercizio del diritto di sciopero, appunto con riferimento alle sue modalità attuative.

Sciopero articolato

In particolare sono state superate quelle impostazioni che ritenevano illegittimo lo sciopero improvviso, cioè senza preavviso, e lo sciopero articolato, cioè quello a singhiozzo, in cui si succedono a brevi intervalli nell'arco della stessa giornata periodi di sciopero e periodi di offerta della prestazione, quello parziale, attuato solo da una parte del personale, e quello a scacchiera, attuato a turno dai diversi reparti.

Queste forme di sciopero, dette anomale in contrapposizione allo sciopero di tutto il personale per l'intera giornata lavorativa, erano considerate illegittime perché causa di un danno eccessivo, e perciò qualificato ingiusto, per l'imprenditore, teorizzandosi la cosiddetta corrispettività dei sacrifici, secondo cui alla perdita della retribuzione per lo scioperante avrebbe dovuto corrispondere a carico dell'imprenditore soltanto la perdita della corrispondente produzione con esclusione di qualsiasi pregiudizio ulteriore.

Con l'abbandono di questa costruzione è stato, invece, riconosciuto che lo sciopero, purché limitato alla mera astensione dal lavoro con esclusione dei diversi illeciti comportamenti già esaminati (cfr. 25.1), può essere liberamente concertato ed attuato in qualsiasi forma, restando irrilevante l'entità del danno provocato alla produzione, mentre deve essere evitato soltanto il distinto danno alle persone e agli impianti (Corte Cost. n. 124 del 1962; Cass. n. 711 del 1980), quale limite esterno a tutela di beni preminenti che impongono, ove necessario, il sacrificio del diritto di sciopero (cfr. 27).

Rifiuto delle prestazioni inutilizzabili

Tuttavia la riconosciuta legittimità degli scioperi articolati rispettosi del ricordato limite esterno non esclude la facoltà del datore di lavoro di rifiutare e, quindi, di non retribuire le prestazioni lavorative inutilizzabili offerte dagli scioperanti negli intervalli dello sciopero a singhiozzo o dai non scioperanti in concomitanza con lo sciopero parziale o a scacchiera attuato da altri lavoratori. Infatti è stata correttamente rigettata la teoria del cosiddetto rischio di impresa e lo sciopero è stato considerato come un fatto estraneo al controllo e alla responsabilità dell'imprenditore, che si limita a prendere atto della inutilizzabilità di alcune prestazioni causata dallo sciopero stesso.

26. Le finalità dello sciopero

Sciopero economico a fini contrattuali

Lo sciopero in senso tradizionale è quello economico a fini contrattuali, diretto ad ottenere un miglioramento delle condizioni di lavoro.

Il destinatario di questa forma di pressione è il datore di lavoro (o la sua associazione), che ha la disponibilità della pretesa avanzata dagli scioperanti, sicché può, in qualsiasi momento, mediante un accordo che accolga in tutto o in parte tale pretesa, far cessare il pregiudizio derivante dallo sciopero.

L'incriminazione di questo tipo di sciopero (art. 502, c. 2, cod. pen.), legata indissolubilmente all'ordinamento corporativo, è stata dichiarata incostituzionale per il palese contrasto con il diritto riconosciuto dall'art. 40 Cost. (Corte Cost. n. 29 del 1960), ma già in precedenza la giurisprudenza ordinaria, affermando la immediata precettività della garanzia costituzionale, aveva riconosciuto la legittimità dell'esercizio del diritto di sciopero pur in assenza delle leggi regolatrici.

Sciopero economico-politico

La tesi secondo cui la Costituzione proteggerebbe solo lo sciopero a fini contrattuali, poiché solo questo attiene ad una pretesa nella disponibilità del datore di lavoro, è stata presto superata, ricomprendendosi nel diritto tutelato dall'art. 40 Cost. anche lo sciopero economico-politico, per rivendicazioni avanzate nei confronti dei pubblici poteri «riguardanti il complesso degli interessi dei lavoratori che trovano disciplina nelle norme racchiuse sotto il titolo III della I parte della Costituzione, che si intitola appunto ai rapporti economici» (Corte Cost. n. 123 del 1962), in quanto «ciò trova fondamento nella circostanza che le varie provvidenze ivi previste ineriscono tutte alla qualifica del soggetto come lavoratore» (Corte Cost. n. 141 del 1967). Sicché lo sciopero è costituzionalmente protetto come diritto anche «quando, pur non inerendo strettamente a rivendicazioni contrattuali, sia attuato in funzione di quel vario complesso di beni che trovino riconoscimento e tutela nella disciplina costituzionale dei rapporti economici» (Corte Cost. n. 1 del 1974).

L'assimilazione della disciplina dello sciopero economico-politico a quello dello sciopero economico-contrattuale è stata, poi, ribadita anche con riferimento all'obbligo di preavviso imposto dalla legge n. 146 del 1990 nell'area dei servizi pubblici essenziali (Corte Cost. n. 276 del 1993).

In conclusione il datore di lavoro è costretto a subire lo sciopero ed il relativo danno anche quando nulla può fare per evitarlo, poiché la pretesa (ad es. la casa, il regime fiscale, il regime previdenziale, gli interventi per promuovere l'occupazione, i prezzi amministrati, il sistema sanitario) è nella disponibilità esclusiva dei pubblici poteri. Si tratta di un indice inequivocabile della funzione assunta dallo sciopero nell'attuale assetto sociale, appunto quale diritto di libertà per la difesa di tutti gli interessi del lavoratore anche ai fini della concertazione della politica economica e della negoziazione delle leggi.

Sciopero di solidarietà

All'interno della logica dello sciopero economico inteso nel senso ampio appena ricordato e della rilevata non necessaria disponibilità della pretesa da parte del datore di lavoro, si colloca il riconoscimento del diritto di sciopero di solidarietà, con il quale un gruppo di lavoratori si astiene dal lavoro per sostenere le pretese di un altro gruppo di lavoratori già in sciopero. Tuttavia la disposizione dell'art. 505 cod. pen. che incrimina lo sciopero di solidarietà non è stata dichiarata incostituzionale, in quanto la Consulta, con sentenza interpretativa di rigetto, ha rimesso ai giudici ordinari di verificare, nel caso concreto, «la specie e il grado del collegamento tra gli interessi economici di cui si invoca la soddisfazione ed, in relazione ad essi, determinare l'ampiezza da assegnare al complesso categoriale formato dai titolari degli interessi stessi» (Corte Cost. n. 123 del 1962). Questa limitazione suscita perplessità, per il contrasto con il principio di autodeterminazione dell'interesse collettivo e con la successiva evoluzione della giurisprudenza costituzionale giunta ad affermare la liceità penale perfino dello sciopero politico puro.

Sciopero politico

Proprio con riferimento allo sciopero politico, che a differenza dello sciopero economico-politico non riguarda interessi dei lavoratori in quanto tali ma interessi comuni a tutti i cittadini (ad es. la politica estera, l'informazione televisiva pubblica, la tutela dell'ambiente), la Corte Costituzionale aveva esordito con la secca affermazione della legittimità della incriminazione (art. 503 cod. pen.) dello sciopero effettuato «allo scopo di ottenere provvedimenti che attengano all'indirizzo generale del governo», trattandosi di fenomeno «senza alcun collegamento con l'ipotesi dell'art. 40 Cost.» (Corte Cost. n. 123 del 1962 e n. 1 del 1974). Ma successivamente la Corte è passata alla dichiarazione di incostituzionalità di tale incriminazione in quanto lesiva non del diritto di sciopero tutelato dall'art. 40 Cost., bensì della libertà di sciopero intesa quale mezzo «idoneo a favorire il perseguimento dei fini di cui al c. 2 dell'art. 3 Cost.» (Corte Cost. n. 290 del 1974) e cioè come «strumento tipicamente democratico» per consentire «al lavoratore una attiva partecipazione alla vita nazionale» (Corte Cost. n. 165 del 1983).

È stato così confermato, pur nella mutata conclusione, lo sganciamento dello sciopero politico dalla tutela *ex* art. 40 Cost., con la conseguente configurazione dello stesso solo come sciopero-libertà e non come sciopero-diritto, sul presupposto che «l'area della illegittimità costituzionale di norme incriminatrici dello sciopero non necessariamente coincide con l'area entro la quale esso è protetto dall'art. 40 Cost. come puntuale specifico diritto» (Corte Cost. n. 290 del 1974). La Corte ha ribadito che solo lo sciopero-diritto esclude ogni conseguenza negativa sul piano civilistico non potendo essere assunto come «legittima causa giustificatrice di licenziamento o di altre misure», mentre la semplice libertà di sciopero «non può essere penalmente compressa se non a tutela di interessi che abbiano rilievo costituzionale», ma rimane un inadempimento contrattuale, come tale «conservando ogni rilevanza nell'ambito della disciplina del rapporto di lavoro» (Corte Cost. n. 290 del 1974 e n. 276 del 1993).

Questa impostazione ha suscitato perplessità, sottolineandosi il carattere meramente formale di una libertà che lascia esposto il lavoratore alla reazione del datore di lavoro sul piano del rapporto. Infatti la tutela del diritto di sciopero apprestata su tale piano dagli artt. 15 e 28 stat. lav. è limitata ai soli casi in cui lo sciopero «si appalesi legittimo» in base ai «criteri generali fissati dalla Corte», poiché «lo statuto nulla aggiunge e nulla toglie» alla enunciazione di tali criteri (Corte Cost. n. 1 e n. 54 del 1974). Sicché si spiega il tentativo di qualificare lo sciopero politico come diritto in base alla particolare disposizione che presuppone tale lo sciopero in difesa dell'ordine costituzionale (art. 2, c. 7, legge n. 146 del 1990: cfr. 28.4), peraltro con un salto logico, poiché questo tipo di sciopero persegue un fine opposto a quello dello sciopero politico contro l'operato dei legittimi organi costituzionali.

In ogni caso neppure la libertà di sciopero politico è senza limiti, poiché, mediante la tecnica della sentenza interpretativa di accoglimento, l'incriminazione prevista dall'art. 503 cod. pen. è stata espressamente fatta salva per le ipotesi in cui tale sciopero «sia diretto a sovvertire l'ordinamento costituzionale o ad impedire o ostacolare il libero esercizio dei poteri legittimi nei quali si esprime la sovranità popolare» (Corte Cost. n. 290 del 1974), con qualche dubbio sulla effettiva portata di questo secondo limite, visto che il fine dello sciopero politico è proprio quello di condizionare le scelte dei pubblici poteri.

Nell'ipotesi opposta di «astensione dal lavoro in difesa dell'ordine costituzionale» il legislatore riconosce a questo tipo di sciopero politico una funzione di particolare rilievo, tanto da consentire il sacrificio degli utenti dei servizi pubblici essenziali mediante la disapplicazione delle regole sul preavviso minimo e sulle doverose comunicazioni (art. 2, c. 7, legge n. 146 del 1990) (cfr. 28.4).

Sciopero di coazione alla pubblica autorità

Infine per lo sciopero di coazione alla pubblica autorità l'evoluzione giurisprudenziale è stata parallela a quella relativa allo sciopero politico, passandosi da una pronunzia interpretativa di rigetto, in cui la disposizione incriminatrice dell'art. 504 cod. pen. era ritenuta conforme a Costituzione nei confronti di qualsiasi sciopero di pressione sulla pubblica autorità per motivi non economici (Corte Cost. n. 123 del 1962), alla pronunzia che ha dichiarato incostituzionale tale incriminazione per le stesse ragioni e con gli stessi parametri e limiti affermati per lo sciopero politico (Corte Cost. n. 165 del 1983).

27. I limiti allo sciopero per la tutela di altri interessi di rilievo costituzionale

Limiti esterni a tutela di interessi costituzionali preminenti

In mancanza delle previste leggi regolatrici gli interpreti hanno dovuto non solo individuare la nozione di sciopero distinguendo questo diritto da altre forme di lotta sindacale (cfr. 25.1), ma anche fissare alcuni limiti cosiddetti esterni per il necessario contemperamento con altri interessi di rilevanza costituzionale.

Il problema è stato subito precisamente impostato dalla Corte costituzionale, che si è domandata se, nell'inerzia del legislatore ordinario, «limiti al diritto di sciopero non siano da riconoscersi già sussistenti nel vigente ordinamento, in relazione a preminenti interessi della organizzazione sociale e giuridica, che non potrebbero essere subordinati a un incondizionato e illimitato esercizio dello sciopero» (Corte Cost. n. 46 del 1958). Conseguentemente la Corte ha affermato l'esistenza di limitazioni coessenziali al diritto di sciopero «desumibili dalla necessità di contemperare le esigenze dell'autotutela di categoria con le altre discendenti da interessi generali i quali trovano diretta protezione in principi consacrati nella stessa Costituzione» e ciò per l'insopprimibile «bisogno di salvaguardare dal danno dal medesimo (sciopero) derivante il nucleo degli interessi generali assolutamente preminenti» rispetto all'autotutela di categoria, indicati anche come «esigenze assolutamente essenziali alla vita della collettività nazionale» o come «funzioni o servizi essenziali, aventi carattere di preminente interesse generale ai sensi della Costituzione» (Corte Cost. n. 123 e n. 124 del 1962, n. 31 del 1969, n. 222 del 1976).

La giurisprudenza ordinaria si è mossa nella stessa linea di salvaguardia della vita, della salute e della incolumità delle persone, nonché delle essenziali esigenze della comunità.

Il sacrificio dello sciopero è stato, così, giustificato con il richiamo ai diritti inviolabili dell'uomo e ai doveri inderogabili di solidarietà sanciti dall'art. 2 Cost. (Corte Cost. n. 222 del 1976, n. 4 del 1977, n. 317 del 1992).

Vita e integrità fisica

Sulla necessaria tutela della integrità fisica e della vita delle persone si fondano, appunto, sia il divieto assoluto di sciopero per i marittimi durante la navigazione, con conseguente legittimità costituzionale in tale situazione del reato di ammutinamento previsto dall'art. 1105 cod. nav. (Corte Cost. n. 124 del 1962), sia la necessità di limitare l'esercizio del diritto di sciopero nell'ambito dei servizi pubblici essenziali e così, ad esempio, da parte del personale ospedaliero (Corte Cost. n. 222 del 1976) e dei vigili urbani (Corte Cost. n. 31 del 1969), con conseguente legittimità costituzionale, ove lesivi dei ricordati interessi fondamentali, dei reati di abbandono individuale o collettivo di pubblici impieghi e servizi previsti dagli artt. 330 e 333 cod. pen. ora abrogati (cfr. 28).

Danno alla produzione e danno alla produttività

Ai beni essenziali suindicati si è aggiunto il diritto dell'imprenditore a continuare a svolgere la sua iniziativa economica (art. 41 Cost.) anche nell'interesse generale all'occupazione, sicché è ormai un punto fermo la già ricordata distinzione tra il danno alla produzione, conseguenza naturale e lecita dello sciopero a prescindere dalla sua entità, ed il danno alle persone o agli impianti (cosiddetto danno alla produttività) che, invece, rende illegittima l'astensione dal lavoro fonte di siffatto pregiudizio (cfr. 25.2).

La sopravvenuta legge n. 146 del 1990 tutela esclusivamente i diritti costituzionali degli utenti nel solo settore dei servizi pubblici essenziali, sicché in ogni altro settore e, comunque, per l'interesse dell'impresa è rimasta ancora come unico baluardo la precedente elaborazione giurisprudenziale.

28. La disciplina dello sciopero nei servizi pubblici essenziali

28.1. *Generalità*

Solo dopo oltre quarant'anni dalla entrata in vigore della Costituzione è stata emanata una importante legge regolatrice dello sciopero (legge n. 146 del 1990, poi novellata con legge n. 83 del 2000), che peraltro, come si è accennato, riguarda esclusivamente il settore dei servizi pubblici essenziali ed è diretta a tutelare non le imprese, ma gli utenti (Corte Cost. n. 317 del 1992).

Legge negoziata

Le resistenze sindacali alla disciplina dello sciopero, già attenuate dal cumulo negli stessi soggetti rappresentati delle posizioni di lavoratore e di utente (cfr. 5.2) e dall'interesse delle grandi confederazioni alla limitazione della concorrenza da parte di sindacati autonomi molto conflittuali, sono state definitivamente superate mediante una minuziosa negoziazione della legge.

Struttura

Questa, di conseguenza, pone direttamente solo poche regole di condotta (obbligo di preavviso; obbligo di comunicazione scritta della durata, delle modalità di attuazione e delle motivazioni dello sciopero; divieto di revoca spontanea dello sciopero salvi casi tassativi), mentre la determinazione di ogni altra regola è affidata ad un complesso procedimento di cui sono protagonisti gli stessi sindacati ed una apposita Commissione di garanzia, anche se sono ora predeterminati alcuni contenuti necessari (intervalli minimi; procedure di raffreddamento) e limiti (50 per cento delle prestazioni; un terzo del personale) della regolamentazione.

Per il resto la legge si limita ad indicare i servizi essenziali, a fissare le sanzioni per la violazione delle regole e a disciplinare la precettazione per i casi di pericolo grave e imminente.

Il sistema si regge su delicati equilibri tra i ruoli rispettivi dell'autonomia collettiva, della Commissione di garanzia e dell'autorità amministrativa precettante. Quello che il legislatore ha certamente voluto escludere è il rapporto diretto, foriero di perniciosa incertezza, tra giudice e principi generali astratti, invece inevitabile in precedenza (cfr. 27).

Evoluzione

La legge del 1990 ha funzionato abbastanza, ma ha fallito nel settore dei trasporti, dove non è stato sufficiente neppure il patto del 23 dicembre 1998.

Per una più efficace tutela degli utenti è stata realizzata, così, la novella del 2000, che modifica importanti aspetti della disciplina originaria, tra l'altro ricomprendendo i lavoratori autonomi, accrescendo sensibilmente i poteri della Commissione di garanzia, imponendo la previsione di intervalli minimi e procedure di raffreddamento e rielaborando l'intero apparato sanzionatorio.

28.2. *I servizi pubblici essenziali*

Diritti tutelati

La legge considera servizi pubblici essenziali «quelli volti a garantire il godimento dei diritti della persona, costituzionalmente tutelati, alla vita, alla salute, alla libertà ed alla sicurezza, alla libertà di circolazione, all'assistenza e previdenza sociale, all'istruzione ed alla libertà di comunicazione».

Lo scopo espresso della legge è di «contemperare l'esercizio del diritto di sciopero con il godimento dei diritti della persona» appena indicati, disponendo le regole e le procedure da seguire in caso di sciopero.

Servizi essenziali

All'uopo la legge individua espressamente con riferimento a tali diritti, anche raggruppandoli e specificandoli, un elenco non tassativo («in particolare») di servizi pubblici in tutto o in parte essenziali. Si ricordano la sanità e l'igiene pubblica, la raccolta e lo smaltimento dei rifiuti, l'approvvigionamento di energia e beni di prima necessità, l'amministrazione della giustizia, i servizi di protezione ambientale e di vigilanza sui beni culturali, i trasporti, i servizi anche bancari di erogazione di prestazioni previdenziali e retribuzioni, l'istruzione, le poste, le telecomunicazioni, l'informazione radiotelevisiva pubblica.

Questi servizi sono considerati essenziali a prescindere dal loro svolgimento da parte della pubblica amministrazione o da parte di soggetti privati in regime di concessione o convenzione.

Nella disciplina rientrano anche i servizi strumentali o accessori alla erogazione del servizio finale, anche se acquisiti mediante appalto.

28.3. *Le procedure preventive di raffreddamento e di conciliazione*

Al fine di evitare, ove possibile, la proclamazione dello sciopero, la legge impone come contenuto necessario dei contratti e accordi collettivi la previsione di «procedure di raffreddamento e di conciliazione, obbligatorie per entrambe le parti, da esperire prima della proclamazione dello sciopero».

L'omessa previsione di tali procedure determina l'inidoneità dell'accordo e la conseguente regolamentazione provvisoria da parte della Commissione di garanzia (cfr. 28.6).

Le organizzazioni dei lavoratori e le amministrazioni o imprese erogatrici del servizio sono obbligate ad esperire le procedure preventive contemplate negli accordi o nella regolamentazione provvisoria della Commissione, sotto comminatoria delle sanzioni espressamente previste dalla legge anche per la violazione di questo obbligo.

Le parti, tuttavia, possono scegliere l'espletamento del tentativo di conciliazione in sede amministrativa (Comune, Prefettura, Ministero del lavoro).

28.4. *La proclamazione dello sciopero: titolarità del diritto, obbligo di preavviso e comunicazioni*

Obblighi

La legge prevede direttamente un obbligo di preavviso minimo non inferiore a dieci giorni aumentabile per contratto collettivo, nonché l'obbligo di comunicazione scritta, nel termine di preavviso, della durata, delle modalità di attuazione e delle motivazioni dello sciopero.

Soggetti obbligati

Questi obblighi gravano sulle organizzazioni dei lavoratori che proclamano lo sciopero o vi aderiscono successivamente, ma vincolano anche i singoli lavoratori che non possono legittimamente scioperare se non sono stati effettuati tali adempimenti ed in difformità dalla proclamazione.

Titolarità del diritto

Pertanto, nell'ambito dei servizi pubblici essenziali, occorre distinguere il diritto del gruppo a proclamare lo sciopero dal diritto dei singoli di attuare lo sciopero solo come proclamato con sanzioni in caso di attuazione difforme.

Destinatari della comunicazione

La comunicazione scritta contenente la proclamazione dello sciopero e le altre indicazioni prescritte dalla legge deve essere data sia alle amministrazioni o imprese erogatrici del servizio, sia all'autorità competente per l'eventuale precettazione, la quale cura l'immediata trasmissione della comunicazione stessa alla Commissione di garanzia.

Funzione

Le regole in esame servono a vari scopi: consentire all'amministrazione o impresa erogatrice del servizio di predisporre le misure per garantire le prestazioni indispensabili; consentire agli utenti di programmarsi tempestivamente; favorire lo svolgimento di eventuali tentativi di composizione del conflitto ed, in particolare, di quelli promossi dalla Commissione di garanzia; consentire alla Commissione medesima l'eventuale adozione di delibere di invito a differire lo sciopero in caso di proclamazione viziata da riformulare o in caso di concomitanza di scioperi in servizi alternativi interessanti lo stesso bacino di utenza; consentire l'eventuale avvio del procedimento di precettazione.

Informazioni agli utenti

Le amministrazioni e le imprese erogatrici tempestivamente preavvisate hanno l'obbligo di dare comunicazione adeguata agli utenti, almeno cinque giorni prima dell'inizio dello sciopero, dei modi e dei tempi di erogazione dei servizi nel corso dello sciopero e della riattivazione degli stessi al termine dell'astensione. Alla diffusione di tali comunicazioni sono tenuti sia il servizio pubblico radiotelevisivo, sia i giornali e le emittenti radiotelevisive private che si avvalgono di finanziamenti o agevolazioni di legge.

Eccezioni L'obbligo di preavviso minimo e le connesse comunicazioni sono esclusi solo nei casi di sciopero politico in difesa dell'ordine costituzionale e di sciopero di protesta per gravi eventi lesivi dell'incolumità e della sicurezza dei lavoratori. Qui la particolare rilevanza delle finalità dello sciopero prevale sulle esigenze degli utenti, peraltro comunque garantite dal persistente obbligo di assicurare le prestazioni indispensabili sia pure con le difficoltà e i limiti derivanti dall'assenza o brevità del preavviso.

Il preavviso minimo e le relative comunicazioni sono, invece, necessari anche nello sciopero politico per altre ragioni e nello sciopero economico-politico (cfr. 26), non assimilabili ai due casi di esonero con conseguente legittimità costituzionale del diverso trattamento (Corte Cost. n. 276 del 1993), nonché per lo sciopero limitato al lavoro straordinario, che, nei limiti della sua doverosità, è utilizzabile dalle aziende anche per fornire prestazioni indispensabili.

Sciopero generale Lo sciopero generale, proprio per la sua estensione a tutte le categorie con conseguente maggiore pregiudizio degli utenti, non gode in quanto tale di alcun privilegio legale ed è sottoposto alla disciplina di ciascun settore nel quale viene attuato. Tuttavia la Commissione di Garanzia ha ritenuto, in via interpretativa, di poter esentare lo sciopero generale, al pari di qualsiasi altro sciopero non contrattuale, dall'espletamento della procedura preventiva e di poter applicare in modo meno rigoroso il principio di rarefazione oggettiva.

Sciopero a oltranza e durata ragionevole L'obbligo di indicazione della durata impedisce la proclamazione di uno sciopero a oltranza, per definizione a durata non predeterminata, ma non può essere confuso con il diverso obbligo di durata ragionevole, peraltro introdotto dagli accordi e regolamentazioni di settore.

Sciopero a pacchetto La proclamazione contestuale di più scioperi è preclusa dalla combinazione della regola di durata massima con quella di intervallo minimo.

28.5. *Il divieto di revoca spontanea ingiustificata dello sciopero*

La legge, recependo nella novella del 2000 l'orientamento della Commissione di garanzia, definisce «forma sleale di azione sindacale» la revoca spontanea ingiustificata dello sciopero anche legittimo proclamato e di cui sia già stata data informazione all'utenza, punendo tale revoca con le stesse sanzioni dello sciopero illegittimo.

In tal modo si vuole evitare il c.d. effetto annuncio, mediante il quale i sindacati conseguono lo scopo disorganizzativo dello sciopero senza neppure attuarlo e, quindi, senza neppure la remora per i lavoratori della perdita della retribuzione.

La revoca, sempre consentita prima dell'informazione all'utenza, si considera giustificata anche dopo solo se sia intervenuto un accordo compositivo, in via provvisoria o definitiva, del conflitto oppure vi sia stata una richiesta di desistenza o di differimento da parte della Commissione di garanzia o dell'autorità competente per la precettazione.

28.6. *Il procedimento di fissazione delle regole: autonomia collettiva e Commissione di garanzia*

Accordi collettivi

Le prestazioni indispensabili per assicurare l'effettività, nel loro contenuto essenziale, dei diritti della persona sopra indicati (cfr. 28.2), nonché le altre misure di contemperamento sono individuate mediante contratti collettivi tra le amministrazioni o le imprese erogatrici dei servizi essenziali (o le loro associazioni) e le organizzazioni sindacali dei rispettivi dipendenti.

Commissione di garanzia

Il rischio che in tal modo resti frustrata proprio l'esigenza di garantire adeguatamente gli utenti cui è finalizzata la legge è fronteggiato con l'istituzione di una Commissione di garanzia, con il compito di valutare l'idoneità delle prestazioni e misure concordate ad assicurare effettivamente i diritti della persona e di deliberare una regolamentazione provvisoria in mancanza di accordo idoneo.

Questo meccanismo non è impedito dal riferimento dell'art. 40 Cost. a leggi regolatrici dello sciopero, che non introduce una riserva assoluta di legge, ma un semplice invito a legiferare o, a tutto concedere, una riserva relativa che consente al legislatore il rinvio ad altre fonti (Corte Cost. n. 344 del 1996).

Contenuto degli accordi: prestazioni indispensabili

Gli accordi collettivi devono individuare le prestazioni indispensabili e le altre misure di contemperamento. A tal fine possono, tra l'altro, disporre la astensione dallo sciopero delle necessarie quote di lavoratori (c.d. comandate) oppure forme di erogazione periodica del servizio.

Per il settore dei trasporti è previsto che i servizi comunque garantiti secondo gli accordi siano pubblicizzati unitamente agli orari dei servizi ordinari e che nei collegamenti con le isole sia assicurata la circolazione delle persone e il rifornimento delle merci necessarie per l'approvvigionamento delle popolazioni e per la continuità degli altri servizi pubblici essenziali relativamente alle prestazioni indispensabili.

A tutela dell'esercizio del diritto di sciopero è previsto, come parametro di riferimento valutativo, che le prestazioni indispensabili, salvo casi particolari ed erogazioni per fasce orarie, siano «contenute in misura non eccedente mediamente il 50 per cento delle prestazioni normalmente erogate» e riguardino «quote strettamente necessarie di personale non superiori mediamente ad un terzo del personale normalmente utilizzato per la piena erogazione del servizio», dovendosi, comunque, tenere conto delle condizioni tecniche e della sicurezza, nonché dell'utilizzabilità di servizi alternativi o forniti da imprese concorrenti.

Intervalli minimi

Gli accordi devono, in ogni caso, indicare «intervalli minimi» tra l'effettuazione di uno sciopero e la proclamazione del successivo, quando ciò sia necessario ad evitare che la continuità del servizio sia oggettivamente compromessa da una serie di scioperi proclamati da diversi sindacati e incidenti, appunto, sullo stesso servizio o bacino di utenza (c.d. rarefazione oggettiva), con regola estesa interpretativamente *a fortiori* agli scioperi proclamati dal medesimo sindacato (c.d. rarefazione soggettiva).

La valutazione sulla necessità e sull'ampiezza dell'intervallo è rimessa dalla legge a fini di certezza alla disciplina di ciascun settore, con conseguente esclusione di apprezzamenti caso per caso della Commissione di garanzia, che, in assenza di un onere per i singoli lavoratori di dichiarare preventivamente la loro adesione allo sciopero, sarebbero forieri di esiziale incertezza nella loro inevitabile approssimazione probabilistica.

Procedure

Altro contenuto necessario degli accordi sono le procedure preventive di raffreddamento e conciliazione (cfr. 28.3).

Valutazione degli accordi

Gli accordi stipulati devono essere comunicati, a cura delle parti, alla Commissione di garanzia, che, sentite le organizzazioni dei consumatori e degli utenti rappresentative a livello nazionale, ne deve valutare l'idoneità ad assicurare il contemperamento dell'esercizio del diritto di sciopero con il godimento dei diritti della persona costituzionalmente tutelati.

Effetti della valutazione positiva

Se la Commissione valuta positivamente l'accordo le amministrazioni o le imprese erogatrici del servizio hanno il potere-dovere di imporre a tutti i rispettivi dipendenti le regole per l'esercizio del diritto di sciopero così definite. Non si tratta di un'attribuzione di efficacia generale al contratto collettivo, bensì, come ritenuto dalla Corte Costituzionale (n. 344 del 1996), dell'effetto di un procedimento in cui ha valore decisivo la delibera discrezionale di un'autorità imparziale (cfr. 17.6).

Pertanto è salva la previsione secondo cui le regole approvate dalla Commissione vincolano tutti i soggetti che promuovono lo sciopero, tutti i lavoratori e tutte le amministrazioni e le imprese erogatrici del servizio.

Regolamentazione provvisoria in mancanza di accordo idoneo

Se, invece, nonostante l'eventuale svolgimento di un referendum consultivo indetto dalla Commissione tra i lavoratori interessati in relazione a specifiche clausole controverse tra i sindacati, non viene raggiunto alcun accordo oppure l'accordo è valutato negativamente, la Commissione formula una propria proposta sulla quale le parti devono pronunziarsi entro quindici giorni, senza alcun obbligo di accettarla.

La novella realizzata con la legge n. 83 del 2000 assegna espressamente alla Commissione di garanzia, in caso di accordo mancante o inidoneo e di rifiuto della proposta, un potere di «regolamentazione provvisoria» efficace «fino al raggiungimento di un accordo valutato idoneo», con gli stessi limiti ricordati a proposito del contenuto degli accordi.

In questo modo è stato sancito il ruolo preminente della Commissione di garanzia rispetto all'autonomia collettiva, con la inevitabile conseguenza della sottoposizione delle delibere della Commissione al controllo giurisdizionale.

Peraltro lo spostamento degli equilibri verso una regolamentazione eteronoma a maggiore garanzia degli utenti risulta compensato dagli introdotti limiti alle prestazioni indispensabili e, soprattutto, dalla forte riduzione delle sanzioni a carico dei grandi sindacati (cfr. 28.10).

Pubblicità

Per la pubblicità delle regole è previsto, a carico di amministrazioni e imprese, l'obbligo di affissione in luogo accessibile a tutti di accordi e delibere di regolamentazione provvisoria, mentre la Commissione di garanzia può chiedere la pubblicazione nella Gazzetta ufficiale di comunicati contenenti gli accordi e i codici di autoregolamentazione nazionali valutati idonei e le eventuali delibere di provvisoria regolamentazione.

Interpretazione

Su richiesta congiunta delle parti o di propria iniziativa la Commissione può fornire il proprio parere su questioni interpretative e applicative delle regole dello sciopero contenute negli accordi collettivi e nei codici di autoregolamentazione oppure, solo su richiesta congiunta delle parti, può emanare un lodo nel merito della controversia.

Modificazione della disciplina

Gli accordi valutati idonei e le regolamentazioni provvisorie possono essere modificati con la procedura prevista, al fine di un migliore contemperamento tra diritto di sciopero e diritti costituzionali della persona.

28.7. *La Commissione di garanzia: struttura e attribuzioni relative al singolo conflitto*

Natura e struttura

La Commissione di garanzia ha natura di Autorità indipendente, in considerazione del sistema di nomina dei suoi membri, della assenza di controlli amministrativi e della funzione di regolazione imparziale di interessi contrapposti. È composta da nove membri, nominati dal Presidente della Repubblica su designazione dei Presidenti della Camera dei deputati e del Senato mediante scelta tra esperti in materia di diritto costituzionale, di diritto del lavoro, di relazioni industriali. Fino al 2002 la Commissione è stata composta in prevalenza da professori universitari di diritto del lavoro.

La Commissione, che elegge nel suo seno un Presidente, è nominata per un triennio ed i suoi membri possono essere confermati per una sola volta.

Poteri

Oltre alla fondamentale funzione relativa alla determinazione e interpretazione della disciplina dello sciopero (cfr. 28.6), la Commissione di garanzia svolge importanti compiti con riferimento al singolo conflitto.

Differimento per mediazione

Invero la Commissione, dopo aver ricevuto la proclamazione dello sciopero, non solo può assumere informazioni o convocare le parti per verificare se siano state esperite le procedure preventive di raffreddamento e di conciliazione e se vi siano ancora possibilità di composizione della controversia, ma, se riscontra la possibilità di composizione di conflitti di particolare rilievo nazionale, può anche adottare una apposita delibera di invito a differire lo sciopero per il tempo necessario ad una ulteriore mediazione.

In caso di fallimento di ogni mediazione si apre, nel periodo tra la proclamazione e l'attuazione dello sciopero, una fase nella quale la Commissione esercita altri importanti poteri a tutela degli utenti.

Differimento per illegittimità

Innanzitutto la Commissione valuta se l'astensione collettiva proclamata sia rispettosa delle regole prestabilite e, se riscontra violazioni, può adottare una delibera di invito a differire l'astensione onde consentire una nuova legittima proclamazione.

Differimento per concomitanza

La Commissione ha il potere di deliberare l'invito al differimento anche dello sciopero proclamato legittimamente, al fine di evitare la concomitanza con astensioni collettive in servizi pubblici alternativi proclamate in precedenza da altri sindacati relativamente al medesimo bacino di utenza.

Inviti agli enti erogatori

I poteri della Commissione investono anche le amministrazioni ed imprese erogatrici dei servizi essenziali, nei confronti delle quali può emanare una apposita delibera di invito a desistere da condotte illegittime.

Il potere di precettazione è attribuito ad autorità amministrative e non alla Commissione di garanzia, che, però, ha il compito non solo di segnalare la situazione di pericolo, ma anche, eventualmente, di formulare una proposta di precettazione, di cui l'autorità competente deve tenere conto (cfr. 28.9).

Competenze per la precettazione

Spetta, infine, alla Commissione, di propria iniziativa oppure su richiesta delle associazioni degli utenti o di autorità interessate, valutare il comportamento dei protagonisti del conflitto e, a seguito di un contraddittorio, se la valutazione è negativa, deliberare tutte le sanzioni civili e amministrative previste dalla legge, ad eccezione di quelle per l'inosservanza della precettazione, per le quali è competente la stessa autorità precettante, e di quelle disciplinari per i singoli lavoratori, delle quali, peraltro, la Commissione «prescrive» al datore di lavoro l'adozione.

Attribuzioni per le sanzioni

La Commissione, inoltre, controlla l'avvenuta applicazione delle sanzioni e delibera una sanzione amministrativa a carico dei datori di lavoro inadempienti all'obbligo di applicare le sanzioni civili e di adottare le sanzioni disciplinari.

Pertanto la Commissione, a seguito della novella realizzata con la legge n. 83 del 2000, occupa un ruolo centrale anche sul versante sanzionatorio (cfr. 28.10), con inevitabile esposizione del suo operato al controllo giurisdizionale qui affidato al giudice del lavoro.

28.8. *La disciplina per il lavoro autonomo*

Nel testo originario della legge n. 146 del 1990 i lavoratori autonomi, ivi compresi quelli parasubordinati, erano considerati solo come possibili destinatari dell'ordinanza di precettazione con esclusione dal restante sistema della legge.

Vecchia disciplina

Tuttavia la Corte Costituzionale (n. 171 del 1966), a proposito della astensione dalle udienze degli avvocati, aveva dichiarato incostituzionale la mancata previsione dell'obbligo di preavviso e di indicazione di una durata ragionevole, nonché di strumenti per la individuazione di prestazioni indispensabili anche per tale forma di agitazione, pur considerata estranea all'area del diritto di sciopero e collocata nella più generale sfera delle libertà costituzionalmente protette.

Con la novella realizzata dalla legge n. 83 del 2000, in accoglimento dell'invito della Corte Costituzionale, sono stati espressamente ricompresi nella disciplina in esame anche i lavoratori autonomi, i professionisti e i piccoli imprenditori, le cui agitazioni sono, peraltro, distinte dallo sciopero dei dipendenti e definite come «astensione collettiva dalle prestazioni, a fini di protesta o di rivendicazioni di categoria».

Legge n. 83 del 2000

Quando tali astensioni incidono sulla «funzionalità» dei servizi pubblici essenziali opera anche qui l'obbligo di rispettare misure volte a consentire l'erogazione delle prestazioni indispensabili, al fine di realizzare il contemperamento della libertà di astensione collettiva con i diritti della persona costituzionalmente tutelati.

Procedimento di fissazione delle regole

Tali misure sono individuate non mediante accordi collettivi, poiché qui spesso manca il sindacato contrapposto, bensì mediante codici di autoregolamentazione, promossi dalla Commissione di garanzia e adottati da parte delle associazioni o degli organismi di rappresentanza delle categorie interessate. Il contenuto di tali codici è sottoposto alla valutazione di idoneità da parte della Commissione di garanzia.

In caso di motivata valutazione negativa o di mancata adozione del codice la Commissione formula una proposta e, se questa non è accolta, delibera la provvisoria regolamentazione efficace fino alla adozione di un idoneo codice di autoregolamentazione.

Il meccanismo di individuazione delle prestazioni indispensabili e delle altre misure di contemperamento è, dunque, lo stesso previsto per lo sciopero dei lavoratori subordinati, salva la sostituzione dei codici di autoregolamentazione agli accordi collettivi.

È stabilito anche il termine minimo di preavviso di dieci giorni e l'obbligo di comunicazione preventiva della durata e delle motivazioni dell'astensione collettiva.

Sanzioni

Per la violazione dei codici di autoregolamentazione o della provvisoria regolamentazione sono previste sanzioni amministrative a carico di associazioni e organismi rappresentativi, nonché dei singoli partecipanti alla astensione illegittima (cfr. 28.10).

Per la precettazione valgono le stesse regole applicabili allo sciopero dei lavoratori subordinati (cfr. 28.9).

28.9. *La precettazione*

La vecchia precettazione

Prima della legge n. 146 del 1990 la precettazione era prevista come strumento generale e non con specifico riferimento allo sciopero, sebbene fosse legittimamente utilizzata anche in caso di scioperi pericolosi per la salute, l'integrità e l'incolumità delle persone (Corte Cost. n. 4 del 1977).

La nuova precettazione

Ora la legge n. 146 del 1990, come novellata dalla legge n. 83 del 2000, prevede una apposita precettazione in materia di sciopero, attribuendo il relativo potere non alla Commissione di garanzia, bensì al Presidente del Consiglio dei Ministri o ad un Ministro da lui delegato per i conflitti di rilevanza nazionale o interregionale ed al Prefetto per i conflitti di ambito più ristretto.

Definizione

La precettazione consiste in una ordinanza contenente «le misure necessarie a prevenire il pregiudizio ai diritti della persona costituzionalmente tutelati», adottata «quando sussiste il fondato pericolo di un pregiudizio grave e imminente» a tali diritti, «che potrebbe essere cagionato dall'interruzione o dalla alterazione del funzionamento dei servizi pubblici» essenziali conseguente ad uno sciopero di lavoratori dipendenti o ad una astensione collettiva di lavoratori autonomi, professionisti o piccoli imprenditori.

Procedimento

Per una valida precettazione occorre che sia seguito un articolato procedimento finalizzato a ridurre ad *extrema ratio* la compressione dall'alto del diritto di sciopero e della libertà di astensione collettiva.

L'iniziativa per la precettazione spetta alla Commissione di garanzia che segnala all'autorità competente la situazione di pericolo, mentre solo «nei casi di necessità ed urgenza» l'iniziativa può essere assunta dalla stessa autorità precettante, che deve comunque previamente informare la Commissione.

Una volta avviato il procedimento, l'autorità competente deve, innanzitutto, invitare le parti a desistere dai comportamenti che determinano la situazione di pericolo ed esperire il tentativo di conciliazione da esaurire nel più breve tempo possibile.

Solo se il tentativo non riesce e permane la situazione di pericolo l'autorità competente può emanare l'ordinanza di precettazione.

Destinatari

La precettazione riguarda sia le organizzazioni proclamanti l'astensione, sia i singoli partecipanti, sia le amministrazioni o imprese erogatrici del servizio, poiché ciascuno deve collaborare ad assicurare adeguati livelli di funzionamento del servizio compatibili con la salvaguardia dei diritti della persona costituzionalmente tutelati.

L'ordinanza può essere emanata anche nei confronti di lavoratori autonomi, professionisti e piccoli imprenditori e delle loro organizzazioni.

Contenuto

L'ordinanza di precettazione deve tenere conto della proposta eventualmente formulata dalla Commissione di garanzia ed impone le misure idonee ad assicurare un livello di funzionamento del servizio che elimini il pericolo per gli utenti, ma può anche limitarsi a disporre il differimento dell'astensione collettiva ad altra data, anche unificando astensioni già proclamate, oppure a ridurre la durata dell'astensione.

L'ordinanza deve essere motivata e limitata nel tempo e va emanata almeno quarantotto ore prima dell'inizio dell'astensione, salvo il prolungarsi del tentativo di conciliazione o ragioni di urgenza.

Comunicazione

L'autorità precettante deve comunicare l'ordinanza a tutti i destinatari (organizzazioni proclamanti, amministrazioni o imprese erogatrici del servizio, singoli lavoratori eventualmente indicati nominativamente) e l'impresa o l'amministrazione erogatrice del servizio deve affiggerla nei luoghi di lavoro. L'ordinanza è, altresì, pubblicizzata negli organi di stampa e mediante il servizio pubblico radiotelevisivo e comunicata alle Camere.

Impugnazione dell'ordinanza di precettazione

I destinatari dell'ordinanza di precettazione possono impugnarla innanzi al Tribunale amministrativo regionale entro il brevissimo termine di sette giorni dalla comunicazione o affissione, ma il ricorso non sospende l'esecutività dell'ordinanza medesima. Peraltro, tenuto conto dei tempi lunghi del giudizio di merito, il TAR, nella prima udienza utile, ha il potere di sospendere in tutto o in parte il provvedimento impugnato se ricorrono «fondati motivi». Ovviamente le pronunzie del TAR, sia d'urgenza che di merito, sono impugnabili innanzi al Consiglio di Stato.

28.10. *Le sanzioni*

Destinatari

Le sanzioni previste dalla legge riguardano tutti i destinatari dei relativi precetti, sia i lavoratori dipendenti e le loro organizzazioni, sia i lavoratori autonomi, professionisti e piccoli imprenditori e le loro associazioni o organismi rappresentativi, sia i dirigenti delle amministrazioni e i legali rappresentanti delle imprese erogatrici dei servizi essenziali.

Tipologia delle sanzioni

Le sanzioni previste sono tutte di natura afflittiva, come tali dirette a punire i responsabili con funzione repressiva, ma anche a dissuadere gli illeciti con una tipica funzione di prevenzione.

I lavoratori subordinati sono assoggettati a sanzioni disciplinari, i loro sindacati a sanzioni civili o amministrative pecuniarie, i dirigenti e legali rappresentanti a sanzioni amministrative pecuniarie, i lavoratori autonomi, professionisti e piccoli imprenditori e le loro associazioni ed organismi rappresentativi a sanzioni amministrative pecuniarie.

Per l'inosservanza dell'ordine di precettazione sono previste sanzioni amministrative pecuniarie per i lavoratori, subordinati e autonomi, e le rispettive organizzazioni, mentre per i preposti ad amministrazioni e aziende è stabilita la sanzione amministrativa della sospensione dall'incarico. Queste sanzioni sono cumulabili con quelle conseguenti alla eventuale violazione degli altri precetti.

L'importo massimo delle sanzioni civili e amministrative è raddoppiato in caso di violazione delle delibere della Commissione di garanzia di invito alle organizzazioni proclamanti al differimento dell'astensione oppure di invito ai datori di lavoro al rispetto delle regole.

Sul presupposto che l'interesse protetto è quello degli utenti e non quello del datore di lavoro, è devoluto all'INPS sia l'importo delle sanzioni disciplinari pecuniarie a carico dei lavoratori, sia l'importo della sanzione civile a carico dei sindacati corrispondente ai contributi sindacali trattenuti sulla retribuzione.

Sono state eliminate, anche per la loro riconosciuta inadeguatezza nei confronti dei fenomeni di massa, le sanzioni penali per la mera astensione illegittima dal lavoro con l'espressa abrogazione degli artt. 330 e 333 cod. pen.

Meccanismi di irrogazione

La novella realizzata con la legge n. 83 del 2000 non solo ha modificato il contenuto delle sanzioni, ma ha assegnato alla Commissione di garanzia un ruolo essenziale per l'irrogazione delle sanzioni medesime.

Invero spetta ora alla Commissione, previo necessario (Corte Cost. n. 57 del 1995) contraddittorio con i soggetti interessati cui è riconosciuto un diritto di difesa scritta e orale, deliberare tutte le sanzioni, ad eccezione di quelle per l'inosservanza della precettazione, per le quali è competente la stessa autorità precettante, e di quelle disciplinari, delle quali, peraltro, «prescrive» al datore di lavoro l'adozione, senza specificare, ovviamente, il tipo di sanzione, né il nominativo dei singoli lavoratori.

Le sanzioni amministrative deliberate dalla Commissione sono applicate con ordinanza ingiunzione dell'Ispettorato territoriale del lavoro.

Le sanzioni civili nei confronti dei sindacati, anch'esse deliberate dalla Commissione di garanzia, sono applicate dai datori di lavoro, al pari delle sanzioni disciplinari nei confronti dei lavoratori «prescritte» dalla Commissione.

Per assicurare l'effettiva applicazione di queste sanzioni, fino alla novella del 2000 assai scarsa per il disinteresse dei datori di lavoro nonostante la rilevata doverosità, sono ora riconosciuti alla Commissione di garanzia diritti di informazione nei confronti dei datori di lavoro e dell'INPS circa l'avvenuta esecuzione della delibera nel termine prefissato. Inoltre è assegnato alla Commissione il potere di stabilire, a carico dei datori di lavoro inadempienti all'obbligo di tempestiva applicazione delle sanzioni civili e disciplinari, una sanzione amministrativa pecuniaria, assai efficace per l'effetto compulsorio derivante dalla moltiplicazione del suo importo per ogni giorno di ritardo ingiustificato.

Sanzioni per i lavoratori subordinati

I lavoratori subordinati sono sanzionati se partecipano ad uno sciopero qualificabile come illegittimo per la violazione delle regole prescritte.

Sono previste solo sanzioni disciplinari, che vengono irrogate doverosamente dal datore di lavoro anche su «prescrizione» della Commissione di garanzia, il cui mancato rispetto è fonte della ricordata responsabilità amministrativa.

Sono consentite solo sanzioni conservative, con espressa esclusione di sanzioni estintive o che comportino mutamenti definitivi del rapporto. Questo contenimento delle sanzioni ha incentivato gravissimi episodi di scioperi spontanei irrispettosi dei diritti degli utenti, sicché appare opportuna una modifica legislativa che introduca sanzioni economiche serie da applicare direttamente sulla retribuzione.

Per l'inosservanza dell'ordine di precettazione i lavoratori sono, invece, sottoposti, con provvedimento della stessa autorità precettante, a sanzione amministrativa pecuniaria per ogni giorno di mancata ottemperanza. Ma anche questa sanzione non ha grande efficacia dissuasiva per la lentezza del procedimento applicativo, sicché anche qui la legge va modificata prevedendo la perdita diretta di una quota della retribuzione.

Sanzioni per i sindacati

I sindacati sono sanzionati sia se proclamano o aderiscono ad uno sciopero qualificabile come illegittimo, sia se revocano ingiustamente uno sciopero già proclamato e comunicato agli utenti.

Sono previste sanzioni civili, consistenti nella perdita dei permessi sindacali retribuiti e/o dei contributi sindacali comunque trattenuti sulla retribuzione per la durata dello sciopero illegittimo e nella esclusione dalle trattative per un periodo di due mesi dalla cessazione del comportamento illegittimo.

L'importo dei contributi sindacali è devoluto all'INPS, non potendosene avvantaggiare il datore di lavoro autore della trattenuta.

Con la novella realizzata dalla legge n. 83 del 2000 il precedente regime sanzionatorio è stato sensibilmente modificato.

Innanzitutto è ora prevista la possibilità di applicazione disgiunta della sospensione dei permessi e dei contributi, essendo contemplata la sanzione cumulativa solo come eventuale, mentre nel vecchio testo il cumulo era automatico.

Ma, soprattutto, l'importo minimo della sanzione, che nel vecchio testo era commisurato all'entità di contributi e permessi retribuiti per un periodo non inferiore ad un mese, con conseguente proporzionalità al numero degli iscritti al sindacato trasgressore, è ora sostituito dalla predeterminazione in cifra fissa, con fortissimo vantaggio per i grandi sindacati che in precedenza rischiavano sanzioni assai elevate.

Mentre, per colpire le organizzazioni minori che sfuggivano ad ogni sanzione, è ora previsto che per i sindacati i quali non godono di permessi retribuiti e di contributi mediante trattenuta e non partecipano a trattative, con conseguente impossibile applicazione delle sanzioni civili in esame, queste vengono sostituite da una sanzione amministrativa pecuniaria da 5 a 50 milioni di lire a carico dei legali rappresentanti di tali sindacati.

Infine per l'inosservanza all'ordine di precettazione i sindacati sono sottoposti, con provvedimento della stessa autorità precettante, alla sanzione amministrativa pecuniaria per ogni giorno di mancata ottemperanza, con devoluzione dell'importo all'INPS.

Sanzioni per gli enti erogatori del servizio

Per quanto riguarda i datori di lavoro i soggetti puniti sono per le pubbliche amministrazioni i dirigenti responsabili e per le imprese private e gli enti economici i legali rappresentanti.

È prevista una sanzione amministrativa per l'omesso espletamento delle procedure preventive di raffreddamento e conciliazione, per l'omessa informazione agli utenti, per l'omessa assicurazione delle prestazioni indispensabili e delle altre misure di contemperamento e, comunque, per la violazione di qualsiasi obbligo derivante dalla disciplina di settore applicabile.

Una diversa sanzione amministrativa pecuniaria per ogni giorno di ritardo, con conseguente effetto compulsorio, colpisce l'omessa applicazione delle sanzioni deliberate o prescritte dalla Commissione di garanzia per i lavoratori e i sindacati e l'omessa informazione entro trenta giorni dalla richiesta della Commissione stessa circa gli scioperi e le relative motivazioni.

Per l'inosservanza della precettazione è prevista la sanzione amministrativa della sospensione dall'incarico da trenta giorni ad un anno irrogata dalla stessa autorità precettante a carico dei preposti al settore.

Sanzioni per i lavoratori autonomi e le loro organizzazioni

Per i lavoratori autonomi, professionisti e piccoli imprenditori, a differenza di quanto previsto per i lavoratori subordinati, la sanzione è la stessa sia per i singoli partecipanti alla astensione illegittima, sia per le rispettive associazioni o organismi rappresentativi che la abbiano promossa.

Si tratta di una sanzione amministrativa pecuniaria, al cui pagamento sono obbligati in solido i singoli e le loro organizzazioni, con importo che appare eccessivo con riferimento ai singoli.

Per l'inosservanza della precettazione il regime sanzionatorio è eguale a quello dei lavoratori dipendenti e loro sindacati.

Impugnazione delle sanzioni

Contro le deliberazioni della Commissione di garanzia in materia di sanzioni è ammesso ricorso al giudice del lavoro, con competenza territoriale del Tribunale di Roma *ex* art. 25 cod. proc. civ.

Le sanzioni disciplinari a carico dei lavoratori dipendenti sono impugnabili innanzi al giudice del lavoro nei confronti dei datori di lavoro privati e pubblici che le abbiano adottate, mentre per i soli rapporti non privatizzati resiste la giurisdizione esclusiva del giudice amministrativo.

Anche per l'impugnazione delle sanzioni civili applicate dal datore di lavoro nei confronti dei sindacati si può ritenere la competenza del giudice del lavoro, in base ad un orientamento giurisprudenziale estensivo che vi ricomprende tutte le azioni proposte dal sindacato contro il datore di lavoro.

Per l'impugnazione di tutte le sanzioni amministrative è competente il giudice civile ordinario, ma sarebbe opportuna l'introduzione di una disposizione che le affidasse alla competenza del giudice del lavoro.

Per l'impugnazione delle sanzioni amministrative per inosservanza della precettazione è competente il giudice civile ordinario, ma se la presupposta precettazione è impugnata direttamente innanzi al giudice amministrativo la controversia sulla sanzione è destinata ad essere sospesa.

Sanzioni in caso di effettiva lesione dell'utente

Le sanzioni previste dalla legge n. 146 del 1990 non escludono altre sanzioni qualora dall'illecito sia derivata una effettiva lesione dei diritti degli utenti, poiché qui la fattispecie viene qualificata dagli effetti della condotta. Così, ad esempio, se lo sciopero illegittimo nel settore sanitario provoca lesioni o morte di un paziente, è possibile il licenziamento e l'incriminazione per lesioni o omicidio colposo dei responsabili, tenuti anche al risarcimento del danno.

28.11. *Il ruolo delle associazioni degli utenti*

Funzione consultiva

Le associazioni di consumatori e di utenti, rappresentative sul piano nazionale ed operanti nel territorio interessato in caso di regolamentazione locale, devono essere «sentite» dalla Commissione di garanzia ai fini della valutazione di idoneità degli accordi collettivi e dei codici di autoregolamentazione.

Si tratta di un parere obbligatorio, ma non vincolante, che assegna a tali associazioni un ruolo rilevante, ma sempre filtrato dalla discrezionalità della Commissione di garanzia.

Iniziativa sanzionatoria

Le associazioni indicate possono, inoltre, chiedere alla Commissione di garanzia l'apertura del procedimento di valutazione del comportamento dei protagonisti del conflitto ai fini delle eventuali sanzioni.

Tuttavia non è riconosciuta a tali associazioni la facoltà di partecipare al suddetto procedimento.

Legittimazione ad agire in giudizio

Infine alle associazioni in esame è attribuita la legittimazione ad agire in giudizio in casi tassativi: a) nei confronti delle organizzazioni sindacali responsabili per revoca spontanea ingiustificata dello sciopero o per trasgressione delle delibere della Commissione di garanzia di invito a differire lo sciopero, qualora queste violazioni pregiudichino il diritto degli utenti di usufruire con certezza dei servizi pubblici; b) nei confronti delle amministrazioni o imprese erogatrici dei servizi inadempienti all'obbligo di tempestiva informazione agli utenti dei modi e tempi di erogazione dei servizi medesimi nel corso dello sciopero e della riattivazione degli stessi al termine dell'astensione, qualora questa trasgressione pregiudichi il diritto degli utenti di usufruire dei servizi pubblici secondo standard di qualità ed efficienza.

Le azioni esperibili, senza necessità di preventiva procedura conciliativa, sono quelle previste nel richiamato art. 3 della legge n. 281 del 1998 e, quindi, l'azione inibitoria per la cessazione della condotta lesiva, l'azione cautelare per correggere o eliminare gli effetti dannosi delle violazioni, l'azione di risarcimento in forma specifica anche solo per ottenere la pubblicazione su uno o più quotidiani della sentenza di accertamento della violazione. È esclusa, dunque, l'azione risarcitoria per equivalente, riservata ai singoli utenti eventualmente danneggiati.

28.12. *I codici di autoregolamentazione*

I codici di autoregolamentazione prima della legge n. 146 del 1990

Prima della emanazione della legge n. 146 del 1990, per contemperare in qualche modo l'esercizio del diritto di sciopero con gli interessi degli utenti, i sindacati confederali dei lavoratori, rifiutando una disciplina eteronoma o pattizia, avevano scelto la via della autoregolamentazione unilaterale, approvando dei codici di comportamento, all'epoca anche incentivati dal legislatore come condizione per l'ammissione alle trattative per la stipulazione degli accordi collettivi per il pubblico impiego.

Si trattava di una soluzione assai blanda, poiché la violazione di tali codici da parte del sindacato era priva di sanzioni, mentre la violazione da parte di singoli lavoratori iscritti poteva giustificare solo sanzioni endoassociative, come tali inapplicabili ai non iscritti.

Superamento dei codici per il lavoro dipendente

La legge n. 146 del 1990, pur rimettendo la individuazione delle prestazioni indispensabili e delle altre misure di contemperamento ai contratti collettivi valutati idonei dalla Commissione di garanzia, contemplava anche i codici di autoregolamentazione, definendoli «eventuali» e demandando agli stessi la previsione delle sanzioni, così inevitabilmente solo endoassociative, in caso di loro inosservanza.

Con la novella del 2000 è stata soppressa anche questa previsione, sicché lo strumento della autoregolamentazione unilaterale risulta superato dalla applicazione del diverso e più efficace sistema degli accordi e della regolamentazione provvisoria.

Importanza dei codici per il lavoro autonomo

Tuttavia l'estensione della disciplina legale ai lavoratori autonomi, professionisti e piccoli imprenditori, le cui associazioni ed organismi rappresentativi spesso non possono stipulare accordi per mancanza della controparte, assegna in questo settore un grande rilievo ai codici di autoregolamentazione, nei quali sono fissate le regole dell'astensione collettiva sottoposte alla valutazione di idoneità della Commissione di garanzia.

29. La serrata

Silenzio della Costituzione e qualificazione civilistica della serrata

La Costituzione riconosce il diritto di sciopero, ma tace sulla serrata, generalmente considerata come il tradizionale strumento di conflitto dei datori di lavoro consistente nella temporanea chiusura dell'azienda con rifiuto di ricevere e retribuire le prestazioni lavorative offerte dai dipendenti.

Dal silenzio della Costituzione si ricava con certezza l'inesistenza di un diritto di serrata che, dunque, sul piano civilistico, costituisce *mora credendi* del datore di lavoro (artt. 1206 e ss. cod. civ.), il quale rimane obbligato a retribuire le prestazioni rifiutate senza motivo legittimo. Questa lineare qualificazione di diritto comune è preferibile, per la sua maggiore aderenza al fenomeno reale, rispetto a quella in termini di semplice inadempimento dell'obbligo retributivo, che trascura il fatto essenziale dell'omessa cooperazione dell'imprenditore-creditore all'adempimento del lavoratore-debitore.

La persistenza dell'obbligo retributivo esclude l'utilità della serrata, la cui attuazione finirebbe per danneggiare lo stesso datore di lavoro.

Libertà di serrata a fini contrattuali

Pertanto il riconoscimento della libertà di serrata a fini contrattuali, fondato su una interessante lettura del principio di libertà sindacale dell'art. 39 Cost. come garanzia della liceità penale anche del conflitto collettivo (Corte Cost. n. 29 del 1960, n. 141 del 1967), serve a ben poco sul piano pratico ed, anzi, conferma il privilegio costituzionale a favore dello sciopero, consacrato come diritto nei rapporti interprivati quale strumento di eguaglianza sostanziale.

Illiceità penale della serrata per fini non contrattuali

La divaricazione tra la posizione dello sciopero e quella della serrata si accentua in relazione alle finalità non contrattuali, contrapponendosi il diritto di sciopero economico-politico (cfr. 26) alla illiceità penale (art. 505 cod. pen.) della serrata di protesta per fini non contrattuali, ritenuta estranea non solo alla garanzia dell'art. 39 Cost., non riguardando la disciplina collettiva dei rapporti di lavoro (Corte Cost. n. 141 del 1967), ma anche alla tutela (art. 41 Cost.) della libera iniziativa economica suscettibile di legittime limitazioni (Corte Cost. n. 53 del 1986). Inoltre alla libertà di sciopero politico e di coazione alla pubblica autorità (cfr. 26) corrisponde l'incriminazione, dichiarata costituzionalmente legittima (Corte Cost. n. 47 del 1958), della serrata per gli stessi scopi (artt. 503 e 504 cod. pen.).

Solo la serrata di protesta di piccoli esercenti senza dipendenti è stata riconosciuta legittima mediante la discutibile assimilazione allo sciopero, mentre è stata confermata legittimità costituzionale della incriminazione di tale serrata (artt. 505 e 506 cod. pen.) in presenza di dipendenti (cfr. 24.2).

In effetti, tenuto conto della ampia garanzia della posizione dei dipendenti derivante dalla persistenza dell'obbligo retributivo, non sembra corretto continuare a negare la libertà di serrata per fini non contrattuali, salva la tutela degli interessi degli utenti.

Legittimità anche civile della c.d. serrata impropria

Non sono qualificabili come serrata e non costituiscono illecito civile il rifiuto delle prestazioni rese inutilizzabili dallo sciopero (cfr. 25.2) e la chiusura dell'azienda per evitare o limitare i danni alle persone e agli impianti provocati da uno sciopero illegittimo (cfr. 27).

In questi casi non è configurabile neppure una condotta antisindacale, che, invece, si verifica quando il datore di lavoro, con la cosiddetta serrata di ritorsione, reagisce ad uno sciopero legittimo rifiutando e non retribuendo prestazioni utili.

CAPITOLO IV

LA REPRESSIONE DELLA CONDOTTA ANTISINDACALE

30. Il rilievo dell'art. 28 stat. lav. nel diritto sindacale

Strumento di effettività della tutela giurisdizionale

La previsione di un particolare procedimento per la repressione della condotta antisindacale del datore di lavoro (art. 28 stat. lav.) occupa una posizione centrale nell'ambito del diritto sindacale.

Si tratta, infatti, dell'indispensabile strumento per l'effettiva tutela giurisdizionale della libertà e attività sindacale e del diritto di sciopero nei confronti del datore di lavoro, il quale, nei rapporti con il sindacato o con i propri dipendenti, attenti all'esercizio di tali libertà.

Non è un caso che, dopo l'entrata in vigore dello statuto dei lavoratori, la giurisprudenza in materia sindacale si sia in gran parte formata proprio in sede di procedimento *ex* art. 28 stat. lav.

L'importanza della disposizione in esame non è solo nell'ampiezza della fattispecie considerata (cfr. 31.1) e nella generalità del suo campo di applicazione che riguarda tutti i datori di lavoro senza limiti dimensionali o qualitativi (cfr. 32.2), ma soprattutto nel tipo di tutela inibitoria e ripristinatoria dell'interesse sindacale (cfr. 33.1) resa effettiva dalla eccezionale misura compulsoria penale per l'ottemperanza all'ordine del giudice (cfr. 33.2).

In tal modo l'ordinamento assicura all'interesse sindacale una garanzia fortissima, che ha inciso profondamente sui comportamenti e sulla stessa cultura dei protagonisti del conflitto collettivo, consentendo in concreto il dispiegarsi dell'azione sindacale in un clima di confronto leale.

Se, infatti, il violento impatto della normativa statutaria con situazioni aziendali fino ad allora caratterizzate dal potere assoluto dell'imprenditore ha generato nei primi anni alcuni eccessi di segno opposto, agevolati anche dalle disdicevoli forzature ideologiche dei cosiddetti pretori d'assalto (cfr. 4.5), nel prosieguo è prevalsa un'applicazione complessivamente equilibrata nel senso di una ragionevole convivenza di contrapposti poteri reciprocamente rispettosi delle rispettive finalità.

31. La nozione di condotta antisindacale

31.1. *L'elemento oggettivo*

Ampiezza della nozione

Il legislatore definisce come condotta antisindacale del datore di lavoro i «comportamenti diretti ad impedire o limitare l'esercizio della libertà e dell'attività sindacale nonché del diritto di sciopero» (art. 28, c. 1, stat. lav.).

La formula è volutamente ampia comprendendo qualsiasi attacco od ostacolo al libero svolgimento della dialettica sindacale.

L'espressione «diretti a» consente di prescindere dal conseguimento del risultato lesivo, essendo sufficiente l'oggettiva destinazione illecita del comportamento per l'emanazione del relativo ordine di cessazione (cfr. 33.1).

Opposizione al conflitto e opposizione nel conflitto

Il divieto della condotta antisindacale non significa, però, che il datore di lavoro debba comportarsi nel modo più conveniente per il sindacato, accogliendone tutte le richieste o scegliendo le soluzioni organizzative più favorevoli alla controparte. Il datore di lavoro, infatti, ha diritto sia di perseguire al meglio i propri fini, anche se la realizzazione di questi contrasta con l'interesse sindacale, sia di resistere alle pretese avanzate dal sindacato. L'ordinamento legittima, dunque, entrambi gli interessi contrapposti ed il conseguente conflitto, vietando soltanto i comportamenti di una parte (il datore di lavoro) diretti a reprimere o alterare il conflitto stesso mediante ostacoli all'azione lecita dell'altra parte (il sindacato). L'interesse sindacale è tutelato, così, non nella sua proiezione finale costituita dalla realizzazione della pretesa, bensì nel suo profilo strumentale consistente nella facoltà di agire liberamente, esercitando tutte le prerogative previste dalla legge o dai contratti collettivi, proprio per ottenere, sul piano dei rapporti di forza, l'accoglimento della pretesa. Con formula sintetica si dice che il datore di lavoro può opporsi lealmente al sindacato nel conflitto, ma non può opporsi al conflitto.

Condotta antisindacale tipica e atipica

La condotta antisindacale riguarda non solo la violazione dei diritti sindacali tipici previsti di fonte legale o negoziale, ma anche qualsiasi altro comportamento del datore di lavoro lesivo dell'interesse sindacale nel senso sopra precisato (c.d. condotta antisindacale atipica).

Sono confermative della ampiezza della nozione in esame le previsioni espresse secondo cui costituisce comportamento antisindacale anche la violazione delle clausole dei contratti collettivi concernenti i diritti e l'attività del sindacato nei servizi pubblici essenziali (art. 7, c. 1, legge n. 146 del 1990), nonché il mancato rispetto dell'obbligo di informazione e di esame congiunto in caso di trasferimento d'azienda (art. 47, c. 2, legge n. 428 del 1990).

La casistica giurisprudenziale è vastissima, tanto da non consentire qui una trattazione sistematica neppure sommaria.

Condotta plurioffensiva

La condotta antisindacale a volte rimane confinata sul piano dei rapporti tra il datore di lavoro ed il sindacato (ad es. con riferimento al diritto di affissione oppure ai diritti di informazione e consultazione), ma altre volte si intreccia con i rapporti tra il datore di lavoro e i singoli lavoratori (ad es. in caso di licenziamento o di trasferimento antisindacale).

In proposito si deve, innanzitutto, ribadire che l'interesse protetto dalle disposizioni dell'art. 28 stat. lav. è quello proprio del sindacato e non quello del singolo lavoratore, di cui il sindacato non è, quindi, un sostituto processuale. Pertanto può accadere che un atto del datore di lavoro legittimo sul piano del rapporto di lavoro costituisca condotta antisindacale e, viceversa, che un inadempimento nei confronti del singolo lavoratore non costituisca comportamento antisindacale.

Solo quando il medesimo atto sia contemporaneamente qualificabile come condotta antisindacale e come inadempimento del contratto di lavoro si può definire plurioffensivo, nel senso che lede da un lato l'interesse del sindacato legittimato ad agire *ex* art. 28 stat. lav. e dall'altro lato l'interesse del singolo lavoratore legittimato all'azione giudiziaria individuale (per i rapporti tra le due azioni cfr. 32.3).

31.2. *L'elemento soggettivo*

Si è a lungo discusso se per la configurazione della condotta antisindacale sia necessaria l'intenzione del datore di lavoro di ledere l'interesse sindacale.

Anche la giurisprudenza della Cassazione ha oscillato, fino a quando le Sezioni Unite (n. 5295 del 1997) hanno escluso tale necessità, ritenendo sufficiente l'oggettiva direzione antisindacale della condotta.

Distinzione tra illecito contrattuale ed extracontrattuale

La soluzione più corretta appare, però, quella di distinguere da un lato le condotte consistenti nella violazione di diritti sindacali tipici di origine legale o negoziale, per le quali il sindacato leso non è tenuto a provare il dolo o la colpa del datore di lavoro secondo i principi della responsabilità contrattuale, e dall'altro lato i comportamenti in sé leciti o contrastanti solo con diritti del singolo lavoratore che possono acquistare valenza antisindacale solo in relazione al fine in concreto perseguito dal datore di lavoro, che in questi casi deve essere provato dal sindacato ricorrente secondo i principi della responsabilità aquiliana.

32. Il procedimento di repressione della condotta antisindacale

32.1. *La legittimazione attiva: gli organismi locali delle associazioni sindacali nazionali interessate*

Si è visto (cfr. 31.1) che l'interesse protetto dal divieto di condotta antisindacale è quello del sindacato e non quello dei singoli lavoratori, sicché coerentemente la legittimazione attiva per il procedimento di repressione di tale condotta spetta in via esclusiva al sindacato.

In particolare il ricorso deve essere proposto dagli «organismi locali delle associazioni sindacali nazionali che vi abbiano interesse» (art. 28, c. 1, stat. lav.).

Pertanto non tutti i sindacati possono avvalersi di questo speciale procedimento, ma solo i sindacati nazionali.

Sindacati nazionali

Il favore per i sindacati nazionali si spiega con l'esigenza di affidare uno strumento di tutela così dirompente solo a soggetti che, per la loro dimensione, ne garantiscano un uso responsabile (Corte Cost. n. 54 del 1974, n. 334 del 1988). La questione si è riproposta, con inevitabile coloritura politico-ideologica, a proposito dei sindacati «leghisti», ma la Corte Costituzionale (n. 89 del 1995) ha ribadito la ragionevolezza della scelta legislativa.

Del resto è stata riconosciuta a qualsiasi sindacato la facoltà di proporre una azione ordinaria a difesa dei propri diritti sempre innanzi al giudice del lavoro. Occorre, però, sottolineare che solo lo speciale procedimento *ex* art. 28 stat. lav. garantisce l'effettività della tutela giurisdizionale del sindacato contro condotte infungibili del datore di lavoro, sopperendo alla impossibilità della coercizione diretta con una eccezionale misura compulsoria penale (cfr. 33.2). Sicché il richiamo alla esperibilità dell'azione ordinaria non è mai, da solo, argomento sufficiente a giustificare la differenza di trattamento tra sindacati.

Organismi locali

Il legislatore non si limita a identificare come titolari dell'azione di repressione della condotta antisindacale i sindacati nazionali, ma precisa che ad agire in giudizio devono essere i loro «organismi locali», con evidente riferimento al luogo di attuazione della condotta illecita.

Questi vengono individuati nella struttura sindacale più periferica, ma sempre a livello territoriale, con esclusione, dunque, delle rappresentanze sindacali aziendali. In tal modo la legittimazione attiva viene attribuita a soggetti che per la loro dislocazione possono conoscere adeguatamente la condotta del datore di lavoro e, se del caso, reagire prontamente, ma conservano un sufficiente distacco per valutare i fatti non essendo interni all'azienda.

L'interesse protetto è sempre quello del sindacato nazionale complessivamente inteso, al quale per definizione partecipa l'organismo locale abilitato a ricorrere.

32.2. *La legittimazione passiva: il datore di lavoro*

Applicazione generale

L'autore della condotta antisindacale *ex* art. 28 stat. lav. è identificato espressamente nel «datore di lavoro», cui non a caso è riferito anche il reato proprio di inottemperanza all'ordine del giudice.

La normativa riguarda tutti i datori di lavoro, senza alcuna distinzione con riferimento alle dimensioni dell'organico e alla natura imprenditoriale o no dell'attività.

Le associazioni di datori di lavoro sono carenti di legittimazione passiva, ma possono essere convenute in giudizio, al pari di altri soggetti, a titolo di concorso con il datore di lavoro.

32.3. *Il procedimento*

Fase sommaria

Il procedimento di repressione della condotta antisindacale si apre con una fase sommaria innanzi al giudice del lavoro di primo grado del «luogo ove è posto in essere il comportamento denunziato».

Il giudice non può provvedere sul ricorso del sindacato *inaudita altera parte*, come invece è possibile nei procedimenti cautelari, ma deve consentire il contraddittorio, convocando le parti in un termine assai breve che la legge indica in «due giorni» addirittura per l'intera fase sommaria, anche se di fatto, salvo casi eccezionali, il termine è sempre opportunamente un po' più ampio.

In questa prima fase il procedimento è sommario, nel senso che l'istruttoria eventualmente necessaria sui fatti non viene svolta approfonditamente con l'espletamento degli ordinari mezzi di prova, ma solo mediante l'assunzione di «sommarie informazioni».

La brevità del termine per l'instaurazione del contraddittorio e la decisione, nonché la conseguente inevitabile sommarietà dell'istruttoria sono finalizzate ad assicurare una tutela immediata dell'interesse sindacale, che viene considerato per definizione meritevole di siffatta protezione. Pertanto il sindacato ricorrente non è tenuto a comprovare la sussistenza in concreto di un *periculum in mora*, come invece è necessario nei procedimenti cautelari.

La decisione della fase sommaria avviene «con decreto motivato ed immediatamente esecutivo», sicché se la domanda del sindacato trova accoglimento il datore di lavoro è obbligato a conformarsi subito all'ordine del giudice e a protrarre tale ottemperanza anche nelle more dell'eventuale opposizione, il cui accoglimento soltanto può travolgere l'efficacia esecutiva del decreto fino a quel momento irrevocabile.

Opposizione

La parte soccombente, sia essa il sindacato o il datore di lavoro, può proporre opposizione avverso il decreto entro il termine di quindici giorni dalla comunicazione di cancelleria.

La competenza per l'opposizione, originariamente attribuita al giudice di secondo grado, con la inopportuna novella della legge n. 847 del 1977 è stata affidata allo stesso giudice della fase sommaria, che però non può essere la stessa persona fisica che ha emanato il decreto, ricorrendo il motivo di astensione obbligatoria o di ricusazione dell'art. 51, c. 4, cod. proc. civ., secondo l'interpretazione costituzionalmente necessitata che equipara la fase sommaria ad un «altro grado del processo» in cui il giudice abbia conosciuto la causa (Corte Cost. n. 387 del 1999).

In mancanza di opposizione tempestiva o in caso di estinzione del giudizio di opposizione il decreto passa in giudicato a danno del soccombente.

Nel giudizio di opposizione non può essere modificata la fattispecie dedotta nella fase sommaria, salvo episodi di continuazione o collegati confermativi della condotta originariamente denunziata.

Il giudizio di opposizione è regolato dal rito del lavoro e si conclude con sentenza immediatamente esecutiva, impugnabile con un normale appello.

Rapporti con l'azione individuale

In caso di condotta asseritamente plurioffensiva (cfr. 31.1), l'azione del sindacato e quella del singolo lavoratore, pur suscettibili di riunione nella fase ordinaria, sono del tutto autonome e possono concludersi anche diversamente, essendone diversi i presupposti.

33. L'ordine giudiziale e la sanzione per l'inottemperanza

33.1. *Il contenuto dell'ordine di repressione della condotta antisindacale*

Tutela inibitoria e ripristinatoria

Con il decreto conclusivo della fase sommaria o con la sentenza che decide l'opposizione il giudice, qualora accerti la condotta antisindacale, «ordina al datore di lavoro ... la cessazione del comportamento illegittimo e la rimozione degli effetti».

Si tratta di una tipica tutela inibitoria, quanto alla cessazione della condotta, e ripristinatoria, quanto alla rimozione degli eventuali effetti di essa.

Con la tutela inibitoria il legislatore ha riconosciuto il bisogno di protezione preventiva per l'interesse del sindacato, in quanto insuscettibile di adeguata riparazione economica dopo la lesione.

La condotta antisindacale può consistere in una omissione oppure in un comportamento attivo. Nel primo caso il contenuto dell'ordine inibitorio è di cessare l'omissione e quindi di fare o di dare (ad es. messa a disposizione della bacheca, concessione e retribuzione dei permessi sindacali, effettuazione della dovuta informazione o consultazione). Nel secondo caso l'ordine è di non proseguire o di non ripetere nel medesimo contesto un certo comportamento (ad es. di non ostacolare lo sciopero, di non impedire la propaganda sindacale, di non sostenere il sindacato di comodo).

Per l'emanazione dell'ordine non è necessario che la lesione dell'interesse sindacale si sia già verificata, essendo sufficiente che il datore di lavoro abbia già attuato una condotta diretta a tale lesione.

Se la condotta, ancora in corso od ormai compiuta, ha prodotto effetti lesivi, deve essere ordinata la rimozione di questi, con ripristino della situazione precedente l'illecito.

Per l'emanazione dell'ordine non è richiesta una reazione immediata, ma occorre l'attualità della condotta o quanto meno la permanenza attuale dei relativi effetti, altrimenti mancherebbe l'interesse o sarebbe pronunziato un inammissibile ordine in futuro.

33.2. *La sanzione penale per l'inottemperanza all'ordine del giudice*

Immediata esecutività dell'ordine

L'ordine di repressione della condotta antisindacale è immediatamente esecutivo, sia se contenuto nel decreto conclusivo della fase sommaria, sia se contenuto nella sentenza che decide l'opposizione.

Qualora l'ordine imponga al datore di lavoro un dare oppure un fare fungibile è ammissibile l'esecuzione forzata civilistica. Mentre questa è impossibile per gli ordini relativi ad un fare o ad un non fare infungibili, poiché l'ordinamento non appresta in proposito alcuna tecnica esecutiva per il voluto rispetto della sfera di libertà del debitore (cosiddetta incoercibilità degli obblighi infungibili).

Tecnica penale ingiunzionale

In questa situazione, per rendere effettiva la tutela dell'interesse sindacale, è prevista, quale misura coercitiva indiretta, una sanzione penale a carico del datore di lavoro inottemperante all'ordine del giudice (cosiddetta tecnica penale ingiunzionale).

L'effettività non dipende dalla entità della pena, che è in sé blanda trattandosi di contravvenzione punita al massimo con l'arresto fino a tre mesi, bensì da altri concorrenti fattori quali la specificità del comando, la certezza della celebrazione del processo penale per l'eventuale inottemperanza e la responsabilità penale del legale rappresentante destinatario diretto di tale ordine senza possibilità di eccepire una eventuale delega di funzioni.

La responsabilità penale non è esclusa dalla successiva riforma in sede civile del provvedimento inottemperato, poiché il bene protetto dalla norma penale è l'esecutività dell'ordine del giudice e non direttamente l'interesse sostanziale. Del resto la soluzione opposta determinerebbe un intreccio tra processo civile e processo penale tale da condizionare l'applicazione della misura coercitiva al passaggio in giudicato dell'ordine civile, rendendola così poco efficace. Il legislatore ha preferito, dunque, in via di eccezionale favore per l'interesse sindacale, il rischio di imporre provvisoriamente, mediante la comminatoria penale, l'attuazione di un ordine errato al rischio della provvisoria inattuazione di un ordine esatto.

L'obbligo di osservanza sanzionato penalmente viene meno per il futuro qualora il provvedimento del giudice sia rimosso in accoglimento dell'opposizione o dell'impugnazione del datore di lavoro oppure sopravvenga un accordo tra le parti. Invece l'obbligo non sorge affatto se l'ordine è impossibile da eseguire.

La sanzione penale fin qui esaminata non colpisce la condotta antisindacale in sé, bensì solo l'eventuale successiva inottemperanza all'ordine del giudice di repressione di tale condotta.

Invece una sanzione diretta per il comportamento antisindacale definitivamente accertato consiste nella revoca del credito di imposta incentivante le nuove assunzioni ad incremento dell'organico (art. 7, c. 7, legge n. 388 del 2000).

34. La condotta antisindacale delle pubbliche amministrazioni

Le disposizioni dello statuto dei lavoratori, ivi comprese quelle sulla repressione della condotta antisindacale, si applicano senza problemi agli enti pubblici economici, mentre per gli altri enti pubblici l'applicazione è prevista solo se la materia non è «diversamente regolata da leggi speciali».

Qui è necessario ripercorrere brevemente la complessa storia dell'applicazione dell'art. 28 stat. lav. agli enti pubblici non economici ed allo Stato.

Elaborazione giurisprudenziale

Innanzitutto, pur non esistendo leggi speciali di disciplina della condotta antisindacale del datore di lavoro pubblico, venne rilevato il generale divieto per il giudice ordinario di condannare ad *un facere* la pubblica amministrazione. Ma questo ostacolo fu subito superato, trattandosi non di un principio costituzionale, bensì di una legge ordinaria modificabile dalla successiva disposizione dell'art. 28 stat. lav.

Tuttavia la giurisprudenza, pur tra molte questioni di costituzionalità sempre rigettate, distingueva lo Stato dagli enti pubblici non economici, ritenendo applicabile solo a questi ultimi la disciplina della condotta antisindacale, sicché lasciava ai sindacati nei confronti dello Stato solo la azione ordinaria innanzi al giudice civile, per il quale rimaneva operante il divieto di pronunzia di una condanna ad *un facere*. Quanto alla ammessa azione di repressione della condotta antisindacale contro gli enti pubblici non economici diversi dallo Stato, si precisava che la giurisdizione era del giudice del lavoro per le condotte attinenti esclusivamente al rapporto tra il sindacato e la pubblica amministrazione, mentre in caso di condotta plurioffensiva, come tale coinvolgente anche i rapporti di impiego all'epoca devoluti alla giurisdizione esclusiva del giudice amministrativo, spettava a quest'ultimo conoscere anche del comportamento antisindacale.

Le disposizioni dell'art. 6 della legge n. 146 del 1990

In questa situazione interveniva la disposizione dell'art. 6 della legge n. 146 del 1990 che, aggiungendo due commi all'art. 28 stat. lav., prevedeva espressamente l'esperibilità della speciale azione di tutela dell'interesse sindacale anche nei confronti dello Stato e confermava il principio giurisprudenziale appena ricordato sul riparto tra le giurisdizioni in caso di condotta plurioffensiva.

La totale devoluzione al giudice del lavoro

Ma ormai tutti questi problemi sono superati, poiché la privatizzazione dei rapporti di impiego con le pubbliche amministrazioni e la conseguente giurisdizione del giudice del lavoro sulle relative controversie comportano la espressa devoluzione al giudice del lavoro anche di tutte le controversie relative a comportamenti antisindacali delle pubbliche amministrazioni (art. 63, c. 3, d.lgs. n. 165 del 2001).

La precedente disciplina è stata espressamente abrogata (art. 4 legge n. 83 del 2000), ma per le condotte antisindacali plurioffensive relative ai rapporti non privatizzati, ancora sottoposti, per le controversie individuali, alla giurisdizione esclusiva del giudice amministrativo, si sostiene ancora in via interpretativa la giurisdizione amministrativa per evitare valutazioni difformi sul medesimo provvedimento, anche se le Sezioni Unite (nn. 20161/2010 e 2359/2015) hanno affermato con argomenti non convincenti la giurisdizione del giudice ordinario.

PARTE SECONDA

IL RAPPORTO DI LAVORO

CAPITOLO V

LAVORO SUBORDINATO E ALTRI TIPI DI LAVORO

35. Il lavoro subordinato

Definizioni codicistiche

La disposizione dell'art. 2094 cod. civ. definisce lavoratore subordinato «chi si obbliga mediante retribuzione a collaborare nell'impresa, prestando il proprio lavoro intellettuale o manuale alle dipendenze e sotto la direzione dell'imprenditore».

La norma dell'art. 2104, c. 2, cod. civ., ribadisce che il lavoratore subordinato deve «osservare le disposizioni per l'esecuzione e per la disciplina del lavoro impartite dall'imprenditore e dai collaboratori di questo dai quali gerarchicamente dipende».

Eterodirezione dell'attività

Inequivoca conferma sistematica proviene, per differenza, dalla definizione del lavoratore autonomo come colui che opera «senza vincolo di subordinazione nei confronti del committente» (art. 2222 cod. civ.) e, quindi, organizza liberamente la propria attività.

La caratteristica essenziale del lavoro subordinato è, dunque, l'eterodirezione dell'attività, nel senso che la prestazione lavorativa deve essere svolta nel modo imposto dal datore di lavoro, mediante ordini che il lavoratore è obbligato a rispettare (c.d. eterodeterminazione della prestazione).

Questo assoggettamento di una persona ad un'altra è ammesso dall'ordinamento solo in quanto limitato alla prestazione dedotta in contratto, sicché si tratta di una dipendenza tecnica funzionale all'organizzazione dell'impresa (art. 2082 cod. civ.), di cui l'imprenditore è «il capo» dal quale «dipendono gerarchicamente» i collaboratori (art. 2086 cod. civ.).

Implicazione della persona

Tuttavia la persona del lavoratore resta, comunque, implicata nel rapporto, con tutti i pericoli che conseguono all'ingresso nella sfera di dominio del datore di lavoro. Ciò soprattutto in una situazione di diffusa disoccupazione, nella quale il lavoratore, pur di ottenere e conservare un posto, e quindi un reddito, difficilmente rimpiazzabile, è indotto ad accettare condizioni contrattuali svantaggiose ed a subire senza proteste ingiuste prevaricazioni.

L'ordinamento vigente riconosce l'utilità dell'organizzazione della produzione in forma di impresa e la conseguente supremazia gerarchica dell'imprenditore, il quale, rischiando in proprio fino al fallimento, deve poter disporre di lavoratori subordinati mediante un contratto non a caso definito «di organizzazione». Ma nel contempo è tutelata la posizione di questi ultimi, con un diritto del lavoro assai evoluto, finalizzato a rimuovere le diseguaglianze sostanziali (art. 3, c. 2, Cost.) e ad evitare che l'iniziativa economica privata si svolga in contrasto con l'utilità sociale o pregiudichi la sicurezza, la libertà e la dignità umana (art. 41, c. 2, Cost.).

Subordinazione e sistema protettivo

L'apparato protettivo è stato costruito proprio attorno al modello normativo del lavoro subordinato, sul presupposto della coincidenza tra lavoratore dipendente e soggetto debole nel rapporto e sul mercato. Pertanto la qualificazione del rapporto di lavoro come subordinato costituisce la chiave esclusiva di accesso a tutele fondamentali sia nei confronti del datore di lavoro, sia sul piano previdenziale. Ne consegue una inevitabile drammatizzazione di tale qualificazione in sede giudiziale, anche perché le tutele sono inderogabili e, quindi, operano automaticamente per effetto dell'accertamento della subordinazione, essendo vietato non solo alle parti individuali e collettive, ma anche al legislatore, per il necessario rispetto del principio di pari trattamento, escludere tali tutele per un rapporto effettivamente subordinato a causa della c.d. indisponibilità del tipo (Corte Cost. n. 51 del 1967, n. 199 del 1976, n. 32 del 1982, n. 121 del 1993, n. 115 del 1994).

Si spiega, così, da un lato l'acceso dibattito *de iure condendo* sul miglior modo di redistribuzione delle tutele in base alle effettive condizioni di debolezza del lavoratore che ormai sovente prescindono dalla natura del rapporto (cfr. 37.2), e dall'altro lato, ancora oggi e fino ad una adeguata risistemazione della materia, la intensa e tormentata elaborazione interpretativa della fattispecie «lavoro subordinato».

La qualificazione del rapporto

Il problema della qualificazione del rapporto non si pone, ovviamente, nelle ipotesi centrali di ciascun tipo, come ad esempio per la subordinazione dell'operaio della grande impresa oppure per l'autonomia del libero professionista con vasta clientela, bensì nelle situazioni incerte al confine tra lavoro subordinato e lavoro autonomo. È proprio qui, infatti, che il criterio distintivo deve mostrare la sua idoneità allo scopo.

Cercando di riassumere un dibattito particolarmente complesso, si deve, innanzitutto, escludere una presunzione di subordinazione, perché spetta al soggetto interessato (lavoratore; ente previdenziale; Ispettorato territoriale del lavoro) allegare tempestivamente e provare *ex* art. 2697 cod. civ. gli elementi di fatto corrispondenti alla fattispecie astratta invocata.

La originaria volontà delle parti, intesa come programma negoziale pattuito e non come mera utilizzazione di un *nomen iuris*, rileva fino a quando non sia comprovato uno scostamento consensuale da tale programma nella concreta fase di attuazione del rapporto, manifestandosi in tal caso per fatti concludenti una volontà successiva che prevale sulla precedente.

Metodo sillogistico

Il metodo da utilizzare nell'opera di qualificazione è quello consueto ed imprescindibile del sillogismo giuridico, con sussunzione per identità della fattispecie concreta in quella astratta, conseguendone il controllo della Cassazione non sull'accertamento degli elementi di fatto, bensì sull'individuazione dello schema normativo al quale ricondurre le circostanze accertate.

Metodo tipologico

Non è condivisibile il ricorso al cosiddetto metodo tipologico di qualificazione per approssimazione, secondo cui sarebbe sufficiente una coincidenza parziale tra fattispecie concreta e fattispecie astratta. Il riferimento a modelli o figure socialtipiche può forse aiutare nell'opera interpretativa di definizione della fattispecie legale, ma la qualificazione dei fatti resta inevitabilmente affidata al metodo sussuntivo.

Eterodeterminazione della prestazione lavorativa

Nel merito si può ancora ritenere decisivo il ricordato requisito della eterodeterminazione della prestazione lavorativa mediante specifiche direttive e controlli sulle modalità di esecuzione, fedelmente ancorato alla lettera della legge. Evidentemente questo elemento si atteggia in modo differente a seconda del tipo di prestazione, sicché, ad esempio, le direttive ed i controlli relativi a prestazioni intellettuali o, al contrario, elementari e ripetitive rientrano nelle c.d. subordinazione attenuata. Ma ciò non significa che al criterio della eterodirezione dell'attività messa doverosamente a disposizione dal lavoratore se ne aggiungano o sostituiscano altri, bensì dimostra soltanto che tale criterio essenziale va interpretato con ragionevolezza, anche riguardo alla distinzione, a volte innegabilmente difficile, rispetto alle istruzioni compatibili con il lavoro autonomo.

Sussidiarietà di altri indici

Tutti gli altri indici della subordinazione elaborati da dottrina e giurisprudenza (inserimento nell'organizzazione, vincolo di orario, potere disciplinare, esclusività del rapporto, intensità della prestazione, inerenza di questa al ciclo produttivo, alienità dei mezzi di produzione, retribuzione fissa a tempo senza rischio del risultato) sono in sé compatibili anche con il lavoro autonomo, sicché possono soltanto concorrere in via indiziaria al convincimento del giudice, che deve, però, sempre fondarsi sull'imprescindibile accertamento della eterodeterminazione della prestazione. A maggior ragione, nell'ordinamento vigente fondato sul modello normativo della subordinazione, è priva di qualsiasi rilievo qualificatorio la concreta condizione di debolezza socio-economica del lavoratore.

Oggetto dell'obbligazione

Un cenno particolare merita il criterio tradizionale fondato sull'oggetto dell'obbligazione, che, riprendendo l'antica distinzione tra *locatio operis* e *locatio operarum*, pone da un lato l'obbligazione di risultato con rischio sul debitore per il mancato conseguimento di questo e dall'altro l'obbligazione di mezzi ovverosia di mera attività senza rischio del risultato per il debitore. Questa distinzione è parzialmente utile, nel senso che consente di escludere la natura subordinata del rapporto se l'obbligazione è di risultato con il relativo rischio sul lavoratore, mentre l'obbligazione di mezzi può inerire sia ad un rapporto di lavoro autonomo, sia ad un rapporto di lavoro subordinato, rendendo necessario il ricorso al decisivo criterio distintivo della eterodirezione dell'attività.

Altre distinzioni

Non deve creare confusione, infine, il criterio della alienità dei mezzi di produzione e del risultato produttivo, che serve a distinguere il lavoro subordinato non dal lavoro autonomo, bensì dai rapporti associativi.

E così anche il requisito dell'onerosità della prestazione, comune al lavoro autonomo e subordinato, li distingue entrambi dal lavoro gratuito.

Termine di decadenza

Se all'azione di accertamento di un rapporto di lavoro subordinato si accompagna l'impugnazione del licenziamento opera il termine di decadenza stragiudiziale e giudiziale previsto per il licenziamento (cfr. 68.1).

36. Il lavoro autonomo

Definizione

Si è già detto della essenziale caratteristica del lavoro autonomo, che appunto si differenzia dal lavoro dipendente in quanto è svolto «senza vincolo di subordinazione nei confronti del committente» (art. 2222 cod. civ.).

Se il criterio distintivo più affidabile è proprio quello della assenza di eterodirezione dell'attività lavorativa, quindi liberamente organizzata dal lavoratore autonomo, vale anche qui, simmetricamente, la rilevata insufficienza qualificatoria degli altri criteri, salvo l'utilità parziale del corollario fondato sull'oggetto dell'obbligazione, che è sicuramente riconducibile al lavoro autonomo quando consiste non in una attività, bensì nel risultato di questa con rischio a carico del lavoratore.

Al pari del lavoro subordinato, il lavoro autonomo inerisce ad un contratto di scambio a prestazioni corrispettive (*do ut facias*), così distinguendosi dai rapporti associativi, ed è svolto a titolo oneroso («verso un corrispettivo» = art. 2222 cod. civ.), a differenza del lavoro gratuito.

Lavoro autonomo e impresa

Il requisito del «lavoro prevalentemente proprio» (artt. 2222 cod. civ. e 2083 cod. civ.) distingue i lavoratori autonomi ed i piccoli imprenditori, tra i quali sono ricompresi coltivatori diretti, artigiani e piccoli commercianti, dall'imprenditore *tout court*, che, invece, organizza il lavoro altrui (artt. 2082, 2086, 2094 cod. civ.). Proprio utilizzando l'organizzazione dei fattori della produzione l'imprenditore stipula ed esegue contratti di appalto (art. 1655 cod. civ.: «con organizzazione dei mezzi necessari»), che per questo si distinguono dai contratti d'opera del lavoratore autonomo, attenendo per il resto entrambi al «compimento di un opera o di un servizio» (artt. 1655 e 2222 cod. civ.). È prevista una speciale tutela per le imprese fornitrici in posizione di dipendenza economica nei confronti dell'impresa committente (legge n. 192 del 1998).

Disciplina codicistica

Il lavoro autonomo trova la sua disciplina essenziale nel codice civile, che, nel dettare le regole generali (artt. 2222 e ss.), fa espressamente salve (art. 2222) le disposizioni particolari del libro IV sui contratti di trasporto, mandato, commissione, spedizione, agenzia, mediazione e deposito, i quali possono essere stipulati sia da un lavoratore autonomo, sia da un imprenditore.

Tra le norme generali si segnalano quelle sulla determinazione del corrispettivo anche in caso di impossibilità sopravvenuta parziale dell'opera, sulla difformità e i vizi dell'opera, sulla facoltà di recesso del committente.

Opera intellettuale

Per la prestazione d'opera intellettuale sono previste disposizioni specifiche (artt. 2229 ss.), che possono essere integrate dalla disciplina generale del lavoro autonomo solo in quanto compatibile con le stesse e con l'intellettualità dell'opera, salve comunque le previsioni delle leggi speciali.

La regolamentazione delle professioni intellettuali, tra le quali vengono definite liberali quelle di antica tradizione (medici, avvocati, notai), è posta a tutela non dei professionisti, bensì dell'interesse generale al corretto esercizio ed al decoro di tali delicate attività.

Albi professionali

Inoltre la legge, secondo la sua competenza riservata (art. 2229, c. 1), ha istituito appositi albi o elenchi nei quali è necessaria l'iscrizione per l'esercizio delle relative professioni (c.d. protette), anche qui al fine di garantire la preparazione e la deontologia degli iscritti, che devono superare un apposito esame di stato (art. 33, c. 5, Cost.) e sono sottoposti al potere disciplinare degli ordini o collegi professionali che tengono gli albi (art. 2229, c. 2). L'esercizio abusivo della professione costituisce reato e la prestazione eseguita dal non iscritto non dà azione per il compenso (art. 2231, c. 1).

Tendenza ad assimilare il professionista all'imprenditore

In questo quadro la libera professione ha costituito a lungo una delle principali forme di espressione della libertà dell'individuo, proprio perché il professionista, a differenza dell'imprenditore, si collocava per definizione fuori dal mercato e dai relativi condizionamenti. Ora, invece, il professionista è assimilato per molti versi all'imprenditore, secondo una tendenza originata dal diritto tributario e accentuata dall'ordinamento comunitario, che privilegia l'idolo della concorrenza.

Assenza di tutele

In conclusione è confermato che il lavoro autonomo, intellettuale e non, è privo di particolare protezione nei confronti del committente, che, anzi, gode di una serie di garanzie. Pertanto il salto di tutela rispetto al lavoro dipendente è enorme, spiegandosi, così, l'interesse del prestatore alla qualificazione giudiziale del rapporto come subordinato.

Ora, però, la legge n. 81 del 2017 prevede alcune tutele per tutti i lavoratori autonomi, mentre altre sono riservate al lavoro autonomo continuativo e coordinato (cfr. 37). Le tutele generali sono: il saggio di interesse superiore a quello legale (art. 2); l'inefficacia delle clausole che attribuiscono al committente la facoltà di modificare unilaterale le condizioni del contratto o che concedono al committente di pagare i crediti del lavoratore in un tempo superiore a sessanta giorni (art. 3, c. 1); la protezione dei diritti economici derivanti dalle invenzioni del lavoratore realizzate nell'esecuzione del contratto, salvo che le invenzioni siano oggetto del contratto (art. 4).

Previdenza

Sul piano previdenziale i lavoratori autonomi hanno ottenuto protezione, con una legislazione apposita che prevede l'iscrizione all'INPS dei coltivatori diretti, artigiani, commercianti e, ora, anche dei lavoratori parasubordinati. Diverse categorie di professionisti sono dotate di una propria Cassa di previdenza obbligatoria, mentre in mancanza è disposto l'inserimento nella stessa gestione separata dell'INPS prevista per i lavoratori parasubordinati.

Presunzione antiabusi

Per reprimere eventuali abusi del lavoro autonomo non coordinato non era necessaria alcuna disposizione, poiché la distinzione rispetto al lavoro autonomo coordinato e rispetto al lavoro subordinato è semplice.

Invece la legge n. 92 del 2012, nell'ambito di una più vasta folle crociata contro il lavoro autonomo che invece può salvare l'Italia, aveva introdotto una presunzione relativa («salvo che sia fornita prova contraria da parte del committente») per ricondurre il lavoratore autonomo non coordinato e continuativo («titolare di posizione fiscale ai fini dell'imposta sul valore aggiunto») a collaboratore parasubordinato, ma, in realtà, a lavoratore subordinato a tempo indeterminato per effetto della ovvia mancanza di progetto (art. 1, c. 26, legge n. 92 del 2012 che aveva introdotto l'art. 69 *bis* nel d.lgs. n. 276 del 2003).

Ma questa presunzione è stata subito abrogata dall'art. 52, c. 1, d.lgs. n. 81 del 2015.

37. Il lavoro parasubordinato

37.1. *Il lavoro autonomo parasubordinato*

Fonti normative

Proprio nella zona di confine tra lavoro subordinato e lavoro autonomo si colloca la fattispecie del lavoro autonomo c.d. parasubordinato, che trova la sua definizione non nel codice civile, bensì in disposizioni di altre leggi, come quella sui minimi di trattamento (art. 2 legge n. 741 del 1959), quella sul processo del lavoro (art. 409, n. 3, cod. proc. civ.) e quelle sulla imposizione fiscale e previdenziale (art. 50, c. 1, lett. c *bis*), TUIR; art. 2, c. 26, legge n. 335 del 1995).

Definizione

Le varie definizioni non sono identiche, ma emerge un nucleo essenziale comune, consistente nella collaborazione continuativa e coordinata senza vincolo di subordinazione, cui si può tranquillamente aggiungere anche l'elemento della prevalenza dell'attività personale.

La sussistenza in concreto degli elementi costitutivi della fattispecie non deve risultare necessariamente dal contratto, potendo emergere anche dalle concrete modalità di svolgimento della collaborazione.

La situazione di debolezza socio-economica e contrattuale del lavoratore autonomo parasubordinato e la unicità del committente sono irrilevanti ai fini qualificatori.

La prevalenza, e non esclusività, dell'attività personale è compatibile con l'utilizzazione di mezzi tecnici e di collaboratori, purché l'opera diretta dell'interessato resti decisiva e non limitata alla mera organizzazione di beni strumentali e/o di lavoro altrui.

L'elemento della continuatività non richiede necessariamente una ripetizione ininterrotta di incarichi, potendo bastare anche un unico contratto di apprezzabile durata, poiché quel che conta è la permanenza nel tempo della collaborazione. La legge n. 81 del 2017 appresta qualche tutela per il lavoro autonomo continuativo, a prescindere dal coordinamento: il committente se vuole recedere deve dare al lavoratore un «congruo preavviso» (art. 3, c. 1); la gravidanza, la malattia e l'infortunio non comportano l'estinzione del rapporto se il lavoratore richiede una sospensione non superiore a 150 giorni per anno solare, fatto salvo il venir meno dell'interesse del committente (art. 14, c. 1).

Il requisito di più difficile interpretazione è sicuramente quello relativo al coordinamento dell'attività, che va distinto dalla eterodirezione tipica del lavoro subordinato. Non può trattarsi, infatti, di una differenza solo quantitativa, che renderebbe pressoché irresolubile il problema qualificatorio, affidandolo inammissibilmente alle soggettive valutazioni del singolo magistrato. Sicché il coordinamento può estrinsecarsi nei modi più svariati, anche in relazione al tempo ed al luogo dell'attività, al fine del migliore inserimento di questa nell'organizzazione, anche non imprenditoriale, del committente, ma non può debordare nella eterodeterminazione della prestazione mediante penetranti ordini e controlli sulle modalità di esecuzione di questa, che, se non sono consensuali (art. 2224 cod. civ.), devono restare nell'autonomia del lavoratore.

L'art. 15 della legge n. 81 del 2017, aggiungendo una frase all'art. 409, n. 3, cod. proc. civ., ha definito espressamente il «coordinamento», che non è un potere del committente, ma deve essere realizzato «di comune accordo», sempre che il collaboratore organizzi «autonomamente l'attività lavorativa», altrimenti il rapporto sarà qualificato come di lavoro subordinato.

Agenti Gli agenti e rappresentanti di commercio, ad eccezione di quelli forniti di una propria organizzazione di impresa che esclude la personalità della prestazione, sono lavoratori parasubordinati tipici, in quanto espressamente nominati nella disposizione dell'art. 409, n. 3, cod. proc. civ., in considerazione della continuatività insita nella stabilità dell'incarico e del coordinamento derivante dall'obbligo di conformarsi alle istruzioni ricevute, da non confondersi, ovviamente, con gli ordini del lavoro subordinato.

Disciplina La disciplina protettiva del lavoratore autonomo parasubordinato è, attualmente, ancora modesta: applicazione del processo del lavoro, con l'aggiunta del criterio di favore per la competenza territoriale individuata in base al domicilio del lavoratore; applicazione della speciale disciplina di interessi e rivalutazione monetaria; applicazione della disciplina delle rinunzie e transazioni; tutela previdenziale pensionistica, per la maternità, gli assegni familiari e contro gli infortuni sul lavoro e le malattie professionali; indennità di disoccupazione; tutele per la gravidanza, malattia e infortunio; applicazione del regime fiscale del lavoro dipendente; riconoscimento della libertà sindacale, del diritto di sciopero e della possibilità di stipulare accordi collettivi (ad es. agenti, medici convenzionati con il SSN, medici parasubordinati delle case di cura private). All'impugnazione del recesso del committente si applica il termine di decadenza stragiudiziale e giudiziale previsto per l'impugnazione del licenziamento (cfr. 68.1).

Per gli agenti, anche non parasubordinati, si aggiungono altre disposizioni specifiche (artt. 1742 e ss. cod. civ. oggetto di ripetute novelle in attuazione della normativa comunitaria), in particolare con il divieto salvo casi particolari dello star del credere, la previsione di una indennità di cessazione del rapporto, del preavviso salvo giusta causa in caso di recesso da un contratto a tempo indeterminato, di limiti all'eventuale patto di non concorrenza, di un privilegio generale a favore dei soli agenti persone fisiche sui mobili del preponente per le provvigioni dell'ultimo anno e le indennità di fine rapporto.

Esclusione delle tutele del lavoro subordinato

Ogni tutela legale del lavoro subordinato diversa da quelle fin qui ricordate resta inapplicabile ai lavoratori autonomi parasubordinati nel pieno rispetto della Costituzione stante la diversità del tipo (Corte Cost. n. 226 del 1989, n. 365 del 1995). Ciò vale, in particolare, per il principio di retribuzione sufficiente *ex* art. 36 Cost. e per le norme limitative del potere di licenziamento.

Lavoro a progetto e sua abrogazione

Il pericolo di un abuso del lavoro parasubordinato come via di fuga dalle tutele del lavoro subordinato aveva indotto un drastico intervento del legislatore con il d.lgs. n. 276 del 2003 (artt. 61 e ss.), poi ancora più appesantito con la legge n. 92 del 2012.

Invece di limitarsi ad introdurre tutele adatte al lavoro autonomo parasubordinato sul piano del rapporto e ad incrementare quelle già esistenti sul piano previdenziale, questa legge imponeva per il lavoro autonomo parasubordinato il modello del lavoro a termine per un progetto collegato ad un determinato risultato finale.

I contratti di lavoro autonomo coordinato e continuativo stipulati senza riferimento ad uno specifico progetto erano considerati rapporti di lavoro subordinato a tempo indeterminato.

Ma ora il lavoro parasubordinato a progetto è stato abrogato dall'art. 52 del d.lgs. n. 81 del 2015.

Disciplina per i riders

I riders sono definiti come "lavoratori autonomi che svolgono attività di consegna di beni per conto altrui in ambito urbano e con l'ausilio di velocipedi o veicoli a motore … attraverso piattaforme anche digitali" (art. 47 *bis* d.lgs. n. 81 del 2015 introdotto dal d.l. n. 101 del 2019 conv. legge n. 128 del 2019). Queste piattaforme digitali utilizzate dal committente devono fissare "il compenso" e "le modalità di esecuzione della prestazione" (cfr. il predetto art. 47 *bis*).

Se la prestazione lavorativa è eteroorganizzata dal committente si applicano le tutele del lavoro subordinato ai sensi dell'art. 2 d.lgs. n. 81 del 2015 (art. 47 *bis*, c. 1).

I contratti individuali di lavoro per i riders devono essere scritti *ad probationem* ed i lavoratori devono ricevere dal committente ogni utile informazione per la loro tutela e in caso di violazione di queste disposizioni il lavoratore ha diritto ad una indennità risarcitoria determinata equitativamente e questa violazione è valutata come elemento di prova delle condizioni effettivamente applicate e delle connesse lesioni dei diritti del lavoratore (art. 47 *ter*).

Il compenso dei riders, che deve tenere conto delle modalità di svolgimento della prestazione e dell'organizzazione del committente, può essere definito dai contratti collettivi stipulati dai sindacati dei lavoratori e dei datori comparativamente più rappresentativi a livello nazionale. In mancanza di questi contratti, il rider non può essere retribuito in base alle consegne effettuate, ma il compenso minimo orario deve essere parametrato ai minimi tabellari stabiliti dai contratti collettivi nazionali di settori affini sottoscritti dai predetti sindacati (art. 47 *quater*, c. 1 e 2).

Per il lavoro svolto di notte, durante le festività o in condizioni metereologiche sfavorevoli, spetta al rider una indennità integrativa non inferiore al 10 per cento del compenso determinata dai contratti collettivi o in difetto con decreto del Ministro del lavoro (art. 47 *quater*, c. 3).

Ai riders si applica la tutela antidiscriminatoria e quella a protezione della libertà e dignità del lavoratore prevista per i lavoratori subordinati (art. 47 *quinquies*, c. 1) e sono vietate sia l'esclusione dalla piattaforma, sia la riduzione delle occasioni di lavoro derivanti dalla mancata accettazione di un'offerta di prestazione (art. 47 *quinquies*, c. 2).

I riders sono protetti dall'assicurazione obbligatoria contro gli infortuni sul lavoro e le malattie professionali (art. 47 *septies*).

Settore pubblico

Nel settore pubblico il lavoro parasubordinato, al pari del lavoro subordinato precario, ha prosperato a lungo come inevitabile rimedio al blocco delle assunzioni stabili, oltretutto senza possibilità, anche laddove ne sussistessero i presupposti, di dichiarazione giudiziale di un rapporto di lavoro subordinato a tempo indeterminato per il necessario rispetto del principio costituzionale del concorso (art. 36, c. 5, d.lgs. n. 165 del 2001 come novellato dall'art. 49 d.l. n. 112 del 2008 conv. legge n. 133 del 2008).

Ma, ormai, il lavoro parasubordinato è vietato ed il lavoro autonomo è stato fortemente limitato, essendo ammesso solo per esigenze proprie dell'amministrazione e riferite a progetti specifici non fronteggiabili con il personale in servizio, richiedenti prestazioni temporanee altamente qualificate di esperti di comprovata specializzazione anche universitaria o di professionisti iscritti ad albo o di artisti o di artigiani con maturata esperienza, con preventiva determinazione di durata, oggetto e compenso della collaborazione (art. 7, c. 6, d.lgs. n. 165 del 2001 come novellato dall'art. 46 d.l. n. 112 del 2008 conv. legge n. 133 del 2008 e dal d.lgs. n. 75 del 2017) e, comunque, con spesa non eccedente il 50 per cento di quella del 2009 (art. 9, c. 28, d.l. n. 78 del 2010, conv. legge n. 122 del 2010, applicabile anche ad altri lavori atipici). Per il conferimento degli incarichi di collaborazione è necessaria una procedura comparativa (art. 7, c. 6 *bis*, d.lgs. cit.). Per gli enti di ricerca vige un'apposita disciplina (art. 9, c. 16 *quinquies*, d.l. n. 76 del 2013 conv. legge n. 99 del 2013; art. 14 d.lgs. n. 218 del 2016; art. 7, c. 6 *quinquies*, d.lgs. n. 165 del 2001 introdotto dal d.lgs. n. 75 del 2017). La stipulazione di contratti di lavoro autonomo per lo svolgimento di funzioni ordinarie o l'utilizzo di collaboratori come lavoratori subordinati è causa di responsabilità amministrativa per il dirigente stipulante (art. 7, c. 6, d.lgs. cit.). Le c.d. stabilizzazioni dei lavoratori parasubordinati, mediante trasformazione in lavoratori subordinati a termine e, poi, a tempo indeterminato (art. 1, c. 529 e 560, legge n. 296 del 2006; art. 3, c. 94-96, legge n. 244 del 2007), ormai limitate a poche unità al pari di ogni altra stabilizzazione (art. 66, c. 5, d.l. n. 112 del 2008 conv. legge n. 133 del 2008), sono sostituite da punteggi aggiuntivi nei concorsi per assunzione (art. 17, c. 11, d.l. n. 78 del 2009, conv. legge n. 102 del 2009). Ora, però, è intervenuto l'art. 20 d.lgs. n. 75 del 2017 che prevede nuovamente la stabilizzazione se il lavoratore ha tre anni di anzianità di servizio negli ultimi otto.

37.2. *Il lavoro parasubordinato organizzato dal committente e disciplinato come il lavoro subordinato*

Esigenza di accrescere le tutele del lavoro parasubordinato

Sul piano della politica del diritto, al fine di proteggere i veri deboli, aggiornando i meccanismi di attuazione del principio di eguaglianza sostanziale dell'art. 3, c. 2, Cost., si è posto, innanzitutto, l'esigenza di accrescere la protezione dei lavoratori autonomi parasubordinati in considerazione della loro debolezza contrattuale, particolarmente accentuata nell'ipotesi del committente unico. Ciò anche al fine di ridurre il contenzioso sulla qualificazione del rapporto, in conseguenza della riduzione dello scarto di tutela tra il lavoro subordinato ed il lavoro autonomo parasubordinato.

Il vero problema non è di fattispecie, ma di disciplina, nel senso che laddove sia esclusa anche una sola delle tutele fondamentali del lavoro subordinato resta fortissimo l'interesse del prestatore a transitare per via giudiziaria nel modello con regime più favorevole. Come risulta proprio dall'esperienza del lavoro parasubordinato che, essendo privo di importanti tutele, non è servito affatto a superare il dualismo lavoro subordinato/lavoro autonomo, ma è stato sovente utilizzato dall'imprenditore convenuto come modello-rifugio per meglio resistere alla domanda del lavoratore di accertamento della natura subordinata del rapporto.

Collaborazioni organizzate dal committente

Ora il d.lgs. n. 81 del 2015 ha previsto, a far data dal 1° gennaio 2016, una particolare fattispecie di lavoro parasubordinato a cui si applica «la disciplina del rapporto di lavoro subordinato» (art. 2, c. 1).

Questa fattispecie è composta da diversi elementi. I primi sono comuni a tutto il lavoro parasubordinato («rapporti di collaborazione che si concretino in prestazioni di lavoro prevalentemente personali e continuative»). Mentre l'ulteriore elemento consiste nella «modalità di esecuzione organizzate dal committente» (art. 2, c. 1, come modificato dall'art. 1, c. 1, lett. a, d.l. n. 101 del 2019 conv. legge n. 128 del 2019).

Pertanto l'elemento che caratterizza questa fattispecie di lavoro parasubordinato è la parola «organizzazione» che prende il posto della parola «coordinamento».

Ovviamente se manca questo elemento, il rapporto di lavoro parasubordinato non sarà più disciplinato come il lavoro subordinato, ma con le diverse norme applicabili a tutto il lavoro parasubordinato.

In conclusione ora il lavoro parasubordinato si è scisso in due diverse fattispecie: la prima prevista dall'art. 409, n. 3, cod. proc. civ. contraddistinta dal mero coordinamento del committente (art. 52, c. 2, d.lgs. n. 81 del 2015); la seconda che può definirsi di lavoro «similsubordinato», a cui si applica la disciplina del lavoro subordinato, caratterizzata dal potere organizzativo del committente (art. 2, c. 1, d.lgs. n. 81 del 2015).

Per il lavoro similsubordinato sono previste quattro eccezioni (art. 2, c. 2) a cui non si applicano le disposizioni del lavoro subordinato: i settori per cui gli accordi collettivi prevedono specifiche discipline (ad es. i call center); le collaborazioni dei professionisti iscritti in un albo; le collaborazioni degli organi amministrativi e di controllo delle società; le collaborazioni in favore delle società sportive dilettantistiche; le collaborazioni in favore delle fondazioni musicali; le collaborazioni del soccorso alpino e speleologico (cfr. per queste eccezioni anche l'art. 1, c. 358-360, legge n. 205 del 2017 e il d.l. n. 87 del 2018 conv. legge n. 96 del 2018).

Le parti possono richiedere la certificazione di un contratto che non prevede i requisiti elencati dal c. 1 (art. 2, c. 3).

Per le pubbliche amministrazioni è fatto divieto di stipulare un contratto relativo alle collaborazioni organizzate dal committente ai sensi dell'art. 2, c. 1 e, comunque, a queste collaborazioni non si applica la disciplina del lavoro subordinato (art. 2, c. 4; art. 7, c. 5 *bis*, d.lgs. n. 165 del 2001 introdotto dal d.lgs. n. 75 del 2017). Questo divieto è stato posticipato al 1° gennaio 2019 (art. 1, c. 1148, legge n. 205 del 2017).

Stabilizzazioni dei collaboratori

A decorrere dal 1° gennaio 2016, «i datori di lavoro che procedano alle assunzioni con contratti di lavoro subordinato a tempo indeterminato dei soggetti già parti di contratti di collaborazione coordinata e continuativa anche a progetto e di persone titolari di partita IVA», che abbiano sottoscritto con i lavoratori interessati una conciliazione in sede assistita relativa a «tutte le possibili pretese riguardanti la qualificazione del pregresso rapporto di lavoro» (c.d. conciliazione tombale) e non abbiano receduto dal rapporto così costituito nei dodici mesi successivi salvo che per giusta causa e giustificato motivo soggettivo, hanno diritto all'estinzione degli illeciti amministrativi, previdenziali e fiscali (art. 54 d.lgs. n. 81 del 2015).

37.3. *Il lavoro occasionale*

Il lavoro accessorio, disciplinato da ultimo dagli art. 48 e ss. d.lgs. n. 81 del 2015 (che aveva abrogato la normativa precedente del d.lgs. n. 276 del 2003), è stato abrogato totalmente dall'art. 1 del d.l. n. 25 del 2017 conv. legge n. 49 del 2017, sicché la legge si è sostituita al referendum abrogativo ammesso dalla Corte Costituzionale (sent. n. 28 del 2017) e non più tenuto proprio a causa dell'intervento del legislatore.

Ma nella stessa legislatura e con lo stesso governo, dopo due mesi da questa abrogazione, è stata approvata la disciplina del lavoro occasionale (art. 54 *bis* d.l. n. 50 del 2017 conv. legge n. 96 del 2017), che è abbastanza diversa da quella del lavoro accessorio, sicché non ci dovrebbe essere un conflitto di attribuzione tra i promotori del referendum e il potere legislativo.

Qui di seguito si esamina la disciplina del lavoro occasionale, comparandola, quando occorre, con l'abrogata disciplina del lavoro accessorio.

Il lavoro occasionale è limitato innanzitutto riguardo al compenso annuale del prestatore, che non può superare i 5.000 Euro con riferimento alla totalità degli utilizzatori (per il lavoro accessorio erano 7.000 Euro) e 2.500 Euro con riferimento al medesimo utilizzatore (per il lavoro accessorio erano 2.000 Euro).

L'ulteriore importante limite, che non esisteva nel lavoro accessorio, è quello relativo alla totalità dei compensi erogati dal singolo utilizzatore per tutti i prestatori, che non può superare i 5.000 Euro annui. Questo limite si innalza di poco (1/4) se i prestatori sono pensionati, giovani studenti, disoccupati o in cassa integrazione, purché i prestatori autocertifichino la relativa condizione e, per l'agricoltura, di non essere stati iscritti nell'anno precedente negli elenchi dei lavoratori agricoli.

Per il lavoro occasionale degli «assistenti di stadio» il limite è 5.000 Euro per ciascun prestatore, con riferimento a ciascun utilizzatore (art. 1, c. 368, legge n. 205 del 2017).

Un altro limite, che non esisteva nel lavoro accessorio, riguarda la durata della prestazione eseguita per il singolo utilizzatore che non può superare le 280 ore nell'intero anno.

Il lavoro occasionale è vietato: per le aziende il cui organico è superiore a 5 dipendenti, salvo per le imprese alberghiere o ricettive il cui limite è di 8 dipendenti ma solo per i pensionati, giovani studenti, disoccupati o in cassa integrazione; per le aziende appaltatrici; per le imprese dell'edilizia, delle miniere, delle cave; per le imprese agricole, salvo che il prestatore sia pensionato, giovane studente, disoccupato o in cassa integrazione. Questi divieti, tranne quello per gli appalti, non esistevano nella disciplina del lavoro accessorio.

L'utilizzatore deve trasmettere all'INPS e all'ITL, almeno un'ora prima dell'inizio della prestazione tutti i dati, compreso il luogo, l'oggetto, il compenso pattuito non inferiore a 36 euro per quatto ore lavorative continuative, la data e l'ora di inizio e di fine della prestazione, mentre solo le imprese agricole devono comunicare la data di inizio e il monte orario complessivo con riferimento a un arco temporale non superiore a 10 giorni. Una norma simile era stata emanata anche per il lavoro accessorio nel 2016, per stroncare l'abuso di questo lavoro.

Se l'utilizzatore è una persona fisica non imprenditore o professionista la comunicazione all'INPS e all'ITL deve avvenire entro il giorno 3 del mese successivo allo svolgimento della prestazione, che deve riguardare solo piccoli lavori domestici, assistenza domiciliare e insegnamento privato supplementare.

Le sanzioni per le norme esaminate sono due a seconda del precetto: se è violato il limite di compenso annuo di Euro 2.500 erogato dal singolo utilizzatore o il limite di durata annua di 280 ore il rapporto si trasforma in un rapporto di lavoro a tempo pieno e indeterminato; se è violato l'obbligo di comunicazione o uno dei divieti è prevista una sanzione amministrativa pecuniaria da 500 a 2.500 Euro per ogni giorno di prestazione, salvo che la violazione da parte dell'imprenditore agricolo non derivi da false o incomplete autocertificazioni del lavoratore.

Per le modalità di compenso è stabilito che gli utilizzatori persone fisiche non imprenditori o professionisti devono acquistare un libretto nominativo prefinanziato (c.d. Libretto Famiglia), mentre gli altri utilizzatori devono versare le somme per i compensi attraverso la piattaforma informatica INPS. Poi l'INPS, entro il giorno 15 del mese successivo alla prestazione, provvede al pagamento tramite accredito sul conto corrente bancario del lavoratore oppure, a richiesta del prestatore, tramite sportello postale.

L'utilizzatore deve versare anche i contributi previdenziali alla Gestione separata dell'INPS e il premio dell'assicurazione contro gli infortuni, che viene ricevuto dall'INAIL tramite l'INPS.

Le pubbliche amministrazioni possono ricorrere al lavoro occasionale, anche se l'organico è superiore a 5 dipendenti e fermo restando il limite di durata di 280 ore annue, solo per esigenze temporanee e eccezionali (progetti speciali per la povertà, disabilità, tossicodipendenze; lavori di emergenza; attività di solidarietà; manifestazioni sociali, sportive, culturali, caritative). La sanzione della trasformazione del rapporto non si applica alle pubbliche amministrazioni.

38. I rapporti associativi

38.1. *Generalità*

Distinzione dal lavoro subordinato e autonomo

Il lavoro subordinato e quello autonomo, anche parasubordinato, pur nella loro diversità, realizzano sempre una causa di scambio tra prestazioni corrispettive costituite dal lavoro e dal relativo compenso. In questi rapporti, dunque, le parti si trovano in posizioni contrapposte, ciascuna con il proprio tipico interesse contrattuale ad ottenere la prestazione dell'altra.

Invece i rapporti associativi si fondano sull'interesse comune al buon andamento di un'attività economica, da cui dipende la soddisfazione di ciascun associato.

Pertanto il lavoro svolto nell'ambito di questi rapporti non può essere configurato come lavoro subordinato, poiché, pur sussistendo in taluni casi l'eterodirezione dell'attività, manca l'alienità dei mezzi di produzione e/o del risultato produttivo proprio in conseguenza della causa associativa.

38.2. *Il lavoro in cooperativa*

Appartenenza dell'impresa ai soci lavoratori

Attualmente nell'ambito dei rapporti associativi la figura più importante è quella del lavoro in cooperativa, svolto dai soci di società cooperative caratterizzate dallo scopo mutualistico (art. 45 Cost.; art. 2511 cod. civ.; legge n. 59 del 1992), che nel caso delle cooperative di lavoro consiste, appunto, nel fornire direttamente occasioni di lavoro ai soci. Qui l'imprenditore è la stessa società cooperativa, sicché scompare per definizione il contrasto, tipico del lavoro subordinato, per la ripartizione del reddito tra i diversi fattori della produzione, poiché l'impresa fa capo agli stessi soci lavoratori.

Prestazione lavorativa come adempimento del contratto sociale

La prestazione lavorativa del socio costituisce adempimento del contratto sociale quale conferimento (artt. 2533, c. 1, n. 4 e 2286 cod. civ.), trovando il suo fondamento nel rapporto associativo e non in un contratto di scambio. La sussistenza di una innegabile subordinazione tecnico funzionale del socio nei confronti della cooperativa nella fase di esecuzione della prestazione non basta a configurare un rapporto di lavoro subordinato *ex* art. 2094 cod. civ. mancando l'alienità dell'organizzazione e del risultato produttivo (Corte Cost. n. 30 del 1996), tant'è che gli introiti dei singoli soci non costituiscono, come sarebbe in un contratto di scambio, retribuzione corrispettiva del lavoro, bensì semplice ripartizione di ricavi sociali. Un rapporto di lavoro subordinato viene ammesso solo se si tratti di attività estranea all'oggetto sociale.

Legge n. 142 del 2001

Ma la legge n. 142 del 2001, purtroppo non superata dalle troppo timide modifiche introdotte con l'art. 9 della legge n. 30 del 2003, stabilisce che il socio di cooperativa di lavoro non può lavorare in esecuzione del rapporto associativo, ma deve stipulare con la propria cooperativa un distinto contratto di lavoro subordinato o autonomo (art. 1, c. 3), in conformità al regolamento interno, che, in questa parte, può essere oggetto della procedura di certificazione (cfr. 45).

In questo modo, nonostante la novella del 2003 che qualifica il rapporto di lavoro solo come «ulteriore» e non più anche come «distinto» al fine di affermare la centralità del rapporto associativo, l'autonomia privata viene violentata, con un sostanziale divieto di lavoro in cooperativa, che, come si è visto, è per definizione irriducibile al lavoro svolto in esecuzione di un contratto di scambio a prestazioni corrispettive, mentre è, ovviamente, inammissibile una duplicità di fonti per il medesimo obbligo.

È palese l'incostituzionalità di questa omologazione coatta, per contrasto con il principio di tutela della cooperazione (art. 45 Cost.), di cui «la Repubblica riconosce la funzione sociale» e la legge «promuove e favorisce l'incremento».

La legge, inoltre, impone una retribuzione del socio-dipendente «non inferiore ai minimi previsti, per prestazioni analoghe, dalla contrattazione collettiva nazionale del settore o della categoria affine» (art. 3, c. 1).

Questo principio, secondo cui il socio-dipendente deve guadagnare con certezza per il lavoro svolto almeno quanto un normale lavoratore subordinato, accentua la rilevata incostituzionalità, poiché contrasta profondamente con l'essenza del fenomeno cooperativo, in cui il rischio d'impresa grava sugli stessi lavoratori, ai quali non può essere impedito di accontentarsi di un reddito liberamente determinato in base alle condizioni e alle convenienze della cooperativa in attuazione dello scopo mutualistico.

Del resto l'imposizione di trattamenti economici minimi, e solo di questi dopo la novella del 2003, non inferiori a quelli previsti dai contratti collettivi (art. 3, c. 1; art. 6, c. 2) rimane di per sé incostituzionale, trattandosi della attribuzione di efficacia generale al contratto collettivo in contrasto con il procedimento previsto dall'art. 39, c. 2 e ss., Cost. Anche se nel caso di crisi della cooperativa è consentito derogare tali minimi (art. 6, c. 1 e 2).

Estensione espressa di alcune tutele del lavoro subordinato

Nel sistema costituzionale vigente si giustifica in pieno la tradizionale estensione al socio lavoratore di alcune tutele fondamentali della persona (orario, riposi, maternità, sicurezza, previdenza), ma non può essere certo consentita l'omologante imposizione di un rapporto di scambio, con integrale applicazione della disciplina di quest'ultimo con il solo ipocrita limite della compatibilità con la posizione del socio lavoratore (art. 1, c. 3, legge n. 142 del 2001), per definizione incompatibile proprio con il rapporto di scambio.

Inapplicabilità delle altre tutele

L'auspicabile abrogazione della legge n. 142 del 2001 determinerà, dunque, il ritorno al corretto principio secondo cui al lavoro in cooperativa non si applicavano, in piena legittimità costituzionale stante la diversità del tipo (Corte Cost. n. 344 del 1995, n. 30 del 1996, n. 451 del 1998), le tutele del lavoro subordinato, salvo quelle espressamente estese.

In particolare non operava il principio costituzionale di retribuzione sufficiente, potendo il vantaggio mutualistico consistere in una garanzia di continuità dell'occupazione e del reddito anche a prescindere dalla misura di questo.

Non si applicava neppure la normativa di limitazione del potere di licenziamento, poiché l'esclusione del socio non era equiparabile al licenziamento del dipendente, come conferma anche la legge n. 142 del 2001, ora con maggiore chiarezza dopo la novella del 2003, che esclude il regime del licenziamento e la competenza del giudice del lavoro quando l'estinzione del rapporto di lavoro consegue alla cessazione del rapporto associativo. Tuttavia i casi di esclusione del socio sono predeterminati dalla legge e dall'atto costitutivo, sicché la delibera di espulsione deve essere giustificata. Ora l'art. 441 *ter* cod. proc. civ., introdotto dal d.lgs. n. 149 del 2022, prevede che il giudice del lavoro è competente per le cause relative al licenziamento e alla esclusione del socio della cooperativa.

Per i rapporti tra la cooperativa di lavoro ed i propri soci non valevano neppure le tutele legali della libertà ed attività sindacale nei luoghi di lavoro, non essendo qui configurabile un conflitto tra interessi contrapposti, potendosi ammettere solo la libertà di sciopero con pretesa nei confronti non della cooperativa, ma di altri soggetti, pubblici o privati. La legge n. 142 del 2001 riconosce espressamente le tutele della libertà ed attività sindacale sul presupposto del rapporto di scambio, sia pure, dopo la novella del 2003, con il limite di compatibilità con lo stato di socio in base ad appositi accordi collettivi.

Disciplina previdenziale

I lavoratori soci di cooperative sono da tempo equiparati ai lavoratori dipendenti dal punto di vista previdenziale in forza della disposizione dell'art. 2, c. 3, r.d. n. 1422 del 1924 per l'assicurazione invalidità, vecchiaia e superstiti e della disposizione dell'art. 9 del T.U. n. 1124 del 1965 per l'assicurazione contro gli infortuni sul lavoro e le malattie professionali.

Entrambe queste disposizioni utilizzano la semplice tecnica di definire come datori di lavoro, ai limitati fini previdenziali, le società cooperative, conseguendone ogni effetto, tra cui anche la determinazione dell'imponibile contributivo minimo mediante il riferimento alle retribuzioni previste dai contratti collettivi *ex* art. 1, c. 1, legge n. 389 del 1989.

Ora la legge n. 142 del 2001 prevede, in linea generale, che dall'instaurazione degli imposti rapporti di lavoro, subordinato o no, con i soci «derivano i relativi effetti di natura fiscale e previdenziale» (art. 1, c. 3) e che «ai fini della contribuzione previdenziale ed assicurativa si fa riferimento alle normative vigenti previste per le diverse tipologie di rapporto di lavoro» (art. 4, c. 1), precisando che tutte le erogazioni effettuate ai soci lavoratori subordinati rientrano nell'imponibile previdenziale quale reddito da lavoro dipendente ad eccezione dei soli «ristorni» (art. 4, c. 2).

Inoltre, mediante delega al Governo (art. 4, c. 3), esercitata con d.lgs. n. 423 del 2001, è stato soppresso, a partire dal 1° gennaio 2007, il vecchio sistema dell'imponibile convenzionale previsto dal d.p.r. n. 602 del 1970 per particolari tipi di cooperative (facchinaggio, trasporto, vigilanza, ecc.).

Competenza giurisdizionale

Le controversie tra il socio e la società cooperativa, secondo il non condivisibile avviso della Cassazione a Sezioni Unite (n. 10906 del 1998), rientravano già nella competenza del giudice del lavoro, pur non riguardando né un rapporto di lavoro subordinato, né un rapporto di lavoro autonomo parasubordinato, dei quali mancava la tipica causa di scambio corrispettivo.

La legge n. 142 del 2001, imponendo l'incostituzionale contratto di scambio, stabiliva, a maggior ragione, la competenza del giudice del lavoro, ma, poi, contestualmente alla riaffermazione della centralità del rapporto associativo, la disposizione è stata sostituita con la espressa attribuzione al Tribunale civile ordinario delle controversie sulla prestazione mutualistica (art. 5, c. 2, come novellato dall'art. 9 legge n. 30 del 2003). Pertanto, come già prima della legge n. 142 del 2001, la competenza del giudice del lavoro è correttamente sostenibile, anche a prescindere dalla fondatezza della prospettazione, solo quando il lavoratore ricorrente deduce la simulazione del rapporto sociale e la sussistenza solo di un rapporto di lavoro subordinato invocando le relative tutele.

L'equiparazione, sancita dalla Corte Costituzionale (n. 408 del 1989), tra crediti delle società cooperative verso il committente e crediti del lavoratore verso il datore di lavoro conferma come la protezione della posizione del socio, a differenza di quella del lavoratore subordinato, si realizza automaticamente come riflesso della tutela della cooperativa nei confronti dei terzi.

Promozione della cooperazione

Un filone legislativo, al fine di salvaguardare i livelli occupazionali, promuove, anche con finanziamenti, cooperative di lavoro tra lavoratori in CIGS o licenziati collettivamente o impegnati in lavori socialmente utili o che intendano rilevare l'azienda in crisi o tra giovani disoccupati meridionali.

Cooperative sociali

Una disciplina particolare è prevista per le cosiddette cooperative di solidarietà sociale, finalizzate, tra l'altro, all'inserimento lavorativo delle persone svantaggiate, quali invalidi fisici e psichici, tossicodipendenti, alcolisti, minori in situazione di difficoltà familiare, condannati ammessi a misure alternative alla detenzione (legge n. 381 del 1991, modificata con legge n. 52 del 1996). A queste cooperative possono partecipare anche soci volontari che prestano gratuitamente la loro attività (cfr. 39).

Cooperative portuali

Erano cooperative di lavoro anche le compagnie portuali, per le quali si è posto il delicato problema del monopolio per legge (artt. 110 e 111 cod. nav.) di una serie di attività (carico, scarico, ecc.), ritenuto incompatibile con l'ordinamento comunitario, con conseguente nuova disciplina (legge n. 84 del 1994, poi modificata dalle leggi n. 647 del 1996 e 186 del 2000).

38.3. *Il lavoro in società*

Società di persone

Nei rapporti associativi rientra anche quello del socio d'opera, che conferisce, invece di danaro o beni o crediti, la propria attività nelle società di persone a scopo di lucro (artt. 2247; 2263, c. 2; 2286, c. 2, cod. civ.), partecipando ai guadagni ed alle perdite insieme agli altri soci.

Anche qui la causa associativa esclude un rapporto di lavoro subordinato tra la società ed il socio, configurabile solo quando l'attività sia svolta in forma subordinata e sia del tutto estranea rispetto a quella conferita. Tuttavia anche al vero socio che abbia conferito una prestazione d'opera manuale spetta l'assicurazione contro gli infortuni e le malattie professionali.

Anche l'attività del socio per l'amministrazione della società di persone costituisce attuazione del contratto societario e non dà luogo ad un rapporto di lavoro subordinato.

Società di capitali

Nelle società di capitali è escluso il conferimento di prestazioni d'opera (art. 2342, c. 5, cod. civ.), ma l'atto costitutivo può stabilire l'obbligo dei soci di eseguire prestazioni accessorie con compenso non inferiore a quello previsto dai contratti collettivi per rapporti aventi ad oggetto le stesse prestazioni (art. 2345, c. 1, cod. civ.). Neppure queste prestazioni, trovando titolo nel contratto sociale, possono dar luogo ad un rapporto di lavoro subordinato, che, per il resto, è, invece, pienamente ammissibile, ricorrendone gli estremi, tra la società di capitali ed un suo socio, come risulta anche dalla espressa previsione di azioni da assegnare ai dipendenti (cfr. 60.8).

Per l'attività degli amministratori di società di capitali cfr. 53.6.

38.4. *L'associazione in partecipazione*

Nei rapporti associativi è compresa, seppur con qualche dissenso, l'associazione in partecipazione, costituita con un contratto mediante il quale «l'associante attribuisce all'associato una partecipazione agli utili della sua impresa o di uno o più affari verso il corrispettivo di un determinato apporto» (art. 2549 cod. civ.). L'associato partecipa, salvo patto contrario, anche alle perdite nei limiti del valore del suo apporto (art. 2553 cod. civ.).

La gestione spetta all'associante (art. 2552, c. 1, cod. civ.), ma l'associato può, se previsto dal contratto, esercitare un controllo (art. 2552, c. 2, cod. civ.) ed ha sempre diritto al rendiconto (art. 2552, c. 3, cod. civ.).

Ora l'associazione in partecipazione con associato lavoratore è stata abrogata (art. 53 d.lgs. n. 81 del 2015).

La distinzione dal lavoro subordinato si fondava sulla partecipazione dell'associato lavoratore al rischio di impresa con il connesso diritto al rendiconto periodico, il cui andamento negativo legittimamente privava di ogni utile il suo apporto lavorativo, mentre il lavoratore subordinato conserva il diritto alla retribuzione sufficiente *ex* art. 36 Cost. anche quando risulti in concreto inadeguata la pattuita retribuzione con partecipazione agli utili. Proprio per questo il contratto di associazione in partecipazione con associato lavoratore era stato fatto oggetto di disposizioni antiabuso (art. 86, c. 2, d.lgs. n. 276 del 2003; art. 1, c. 28 e ss., legge n. 92 del 2012), fino alla sua totale eliminazione.

38.5. *L'impresa familiare*

Definizione Il lavoro svolto nell'ambito della famiglia dai componenti di questa si presume gratuito (cfr. 39), salvo che sia prestato in modo continuativo nell'impresa di un familiare, poiché allora, se non ricorrono gli estremi di un altro rapporto (lavoro subordinato, lavoro autonomo, società), si determina un rapporto associativo espressamente disciplinato dall'art. 230 *bis* cod. civ. (introdotto dalla legge n. 151 del 1975).

L'impresa familiare rimane individuale nei rapporti con i terzi, sicché il rapporto associativo riguarda soltanto il versante interno.

La costituzione dell'impresa familiare può avvenire con atto scritto, ma anche per fatti concludenti. Possono partecipare, anche se non conviventi, il coniuge, i parenti entro il terzo grado e gli affini entro il secondo grado, mentre si riteneva esclusa la convivente *more uxorio*.

Disciplina

I partecipanti all'impresa familiare hanno diritto non solo al mantenimento secondo la condizione patrimoniale della famiglia, ma anche ad una quota degli utili dell'impresa, dei beni acquistati con tali utili e degli incrementi dell'azienda, in proporzione alla quantità e qualità del lavoro prestato a prescindere dal sesso. Le decisioni concernenti l'impiego degli utili e degli incrementi, la gestione straordinaria, gli indirizzi produttivi e la cessazione dell'impresa sono adottate dai familiari partecipanti a maggioranza con voto «per testa» e non in base al valore delle quote. Il diritto di partecipazione può essere trasferito solo ad un altro familiare con il consenso di tutti i partecipi e può essere liquidato in danaro in caso di alienazione dell'azienda o di uscita, per qualsiasi causa, del singolo dall'impresa. In caso di divisione ereditaria o di trasferimento dell'azienda i partecipanti hanno diritto di prelazione e riscatto sull'azienda medesima.

Stante la natura associativa del rapporto, insita nella partecipazione alla gestione ed al rischio di impresa quanto meno per le utilità derivanti dalla prestazione eseguita, non si applicano ai familiari partecipanti le tutele del lavoro subordinato, tranne l'assicurazione obbligatoria contro gli infortuni (Corte Cost. n. 476 del 1987) e il processo del lavoro per le controversie con il titolare dell'impresa.

Dall'impresa familiare, in cui i partecipanti collaborano con il titolare, si distingue l'azienda coniugale (art. 177, lett. d), cod. civ.), che è gestita in comune da entrambi i coniugi.

Diritti del convivente

L'art. 230 *ter* cod. civ. (introdotto dall'art. 1, c. 46, legge n. 76 del 2016) prevede che il convivente di fatto che presta stabilmente la propria opera all'interno dell'impresa familiare dell'altro convivente ha diritto ad una partecipazione agli utili ed ai beni acquistati con essi, nonché agli incrementi dell'azienda, anche in ordine all'avviamento, commisurato al lavoro prestato. Prevede, altresì, che il diritto di partecipazione non spetta qualora tra i conviventi esiste un rapporto di società o di lavoro subordinato.

Questa norma è quasi identica al primo periodo del comma 1 dell'art. 230 *bis*.

Mentre gli altri diritti previsti dalla seconda parte del comma 1 e dai commi 4 e 5 dell'art. 230 *bis* (partecipazione alle decisioni; trasferimento e liquidazione in denaro delle quote di partecipazione; diritto di prelazione) non sono previsti dall'art. 230 *ter*, in quanto continua ad esserci una differenza tra il coniuge e il convivente di fatto.

38.6. *I rapporti associativi agricoli*

In passato hanno avuto notevole importanza i contratti associativi agricoli, costituiti dalla mezzadria, dalla colonia parziaria e dalla soccida.

In considerazione della posizione di debolezza contrattuale dei lavoratori così associati è stata realizzata una radicale modificazione del sistema, con conversione a richiesta in contratti d'affitto, a loro volta disciplinati con una forte compressione del reddito del proprietario.

Ai rapporti associativi residui ed all'affitto a coltivatore diretto si applicano la tutela previdenziale, la disciplina collettiva ed il processo del lavoro, salva la competenza delle sezioni specializzate agrarie (art. 409, n. 2, cod. proc. civ.).

39. Il lavoro gratuito

Generalità

Il rapporto di lavoro subordinato è caratterizzato dalla onerosità della collaborazione (art. 2094 cod. civ.: «mediante retribuzione»), sicché si è fuori da questa fattispecie se il lavoro è prestato gratuitamente.

Ovviamente la omessa corresponsione della retribuzione in un rapporto a titolo oneroso non lo trasforma in un rapporto gratuito, ma costituisce solo un inadempimento del datore di lavoro.

La gratuità deve essere, dunque, voluta e insita nella causa della prestazione, in presenza di particolari ragioni o circostanze solitamente di tipo affettivo, solidaristico o ideologico, in assenza delle quali si presume l'onerosità, ma non necessariamente la subordinazione.

Famiglia

L'ambito più diffuso del lavoro gratuito è la famiglia, ove si presume la gratuità a causa del rapporto affettivo tra i suoi componenti, salvo una prova rigorosissima della sussistenza di un rapporto di lavoro subordinato. La disciplina dell'impresa familiare (cfr. 38.5) si sovrappone a questa situazione, ma non copre certamente tutta l'area del lavoro nella famiglia.

Una ipotesi tipica di lavoro gratuito di «parenti e affini sino al terzo grado» riguarda le «attività agricole», limitatamente a prestazioni svolte «in modo meramente occasionale o ricorrente di breve periodo, a titolo di aiuto, mutuo aiuto, obbligazione morale», sempre che non vi sia «corresponsione di compensi, salvo le spese di mantenimento e di esecuzione dei lavori» (art. 74 d.lgs. n. 276 del 2003).

La presunzione di gratuità vale anche nel lavoro svolto *affectionis vel benevolentiae causa* dalla convivente *more uxorio*, purché tale convivenza dia luogo ad una effettiva comunanza spirituale ed economica analoga a quella coniugale, con piena partecipazione al tenore di vita della famiglia.

Comunità religiose

L'altro ambito tipico del lavoro gratuito è quello delle comunità religiose, al cui interno i singoli componenti svolgono la loro attività anche secolare (es. insegnamento, assistenza agli infermi) *religionis causa*. Se, invece, il lavoro è prestato a favore di un ente diverso da quello di appartenenza opera la normale presunzione di onerosità.

Sacerdoti

I sacerdoti per lo svolgimento del loro ministero nell'ambito delle strutture ecclesiastiche percepiscono una prestazione assistenziale da parte dell'Istituto di sostentamento del clero. Tuttavia possono svolgere attività secolare regolarmente retribuita a favore di terzi (ad es. insegnamento presso le scuole pubbliche), con detrazione di tali emolumenti dalla suddetta indennità assistenziale. Del resto la stessa attività spirituale (messa, sacramenti), che in passato si riteneva fuori commercio, può costituire oggetto, nel suo profilo di *labor extrinsecus*, di un rapporto di lavoro oneroso con soggetti diversi dalla Chiesa.

Volontariato

Un lavoro gratuito tipico, nonostante alcune opinioni difformi, è quello svolto dagli aderenti alle organizzazioni di volontariato in modo personale, spontaneo e per fini di solidarietà (legge n. 266 del 1991). Sono previsti soltanto un rimborso spese, nonché un'assicurazione contro gli infortuni e le malattie professionali e per la responsabilità civile verso terzi. Resta salva, ovviamente, qualsiasi attività solidaristica svolta gratuitamente da singoli anche al di fuori di queste organizzazioni.

Cooperative sociali

Un altro caso di lavoro gratuito tipico è quello dei «soci volontari» delle cooperative sociali (legge n. 381 del 1991, modificata con legge n. 52 del 1996), con previsione solo di un rimborso spese e dell'assicurazione contro gli infortuni e le malattie professionali. Qui la solidarietà è verso i membri svantaggiati della stessa cooperativa, nell'ambito della quale i soci volontari non possono superare il 50 per cento, e non verso soggetti terzi come nelle organizzazioni di volontariato.

Imprese sociali

Le imprese che, senza distribuire utili, operano in settori di particolare rilievo sociale oppure riservano almeno il 30 per cento dell'organico a soggetti svantaggiati o disabili sono qualificate come imprese sociali e possono avvalersi di volontari entro il limite del 50 per cento dell'organico (d.lgs. n. 155 del 2006).

Cooperazione con i paesi in via di sviluppo

Notevolmente diversa è l'attività di volontariato svolta nell'ambito della cooperazione con i paesi in via di sviluppo (leggi n. 38 del 1979 e n. 49 del 1987), definita dal legislatore «lavoro autonomo», ma intesa dalla Corte Costituzionale (n. 211 del 1996) come lavoro subordinato atipico e a causa mista, nel quale, con la gratuità di fondo della prestazione, si combinano elementi di onerosità.

40. Le attività dei «senza lavoro»

40.1. *Generalità*

Categorie di «senza lavoro»

I «senza lavoro» si distinguono in tre categorie: lavoratori in cerca di prima occupazione (c.d. inoccupati), per lo più giovani ormai considerati tali anche oltre i trenta anni; lavoratori espulsi dal sistema produttivo (c.d. disoccupati); lavoratori sospesi dal lavoro.

Trattamenti previdenziali consistenti sono previsti solo per i lavoratori sospesi (integrazione salariale = cfr. 62.9), mentre per il periodo successivo all'estinzione del rapporto vige ormai lo strumento universalistico della NASPI che ha abrogato i trattamenti privilegiati (indennità di disoccupazione speciale; indennità di mobilità = cfr. 72). Per i collaboratori coordinati e continuativi esiste l'indennità di disoccupazione c.d. DIS-COLL.

Per incentivare le nuove assunzioni, onde ridurre il numero dei «senza lavoro», sono stabilite agevolazioni di vario tipo (cfr. 50.3).

Scopi delle attività

Nel periodo di perdurante mancanza di lavoro è previsto lo svolgimento di alcune attività, con lo scopo di: impegnare i percettori di trattamenti previdenziali in una occupazione utile, così facendo fruttare il costo del trattamento ed ostacolando il lavoro nero; fornire ai disoccupati e agli inoccupati privi di reddito un'occasione temporanea di lavoro fuori mercato collegata ad una indennità economica assistenziale; consentire una formazione professionale all'interno delle organizzazioni produttive.

Inconfigurabilità di un rapporto di lavoro subordinato

L'attività lavorativa così svolta, pur essendo eterodiretta, non dà luogo a un rapporto di lavoro subordinato *ex* art. 2094 cod. civ., poiché manca la causa di scambio corrispettivo con una retribuzione erogata dal soggetto utilizzatore dell'attività. Quest'ultima costituisce, infatti, solo un onere per conservare una erogazione previdenziale od ottenere una prestazione assistenziale e/o per realizzare un'esperienza formativa.

Reddito di cittadinanza

Il d.l. n. 4 del 2019, conv. legge n. 26 del 2019, ha introdotto il c.d. reddito di cittadinanza, che è una misura assistenziale per i poveri senza lavoro, che si prefigge, tramite i centri per l'impiego, di procurare una proposta di lavoro alle persone che beneficiano del reddito di cittadinanza. Le norme sono tante e complicate. Le proposte di lavoro mancano, sicché i percettori del reddito continuano ad incassarlo e alle volte lavorano in nero violando la norma penale prevista dalla medesima legge.

La legge n. 234 del 2021 (art. 1, c. 73-84) ha modificato di poco il reddito di cittadinanza. Il governo di centrodestra costituito ad ottobre 2022 sta eliminando gradualmente il reddito di cittadinanza.

40.2. *I lavori socialmente utili*

Fonti

I lavori socialmente utili, da ultimo regolati dal d.lgs. n. 468 del 1997 e dal d.lgs. n. 81 del 2000 che ha in gran parte abrogato il precedente, sono quasi scomparsi, sicché le seguenti considerazioni fanno parte della storia del diritto del lavoro.

Oggetto ed enti utilizzatori

I lavori socialmente utili hanno per oggetto «la realizzazione di opere e la fornitura di servizi di utilità collettiva» e sono attuati sia direttamente dalle pubbliche amministrazioni, sia mediante progetti promossi dalle stesse pubbliche amministrazioni o da enti pubblici economici o da società a totale o prevalente partecipazione pubblica o da cooperative sociali, nei settori della cura della persona, dell'ambiente, del territorio, dello sviluppo rurale, del recupero e riqualificazione di spazi urbani e beni culturali, nonché dei servizi tecnici integrati della pubblica amministrazione, dei trasporti e connessa logistica e in altre attività da Regioni e Province.

Soggetti

I soggetti ancora utilizzabili nei lavori socialmente utili sono ormai solamente coloro che, titolari o no di trattamenti previdenziali, abbiano maturato dodici mesi di attività effettiva nei suddetti progetti nel periodo dal 1° gennaio 1998 al 31 dicembre 1999. Ciò al fine di sbarrare l'accesso a nuovi soggetti e procedere al progressivo svuotamento di un gruppo arrivato a quasi 200.000 persone. È ovvio che dovranno essere previsti altri sistemi di protezione contro la disoccupazione, in sostituzione di quello in esame ripetutamente prorogato in vista della stabilizzazione dei lavoratori così utilizzati.

Modalità di utilizzazione e trattamento

Ai soggetti utilizzati, se non titolari di trattamento previdenziale (ad es. integrazione salariale, indennità di mobilità), spetta, per un impegno settimanale di venti ore e per non più di otto ore giornaliere, un importo mensile di L. 850.000 (equivalente a circa 400 Euro) denominato assegno di utilizzo per prestazioni in attività socialmente utili. L'assegno è erogato dall'INPS con risorse a carico del Fondo per l'occupazione presso il Ministero del lavoro, previa certificazione delle presenze a cura dell'ente utilizzatore.

È prevista la cancellazione dagli elenchi e la perdita di ogni beneficio nei casi di rifiuto di un'assunzione in luogo distante fino a 50 chilometri da quello di residenza, di rifiuto di partecipare ai corsi di formazione e di rifiuto dell'avviamento a selezione.

Sono previste misure per realizzare concrete opportunità di occupazione e incentivi per l'assunzione e per il prepensionamento.

Tutele

Gli addetti ai lavori socialmente utili godono di tutele previdenziali (infortuni, malattia, maternità) ed hanno anche diritto di partecipare alle assemblee sindacali dei dipendenti del soggetto utilizzatore.

Esclusione di un rapporto di lavoro subordinato

Proprio la previsione espressa, altrimenti inutile, di queste tutele conferma che l'attività lavorativa, pur essendo eterodiretta, «non determina l'instaurazione di un rapporto di lavoro e non comporta la sospensione e la cancellazione dalle liste di collocamento o dalle liste di mobilità», in quanto la prestazione non è scambiata con la retribuzione, ma costituisce un onere per la conservazione o l'acquisizione del trattamento previdenziale o assistenziale. Ovviamente una seria deviazione di fatto dal modello legale potrebbe determinare l'instaurazione di un rapporto di lavoro subordinato.

40.3. *I piani per l'inserimento professionale dei giovani*

Disciplina

Anche per i piani per l'inserimento professionale si ribadisce che fanno parte della storia del diritto del lavoro.

Diversamente dai lavori socialmente utili, i piani per l'inserimento professionale sono riservati ai giovani di età compresa tra i 19 ed i 32 anni, elevati a 35 per i disoccupati di lunga durata, nelle sole aree territoriali svantaggiate (art. 15 legge n. 451 del 1994 novellato dall'art. 9 *octies* legge n. 608 del 1996 e successive proroghe).

I piani sono attuati attraverso progetti di lavori socialmente utili oppure progetti che prevedono periodi di formazione ed un'esperienza lavorativa per figure professionalmente qualificate, redatti dalle associazioni di datori di lavoro o da ordini o collegi professionali sulla base di apposite convenzioni con le agenzie per l'impiego.

Anche qui è previsto espressamente che l'utilizzazione dei giovani, pur dando luogo ad una attività eterodiretta, «non determina l'instaurazione di un rapporto di lavoro, non comporta la cancellazione dalle liste di collocamento», in quanto non vi è scambio corrispettivo, ma esperienza formativa con indennità assistenziale.

È fissato per il singolo partecipante un limite massimo di impegno mensile per un periodo non superiore a dodici mesi, con un'indennità proporzionata alle ore di formazione o di attività svolta, corrisposta dalla Direzione provinciale del lavoro e finanziata a carico del Fondo per l'occupazione presso il Ministero del lavoro.

Tuttavia, per le sole ore di attività, la metà del costo della relativa indennità è a carico del soggetto utilizzatore, che deve anche provvedere alla assicurazione contro gli infortuni sul lavoro e le malattie professionali.

Questo parziale accollo dell'indennità non sembra sufficiente a realizzare il tipo lavoro subordinato, conseguendone la legittimità costituzionale della ricordata esclusione espressa dallo stesso da parte del legislatore.

Anche qui, peraltro, un serio scostamento dal modello legale nella fase di attuazione del rapporto potrebbe determinare, ricorrendone tutti gli estremi, il riconoscimento in concreto di un vero e proprio lavoro subordinato.

Piano straordinario una tantum *del 1997*

Nella stessa prospettiva di tutela dei giovani inoccupati nel 1997 venne approvato, con non poche polemiche, un piano straordinario *una tantum* conclusosi il 31 dicembre 1998 per l'avviamento al lavoro per dodici mesi di 100.000 giovani meridionali e di altre cinque province ad alto tasso di disoccupazione, con un costo complessivo di 1.000 miliardi di lire (equivalenti a circa 500 milioni di Euro) a carico del Fondo per l'occupazione presso il Ministero del lavoro (art. 26 legge n. 196 del 1997 e d.lgs. di attuazione n. 280 del 1997).

40.4. *I tirocini formativi e di orientamento*

Scopo

L'ordinamento vigente prevede tirocini formativi, al fine di realizzare momenti di alternanza tra studio e lavoro, e tirocini di orientamento, al fine di agevolare le scelte professionali mediante la conoscenza diretta del mondo del lavoro (art. 18 legge n. 196 del 1997; d. Min. lav. 25 marzo 1998, n. 142).

Beneficiari

Questi tirocini, detti anche *stages*, non sono riservati solo ai giovani, poiché l'unico requisito indispensabile è l'avvenuto assolvimento dell'obbligo scolastico e lo stato di inoccupazione o disoccupazione.

Disciplina

I tirocini sono promossi da agenzie per l'impiego, università, provveditorati agli studi, scuole, centri di formazione e comunità terapeutiche, mediante apposite convenzioni con datori di lavoro privati o pubblici, che possono ospitare un numero massimo di tirocinanti proporzionale al numero dei rispettivi dipendenti.

La durata del tirocinio varia da 4 mesi fino a 12 mesi, elevati a 24 per i portatori di handicap, a seconda del livello di istruzione e di altre condizioni soggettive del beneficiario.

I soggetti promotori sono tenuti, con eventuale rimborso a carico delle Regioni, ad assicurare i tirocinanti contro gli infortuni sul lavoro presso l'INAIL, nonché per la responsabilità civile verso i terzi. Devono, inoltre, garantire la presenza di un tutore responsabile didattico organizzativo delle attività, cui fa riferimento il responsabile aziendale indicato dal datore di lavoro ospitante.

Non è prevista alcuna borsa o indennità a favore del tirocinante.

Il Fondo per l'occupazione istituito presso il Ministero del lavoro interviene soltanto per rimborsare gli oneri, compreso il costo di vitto e alloggio, sopportati da imprese del Nord e del Centro per ospitare giovani tirocinanti del Mezzogiorno oppure il costo dell'assicurazione INAIL che il datore di lavoro ospitante abbia ritenuto di accollarsi direttamente.

In base allo schema di convenzione tipo il tirocinante è tenuto a svolgere le attività previste dal progetto, a rispettare le norme di igiene e sicurezza del lavoro e a mantenere la necessaria riservatezza sulle informazioni relative all'azienda da cui è ospitato.

L'art. 11 d.l. n. 138 del 2011 conv. legge n. 148 del 2011 ha stabilito che i tirocini non curriculari, cioè estranei ai piani di studio scolastici, non possono avere durata superiore a sei mesi, comprese le proroghe, ma la norma è stata dichiarata incostituzionale trattandosi di competenza legislativa residuale delle regioni (Corte Cost. n. 287 del 2012). La riserva a favore di neodiplomati o neolaureati da non più di dodici mesi e il limite di durata non riguardano i tirocini di inserimento o reinserimento a favore di lavoratori disoccupati e quelli a favore di disabili e altre categorie protette (circ. Min. lav. n. 24 del 2011).

L'art. 1, c. 34 e 35, legge n. 92 del 2012, al fine di contrastare un uso distorto dell'istituto, ha previsto entro sei mesi un accordo in sede di Conferenza Stato-Regioni per la revisione della disciplina dei tirocini, con individuazione dei requisiti e modalità e con imposizione di una «congrua indennità» a favore del tirocinante, la cui mancata corresponsione è punita con sanzione amministrativa pecuniaria. Questo accordo è stato stipulato il 24 gennaio 2013, prevedendo i limiti di utilizzo del tirocinante.

Esclusione di un rapporto di lavoro subordinato

È espressamente escluso che i tirocini costituiscano rapporti di lavoro. Infatti, a differenza dei contratti di apprendistato e di formazione e lavoro, qui manca uno scambio corrispettivo tra prestazione lavorativa e retribuzione, in quanto l'attività del tirocinante è svolta solo in funzione della formazione e dell'orientamento professionale.

Del resto, anche a prescindere dalla specifica normativa esaminata, si sono sempre ritenuti ammissibili rapporti di addestramento, nei quali la prestazione lavorativa, seppur eterodiretta, rimanendo estranea ad uno scambio corrispettivo e strumentale alla formazione, non determina l'instaurazione di un rapporto di lavoro subordinato, neppure nelle forme miste dell'apprendistato o del contratto di formazione e lavoro.

Ovviamente neppure qui si può escludere che, nella fase di concreta attuazione del rapporto, le parti si allontanino dallo schema del puro addestramento, per realizzare un vero rapporto di lavoro subordinato, con sistematica utilizzazione della prestazione lavorativa per il funzionamento dell'impresa anche al di fuori delle esigenze formative dietro versamento di una retribuzione. E proprio al fine di predisporre un efficace controllo su eventuali impieghi fraudolenti dei tirocini in esame è prevista la trasmissione di copia della convenzione alla struttura ispettiva territoriale del Ministero del lavoro ed alle r.s.a. o, in mancanza, agli organismi locali delle confederazioni maggiormente rappresentative.

Tirocini estivi di orientamento

Una particolare forma di tirocinio di orientamento era il tirocinio estivo svolto durante le vacanze estive da un giovane adolescente iscritto a un ciclo di studi (art. 60 d.lgs. n. 276 del 2003). La durata massima era di tre mesi ed eventuali borse lavoro non potevano superare i 600 Euro mensili. Limiti percentuali massimi rispetto all'organico dell'azienda potevano essere previsti dai contratti collettivi. Per il resto si applicava la già esposta disciplina generale dei tirocini di orientamento.

Ma l'intero art. 60 è stato dichiarato incostituzionale in quanto lesivo della competenza esclusiva della legge regionale in materia di formazione esterna, come nella specie, ad un rapporto di lavoro (Corte Cost. n. 50 del 2005).

CAPITOLO VI

IL CONTRATTO DI LAVORO

41. Origine contrattuale del rapporto di lavoro

Il lavoro subordinato nel codice civile

Mentre il codice civile del 1865 considerava il contratto di lavoro come una sottospecie della locazione, con conseguente pacifica origine contrattuale del rapporto, l'attuale codice civile del 1942 non contempla il contratto di lavoro tra i contratti tipici del libro IV, bensì definisce il prestatore di lavoro subordinato (art. 2094) nell'ambito della disciplina del lavoro nell'impresa (titolo II del libro V), considerata, nel sistema corporativo all'epoca vigente, come strumento di realizzazione dell'interesse superiore dell'economia nazionale (artt. 2085, 2088, 2104), che escludeva anche il conflitto tra i fattori della produzione con divieto penale dello sciopero e della serrata.

Concezione comunitaria

In questo ambiente normativo ha trovato un certo spazio la concezione, di origine tedesca, secondo cui la fonte del rapporto di lavoro non sarebbe il contratto, bensì l'inserzione di fatto del prestatore nell'impresa, quale comunione di scopo tra datore di lavoro e lavoratore (c.d. teoria istituzionale-comunitaria), con superamento della causa di scambio ed invocazione, tutt'al più, di un contratto associativo.

La svalutazione del contratto è stata sostenuta, da un altro punto di vista, anche nel vigente ordinamento costituzionale che riconosce il conflitto collettivo (art. 40 Cost.) ed impone la concezione scambistica, argomentandosi dalla forte compressione dell'autonomia individuale per effetto della normativa inderogabile legale e collettiva, nonché dalla attribuzione di effetti alla prestazione di fatto (art. 2126 cod. civ.).

Concezione contrattuale

Tuttavia è prevalsa la tesi dell'origine necessariamente contrattuale del rapporto di lavoro, ritenendosi il contratto imprescindibile garanzia di libertà, pienamente compatibile con le limitazioni derivanti dalla disciplina inderogabile e con la regolamentazione della prestazione di fatto, che anzi presuppone espressamente l'esistenza di un contratto sia pure invalido.

Del resto la libertà di forma del contratto di lavoro (cfr. 44) consente di individuare l'accordo delle parti anche nell'esecuzione della prestazione lavorativa accettata ed utilizzata dal datore di lavoro, secondo il noto schema della stipulazione del contratto per fatti concludenti.

L'organizzazione nella quale si inserisce la prestazione lavorativa conserva, peraltro, la sua rilevanza anche nella logica del contratto di scambio (*do ut facias*), poiché la collaborazione dovuta dal lavoratore subordinato è funzionale proprio a tale organizzazione.

Profili di interesse comune

Gli innegabili profili di interesse comune tra imprenditore e lavoratori per la creazione, il buon andamento e la sopravvivenza dell'impresa, quali presupposti per l'ottenimento e la conservazione dell'occupazione e di migliori condizioni di lavoro e retributive, sono riconosciuti sia a proposito della partecipazione dei lavoratori alla gestione delle aziende, sia nelle norme di affidamento all'autonomia collettiva della flessibilizzazione delle tutele (ad es. per il trasferimento delle aziende in crisi, per i contratti di riallineamento retributivo, per i contratti di solidarietà, per i contratti di prossimità), sia a proposito della retribuzione con partecipazione agli utili o legata alla produttività aziendale e dell'azionariato dei lavoratori. Ma anche queste importanti indicazioni, che potrebbero preludere a più radicali evoluzioni, non sembrano per ora sufficienti ad intaccare la causa di scambio corrispettivo tra lavoro e retribuzione tipica del contratto di lavoro subordinato.

42. La compressione dell'autonomia individuale

Debolezza contrattuale del lavoratore

Il lavoratore subordinato è un soggetto debole sul piano socio-economico e, conseguentemente, sul piano contrattuale, in quanto situato in un contesto di diffusa disoccupazione e privo di redditi diversi dalla retribuzione, con la conseguente assoluta necessità di ottenere e conservare un'occupazione onde poter scambiare giorno dopo giorno il suo unico e deperibile bene (il lavoro) con la retribuzione indispensabile al suo sostentamento (cfr. 1).

Scopo del diritto del lavoro

Il diritto del lavoro nasce proprio per proteggere il lavoratore subordinato contro la sua stessa libertà negoziale, abbandonando il mito liberistico della eguaglianza formale dei contraenti e della conseguente naturale equità del contenuto del contratto per prendere atto della diseguaglianza sostanziale delle parti che impone interventi correttivi esterni a tutela del più debole (art. 3, c. 2, Cost.).

Tutele inderogabili

Da qui la fortissima limitazione dell'autonomia privata individuale, sia ad opera della legge, sia ad opera dei contratti collettivi, mediante disposizioni che fissano il trattamento minimo spettante al lavoratore. Carattere essenziale, anche laddove non prevista espressamente, di questa estesa normativa di tutela è, infatti, l'inderogabilità con efficacia sostitutiva delle clausole difformi del contratto individuale, che quindi rimane in vita producendo gli effetti previsti dalla legge e dal contratto collettivo applicabile al posto di quelli voluti dalle parti.

Principio del favor *per il lavoratore*

La finalità di protezione del lavoratore spiega la tradizionale inderogabilità solo *in peius*, che consente ai singoli pattuizioni migliorative del trattamento minimo legale o collettivo, secondo il principio del *favor* per il lavoratore, cioè della prevalenza della fonte a lui più favorevole, sia essa la legge, il contratto collettivo o il contratto individuale, a prescindere da qualsiasi gerarchia.

Condizioni generali

Con le tutele inderogabili non va confusa la più blanda generale tecnica civilistica (art. 1341 cod. civ.), applicabile anche al contratto individuale di lavoro, secondo la quale per l'efficacia delle condizioni generali di contratto predisposte da uno dei contraenti occorre la conoscenza e, in alcuni casi, la specifica approvazione per iscritto da parte dell'altro contraente.

Limitazione e flessibilizzazione delle tutele

Solo a partire dalla seconda metà degli anni '70, a tutela di interessi generali come quello al contenimento dell'inflazione oppure all'incremento o salvezza dell'occupazione oppure alla riduzione e lealtà del conflitto, si affiancano alla normativa tradizionale norme di segno opposto, che fissano massimi (c.d. tetti) di trattamento inderogabili *in melius* oppure autorizzano l'autonomia collettiva o la pubblica amministrazione a derogare alcune tutele legali oppure impongono un termine di decadenza per l'azione in giudizio consentono l'arbitrato irrituale con lodo inoppugnabile per violazione di norme inderogabili.

In questo complesso sistema di disciplina del rapporto di lavoro stabilito dalle fonti legali e collettive resta, in effetti, ben poco spazio al contratto individuale, sovente ridotto alla funzione di instaurazione del rapporto e di individuazione delle mansioni e del luogo di lavoro, oltre che di attribuzione di eventuali trattamenti superminimali.

Ne risulta un rapporto di origine sicuramente contrattuale, pur con regolazione rimessa in assoluta prevalenza a fonti diverse dall'accordo istitutivo.

43. I soggetti

43.1. *Il lavoratore*

Capacità giuridica

L'implicazione della persona del lavoratore nel rapporto determina, salvo eccezioni tassative, il divieto penalmente sanzionato di lavoro per i minori di quindici anni o ancora soggetti all'obbligo scolastico (cfr. 56.5), quindi privi di capacità giuridica ai fini del rapporto di lavoro, in deroga al principio generale per cui la capacità si acquista con la nascita.

Il contratto con un lavoratore di età inferiore a quella minima legale è nullo per illiceità dell'oggetto, ma per la prestazione eseguita è riconosciuto il diritto alla retribuzione essendosi verificata una violazione delle norme di tutela del lavoro (cfr. 49).

Capacità di agire

Distinta dalla capacità giuridica è la capacità di agire, cioè di stipulare il contratto di lavoro.

Se il lavoratore ha compiuto la maggiore età, fissata in diciotto anni, è in possesso della generale capacità d'agire e, quindi, può stipulare anche il contratto di lavoro.

Invece se il lavoratore, pur in possesso della capacità giuridica, non è ancora diciottenne, si pone il problema di chi debba stipulare il contratto. La legge dispone che «il minore è abilitato all'esercizio dei diritti e delle azioni che dipendono dal contratto di lavoro» (art. 2, c. 2, cod. civ.). Da questa capacità di gestire, stragiudizialmente ed in giudizio, gli effetti del contratto, si tenta di desumere in via interpretativa anche la capacità di stipulare il contratto, ma non sembra facilmente superabile la lettera della legge, sicché per il minore di anni diciotto il contratto deve essere stipulato dal rappresentante legale.

Il contratto di lavoro concluso da soggetto sfornito della capacità d'agire è annullabile, ma tale invalidità, che non tocca la liceità dell'oggetto o della causa, non produce effetti per il periodo di avvenuta esecuzione del rapporto (cfr. 49).

Limiti alla individuazione del contraente lavoratore

La facoltà del datore di lavoro di scegliere il contraente lavoratore incontra importanti limiti: a) la disciplina pubblicistica del collocamento, anche obbligatorio, che ha subito, peraltro, una profonda evoluzione nel senso della liberalizzazione della scelta (cfr. 50); b) i casi di precedenza assoluta (prelazione), come quelli previsti a favore dei lavoratori licenziati collettivamente o posti in mobilità con riferimento alle assunzioni entro i sei mesi successivi, a favore dei lavoratori a termine stagionali e per le punte di attività aziendale previa tempestiva richiesta, a favore dei lavoratori a tempo parziale per le assunzioni a tempo pieno, a favore dei lavoratori esclusi dal passaggio alle dipendenze del cessionario di azienda in crisi con riferimento alle assunzioni da questi effettuate entro un anno dal trasferimento dell'azienda; c) i divieti di discriminazione; d) la previsione negoziale di concorsi privatistici per l'assunzione da parte di datori di lavoro privati o enti pubblici economici, con problemi in gran parte analoghi a quelli dei concorsi privatistici per promozione (cfr. 53.8); e) l'obbligo di assunzione per concorso da parte delle pubbliche amministrazioni.

43.2. *Il datore di lavoro*

Capacità giuridica e di agire

Per il datore di lavoro non si pongono, ovviamente, limiti alla capacità giuridica o di agire se si tratta di persona giuridica, mentre se si tratta di persona fisica i limiti non riguardano la capacità giuridica, ma solo la capacità di agire (minore età, interdizione, inabilitazione) segnalandosi in particolare le disposizioni sull'esercizio di un'impresa commerciale da parte del minore emancipato e dell'inabilitato.

Gruppi di società

I gruppi di società non hanno una propria autonoma soggettività giuridica e, conseguentemente, non possono essere titolari di rapporti di lavoro, che vanno imputati, in base alla volontà in concreto manifestata dalle parti anche per fatti concludenti, ad una o più delle società del gruppo.

Questa conclusione è ora espressamente confermata dalla disposizione per cui la delega alla società capogruppo degli adempimenti per la gestione del personale non incide sulla titolarità dei rapporti di lavoro in capo alle singole società datrici di lavoro (art. 31, c. 3, d.lgs. n. 276 del 2003).

Può accadere, pertanto, che il lavoratore circoli nell'ambito del gruppo stipulando distinti contratti di lavoro, eventualmente anche a tempo parziale, con le società che lo utilizzano oppure che il contratto di lavoro rimanga sempre lo stesso, realizzandosi la circolazione del lavoratore mediante una cessione di tale contratto o mediante un comando (cfr. 83.2) o mediante una contitolarità del contratto stesso dal lato imprenditoriale.

Inoltre si ritiene che tutti i rapporti di lavoro delle società del gruppo siano imputabili ad un unico soggetto, di solito la società capo gruppo, nelle ipotesi di utilizzazione fraudolenta o simulata dello schema societario, con unicità di struttura organizzativa integrata e di centro decisionale (c.d. centro unico di imputazione).

Codatorialità

Nell'ordinamento è stata inserita, infine, la nozione di codatorialità, che indica un contratto di lavoro in cui compaiono due o più soggetti nella qualità di datori di lavoro dello stesso lavoratore (c.d. centro unico di imputazione).

Questo è ammissibile solo se le aziende abbiano previamente stipulato tra loro un contratto di rete ai sensi del d.l. n. 5 del 2009 conv.

legge n. 33 del 2009 (art. 30, c. 4 *ter*, d.lgs. n. 276 del 2003 introdotto dall'art. 7, c. 2, lett. 0a, d.l. n. 76 del 2013 conv. legge n. 99 del 2013) oppure se si tratta di imprese agricole appartenenti allo stesso gruppo societario o riconducibili allo stesso proprietario o a soggetti parenti o affini entro il terzo grado o di imprese legate da un contratto di rete purché almeno il 50 per cento di esse siano imprese agricole (art. 31, c. 3 *bis* e ss., d.lgs. n. 276 del 2003 introdotti dall'art. 9, c. 11, d.l. n. 76 del 2013 conv. legge n. 99 del 2013).

L'assunzione congiunta è finalizzata allo svolgimento di prestazioni lavorative presso le relative aziende e i datori di lavoro rispondono in solido delle obbligazioni contrattuali e previdenziali (art. 31, c. 3 *bis* e 3 *quinquies*, cit.).

Varietà dei datori di lavoro

Il datore di lavoro può essere privato o pubblico, imprenditore o non imprenditore, con ulteriori distinzioni a seconda della natura dell'attività esercitata, conseguendone differenti discipline dei relativi rapporti di lavoro (cfr. 82).

Divieto di interposizione

È vietata la dissociazione tra il soggetto formale datore di lavoro ed il soggetto effettivo utilizzatore della prestazione, con l'eccezione del lavoro somministrato (cfr. 83.2).

Sostituzione del datore di lavoro

Nel corso di svolgimento del rapporto può verificarsi la sostituzione dell'originario datore di lavoro per effetto di un trasferimento d'azienda (cfr. 63) o di una cessione consensuale del contratto.

Nel lavoro pubblico è prevista la possibilità di passaggio diretto da una amministrazione ad un'altra per la copertura di un posto vacante della stessa qualifica su domanda del lavoratore interessato e con il consenso dell'amministrazione di provenienza (art. 30 d.lgs. n. 165 del 2001).

44. Causa, oggetto, conclusione, forma e informazione

Causa

La causa del contratto è la funzione economico-sociale da esso svolta, individuata dalla legge nei contratti nominati e dall'autonomia privata nei contratti innominati a condizione che gli interessi perseguiti siano meritevoli di tutela.

Il contratto di lavoro subordinato si deve ritenere nominato, anche se la legge (art. 2094 cod. civ.) non definisce il contratto, ma il rapporto che ne deriva (cfr. 41).

La causa consiste nello scambio tra lavoro e retribuzione, secondo un vincolo di reciprocità (*do ut facias*). Pertanto il contratto di lavoro viene definito come contratto oneroso di scambio a prestazioni corrispettive.

La formazione entra nella causa del contratto solo nei sottotipi a finalità formativa (cfr. 85), mentre nel normale contratto di lavoro l'eventuale obbligo formativo (ad es. il piano annuale per la formazione del personale della p.a. *ex* art. 7 *bis* d.lgs. n. 165 del 2001) non incide sullo scambio tipico sopra indicato.

Oggetto

L'oggetto del contratto è costituito, appunto, dal lavoro e dalla retribuzione. La relativa analitica disciplina legale e collettiva non lascia molto spazio all'autonomia individuale (cfr. 42).

L'oggetto deve essere, a pena di nullità del contratto, possibile, lecito e determinato o determinabile. Ne consegue, tra l'altro, il divieto di pattuire lo svolgimento di un'attività illecita o contraria al buon costume.

Conclusione del contratto

Il contratto di lavoro si perfeziona con l'accordo delle parti, che si realizza quando l'accettazione viene a conoscenza del proponente.

Se il datore di lavoro si rende inadempiente ad uno specifico obbligo di assunzione, si pone il problema della possibilità di costituzione *ope iudicis* del rapporto *ex* art. 2932 cod. civ.

Responsabilità precontrattuale

La violazione dell'obbligo di condotta secondo buona fede nelle trattative determina una responsabilità risarcitoria c.d. precontrattuale, come nel caso in cui il datore di lavoro rifiuti improvvisamente senza motivo la conclusione del contratto nonostante lo stato avanzato della trattativa sul buon esito della quale il lavoratore aveva ragionevolmente confidato.

Obbligo di informazione

Il datore di lavoro, con la sola eccezione dei rapporti di lavoro pubblico non privatizzati, già tenuto a far conoscere al lavoratore, al momento dell'assunzione, la categoria e la qualifica assegnategli (art. 96, c. 1, disp. att. cod. civ.), ha, ora, anche l'obbligo, presidiato da sanzione amministrativa pecuniaria (art. 19, c. 2, d.lgs. n. 276 del 2003), di consegnare al lavoratore all'atto dell'assunzione e prima dell'inizio dell'attività di lavoro una copia della comunicazione di instaurazione del rapporto inviata al centro per l'impiego oppure una copia del contratto individuale di lavoro contenente le informazioni relative al rapporto e alla sua disciplina in parte anche mediante rinvio al contratto collettivo eventualmente applicato.

Libertà di forma

Tuttavia la forma del contratto di lavoro rimane libera, proprio perché tale comunicazione scritta costituisce un adempimento successivo e distinto dall'assunzione.

Libertà di forma significa che il contratto può essere concluso e modificato anche oralmente o per fatti concludenti.

Si tratta di un principio di grande rilievo che, ai fini della qualificazione del rapporto e della individuazione del datore di lavoro, consente di far prevalere sulle pattuizioni formali originarie la volontà effettiva manifestata dalle parti nella concretezza del loro agire.

Specifiche prescrizioni di forma scritta

La forma scritta è prevista dalla legge solo per alcuni contratti, clausole o atti, di solito a tutela della posizione del lavoratore.

Lo scritto è imposto per gli scostamenti dal modello privilegiato del lavoro stabile a tempo pieno e indeterminato. E così è richiesta la forma scritta per l'apposizione del termine, per il contratto di formazione e lavoro anch'esso a termine, per il patto di prova, per il contratto a tempo parziale, per il contratto di somministrazione, per il patto di non concorrenza e per il contratto di inserimento.

Conseguenze del difetto di forma

Al difetto di forma scritta sovente consegue, per espressa previsione di legge, l'instaurazione di un rapporto di lavoro definitivo a tempo indeterminato. Nel silenzio della legge, invece, è dubbio se l'efficacia sostitutiva possa essere ricavata in via interpretativa.

Volontà assistita

Per alcuni atti ritenuti particolarmente pregiudizievoli la volontà del lavoratore deve essere assistita, come è previsto per le rinunzie e transazioni del lavoratore valide solo se intervenute in sede giudiziaria, amministrativa o sindacale (art. 2113, c. 4, cod. civ.) e per le clausole compromissorie (art. 31, c. 10, legge n. 183 del 2010).

45. La certificazione dei contratti

Volontà assistita

L'esigenza di superare la deleteria situazione di incertezza derivante dalle norme inderogabili a precetto generico e di redistribuire equamente le tutele in funzione delle effettive condizioni del singolo lavoratore può essere soddisfatta soltanto realizzando un sistema di volontà assistita.

Purtroppo questo modello, pur accolto nel Libro bianco del 2001, non è stato attuato, a causa della miope resistenza di sindacati che ritengono di poter sopravvivere solo concordando e gestendo discipline inderogabili uniformi con il conseguente elefantiaco contenzioso applicativo, senza comprendere che il loro ruolo sarebbe potenziato dalla facoltà aggiuntiva di assistere i singoli lavoratori nella regolamentazione adeguata e certa di ciascun concreto rapporto anche in deroga ad una parte della normativa legale e collettiva.

Proliferazione di sottotipi negoziali

Pertanto l'ordinamento si è continuato ad evolvere mediante una irragionevole moltiplicazione dei tipi negoziali, sbandierati come strumenti di flessibilità, mentre costituiscono soltanto una mostruosa complicazione del sistema, che accresce il contenzioso sulla qualificazione delle fattispecie aumentando l'incertezza e non risolvendo il problema della graduazione delle tutele.

Certificazione

Proprio in questa situazione di incertezza culminante il legislatore ha finalmente preso atto della sua insostenibilità, introducendo conseguentemente il nuovo istituto della certificazione al dichiarato «fine di ridurre il contenzioso in materia di lavoro» (artt. 75-81, c. 1, d.lgs. n. 276 del 2003).

Volontarietà

Si tratta di una «procedura volontaria», mediante la quale le parti, presentando una «istanza scritta comune», «possono ottenere la certificazione del contratto».

A tanto provvedono apposite «commissioni di certificazione», istituite presso enti bilaterali, Ispettorati territoriali del lavoro, Province e Università, Ministero del lavoro e Consigli provinciali dei consulenti del lavoro.

Commissioni di certificazione

La certificazione in origine prevista solo per alcuni contratti di lavoro subordinato (intermittente, ripartito, a tempo parziale), autonomo parasubordinato e associativo (associazione in partecipazione), è ora consentita per tutti i «contratti in cui sia dedotta, direttamente o indirettamente, una prestazione di lavoro» e può riguardare non solo contratti da stipulare, ma anche contratti in corso. Può riguardare, altresì, il regolamento interno delle cooperative di lavoro nella parte relativa ai contratti di lavoro con i soci, nonché i contratti di appalto ai fini della distinzione dalla somministrazione di lavoro. Infine può riguardare le rinunzie e transazioni dei lavoratori, anche parasubordinati, relative a diritti derivanti da norme inderogabili di legge e collettive.

Oggetto

L'atto di certificazione è una dichiarazione valutativa (parere) sulla «qualificazione» del contratto, munita di adeguata motivazione.

Natura

Si tratta di una valutazione di puro diritto, consistente nella sussunzione della fattispecie concreta (il contratto) nella fattispecie astratta ritenuta corrispondente.

È palese la abissale differenza rispetto al sistema della volontà assistita, in cui non viene qualificata una fattispecie, ma viene convenuta dalle parti la disciplina del rapporto, anche in deroga alla normativa legale e collettiva in virtù dell'assistenza di un soggetto imparziale considerata dal legislatore sufficiente ed insindacabile garanzia di equità, come già accade per le rinunzie e transazioni concluse nelle sedi previste dall'art. 2113 cod. civ.

La certificazione, proprio per la sua natura qualificatoria, è destinata a cedere di fronte ad una eventuale successiva diversa valutazione del giudice, al quale, in virtù del principio dell'art. 24, c. 1, Cost., non potrebbe mai essere sottratta la qualificazione funzionale al riconoscimento dei diritti che ne conseguono.

Impugnazione per errore

Non a caso è previsto che gli effetti della certificazione tra le parti e verso i terzi vengano travolti *ab origine* («fin dal momento della conclusione dell'accordo contrattuale») dalla sentenza di merito, anche di primo grado, resa dal giudice del lavoro che accerti l'erroneità della qualificazione contenuta nell'atto di certificazione. Pertanto i rapporti tra le parti e di queste con i terzi sono regolati fin dall'inizio in base alla qualificazione accolta dalla sentenza sopravvenuta.

Tuttavia rimane ferma la nullità di precedenti provvedimenti amministrativi o giurisdizionali in contrasto con la certificazione (ad es. ordinanze ingiunzioni, cartelle di pagamento, decreti ingiuntivi, diffide accertative di crediti, disposizioni, prescrizioni), con la sola eccezione dei provvedimenti cautelari. Pertanto la certificazione funge da baluardo contro i titoli esecutivi di fonte stragiudiziale, costringendo l'aggressore a rivolgersi al giudice.

Impugnazione per difformità attuativa

Del tutto diversa dalla impugnazione per errore della certificazione è quella, sempre innanzi al Tribunale del lavoro, per difformità fra il programma negoziale certificato e la sua attuazione.

Qui la certificazione è inefficace perché il rapporto effettivamente realizzato dalle parti non è mai stato certificato, essendo in concreto diverso da quello oggetto della certificazione. Pertanto, a differenza della impugnazione per erroneità, la questione sottoposta al giudice non è di diritto, ma di fatto, dovendo la parte ricorrente comprovare la ricordata difformità. E non a caso qui la certificazione è travolta non necessariamente dall'origine, bensì solo dal momento «in cui ha avuto inizio la difformità stessa».

Nell'ipotesi in esame la certificazione conserva comunque una sua utilità, poiché semplifica il contenzioso, riducendolo all'accertamento degli eventuali scostamenti tra programma certificato e programma effettivamente attuato, salva la successiva questione di diritto relativa alla qualificazione del rapporto reale.

Impugnazione per vizi del consenso

È previsto che la certificazione possa essere impugnata innanzi al giudice del lavoro anche «per vizi del consenso», ma la formulazione è impropria in quanto l'oggetto di questa impugnazione non è l'atto certificatorio, ma il contratto certificato, il cui annullamento ai sensi degli artt. 1427 e ss. cod. civ. non può essere impedito dalla certificazione, che, anzi, ne resta travolta. Del resto la certificazione, per ora, non è una manifestazione di volontà, bensì un parere, sicché non è configurabile nella stessa alcun «consenso» in ipotesi viziato.

Impugnazione per vizi procedimentali e per eccesso di potere

La certificazione può essere impugnata anche per vizi procedimentali o per eccesso di potere innanzi al Tribunale amministrativo regionale nella cui giurisdizione ha sede la commissione di certificazione. Tuttavia non si può escludere la disapplicazione per i medesimi vizi da parte del giudice ordinario del lavoro.

Sostegno della certificazione

La realizzazione del fine di creare certezza riducendo il contenzioso in materia di qualificazione è, dunque, affidata essenzialmente all'autorevolezza dell'organo certificatore, che può scoraggiare le impugnazioni per erroneità.

Per accrescere la resistenza della certificazione solo per le controversie relative a contratti certificati è rimasto obbligatorio il tentativo preventivo di conciliazione da svolgersi innanzi al medesimo certificatore, il quale, ove non riconosca il proprio errore, ha, così, occasione di ribadire e precisare la precedente motivazione alla luce delle doglianze della parte istante.

La tenuta della certificazione è rafforzata dalla applicazione di appositi «moduli e formulari» predisposti con decreto del ministro del lavoro in conformità agli orientamenti giurisprudenziali prevalenti in materia di qualificazione del contratto.

Infine la serietà della procedura di certificazione è garantita anche dalla attribuzione di rilevanza alla condotta tenuta dalle parti in sede di certificazione e di conciliazione ai fini della condanna alle spese e al risarcimento per lite temeraria nel successivo giudizio avverso la certificazione.

Questo apparato normativo, insieme alla imprescindibile personale autorevolezza dei certificatori, tende non solo a dissuadere l'impugnazione per errore della certificazione, ma anche a ridurre le probabilità di accoglimento di tale impugnazione da parte di un giudice che, pur formalmente libero nella sua valutazione, è oggettivamente indotto a rispettare e confermare una qualificazione di fonte autorevole ed imparziale, motivata in conformità ai prevalenti orientamenti giurisprudenziali incorporati nei formulari ministeriali e ribadita in sede di conciliazione.

Effetti

La certificazione produce effetti non solo tra le parti, ma anche verso i terzi (enti previdenziali, pubblica amministrazione, fisco), ove richiesto dalle parti e previa comunicazione ai terzi interessati ed eventuali osservazioni degli stessi.

L'effetto consiste nella nullità di qualsiasi atto che presupponga una qualificazione del contratto diversa da quella certificata, fino a quando la certificazione non sia rimossa con sentenza.

Apertura originaria alla volontà assistita

Già nella disciplina originaria della certificazione si rinvengono un paio di disposizioni estranee alla descritta funzione qualificatoria del tipo negoziale, che inaugurano timidamente il modello della derogabilità assistita.

Infatti le commissioni di certificazione svolgono anche compiti di «consulenza ed assistenza» alle parti per la definizione e la modificazione del programma negoziale «con particolare riferimento alla disponibilità dei diritti», indicata espressamente in aggiunta alla «esatta qualificazione del rapporto».

È previsto, poi, un decreto del ministro del lavoro «per l'individuazione delle clausole indisponibili in sede di certificazione dei rapporti di lavoro, con specifico riferimento ai diritti e ai trattamenti economici e normativi», decreto che deve recepire «ove esistano, le indicazioni contenute negli accordi interconfederali».

È chiaro il riferimento ad una certificazione non del tipo contrattuale, ma della disciplina concordata dalle parti con l'assistenza del certificatore, in quanto tale autorizzata, per ora, a derogare le «clausole» dei contratti collettivi non dichiarate «indisponibili» dal decreto ministeriale.

Il principale limite di questa iniziale apertura alla volontà assistita era l'esclusione dall'ambito del procedimento certificatorio del normale contratto di lavoro subordinato, ma ora tale limite è superato dalla ricordata estensione della certificazione a tutti i contratti di lavoro. Tuttavia il sistema di derogabilità assistita non potrà funzionare fino a quando non sarà emanato il ricordato decreto ministeriale, osteggiato dai fautori della uniformità a tutti i costi.

Ipotesi espresse di volontà assistita

Con la legge n. 183 del 2010 sono state introdotte alcune ipotesi di volontà individuale assistita con la previsione di clausole che sono valide solo se certificate: tipizzazioni di giusta causa e di giustificato motivo di licenziamento di cui il giudice deve tenere conto, in precedenza consentite liberamente (art. 30, c. 3); elementi e parametri per la determinazione in concreto, nei limiti di legge, della indennità per licenziamento ingiustificato prevista dall'art. 8 della legge n. 604 del 1966 (art. 30, c. 3); clausole compromissorie per la devoluzione ad arbitri una volta per tutte delle controversie nascenti dal rapporto di lavoro (art. 31, c. 10).

A prescindere dal merito delle ricordate ipotesi specifiche, appare di grande rilievo sistematico per la disciplina del rapporto di lavoro l'introduzione di questa tecnica, finora utilizzata solo con riferimento ad atti estintivi, modificativi o dispositivi (dimissioni contigue al matrimonio o alla nascita del figlio; trasformazione del contratto da tempo pieno a tempo parziale; rinunzie e transazioni). La volontà assistita può avere, infatti, svolgimenti importanti, al fine di calibrare la disciplina del singolo rapporto alle effettive esigenze delle parti, sottraendola, entro giusti limiti, alla oppressiva uniformità della norma comune inderogabile, così non superata, ma valorizzata come criterio di riferimento per oneste e affidabili regole specifiche, fonti di certezza e vero efficace strumento di prevenzione del conflitto.

Camere arbitrali

Un'ulteriore funzione assegnata agli organi di certificazione è la facoltà di istituire camere arbitrali irrituali per la definizione delle controversie di lavoro pubblico e privato (art. 31, c. 12, legge n. 183 del 2010) (cfr. 95.3). La spinta del legislatore verso questo arbitrato emerge nitidamente dalla conservazione del tentativo obbligatorio di conciliazione preventiva solo per le controversie relative a contratti certificati, nonché dalla ammissione di clausole compromissorie solo se certificate.

46. La prova

Funzione e natura

Le parti del contratto individuale di lavoro possono pattuire un periodo di prova, al fine di sperimentare reciprocamente la convenienza di quel rapporto prima che lo stesso divenga definitivo (art. 2096 cod. civ.).

La prova costituisce, dunque, un elemento accidentale del contratto, che ben può essere stipulato direttamente in via definitiva.

Il patto di prova è consentito anche nel contratto a termine, nel contratto di formazione e lavoro e nel contratto con gli invalidi assunti obbligatoriamente.

Forma

La prova deve essere concordata per iscritto prima o contestualmente all'assunzione e deve indicare le mansioni alle quali si riferisce.

Le parti sono obbligate a svolgere effettivamente l'esperimento pattuito.

Durata

La durata massima della prova è fissata solitamente dai contratti collettivi. In ogni caso la legge prevede che la prova non può essere superiore a sei mesi (art. 7 d.lgs. n. 104 del 2022), termine già previsto per la giustificazione del licenziamento (art. 10 legge n. 604 del 1966), sicché una prova più lunga non avrebbe utilità per il datore di lavoro. Per il lavoro a termine la prova deve essere proporzionata alla durata del contratto ed in caso di rinnovo non può essere prevista la prova (art. 7 d.lgs. n. 104 del 2022).

Al lavoratore in prova spetta il normale trattamento economico e normativo, ivi compreso il diritto alle ferie ed all'indennità di fine rapporto.

Libertà di recesso

La caratteristica essenziale della prova è che durante la stessa, salvo la pattuizione di una durata minima, è consentito ad entrambe le parti il recesso libero senza preavviso in base ad insindacabili valutazioni di convenienza.

Per la legittimità costituzionale di questa regola, per l'ammissibilità del controllo giudiziale sull'effettivo espletamento della prova e sulla eventuale illiceità del motivo del licenziamento o sulla natura discriminatoria di questo, per i particolari problemi dell'esito negativo della prova in relazione a lavoratori invalidi assunti obbligatoriamente e per le sanzioni applicabili si rinvia alla trattazione del licenziamento (cfr. 71.3).

Se nessuna delle parti recede prima della scadenza del periodo di prova il rapporto diviene definitivo ed il servizio prestato si computa nell'anzianità di servizio.

47. La simulazione e la frode

Simulazione

La simulazione (art. 1414 cod. civ.) consiste in una divergenza tra dichiarazione e volontà effettiva, nel senso che le parti concludono un contratto apparente detto simulato, mentre in realtà non vogliono alcun contratto (simulazione assoluta) o ne vogliono uno diverso detto dissimulato (simulazione relativa).

La regola è che il contratto simulato non produce effetti tra le parti, mentre è efficace l'eventuale contratto dissimulato.

Il fenomeno della simulazione non deve essere confuso con altre situazioni, come quella in cui alla qualificazione del negozio (*nomen iuris*) ad opera delle parti si sovrappone la diversa qualificazione legale inderogabile in base allo stesso contenuto dell'accordo oppure quella in cui le parti dapprima stipulano un contratto volendolo effettivamente e, poi, ne attuano uno diverso con modificazione, anche per fatti concludenti, del programma negoziale originario. In questi casi non v'è una concordata divergenza tra volontà apparente e volontà reale, ma si tratta soltanto di riconoscere il concreto assetto di interessi realizzato dalle parti e di qualificarlo alla stregua della disposizione inderogabile dell'art. 2094 cod. civ.

Il contratto di lavoro è, invece, simulato innanzitutto quando le parti lo stipulano convenendo di non attuarlo in alcun modo (simulazione assoluta), ad esempio al fine di far beneficiare il finto lavoratore di tale situazione apparente.

La simulazione è relativa oggettiva, sia quando sotto un apparente contratto di lavoro autonomo o associativo le parti consensualmente celano un reale contratto di lavoro subordinato, sia quando le parti concordemente riconducono ad un apparente contratto di lavoro subordinato un rapporto effettivo di altro tipo.

Si verifica, infine, una simulazione relativa soggettiva quando il contratto di lavoro subordinato apparente è con un datore di lavoro, ma in effetti il contratto realmente voluto è con altro datore di lavoro, realizzandosi così una interposizione fittizia, da non confondere con l'interposizione reale (cfr. 83.2).

Frode alla legge

La simulazione non deve essere confusa, pur essendone a volte strumento, con la frode alla legge, che ricorre quando «il contratto costituisce il mezzo per eludere l'applicazione di una norma imperativa» (art. 1344 cod. civ.), in quanto diretto a conseguire un risultato analogo a quello vietato dalla legge rispettata solo formalmente.

Il contratto in frode alla legge è nullo.

L'evoluzione dell'ordinamento lavoristico con la moltiplicazione delle norme inderogabili di tutela da un lato fornisce numerose occasioni di frode, ma dall'altro, ponendo divieti specifici, tende a trasformare precedenti ipotesi di frode alla legge in ipotesi di diretta violazione di norma imperativa.

48. I vizi della volontà

Cause di annullabilità

Il contratto di lavoro è annullabile, oltre che per incapacità di agire legale o naturale (art. 1425 cod. civ.), anche per errore, violenza e dolo (artt. 1427 e ss. cod. civ.).

Errore

L'errore di fatto, che deve essere essenziale e riconoscibile dall'altro contraente, è difficilmente configurabile in relazione all'oggetto o al contenuto del contratto di lavoro, in quanto la disciplina legale e collettiva lascia poco spazio all'autonomia individuale.

Si può verificare, invece, un errore sull'identità o sulle qualità della persona del lavoratore rilevanti ai fini dell'attitudine professionale, comprensiva dell'idoneità psico-fisica, tecnica e morale richiesta dal tipo di mansioni dedotte in contratto. Queste qualità sono lecitamente indagabili dal datore di lavoro ai fini dell'assunzione ed il loro venir meno legittima il licenziamento. Sicché l'errore di fatto, essenziale e riconoscibile, sulla sussistenza originaria di una di tali qualità consente l'annullamento del contratto di lavoro.

Se il datore di lavoro, pur dopo essersi reso conto della carenza del requisito erroneamente supposto al momento dell'assunzione, continua ad eseguire il contratto, questo è definitivamente convalidato (art. 1444, c. 2, cod. civ.).

Un certo spazio sembra avere l'errore di diritto, che consente l'annullamento del contratto di lavoro quando ne sia stato la ragione unica o principale (art. 1429, n. 4, cod. civ.) e sempre che sia riconoscibile dall'altra parte.

Dolo

Il dolo è causa di annullamento del contratto solo se i raggiri di un contraente siano stati tali che, senza di essi, l'altra parte non avrebbe stipulato (art. 1439, c. 1, cod. civ. = c.d. dolo determinante). Nel contratto di lavoro può verificarsi questa situazione quando il lavoratore inganni il datore di lavoro a proposito della sussistenza di qualità essenziali per lo svolgimento delle mansioni pattuite.

Se tali qualità sono richieste da una norma imperativa, come l'abilitazione o l'iscrizione ad apposito albo o l'autorizzazione amministrativa per certi tipi di attività, il contratto non è semplicemente annullabile per errore o per dolo, ma è radicalmente nullo.

Prestazione di fatto

Alla prestazione svolta di fatto in base ad un contratto nullo o annullabile si applica la disciplina dell'art. 2126 cod. civ. (cfr. 49).

49. La prestazione di fatto

Fatti concludenti

L'esecuzione della prestazione lavorativa senza un preventivo accordo, se è accettata ed utilizzata dal datore di lavoro, determina la conclusione del contratto di lavoro per fatti concludenti.

Lavoro all'insaputa o contro la volontà dell'imprenditore

Qualora, invece, la prestazione, sempre in assenza di accordo preventivo, sia svolta *insciente* o *prohibente domino*, cioè all'insaputa o contro la volontà del datore di lavoro, non si costituisce tra le parti un rapporto di lavoro, potendo spettare al lavoratore, tutt'al più, un indennizzo per l'eventuale ingiustificato arricchimento dell'imprenditore.

Contratto invalido

Evidentemente diversa è l'ipotesi in cui la prestazione sia effettuata in attuazione di un contratto di lavoro nullo o annullabile, qui applicandosi la disciplina espressa dell'art. 2126 cod. civ.

La regola è quella della conservazione degli effetti del contratto di lavoro invalido «per il periodo in cui il rapporto ha avuto esecuzione». Si tratta di una deroga al principio generale civilistico del travolgimento integrale degli effetti del contratto invalido, determinata dall'esigenza di assicurare comunque al lavoratore i diritti derivanti dalla prestazione svolta.

Questa salvezza di effetti vale solo per il periodo in cui la prestazione sia stata resa e accettata dal datore di lavoro, mentre non fonda alcun diritto del lavoratore a proseguire il rapporto anche dopo che il datore di lavoro, rilevando l'invalidità del contratto, abbia legittimamente iniziato a rifiutare la prestazione ancora offertagli.

Se la nullità del contratto deriva dalla illiceità dell'oggetto o della causa, il lavoratore non è ritenuto meritevole della tutela in esame e può richiedere solo l'eventuale indennizzo per ingiustificato arricchimento dell'imprenditore. Tuttavia è riconosciuto anche in questa ipotesi il diritto alla retribuzione «se il lavoro è stato prestato con violazione di norme poste a tutela del prestatore di lavoro», come ad esempio nel caso di attività svolta da lavoratori al di sotto dell'età minima consentita oppure con violazione della normativa sulla sicurezza.

La disposizione dell'art. 2126 cod. civ. non si applica al lavoro autonomo, neppure parasubordinato, essendo anzi espressamente negata al professionista non iscritto all'albo l'azione per il conseguimento del compenso (art. 2231, c. 1, cod. civ.).

Si applica, invece, al lavoro pubblico privatizzato, ad esempio nei casi di nullità dei contratti atipici oppure di lavoro subordinato camuffato da lavoro autonomo oppure di promozione annullata.

50. L'intervento pubblico per la costituzione del rapporto

50.1. *Il collocamento*

Interessi coinvolti

La vicenda dell'incontro tra domanda e offerta di lavoro pone una serie di esigenze: la protezione del lavoratore nei confronti dell'eventuale sfruttamento da parte di mediatori privati; l'equa distribuzione delle occasioni di lavoro in una situazione di disoccupazione; la considerazione dell'interesse del datore di lavoro a scegliere il lavoratore da assumere; la migliore circolazione delle informazioni per agevolare il funzionamento spontaneo del mercato.

L'evoluzione della disciplina del collocamento nell'arco di circa un secolo è stata assai tormentata proprio in considerazione della rilevanza degli interessi coinvolti.

Nel periodo precorporativo operavano agenzie private con fini di lucro, organizzazioni sindacali e strutture pubbliche. Nel periodo corporativo il collocamento era, invece, qualificato come funzione pubblica e affidato ai sindacati corporativi.

Il sistema della legge n. 264 del 1949

Dopo la Costituzione la disciplina del collocamento era stata fissata con la legge n. 264 del 1949, impostata sui seguenti principi fondamentali: monopolio pubblico con divieto penale della mediazione privata; gestione da parte dello Stato (Ministero del lavoro e suoi organi periferici); partecipazione sindacale a tale gestione; necessaria iscrizione del lavoratore in apposite liste; necessaria richiesta da parte del datore di lavoro di avviamento di un lavoratore iscritto; normalità della richiesta numerica per categoria e qualifica, al fine di ripartire equamente in base alla graduatoria della lista le occasioni di lavoro; previsione tassativa dei casi di possibile richiesta nominativa; eccezionalità dei casi di possibile assunzione diretta senza il tramite dell'ufficio di collocamento, salva comunque la comunicazione successiva dell'avvenuta assunzione.

Procedimento amministrativo e conclusione del contratto

In questo sistema si poneva il delicato problema dei rapporti tra procedimento amministrativo di collocamento e conclusione del contratto di lavoro, con prevalenza della tesi per cui il lavoratore legittimamente avviato è titolare di un diritto all'assunzione con corrispondente obbligo del datore di lavoro responsabile dell'eventuale mancata assunzione.

Evoluzione della disciplina

Il principio della richiesta numerica era considerato, però, troppo oneroso per le imprese, costrette ad assumere un lavoratore sconosciuto, salvo la possibilità della prova, sicché tale principio subiva un primo colpo con il riconoscimento della facoltà del datore di lavoro di effettuare una richiesta nominativa per la metà dei lavoratori da assumere numericamente e, poi, con la generalizzazione di tale facoltà.

Infine la liberalizzazione è stata definitivamente compiuta con l'introduzione della assorbente regola generale di assunzione diretta senza il tramite dell'ufficio di collocamento, con obbligo di mera comunicazione.

L'opposta esigenza, consacrata nella vecchia legge n. 264 del 1949 (ora abrogata dall'art. 8, c. 1, lett. b), d.lgs. n. 297 del 2002), di distribuire al meglio le occasioni di occupazione, trova ora limitata soddisfazione nella facoltà delle leggi regionali di riservare una quota delle assunzioni a particolari categorie di lavoratori a rischio di esclusione sociale, secondo il modello già sperimentato a livello nazionale. Si tratta, però, sempre di assunzioni dirette, sicché è comunque il datore di lavoro a scegliere il lavoratore da assumere, sia pure nell'ambito dei riservatari.

Settori particolari

Discipline particolari, ora abrogate, erano previste per il collocamento in agricoltura e nel settore dello spettacolo.

Un penetrante intervento pubblico resiste solo per il collocamento dei lavoratori extracomunitari, degli italiani all'estero e dei disabili.

Dipendenti pubblici

Le pubbliche amministrazioni devono assumere per concorso (art. 97, c. 3, Cost.; d.lgs. n. 165 del 2001), salvo che per le qualifiche e i profili per i quali è richiesto il solo requisito dalla scuola dell'obbligo. Anche le società a partecipazione pubblica devono assumere mediante procedure privatistiche che rispettino i principi di imparzialità, pubblicità e trasparenza.

Liberalizzazione del collocamento

Infine sono stati travolti gli ultimi capisaldi della vecchia disciplina del collocamento. Infatti il monopolio pubblico è stato dichiarato in contrasto con la disciplina comunitaria quale abuso di posizione dominante, non essendo in concreto idoneo a soddisfare, per tutti i tipi di attività, la domanda esistente sul mercato del lavoro (Corte Giust. 11 dicembre 1997 e 8 giugno 2000).

È stata ammessa, così, la intermediazione privata da parte di agenzie per il lavoro, che, ove provviste dei prescritti requisiti giuridici e finanziari, sono autorizzate dal Ministero del lavoro e accreditate dalle Regioni, con vincolo di gratuità nei confronti dei soli lavoratori e con divieto di indagini e discriminazioni sulla base di opinioni e condizioni personali del lavoratore irrilevanti per l'attitudine professionale (d.lgs. n. 276 del 2003; ma già legge n. 59 del 1997 e d.lgs. n. 469 del 1997). L'attività di intermediazione può essere svolta, senza finalità di lucro, anche da enti locali, università pubbliche e private, istituti di scuola secondaria di secondo grado pubblici e privati, nonché da soggetti sindacali o di derivazione sindacale, da enti bilaterali e da un apposito soggetto costituito nell'ambito del Consiglio nazionale dei consulenti del lavoro.

Residua organizzazione pubblica

A seguito del generale processo di decentramento, sono rimaste di esclusiva competenza statuale solo la previdenza, la gestione delle eccedenze di manodopera, la vigilanza, la conciliazione, la gestione dei flussi di lavoratori extracomunitari, l'autorizzazione per il lavoro degli italiani all'estero e il coordinamento del sistema informativo lavoro (SIL), mentre gli altri compiti relativi al mercato del lavoro sono stati trasferiti alle Regioni e alle Province (legge n. 59 del 1997; d.lgs. n. 469 del 1997; d.p.r. n. 442 del 2000). L'organizzazione del nuovo sistema di servizi per l'impiego, comprendenti le residue funzioni di collocamento e soprattutto la politica attiva del lavoro, è affidata a singole leggi regionali.

Il fine è di spostare l'intervento pubblico sul mercato del lavoro dalla vecchia attività di distribuzione delle occasioni esistenti ad una programmazione di iniziative volte a favorire l'occupazione agevolando l'incontro tra domanda e offerta di lavoro.

In particolare le disposizioni del d.lgs. n. 469 del 1997 e del d.lgs. n. 181 del 2000, come modificato ed integrato dal d.lgs. n. 297 del 2002, prevedono, per i lavoratori che intendano avvalersi del servizio pubblico di collocamento, l'iscrizione in un apposito elenco anagrafico gestito dai centri per l'impiego, che sostituisce le vecchie liste di collocamento sopravvissute solo per i disabili, i lavoratori dello spettacolo e i lavoratori in mobilità.

È contemplata la predisposizione di una scheda anagrafica per ciascun lavoratore, al quale viene rilasciata una scheda professionale sostitutiva del vecchio libretto del lavoro previsto dalla legge n. 112 del 1935 ora abrogata.

Ciascuna Regione definisce gli obiettivi e gli indirizzi operativi dei centri per l'impiego prevedendo, oltre a interviste periodiche e ad altre misure di politica attiva, almeno un colloquio di orientamento iniziale ed una proposta di adesione ad iniziative di inserimento lavorativo o di formazione o di riqualificazione da effettuarsi entro pochi mesi nei confronti di lavoratori svantaggiati.

Sono indicati i principi per la legislazione regionale sulle condizioni per l'acquisto e la perdita dello stato di disoccupazione, che costituisce il presupposto per beneficiare delle misure di promozione all'inserimento nel mercato del lavoro.

È istituita, nel solco del sistema informativo lavoro, una borsa continua nazionale del lavoro, articolata a livello nazionale e regionale, alimentata dalle informazioni immesse liberamente da lavoratori e imprese o fornite doverosamente da tutti gli operatori, pubblici e privati, ed alla quale possono liberamente accedere lavoratori e imprese senza alcun intermediario (art. 15 d.lgs. n. 276 del 2003).

Comunicazioni obbligatorie

I datori di lavoro, pubblici e privati, sono obbligati a comunicare al competente centro per l'impiego l'instaurazione, le trasformazioni e la cessazione dei rapporti di lavoro.

Sanzioni

Sono previste sanzioni penali: per lo svolgimento delle attività di intermediazione, ricerca e selezione e supporto alla ricollocazione svolte senza autorizzazione, con aumento della pena in caso di scopo di lucro o di sfruttamento di minori; per la violazione del divieto di indagini, con l'aggiunta, in ragione della gravità o della recidiva, della sospensione o la revoca dell'autorizzazione (art. 18, c. 1 e 5, d.lgs. n. 276 del 2003).

Sono previste sanzioni amministrative pecuniarie: per l'omissione delle dovute comunicazioni circa l'instaurazione, la trasformazione e la cessazione del rapporto; per l'omessa consegna al lavoratore all'inizio del rapporto della prescritta comunicazione informativa; a carico di editori, direttori responsabili e gestori, per la pubblicazione di annunci anonimi o privi degli estremi del provvedimento di autorizzazione e accertamento (art. 19 d.lgs. n. 276 del 2003).

50.2. *Le assunzioni obbligatorie*

Beneficiari

Alla liberalizzazione del collocamento ordinario ha resistito il sistema delle assunzioni obbligatorie, che costringe il datore di lavoro a riservare una quota di posti a lavoratori appartenenti a categorie protette, quali gli invalidi, gli orfani o i coniugi dei caduti o dei grandi invalidi di guerra o del lavoro e i profughi italiani rimpatriati.

Differenza rispetto al collocamento ordinario

La differenza rispetto alla quota di riserva a favore delle fasce deboli prevista nel collocamento ordinario è che quest'ultima si riferisce solo alle nuove assunzioni e lascia comunque salva la facoltà del datore di lavoro di scegliere il lavoratore (cfr. 50.1), mentre nel collocamento obbligatorio la quota riservata è normalmente commisurata all'intero organico aziendale e, in parte, esclude ancora la scelta da parte del datore di lavoro. Tuttavia non si tratta, neppure qui, di un imponibile di manodopera, che sarebbe incostituzionale (Corte Cost. n. 78 del 1958), poiché è rispettata la determinazione del datore di lavoro relativa alle dimensioni del suo organico, attenendo il vincolo legale solo alla individuazione dei lavoratori destinati ad occupare alcuni dei posti previsti (Corte Cost. n. 38 del 1960, n. 279 del 1983, n. 173 del 1985, n. 449 del 1994, n. 483 del 1996).

Evoluzione normativa

Le assunzioni obbligatorie, originariamente contemplate in vari provvedimenti, avevano trovato una disciplina unitaria nella legge n. 482 del 1968, ora abrogata dalla nuova regolamentazione per il diritto al lavoro dei disabili (legge n. 68 del 1999 come modificata dal d.lgs. n. 151 del 2015; d.p.c.m. 13 gennaio 2000), che, peraltro, si applica anche alle altre categorie protette fino ad apposita organica disciplina.

Disabili tutelati

I disabili tutelati dalla nuova legge, sono gli invalidi fisici, psichici, sensoriali e intellettivi con riduzione della capacità lavorativa superiore al 45 per cento, i non vedenti, i sordomuti, gli invalidi di guerra militari e civili e gli invalidi per servizio di un certo grado.

Datori di lavoro obbligati e limiti dell'obbligo

I datori di lavoro pubblici e privati con più di 50 dipendenti sono obbligati ad avere alle loro dipendenze una quota di disabili pari al 7 per cento dell'organico. Tale quota è ridotta per le organizzazioni più modeste fino al completo esonero dei datori di lavoro che occupano fino a 14 dipendenti. Per i datori di lavoro con più di 50 dipendenti si aggiunge un'ulteriore quota riservata alle altre categorie protette pari all'1 per cento, sicché complessivamente la quota percentuale di posti riservati (8 per cento) è quasi dimezzata rispetto al regime precedente.

Per le organizzazioni di tendenza (partiti politici, sindacati, organizzazioni di solidarietà, assistenza e riabilitazione) l'obbligo scatta solo in caso di nuove assunzioni e la quota di riserva riguarda solo il personale «neutro», cioè addetto a mansioni tecnico-esecutive o amministrative.

È prevista una sospensione dell'obbligo per le imprese con personale eccedente.

Sono esonerate le attività per loro natura incompatibili con l'impiego di disabili (ad es. i servizi di polizia e quelli di trasporto ad eccezione del personale amministrativo), ma i datori di lavoro privati esonerati devono versare un pesante contributo.

È ammessa, previa autorizzazione amministrativa, la c.d. compensazione territoriale, mediante assunzione di un maggior numero di aventi diritto in una unità produttiva e corrispondente riduzione in un'altra.

Comunicazioni e iscrizioni

Per il funzionamento del sistema è previsto l'obbligo dei datori di lavoro di inviare periodicamente agli uffici competenti, un prospetto dal quale risultino l'organico complessivo, i lavoratori protetti già in servizio ed i posti disponibili per le ulteriori assunzioni obbligatorie eventualmente dovute. È prevista, altresì, l'iscrizione dei disabili disoccupati in un apposito elenco tenuto dagli uffici pubblici competenti, che compilano una graduatoria.

Il sistema della richiesta

Le assunzioni degli aventi diritto da parte dei datori di lavoro privati e degli enti pubblici economici, avvengono mediante richiesta ai predetti uffici o mediante apposite convenzioni.

Nel primo caso, con importante innovazione rispetto al sistema precedente alla ricerca della effettività della tutela, è ammessa la richiesta nominativa, sia pure solo parziale per le imprese di maggiori dimensioni.

Tuttavia, il datore di lavoro ha diritto di indicare nella sua richiesta una precisa qualifica ed, in mancanza di iscritti in possesso della stessa, può concordare con l'ufficio un'altra qualifica oppure l'avviamento deve riguardare un lavoratore con qualifica «simile» a quella indicata. Sicché, ove mancassero anche iscritti con qualifiche simili, l'avviamento non potrebbe avvenire e sarebbe legittima la scopertura in attesa di un avviamento conforme alla richiesta.

Il datore di lavoro può rifiutare l'assunzione del lavoratore avviato illegittimamente, come nel caso di avviamento senza richiesta o di un lavoratore con qualifica dissimile da quella indicata o fisicamente incompatibile con tale qualifica o di un lavoratore già licenziato per giusta causa o per giustificato motivo soggettivo.

Il lavoratore avviato deve presentarsi al datore di lavoro in tempi ragionevoli a pena di decadenza dell'avviamento e deve tenere un atteggiamento collaborativo per consentire la stipulazione del contratto.

Il sistema della convenzione

In alternativa all'esaminato sistema della richiesta si pone quello, che per i disabili psichici è invece l'unico utilizzabile, della convenzione tra il datore di lavoro e l'ufficio competente, con fissazione dei tempi e della modalità delle assunzioni che il datore di lavoro si impegna ad effettuare.

Questo sistema è assai vantaggioso per il datore di lavoro, in quanto la convenzione può prevedere la facoltà di scelta nominativa integrale, l'assunzione con contratto a tempo determinato e un periodo di prova più lungo di quello stabilito nel contratto collettivo applicabile, nonché deroghe ai limiti di età e di durata dei contratti di formazione-lavoro e di apprendistato. Inoltre, al fine di incentivare l'assunzione dei disabili più gravi, attraverso la convenzione possono essere concesse al datore di lavoro fortissime agevolazioni economiche.

Speciali convenzioni sono previste in correlazione all'affidamento di commesse da parte dell'obbligato.

Sanzioni

In caso di mancato invio tempestivo del prospetto periodico il datore di lavoro è sottoposto ad una sanzione amministrativa pecuniaria, che aumenta, in funzione coercitiva indiretta, per ogni giorno di ulteriore ritardo.

Nel caso di omessa richiesta nel previsto termine di sessanta giorni dall'insorgenza dell'obbligo o in caso di mancata assunzione di lavoratori avviati è prevista a carico del datore di lavoro una sanzione amministrativa di lire 100.000 al giorno per ogni lavoratore, anche qui con funzione compulsoria dell'adempimento dell'obbligo stante il progressivo lievitare della sanzione.

Tutela giurisdizionale

A questa tutela amministrativa si aggiunge la normale tutela giurisdizionale civile, in quanto il lavoratore avviato legittimamente ha diritto ad essere assunto e può chiedere la condanna del datore di lavoro inadempiente a risarcirgli il danno contrattuale derivante dalla mancata assunzione, solitamente quantificato in misura pari alle retribuzioni perdute fino al momento in cui il lavoratore stesso ottenga un altro avviamento, salva la detrazione dell'eventuale *aliunde perceptum* e del danno evitabile con l'ordinaria diligenza. Viene, invece, esclusa la possibilità di costituzione *ope iudicis* del contratto di lavoro *ex* art. 2932, c. 1, cod. civ., non essendo noti tutti gli elementi di tale contratto, anche se l'innovazione relativa alla richiesta per qualifica riduce la forza di questo argomento, ancora sostenibile essenzialmente in considerazione della eventualità di un patto di prova.

Una efficace sanzione promozionale è l'esclusione da appalti o concessioni pubbliche per le imprese prive della certificazione degli uffici competenti attestante il rispetto della normativa sulle assunzioni obbligatorie.

Pubbliche amministrazioni

Le pubbliche amministrazioni provvedono alle assunzioni obbligatorie per le qualifiche e profili per i quali è previsto il solo requisito della scuola dell'obbligo mediante richiesta numerica oppure mediante convenzione come i datori di lavoro privati. Invece per le altre qualifiche è imposto il concorso, nell'ambito del quale va riservato alle categorie protette un numero di posti pari alla quota d'obbligo e, comunque, non superiore al 50 per cento dei posti messi a concorso.

In caso di violazione da parte della pubblica amministrazione degli obblighi di assunzione degli appartenenti alle categorie protette si applicano specifiche sanzioni penali, amministrative e disciplinari a carico dei responsabili del procedimento. Si aggiunge la tutela giurisdizionale esperibile dall'interessato innanzi al giudice amministrativo con riferimento ai concorsi ed innanzi al giudice del lavoro per le altre assunzioni.

Invalidità sopravvenuta

I lavoratori che divengono invalidi nel corso del rapporto sono computabili nella quota di riserva solo se la riduzione della capacità lavorativa sia di almeno il 60 per cento e se l'inabilità non deriva dall'inadempimento, accertato in giudizio, da parte del datore di lavoro dell'obbligo di sicurezza. In ogni caso l'inidoneità sopravvenuta giustifica il licenziamento solo se non derivi da infortunio sul lavoro o malattia professionale a prescindere dalla responsabilità del datore di lavoro e se sia impossibile una utilizzazione in mansioni equivalenti o anche inferiori in deroga all'art. 2103 cod. civ. In questa ipotesi il lavoratore licenziato ha diritto di precedenza per l'avviamento obbligatorio presso altra azienda senza inserimento in graduatoria.

Disciplina del rapporto con i disabili

I disabili avviati obbligatoriamente possono essere assunti con patto di prova, purché siano adibiti a mansioni compatibili con il loro stato fisico e la valutazione della prova prescinda dal minor rendimento dovuto allo stato di invalidità.

Il trattamento economico e normativo dei disabili è quello normale previsto dalle leggi e dai contratti collettivi per i lavoratori di pari qualifica. Il datore di lavoro non può, ovviamente, adibire il disabile a mansioni incompatibili con la sua minorazione.

Qualora, a causa di un aggravamento delle condizioni del disabile assunto obbligatoriamente o di significative variazioni dell'organizzazione del lavoro, sia accertata da un'apposita commissione, su istanza del lavoratore o del datore di lavoro, la incompatibilità delle mansioni affidate con lo stato fisico del disabile, questi ha diritto ad una sospensione non retribuita del rapporto fino a che persista tale incompatibilità, mentre può essere licenziato se la predetta commissione accerti la definitiva impossibilità di reinserire il disabile nell'azienda anche attuando i possibili adattamenti dell'organizzazione del lavoro. La valutazione della commissione, involgendo diritti soggettivi, non vincola il giudice, che è libero di giungere a diversa conclusione anche mediante l'ausilio di consulenti tecnici, salvo la tutela dell'affidamento del privato sulla valutazione amministrativa fino al difforme accertamento giurisdizionale. Particolarmente delicata appare l'individuazione dei «possibili adattamenti dell'organizzazione del lavoro», che, per il rispetto del principio costituzionale di libera iniziativa economica, sono solo quelli coerenti alle scelte economico-produttive dell'imprenditore.

Il lavoratore occupato obbligatoriamente può essere licenziato per giusta causa o per giustificato motivo soggettivo come qualsiasi altro lavoratore. Invece il licenziamento per riduzione di personale o per giustificato motivo oggettivo è consentito solo se, all'esito dello stesso, non risulti scoperta la quota riservata e, quindi, anche se la scopertura preesisteva al licenziamento.

50.3. *Il sostegno alla nuova occupazione e il contrasto al lavoro nero*

Caos normativo

Il gravissimo problema della disoccupazione, specialmente dei giovani e nelle regioni meridionali, ha indotto una miriade di provvedimenti diretti ad incentivare nuove assunzioni.

In questa sede non sembra utile un esame analitico delle disposizioni in proposito, sia perché molte non appartengono al diritto del lavoro, sia perché, anche a causa degli scarsi risultati fin qui ottenuti, si tratta di una galassia normativa in continuo movimento, conseguendone la rapida obsolescenza di qualsiasi inventario.

Occorre, piuttosto, una semplice ricognizione tipologica degli strumenti variamente adoperati dal legislatore per agevolare la creazione di nuovi posti di lavoro o per far emergere il lavoro sommerso.

Innanzitutto vanno distinti gli interventi lavoristici, relativi alla disciplina anche previdenziale dei rapporti di lavoro, dai provvedimenti di altro genere.

Disposizioni non inerenti ai rapporti di lavoro

Questi ultimi sono diretti a sostenere le imprese già esistenti o di nuova costituzione, sul presupposto che solo la loro crescita può determinare un aumento dell'occupazione reale. Si tratta, per lo più, di disposizioni tributarie, come ad esempio i crediti di imposta per le nuove assunzioni e la riduzione d'imposta sugli utili reinvestiti o in caso di nuove assunzioni, oppure creditizie, come i finanziamenti agevolati o a fondo perduto.

Disposizioni concernenti il rapporto di lavoro

Quanto agli interventi concernenti direttamente il rapporto di lavoro, assumono rilievo preminente quelli di riduzione del costo del lavoro. Ciò avviene su due versanti: da un lato con riferimento alla retribuzione, legittimamente fissata al di sotto dei minimi collettivi mediante il c.d. salario di ingresso, di cui un esempio è nei contratti a finalità formativa o di inserimento, oppure mediante i contratti di riallineamento anche nell'ambito dei patti territoriali e dei contratti di area; dall'altro lato con riferimento alla contribuzione previdenziale, con la previsione di sgravi e fiscalizzazioni per le nuove assunzioni o per determinate aree geografiche o per determinati contratti, nonché con la riduzione del c.d. cuneo fiscale e contributivo per i rapporti di lavoro a tempo indeterminato.

Un altro importante incentivo all'assunzione deriva dalla flessibilizzazione del rapporto in relazione alla sua durata, consentendosi all'imprenditore di evitare la regola di stabilità reale mediante l'ampliamento delle possibilità di lecita utilizzazione di lavoratori a termine (contratto a tempo determinato, contratto di formazione-lavoro, contratto di inserimento, somministrazione a termine).

La riforma del sistema di collocamento, con la generalizzazione della regola di assunzione diretta e della facoltà del datore di scegliere il lavoratore da assumere, nonché la politica attiva del lavoro possono agevolare nuove assunzioni.

Contrasto al lavoro nero

Per il contrasto al lavoro nero, oltre alle incentivazioni all'emersione, sono stati previsti: l'obbligo di comunicazione del rapporto di lavoro prima del suo inizio corredato da una maxisanzione amministrativa pecuniaria; la sospensione dell'attività dell'impresa che occupi personale in nero in misura almeno pari al 20 per cento del personale regolare, anche con interdizione dalla contrattazione e dalle gare pubbliche.

Al posto dei soppressi libri matricola e paga, il datore di lavoro privato, con la sola esclusione del lavoro domestico, deve tenere, a pena di una seria sanzione amministrativa pecuniaria, un libro unico del lavoro, nel quale sono iscritti tutti i lavoratori subordinati e parasubordinati e gli associati in partecipazione con apporto di lavoro. Per ciascun lavoratore va indicata una serie di dati, tra cui la qualifica, il livello, la retribuzione e l'anzianità di servizio. Nel libro vanno annotate le dazioni in denaro o in natura, compresi i rimborsi spese e i compensi per lavoro straordinario, nonché le trattenute effettuate a qualsiasi titolo. Il libro deve contenere, altresì, un calendario delle presenze da cui risultino il numero delle ore di lavoro ordinario e straordinario per ciascun giorno, le assenze a qualsiasi titolo, le ferie e i riposi. Il libro va aggiornato per ciascun mese entro il giorno 16 del mese successivo. La consegna al lavoratore di copia delle scritturazioni effettuate nel libro equivale alla consegna del cedolino paga. Il libro unico può essere tenuto presso il datore di lavoro o presso lo studio del consulente del lavoro o di altro professionista incaricato (artt. 39 e 40 d.l. n. 112 del 2008 conv. legge n. 233 del 2008).

Ora l'art. 603 *bis* cod. pen. (introdotto nel 2011 e modificato nel 2016) ha previsto il reato di intermediazione illecita e sfruttamento del lavoro punito con la reclusione da 1 a 6 anni, la cui fattispecie costitutiva prevede lo sfruttamento del lavoratore con approfittamento dello stato di bisogno. La pena è aumentata (da 5 a 8 anni) se il reato viene commesso mediante violenza o minaccia.

Formazione professionale

Anche la formazione professionale è considerata un fattore essenziale per la crescita dell'occupazione ed a tal fine è previsto il collegamento con il sistema scolastico e con il mondo del lavoro.

Infine un aiuto all'inserimento o reinserimento nel sistema produttivo può venire dalla complessa disciplina delle attività dei «senza lavoro» (cfr. 40).

I lavoratori che rifiutino il reinserimento o la formazione o offerte di lavoro congrue decadono dai trattamenti di integrazione salariale, di mobilità e di disoccupazione e perdono lo stato di disoccupati.

CAPITOLO VII

IL RAPPORTO DI LAVORO

51. I poteri del datore di lavoro

51.1. *Contratto individuale e poteri del datore di lavoro*

Normativa inderogabile e clausole contrattuali

Si è già detto della debolezza contrattuale del lavoratore e della conseguente necessità di tutelarlo mediante disposizioni inderogabili di legge e di contratto collettivo che comprimono fortemente l'autonomia negoziale delle parti (cfr. 42).

Tuttavia se le norme inderogabili si limitassero a vincolare il contenuto delle clausole del contratto individuale di lavoro, impedendo con la loro efficacia sostitutiva una regolazione pattizia del rapporto meno favorevole al prestatore, ciò non sarebbe sufficiente ad assicurare una protezione adeguata.

Invero nello svolgimento del rapporto di lavoro non solo operano regole stabilite consensualmente, ma trovano largo spazio anche atti unilaterali del datore di lavoro, ai quali pure deve inevitabilmente riferirsi, per conseguire il proprio obiettivo, la normativa di tutela del lavoratore.

Poteri del datore di lavoro

Proprio dal contratto di lavoro, infatti, deriva una posizione di supremazia del datore di lavoro cui corrisponde una soggezione del prestatore. Si tratta di una preminenza non di mero fatto, bensì sancita giuridicamente in base alla stessa struttura del rapporto di lavoro subordinato, nel quale il prestatore opera «alle dipendenze e sotto la direzione dell'imprenditore» (art. 2094 cod. civ.) e deve, pertanto, «osservare le disposizioni per l'esecuzione e la disciplina del lavoro impartitegli dall'imprenditore e dai collaboratori di questo dai quali gerarchicamente dipende» (art. 2104, c. 2, cod. civ.).

Il datore di lavoro è, dunque, titolare di poteri giuridici in senso proprio, riconosciutigli dall'ordinamento nella sua qualità di creditore di lavoro subordinato, l'esercizio dei quali incide sulla sfera giuridica del lavoratore debitore.

Si distinguono, così, il potere direttivo, per conformare la prestazione lavorativa alle esigenze dell'organizzazione, il potere di controllo, per verificare l'esatto adempimento degli obblighi del dipendente, ed il potere disciplinare, per punire il lavoratore inadempiente.

Anche nel rapporto di lavoro ormai privatizzato con le pubbliche amministrazioni, queste operano «con la capacità e i poteri del privato datore di lavoro», in base alle disposizioni del codice civile e delle altre leggi sul lavoro nell'impresa, salvo diverse disposizioni espresse.

Normativa inderogabile e poteri del datore di lavoro

In conclusione la normativa di tutela legale e collettiva investe non solo il contenuto del contratto individuale (ad es. stabilendo la durata massima della prestazione, l'importo minimo della retribuzione, i criteri di classificazione delle mansioni), ma anche l'esercizio dei poteri del datore di lavoro (ad es. imponendo una giustificazione per il trasferimento o per il licenziamento, vietando determinati controlli, procedimentalizzando il potere disciplinare).

51.2. *La limitazione dei poteri del datore di lavoro*

Necessità di limiti espressi

La scelta decisiva relativa ai poteri del datore di lavoro è stata fatta subito dopo l'entrata in vigore della Costituzione, con il rigetto della tesi di una parte della dottrina secondo cui la limitazione di tali poteri si sarebbe dovuta ricavare direttamente dalle norme costituzionali di tutela dell'eguaglianza sostanziale, di protezione del lavoratore, di garanzia della libertà sindacale e di indirizzo della iniziativa economica privata.

È prevalsa, infatti, l'opinione opposta, per cui questi principi costituzionali non hanno efficacia diretta nei rapporti interprivati, occorrendo all'uopo una attuazione per legge o per contratto. Basta ricordare, in proposito, la giurisprudenza costituzionale sulla legittimità del licenziamento *ad nutum* in attesa dell'intervento limitativo del legislatore, di cui non a caso la stessa Corte ha, poi, sempre ammesso la gradualità sotto diversi profili (cfr. 69.1; 71.1).

Pertanto l'impostazione vincente è stata quella per cui la necessità di giustificazione per l'esercizio di un potere del datore di lavoro ed il tipo di sanzione per l'eventuale atto ingiustificato sono fissati dal legislatore o dall'autonomia privata, collettiva o individuale, e non possono essere creati dal giudice.

Anche il tentativo di riproporre, in un ordinamento ormai evoluto e quindi al solo fine di eliminare i residui spazi di libertà del datore di lavoro (ad es. superminimi retributivi, modificazione delle mansioni nel rispetto del livello d'inquadramento), la soluzione opposta, sulla base di asseriti principi di parità di trattamento, di correttezza e buona fede nei rapporti interprivati, è stato fermamente respinto (cfr. 59.3), anche perché finiva per porre alla mercé del soggettivismo dei giudici non solo la sfera di libertà dell'imprenditore, ma perfino i prodotti dell'autonomia collettiva.

Problemi di effettività della tutela

Se, dunque, i vincoli ai poteri del datore di lavoro devono essere espressamente previsti dalla legge o dal contratto, l'effettivo rispetto di tali vincoli è assicurato soltanto nei rapporti resistenti, in cui il lavoratore, godendo della protezione reale contro il licenziamento, non ha remore ad avvalersi della tutela giurisdizionale e dell'autotutela individuale già durante il rapporto, mentre nelle altre situazioni tutto tende a ridursi a mere azioni retributive o risarcitorie proposte alla fine del rapporto (cfr. 95.1; 96).

L'effettività della tutela della persona del prestatore nei confronti dei poteri imprenditoriali si giova, dopo lo Statuto dei lavoratori, anche della presenza del sindacato nelle maggiori unità produttive, che costituisce una sorta di contropotere collettivo con il quale il datore di lavoro deve misurarsi. E ciò non solo con riferimento agli atti di gestione dei singoli rapporti di lavoro, che devono rispettare le prescrizioni di legge e di contratto, ma anche con riferimento alle decisioni economico-organizzative dell'imprenditore, che, pur prive di vincoli sostanziali di per sé incompatibili con la libertà di iniziativa economica, talvolta soggiacciono a regole procedimentali di informativa e consultazione sindacale.

Obblighi di fare e di non fare

Una sistemazione unitaria dei limiti ai poteri del datore di lavoro è consentita dalla loro qualificazione in termini di obblighi di fare o di non fare, nel senso che, a seguito della limitazione, il potere non è più libero, in quanto al titolare ne è imposto o vietato l'esercizio in determinate situazioni. In questa prospettiva ogni violazione della disciplina, legale o negoziale, del potere, oltre a determinare, ove prevista, l'inefficacia del relativo atto di esercizio, costituisce inadempimento contrattuale, conseguendone gli appropriati rimedi contemplati dalla normativa speciale o dal diritto comune, ferma l'incoercibilità del fare infungibile.

Tipologia

Per agevolare la comprensione della disciplina dei singoli aspetti del rapporto di lavoro è utile, dunque, premettere una breve tipologia dei diversi limiti previsti per l'esercizio dei poteri imprenditoriali.

La prima distinzione è quella tra limiti positivi, che introducono obblighi di fare (ad es. assunzione, promozione), e limiti negativi, che determinano, accanto o al posto dell'inefficacia dell'atto, obblighi di non fare (ad es. licenziamento ingiustificato, controlli vietati).

Un'altra distinzione è tra limiti di fonte legale e limiti di fonte negoziale, diretti ad accrescere la protezione legale.

Importante distinzione è quella tra limiti finali, che definiscono la fattispecie sostanziale, vietando o imponendo determinati atti (ad es. divieto di atti discriminatori; obbligo di attuare le misure di sicurezza), e limiti procedimentali, che condizionano l'esercizio del potere al previo espletamento di una procedura (ad es. il procedimento disciplinare), sovente con la partecipazione necessaria del sindacato e/o della pubblica amministrazione (ad es. licenziamento collettivo, trasferimento d'azienda).

Si distingue, inoltre, tra limiti interni, che impongono la destinazione dell'atto alla funzione per la quale il potere è attribuito (ad es. la giustificazione del licenziamento o del trasferimento), e limiti esterni, che tutelano l'interesse di un soggetto diverso dal titolare del potere (ad es. la necessità del nulla osta del sindacato di appartenenza per il trasferimento del dirigente sindacale aziendale).

A questa distinzione si ricollega quella tra limiti che impongono una necessaria giustificazione che va provata dal datore di lavoro (ad es. giustificazione del licenziamento individuale o del trasferimento) e limiti che vietano l'atto a destinazione illecita, che va provata dal lavoratore (ad es. atti discriminatori, ma qui con una agevolazione probatoria).

La distinzione tra limiti ad efficacia reale e limiti ad efficacia obbligatoria guarda alle conseguenze della trasgressione della regola, nel senso che il limite è reale quando l'ordinamento non riconosce gli effetti dell'atto vietato considerato *tamquam non esset* (ad es. la sanzione disciplinare ingiustificata o viziata nel procedimento, il trasferimento ingiustificato, l'assegnazione di mansioni inferiori, l'atto discriminatorio), mentre è obbligatorio quando l'atto vietato produce egualmente i suoi effetti, salvo il risarcimento del danno o una penale, il che significa che il titolare del potere può esercitarlo anche in violazione del limite, semplicemente addossandosi il costo di tale trasgressione (ad es. il licenziamento ingiustificato sottoposto a tutela solo indennitaria).

Il lavoratore che segnala condotte illecite di cui è venuto a conoscenza in ragione delle funzioni svolte a tutela dell'integrità del datore di lavoro pubblico o privato non può essere sanzionato disciplinarmente, demansionato, licenziato, trasferito o sottoposto ad altre misure ritorsive o discriminatorie o aventi effetti negativi, diretti o indiretti, sulle condizioni di lavoro derivanti dalla segnalazione.

Anche al lavoratore che agisce in giudizio per l'accertamento di essere stato molestato anche sessualmente si applicano le stesse tutele del lavoratore segnalante.

Limiti al controllo del giudice

Il giudice, anche in presenza di una regola di giustificazione necessaria, non può sindacare le scelte economico-organizzative del datore di lavoro, ma solo la loro effettività ed il nesso causale con il provvedimento adottato, altrimenti incorrendo in un errore di diritto (art. 30, c. 1, legge n. 183 del 2010).

52. Potere direttivo e obblighi del lavoratore

52.1. *Il potere direttivo e l'obbligo di lavorare con obbedienza e diligenza*

Potere direttivo e dovere di obbedienza

L'obbligazione principale del lavoratore subordinato consiste nell'esecuzione della prestazione lavorativa pattuita.

Proprio perché si tratta di una collaborazione subordinata, cioè da svolgersi «alle dipendenze e sotto la direzione dell'imprenditore» (art. 2094 cod. civ.), il lavoratore è sottoposto al potere direttivo del datore di lavoro, il cui esercizio specifica in concreto la prestazione lavorativa dovuta.

Pertanto il lavoratore deve «osservare le disposizioni per l'esecuzione e per la disciplina del lavoro impartite dall'imprenditore» (art. 2104, c. 2, cod. civ.). Non si tratta di un'obbligazione autonoma rispetto a quella di lavorare, in quanto il dovere di obbedienza, quale soggezione al potere direttivo, inerisce proprio all'esecuzione della prestazione lavorativa.

Organizzazione gerarchica

Le direttive del datore di lavoro possono riguardare anche la disciplina del lavoro, al fine di regolamentare la convivenza degli appartenenti all'organizzazione e di tutelare il patrimonio aziendale e la sicurezza delle persone e degli impianti.

Il lavoratore deve rispettare non solo gli ordini del datore di lavoro, ma anche quelli provenienti «dai collaboratori di questo dai quali gerarchicamente dipende» (art. 2104, c. 2, cod. civ.). Risulta palese, in tal modo, come la struttura gerarchica dell'impresa (art. 2086 cod. civ.) si rifletta inevitabilmente anche sui rapporti di lavoro, benché alcune nuove forme di organizzazione della produzione tendano a concedere al lavoratore subordinato una certa autonomia operativa.

Il lavoratore deve rifiutare, almeno sul piano della responsabilità penale, l'obbedienza agli ordini illeciti e può rifiutarla, in via di autotutela conservativa (cfr. 96), agli ordini lesivi dei suoi diritti, come, ad esempio, l'assegnazione a mansioni inferiori o il trasferimento ingiustificato.

Diligenza La prestazione lavorativa deve essere svolta con «la diligenza richiesta dalla natura della prestazione dovuta» (art. 2104, c. 1, cod. civ.).

Si tratta della specificazione, con riferimento al lavoro subordinato, del principio (art. 1176 cod. civ.) secondo cui «nell'adempimento delle obbligazioni inerenti all'esercizio di un'attività professionale, la diligenza deve valutarsi con riguardo alla natura dell'attività esercitata», non essendo sufficiente la normale «diligenza del buon padre di famiglia».

La rilevanza della natura della prestazione indica una variazione del grado di diligenza dovuta in base al tipo di mansioni svolte dal lavoratore.

Oltre che alla natura della prestazione, la diligenza del lavoratore subordinato deve parametrarsi anche «all'interesse dell'impresa» (art. 2104, c. 1, cod. civ.), da intendersi non come un interesse comune alle parti, secondo le teorie istituzionistiche (cfr. 41), bensì come lo stesso interesse del creditore datore di lavoro, che si specifica in relazione al concreto tipo di organizzazione in cui si inserisce la prestazione lavorativa.

Infine il riferimento della diligenza del lavoratore all'interesse «superiore della produzione nazionale» (art. 2104, c. 1, cod. civ.), generalmente considerato travolto dalla caduta dell'ordinamento corporativo, può conservare un significato anche nell'ordinamento attuale non in relazione alla tutela dell'«utilità sociale» che limita l'attività dell'imprenditore (art. 41, c. 2, Cost.), bensì come proiezione del generale dovere di solidarietà (art. 2 Cost.) che riguarda anche i lavoratori subordinati.

La diligenza fin qui esaminata non è configurabile come un'obbligazione autonoma, ma costituisce la misura della prestazione dovuta, nel senso che il dipendente è obbligato a lavorare secondo la diligenza prescritta.

52.2. *L'obbligo di fedeltà*

Contenuto dell'obbligo di fedeltà Il lavoratore subordinato, oltre all'obbligo principale di lavorare, è gravato anche da due obblighi di non fare, costituenti autonomi divieti (di concorrenza e di divulgazione o abuso dei segreti aziendali) operanti anche nei periodi di sospensione della prestazione lavorativa.

Si tratta di obblighi c.d. di protezione, diretti a tutelare la capacità concorrenziale dell'impresa, riuniti sotto la rubrica «obbligo di fedeltà» dell'art. 2105 cod. civ. Questi obblighi si applicano anche al lavoratore parasubordinato a progetto.

Obbligo di non concorrenza

L'obbligo di non concorrenza vieta al lavoratore di «trattare affari, per conto proprio o di terzi, in concorrenza con l'imprenditore».

Il divieto in esame, la cui violazione costituisce inadempimento contrattuale del lavoratore, riguarda anche la concorrenza altrimenti lecita, sicché non deve essere confuso con il generale divieto di concorrenza sleale (art. 2598 cod. civ.), che prescinde da un rapporto tra le parti e può essere fonte di responsabilità extracontrattuale.

L'obbligo in esame opera solo per la durata del rapporto, la cui estinzione restituisce al lavoratore piena libertà, salvo il divieto di concorrenza sleale. Ma anche durante il rapporto il lavoratore può cumulare altri rapporti che non siano in concorrenza con il datore (art. 8 d.lgs. n. 104 del 2022).

Patto di non concorrenza

Tuttavia il lavoratore può stipulare con l'imprenditore un patto di non concorrenza, limitando la propria libertà anche per il periodo successivo alla fine del rapporto.

Questo patto, specie se stipulato al momento dell'assunzione o durante il rapporto, può contenere clausole assai pregiudizievoli per il lavoratore, sicché il legislatore non si accontenta della disciplina generale degli accordi di non concorrenza (art. 2596 cod. civ.), ma prevede, con disposizione apposita (art. 2125 cod. civ.), condizioni più rigorose a pena di nullità del patto: forma scritta; limiti di oggetto; limiti di luogo; durata massima di tre anni, elevati a cinque per i dirigenti, con riduzione automatica alla durata consentita in caso di pattuizione difforme; corrispettivo a favore del lavoratore.

Divieto di divulgazione o abuso dei segreti aziendali

Nell'obbligo di fedeltà rientra anche il divieto di «divulgare notizie attinenti all'organizzazione e ai metodi di produzione dell'impresa» o di «farne uso in modo da recare ad essa pregiudizio» (art. 2105 cod. civ.).

Le notizie protette dalla norma sono sicuramente quelle tecnico-produttive, ma il riferimento all'organizzazione induce a ricomprendere anche quelle relative agli aspetti amministrativi e commerciali dell'azienda. Restano escluse, ovviamente, le conoscenze entrate a far parte del patrimonio professionale del lavoratore, purché, però, non incorporino segreti aziendali.

La divulgazione delle notizie protette è vietata in via assoluta, mentre la loro utilizzazione da parte del lavoratore è inibita solo se in concreto pregiudizievole per l'azienda.

Il divieto in esame, per la sua stessa funzione, opera anche nel periodo successivo alla fine del rapporto.

A questa disciplina si aggiunge la tutela penale dei segreti professionali, anche scientifici e industriali (artt. 622 e 623 cod. pen.; art. 2622 cod. civ.).

52.3. *Altri obblighi e oneri del lavoratore*

Posizione del problema

Dal contratto di lavoro derivano a carico del lavoratore sia alcuni obblighi diversi da quelli fin qui esaminati, sia alcuni oneri.

In proposito regna una certa confusione, poiché la giurisprudenza tende a riportare tutto ad un generico vincolo di fiducia, del quale valuta caso per caso l'eventuale lesione onde giudicare della legittimità del licenziamento, mentre la dottrina prevalente esclude che l'obbligo di fedeltà dell'art. 2105 cod. civ. ricomprenda condotte ulteriori rispetto a quelle ivi espressamente vietate, pretendendo una apposita pattuizione, collettiva o individuale, per il sorgere di qualsiasi altro obbligo.

Obblighi di protezione

Occorre, invece, riconoscere che il lavoratore subordinato in quanto tale, senza necessità di pattuizioni espresse o tacite, è obbligato, ai sensi degli artt. 2094 e 2104 cod. civ., non solo all'esecuzione della prestazione lavorativa, ma anche ad altri comportamenti funzionali alla «disciplina del lavoro» e, quindi, alla tutela dell'organizzazione. La violazione di questi obblighi può avvenire anche fuori dell'azienda e dell'orario di lavoro, ricordandosi, ad esempio, il caso della divulgazione di notizie false infamanti il datore di lavoro.

Obblighi preparatori

Sempre sulle disposizioni degli artt. 2094 e 2104 cod. civ. si fondano i c.d. obblighi di preparazione all'adempimento, che, specialmente in determinati rapporti richiedenti una perfetta efficienza fisica (ad es. sportivo professionista; pilota; guardia del corpo), vincolano il dipendente a determinate condotte extralavorative necessarie ad un successivo utile svolgimento della prestazione.

Oneri del lavoratore per la conservazione della idoneità professionale

Con gli obblighi fin qui esaminati non vanno confusi gli oneri del lavoratore, interessato a tenere una determinata condotta nella propria vita privata, ad esempio evitando reati infamanti, al fine di conservare l'idoneità d'immagine e morale indispensabile per l'espletamento delle mansioni affidategli. In questi casi l'eventuale licenziamento per mancato assolvimento dell'onere si fonda sulla circostanza oggettiva della sopravvenuta inidoneità professionale e non ha, quindi, natura disciplinare, come invece quello determinato dall'inadempimento degli obblighi del lavoratore.

Queste condotte, inerenti alla sfera privata del lavoratore ma rilevanti ai fini dell'attitudine professionale (art. 8 stat. lav.), aumentano nei rapporti con le organizzazioni di tendenza (politiche, sindacali, religiose, ecc.), le cui finalità ideologiche possono imporre, almeno per le mansioni non neutre, particolari requisiti di idoneità. Si segnalano, ad esempio, i licenziamenti di insegnanti di scuola cattolica che avevano contratto matrimonio solo civile e di un funzionario sindacale in grave dissenso ideologico rispetto alla linea della organizzazione di appartenenza.

Importanti riconoscimenti della oggettiva incidenza sulla possibilità della prestazione di reati del lavoratore anche estranei allo specifico rapporto sono: la prevista legittimità della esclusione da attività comportanti rapporti con minori dei soggetti condannati in via definitiva per reati concernenti la libertà sessuale dei minori e la pornografia minorile (art. 3, c. 6, d.lgs. n. 216 del 2003); la estinzione automatica del rapporto di lavoro pubblico quale pena accessoria per determinati delitti contro la pubblica amministrazione anche non datrice di lavoro, previsti con condanna irrevocabile ad almeno tre anni di reclusione (art. 32 *quinquies* cod. pen., introdotto con legge n. 97 del 2001).

53. L'oggetto della prestazione lavorativa

53.1. *Mansioni, qualifiche e categorie*

Oggetto determinato

Nel contratto di lavoro non può essere dedotta un'attività imprecisata, poiché in tal caso il contratto sarebbe nullo per indeterminatezza dell'oggetto.

Mansioni

Occorre, pertanto, che le parti pattuiscano il tipo di lavoro, cioè i compiti che il prestatore deve svolgere, definiti dalla legge come le «mansioni per le quali è stato assunto» (art. 2103 cod. civ.; art. 96, c. 1, disp. att. cod. civ.). Questo accordo, in virtù della libertà di forma del contratto di lavoro, può essere raggiunto anche per fatti concludenti, mediante la consensuale adibizione del lavoratore a determinati compiti.

Qualifica

L'insieme di mansioni pattuito viene indicato con il termine «qualifica», che solitamente si identifica con una figura professionale prevista nei contratti collettivi (cfr. 53.2) e individua la posizione occupata dal prestatore nell'organizzazione aziendale. È dovuto, ovviamente, anche l'espletamento delle mansioni accessorie, da non confondere con la possibilità di pattuire una ampia gamma di mansioni (c.d. polivalenti), purché corrisponda ad una effettiva esigenza organizzativa aziendale e non sia diretta ad eludere i limiti legali alla modificazione delle mansioni (cfr. 59.7).

Categorie

La legge raggruppa le diverse qualifiche nelle quattro grandi categorie degli operai, impiegati, quadri e dirigenti, prevedendo che i requisiti di appartenenza alle indicate categorie sono stabiliti dai contratti collettivi (art. 2095 cod. civ.).

Il datore di lavoro deve far conoscere al lavoratore al momento dell'assunzione «la categoria e la qualifica che gli sono assegnate in relazione alle mansioni per le quali è stato assunto» (art. 96, c. 1, disp. att. cod. civ.), poi informandolo anche per iscritto entro trenta giorni dalla data dell'assunzione (art. 1, c. 1, lett. f), d.lgs. n. 152 del 1997).

Il lavoratore che abbia un'anzianità di servizio di sei mesi può chiedere che gli venga riconosciuta una forma di lavoro sicura e stabile se disponibile e il datore deve rispondere per iscritto entro un mese dalla predetta richiesta (art. 10 d.lgs. n. 104 del 2022).

53.2. *La classificazione collettiva delle mansioni*

Trattamento collettivo per le diverse qualifiche

Il trattamento economico e normativo del lavoratore varia a seconda della qualifica, secondo un criterio di proporzionamento alla «qualità» del lavoro che per la retribuzione trova un fondamento costituzionale (art. 36, c. 1, Cost.).

Il valore delle diverse qualifiche nel mercato del lavoro è fissato dai contratti collettivi, che provvedono conseguentemente alla loro classificazione raggruppandole «per gradi secondo la loro importanza» e stabilendo il corrispondente trattamento, secondo apposite articolazioni «nell'ambito di ciascuna delle categorie indicate nell'art. 2095 del codice» (art. 96 disp. att. cod. civ.).

Qualifiche operaie e impiegatizie

Nella contrattazione corporativa e, poi, anche in quella di diritto comune fino all'inizio degli anni '70 vigeva una rigida separazione tra la classificazione degli operai (specializzati, qualificati, comuni) e quella degli impiegati (con funzioni direttive, di concetto, di ordine). I contratti del settore industriale prevedevano anche la figura dell'intermedio, collocata tra gli operai e gli impiegati.

Inquadramento unico

A partire dalla tornata contrattuale del 1973-1974 è stato realizzato, invece, il cosiddetto inquadramento unico di impiegati e operai, distribuiti tutti insieme su di una sola scala classificatoria articolata in livelli, ciascuno con una propria declaratoria generale ed una serie di profili professionali. Nei livelli centrali si trovano accomunate qualifiche operaie e impiegatizie con una conseguente parificazione salariale, mentre residuano alcune differenze normative (ad es. minor durata della prova e del preavviso per gli operai).

Quadri

La categoria dei quadri, creata con la legge n. 190 del 1985, viene disciplinata, nonostante le spinte separatiste di alcuni sindacati di mestiere, dagli stessi contratti collettivi del personale operaio e impiegatizio, di solito con la previsione di livelli apicali, in cui sono confluiti anche gli impiegati con funzioni direttive e, successivamente, anche i funzionari già previsti dall'autonomia collettiva in alcuni settori (credito, assicurazioni).

Invece i dirigenti hanno sindacati e contratti collettivi distinti da quelli del restante personale, con riferimento sia ai grandi settori economici privati (industria, commercio, agricoltura, credito, assicurazioni), sia alle pubbliche amministrazioni con gli appositi contratti di area (art. 40, c. 2, d.lgs. n. 165 del 2001).

Dirigenti

53.3. *L'inquadramento del lavoratore*

Inquadramento in base alle mansioni

Il lavoratore ha diritto ad essere inquadrato, con il relativo trattamento, nella categoria legale e nel livello contrattuale corrispondenti alle mansioni effettivamente e stabilmente svolte (art. 96, c. 1, disp. att. cod. civ.). Sono nulli eventuali inquadramenti peggiorativi, siano essi effettuati consensualmente o unilateralmente da parte del datore di lavoro. Sono nulle anche le clausole collettive cosiddette di inquadramento formale, che condizionano l'accesso ad una determinata categoria al riconoscimento espresso da parte del datore di lavoro.

Ai fini dell'inquadramento contano, dunque, le mansioni, cioè la qualifica intesa in senso oggettivo, restando irrilevante la professionalità soggettiva del lavoratore, salvo specifici requisiti formali di idoneità (titolo di studio, licenze amministrative).

Se vengono pattuite o svolte mansioni promiscue, cioè a cavallo di diversi livelli, l'inquadramento si determina in base alle mansioni in concreto prevalenti.

Accertamento giudiziale

Nel caso in cui il lavoratore pretenda un inquadramento superiore a quello riconosciutogli dal datore di lavoro il giudice deve catalogare le mansioni effettivamente svolte secondo la classificazione del contratto collettivo, restando invece, tendenzialmente irrilevante il confronto con l'inquadramento di altri lavoratori addetti a mansioni analoghe.

Inquadramento convenzionale di favore

È possibile che il datore di lavoro riconosca al lavoratore un inquadramento convenzionale di favore, cioè superiore a quello corrispondente alle mansioni, ma il conseguente miglior trattamento non può giustificare la perdita di tutele legali riservate alla qualifica effettiva.

53.4. *Operai e impiegati*

Legge sull'impiego privato

La distinzione tra operai e impiegati è sancita nella c.d. legge sull'impiego privato (r.d.l. n. 1825 del 1924), che, recependo gli usi e i principi elaborati dalla giurisprudenza dei probiviri, prevede una serie di tutele per il rapporto impiegatizio, solo successivamente estese anche agli operai dal codice civile e dalla contrattazione collettiva, pur permanendo ancora qualche differenza quantitativa.

Distinzione tra impiegati e operai

La definizione dell'impiegato si fonda su requisiti (collaborazione, professionalità, non manualità della prestazione) rinvenibili anche nella attività operaia e, quindi, inidonei alla distinzione. Si è affermato, pertanto, un criterio incentrato sul tipo di collaborazione, che per l'impiegato è all'impresa, cioè all'organizzazione della produzione, mentre per l'operaio è nell'impresa, cioè alla produzione in una organizzazione già predisposta.

Inquadramento unico

A seguito dell'inquadramento unico realizzato dalla contrattazione collettiva (cfr. 53.2), sono state superate quasi tutte le differenze di disciplina, anche se di fatto i livelli superiori con il relativo trattamento sono ancora riservati a qualifiche impiegatizie.

53.5. *I quadri*

Legge n. 190 del 1985

La categoria dei quadri intermedi, posta tra quella degli impiegati e quella dei dirigenti, è stata introdotta con la legge n. 190 del 1985, che ha modificato con tale aggiunta il testo dell'art. 2095 cod. civ.

Definizione

La legge contiene una definizione dei quadri, individuati nei lavoratori che «pur non appartenendo alla categoria dei dirigenti, svolgano funzioni con carattere continuativo di rilevante importanza ai fini dello sviluppo e dell'attuazione degli obiettivi dell'impresa».

Tuttavia la stessa legge, ribadendo il principio generale, rinvia alla contrattazione collettiva nazionale o aziendale la fissazione dei requisiti di appartenenza alla categoria dei quadri.

Disciplina

La disciplina legale del trattamento spettante ai quadri è, infatti, assai scarna, limitandosi all'obbligo di assicurazione a carico del datore di lavoro per la responsabilità civile verso terzi del lavoratore conseguente a colpa nello svolgimento delle mansioni (cfr. 53.11) e ad una deroga peggiorativa all'art. 2103 cod. civ. in relazione all'accesso alla qualifica di quadro per esercizio di fatto delle relative mansioni (cfr. 53.8). Per il resto è la stessa legge a dichiarare applicabili ai quadri le norme riguardanti la categoria degli impiegati.

Vicedirigenza pubblica

Nel settore pubblico è prevista, nell'ambito dei contratti di comparto, l'istituzione di un'apposita area separata della vicedirigenza (art. 17 *bis* d.lgs. n. 165 del 2001).

53.6. *I dirigenti*

Criteri oggettivi di identificazione

La categoria più elevata è quella dei dirigenti, anch'essi identificati secondo i criteri stabiliti dai contratti collettivi.

Questi criteri devono fare riferimento a oggettive mansioni, con conseguente nullità delle clausole collettive di inquadramento formale, secondo le quali non potrebbe essere qualificato dirigente chi non fosse nominato tale dal datore di lavoro.

Dirigenti minori

Il giudice non può sovrapporre una nozione ontologica della categoria dirigenziale a quella in concreto ricavabile dal contratto collettivo, che può qualificare come dirigenti anche lavoratori che occupino posizioni in parte diverse da quella tradizionale del c.d. *alter ego* dell'imprenditore, preposto all'intera azienda o ad un ramo autonomo di essa con ampi poteri decisionali e di rappresentanza sottoposto soltanto alle generali direttive del datore di lavoro.

Pertanto, nonostante opinioni contrastanti, sono veri e propri dirigenti nelle organizzazioni complesse anche quelli minori, a loro volta coordinati da altri dirigenti, purché rientrino nella definizione collettiva della categoria, che a volte ne differenzia anche la disciplina.

Pseudo dirigenti

Qualora, invece, il datore di lavoro inquadri come dirigente in via di favore un dipendente addetto a mansioni non classificate come dirigenziali dal contratto collettivo si verifica l'ipotesi dello pseudodirigente, al quale resta inapplicabile la disciplina legale della categoria, con particolare riguardo alle riduzioni di tutela rispetto alla disciplina degli impiegati e dei quadri. Il problema si è posto, in concreto, per la protezione legale contro il licenziamento ingiustificato, da cui sono esclusi i dirigenti, secondo alcuni solo di vertice, ma non gli pseudodirigenti, essendo inammissibile il baratto, mediante un inquadramento convenzionale, di una tutela legale inderogabile con un miglior trattamento relativo ad altri aspetti del rapporto.

Organizzazione sindacale

I dirigenti, sin dal periodo corporativo, hanno una organizzazione sindacale distinta da quella degli altri lavoratori, proprio a causa del vincolo di particolare fiducia che li lega al datore di lavoro, di cui sono chiamati a fare le veci nei confronti del restante personale. Questa separazione è sancita formalmente dalla legge con riferimento alle pubbliche amministrazioni, per i cui dirigenti vengono stipulati appositi contratti di area distinti dai contratti di comparto relativi agli altri dipendenti.

Tutele escluse

La disciplina legale del rapporto dei dirigenti è caratterizzata dalla esclusione di alcune tutele, come in materia di orario di lavoro e riposi, di contratto a tempo determinato e di licenziamento ingiustificato, per il quale solitamente opera una disciplina collettiva. Si dubita se nei confronti del dirigente sia esercitabile il potere disciplinare. I dirigenti di aziende industriali avevano un apposito istituto previdenziale (INPDAI), ora soppresso con confluenza nell'INPS.

Dirigenti e cariche sociali

A volte i dirigenti sono utilizzati quali amministratori o sindaci di società collegate (c.d. lavoro gestorio). Altre volte cumulano con la posizione di dirigente quella di amministratore della stessa società datrice di lavoro, ma in questo caso il rapporto di lavoro subordinato può sussistere solo se il dirigente risponde come tale al consiglio di amministrazione di cui pure fa parte.

Dirigenti pubblici

Per i dirigenti delle pubbliche amministrazioni è prevista una speciale disciplina, diretta a migliorare l'efficienza e l'economicità dell'organizzazione (artt. 4, 13-29 d.lgs. n. 165 del 2001, come novellato dalla legge n. 145 del 2002 e dal d.lgs. n. 150 del 2009).

La disciplina è dettata per i dirigenti dello Stato (art. 13), ma le amministrazioni non statali devono adeguare i propri ordinamenti ai medesimi principi (art. 27).

Agli organi di governo spettano solo funzioni di indirizzo politico-amministrativo e di controllo, mentre l'attuazione e gestione mediante ampi poteri decisionali, garantita anche nei confronti della contrattazione collettiva (artt. 5, c. 2 e 40, c. 1, come novellati dal d.lgs. n. 150 del 2009), è riservata ai dirigenti, con la connessa responsabilità e con esclusione di ogni facoltà di revoca, riforma, riserva o avocazione di singoli atti da parte degli organi politici (artt. 4, 14-17), con conseguente legittimità della privatizzazione (Corte Cost. n. 11 del 2002).

I dirigenti sono distinti in due fasce ed inseriti in un apposito ruolo istituito per ciascuna amministrazione dello Stato (art. 23).

L'accesso alla qualifica dirigenziale avviene mediante concorso per esami oppure corso-concorso selettivo di formazione presso la scuola superiore della pubblica amministrazione (art. 28). L'accesso alla prima fascia avviene tramite concorso per titoli ed esami riservato ai dirigenti con almeno cinque anni di anzianità nel ruolo e ad altri soggetti in possesso di titoli necessari (art. 28 *bis*) oppure per promozione automatica del dirigente di seconda fascia che abbia ricoperto per almeno cinque anni incarichi di direzione di uffici dirigenziali generali (art. 23, c. 1) purché non in posizione di prestito (art. 95 *bis*, c. 3, d.lgs. n. 303 del 1999, come modificato dall'art. 15, c. 1, legge n. 183 del 2010).

La mera instaurazione del rapporto di lavoro dirigenziale non comporta la titolarità di un ufficio dirigenziale, in mancanza della quale il dirigente è utilizzato in funzioni ispettive, di consulenza, studio e ricerca (art. 19, c. 10).

Gli incarichi di funzioni dirigenziali, che costituiscono materia esclusa dalla contrattazione collettiva (art. 40, c. 1, come novellato dal d.lgs. n. 150 del 2009), sono conferiti ai dirigenti di ruolo anche di altre amministrazioni o a soggetti esterni (art. 19), con provvedimento dell'amministrazione cui accede un contratto individuale nel quale è definito il corrispondente trattamento economico (art. 19, c. 2), costituito per almeno il 30 per cento dal trattamento accessorio collegato ai risultati (art. 24, c. 1 *bis*).

Tali incarichi sono a tempo determinato non inferiore a tre (salvo limiti di età) e non superiore a cinque anni, con espressa disapplicazione della disciplina dell'art. 2103 cod. civ. al fine di evitare qualsiasi pretesa di stabilizzazione nell'incarico dopo la scadenza del termine o di conferimento di incarichi equivalenti, pur essendo previste serie garanzie procedimentali per il conferimento dei nuovi incarichi (art. 19, c. 1, 1 *bis* e 2), ma non per la mancata conferma nell'incarico scaduto pur in assenza di valutazione negativa, con conseguente legittimo conferimento di altro incarico anche economicamente inferiore.

Gli incarichi di direzione di strutture articolate in direzioni generali cessano automaticamente dopo novanta giorni dal voto sulla fiducia al Governo (c.d. *spoils system*) (art. 19, c. 8). Previsioni analoghe sono contenute in varie leggi regionali in relazione all'insediamento del nuovo Governo regionale. Lo *spoils system*, sia nello Stato che nelle altre amministrazioni, può riguardare soltanto i dirigenti apicali nominati direttamente dall'organo politico ed operanti in rapporto di stretta contiguità con lo stesso, mentre per gli altri dirigenti travolgerebbe l'indispensabile distinzione tra politica e amministrazione violando i principi di imparzialità, buon andamento e continuità dell'azione amministrativa garantiti dagli artt. 97 e 98 Cost. ed attuati mediante il normale procedimento di revoca degli incarichi (Corte Cost. nn. 233 del 2006, 103 del 2007, 104 del 2007, 161 del 2008, 34 del 2010, 81 del 2010). L'incostituzionale *spoils system* per dirigenti non apicali (art. 3, c. 1, lett. i), legge n. 145 del 2002; art. 2, c. 159, d.l. n. 262 del 2006 conv. legge n. 286 del 2006), già dichiarato variamente incostituzionale, è stato poi completamente abrogato (art. 40, c. 1, lett. g), d.lgs. n. 150 del 2009, che ha novellato l'art. 19, c. 8, d.lgs. n. 165 del 2001), con espressa conferma della revocabilità degli incarichi non apicali solo per responsabilità dirigenziale (art. 19, c. 1 *ter*, d.lgs. n. 165 del 2001 introdotto dal d.lgs. n. 150 del 2009).

La discrezionalità, pur limitata, nel conferimento o rinnovo dell'incarico, unitamente alla prevista durata massima, attenuano l'indipendenza dei dirigenti dagli organi politici.

In considerazione della responsabilità del dirigente per il risultato dell'attività dell'ufficio al quale è preposto, il mancato raggiungimento degli obiettivi e l'inosservanza delle direttive, previa contestazione e contraddittorio, impediscono il rinnovo dello stesso incarico, mentre, nei casi più gravi, è disposta la revoca anticipata dell'incarico o perfino il licenziamento, sentito l'apposito Comitato di garanti con parere obbligatorio solo consultivo e non più vincolante (artt. 21 e 22, come novellati dal d.lgs. n. 150 del 2009).

53.7. *La modificazione delle mansioni: a) i limiti dell'inquadramento e della irriducibilità della retribuzione*

Potere di scelta tra le mansioni pattuite

Nell'ambito delle mansioni pattuite al momento dell'assunzione il datore di lavoro sceglie, di volta in volta, mediante l'esercizio del potere direttivo quali far svolgere in concreto al lavoratore.

Se il lavoratore, durante il rapporto, è stato promosso ad una qualifica superiore a quella d'assunzione, la scelta del datore di lavoro deve avvenire nell'ambito delle mansioni comprese nella nuova qualifica.

Potere di adibizione a mansioni dello stesso livello

La legge consente, peraltro, l'adibizione del lavoratore «a mansioni riconducibili allo stesso livello e categoria di inquadramento delle ultime effettivamente svolte» (art. 2103, c. 1, cod. civ., come novellato dall'art. 3 d.lgs. n. 81 del 2015).

Prima la legge affermava il concetto di «equivalenza» delle mansioni, che era più ristretto di quello attuale («riconducibili allo stesso livello e categoria di inquadramento»). Ora, infatti, il datore può scegliere le mansioni da affidare al lavoratore, sempre rispettando la categoria legale di appartenenza, in un cerchio più largo segnato dal «livello» definito dal contratto collettivo.

Ma il livello contrattuale mette insieme, soprattutto dopo l'inquadramento unico degli anni '70 del secolo scorso, mansioni molto diverse tra loro per professionalità. Se le mansioni a cui il lavoratore è spostato sono molto diverse da quelle precedenti anche se il livello contrattuale è lo stesso, è gioco forza riconoscere il potere unilaterale del datore di variare le mansioni (c.d. *ius variandi*), però sempre con il limite della categoria e del livello pattuito.

La vecchia nozione di equivalenza e la nuova nozione di inquadramento nello stesso livello

La nozione di equivalenza veniva riferita al patrimonio professionale acquisito dal lavoratore, che doveva poter essere utilizzato anche nelle nuove mansioni, escludendosi che l'identità di livello contrattuale significasse automaticamente equivalenza, stante l'eterogeneità delle qualifiche raggruppate in ciascun livello e la separata garanzia di irriducibilità della retribuzione. Ora, invece, è riuscita a farsi strada nell'art. 2103 cod. civ. nuovo testo una interpretazione più elastica fondata sul pari livello di inquadramento. Ha spinto in questa direzione la necessità di una tutela dinamica del lavoratore, anche mediante la formazione, di fronte alle continue innovazioni tecnologiche e organizzative.

In questo quadro è, comunque, sicuro il divieto di adibire il lavoratore a mansioni di categoria o di livello inferiore a quelle ultime svolte, trattandosi di un limite esterno al potere del datore che assegna assoluta prevalenza all'interesse del lavoratore rispetto a quello dell'organizzazione, eventualmente tutelabile solo con un licenziamento giustificato.

Nullità dei patti contrari

È vietato espressamente ogni patto contrario, qualificato come «nullo» (art. 2103, ultimo comma, cod. civ.), sicché è impedita non solo una disciplina del rapporto, individuale o collettiva, che consenta l'assegnazione di mansioni di livello o di categoria inferiore, ma anche una pattuizione individuale apposita avente ad oggetto uno specifico spostamento peggiorativo.

Sono escluse dall'espressa comminatoria di nullità le eventuali rinunzie o transazioni aventi ad oggetto l'impugnazione della concreta dequalificazione, trattandosi di negozi di disposizione di un diritto già sorto sottoposti alla generale disciplina dell'art. 2113 cod. civ. (cfr. 91.3).

Ipotesi di legittima assegnazione a mansioni di livello inferiore

La legge prevede, nell'interesse del lavoratore, alcune eccezioni al divieto di assegnazione di mansioni di livello inferiore, per salvaguardare la salute della lavoratrice gestante, per evitare il licenziamento collettivo e quello degli invalidi divenuti tali durante il rapporto.

A queste deroghe espresse si aggiungeva un orientamento giurisprudenziale incline a considerare legittimi patti di spostamento a mansioni di livello inferiore per la salvezza dell'occupazione o per altri interessi del lavoratore oppure in base a clausole collettive per valorizzare la professionalità potenziale o per temporanee esigenze aziendali (Cass. SU n. 25033 del 2006).

Ora l'art. 2103 cod. civ., c. 2 (novellato dall'art. 3 d.lgs. n. 81 del 2015), prevede che il lavoratore «può essere assegnato a mansioni appartenenti al livello di inquadramento inferiore purché rientranti nella medesima categoria» a condizione che siano modificati gli «assetti organizzativi aziendali che incidono sulla posizione del lavoratore». L'onere della prova di questa modificazione grava sul datore di lavoro. Questa disposizione è declinata al singolare («al livello»), sicché non si applica se le mansioni assegnate al lavoratore sono comprese in livelli più bassi.

I contratti collettivi, anche aziendali, stipulati da associazioni sindacali comparativamente più rappresentativi sul piano nazionale o dalle r.s.a. o dalle r.s.u., possono prevedere «ulteriori ipotesi di assegnazione di mansioni appartenenti al livello di inquadramento inferiore» (art. 2103, c. 4), il cui onere probatorio incombe sempre sul datore.

In entrambe le ipotesi il mutamento di mansioni è accompagnato, ove necessario, dall'assolvimento dell'obbligo formativo (art. 2103, c. 3). Ma l'inadempimento a questo obbligo non è sanzionato con «la nullità dell'atto di assegnazione delle nuove mansioni» (art. 2103, c. 3).

E sempre in queste due ipotesi di assegnazione di mansioni inferiori, «il lavoratore ha diritto alla conservazione del livello di inquadramento e del trattamento retributivo in godimento» (art. 2103, c. 5). Sicché cambiano le mansioni, ma il livello e la retribuzione rimangono identici, tranne che per le erogazioni collegate «a particolari modalità di svolgimento della precedente prestazione lavorativa» (art. 2103, c. 5).

«Il mutamento di mansioni è comunicato per iscritto a pena di nullità» (art. 2103, c. 5), sicché il lavoratore, in mancanza di atto scritto, può rifiutare la nuova posizione.

Invece il datore di lavoro e il lavoratore, in una sede assistita, possono modificare consensualmente per il futuro le mansioni, la categoria e il livello di inquadramento e la relativa retribuzione (art. 2103, c. 6). Questa non è una conciliazione su diritti già sorti, ma una modificazione consensuale del contratto individuale di lavoro. L'accordo individuale protegge gli interessi del lavoratore «alla conservazione dell'occupazione, all'acquisizione di una diversa professionalità o al miglioramento delle condizioni di vita» (art. 2103, c. 6, cod. civ.).

In conclusione il nuovo testo dell'art. 2103 cod. civ. flessibilizza il rapporto di lavoro dall'interno riducendo i precedenti diritti del lavoratore.

Sottrazione parziale e totale delle mansioni

Il divieto di adibizione a mansioni non consentite comprende anche la sottrazione di compiti qualitativamente rilevanti e la totale privazione di ogni compito che lascia il lavoratore completamente inutilizzato in azienda.

Il demansionamento è vietato anche da una norma specifica se il lavoratore demansionato ha fatto una segnalazione di condotta illecita.

Mora credendi *del datore di lavoro*

Ovviamente il datore di lavoro che, per il suo ingiustificato rifiuto di ricevere in blocco le prestazioni offertegli dal dipendente, sia in *mora credendi* rimane obbligato al pagamento della retribuzione (o secondo alcuni di un risarcimento a questa corrispondente), proprio perché la mora sposta su di lui il rischio dell'impossibilità sopravvenuta della prestazione.

Azioni giudiziarie contro la dequalificazione

Contro la violazione del divieto di spostamento a mansioni non consentite il lavoratore può chiedere, oltre alla dichiarazione di nullità dell'atto o del patto in tal senso, anche una pronunzia di condanna del datore di lavoro ad assegnargli mansioni di livello pari alle ultime svolte, ma questa condanna, attenendo ad un *facere* infungibile, non può essere eseguita coattivamente (cfr. 95.1).

Nel caso in cui sussista un effettivo *periculum in mora* per beni personali del lavoratore (professionalità, immagine, dignità, salute) v'è spazio per un provvedimento cautelare *ex* art. 700 cod. proc. civ. (cfr. 95.3), anch'esso, però, condizionato dal principio di incoercibilità del fare infungibile e, quindi, ammissibile ed utile solo per la sospensione degli effetti dell'atto pregiudizievole.

Autotutela

Il lavoratore, in via di autotutela conservativa del rapporto (cfr. 96), può rifiutare lo svolgimento delle mansioni inferiori come tali non dovute, continuando ad offrire la prestazione dovuta e, quindi, conservando il diritto alla controprestazione retributiva da parte del datore di lavoro in *mora accipiendi*. Non si tratta di una eccezione di inadempimento, poiché qui il lavoratore non nega il proprio adempimento a fronte dell'inadempimento dell'altra parte, ma rifiuta una prestazione non dovuta.

Risarcimento del danno

Qualora l'assegnazione a mansioni non consentite abbia provocato al lavoratore un danno patrimoniale e/o non patrimoniale (ad es. lesioni alla professionalità, all'immagine, all'integrità psicofisica, alla dignità, alla vita di relazione), il datore di lavoro è obbligato al relativo risarcimento, liquidabile anche in via equitativa *ex* art. 1226 cod. civ., purché il lavoratore alleghi tempestivamente e dimostri, anche mediante presunzioni semplici, oltre al concreto pregiudizio, anche il nesso di causalità rispetto all'illecito del datore di lavoro e la prevedibilità del danno se l'inadempimento non è doloso (Cass. SU n. 6572 del 2006; Cass. SU n. 26972 del 2008).

53.8. *Segue: b) la promozione*

Promozione consensuale

La promozione ad una qualifica superiore, costituendo una modifica dell'oggetto del contratto, richiede il consenso del lavoratore, normalmente prestato, anche per fatti concludenti, in considerazione dell'interesse alla carriera e al conseguente miglior trattamento.

Il datore di lavoro è libero di decidere la promozione, senza alcun vincolo neppure di pari trattamento.

Avanzamenti automatici

I contratti collettivi prevedono, tuttavia, per i livelli più bassi degli avanzamenti automatici di inquadramento per effetto della sola anzianità di servizio.

Concorsi privatistici

La libertà del datore di lavoro di scegliere i lavoratori da promuovere risulta esclusa nei c.d. concorsi privatistici per promozione, previsti da alcuni contratti collettivi o in via di autolimitazione unilaterale dello stesso imprenditore. In tal caso, come in quello dei concorsi privatistici per assunzione o delle selezioni privatistiche nelle pubbliche amministrazioni per posizione retributiva o livello funzionale superiore senza passaggio di area (altrimenti occorrerebbe un concorso pubblicistico) oppure per conferimento di incarichi dirigenziali, il datore di lavoro è, infatti, obbligato ad assumere o promuovere i vincitori della selezione, che deve avvenire secondo criteri predeterminati. La violazione di tali criteri o l'incongruità con la finalità selettiva costituisce inadempimento contrattuale, ma il lavoratore pregiudicato può ottenere una sentenza costitutiva della assunzione o promozione ingiustamente negatagli solo quando la selezione sia stabilita a punteggi fissi collegati a requisiti oggettivi accertabili dal giudice. Altrimenti, se la selezione involge valutazioni discrezionali, il lavoratore pregiudicato può chiedere solo una condanna, peraltro incoercibile, alla ripetizione delle operazioni concorsuali e, comunque, al risarcimento del danno subito, anche da perdita di *chance*. È escluso, salvo il caso di violazione di norme di legge imperative, un diritto dei lavoratori pretermessi alla invalidazione delle assunzioni o promozioni indebite, non potendosi eliminare in tal modo gli effetti dell'inadempimento per il principio di tassatività dei casi di invalidità (Cass. SU n. 9804 del 1993). Spetta al datore di lavoro, eventualmente interessato a rimuovere le assunzioni o promozioni non dovute, proporre azione di annullamento delle stesse per errore.

Promozione automatica per svolgimento di mansioni superiori

Infine la promozione è imposta per legge al datore di lavoro che abbia assegnato il lavoratore a mansioni superiori per almeno sei mesi consecutivi o per il diverso periodo previsto dai contratti collettivi anche aziendali, salvo che ciò sia avvenuto per sostituire un lavoratore assente con diritto alla conservazione del posto (art. 2103, c. 7, cod. civ.).

Il periodo minimo necessario di sei mesi consecutivi indicato dalla legge deve essere di lavoro effettivo. I contratti collettivi possono ridurre o aumentare il periodo previsto dalla legge. È fatta salva la diversa volontà del lavoratore che non voglia essere promosso (art. 2103, c. 7, cod. civ.).

Sostituzione di lavoratori assenti

Questo principio risponde all'idea per cui se il datore di lavoro utilizza per un adeguato lasso di tempo il dipendente in una posizione superiore, evidentemente reputandolo idoneo, è opportuno assegnare definitivamente a tale lavoratore la posizione ricoperta, impedendo così una successiva retrocessione. Si spiega, così, agevolmente l'eccezione, con onere probatorio a carico dell'imprenditore, secondo cui se la posizione superiore non è vacante, ma appartiene ad un lavoratore assente con diritto alla conservazione del posto, il sostituto non matura il diritto alla promozione automatica a prescindere dalla durata della sostituzione, proprio perché al rientro del sostituito non vi sarà più alcuna posizione superiore disponibile (art. 2103, c. 7, cod. civ.).

Nel periodo di assegnazione a mansioni superiori, anche se in sostituzione di lavoratori assenti o di durata insufficiente a far scattare la promozione con conseguente legittimo ritorno alla posizione di partenza, spetta al lavoratore il «trattamento corrispondente all'attività svolta» (art. 2103, c. 7, cod. civ.), in conformità al principio di proporzionamento della retribuzione alla qualità del lavoro (art. 36, c. 1, Cost.).

Autonomo diritto alla retribuzione superiore

53.9. *Segue: c) la disciplina per i dipendenti pubblici*

Per i rapporti di lavoro con le pubbliche amministrazioni la modifica delle mansioni è sottoposta ad una disciplina speciale (art. 52 d.lgs. n. 165 del 2001).

Disciplina speciale

È consentito lo spostamento a mansioni equivalenti (art. 52, c. 1), con conseguente divieto di adibizione a mansioni inferiori. La valutazione dell'equivalenza era espressamente affidata ai contratti collettivi con benefico effetto di certezza ove in concreto effettuata, mentre la attuale formulazione della norma non sembra più tale da escludere il controllo del giudice (art. 52, c. 1, d.lgs. n. 165 del 2001 come novellato dal d.lgs. n. 150 del 2009).

Nozione di equivalenza

Ma la principale differenza rispetto alla regolamentazione del rapporto con datori di lavoro privati è l'eliminazione della promozione automatica, al fine di salvaguardare il principio del concorso (art. 97, c. 3, Cost.), altrimenti facilmente aggirabile mediante l'assegnazione di fatto a mansioni superiori, di cui, invece, è escluso espressamente ogni effetto ai fini dell'inquadramento del lavoratore (art. 52, c. 1 e 6).

Esclusione della promozione automatica

Sono stati ritenuti incompatibili con il ricordato principio costituzionale i concorsi per accesso ad area superiore riservati in via esclusiva o prevalente ai lavoratori già in servizio in quanto equiparati ai concorsi per assunzione, conseguendone anche la giurisdizione del giudice amministrativo, mentre sono considerate selezioni di natura privatistica con il relativo regime e la giurisdizione del giudice del lavoro quelle per posizione retributiva o livello funzionale superiore senza passaggio di area in base alle disposizioni dei contratti collettivi.

Progressioni verticali e orizzontali

Questo assetto è ora recepito in legge, essendo stabilito che: i dipendenti pubblici sono inquadrati in almeno tre distinte aree funzionali; le progressioni (c.d. orizzontali o economiche) all'interno della stessa area, per le quali la contrattazione collettiva può intervenire solo nei limiti consentiti dalla legge (art. 40, c. 1), avvengono mediante principi di selettività; le progressioni (c.d. verticali o di carriera) da un'area all'altra avvengono tramite concorso pubblico con possibile riserva di posti a favore del personale interno non superiore al 50 per cento di quelli messi a concorso (art. 52, c. 1 *bis*, d.lgs. n. 165 del 2001 introdotto dal d.lgs. n. 150 del 2009; artt. 23 e 24 d.lgs. n. 150 del 2009). Tuttavia anche nell'ambito della medesima area l'accesso alle posizioni economiche apicali è riservato per il 50 per cento a concorso pubblico (art. 52, c. 1 *ter*).

Leggi speciali

Tuttavia la rigidità del sistema è attenuata da apposite leggi di reinquadramento in base alle mansioni svolte ed al superamento di una prova idoneativa. Sono ritenute incompatibili con il principio costituzionale del concorso pubblico le selezioni per accesso ad area superiore riservato in via esclusiva o prevalente ai lavoratori già in servizio, mentre sono considerate selezioni di natura privatistica con il relativo regime e la giurisdizione del giudice del lavoro quelle per posizioni retributive o livello funzionale superiore senza passaggio di area in base alle disposizioni dei contratti collettivi.

Ipotesi tassative di adibizione temporanea a mansioni superiori

La stessa assegnazione di mansioni superiori è consentita solo in due casi: vacanza di posto in organico per non più di sei mesi, prorogabili fino a dodici nelle more del concorso, da avviare nel termine massimo di novanta giorni dall'assegnazione; sostituzione di altro dipendente assente, ma non per ferie, con diritto alla conservazione del posto.

Il lavoratore ha diritto al trattamento corrispondente alla qualifica superiore, così legittimamente assegnata, per il periodo di effettiva prestazione. Nell'ipotesi di adibizione illegittima a mansioni superiori prevalenti, cioè al di fuori dei due casi consentiti, spetta egualmente il superiore trattamento, ma il dirigente che ha disposto l'assegnazione risponde personalmente nei confronti dell'amministrazione del maggior onere conseguente se ha agito con dolo o colpa grave.

I contratti collettivi possono regolare diversamente gli effetti della assegnazione a mansioni superiori.

53.10. *Le invenzioni del lavoratore*

Diritto morale

Il lavoratore subordinato ha diritto in ogni caso ad essere riconosciuto autore dell'invenzione da lui realizzata, anche se ciò avvenga nello svolgimento del rapporto di lavoro (art. 2590, c. 1, cod. civ.).

I diritti patrimoniali sono oggetto di apposita disciplina (art. 64 d.lgs. n. 30 del 2005 c.d. codice della proprietà industriale, che ha sostituito gli artt. 23 e ss., r.d. n. 1127 del 1939).

Invenzione di servizio

Se l'attività inventiva del prestatore è dedotta come oggetto del contratto di lavoro ed è a tale scopo retribuita (c.d. invenzione di servizio), i diritti patrimoniali derivanti dall'invenzione appartengono al datore di lavoro.

Invenzione d'azienda

Se, invece, l'invenzione non costituisce oggetto della prestazione di lavoro e non è appositamente retribuita, ma avviene durante l'esecuzione della prestazione (c.d. invenzione aziendale), i diritti patrimoniali sono anche qui a titolo originario del datore di lavoro, che, però, se utilizza l'invenzione in regime di segretezza industriale o consegue il brevetto è obbligato a pagare al lavoratore un equo premio, in considerazione dell'importanza dell'invenzione, della retribuzione del lavoratore, del contributo eventuale del datore all'invenzione e della distanza dell'invenzione rispetto alle mansioni.

Invenzione libera

Infine se l'invenzione del prestatore avviene al di fuori del rapporto di lavoro (c.d. invenzione libera o occasionale) anche i diritti patrimoniali sono del lavoratore. Tuttavia, qualora l'invenzione rientri nel campo di attività aziendale, il datore di lavoro ha diritto di acquisire dal lavoratore l'uso o la proprietà del brevetto pagando un canone o un prezzo decurtato di una somma corrispondente agli eventuali aiuti comunque forniti dal datore di lavoro per l'invenzione.

Controversie

Se le parti non raggiungono un accordo in relazione all'importo dell'equo premio per l'invenzione aziendale oppure del canone o del prezzo per l'invenzione libera è previsto dalla legge il ricorso ad un collegio di arbitratori che decide con equo apprezzamento, impugnabile innanzi al giudice solo per erroneità o manifesta iniquità (il precedente arbitrato obbligatorio era stato dichiarato incostituzionale da Corte Cost. n. 127 del 1977). Le controversie in materia di invenzioni anche del lavoratore sono di competenza delle sezioni specializzate in materia di proprietà industriale (art. 134, c. 3, d.lgs. n. 30 del 2005).

Contrattazione collettiva

I contratti collettivi possono definire le modalità di determinazione di tali importi sia per le invenzioni aziendali e libere, sia per le innovazioni tecniche e organizzative di rilevante importanza anch'esse estranee all'oggetto del contratto (art. 4 legge n. 190 del 1985). Questa disposizione riguarda espressamente solo i quadri, ma l'autonomia collettiva appare a tanto abilitata anche per le altre categorie di lavoratori.

Software

Per l'invenzione del lavoratore avente ad oggetto la creazione di un *software* è prevista espressamente l'applicazione della disciplina delle invenzioni di servizio qualora la realizzazione avvenga nello svolgimento delle mansioni o su istruzioni del datore di lavoro (d.lgs. n. 518 del 1992 in attuazione della direttiva comunitaria n. 533 del 1991).

Invenzioni dei ricercatori universitari

Le invenzioni dei ricercatori universitari e degli enti di ricerca sono oggetto di disciplina speciale più favorevole al ricercatore (art. 65 d.lgs. n. 30 del 2005).

53.11. *La responsabilità per gli illeciti commessi dal lavoratore nello svolgimento delle mansioni*

Il lavoratore è responsabile per gli illeciti civili o penali commessi nello svolgimento delle mansioni.

Responsabilità penale

La responsabilità penale è personale (art. 27, c. 1, Cost.), sicché non si estende automaticamente al datore di lavoro, il quale concorre nel reato del dipendente solo se ne sussistono gli estremi. La responsabilità penale del datore di lavoro è, peraltro, esclusa in presenza di una delega di attività ad un dipendente idoneo e munito dei necessari poteri esercitati senza ingerenza da parte del delegante (cfr. 98.1). Alcuni contratti collettivi prevedono il diritto del dipendente al rimborso da parte del datore di lavoro delle spese per la difesa nel giudizio penale relativo a fatti inerenti allo svolgimento delle mansioni.

Responsabilità civile oggettiva del datore di lavoro

La responsabilità civile, invece, grava anche sul datore di lavoro, il quale deve risarcire i danni arrecati, ad altri lavoratori o a soggetti estranei all'azienda, da fatti illeciti posti in essere dai dipendenti «nell'esercizio delle incombenze a cui sono adibiti» (art. 2049 cod. civ.).

Si tratta di una responsabilità oggettiva per fatto altrui e non per colpa, neppure *in eligendo* o *in vigilando*, non essendo consentita al datore di lavoro neppure la prova di essere incolpevole (Corte Cost. n. 22 del 1967). Il fondamento di questa responsabilità indiretta risiede nel vincolo di subordinazione, che il legislatore ritiene sufficiente per addossare al datore di lavoro beneficiario dell'attività le conseguenze negative dell'operato del dipendente, al fine di tutelare il terzo danneggiato affiancando al lavoratore un altro debitore presumubilmente più capiente.

Collegamento dell'illecito con le mansioni

La limitazione della responsabilità del datore di lavoro ai soli fatti del dipendente inerenti allo svolgimento delle mansioni esclude l'applicazione della norma in esame agli illeciti confinati nell'ambito della vita privata del lavoratore.

La condotta dei dipendenti si riflette nella sfera giuridica del datore di lavoro non solo per la responsabilità extracontrattuale, ma anche in relazione alla responsabilità contrattuale per l'inadempimento di obbligazioni gravanti sul datore di lavoro, qui peraltro con espressa limitazione ai «fatti dolosi o colposi» (art. 1228 cod. civ.). Tra questi non rientra certamente lo sciopero legittimo, che, dunque, va valutato, caso per caso, come possibile causa non imputabile dell'inadempimento dell'imprenditore *ex* art. 1218 cod. civ.

Rivalsa del datore di lavoro

Il datore di lavoro costretto a risarcire il terzo a seguito dell'illecito del dipendente può rivalersi nei confronti di questi solo se sussista un inadempimento sul piano del rapporto di lavoro. Il che, ad esempio, è escluso quando l'illecito sia stato commesso in esecuzione di direttive impartite dallo stesso datore di lavoro.

Assicurazione obbligatoria della responsabilità del dipendente

Per evitare al lavoratore esborsi nei confronti del terzo danneggiato o del datore di lavoro agente in via di regresso, è previsto l'obbligo del datore di lavoro di assicurare contro il rischio di responsabilità civile verso terzi i quadri e gli altri dipendenti addetti a mansioni che li espongono particolarmente a tale rischio (art. 5 legge n. 190 del 1985). L'obbligo è espressamente limitato alla sola responsabilità per colpa, in conformità al principio generale dell'art. 1917, c. 1, cod. civ., ed ai soli fatti commessi nello svolgimento delle mansioni.

54. Il luogo della prestazione lavorativa

54.1. *Luogo della prestazione, trasferimento del lavoratore e distinzione da altre figure*

Luogo della prestazione

La prestazione lavorativa può svolgersi all'interno dei locali aziendali, ma anche fuori, a seconda del tipo di mansioni.

Quando la prestazione è svolta in locali del lavoratore si configura il lavoro a domicilio, il telelavoro e il lavoro agile (cfr. 84).

Il luogo di svolgimento della prestazione lavorativa può essere stabilito dalle parti del contratto individuale (art. 1182, c. 1, cod. civ.) con un patto di inamovibilità, che impone il consenso bilaterale per ogni eventuale futuro spostamento.

Trasferimento

In mancanza di un patto del genere, che è assai raro, rientra nel potere direttivo del datore di lavoro la determinazione e la modifica del luogo della prestazione.

Questa modificazione, che viene denominata trasferimento, coinvolge interessi essenziali sia del datore di lavoro alla più proficua utilizzazione del dipendente, sia del lavoratore in relazione ai suoi rapporti familiari, sociali e con i colleghi.

La legge considera prevalente l'interesse dell'imprenditore, sicché sottopone il potere di trasferimento soltanto ad un limite interno, imponendo una giustificazione tecnico-organizzativa per il suo esercizio (art. 2103, c. 7, cod. civ.).

Trasferta

Il trasferimento si verifica quando lo spostamento è tendenzialmente definitivo, mentre si parla di trasferta (o missione) se il lavoratore è inviato solo temporaneamente in altro luogo, con chiara e preordinata provvisorietà di tale assegnazione in attesa del rientro nella posizione abituale.

Proprio in considerazione di questa provvisorietà, che impedisce al lavoratore di far coincidere la residenza con il temporaneo luogo di lavoro, viene prevista dai contratti collettivi la cosiddetta indennità di trasferta, diretta in parte a compensare il maggior disagio ed in parte a reintegrare il patrimonio del prestatore delle spese di viaggio, vitto e alloggio.

Alla trasferta non si applica la regola di necessaria giustificazione sancita per il trasferimento, sicché la stessa può essere attaccata dal lavoratore solo comprovandone il motivo illecito o la natura discriminatoria o fraudolenta in quanto diretta a realizzare un trasferimento ingiustificato.

Lavoro itinerante

Una situazione del tutto particolare è quella del lavoro itinerante, allorché viene pattuito nel contratto di lavoro lo svolgimento della prestazione in luoghi sempre diversi e provvisori. Di solito la contrattazione collettiva regola espressamente l'apposito trattamento economico. In mancanza si deve ritenere applicabile il normale regime collettivo della trasferta, per consentire al lavoratore di fronteggiare la permanenza lontano dal luogo di residenza.

Comando

Infine il trasferimento e la trasferta devono essere distinti dal comando o distacco, mediante il quale il lavoratore non viene semplicemente spostato nell'ambito aziendale, ma viene inserito in un'altra organizzazione, prestando la sua attività a favore di un soggetto terzo, al quale il datore di lavoro, pur conservando l'obbligazione retributiva, cede il potere direttivo (cfr. 83.2).

54.2. *Il mutamento di unità produttiva*

Mutamento di unità produttiva

La ricordata limitazione legale del potere di trasferimento mediante imposizione di una necessaria giustificazione oggettiva non riguarda qualsiasi spostamento spaziale definitivo del lavoratore, ma soltanto il trasferimento «da una unità produttiva ad un'altra» (art. 2103, c. 7, cod. civ.).

Spostamenti interni

Ne consegue che per gli spostamenti del lavoratore all'interno della medesima unità produttiva, siano essi provvisori o definitivi, il datore di lavoro non ha alcun onere di giustificazione. Sicché il lavoratore può attaccare provvedimenti del genere solo comprovandone il motivo illecito o la natura discriminatoria.

Nozione di unità produttiva

Per la individuazione del regime applicabile risulta, dunque, essenziale la nozione di unità produttiva, che è la stessa utilizzata nello Statuto dei lavoratori con riferimento alla costituzione delle rappresentanze sindacali aziendali ed al campo di applicazione della tutela reale contro il licenziamento ingiustificato (cfr. 10.2).

Pertanto il legislatore, con la regola di giustificazione necessaria del trasferimento, ha voluto tutelare il lavoratore contro spostamenti tali da sradicarlo dall'articolazione aziendale e dal relativo gruppo di dipendenti nel quale e per il quale può godere della tutela sindacale in azienda e della protezione reale contro il licenziamento. *Ratio della tutela*

Di solito tali spostamenti coincidono con modificazioni geografiche del luogo di lavoro, ma non sono queste l'oggetto della norma, che, infatti, si applica anche nell'ipotesi in cui le due unità produttive siano contigue ed, invece, non si applica, salvo disposizioni contrattuali di maggior favore, a spostamenti geograficamente rilevanti ma interni ad una unità produttiva comprendente sottoarticolazioni tra loro anche distanti.

Per il trasferimento connesso al distacco cfr. 83.2.

54.3. *Forma e contenuto della comunicazione di trasferimento*

La legge non impone alcuna particolare forma per la comunicazione del trasferimento, sicché, ove la forma scritta non sia imposta dal contratto collettivo, è ammessa anche una comunicazione orale. *Forma*

La legge non prevede neppure uno specifico obbligo di preavviso, che, peraltro, è solitamente sancito dai contratti collettivi e che, comunque, sembra ricavabile, salvo particolari casi di urgenza, dal principio di buona fede nell'esecuzione del contratto. *Preavviso*

Il legislatore tace anche a proposito della comunicazione dei motivi del trasferimento, sicché è stata la giurisprudenza ad interessarsi di questo problema. *Motivazione*

All'impugnazione del trasferimento si applica il termine di decadenza stragiudiziale e giudiziale previsto per l'impugnazione del licenziamento, con termine decorrente dalla comunicazione del trasferimento (cfr. 68.1). *Impugnazione*

54.4. *La giustificazione del trasferimento*

Il trasferimento può essere legittimamente disposto dal datore di lavoro solo ove sussistano «comprovate ragioni tecniche, organizzative e produttive» (art. 2103, c. 7, cod. civ.). *Giustificazione*

Questa norma riguarda, evidentemente, solo il trasferimento deciso unilateralmente dal datore di lavoro, rimanendo completamente libero il trasferimento consensuale o, addirittura, a domanda del lavoratore, salvo il controllo sulla validità del consenso prestato dal dipendente in base ai principi generali sui vizi della volontà. *Trasferimento consensuale*

L'onere della prova della necessaria giustificazione del trasferimento unilaterale grava sul datore di lavoro, secondo il principio generale *Onere probatorio* dell'art. 2697 cod. civ., trattandosi di un fatto costitutivo dell'esercizio legittimo del potere di trasferimento, come risulta non solo dalla *ratio* della norma, ma anche dalla sua struttura lessicale («non può essere trasferito ... se non per ...») e dal termine «comprovate».

Oggettive ragioni aziendali

La giustificazione del trasferimento attiene a ragioni oggettive, inerenti alla più conveniente organizzazione tecnico-produttiva dell'azienda realizzata mediante la migliore dislocazione del personale.

Limiti del controllo giudiziale

Le scelte economiche dell'imprenditore che determinano l'esigenza del trasferimento non sono sindacabili nel merito da parte del giudice (art. 30, c. 1, legge n. 183 del 2010), che deve limitarsi a verificarne l'effettività ed ad accertare l'esistenza del nesso causale tra tali scelte ed il trasferimento medesimo.

Contenuto delle esigenze aziendali

Le oggettive ragioni aziendali possono riguardare sia l'unità produttiva di provenienza, nella quale ad esempio non sia più conveniente utilizzare quel lavoratore che può anche essere sostituito da altri, sia l'unità produttiva di destinazione, nella quale sia opportuno ricoprire al meglio una determinata posizione preesistente o di nuova istituzione.

Per la legittimità del trasferimento non è necessario, dunque, che sia dimostrata la sua inevitabilità, nel senso che il datore di lavoro ha facoltà di scegliere tra più soluzioni alternative tutte egualmente ragionevoli e in sintonia con le esigenze della organizzazione produttiva adottata. Sicché, ad esempio, non è richiesta l'inutilizzabilità del lavoratore nell'unità di provenienza, essendo sufficiente la prova del suo più proficuo impiego nell'unità di destinazione.

La posizione di destinazione deve essere equivalente (cfr. 53.7) a quella di provenienza, altrimenti il trasferimento motivato con l'esigenza dell'unità produttiva di arrivo è ingiustificato.

Anche il problema della scelta di chi trasferire tra più dipendenti, tutti in linea di massima idonei a ricoprire il posto nell'unità di destinazione, va risolto secondo il criterio della oggettiva convenienza aziendale.

Condizioni personali e familiari del lavoratore

La contrattazione collettiva tende ad affiancare alla valutazione delle esigenze organizzative anche la considerazione delle condizioni personali e familiari del lavoratore, con clausole di vario tipo che vanno da quella di assoluta intrasferibilità dei lavoratori con una lunga anzianità di servizio a quelle secondo cui il datore di lavoro deve tenere conto anche degli interessi del lavoratore, pur potendo, comunque, far prevalere le oggettive ragioni aziendali.

Trasferimento disciplinare e per incompatibilità

La legge, come si è visto, consente il trasferimento solo per ragioni oggettive, sicché è vietato il trasferimento disciplinare. La giurisprudenza, tuttavia, ammette come giustificazione la tensione ambientale e l'incompatibilità con i colleghi, valutando gli effetti disorganizzativi invece che la causa disciplinare di tale incompatibilità, con aperta e non condivisibile legittimazione del trasferimento in alternativa o in cumulo con la sanzione disciplinare.

Dipendenti pubblici

Le amministrazioni pubbliche possono ricoprire i posti vacanti mediante passaggio diretto di dipendenti che facciano domanda di trasferimento, previo assenso dell'amministrazione di appartenenza (art. 30, c. 1, d.lgs. n. 165 del 2001). Le stesse amministrazioni possano trasferire d'ufficio i dipendenti a distanza non superiore a cinquanta chilometri dalla sede di provenienza, non applicandosi in questo caso la regola di necessaria giustificazione del trasferimento (art. 30, c. 2, d.lgs. n. 165 del 2001).

Per i dipendenti pubblici rinviati a giudizio per peculato, concussione o corruzione è previsto il trasferimento d'ufficio o, perfino, di sede se necessario ad evitare il discredito della pubblica amministrazione (art. 3 legge n. 97 del 2001).

54.5. *La nullità dei patti contrari*

Anche per la disciplina del trasferimento, come per quella della modificazione delle mansioni, è prevista dalla medesima disposizione (art. 2103, c. 8, cod. civ.) la nullità di ogni patto contrario.

Patti preventivi

La disposizione riguarda i patti preventivi, cioè quelli diretti a regolare l'istituto in modo difforme da quanto previsto dalla legge, consentendo al datore di lavoro di effettuare il trasferimento senza la dovuta giustificazione. Gli accordi vietati sono solo quelli peggiorativi per il lavoratore, mentre quelli migliorativi sono ammessi (art. 40 stat. lav.).

Atti di disposizione

Il divieto non significa indisponibilità assoluta e, dunque, non riguarda gli atti di disposizione (rinunzie, transazioni) successivi alla maturazione del diritto coincidente con la comunicazione del trasferimento illegittimo, poiché tali atti rimangono disciplinati dall'art. 2113 cod. civ., che tutela l'eventuale interesse del lavoratore ad una conciliazione effettivamente conveniente.

54.6. *I divieti di trasferimento*

Il potere di trasferimento non è sottoposto soltanto al ricordato limite interno consistente nella necessaria giustificazione, ma anche ad alcuni divieti (limiti esterni) a tutela di interessi prevalenti su quello aziendale.

Dirigenti sindacali aziendali

La prima garanzia riguarda i dirigenti sindacali aziendali, il cui trasferimento dall'unità produttiva può essere disposto «solo previo nulla osta delle associazioni sindacali di appartenenza». Ciò per il periodo di durata della carica e «sino alla fine dell'anno successivo» in cui questa è cessata, onde impedire in radice ritorsioni immediate (cfr. 10.10).

Quanto ai rapporti tra interesse sindacale e interesse del singolo lavoratore va rilevato che la tutela in esame è aggiuntiva e non sostitutiva di quella generale, sicché, qualora il nulla osta fosse concesso dall'associazione di appartenenza, il lavoratore potrebbe sempre attaccare il trasferimento negando l'esistenza della giustificazione richiesta dall'art. 2103 cod. civ.

Altri divieti Altri divieti assoluti di trasferimento non consensuale riguardano i lavoratori che ricoprono la carica di consigliere comunale o provinciale per il periodo di esercizio del mandato; le persone disabili gravi, cui spetta sia il diritto di scegliere, ove possibile, la sede di lavoro più vicina al proprio domicilio, sia il diritto a non essere trasferito senza consenso; i lavoratori che assistono un congiunto, anche non convivente, disabile, che hanno sia il diritto di scegliere, ove possibile, la sede di lavoro più vicina al domicilio della persona da assistere, sia il diritto di non essere trasferito senza consenso; le lavoratrici madri fino al compimento di un anno di età del bambino; il lavoratore che segnala illeciti, il lavoratore molestato.

È nullo il trasferimento costituente discriminazione vietata o per motivo illecito unico determinante.

Divieti di trasferimento possono essere previsti anche nel contratto collettivo (ad es. per i lavoratori con una lunga anzianità aziendale) o nel contratto individuale.

54.7. *I rimedi contro il trasferimento illegittimo*

Nullità Il trasferimento privo della necessaria giustificazione è contrario alla disposizione imperativa dell'art. 2103, c. 7, cod. civ. e, quindi, nullo al pari del trasferimento disposto in violazione di un apposito divieto legale.

Impugnazione Per l'impugnazione non è previsto alcun termine di decadenza, né si applica alcuna prescrizione trattandosi di azione di nullità. Tuttavia l'esigenza del datore di lavoro di non restare indefinitamente esposto a tale azione può essere soddisfatta assegnando valore concludente all'eventuale comportamento del lavoratore nel senso della accettazione del trasferimento, anche se la semplice ottemperanza non è idonea, da sola, a fondare l'acquiescenza. Ma, ormai, sono stati estesi anche all'impugnazione del trasferimento gli stessi termini di decadenza per l'impugnazione stragiudiziale e giudiziale previsti per il licenziamento (art. 32, c. 3, lett. c), legge n. 183 del 2010).

Alla declaratoria di invalidità del trasferimento illegittimo può aggiungersi la condanna alla riadibizione del lavoratore nella unità produttiva di provenienza, ma tale condanna è insuscettibile di esecuzione coattiva attenendo ad un *facere* infungibile del datore di lavoro.

Tutela cautelare

Se vi è pericolo di un effettivo pregiudizio imminente ed irreparabile per beni fondamentali quali i rapporti familiari e sociali o la salute, può essere concesso un provvedimento d'urgenza *ex* art. 700 cod. proc. civ. per la sospensione degli effetti del trasferimento illegittimo, mentre sarebbe incoercibile, e quindi inammissibile, un ordine cautelare di reintegrazione nella precedente unità produttiva.

Autotutela

Il lavoratore, a prescindere dalla tutela giurisdizionale, può attuare una autotutela individuale rifiutando di ottemperare al trasferimento ritenuto, a proprio rischio, illegittimo e continuando ad offrire la prestazione nella unità produttiva di provenienza con conseguente diritto alle retribuzioni per la *mora credendi* del datore di lavoro (cfr. 96).

Risarcimento del danno

Questa autotutela, peraltro pericolosa per il rischio di licenziamento in caso di riconosciuta legittimità del trasferimento, non è doverosa, specialmente nei rapporti non resistenti, sicché il lavoratore, nelle more del passaggio in giudicato della sentenza a lui favorevole, può ottemperare al trasferimento illegittimo e richiedere il risarcimento degli eventuali danni, anche alla persona, causati dall'illecito contrattuale del datore di lavoro. Grava, ovviamente, sul lavoratore l'onere di provare un danno effettivo e non meramente potenziale, il nesso di causalità tra l'illecito e il danno e la prevedibilità di quest'ultimo irrilevante solo in caso di dolo.

55. La durata della prestazione lavorativa

55.1. *L'orario di lavoro*

Quantità e distribuzione

Con l'espressione orario di lavoro si indica sia la quantità della prestazione lavorativa dovuta, sia la distribuzione di tale prestazione in un determinato arco di tempo. Il profilo quantitativo inerisce all'oggetto del contratto e non può essere modificato unilateralmente dal datore di lavoro, al quale, invece, è riconosciuto il potere distributivo, salvo limiti legali o contrattuali.

Tempo pieno e tempo parziale

Il contratto di lavoro può essere a tempo pieno o a tempo parziale (cfr. 83.3), a seconda che la durata della prestazione sia quella normale prevista dai contratti collettivi oppure sia inferiore.

Interessi coinvolti

La disciplina dell'orario di lavoro coinvolge vari interessi: quello tradizionale alla tutela della persona del lavoratore contro un'eccessiva durata del lavoro; quello alla riduzione della disoccupazione mediante la riduzione della quantità di lavoro di ciascun occupato per una migliore ripartizione delle occasioni di lavoro, anche mediante l'incentivazione del lavoro a tempo parziale; quello alla flessibilità di utilizzazione dei lavoratori da parte dell'impresa per accrescere la competitività; quello alla personalizzazione dei tempi di svolgimento della prestazione da parte del lavoratore per un miglior coordinamento con le proprie esigenze di vita.

Fonti In Italia la materia dell'orario di lavoro è attualmente regolata dal d.lgs. n. 66 del 2003, con il quale il nostro ordinamento, in esecuzione della apposita legge delega (art. 22 legge n. 39 del 2002), è stato adeguato alla direttiva comunitaria n. 104 del 1993, novellata con direttiva n. 34 del 2000 e, poi, codificata nella direttiva n. 88 del 2003.

Le disposizioni previgenti in materia sono tutte abrogate, salvo quelle espressamente richiamate e quelle sanzionatorie.

Durata massima La Costituzione demanda alla legge la fissazione della «durata massima della giornata lavorativa» (art. 36, c. 2).

Invece nel regime vigente è previsto un limite di durata massima di ciascuna settimana lavorativa mediante rinvio ai contratti collettivi.

La legge, in conformità alle direttive comunitarie, fissa direttamente solo un limite di durata media settimanale (quarantotto ore comprensive del lavoro straordinario per ogni sette giorni) riferita ad un periodo, depurato da ferie e malattie, di quattro mesi, elevabile fino a dodici mesi dai contratti collettivi e fino a sei mesi con decreto ministeriale per particolari ipotesi in mancanza di disciplina collettiva. Pertanto salvo diversa disposizione dei contratti collettivi, il limite di 48 ore può essere lecitamente superato in alcune settimane, purché sia rispettato come media nel periodo di riferimento, a pena di sanzione amministrativa pecuniaria oltre al risarcimento dell'eventuale danno.

Un limite alla durata della giornata di lavoro si ricava dalla norma, derogabile dai contratti collettivi, che impone un riposo giornaliero di almeno undici ore consecutive, sicché il lavoro giornaliero non può superare, a pena di sanzione amministrativa pecuniaria oltre al risarcimento dell'eventuale danno, le tredici ore, ferma ovviamente la durata massima settimanale.

Orario normale Anche l'orario normale, fissato in 40 ore settimanali, riducibili dai contratti collettivi come in effetti è avvenuto già da tempo, può essere riferito dai medesimi contratti collettivi ad una durata media in un periodo non superiore all'anno.

L'adozione del sistema della media plurisettimanale dell'orario normale (c.d. orario multiperiodale) costituisce un forte fattore di flessibilità dell'organizzazione del lavoro, consentendo di adeguare l'intensità della produzione al variare delle commesse o delle richieste degli utenti e di evitare la qualificazione come lavoro straordinario, con i connessi costi e oneri, del superamento dell'orario normale in alcune settimane se compensato da un minor orario in altre settimane.

Pause

In caso di lavoro giornaliero eccedente le sei ore è prevista una pausa non inferiore a dieci minuti, anche sul posto di lavoro, per il recupero delle energie e l'eventuale consumazione del pasto.

Lavoro effettivo

Per orario di lavoro si intende «qualsiasi periodo in cui il lavoratore sia al lavoro, a disposizione del datore di lavoro e nell'esercizio della sua attività o delle sue funzioni».

Resta confermato, così, il precedente riferimento al lavoro effettivo, sicché non sono computabili i riposi intermedi, le soste di almeno dieci minuti, il tempo per recarsi al posto di lavoro, il tempo di viaggio non comandato, il tempo per timbrare il cartellino ed il tempo di reperibilità.

Se l'organizzazione del lavoro è imprevedibile, il datore non può imporre al lavoratore di svolgere la prestazione, salvo che il lavoro si svolga entro ore e giorni predeterminati e il lavoratore sia informato con ragionevole preavviso, altrimenti il lavoratore ha diritto di rifiutare la prestazione (art. 9 d.lgs. n. 104 del 2022).

Lavoro notturno

In attuazione della direttiva comunitaria n. 104 del 1993, come modificata dalla direttiva n. 34 del 2000, era stato emanato il d.lgs. n. 532 del 1999, poi abrogato e sostituito dal d.lgs. n. 66 del 2003, che disciplina minuziosamente, salve deroghe per contratto collettivo, anche il lavoro notturno, in passato considerato dal legislatore solo per l'obbligo di maggiorazione retributiva (art. 2108, c. 2, cod. civ.) e per particolari divieti (ad es. donne, minori, apprendisti).

È definito lavoro notturno quello svolto in un periodo di almeno sette ore consecutive comprendenti l'intervallo tra la mezzanotte e le cinque, mentre lavoratore notturno è colui che svolge in via non eccezionale (almeno 80 giorni all'anno) almeno tre ore del suo orario nel periodo notturno.

A tutela della salute e della incolumità del lavoratore notturno sono previsti limiti di durata della prestazione, visite mediche obbligatorie e specifiche misure di prevenzione.

La contrattazione collettiva stabilisce la riduzione dell'orario normale settimanale e mensile e una maggiorazione retributiva.

Sono previsti obblighi di informazione e consultazione sindacale.

Il lavoro notturno è vietato per i minori, ma non più per gli apprendisti maggiorenni. Era vietato anche per le donne, ma dopo alcune pronunzie della Corte Costituzionale e della Corte di Giustizia, attualmente il lavoro notturno della donna è vietato penalmente solo nel periodo «dall'accertamento dello stato di gravidanza fino al compimento di un anno di età del bambino», mentre non può essere imposto contemporaneamente ad entrambi i genitori di un figlio di età inferiore a tre anni, all'unico genitore affidatario di un figlio convivente di età inferiore a dodici anni e al familiare con a carico un disabile, anche qui con sanzione penale in caso di dissenso preventivo.

Campo di applicazione

La disciplina dell'orario di lavoro prevista dal d.lgs. n. 66 del 2003 si applica «a tutti i settori di attività pubblici e privati».

Sono esclusi la gente di mare, il personale di volo dell'aviazione civile, le Forze armate, le Forze di polizia anche locale e il personale della scuola, mentre per altre categorie (protezione civile, vigili del fuoco, strutture giudiziarie e penitenziarie, biblioteche, musei, aree archeologiche) l'esclusione dipende dalla sussistenza di «particolari esigenze» individuate con decreto ministeriale.

Una apposita disciplina è prevista per i lavoratori a bordo di navi da pesca e per gli autoferrotranvieri.

Limiti particolari di orario sono previsti per i minori.

Sono esclusi, sia pure con il necessario rispetto di limiti di ragionevolezza, i lavoratori per i quali la durata dell'orario non è misurata o predeterminata oppure è determinata dai lavoratori stessi, come i dirigenti.

La disciplina della durata settimanale dell'orario resta inapplicabile in numerose ipotesi elencate dalla legge, tra le quali si ricordano: i lavori discontinui o di semplice attesa e custodia; i commessi viaggiatori; il personale viaggiante dei trasporti pubblici terrestri; i giornalisti; il personale addetto all'informazione radiotelevisiva; il personale delle aree operative di poste, autostrade, porti, aeroporti, telecomunicazioni, aziende relative a energia elettrica, gas, acqua, calore, rifiuti.

La disciplina relativa a riposo giornaliero, pause e lavoro notturno non si applica al personale viaggiante delle imprese di trasporto terrestre non ferroviario, marittimo e aereo e può essere derogata, con concessione di riposi compensativi, in numerose ipotesi, tra le quali: le attività di sorveglianza per la protezione di beni e persone; le attività necessarie ad assicurare la continuità del servizio in ospedali, carceri, porti, alberghi, servizi radiotelevisivi, stampa, gas, acqua, elettricità, rifiuti; i sovraccarichi di attività in agricoltura, turismo, servizi postali; gli addetti al trasporto ferroviario per le attività discontinue e a bordo; il lavoro a turni.

55.2. *Il lavoro straordinario*

Configurabilità

Il lavoro straordinario consiste nel prolungamento dell'orario normale ed è anch'esso disciplinato dal d.lgs. n. 66 del 2003.

Se l'orario normale è riferito ad una media plurisettimanale, il lavoro straordinario si verifica solo nel caso in cui tale media oltrepassi l'orario normale, essendo irrilevante il superamento di questo in una singola settimana isolatamente considerata.

Limiti e condizioni

Il lavoro straordinario è consentito entro il limite massimo di durata settimanale del lavoro stabilito dai contratti collettivi e che, comunque, non può superare la media di quarantotto ore espressamente indicata come comprensiva delle ore di lavoro straordinario.

La disciplina delle modalità di esecuzione del lavoro straordinario è rimessa ai contratti collettivi ed, in presenza di tale disciplina, il lavoro straordinario può essere preteso dal datore di lavoro senza necessità del consenso del lavoratore.

Invece se manca o è inapplicabile la disciplina collettiva, per il lavoro straordinario occorre il consenso del lavoratore e non può essere superato il tetto di 250 ore annuali, a pena di sanzione amministrativa pecuniaria.

La condizione ed il limite appena ricordati non si applicano in alcune ipotesi particolari, nelle quali il lavoro straordinario è considerato inevitabile (eccezionali esigenze tecnico-produttive, casi di forza maggiore, ecc.).

Trattamento

Il lavoro straordinario deve essere compensato con le maggiorazioni retributive previste dai contratti collettivi, anche qui con sanzione amministrativa pecuniaria oltre alle azioni civili. In alternativa o in aggiunta a tali maggiorazioni i medesimi contratti collettivi possono prevedere la fruizione di riposi compensativi. In tal caso le ore di lavoro straordinario non si computano ai fini della durata massima media del lavoro.

È stato abrogato l'obbligo di comunicazione del lavoro straordinario alla Direzione provinciale del lavoro.

Lavoro straordinario e occupazione

Il costo di un'ora di lavoro straordinario, ovviamente retribuito solo se effettivamente svolto, finisce spesso per essere inferiore a quello di un'ora ordinaria prestata da un lavoratore aggiuntivo da retribuire anche per assenze di vario tipo. Pertanto le imprese preferiscono spesso far ricorso al lavoro straordinario invece che ad un ampliamento dell'organico.

Lo sfavore legislativo per il lavoro straordinario era evidente nella disposizione per cui il ricorso a tali prestazioni «deve essere contenuto», con una indicazione per la contrattazione collettiva, che, in effetti, può porre limiti cogenti, nonché nella prevista maggiorazione contributiva.

In controtendenza si pone la riduzione della imposizione fiscale sul lavoro straordinario entro un tetto annuo, diretta ad incentivare l'attività delle imprese e ad accrescere la retribuzione disponibile per il lavoratore.

Onere della prova Il lavoratore interessato ad ottenere la retribuzione del lavoro straordinario o supplementare deve provarne rigorosamente lo svolgimento, con riferimento all'intero periodo di tempo cui si riferisce la domanda, senza possibilità di equivoci tra presenza nel luogo di lavoro e lavoro effettivo e con esclusione di accertamenti equitativi.

55.3. *Il riposo settimanale e le festività*

Diritto irrinunziabile Il riposo settimanale è riconosciuto come diritto irrinunziabile del lavoratore (art. 36, c. 3, Cost.), ma è ammessa la disposizione dei diritti economici conseguenti al mancato godimento del riposo stesso.

La materia era regolata dall'art. 2109 cod. civ. e dalla legge n. 370 del 1934, ora abrogati e sostituiti, salvo alcuni richiami espressi, dall'art. 9 del d.lgs. n. 66 del 2003 attuativo della direttiva comunitaria n. 104 del 1993 come modificata dalla direttiva 34/2000 e poi codificata nella direttiva 2003/88.

Periodicità Il principio costituzionale è specificato dalla legge nel senso che «il lavoratore ha diritto ogni sette giorni a un periodo di riposo di almeno ventiquattro ore consecutive … calcolato come media in un periodo non superiore a quattordici giorni».

Il lavoro senza il prescritto riposo settimanale è, dunque, vietato, salvo alcune eccezioni espresse, tra le quali il lavoro a turni e altre ipotesi previste dai contratti collettivi con riposi compensativi (art. 9, c. 2, d.lgs. cit.).

La Corte Costituzionale ammette deroghe, anche per contratto collettivo, alla periodicità del riposo settimanale, qualora lo richiedano apprezzabili interessi e non siano superati limiti di ragionevolezza soprattutto con riferimento alla salute del lavoratore, sempre però nel rispetto della media di un giorno di riposo e sei di lavoro.

La giurisprudenza ordinaria, dal canto suo, innanzitutto identifica il caso del riposo completamente perduto, che, in conformità all'orientamento della Consulta, costituisce sicuro illecito, con conseguente spettanza sia di una ulteriore retribuzione *ex* art. 2126 cod. civ. per il lavoro aggiuntivo non dovuto, sia di un indennizzo per la maggiore penosità di tale lavoro, sia del risarcimento per l'eventuale danno subito dal prestatore. Diverso è, invece, il caso del lavoro senza il prescritto riposo settimanale seguito da un riposo compensativo, che significa non perdita ma semplice differimento del riposo settimanale con deroga alla sola regola della periodicità, consentita, come si è visto, dalla Corte Costituzionale solo a certe condizioni. Qui viene comunque riconosciuto al lavoratore il diritto ad un indennizzo per il lavoro senza il prescritto riposo settimanale, pur ammettendosi che l'indennizzo o la compensazione oraria possono essere già ricompreso nella regolamentazione collettiva, da interpretare attentamente all'uopo.

Durata

Altra specificazione legale del principio del riposo settimanale è la sua durata di «ventiquattro ore consecutive», a cui devono ovviamente aggiungersi, come già sancito dalla Corte Costituzionale (n. 102 del 1976 e n. 23 del 1982), «le ore di riposo giornaliero» delle giornate contigue.

Coincidenza con la domenica

Il riposo settimanale deve avvenire «di regola in coincidenza con la domenica», ma è ammesso, in piena costituzionalità (Corte Cost. n. 105 del 1972), lo spostamento del riposo in altro giorno, sempre nel rispetto della prescritta periodicità, in alcune ipotesi espressamente indicate, tra cui le industrie a ciclo continuo, le industrie stagionali, la vendita al minuto e altre attività dirette a soddisfare bisogni del pubblico.

Tuttavia viene riconosciuta la particolare gravosità del lavoro domenicale in relazione alle esigenze familiari e sociali del prestatore, con conseguente diritto ad un compenso, che può essere già ricompreso nella disciplina collettiva anche mediante la concessione di riposi aggiuntivi.

Sanzioni

Per la mancata concessione del riposo settimanale, oltre alle azioni civili, è prevista una sanzione amministrativa pecuniaria.

Campo di applicazione

Le disposizioni sul riposo settimanale si applicano «a tutti i settori di attività pubblici e privati». Sono esclusi le Forze armate, le Forze di polizia anche locale, la gente di mare ed il personale di volo dell'aviazione civile, nonché il personale viaggiante delle imprese di trasporto terrestre non ferroviario, marittimo e aereo.

Per alcune categorie di lavoratori (protezione civile, vigili del fuoco, strutture giudiziarie e penitenziarie, biblioteche, musei, aree archeologiche) l'esclusione dipende da «particolari esigenze» individuate con decreto ministeriale.

Una apposita disciplina è prevista per i lavoratori a bordo di navi da pesca, mentre per gli autoferrotranvieri è fatta salva la previgente disciplina.

Particolari disposizioni regolano il riposo settimanale per i minori.

Festività infrasettimanali

Con il riposo settimanale non vanno confuse le festività infrasettimanali attualmente in numero di dodici, di cui cinque civili e sette religiose. Alcuni contratti collettivi prevedono una doppia retribuzione o giorni aggiuntivi di riposo al posto delle festività soppresse.

Per gli appartenenti alle chiese cristiane avventiste e per gli ebrei è previsto il diritto a godere del riposo settimanale nella giornata di sabato, nonché, per gli ebrei, il diritto al riposo nelle festività religiose ebraiche.

55.4. *Le ferie*

Diritto irrinunziabile

Al lavoratore è riconosciuto il diritto irrinunziabile «a ferie annuali retribuite» (art. 36, c. 3, Cost.; art. 2109 cod. civ.; art. 10 d.lgs. n. 66 del 2003 modificato dal d.lgs. n. 213 del 2004), al fine di consentirgli il recupero delle energie e la realizzazione di esigenze anche ricreative personali e familiari.

Durata

La durata minima delle ferie è fissata in «quattro settimane».

Se al rapporto è applicato un orario multiperiodale spetta ai contratti collettivi stabilire «criteri e modalità di regolazione» del diritto alle ferie.

Maturazione

Le ferie maturano nel corso del rapporto, anche se questo dura meno di un anno o è in prova.

Periodo di godimento

Le ferie vengono godute «nel tempo che l'imprenditore stabilisce», informandone «preventivamente» il lavoratore. Tuttavia il datore di lavoro deve tenere conto «delle esigenze dell'impresa e degli interessi del prestatore di lavoro», realizzando un equo contemperamento. Nel caso di chiusura dell'azienda in un certo periodo dell'anno sono, però, inevitabili le cosiddette ferie collettive.

Salvo diversa previsione del contratto collettivo, le ferie devono essere godute per almeno due settimane nel corso dell'anno di maturazione delle stesse e per il residuo nei 18 mesi successivi a tale anno.

Il periodo di ferie deve essere «possibilmente continuativo», in considerazione delle finalità dell'istituto. Il lavoratore ha, comunque, diritto a richiesta a godere in via continuativa delle due settimane di ferie spettatigli nell'anno di maturazione, salvo diversa previsione collettiva. I contratti collettivi solitamente prevedono il diritto del lavoratore ad usufruire in blocco di una parte consistente delle ferie nel periodo estivo, anche per agevolare i rapporti con i familiari ed in particolare con i figli studenti.

Le ferie costituiscono un diritto irrinunziabile, sicché devono essere concesse nel periodo prescritto, salvo esigenze eccezionali (Corte Cost. n. 543 del 1990). In mancanza il lavoratore può autotutelarsi anche dimettendosi per giusta causa, ma è escluso che possa mettersi in ferie contro la volontà del datore di lavoro.

Indennità per ferie non godute

Se le ferie maturate non vengono godute nel periodo prescritto dalla legge o dal contratto collettivo e non è più possibile neppure l'adempimento tardivo per il lungo tempo trascorso, spetta la retribuzione corrispondente (c.d. indennità per ferie non godute). La legge prevede che le ferie possono essere sostituite da questa indennità solo per la quota residua alla fine del rapporto, ma a questa ipotesi fisiologica deve essere aggiunta quella patologica delle ferie non concesse tempestivamente e di cui non sia più utile, e quindi possibile, il godimento neppure mediante adempimento tardivo.

L'indennità sostitutiva costituisce una ulteriore retribuzione *ex* art. 2126 cod. civ. per il lavoro aggiuntivo non dovuto, fermo restando il distinto diritto del lavoratore al risarcimento dell'eventuale danno (ad es. alla salute) causato dalla mancata fruizione delle ferie nell'anno di riferimento.

Onere della prova

Il lavoratore che agisce in giudizio per ottenere la concessione delle ferie o la relativa indennità sostitutiva deve provare solo l'esistenza del rapporto, spettando al datore di lavoro debitore provare, secondo la regola generale, l'avvenuto adempimento della sua obbligazione.

Solo per gli alti dirigenti, che hanno il potere di autoassegnarsi le ferie, il datore di lavoro non risponde del mancato esercizio di tale potere da parte dell'interessato, salvo che quest'ultimo dimostri che l'omessa fruizione delle ferie è dipesa da oggettive esigenze aziendali.

Ferie e preavviso

Le ferie non possono essere assegnate nel periodo di preavviso, ma tale regola riguarda solo le ferie stabilite unilateralmente dal datore di lavoro, restando libere le parti di concordare, nel reciproco interesse, la fruizione di ferie anche in tale periodo. Il principio di incumulabilità delle ferie con il preavviso si deve, inoltre, riferire solo al preavviso di licenziamento e non a quello di dimissioni, programmate dal lavoratore secondo la propria convenienza.

Ferie e malattia

Le ferie sono state ritenute incompatibili anche con la malattia, che ne sospende il decorso se comunicata al datore di lavoro, il quale, per negare la sospensione, ha l'onere di provare l'eventuale carattere lieve dell'indisposizione tale da non compromettere la fruizione delle ferie.

La malattia del bambino di età inferiore a otto anni che dia luogo a ricovero ospedaliero interrompe le ferie dei genitori.

L'assegnazione delle ferie è, ovviamente, preclusa anche nei periodi di assenza per maternità o per congedo matrimoniale.

Obblighi delle parti nel periodo di ferie

Il lavoratore nel periodo di ferie è liberato dall'obbligo di svolgimento della prestazione lavorativa, ma conserva l'obbligo di fedeltà e gli altri obblighi ed oneri connessi all'esistenza del rapporto.

La retribuzione dovuta nel periodo di ferie non è specificata dalla legge, ma, per la stessa funzione delle ferie, deve tendenzialmente coincidere con quella percepita dal prestatore nei normali periodi di lavoro, nel rispetto della eventuale apposita disciplina collettiva.

Minori

Per i minori esiste una apposita disciplina delle ferie.

Lavoro carcerario

Le ferie spettano anche nel lavoro carcerario.

Cessione dei riposi e delle ferie

I contratti collettivi stipulati da sindacati comparativamente più rappresentativi sul piano nazionale possono prevedere il diritto alla cessione di riposi e di ferie da un lavoratore ad un altro dipendente dello stesso datore se sono di pari livello e categoria al fine di consentire al lavoratore cessionario di assistere i figli minori che necessitano di cure costanti (art. 24 d.lgs. n. 151 del 2015).

56. La sicurezza del lavoro

56.1. *La prevenzione e gli illeciti di pericolo*

Prevenzione

L'importanza dei beni personali del lavoratore (vita, salute) messi in pericolo dall'esecuzione della prestazione in un ambiente soggetto al dominio del datore di lavoro ha generato un complesso sistema diretto a prevenire gli infortuni sul lavoro e le malattie professionali, attualmente incorporate nel d.lgs. n. 81 del 2008 come corretto e integrato dal d.lgs. n. 106 del 2009.

La spinta verso la prevenzione è diretta ad assicurare una tutela specifica satisfattoria di tali beni, insofferenti, per la loro stessa natura esistenziale, rispetto ad una logica di mera riparazione successiva alla lesione, non restaurabile mediante l'equivalente monetario tipico della tecnica risarcitoria.

I destinatari della tutela sono tutti i lavoratori, privati e pubblici, che espletano la loro attività nella organizzazione altrui.

Obbligo di sicurezza

Il fulcro del sistema è costituito dalla disposizione dell'art. 2087 cod. civ., che obbliga l'imprenditore «ad adottare nell'esercizio dell'impresa le misure che, secondo la particolarità del lavoro, l'esperienza e la tecnica, sono necessarie a tutelare l'integrità fisica e la personalità morale dei prestatori di lavoro».

Sono previsti numerosissimi precetti antinfortunistici specifici, anche in attuazione di altrettanto numerose direttive comunitarie.

Tuttavia queste disposizioni non esauriscono l'obbligo di sicurezza, poiché si ritiene che il datore di lavoro debba adottare ogni misura utile anche al di là di quelle espressamente previste (cfr. 56.3). La conseguente incertezza è accresciuta dalla espressa ricomprensione tra i rischi che il datore di lavoro è tenuto a individuare e prevenire anche di quelli da stress lavoro-correlato riguardante gruppi di lavoratori (art. 28, c. 1, d.lgs. n. 81 del 2008; Accordo europeo 8 ottobre 2004 recepito con accordo interconfederale 9 giugno 2008; Indicazioni della Commissione consultiva presso il Ministero del lavoro del 17 novembre 2010).

Tecnica penale ingiunzionale

Di fronte alla incoercibilità civilistica degli obblighi infungibili dell'imprenditore l'effettività del sistema di prevenzione è affidata essenzialmente ad una tecnica penale ingiunzionale, mediante la quale il datore di lavoro è posto di fronte all'alternativa di ottemperare all'ordine dell'autorità amministrativa competente o di subire la condanna penale prevista per il reato di pericolo consistente nella colposa omissione di una specifica misura di sicurezza.

L'ordine è emanato dall'organo di vigilanza (servizio ispettivo delle aziende sanitarie), titolare di un potere di prescrizione esercitabile solo a seguito dell'accertamento di contravvenzioni di pericolo. Tale prescrizione consiste nell'imporre «specifiche misure atte a far cessare il pericolo per la sicurezza o per la salute dei lavoratori durante il lavoro» ed il suo tempestivo adempimento da parte del datore di lavoro, accompagnato dal pagamento di una somma in sede amministrativa, estingue il reato contravvenzionale (artt. 19-25 d.lgs. n. 758 del 1994, richiamato nell'art. 301 del d.lgs. n. 81 del 2008).

Il meccanismo della «prescrizione» è stato ripreso a proposito dei contratti di riallineamento retributivo (cfr. 60.6), consentendo all'impresa stipulante di chiedere un termine per la regolarizzazione in materia di sicurezza, con esclusione, a fini agevolatori, anche dell'obbligo di pagamento della somma in sede amministrativa.

Una analoga tecnica ingiunzionale assiste le «disposizioni» in materia di sicurezza impartite dal Servizio ispettivo della Direzione territoriale del lavoro (art. 11, c. 2, d.p.r. n. 520 del 1955 nel testo novellato dall'art. 11 d.lgs. n. 758 del 1994), le quali, a differenza della anzidetta «prescrizione», prescindono dalla commissione di un reato e presuppongono soltanto il pericolo derivante dall'inadempimento del generale obbligo civilistico di sicurezza dell'art. 2087 cod. civ., di cui costituiscono specificazione.

Il successo della tecnica ingiunzionale ne ha determinato l'estensione a tutta la materia del lavoro e della legislazione sociale (cfr. 98.2).

Si è affermata, dunque, una opportuna linea di privilegio della effettività della tutela rispetto alla punizione dell'illecito di pericolo (Corte Cost. n. 19 del 1998 e n. 205 del 1999).

Ed in questa direzione concorre anche la prevista sospensione dell'attività dell'impresa e l'esclusione dalle contrattazioni e gare pubbliche fino alla adozione delle prescritte misure prevenzionistiche reiterativamente e gravemente violate (art. 14 d.lgs. n. 81 del 2008).

Tecnica promozionale

Il rispetto della normativa di sicurezza del lavoro è incentivato anche da altre disposizioni, come quelle che commisurano a tale rispetto ed all'andamento infortunistico aziendale il tasso di premio dovuto dal datore di lavoro all'INAIL oppure quelle che condizionano all'osservanza della normativa in esame determinati benefici fiscali.

Autotutela del lavoratore

Al lavoratore esposto al rischio di infortunio o malattia professionale a causa dell'inosservanza da parte del datore di lavoro delle prescritte misure di sicurezza è consentito, peraltro, rifiutare la prestazione nell'ambiente pericoloso in via di eccezione di inadempimento, sottraendosi così alla situazione pregiudizievole senza rinunziare al rapporto ed al relativo reddito (cfr. 96). Questa autotutela è prevista in alcuni casi addirittura come un dovere, penalmente sanzionato, del lavoratore in presenza di pericoli non altrimenti evitabili, con espresso riconoscimento della conservazione del diritto alla retribuzione.

56.2. *La procedimentalizzazione dell'obbligo di sicurezza*

L'obbligo di sicurezza grava sul datore di lavoro, che deve adempierlo esercitando i suoi poteri di organizzazione e direzione.

Art. 9 stat. lav.

Tuttavia già con l'art. 9 stat. lav. è stato previsto l'intervento di rappresentanze dei lavoratori, con poteri di controllo sulla applicazione delle norme prevenzionistiche, nonché di promozione «di tutte le misure idonee a tutelare la loro salute e la loro integrità fisica».

D.lgs. n. 81 del 2008

Solo con le disposizioni del d.lgs. n. 626 del 1994, ora sostituito con il d.lgs. n. 81 del 2008 come modificato dalla legge n. 215 del 2021, è stato, però, effettivamente procedimentalizzato l'adempimento dell'obbligo di sicurezza, imponendo al datore di lavoro, per eliminare i rischi o ridurli al minimo, di avvalersi della collaborazione di una serie di soggetti (medico competente, preposto, responsabile del servizio di prevenzione e protezione, rappresentante dei lavoratori per la sicurezza) nella elaborazione di un documento contenente la valutazione dei rischi esistenti in azienda e la individuazione delle necessarie misure di prevenzione e protezione, da aggiornare continuamente in relazione ai mutamenti organizzativi e produttivi ed al grado di evoluzione della tecnica prevenzionistica.

Soggetto obbligato

Il soggetto obbligato rimane, peraltro, il datore di lavoro, definito come il soggetto titolare del rapporto con il lavoratore oppure il soggetto responsabile dell'impresa o dell'unità produttiva «in quanto titolare dei poteri decisionali e di spesa».

Il datore può validamente delegare per iscritto a soggetto idoneo e munito dei necessari poteri tutti gli adempimenti, salvo la valutazione dei rischi e la designazione del responsabile del servizio di prevenzione.

Predisposizione del documento e attuazione delle misure

La corretta predisposizione del documento e l'attuazione delle misure in esso previste in aggiunta ai precetti specifici legali non garantisce, peraltro, il datore di lavoro da successive «bocciature» da parte dei servizi di vigilanza e dei giudici, che, di fronte ad un infortunio, potrebbero sempre ritenere insufficienti le cautele adottate, con conseguente responsabilità penale e civile dell'imprenditore. Sicché è evidente che il complesso sistema procedimentalizzato non è diretto ad assicurare la certezza giuridica, bensì soltanto a migliorare il livello di sicurezza, lasciando aperta la fondamentale questione relativa al limite dell'obbligo del datore di lavoro (cfr. 56.3). Ora, però, è prevista (art. 51, c. 3 *bis*, d.lgs. n. 81 del 2008) l'asseverazione da parte di enti paritetici della attuazione di adeguate misure di sicurezza, con tendenziale focalizzazione dell'attività di vigilanza sulle imprese non asseverate e con incidenza sull'accertamento dell'elemento soggettivo del reato in caso di infortunio.

Tuttavia anche i lavoratori, al di là del ricordato diritto-dovere di sottrarsi a situazioni di pericolo, sono obbligati a collaborare in vari modi alla realizzazione della sicurezza. La violazione di tale obbligo può comportare doverose sanzioni disciplinari e penali, nonché la perdita o la riduzione del risarcimento eventualmente spettante per il danno derivante da un infortunio causato o aggravato da tale inadempimento.

Novità apportate dalla legge n. 215 del 2021

La legge n. 215 del 2021 di conversione del d.l. n. 146 del 2021 ha modificato il d.lgs. n. 81 del 2008 e quindi:

– l'Ispettorato del lavoro ha competenza anche per la sicurezza del lavoro (art. 13) e può disporre la sospensione dell'attività aziendale sia nel caso già previsto di mancata comunicazione dell'assunzione di almeno il 10% dei lavoratori presenti, sia nel caso di gravi violazioni delle disposizioni relative alla sicurezza, con obbligo per il datore di versare la retribuzione e i contributi previdenziali (art. 14);

– il preposto, cioè il dipendente che sovrintende all'attività lavorativa, deve essere formato periodicamente con cadenza almeno biennale e comunque quando ci sia l'evoluzione dei rischi ed anche il datore di lavoro deve formarsi con aggiornamento periodico (art. 37);

– il preposto deve vigilare ed intervenire se un dipendente non osserva le misure di sicurezza e deve interrompere l'attività del predetto dipendente se non obbedisce agli ordini del preposto e comunque deve interrompere l'attività dei lavoratori se esiste una condizione di pericolo (art. 19);

– il preposto deve essere individuato dal datore, non può subire alcun pregiudizio a causa dello svolgimento della propria attività e i contratti collettivi possono stabilire il compenso del preposto (art. 18);

– i lavoratori devono essere addestrati per tutte le misure di sicurezza anche individuali e questo obbligo del datore deve essere tracciato in apposito registro (art. 37);

– l'appaltatore deve indicare al committente il nome del preposto (art. 26).

56.3. *La repressione degli illeciti di danno*

Responsabilità civile e penale

Il datore di lavoro è responsabile penalmente (lesioni colpose; omicidio colposo o perfino per dolo eventuale), salvo valida delega, e civilmente (risarcimento del danno) per l'infortunio sul lavoro o la malattia professionale determinati dalla violazione dell'obbligo di sicurezza, nei confronti dei propri dipendenti, dei lavoratori autonomi e dei dipendenti di appaltatori e subappaltatori nell'ambito del ciclo produttivo.

Principio della massima sicurezza tecnologica e conseguente incertezza

Non si tratta di responsabilità oggettiva, ma una giurisprudenza rigorosissima afferma la responsabilità civile e penale del datore di lavoro per tali eventi, salvo che il medesimo provi *ex* art. 1218 cod. civ. di avere adempiuto all'obbligo di sicurezza dimostrando non solo il rispetto delle specifiche disposizioni antinfortunistiche, ma anche di aver fatto, al di là di queste, «tutto il possibile» per prevenire l'evento dannoso in ottemperanza al precetto generico dell'art. 2087 cod. civ.

Ne consegue una fortissima incertezza per l'imprenditore, che rischia pesanti condanne civili e penali senza aver potuto conoscere *ex ante* la regola di condotta da rispettare, individuata solo *ex post* da giudici e periti maestri del senno di poi.

Questa incertezza viene presentata come inevitabile, a causa della impossibilità di coprire con precetti di legge tutte le esigenze prevenzionistiche legate alla concreta realtà di ciascuna azienda, anche in considerazione delle veloci modificazioni dell'organizzazione produttiva e delle tecniche protettive. Si afferma, così, un imprecisato obbligo per il datore di lavoro di adottare la massima sicurezza tecnologica disponibile sul mercato.

Risposta della Corte Costituzionale: limitazione dell'obbligo alle misure generalmente acquisite e praticate nel settore

Una prima importante reazione a questo sistema di barbara incertezza è venuta dalla Corte Costituzionale (n. 312 del 1996; cfr. anche Corte Giust. 14 giugno 2007 e Cass. n. 12445 del 2006), la quale per la salvaguardia dell'«indefettibile principio costituzionale di necessaria determinatezza delle previsioni della legge penale» che impedisce di sostituire alla discrezionalità dell'imprenditore «il giudice penale e di fatto spesso il suo perito», ha affermato, con riferimento a precetti legali generici (come nella specie quello relativo alle misure da adottare contro il rischio da rumore), che «la sola via per rendere indenne» tale tecnica «dalla denunciata violazione dell'art. 25 Cost. è, allora, quella di fornire, in sede applicativa, una lettura tale da restringere in maniera considerevole la discrezionalità dell'interprete», cioè «restringere in una interpretazione costituzionalmente vincolata le potenzialità della disposizione», ritenendo che «il legislatore si riferisce alle misure che, nei diversi settori e nelle differenti lavorazioni, corrispondono ad applicazioni tecnologiche generalmente praticate e ad accorgimenti organizzativi e procedurali altrettanto generalmente acquisiti, sicché penalmente censurata sia soltanto la deviazione dei comportamenti dell'imprenditore dagli *standards* di sicurezza propri, in concreto e al momento, delle diverse attività produttive», dovendosi il giudice di volta in volta «chiedere non tanto se una determinata misura sia compresa nel patrimonio di conoscenza nei diversi settori, ma se essa sia accolta negli *standards* di produzione industriale o specificamente prescritta», con secca esclusione della costituzionalità di una norma «che assegni all'impresa il compito di realizzare innovazioni finalizzate alla sicurezza».

Pertanto, nonostante le resistenze di alcuni oltranzisti, deve essere definitivamente superato, in quanto incostituzionale, il principio di doverosità della massima sicurezza disponibile sul mercato, al quale va sostituito il più ragionevole criterio del livello di sicurezza generalmente praticato nel settore, il cui miglioramento non rientra nei compiti dell'imprenditore o del giudice, ma resta affidato alla introduzione di nuovi precetti specifici, con piena salvezza della certezza del diritto.

Onere processuale del lavoratore e del pubblico ministero di indicare la misura di sicurezza violata e di provare il nesso di causalità con la lesione

L'altro rilevante passo verso un sistema più civile si deve alla migliore giurisprudenza ordinaria, secondo cui l'incertezza, più o meno estesa, sulla condotta dovuta dal datore di lavoro deve cessare almeno nel momento in cui, verificatosi l'evento dannoso, il lavoratore agisca in giudizio per chiederne il risarcimento. A questo punto, infatti, il lavoratore ha l'onere di indicare con chiarezza nel ricorso introduttivo, quale *causa petendi*, la specifica misura di sicurezza, nominata o innominata, dalla cui violazione sarebbe, a suo dire, derivato il danno, provando anche il nesso di causalità tra asserito illecito e asserito danno. L'onere della prova liberatoria dell'imprenditore debitore di sicurezza *ex* art. 1218 cod. civ. sorge solo se il lavoratore abbia adempiuto ai predetti suoi oneri, poiché il datore di lavoro ha diritto di conoscere, almeno all'inizio del giudizio, di quale concreto inadempimento è accusato, onde potersi adeguatamente difendere. È, dunque, escluso che la verificazione del sinistro possa essere da sola sufficiente per far scattare a carico dell'imprenditore l'onere probatorio di aver adottato ogni sorta di misura idonea ad evitare l'evento.

Responsabilità contrattuale

La responsabilità per inadempimento dell'obbligo di sicurezza ha natura contrattuale. Con essa si riteneva potesse eventualmente concorrere anche una responsabilità aquiliana nei casi in cui la condotta dell'imprenditore costituisse anche reato, ma, ormai, le Sezioni Unite (n. 26972 del 2008) hanno ammesso la risarcibilità del danno non patrimoniale anche nell'ambito della responsabilità contrattuale.

Tipologia dei danni risarcibili

Il risarcimento spetta solo per il danno comprovato dal lavoratore, che può essere patrimoniale in senso stretto per la ridotta capacità di guadagno, o anche non patrimoniale, con riferimento a pregiudizi di tipo biologico per la lesione dell'integrità psicofisica e morale per la sofferenza interiore.

Nesso causale e fatti interruttivi

Il lavoratore deve anche dedurre tempestivamente e provare, oltre al danno, il nesso causale tra l'illecito e il danno (art. 1223 cod. civ.), dimostrando che l'omissione della doverosa misura di sicurezza costituisce elemento insostituibile (*condicio sine qua non*) della serie causale determinativa dell'evento dannoso e delle sue conseguenze. Il nesso causale non viene meno in caso di concorso colposo dell'imprudente lavoratore che riduce il risarcimento, ma solo se interviene un fatto da solo sufficiente a determinare l'evento, come nel caso del lavoratore che tenga una condotta anomala e imprevedibile o addirittura prenda un rischio elettivo del tutto esorbitante dall'esecuzione della prestazione.

Violazione degli ordini del datore di lavoro

La negligenza del lavoratore, che trasgredisca precetti specifici o ordini del datore di lavoro in materia di sicurezza, è sufficiente ad escludere la responsabilità dell'imprenditore che abbia adottato tutte le necessarie misure prevenzionistiche, tra le quali non rientra quella di sorveglianza continua, mentre è doveroso per il datore di lavoro punire il lavoratore inadempiente.

56.4. *Il* mobbing

Definizione

Da qualche anno si parla di *mobbing*, riferendosi a vessazioni di vario tipo sofferte dal lavoratore nel luogo di lavoro.

In proposito occorre distinguere la condotta già in sé illecita (ad es. assegnazioni di mansioni inferiori, controlli vietati, discriminazioni, sanzioni disciplinari ingiustificate, ingiurie, maltrattamenti, molestie, minacce, diffamazioni, violenza privata, estorsioni, lesioni, atti persecutori) da altre condotte in sé lecite, ma complessivamente dirette a perseguitare il lavoratore.

La sistematicità e permanenza della condotta vessatoria caratterizza sicuramente il fenomeno, come anche il disegno persecutorio.

Se la persecuzione proviene dal datore di lavoro o dai superiori gerarchici si parla di *mobbing* discendente (detto anche *bossing*), mentre se i persecutori sono semplici colleghi si parla di *mobbing* orizzontale e se sono, addirittura, i sottoposti che si coalizzano per vessare il superiore si parla di *mobbing* ascendente.

Qualificazione

Nell'ordinamento vigente il fenomeno può essere inquadrato nella disposizione dell'art. 2087 cod. civ., che impone al datore di lavoro di tutelare non solo l'integrità fisica, ma anche la «personalità morale» del dipendente.

Pertanto il *mobbing*, al pari delle molestie sessuali, costituisce inadempimento contrattuale (Cass. SU n. 8438 del 2004), quale violazione di un obbligo di non fare (divieto) nel caso del *mobbing* discendente e quale violazione di un obbligo di fare, consistente nella doverosa protezione del lavoratore nei confronti dell'aggressione dei colleghi o dei sottoposti, nel caso di *mobbing* orizzontale o ascendente.

Oneri probatori

Sul piano della ripartizione degli oneri probatori ne consegue che nel *mobbing* discendente grava sul lavoratore, come per le discriminazioni o per gli atti a motivo illecito, l'onere di provare la violazione del divieto da parte del datore di lavoro e/o dei superiori gerarchici (Cass. SU n. 13533 del 2001), mentre nel *mobbing* orizzontale o ascendente il lavoratore deve provare la persecuzione subita dai colleghi o dai sottoposti e la sua conoscenza o conoscibilità da parte del datore di lavoro, spettando poi a quest'ultimo dimostrare di avere adempiuto il proprio obbligo di intervento protettivo.

Rimedi

I rimedi contro il *mobbing* non hanno nulla di speciale, sicché sono i medesimi esperibili contro gli altri illeciti del datore di lavoro: autotutela estintiva del rapporto mediante dimissioni per giusta causa (cfr. 79.2); autotutela conservativa mediante rifiuto della prestazione non dovuta, come è anche quella da rendere in un ambiente mortificante (cfr. 96); ricorso cautelare *ex* art. 700 cod. proc. civ. (cfr. 95.3); azione di adempimento degli obblighi del datore di lavoro, peraltro con la nota incoercibilità del fare o non fare infungibile (cfr. 95.1); azione risarcitoria per i danni alla persona patrimoniali e non patrimoniali (pregiudizi biologici, morali, alla dignità, all'immagine, alla vita di relazione) con onere della prova del danno e del nesso causale con l'illecito sul lavoratore, peraltro assolvibile anche mediante presunzioni.

Norme specifiche

Se il *mobbing* è dovuto ad uno dei fattori tipizzati è considerato discriminazione vietata, con la relativa disciplina. A tal fine si fa riferimento a «le molestie ovvero quei comportamenti indesiderati ... aventi lo scopo o l'effetto di violare la dignità di una persona e di creare un clima intimidatorio, ostile, degradante, umiliante od offensivo» (art. 2, c. 3, d.lgs. nn. 215 e 216 del 2003; art. 26 d.lgs. n. 198 del 2006).

Le malattie psichiche derivanti da una organizzazione del lavoro diretta a emarginare il dipendente, definita «costrittiva», erano state considerate malattie professionali (circ. INAIL n. 71 del 2003), ma questa circolare è stata annullata in quanto non rispettosa del procedimento previsto dalla legge per l'individuazione delle malattie tabellate, mentre per le altre occorre provare in concreto l'inerenza a lavorazione protetta e il nesso causale.

La legge della Regione Lazio n. 16 del 2002, che definiva il *mobbing* e predisponeva una organizzazione amministrativa per contrastare il fenomeno, è stata dichiarata incostituzionale per violazione dell'art. 117 Cost. quanto alla competenza legislativa esclusiva dello Stato in materia di «ordinamento civile» e di «ordinamento e organizzazione amministrativa dello Stato e degli enti pubblici nazionali» e quanto alla competenza legislativa concorrente in materia di «tutela della salute» e di «tutela e sicurezza del lavoro» (Corte Cost. n. 359 del 2003). Invece altre leggi regionali, limitate a misure di prevenzione e di monitoraggio del fenomeno, hanno superato il vaglio di costituzionalità (Corte Cost. nn. 22 del 2006, 238 del 2006, 239 del 2006).

Conclusioni Si assiste ad una certa enfatizzazione del *mobbing*, che è diventato argomento di moda anche nella letteratura e nel cinema.

Onestà e buona fede vogliono che il lavoratore non pretenda nell'ambito del rapporto di lavoro una situazione più facile di quella normalmente sopportata nella vita quotidiana.

Pertanto non possono essere considerate illecite condotte avvertite come lesive dal lavoratore solo nell'ambiente di lavoro e non anche al di fuori di questo oppure solo a causa della propria fragilità soggettiva nei rapporti interpersonali. L'azienda non deve essere un luogo di mortificazione, ma non può neppure diventare una casa di cura per lavoratori che sono o si atteggiano come delicati cristalli.

Potrebbe essere utile affidare la prevenzione del *mobbing* a commissioni paritetiche aziendali, che per la loro conoscenza dell'ambiente e vicinanza alle vicende concrete garantiscano un intervento immediato rispetto a giudizi spesso espletati a distanza di anni con le note difficoltà di accertamento dei fatti. Laddove il processo risultasse inevitabile, la ricerca della verità sarebbe almeno agevolata dai lavori della commissione. Mentre sono poco utili e talvolta fuorvianti i c.d. centri esterni antimobbing, che sulla base delle sole affermazioni del lavoratore interessato ritengono di poter accertare l'illecito ed il nesso causale con la patologia del soggetto.

56.5. *L'assicurazione obbligatoria contro gli infortuni sul lavoro e le malattie professionali*

Assicurazione obbligatoria Il sistema di repressione degli illeciti di danno per violazione dell'obbligo di sicurezza non può essere adeguatamente compreso senza qualche cenno ai rapporti con l'assicurazione obbligatoria contro gli infortuni sul lavoro e le malattie professionali (d.p.r. n. 1124 del 1965).

Scopo Questa assicurazione, attualmente gestita dall'INAIL, ha origini remote (1898) e serve, anche in virtù dell'automaticità delle prestazioni dovute pur in assenza di contribuzione, a garantire comunque un indennizzo al lavoratore danneggiato da infortunio sul lavoro o da malattia professionale, evitando i problemi del risarcimento civilistico ed, in particolare, il rischio di insolvenza del datore di lavoro responsabile e l'ipotesi di assenza di colpa del medesimo datore.

Esonero dalla responsabilità civile

Nell'ambito di applicazione dell'assicurazione, che è assai esteso, il datore di lavoro è esonerato dalla responsabilità civile e conseguentemente il lavoratore deve accontentarsi della prestazione previdenziale, anche se il danno effettivo è maggiore.

Esclusione dell'esonero in caso di reato

Tuttavia se l'infortunio o la malattia professionale derivano da un fatto costituente reato perseguibile d'ufficio del datore di lavoro o di un suo dipendente, permane la responsabilità civile del datore di lavoro verso il lavoratore per la parte di risarcimento (c.d. danno differenziale) eventualmente eccedente l'indennità assicurativa.

Regresso dell'INAIL

Inoltre, nell'ipotesi in esame, l'INAIL ha diritto di regresso nei confronti del datore di lavoro per una somma corrispondente alle prestazioni erogate e da erogare al lavoratore o agli aventi diritto, sicché il datore finisce per sopportare il costo del risarcimento integrale della lesione di cui è responsabile.

Danno biologico e morale

Il danno biologico veniva ritenuto, con argomenti poco condivisibili, estraneo alla copertura assicurativa dell'INAIL, con conseguente esclusione dalle azioni di regresso e di surrogazione dell'INAIL e diritto del lavoratore di richiederne il risarcimento direttamente al datore di lavoro eventualmente responsabile della lesione (Corte Cost. n. 87 del 1991, n. 356 del 1991, n. 485 del 1991), al pari del danno patrimoniale differenziale e del danno morale anch'esso escluso dalla copertura assicurativa (Corte Cost. n. 37 del 1994). Ma, ormai, anche il danno biologico per menomazioni di grado almeno pari al 6 per cento è stato ricompreso nella tutela previdenziale (art. 55, c. 1, lett. s), legge n. 144 del 1999; art. 13 d.lgs. n. 38 del 2000), sicché il datore di lavoro è soggetto al regresso dell'INAIL e risponde solo verso il lavoratore dell'eventuale danno biologico differenziale.

56.6. *La tutela del lavoro dei minori*

Fonti

Il lavoro minorile è stato oggetto di apposita disciplina sin dagli albori della legislazione sociale (legge n. 3657 del 1886) a causa del suo carattere pregiudizievole delle condizioni fisiche e morali, dello sviluppo e della formazione del fanciullo e dell'adolescente.

Attualmente, in svolgimento dello specifico principio costituzionale di tutela (art. 37, c. 3, Cost.), è regolato dalla legge n. 977 del 1967, profondamente novellata dal d.lgs. n. 345 del 1999 e dal d.lgs. n. 262 del 2000, in conformità alla direttiva comunitaria n. 33 del 1994.

Sul piano internazionale vigono importanti Convenzioni ONU e OIL, dirette non solo a vietare ogni forma di schiavitù e di illecito sfruttamento dei minori (ad es. lavoro forzato, prostituzione, pornografia, utilizzazione per attività criminali o belliche), ma anche ad imporre un'età minima per l'ammissione al lavoro e l'esclusione da attività pericolose e insalubri.

Problemi internazionali

Per eliminare la piaga del lavoro minorile nei paesi arretrati (retribuzioni misere, orari insopportabili, ambienti nocivi), che in tal modo praticano un fortissimo *dumping* sociale per poter esportare beni a basso costo, si ricorre, nell'ambito di una tendenza a sensibilizzare le scelte dei consumatori finali, anche a codici di condotta, marchi sociali, clausole sociali dei trattati di commercio internazionali, con dichiarazioni e impegni più o meno vincolanti delle imprese a non produrre e degli Stati avanzati a non importare beni ottenuti con lo sfruttamento del lavoro dei minori. Ma l'effetto immediato può essere addirittura un peggioramento della situazione dei minori e delle loro famiglie nei paesi poveri, sicché sembra più realistico mirare ad un graduale miglioramento delle condizioni di lavoro dei minori accompagnato, in un clima di efficiente solidarietà internazionale, da programmi di sostegno alla scolarizzazione, alle famiglie e al lavoro degli adulti, onde attenuare progressivamente la terribile necessità di far lavorare anche i bambini.

Disciplina interna: campo di applicazione

La legislazione nazionale si applica a qualsiasi rapporto di lavoro, anche speciale, con minori di anni diciotto, distinti in «adolescenti» e «bambini» a seconda che abbiano o no compiuto i quindici anni ed assolto all'obbligo scolastico.

Condizioni per l'ammissione al lavoro

L'ammissione al lavoro è consentita solo per gli adolescenti ed è conseguentemente vietato il lavoro dei bambini, salvo che per attività di carattere culturale, artistico, sportivo o pubblicitario o nello spettacolo, previo assenso scritto dei genitori e autorizzazione amministrativa.

Divieto di lavori pericolosi, nocivi, insalubri e pesanti

È, in ogni caso, vietata, anche per gli adolescenti, salvo che per ragioni formative l'adibizione a lavori pericolosi, nocivi e insalubri, nonché a lavori pesanti salvo autorizzazione amministrativa.

Prima di adibire i minori al lavoro, il datore di lavoro è tenuto, comunque, ad effettuare una specifica valutazione dei rischi e a far effettuare dalla ASL visite mediche preventive e, poi, periodiche.

Tempi di lavoro

È vietata l'adibizione dei minori al lavoro notturno, con eccezione solo per casi di forza maggiore, per lavori di breve durata e per lo svolgimento di attività culturali, artistiche, sportive, pubblicitarie o di spettacolo, ma anche qui con limiti precisi.

Sono previsti un orario di lavoro massimo e riposi intermedi.

Ai minori spetta un riposo settimanale di almeno due giorni, possibilmente consecutivi, e comprendente la domenica, salvo eccezioni tassative.

Ai minori spettano almeno 30 giorni di ferie se non hanno compiuto sedici anni, altrimenti almeno 20 giorni.

Parità retributiva

La disposizione dell'art. 37, c. 3, Cost. garantisce ai minori il diritto alla parità di retribuzione rispetto agli adulti a parità di lavoro (cfr. 59.4).

Sanzioni

Nell'ambito del generale processo di depenalizzazione in materia di lavoro rientrano anche i reati relativi al lavoro minorile ad eccezione di quelli concernenti la sicurezza del lavoro e le condizioni psicofisiche del lavoratore.

Oltre al datore di lavoro delle violazioni più gravi rispondono anche coloro i quali, avendo autorità o dovendo vigilare sui minori, abbiano consentito l'avvio al lavoro vietato.

57. Il potere di controllo

57.1. *Il controllo sull'attività lavorativa*

Controllo sulla prestazione lavorativa

Tra i poteri del datore di lavoro (cfr. 51) rientra anche quello, solitamente riportato nell'ambito del potere direttivo, di controllare l'esatta esecuzione della prestazione lavorativa dovutagli, verificando se il dipendente usa la prescritta diligenza e osserva le disposizioni impartitegli, anche al fine dell'eventuale esercizio del potere disciplinare.

L'implicazione della persona del lavoratore nello svolgimento della prestazione determina il pericolo che il controllo in esame sia esercitato in modo lesivo di beni fondamentali quali la dignità e la riservatezza del lavoratore. Si spiega, così, l'apposita disciplina limitativa introdotta con lo statuto dei lavoratori.

Divieto di controllori ignoti

Innanzitutto la legge individua i soggetti che possono lecitamente svolgere la vigilanza sull'attività lavorativa. Oltre al datore di lavoro ed ai superiori gerarchici, che per definizione esercitano il potere in esame, può essere utilizzato per tale vigilanza solo personale il cui nominativo sia stato preventivamente comunicato ai dipendenti interessati (art. 3 stat. lav.). Ne risulta un divieto di controllo soggettivamente occulto, ritenuto lesivo della personalità del lavoratore, che può rifiutare il controllo indebito. Tuttavia è ammesso il controllo mediante investigatori privati per accertare non l'adempimento della prestazione, ma l'illecito del dipendente (c.d. controlli difensivi).

Divieto di controllo da parte delle guardie giurate

È vietato, altresì, adibire alla vigilanza sull'attività lavorativa le guardie giurate (art. 2 stat. lav.), al fine di evitare un controllo spesso intimidatorio e poliziesco, anche per il particolare valore probatorio riconosciuto agli accertamenti compiuti da tali guardie. Queste possono svolgere solo compiti di tutela del patrimonio aziendale, con conseguente divieto di contestare ai lavoratori fatti diversi e di accedere nei locali ove si svolge l'attività lavorativa se non per eccezionali esigenze connesse alla predetta tutela. Eventuali inosservanze sono sanzionate penalmente e in via amministrativa con la sospensione o la revoca della licenza alla guardia, salva, ovviamente, la tutela giurisdizionale civile e l'autotutela del lavoratore.

Divieto di controlli a distanza

Un altro importante limite al potere di controllo del datore di lavoro sull'attività dei dipendenti riguarda non i soggetti, ma i mezzi, essendo vietato, anche qui con sanzione penale (art. 171 del d.lgs. n. 196 del 2003), il «controllo a distanza» mediante impianti audiovisivi o altre apparecchiature (art. 4 stat. lav. come modificato dall'art. 23 del d.lgs. n. 151 del 2015), ritenuto lesivo della dignità e della riservatezza del lavoratore a causa della sua tendenziale continuità e pervasività anche se noto.

La «distanza» viene riferita non solo allo spazio, ma anche al tempo, rilevando esclusivamente la possibilità di esaminare l'agire del lavoratore mediante la macchina, che si sostituisce alla contestuale presenza e percezione diretta del controllore, in sé lecita anche se continua. Il divieto riguarda solo il controllo sull'attività e non la verifica del risultato, sebbene da quest'ultima possano desumersi informazioni relative all'attività.

Per rafforzare la tutela dei lavoratori riguardo ai controlli a distanza è disciplinata, a monte, la stessa installazione di impianti destinati a fini leciti, quali esigenze organizzative e produttive o la sicurezza del lavoro o la tutela del patrimonio aziendale (ad es. impianti televisivi a circuito chiuso nelle aziende di credito o nei grandi magazzini), ma che potrebbero essere utilizzati anche per controllare i dipendenti. Per tale installazione occorre, infatti, un accordo con la r.s.u. o con le r.s.a. oppure con i sindacati comparativamente più rappresentativi sul piano nazionale se l'impresa ha unità produttive in diverse provincie o regioni. In mancanza d'accordo provvede l'Ispettorato territoriale del lavoro o il Ministero del lavoro se le unità produttive dell'impresa sono dislocate negli ambiti di competenza di più Ispettorati territoriali.

Il divieto di controllo a distanza non si applica agli strumenti di qualsiasi tipo, anche elettronici, utilizzati dal lavoratore per rendere la prestazione lavorativa e agli strumenti di registrazione degli accessi e delle presenze.

Il lavoratore ha diritto di essere informato sulle modalità d'uso degli strumenti e sulla effettuazione dei controlli, altrimenti il datore di lavoro non può utilizzare le notizie raccolte ai fini della gestione del rapporto di lavoro.

Si sono posti, prima e dopo il del d.lgs. n. 151 del 2015, delicati problemi per gli apparecchi elettronici utilizzati dal lavoratore e per i sistemi di registrazione dei dati esterni (numero chiamato, durata) delle telefonate effettuate dal lavoratore tramite il telefono aziendale. Mentre, neppure prima del 2015, costituiva controllo sull'attività lavorativa l'esame da parte del datore di lavoro del contenuto della casella di posta elettronica affidata al dipendente per ragioni di servizio, anche se il Garante per la riservatezza pone dei limiti.

I contratti collettivi di prossimità possono regolare la materia anche in deroga alla legge (art. 8 d.l. n. 138 del 2011).

57.2. *I controlli a tutela del patrimonio aziendale*

La tutela del patrimonio aziendale può essere garantita attraverso l'impiego sia di guardie giurate, sia di altri addetti.

Visite personali di controllo

Le visite personali di controllo sul lavoratore (perquisizioni) (art. 6 stat. lav.) non sono vietate in assoluto, ma, per ridurre al minimo il sacrificio della dignità e riservatezza, sono consentite solo se siano «indispensabili ai fini della tutela del patrimonio aziendale», per l'assenza di mezzi alternativi idonei ad evitare la reiterazione di furti, «in relazione alla qualità degli strumenti di lavoro o delle materie prime o dei prodotti» intesa come preziosità e agevole asportabilità degli stessi.

Qualora sia accertata l'indispensabilità delle visite queste possono essere eseguite solo «all'uscita dei luoghi di lavoro» e non anche durante lo svolgimento della prestazione.

Inoltre le visite devono essere effettuate con modalità tali da salvaguardare «la dignità e la riservatezza del lavoratore» e, quindi, devono riguardare un lavoratore per volta, in ambienti separati per sesso, da parte di controllori dello stesso sesso del lavoratore perquisito.

Infine i lavoratori da visitare devono essere individuati «con l'applicazione di sistemi di selezione automatica», al fine di evitare odiose discriminazioni.

La perquisizione rispettosa delle condizioni di legge può riguardare anche gli effetti personali del lavoratore, come borse o sacchetti.

A maggior garanzia dei dipendenti la possibilità per il datore di lavoro di effettuare le visite personali di controllo è condizionata alla conclusione di un accordo con le r.s.a., di discussa efficacia soggettiva, che individui le ipotesi di indispensabilità delle visite e le relative modalità nel rispetto delle ricordate prescrizioni di legge. In mancanza di accordo dispone, su istanza del datore di lavoro, il Servizio ispettivo della Direzione territoriale del lavoro, con provvedimento impugnabile innanzi al Ministro del lavoro.

La illustrata disciplina è corredata di sanzione penale ed il lavoratore può sottrarsi senza conseguenze al controllo illegittimo.

Legittimità costituzionale

Il complesso di garanzie sostanziali e procedimentali ricordate comporta la legittimità costituzionale della normativa, anche perché neppure la perquisizione lecita può essere imposta coattivamente al lavoratore dissenziente, che in tal caso resta assoggettato solo a responsabilità disciplinare per il suo rifiuto (Corte Cost. n. 99 del 1980).

Controlli occulti contro gli illeciti del lavoratore

Sempre per la tutela dell'azienda nei confronti di illeciti del dipendente diversi dall'inadempimento della prestazione lavorativa, come ad esempio la sottrazione di somme da parte della cassiera di un grande magazzino o del casellante autostradale o del cameriere addetto anche all'incasso oppure la dichiarazione di una malattia falsa, viene eccezionalmente ammesso il controllo occulto sulla condotta del lavoratore anche mediante investigatori privati, talvolta operanti come clienti-civetta.

57.3. *I controlli sulla malattia e sull'idoneità fisica del lavoratore*

Interesse ai controlli

Il datore di lavoro ha interesse a controllare sia l'effettiva sussistenza della malattia dichiarata dal lavoratore, che sospende l'obbligo di esecuzione della prestazione (cfr. 62.2), sia l'idoneità fisica del lavoratore alle mansioni in sede di assunzione e nel corso del rapporto, onde verificare la liceità e la possibilità dell'oggetto del contratto.

Medici imparziali

Questi controlli sanitari sono consentiti, purché siano effettuati da medici pubblici estranei all'azienda (art. 5 stat. lav.), onde garantire l'imparzialità dell'accertamento, mentre in precedenza alle visite provvedeva un medico di fiducia del datore di lavoro, il che è ora penalmente vietato.

Legittimità costituzionale

La disciplina in esame è costituzionalmente legittima, poiché neppure la visita imparziale può essere coattivamente imposta al lavoratore dissenziente, peraltro responsabile sul piano disciplinare per il suo rifiuto (Corte Cost. n. 23 del 1975).

L'accertamento del medico imparziale non è vincolante per il giudice, che può discostarsene anche mediante consulenza tecnica, peraltro assai più agevole per il controllo sull'idoneità che non per quello sulla malattia dopo la avvenuta guarigione.

Assenteismo e onere di reperibilità

Dopo l'entrata in vigore dello statuto dei lavoratori la nuova disciplina degli accertamenti sulla malattia era considerata uno dei fattori dell'elevato assenteismo, anche per l'inefficienza ed il lassismo dei servizi pubblici preposti al controllo. Successivamente per garantire l'efficienza del servizio è stato previsto che l'ente incaricato deve assicurare il controllo «entro lo stesso giorno della richiesta, anche se domenicale o festivo» e che il lavoratore malato ha l'onere di rimanere nel proprio domicilio nelle fasce orarie di reperibilità (10-12; 17-19) previste per l'effettuazione della visita di controllo, salvo un giustificato motivo di assenza (art. 5, c. 10 e 14, legge n. 638 del 1983). In caso di assenza ingiustificata in fascia il lavoratore decade dal diritto a qualsiasi trattamento economico, sia previdenziale che retributivo, per i primi giorni di malattia fino al decimo, mentre per l'eventuale ulteriore periodo perde la metà del trattamento. Quest'ultima decadenza, che può essere assai onerosa se la malattia è lunga, si verifica, però, solo se l'ingiustificata irreperibilità si ripete una seconda volta, come stabilito da una pronunzia creativa della Corte Costituzionale (n. 78 del 1988), che pur di salvare una conseguenza ritenuta troppo rigorosa ha modificato il precetto. In ogni caso sono esclusi dalla decadenza i giorni di ricovero ospedaliero o già accertati da precedente visita di controllo.

Nel lavoro pubblico, privatizzato e non, al fine di ridurre l'elevato tasso di assenteismo, le visite di controllo sono effettuate solo dall'INPS (art. 55 *septies*, c. 2 *bis*, d.lgs. n. 165 del 2001), mentre le fasce di reperibilità erano state fissate dalle 8 alle 13 e dalle 14 alle 20 di tutti i giorni anche festivi (art. 71, c. 3, d.l. n. 112 del 2008 conv. legge n. 133 del 2008). La norma, poi abrogata (art. 17, c. 23, lett. c), d.l. n. 78 del 2009 conv. legge n. 102 del 2009 e art. 72, c. 1, lett. a), d.lgs. n. 150 del 2009), non era incostituzionale, poiché il lavoratore veramente malato sta normalmente in casa, salvo che il medico gli prescriva come terapia di uscire e salvo il giustificato motivo di assenza in fascia. Mentre non può pretendere durante la malattia, in aggiunta alle realizzazioni personali in casa che il lavoro gli precluderebbe, anche realizzazioni personali fuori casa maggiori di quelle compatibili con una normale giornata di lavoro, comprendente anche i tempi di spostamento casa-ufficio e viceversa. Ora è stato ribadito l'obbligo dell'amministrazione di richiedere la visita di controllo anche per un solo giorno di assenza con responsabilità dirigenziale e disciplinare per l'omissione, mentre la determinazione delle fasce orarie di reperibilità è stata rimessa ad un decreto del Ministro per la pubblica amministrazione (art. 55 *septies*, c. 5 e 6, d.lgs. n. 165 del 2001 introdotto dal d.lgs. n. 150 del 2009). Il decreto, subito emanato (d.m. 18 dicembre 2009, n. 206), fissa le fasce dalle 9 alle 13 e dalle 15 alle 18 anche nei giorni non lavorativi e festivi, con esclusione dell'obbligo di rispetto delle fasce solo in casi tassativi (patologie gravi con terapie salvavita; infortuni sul lavoro; patologie per le quali è stata riconosciuta la causa di servizio e l'invalidità), salvo, ovviamente, il giustificato motivo di assenza da comunicarsi preventivamente all'amministrazione (art. 55 *septies*, c. 5 *bis*, d.lgs. n. 165 del 2001). Per le altre rigorose disposizioni contro l'assenteismo dei pubblici dipendenti, cfr. 62.2.

Le fasce orarie di reperibilità, attualmente, devono essere le stesse sia per i dipendenti privati, sia per i dipendenti pubblici, come da decreto ministeriale (art. 55 *septies*, c. 5 *bis*, d.lgs. n. 165 del 2001 aggiunto dal d.lgs. n. 75 del 2017).

La condotta del lavoratore necessaria a consentire la visita costituisce, oltre che un onere per evitare l'indicata decadenza, anche un obbligo nei confronti del datore di lavoro, che quindi può adottare un provvedimento disciplinare per l'ingiustificata irreperibilità. Sia la decadenza, sia la sanzione presuppongono solo l'elusione del controllo e non l'inesistenza della malattia, che dà luogo alla diversa sanzione per l'ingiustificatezza dell'assenza dal lavoro.

Consenso alla visita di controllo

Ovviamente il lavoratore non è tenuto solo ad essere reperibile nelle fasce orarie, ma anche a consentire l'effettuazione della visita, il cui rifiuto costituisce illecito disciplinare, salvo che si tratti di diniego del consenso ai sensi del d.lgs. n. 196 del 2003 sulla riservatezza, configurandosi in tal caso una giustificazione oggettiva di licenziamento dovendosi qualificare tale consenso come un onere e non più come un obbligo (cfr. 57.4).

Controlli non medici sulla condotta del lavoratore malato

In aggiunta ai controlli sanitari mediante medico imparziale, il datore di lavoro ha diritto di verificare, anche attraverso investigatori privati e personale di vigilanza, se il lavoratore assente per asserita malattia tenga una condotta compatibile con questa oppure svolga attività attestanti la simulazione della malattia o tali da ritardare la guarigione.

Visite di idoneità

Anche le visite sulla idoneità fisica del lavoratore richieste dal datore di lavoro sono riservate a medici imparziali (art. 5, c. 3, stat. lav.), discutendosi se tale disciplina si applichi anche alle visite preassunzione ed alle visite obbligatorie per legge a tutela della salute del lavoratore.

57.4. *Controlli sull'idoneità professionale e protezione della vita privata del lavoratore*

Divieto di indagini sulle opinioni e sui fatti privati del lavoratore

La vita privata del lavoratore è tutelata nell'ambito del rapporto dalla disposizione dell'art. 8 stat. lav., che pone il divieto, sanzionato anche penalmente, di indagini da parte del datore di lavoro non solo sulle opinioni politiche, religiose o sindacali del lavoratore, ma in generale su qualsiasi fatto privato del lavoratore, anche al fine di prevenire eventuali illecite discriminazioni.

Del resto il principio di protezione della vita privata del lavoratore nei confronti dell'imprenditore è già insito nella disposizione che vieta all'iniziativa economica privata di svolgersi «in modo da recare danno alla sicurezza, alla libertà, alla dignità umana» (art. 41, c. 2, Cost.) e nella disposizione che impone al datore di lavoro di adottare ogni misura necessaria a tutelare «la personalità morale del prestatore di lavoro» (art. 2087 cod. civ.).

Divieto di indagini sulla sieropositività

Uno specifico divieto, sempre a tutela della riservatezza del lavoratore, riguarda le indagini sulla sieropositività, anche qui con sanzione penale (art. 6 legge n. 135 del 1990).

Legittimità di indagini sull'attitudine professionale

La tutela della vita privata del lavoratore si arresta di fronte a fatti «rilevanti ai fini della valutazione della attitudine professionale del lavoratore», espressamente esclusi dal divieto di indagini.

La conferma si rinviene nella sentenza della Corte Costituzionale (n. 218 del 1994) che ha ritenuto indispensabile la deroga, non prevista dal legislatore, al divieto di indagini sulla sieropositività, nei casi in cui questa sia rilevante per l'idoneità professionale del lavoratore in considerazione del rischio di contagio connesso al tipo di mansioni.

Pertanto il datore di lavoro, sia ai fini dell'assunzione, sia nel corso del rapporto ed in particolare per l'eventuale licenziamento, ha diritto di conoscere, anche mediante apposite indagini, i fatti della sfera privata del lavoratore che incidono obiettivamente sulla possibilità di instaurare o conservare il rapporto (cfr. 52.3; 65.2).

Innanzitutto il datore di lavoro ha il diritto di acquisire informazioni su eventuali inadempimenti del lavoratore, come si è visto a proposito degli accertamenti sanitari e non sul lavoratore asseritamente malato, a proposito delle perquisizioni e degli altri controlli a tutela del patrimonio aziendale.

Il datore di lavoro ha anche diritto di informarsi sulla persona e sui fatti del lavoratore rilevanti per la valutazione dell'attitudine professionale, sia in relazione all'idoneità tecnica e fisica, sia in relazione a fatti estranei allo svolgimento del rapporto ma tali da eliminare l'interesse alla collaborazione con quel soggetto, legittimando la mancata assunzione o il licenziamento, appunto per l'inidoneità del lavoratore dal punto di vista delle qualità morali e di immagine richieste dal tipo di prestazione dovuta.

Tutela generale della riservatezza

L'impatto della sopravvenuta generale normativa di tutela della *privacy* (legge n. 675 del 1996 poi abrogata e sostituita dal d.lgs. n. 196 del 2003) su di un sistema, come quello giuslavoristico, già ampiamente regolato in materia di riservatezza del lavoratore non poteva che essere del tutto particolare.

È stato espressamente fatto salvo il sistema vigente, che, come si è visto, vieta le indagini su fatti non rilevanti ai fini della valutazione dell'attitudine professionale del lavoratore.

Ulteriori vincoli per il datore di lavoro

A questo non si sostituisce, ma si aggiunge la nuova tutela generale che riguarda anche i fatti professionalmente rilevanti e investe oltre alle indagini, anche l'elaborazione, la custodia, la comunicazione e la diffusione dei dati. Sicché è notevolmente esteso sia l'oggetto della tutela, sia l'ambito delle condotte rilevanti.

Pertanto, se un'indagine riguarda un fatto non rilevante professionalmente è ancora seccamente vietata *ex* art. 8 stat. lav., mentre se riguarda un fatto rilevante professionalmente è consentita solo nel rispetto della generale normativa sulla riservatezza.

Ipotesi escluse dalla tutela

Tuttavia se l'indagine è disposta «per far valere o difendere un diritto in sede giudiziaria» sono esclusi sia l'obbligo di informazione, sia la necessità del consenso. Sicché restano legittime tutte le indagini sui fatti professionalmente rilevanti consentite nel vecchio sistema ai fini dell'eventuale licenziamento.

Inoltre il consenso del lavoratore non è necessario per i dati raccolti in base ad un obbligo di legge oppure necessari per l'esecuzione di obblighi derivanti dal contratto o dalla legge o per misure precontrattuali richieste dallo stesso lavoratore, sicché l'ordinaria gestione del rapporto di lavoro non trova grossi ostacoli. Anche perché la notificazione al Garante è ormai prevista solo per ipotesi tassative estranee al rapporto di lavoro o comunque espressamente escluse dall'obbligo di notificazione quando riguardino l'adempimento di obblighi lavoristici.

Disciplina dei dati sensibili

A differente disciplina sono sottoposti i dati «sensibili», che sono quelli idonei a rivelare lo stato di salute e la vita sessuale, l'origine razziale ed etnica, le convinzioni religiose, filosofiche o di altro genere, le opinioni politiche, l'adesione a partiti, sindacati, associazioni od organizzazioni a carattere religioso, filosofico, politico e sindacale. Per i dati sensibili, infatti, è sufficiente un'autorizzazione del Garante, senza bisogno del consenso dell'interessato quando il trattamento dei dati è necessario per adempiere obblighi di legge per la gestione del rapporto di lavoro, ivi compresa la sicurezza e la previdenza e, comunque, quando è necessario per far valere e difendere un diritto in giudizio. Del resto il Garante, utilizzando la facoltà di rilascio di autorizzazioni generali relative a «determinate categorie di titolari o di trattamenti», ha autorizzato una volta per tutte il trattamento di alcuni dati sensibili nella gestione dei rapporti di lavoro per consentire la fruizione di permessi e aspettative sindacali e per cariche pubbliche e di festività religiose, nonché per consentire l'applicazione della disciplina di malattie, infortuni e maternità ed i controlli di idoneità fisica e sulle assenze per infermità.

Ulteriori semplificazioni sono previste per i datori di lavoro che trattano come unici dati sensibili quelli relativi a salute, malattie e adesioni sindacali.

Per la gestione dei dati da parte delle pubbliche amministrazioni, anche in qualità di datori di lavoro, è prevista un'apposita disciplina, ai cui fini la instaurazione e la gestione di rapporti di lavoro subordinato o autonomo è considerata di rilevante interesse pubblico.

Per il trattamento di dati riguardanti l'adesione di associazioni sindacali ad altre associazioni sindacali non occorre né il consenso degli interessati, né l'autorizzazione del garante. Invece è necessaria la sola autorizzazione per il trattamento dei dati degli aderenti da parte di associazioni sindacali, politiche o religiose o filosofiche.

Diffusione dei dati

La diffusione da parte del datore di lavoro dei dati del lavoratore è vietata per i dati idonei a rivelare lo stato di salute.

Codice di deontologia e di buona condotta

Ulteriori obblighi per i datori di lavoro, privati e pubblici, tra cui l'informativa all'interessato, possono essere previsti nel codice di deontologia e buona condotta promosso dal Garante per la gestione dei rapporti di lavoro e previdenziali.

58. Il potere disciplinare

58.1. *Generalità*

Potere disciplinare

La violazione degli obblighi di lavorare con la prescritta diligenza ed obbedienza, di rispettare le disposizioni per la disciplina del lavoro e l'obbligo di fedeltà «può dar luogo all'applicazione di sanzioni disciplinari» (art. 2106 cod. civ.).

Anche questo potere del datore di lavoro trova fondamento nel contratto di lavoro subordinato, la cui funzione organizzatoria giustifica l'irrogazione di pene private appunto per la conservazione ed il buon funzionamento dell'organizzazione.

Limitazioni

Come per gli altri poteri imprenditoriali la legge (art. 2106 cod. civ.; art. 7 stat. lav.) e la contrattazione collettiva hanno introdotto importanti limiti sostanziali e procedimentali, a garanzia dell'interesse del lavoratore a non essere punito ingiustamente o sproporzionatamente, a conoscere preventivamente le regole da rispettare e le corrispondenti sanzioni, ad essere informato dell'accusa ed a potersi difendere prima della irrogazione della sanzione.

Ipotesi di esercizio doveroso

In alcune situazioni l'esercizio del potere disciplinare diviene doveroso, a protezione di interessi distinti da quello del datore di lavoro, come nel caso di inosservanza da parte del lavoratore della normativa di sicurezza, nel caso di condotte illecite di un dipendente a danno di un altro, nel caso di violazione delle regole dello sciopero nei servizi pubblici essenziali. In queste ipotesi il mancato esercizio del potere disciplinare determina o aggrava la responsabilità del datore di lavoro nei confronti dei soggetti danneggiati.

Possibile concorso di responsabilità disciplinare e civile

Se la stessa condotta del lavoratore, oltre a costituire infrazione disciplinare, integra anche gli estremi di un illecito civile, il datore di lavoro può richiedere il risarcimento del danno eventualmente subito.

I problemi relativi al licenziamento disciplinare e alla sospensione cautelare del lavoratore nelle more del procedimento disciplinare sono trattati a proposito del licenziamento (cfr. 64.2; 67.4).

58.2. *Il codice disciplinare*

Funzione

In conformità al principio generale *nullum crimen, nulla poena sine lege* non possono essere validamente irrogate sanzioni disciplinari se, prima dell'infrazione, il datore di lavoro non abbia predisposto e pubblicizzato il codice disciplinare, contenente «le norme disciplinari relative alle sanzioni, alle infrazioni in relazione alle quali ciascuna di esse può essere applicata ed alle procedure di contestazione delle stesse» (art. 7 stat. lav.).

Predisposizione

Il codice disciplinare deve «applicare quanto in materia è stabilito da accordi e contratti di lavoro ove esistano». In mancanza di contratto collettivo o in caso di sua inefficacia soggettiva, il codice disciplinare è predisposto unilateralmente dal datore di lavoro.

Principio di proporzionalità

Sia l'autonomia collettiva che il datore di lavoro devono rispettare, a pena di nullità della sanzione, la regola legale inderogabile di proporzionalità tra infrazione e sanzione (art. 2106 cod. civ.).

Le sanzioni conservative sono il rimprovero verbale, il rimprovero scritto, la multa e la sospensione dal lavoro e dalla retribuzione.

Divieto di mutamenti definitivi

La legge, fermo restando il licenziamento disciplinare ove consentito, vieta sanzioni «che comportino mutamenti definitivi del rapporto di lavoro» (art. 7 stat. lav.), sicché, ad esempio, non può essere disposta in funzione punitiva una modifica delle mansioni.

Limiti massimi per multa e sospensione

È fissata inderogabilmente anche l'entità massima della multa, che non può superare l'importo di quattro ore della retribuzione base, e della sospensione, che non può superare i dieci giorni.

Limite biennale per la recidiva

La legge prevede, infine, che «non può tenersi conto ad alcun effetto delle sanzioni disciplinari decorsi due anni dalla loro applicazione», sicché non può essere affermata la recidiva con riferimento a sanzioni anteriori all'ultimo biennio.

Contenuto del codice

Il problema più delicato relativo al codice disciplinare riguarda la sua specificità, da un lato pretendendosi una analitica indicazione di tutte le possibili infrazioni con abbinamento della corrispondente sanzione e dall'altro, più ragionevolmente, ammettendosi anche indicazioni di largo principio con elencazione delle varie sanzioni alternativamente applicabili in considerazione delle circostanze del caso concreto, soprattutto quando si tratta della violazione dei principi fondamentali del vivere civile.

Pubblicità

Il codice disciplinare non solo deve essere predisposto, ma anche pubblicizzato prima dell'infrazione, mediante «affissione in luogo accessibile a tutti» i lavoratori, non essendo ammesse, stante la inequivoca lettera della legge, altre forme equipollenti (ad es. la consegna del codice a ciascun dipendente) a prescindere dalla loro efficacia comparativa. Si ritiene sufficiente l'affissione dell'intero contratto collettivo comprendente la normativa disciplinare.

58.3. *Il procedimento disciplinare*

Contestazione

Il datore di lavoro, venuto a conoscenza dell'infrazione, deve contestare al lavoratore l'addebito (art. 7 stat. lav.).

Contenuto

La contestazione deve essere precisa, indicando il fatto, anche sinteticamente, purché in modo sufficiente a consentire al lavoratore di comprendere l'accusa e di difendersi.

Tempestività

La contestazione deve essere tempestiva in relazione non al momento dell'infrazione, bensì al momento in cui il datore di lavoro ne è venuto a conoscenza. Non è fissato un termine preciso, ma il datore di lavoro non può attendere per un tempo più lungo di quello necessario ad acquisire e valutare ogni utile informazione, dovendosi, in proposito, tener conto anche della complessità della struttura aziendale e delle peculiarità del caso di specie. La tempestività della contestazione è considerata un presupposto di validità della sanzione, sicché di fronte all'eccezione di tardività spetta al datore di lavoro provare le ragioni giustificatrici del periodo trascorso tra la conoscenza dell'infrazione e la contestazione.

Immutabilità

Il fatto contestato è immutabile, salvo la possibilità di contestazioni integrative. Tuttavia, nel giudizio di impugnazione della sanzione, si può tenere conto anche di fatti non contestati se sono semplicemente di contorno o confermativi.

Forma

La contestazione deve essere fatta per iscritto, tranne che per il rimprovero verbale.

Sospensione cautelare

Nelle more del procedimento disciplinare il lavoratore può essere cautelarmene sospeso dal servizio, con provvedimento che non ha natura sanzionatoria.

Difesa del lavoratore

Il lavoratore che abbia ricevuto una contestazione ha diritto di essere «sentito a sua difesa» dal datore di lavoro, facendosi eventualmente assistere da un sindacalista.

Questa difesa preventiva può avvenire, a scelta del lavoratore, sia oralmente in un apposito incontro, sia per iscritto.

Il tempo di attesa imposto al datore di lavoro dopo la contestazione per consentire al lavoratore di giustificarsi è di almeno cinque giorni, ma alcuni contratti collettivi ampliano questo termine.

Irrogazione della sanzione La legge non fissa un termine per l'irrogazione della sanzione dopo le giustificazioni o l'inutile scadenza del tempo di attesa minimo, ma anche qui il datore di lavoro deve provvedere con tempestività altrimenti si presume l'abbandono del procedimento disciplinare. Alcuni contratti collettivi prevedono un termine massimo per l'adozione della sanzione, al pari di quanto fa la legge nel settore pubblico.

Il datore di lavoro nell'atto di irrogazione della sanzione non è tenuto a replicare specificamente alle giustificazioni del dipendente, potendo limitarsi a dichiararle insufficienti o infondate, richiamando il fatto contestato, che costituisce appunto il motivo della sanzione.

58.4. *L'impugnazione della sanzione*

Arbitrato facoltativo Il lavoratore può impugnare la sanzione in sede giurisdizionale oppure, salvo analoghe procedure previste dai contratti collettivi, innanzi ad un collegio di conciliazione e arbitrato da costituire appositamente presso l'Ispettorato territoriale del lavoro (art. 7 stat. lav.).

L'attivazione della procedura arbitrale, da ritenersi irrituale, è sottoposta ad un termine di decadenza di venti giorni dalla applicazione della sanzione, mentre il ricorso al giudice, improponibile se entrambe le parti accettano l'arbitrato, è privo anche di termine prescrizionale trattandosi di azione di nullità.

Solo la procedura arbitrale, e non anche il ricorso al giudice, determina la sospensione della sanzione disciplinare fino alla pronunzia del collegio.

La sanzione priva dei prescritti requisiti sostanziali o procedimentali è nulla per violazione di legge.

Il datore di lavoro ha l'onere di provare l'effettiva sussistenza dei fatti contestati, spettando poi al giudice valutare il rispetto del principio di proporzionalità tra infrazione e sanzione.

58.5. *La disciplina per i dipendenti pubblici*

Disciplina speciale Per il potere disciplinare delle pubbliche amministrazioni nei confronti dei propri dipendenti sono previste apposite regole (artt. 55 e ss. d.lgs. n. 165 del 2001 come novellato dal d.lgs. n. 150 del

2009 e dal d.lgs. n. 75 del 2017), applicabili ai soli rapporti privatizzati (art. 2, c. 2, espressamente richiamato dall'art. 55, c. 1), mentre per i rapporti non privatizzati (art. 3) resta in vigore la relativa disciplina.

Le modifiche previste dal d.lgs. n. 75 del 2017 sono applicabili solo agli illeciti commessi dopo l'entrata in vigore di tale decreto (22 giugno 2017).

Gli articoli citati senza ulteriore indicazione si riferiscono al testo novellato del d.lgs. n. 165 del 2001.

La responsabilità disciplinare, di natura privatistica come il relativo potere (art. 5, c. 2), si aggiunge alla responsabilità civile, amministrativa, penale e contabile (art. 55, c. 2), nonché, per i dirigenti, alla responsabilità dirigenziale con effetti sugli incarichi (art. 21, c. 1) e sulla retribuzione di risultato (artt. 21, c. 1 *bis*, 24, c. 1 *quater*, 55 *sexies*, c. 3 e 55 *septies* c. 6; artt. 10, c. 5, e 11, c. 9, d.lgs. n. 150 del 2009).

L'apposito regime legale del potere disciplinare per il lavoro pubblico privatizzato (artt. 55 e ss.) è inderogabile dai contratti individuali e collettivi, le cui eventuali clausole contrarie sono nulle e sostituite di diritto (art. 55, c. 1, che ribadisce il principio generale previsto dall'art. 2, c. 2 e 3 *bis*, per tutte le disposizioni del d.lgs. n. 165 del 2001). Si aggiunge la espressa limitazione della contrattazione collettiva in materia disciplinare ai soli aspetti consentiti dalla legge (art. 40, c. 1), anche qui a pena di nullità con sostituzione automatica (art. 2, c. 3 *bis*). È palese l'intenzione del legislatore di blindare una rigorosa disciplina posta nell'interesse pubblico al «contrasto alla scarsa produttività e all'assenteismo» (artt. 1, c. 2, e 67, c. 1, d.lgs. n. 150 del 2009), evitando possibili lassismi di fonte collettiva.

È prevista espressamente l'applicazione dell'art. 2106 cod. civ., con il relativo principio inderogabile di proporzionalità tra infrazione e sanzione, mentre è stato eliminato il precedente richiamo ad alcune disposizioni dell'art. 7 stat. lav. essendo ora esaustiva la nuova disciplina speciale.

Se il giudice annulla la sanzione disciplinare per difetto di proporzionalità può rideterminare la sanzione tenendo conto della gravità del comportamento e dello specifico interesse pubblico violato (art. 63, c. 2 *bis*, d.lgs. n. 165 del 2001, comma aggiunto dal d.lgs. n. 75 del 2017).

Definizione di infrazioni e sanzioni

La definizione delle infrazioni e delle corrispondenti sanzioni è affidata ai contratti collettivi (art. 55, c. 2), le cui disposizioni vanno coordinate con il codice di comportamento dei dipendenti delle pubbliche amministrazioni (art. 54). Non è previsto il divieto di sanzioni comportanti mutamenti definitivi del rapporto o superiori alla sospensione per dieci giorni, invece stabilito per i rapporti con datori di lavoro privati (art. 7, c. 4, stat. lav.).

La legge tipizza alcune infrazioni con la relativa sanzione, così escludendo – salvo il controllo di costituzionalità sulla ragionevolezza della norma – la valutazione giudiziale di proporzionalità, sostituita dalla valutazione una volta per tutte in astratto da parte del legislatore se è davvero specifica.

Le infrazioni tipizzate dalla legge con sanzione conservativa del rapporto sono: l'ingiustificato rifiuto di collaborare o le dichiarazioni false o reticenti in relazione ad un procedimento disciplinare, condotte punite con la sospensione fino a quindici giorni (art. 55 *bis*, c. 7); la violazione di obblighi da cui sia derivata la condanna della pubblica amministrazione al risarcimento del danno, condotta punita con la sospensione da tre giorni a tre mesi, ove non ricorrano i presupposti per una più grave sanzione disciplinare (art. 55 *sexies*, c. 1); il mancato esercizio o la decadenza dall'azione disciplinare o l'irragionevole valutazione di insussistenza dell'illecito disciplinare, condotte punite con la sospensione fino a tre mesi (art. 55 *sexies*, c. 3), mentre se queste condotte sono dolose o per colpa grave sono punite con il licenziamento (art. 55 *quater*, c. 1, lett. f *ter*); l'omesso controllo sulle assenze per malattia, condotta punita come la precedente, oltre agli effetti della responsabilità dirigenziale (art. 55 *septies*, c. 6).

Le infrazioni tipizzate dalla legge con sanzione espulsiva sono: la falsa attestazione della presenza in servizio mediante alterazione del sistema di rilevamento della presenza o con altre modalità fraudolente punite con il licenziamento per giusta causa e, se c'è flagranza, con immediata sospensione cautelare, con conclusione del procedimento disciplinare entro trenta giorni e con il licenziamento del dirigente che non ottempera a questa disposizione (art. 55 *quater*, c. 1 e ss. e c. 3 e ss. come modificato dal d.lgs. n. 116 del 2016 e dal d.lgs. n. 118 del 2017); la falsa attestazione delle assenza per malattia mediante certificazione medica falsa o che attesta falsamente lo stato di malattia, condotta punita con il licenziamento per giusta causa (art. 55 *quater*, c. 1, lett. a), e c. 3 e ss.), oltre alla sanzione penale della reclusione da uno a cinque anni applicabile anche al medico e ad altri concorrenti (art. 55 *quinquies*, c. 1) e al risarcimento del danno pari al compenso del periodo non lavorato e del danno all'immagine della pubblica amministrazione (art. 55 *quinquies*, c. 2), nonché con licenziamento per giusta causa o decadenza dalla convenzione e radiazione dall'albo del medico convenzionato al momento della sentenza penale definitiva (art. 55 *quinquies*, c. 3); l'assenza ingiustificata per più di tre giorni anche non consecutivi in un biennio o per più di sette giorni in un decennio, punita con il licenziamento con preavviso (art. 55

quater, c. 1, lett. b); la mancata ripresa del servizio entro il termine fissato dall'amministrazione in caso di assenza ingiustificata, punita con il licenziamento con preavviso (art. 55 *quater*, c. 1, lett. b); il rifiuto ingiustificato del trasferimento, punito con il licenziamento con preavviso (art. 55 *quater*, c. 1, lett. c); le falsità documentali o dichiarative commesse ai fini o in occasione dell'instaurazione del rapporto o di progressioni di carriera, punite con il licenziamento per giusta causa (art. 55 *quater*, c. 1, lett. d), e c. 3 e ss.); le gravi e reiterate condotte nell'ambiente di lavoro aggressive o moleste o ingiuriose o comunque lesive dell'altrui onore e dignità, punite con il licenziamento per giusta causa (art. 55 *quater*, c. 1, lett. e), e c. 3 e ss.); la condanna penale definitiva con interdizione perpetua dai pubblici uffici o con prevista estinzione, comunque denominata, dal rapporto di lavoro, punita con il licenziamento per giusta causa (art. 55 *quater*, c. 1, lett. f), e c. 3 e ss.; art. 32 *quinquies* cod. pen., introdotto con legge n. 92 del 2001, in relazione a condanne irrevocabili ad almeno tre anni di reclusione per reati di peculato, concussione e corruzione); gravi e reiterate violazioni dei codici di comportamento punite con il licenziamento con preavviso (art. 55 *quater*, c. 1, lett. f *bis*); mancato esercizio o decadenza dell'azione disciplinare con dolo o colpa grave dovuti all'omissione o al ritardo ingiustificato degli atti del procedimento o a valutazioni manifestamente irragionevoli, punito con il licenziamento con preavviso (art. 55 *quater*, c. 1, lett. f *ter*); reiterata violazione di obblighi concernenti la prestazione lavorativa già sanzionati con la sospensione dal servizio per un periodo superiore a un anno nell'arco di un biennio punito con il licenziamento con preavviso (art. 55 *quater*, c. 1, lett. f *quater*); insufficiente rendimento dovuto a reiterata violazione di obblighi rilevato dalla valutazione negativa della performance per ciascun anno dall'ultimo triennio, punito con il licenziamento con preavviso (art. 55 *quater*, c. 1, lett. f *quinquies*); grave danno arrecato al normale funzionamento dell'ufficio per inefficienza o incompetenza, punito con il collocamento in disponibilità con indennità pari all'80 per cento dello stipendio per un periodo massimo di due anni e risoluzione del rapporto se entro tale termine non sia avvenuta la ricollocazione presso altra amministrazione (art. 55 *sexies*, c. 2; artt. 33 e 34).

Le infrazioni tipizzate dalla legge con rinvio ai contratti collettivi sia per la specificazione delle condotte, sia per le sanzioni riguardano le ripetute e ingiustificate assenze dal servizio nei giorni prima e dopo la giornata festiva e il riposo settimanale e le ingiustificate assenze collettive dei dipendenti di enti preposti all'erogazione di servizi pubblici essenziali (art. 55 *quinquies*, c. 3 *bis*).

Procedimento

La pubblicità del codice disciplinare può avvenire, in alternativa, mediante affissione all'ingresso della sede di lavoro oppure mediante pubblicazione sul sito istituzionale dell'amministrazione (art. 55, c. 2).

La competenza per il procedimento disciplinare cambia a seconda della gravità dell'infrazione: per le infrazioni punite con il rimprovero verbale provvede il responsabile della struttura applicando le disposizioni del contratto collettivo (art. 55 *bis*, c. 1); per le infrazioni punite più gravemente provvede l'ufficio disciplina (art. 55 *bis*, c. 2), realizzandosi, così, una garanzia di obiettività e competenza della valutazione.

Come si è visto il mancato o tardivo esercizio del potere disciplinare o l'irragionevole valutazione di insussistenza dell'illecito costituiscono infrazioni tipizzate dalla legge (art. 55, c. 1, e art. 55 *sexies*, c. 3). Tuttavia se viene applicata una sanzione non dovuta o eccessiva permane la responsabilità amministrativa, sia pure solo per dolo o colpa grave, con limitazione ora estesa anche alla responsabilità civile (art. 55 *sexies*, c. 4). Mentre, se davvero si vuole che siano puniti i lavoratori inadempienti, occorre che la responsabilità amministrativa sia limitata ai soli casi di dolo.

Il procedimento disciplinare inizia con la contestazione scritta dell'addebito, che deve avvenire a pena di decadenza entro trenta giorni dalla conoscenza dell'infrazione (art. 55 *bis*, c. 4). Il termine per la contestazione decorre dalla ricezione degli atti all'ufficio disciplina, che il responsabile della struttura interessata deve trasmettere entro dieci giorni dalla conoscenza dell'infrazione, ovvero dalla precedente data in cui l'ufficio abbia altrimenti avuto notizia del fatto (art. 55 *bis*, c. 4).

Nell'atto di contestazione il dipendente è convocato a difesa, con l'eventuale assistenza di un procuratore o di un sindacalista, con un preavviso di almeno venti giorni (art. 55 *bis*, c. 4). In caso di grave o oggettivo impedimento il dipendente può chiedere, per una sola volta, il differimento dell'audizione, fermo restando la possibilità di depositare memorie scritte (art. 55 *bis*, c. 4). Il dipendente ha diritto di accesso agli atti del procedimento (art. 55 *bis*, c. 4).

Il procedimento deve essere concluso, a pena di decadenza, con l'archiviazione o irrogazione della sanzione entro centoventi giorni dalla contestazione (art. 55 *bis*, c. 4).

Tutte le comunicazioni possono avvenire per consegna a mani, posta elettronica certificata, raccomandata postale con ricevuta di ritorno (art. 55 *bis*, c. 5).

Se il dipendente è trasferito in altra amministrazione, il procedimento disciplinare è avviato o concluso dalla nuova amministrazione, con interruzione dei termini (art. 55 *bis*, c. 8).

Se il dipendente si dimette, il procedimento disciplinare si svolge egualmente qualora debba applicarsi il licenziamento o sia stata disposta sospensione cautelare (art. 55 *bis*, c. 9).

La violazione dei termini e delle disposizioni sul procedimento disciplinare non determina la decadenza dell'azione né l'invalidità degli atti e della sanzione, salvo il caso dei termini per la contestazione e per la conclusione dei procedimenti da considerarsi perentori e le ipotesi di violazione del diritto di difesa e del principio di tempestività (art. 55 *bis*, c. 9 *ter*).

Conciliazione preventiva

I contratti collettivi possono prevedere, per infrazioni meno gravi di quelle punibili col licenziamento, una procedura di conciliazione, da svolgersi dopo la contestazione e prima dell'irrogazione della sanzione in un termine non superiore a trenta giorni durante il quale restano sospesi i termini del procedimento disciplinare. La sanzione così eventualmente concordata deve essere della stessa specie di quella prevista per l'infrazione contestata ed è inoppugnabile (art. 55, c. 3).

Impugnazione

Sono vietate, invece, procedure arbitrali di fonte collettiva per l'impugnazione delle sanzioni (art. 55, c. 3), essendo espressamente ribadita in proposito la giurisdizione del giudice del lavoro (art. 67, c. 2, d.lgs. n. 150 del 2009). I procedimenti innanzi ai collegi arbitrali di disciplina pendenti alla data di entrata in vigore del d.lgs. n. 150 del 2009 devono essere definiti entro sessanta giorni da tale data (art. 73, c. 1, d.lgs. n. 150 del 2009).

Rapporti col processo penale

Qualora il fatto contestato sia anche oggetto di un processo penale, il procedimento disciplinare non può essere sospeso se l'infrazione è punibile con una sanzione fino a dieci giorni di sospensione. Se, invece, l'infrazione è più grave il procedimento disciplinare può essere sospeso fino al termine del processo penale in considerazione della complessità dell'accertamento del fatto contestato e della insufficienza degli elementi raccolti a comprovarlo, salva nelle more la possibilità di sospensione cautelare. Il procedimento sospeso può essere riattivato se l'amministrazione viene in possesso di elementi nuovi, compreso un provvedimento giurisdizionale non definitivo (art. 55 *ter*, c. 1).

Se il procedimento disciplinare è sospeso, deve essere riattivato mediante il rinnovo della contestazione entro sessanta giorni dalla comunicazione della sentenza penale alla amministrazione da parte della cancelleria del giudice con integrale nuova decorrenza dei termini (art. 55 *ter*, c. 4). La sentenza penale irrevocabile ha efficacia di giudicato nel procedimento disciplinare, se è di assoluzione quanto all'accertamento che il fatto non sussiste o non costituisce reato o non è stato commesso dall'imputato (art. 653, c. 1, cod. proc. pen.), mentre se è di condanna quanto all'accertamento della sussistenza del fatto, della sua illiceità penale e della sua commissione da parte dell'imputato (art. 653, c. 1 *bis*, cod. proc. pen.). Questa efficacia della sentenza penale è espressamente ribadita nella disciplina in esame (art. 55 *ter*, c. 4).

Se, invece, il procedimento disciplinare non viene sospeso e si conclude con la irrogazione di una sanzione, la sopravvenuta sentenza penale irrevocabile di assoluzione con accertamento che il fatto non sussiste o non costituisce reato o non è stato commesso dal dipendente, consente a quest'ultimo, entro sei mesi dalla irrevocabilità della sentenza, di fare istanza per la riapertura del procedimento disciplinare, che avviene nei successivi sessanta giorni con il rinnovo della contestazione, seguita dalla difesa del dipendente, e si conclude entro centottanta giorni dalla riapertura con modificazione o conferma della procedente conclusione nel rispetto del giudicato penale (art. 55 *ter*, c. 2 e 4).

Se il procedimento disciplinare non sospeso si è concluso con una archiviazione o con sanzione diversa dal licenziamento, la sopravvenuta sentenza penale irrevocabile di condanna con accertamento della sussistenza del fatto, della sua illiceità penale e della sua commissione da parte del dipendente, impone alla pubblica amministrazione di riaprire il procedimento disciplinare entro sessanta giorni dalla comunicazione della sentenza penale a cura della cancelleria, con rinnovazione della contestazione, difesa del dipendente e conclusione entro centottanta giorni dalla riapertura con adeguamento del provvedimento alla sentenza penale (art. 55 *ter*, c. 3).

Per i rapporti tra processo penale e processo civile eventualmente instaurato contro la sanzione disciplinare, cfr. 65.2.

59. Divieti di discriminazione e parità di trattamento

59.1. *Nozione e tipologia degli atti discriminatori*

Nozione La discriminazione consiste in una ingiustificata differenza di trattamento dovuta ad un determinato fattore tipizzato dalla legge. Pertanto ogni altra differenza per ragioni atipiche, anche se arbitrarie e non funzionali all'organizzazione (ad es. la fede calcistica del dipendente), non può essere definita discriminazione in senso tecnico e resta estranea alla relativa disciplina.

Fattori I fattori indicati dal legislatore rispondono all'esigenza di tutela di libertà fondamentali o caratteri propri della persona. E così vengono in rilievo, in conformità a varie direttive comunitarie, le discriminazioni per ragioni sindacali, politiche, religiose, razziali, etniche, di lingua, di sesso, di handicap, di età, di orientamento sessuale, di convinzioni personali (art. 15 stat. lav.; d.lgs. nn. 215 e 216 del 2003; d.lgs. n. 198 del 2006 modificato dal d.lgs. n. 5 del 2010 e dalla legge n. 162 del 2021), per infezione da HIV (art. 5 legge n. 135 del 1990), per ragioni razziali, religiose, nazionali, etniche o di cittadinanza (artt. 43 e 44 d.lgs. n. 286 del 1998), per ritorsione alla resistenza o richiesta di tutela contro le discriminazioni (d.lgs. n. 198 del 2006 modificato dal d.lgs. n. 5 del 2010), per ritorsione alla segnalazione di condotte illecite da parte del lavoratore, per avere assistito un parente con grave handicap (art. 2 *bis* legge n. 104 del 1992), per ritorsione alla richiesta del lavoratore di trasformare il contratto da tempo pieno a tempo parziale e viceversa (art. 8, c. 5 *bis*, d.lgs. n. 81 del 2015).

Contenuto

Alla tassatività dei fattori di discriminazione si contrappone l'assoluta atipicità del contenuto della stessa, che può consistere in qualsiasi «pregiudizio».

Tipologia

La discriminazione è individuale o collettiva, a seconda che colpisca un solo soggetto oppure un gruppo. Tra le discriminazioni del secondo tipo rientra l'erogazione di trattamenti economici collettivi di miglior favore ai soli dipendenti che si astengano dalla affiliazione o dalla azione sindacale (cfr. 6.6).

La discriminazione si dice diretta quando consegue all'applicazione di un criterio di differenziazione vietato dalla legge. Si dice, invece, indiretta quando il criterio adottato è formalmente neutro, ma in effetti svantaggia i lavoratori con le caratteristiche tipiche protette dalla legge. La discriminazione è esclusa quando la differenza di trattamento è essenziale in relazione all'attività lavorativa richiesta o è giustificata da finalità legittime.

Ai divieti di discriminazione sono strumentalmente collegati i divieti di indagini su opinioni, fatti e condizioni personali del lavoratore (cfr. 57.4).

59.2. *Tutele contro le discriminazioni*

Agevolazioni probatorie

L'onere della prova della discriminazione grava sul lavoratore interessato (cfr. 51.2), ma si tratta di una prova assai difficile, sicché si spiega l'introduzione di alcune agevolazioni.

Per le discriminazioni in ragione del sesso è prevista, infatti, l'inversione dell'onere della prova qualora il ricorrente fornisca elementi presuntivi della discriminazione, dando così ingresso a un'inversione condizionata. Se questi elementi dovessero integrare gli estremi di una vera e propria presunzione semplice non vi sarebbe inversione dell'onere probatorio, ma un normale assolvimento di tale onere mediante presunzione idonea a determinare il convincimento pieno del giudice. Invece non è richiesto il requisito della gravità degli indizi necessario per la presunzione, sicché si attribuisce alla prova semipiena, cioè alla mera verosimiglianza, l'effetto di invertire l'onere della prova. In questa situazione processuale il datore di lavoro è, dunque, costretto a dimostrare l'insussistenza della discriminazione, pur potendosi anch'egli avvalere, in base al principio costituzionale della parità delle armi nel processo (art. 24 Cost.), di una prova semipiena al fine di ristabilire l'originaria ripartizione degli oneri probatori. Tra i possibili elementi presuntivi sono espressamente indicati quelli di carattere statistico, utili soprattutto per l'accertamento delle discriminazioni indirette.

Per le discriminazioni fondate su una segnalazione di condotte illecite da parte del lavoratore è prevista una totale inversione dell'onere della prova, sicché spetta al datore dimostrare che il provvedimento è fondato su ragioni estranee alla segnalazione.

Invece per le altre discriminazioni è previsto l'assolvimento dell'onere della prova mediante elementi di fatto anche a carattere statistico, sicché qui è configurabile una vera e propria presunzione *ex* art. 2729 cod. civ., senza alcuna inversione dell'onere probatorio, ma con una sorta di propaganda per il convincimento del giudice mediante presunzione.

Nullità

Il rimedio fondamentale contro le discriminazioni è l'azione di nullità, che funziona egregiamente se l'atto discriminatorio interviene nel corso del rapporto e colpisce un singolo lavoratore ledendone direttamente la posizione.

La nullità serve, invece, a poco contro le discriminazioni in sede di assunzione e contro le discriminazioni collettive, poiché il giudice non può invalidare un'omissione, né equiparare in alto il trattamento.

Risarcimento

Del resto il rimedio risarcitorio per equivalente, pur espressamente esteso al danno non patrimoniale, è tipicamente non satisfattivo dell'interesse protetto, sicché non a caso è considerato espressamente come aggiuntivo laddove è prevista una speciale tutela inibitoria e ripristinatoria.

Tutela inibitoria e ripristinatoria

Quest'ultima costituisce uno strumento giurisdizionale assai efficace, consistente in un ordine al datore di lavoro di cessare la condotta discriminatoria e di rimuoverne gli effetti, assistito da sanzioni penali, civili e amministrative per il caso di inottemperanza quali misure compulsorie giustificate dalla incoercibilità diretta delle condotte infungibili.

Si tratta di una tutela speciale, operante sia per le discriminazioni sindacali, sia per le discriminazioni in ragione del sesso relative all'assunzione o collettive, sia per le discriminazioni per motivi razziali, etnici, nazionali, religiosi, di convinzioni personali, di età, di handicap e di orientamento sessuale. Tuttavia tra l'uno e l'altro di questi procedimenti sussistono rilevanti differenze. Ora per tutte le discriminazioni, ad eccezione di quelle per ragioni politiche o sindacali, è prevista l'applicazione del rito sommario di cognizione dell'art. 702 *bis* cod. proc. civ.

Sanzioni

I dubbi sulla effettività della tutela civile persistono nonostante le speciali azioni appena ricordate, sicché si spiega la previsione di sanzioni dirette penali, civili e amministrative mediante revoca di benefici ed esclusione da appalti pubblici.

59.3. *Inesistenza di un principio generale di parità di trattamento*

Inesistenza del principio

La tutela antidiscriminatoria, per fattori tipici e con onere probatorio a carico del lavoratore, non può essere confusa con un inesistente principio generale di parità di trattamento, con onere probatorio a carico del datore di lavoro della giustificazione di ogni differenza.

Un principio del genere, correttamente escluso dalla Cassazione a Sezioni Unite (n. 6030 del 1993, n. 4570 del 1996) dopo un'ambigua pronunzia della Corte Costituzionale (n. 103 del 1989), contrasterebbe con tutta l'evoluzione del diritto del lavoro verso una graduale attuazione dei principi costituzionali nei rapporti interprivati mediante una progressiva limitazione dei poteri dell'imprenditore, che diverrebbe improvvisamente superflua in presenza del supposto onere per il datore di lavoro di giustificare ogni sua scelta. Si tratterebbe, infatti, della estensione generalizzata della tutela per giustificazione necessaria, certo non introducibile ad opera dell'interprete in un sistema fondato sulla libertà di esercizio dei poteri del datore di lavoro non espressamente limitati dalla legge o dall'autonomia negoziale (cfr. 51.2).

L'asserito principio generale di parità di trattamento contrasterebbe irrimediabilmente anche con gli specifici obblighi di parità (cfr. 59.4), che diverrebbero inutili e con le agevolazioni probatorie in materia di discriminazioni (cfr. 59.2), che diverrebbero schizofrenicamente peggiorative rispetto al supposto regime generale di parità con onere probatorio sul datore di lavoro.

Del resto siffatto principio finirebbe per porre alla mercé delle valutazioni del singolo giudice non solo la sfera di libertà del datore di lavoro, ma perfino i prodotti dell'autonomia collettiva, ad esempio a proposito della classificazione delle mansioni.

Clausole generali

Per le stesse ragioni sistematiche è stato respinto (Cass. SU n. 4570 del 1996) il tentativo di riproporre, attraverso l'invocazione dei principi civilistici di buona fede e correttezza (artt. 1175 e 1375 cod. civ.), quella generale sindacabilità dell'esercizio dei poteri del datore di lavoro a suo tempo argomentata sulla base di una asserita efficacia diretta di principi costituzionali nei rapporti interprivati. Se, infatti, questa impostazione è stata disattesa (cfr. 51.2), con il conseguente graduale e specifico intervento della legge e dell'autonomia collettiva per la protezione del lavoratore, non è certo consentito in via interpretativa il rovesciamento del sistema al fine di eliminare in un ordinamento ormai evoluto i residui spazi di libertà del datore di lavoro (superminimi retributivi; modificazione delle mansioni nel rispetto del livello; spostamenti interni all'unità produttiva; promozioni non regolate). Del resto le ricordate clausole generali costituiscono criteri di verifica dell'esatto adempimento di obbligazioni esistenti e non fonti di nuove obbligazioni.

Ora il legislatore, estendendo il significato di «clausole generali» a qualsiasi norma a precetto generico, ha escluso espressamente, «in conformità ai principi generali dell'ordinamento», e al consolidato orientamento giurisprudenziale, il controllo del giudice sul merito delle scelte economico-organizzative del datore di lavoro (art. 30, c. 1, legge n. 183 del 2010). Ma, in assenza di una regola espressa di giustificazione necessaria, rimane escluso anche il controllo sul nesso causale tra atto di esercizio del potere ed effettiva scelta tecnico-organizzativa, consentito dalla disposizione ricordata come controllo sul «presupposto di legittimità».

59.4. *Obblighi specifici di parità di trattamento*

Obblighi specifici

L'inesistenza di un principio generale di parità di trattamento trova conferma nelle disposizioni particolari che impongono tale parità in determinate situazioni.

In proposito si ricordano: il trattamento dei lavoratori addetti agli appalti leciti interni all'azienda che non deve essere inferiore a quello dei dipendenti del committente; il trattamento dei lavoratori a termine che deve essere il medesimo praticato ai lavoratori a tempo indeterminato della stessa impresa; il trattamento dei lavoratori temporanei che non deve essere inferiore a quello dei dipendenti di pari livello dell'impresa utilizzatrice; il trattamento del lavoratore a tempo parziale che non deve essere meno favorevole di quello del lavoratore a tempo pieno comparabile; la parità di trattamento contrattuale per i dipendenti pubblici.

Parità retributiva per donne e minori

Di grande rilievo è il principio di pari trattamento retributivo di donne e minori rispetto al trattamento dell'uomo adulto a parità di lavoro (art. 37 Cost.). Per parità di lavoro si intende parità di mansioni e non di rendimento. Sono state, conseguentemente, dichiarate nulle le clausole dei contratti collettivi che prevedevano, nell'ambito della stessa qualifica, tabelle retributive differenziate per donne e minori, nonché le clausole che per i minori negavano gli scatti di anzianità o stabilivano una indennità di contingenza in misura ridotta.

La parità di trattamento retributivo tra uomini e donne per un lavoro di eguale valore è sancita anche dall'ordinamento comunitario, con disposizione del Trattato di immediata operatività, poi specificata con apposita direttiva (n. 117 del 1975 ora trasfusa nella direttiva n. 54 del 2006).

Pari opportunità e azioni positive

Per il conseguimento di un'effettiva parità tra uomini e donne, al di là dell'aspetto retributivo già garantito come diritto, è prevista l'adozione di apposite misure per assicurare pari opportunità ed evitare discriminazioni, anche mediante azioni positive (art. 141, c. 3, Trattato CE; direttive nn. 207 del 1976, 80 del 1997, ora trasfuse nella direttiva n. 54 del 2006; d.lgs. n. 198 del 2006, che ha assorbito le precedenti disposizioni delle leggi n. 903 del 1977, n. 125 del 1991 e del d.lgs. n. 196 del 2000). Questa evoluzione del sistema viene indicata come tendenza al passaggio dalla tutela alla parità, cioè da una protezione rigida (maternità, matrimonio, mansioni, orario) disincentivante l'occupazione femminile ad una effettiva eguaglianza nell'accesso al lavoro, nelle condizioni di lavoro e nella carriera, anche mediante l'azione di appositi consiglieri di parità nazionali, regionali e provinciali, nonché di una Commissione e di un Comitato nazionale.

La promozione delle «pari opportunità tra donne e uomini» ai fini dell'accesso agli uffici pubblici e alle cariche elettive è ora espressamente prevista dalla Costituzione (art. 51, c. 1, come integrato dalla legge cost. n. 1 del 2003).

Si discute se, nell'ambito delle azioni positive, sia lecita la previsione di quote di posti riservati alle donne oppure se ciò integri, come in effetti sembra, una illegittima discriminazione alla rovescia contro gli uomini.

Sulla parità uomo-donna per la cura dei figli cfr. 62.5.

60. La retribuzione

60.1. *La retribuzione nel rapporto di lavoro e nella politica economica*

Retribuzione e corrispettività

Nell'ambito del rapporto di lavoro la retribuzione costituisce l'obbligazione principale del datore di lavoro corrispettiva dell'obbligazione di lavorare del prestatore, secondo la tipica causa di scambio del contratto di lavoro subordinato.

Si tratta, tuttavia, di una corrispettività *sui generis*, che deve rispettare una misura minima della retribuzione per la tutela della posizione del lavoratore quale contraente debole implicato nel rapporto.

Si aggiunge l'esigenza di assicurare al lavoratore la conservazione del posto ed un reddito in situazioni di impossibilità temporanea di esecuzione della prestazione, conseguendone da un lato misure previdenziali finanziate prevalentemente mediante contribuzione del datore di lavoro e dello stesso lavoratore e dall'altro l'allentamento del sinallagma tra prestazione e retribuzione, a volte dovuta anche in assenza di prestazione.

Retribuzione e obiettivi economici

Nell'ambito della politica economica, invece, la retribuzione costituisce una variabile assai rilevante con riferimento ad obiettivi macroeconomici essenziali, come il controllo dell'inflazione e la riduzione della disoccupazione.

Si spiega, così, la spinta al contenimento degli automatismi retributivi al fine di interrompere la spirale prezzi-salari mediante una concertata politica dei redditi, nonché il tentativo di combattere la disoccupazione salvando le imprese esistenti ed incentivando la costituzione di nuove imprese mediante sconti retributivi e contributivi.

Il coordinamento di queste due anime della retribuzione induce delicati problemi giuridici e di politica sindacale, che complicano lo studio della materia.

Per la retribuzione dei dipendenti pubblici si aggiungono i noti problemi di tutela del bilancio, cui consegue la procedimentalizzazione della relativa contrattazione collettiva, di fatto anticipata dalla concertazione sindacale con il Governo.

60.2. *La pluralità di nozioni di retribuzione*

Nell'ordinamento circola una pluralità di nozioni di retribuzione, sicché si impone una preliminare distinzione al fine di evitare gravi confusioni.

Varietà di nozioni nell'ambito del rapporto

Già nell'ambito del rapporto di lavoro emergono da un lato la nozione generale di retribuzione, destinata a distinguerla da altre erogazioni del datore di lavoro non aventi carattere retributivo (ad es. liberalità, rimborsi spese), e dall'altro lato una serie di nozioni più specifiche, che fungono da base di calcolo dei diversi istituti retributivi indiretti.

Inesistenza di un principio di omnicomprensività

Il tentativo giurisprudenziale di unificare queste ultime nozioni invocando un inesistente principio generale di omnicomprensività della retribuzione base è stato fermamente respinto (Cass. SU nn. 1069, 1075, 1081 del 1984), rilevandosi che ciascun istituto retributivo indiretto si calcola secondo le previsioni della sua fonte regolatrice legale o contrattuale, che solo a volte si riferiscono ad una retribuzione base tendenzialmente omnicomprensiva.

Il rispetto per le previsioni dell'autonomia collettiva in materia retributiva è stato, poi, espressamente e generalmente imposto dal legislatore (art. 3, d.l. n. 318 del 1996, conv. in legge n. 402 del 1996).

Retribuzione imponibile previdenziale e fiscale

A questo variegato panorama interno al rapporto di lavoro si aggiungono le nozioni di retribuzione imponibile rispettivamente ai fini previdenziali ed ai fini tributari. Di recente il legislatore ha riavvicinato queste due nozioni, adottando una definizione comune amplissima riferita a tutto quanto percepito «in relazione al rapporto di lavoro», ma restano ancora importanti differenze nella casistica tassativa delle erogazioni escluse dai rispettivi imponibili (d.lgs. n. 314 del 1997).

Permane anche la differenza fondamentale per cui l'imponibile tributario riguarda le somme effettivamente corrisposte, mentre l'imponibile previdenziale, al fine di garantire prestazioni adeguate (art. 38 Cost.), fa riferimento alla retribuzione effettiva solo se non inferiore a quella, altrimenti da utilizzare come imponibile teorico anche se non corrisposta, stabilita dai contratti collettivi. In proposito, al fine di fronteggiare il fenomeno dei contratti collettivi «pirata» caratterizzati da retribuzioni modestissime, è stato precisato che il contratto di riferimento è quello stipulato dai sindacati comparativamente più rappresentativi nella categoria (art. 2, c. 25, legge n. 549 del 1995).

Retribuzione lorda e netta

La contribuzione previdenziale, per la parte a carico del datore di lavoro, costituisce un costo aggiuntivo rispetto alla retribuzione, mentre l'imposizione fiscale resta interamente a carico del lavoratore, che subisce le relative ritenute sull'importo lordo della retribuzione da parte del datore di lavoro sostituto d'imposta.

La combinazione di questi due prelievi pubblici fa sì che la retribuzione netta disponibile per il lavoratore sia assai inferiore al complessivo costo del lavoro. Si spiega, così, come in alcune situazioni, per agevolare l'impresa senza diminuire il reddito del lavoratore, venga ridotto l'importo della contribuzione previdenziale.

Disposizioni previdenziali e tributarie strumentali ad obiettivi lavoristici

La disciplina della contribuzione previdenziale viene talvolta impiegata come strumento per incentivare alcuni comportamenti, come gli sgravi contributivi per le assunzioni delle liste di mobilità, l'esonero contributivo per l'indennità di agevolazione all'esodo o lo sgravio per il salario di produttività, oppure per disincentivare alcune utilizzazioni del lavoratore, come per un certo periodo l'aggravio contributivo per il lavoro straordinario, poi soppresso.

Anche la disciplina tributaria è adoperata in funzione incentivante, come per l'azionariato dei dipendenti, per l'indennità di agevolazione all'esodo, per il salario di produttività e per i premi di risultato pagati in denaro o in natura (art. 1, c. 182-190, legge n. 208 del 2015), oppure per disincentivare forme di retribuzione ritenute eccessive come le *stock options* per i dirigenti.

L'esclusione del lavoro a termine dalla riduzione del c.d. cuneo contributivo e fiscale mira a incentivare il lavoro a tempo indeterminato contro il precariato.

60.3. *I caratteri della retribuzione*

Vengono tradizionalmente qualificate come retribuzione sul piano del rapporto tra le parti le erogazioni del datore di lavoro che presentino i caratteri della determinatezza o determinabilità, obbligatorietà, onerosità e corrispettività.

Determinatezza

Il requisito della determinatezza o determinabilità risponde al principio generale relativo all'oggetto del contratto e consente di includere nella retribuzione anche erogazioni di cui sia predeterminato non l'importo, ma solo i criteri per calcolarlo (ad es. premi di produttività, partecipazioni agli utili, provvigioni).

Obbligatorietà e onerosità

I caratteri della obbligatorietà e onerosità distinguono la retribuzione dalle liberalità, anche remuneratorie, che per loro natura dipendono dalla spontanea volontà del datore di lavoro. Può accadere, peraltro, che un'erogazione originariamente liberale si ripeta periodicamente in occasione delle medesime circostanze e finisca per integrare il contratto individuale, acquistando così, per effetto del requisito della continuità, il carattere obbligatorio e oneroso tipico della retribuzione.

Le mance liberamente versate dai clienti non sono retribuzione, salvo che, come accade a volte nelle case da gioco, sia costituito mediante accordo collettivo o regolamento aziendale un apposito fondo mance e la quota spettante al singolo lavoratore sia inserita in busta paga.

Corrispettività

Il requisito della corrispettività va inteso in senso ampio, dovendo essere riferito non alle singole prestazioni lavorative, ma alla permanenza del rapporto di lavoro. Sicché rientrano nel concetto di retribuzione anche erogazioni sganciate da una prestazione attuale (ad es. la retribuzione del lavoratore malato o del lavoratore in permesso sindacale) o differite nel tempo (ad es. trattamento di fine rapporto).

Rimborsi spese

Esulano con certezza dalla nozione di retribuzione i rimborsi delle spese sostenute dal lavoratore nell'interesse del datore di lavoro.

Non costituisce carattere necessario della retribuzione la continuità o la periodicità dell'erogazione, sicché sono retribuzione anche i compensi occasionali (ad es. per lavoro straordinario saltuario).

60.4. *L'adempimento dell'obbligo retributivo*

La retribuzione costituisce un obbligo di dare, al cui adempimento si applicano le disposizioni generali degli artt. 1176 e ss. cod. civ.

Il diritto alla retribuzione sorge dopo il compimento del lavoro, secondo la regola della c.d. postnumerazione.

Le principali voci retributive sono periodiche, secondo quanto previsto nei contratti collettivi, che ormai dispongono la periodicità mensile anche per gli operai. Alcune erogazioni hanno periodicità annuale (mensilità aggiuntive, premi di produzione).

Le modalità e i termini del pagamento sono quelli in uso nel luogo di svolgimento della prestazione (art. 2099 cod. civ.).

Il luogo del pagamento, che secondo la regola generale delle obbligazioni pecuniarie (c.d. *portable*) dovrebbe essere il domicilio del lavoratore creditore, coincide invece per prassi con la sede di lavoro, ove peraltro il dipendente già si trova, sicché la comodità per il datore di lavoro non comporta particolare disagio per il lavoratore.

Ora la legge (art. 1, c. 910-914, legge n. 205 del 2017) vieta il pagamento in contanti della retribuzione sia per il lavoro subordinato, sia quello parasubordinato, sia per i soci di cooperative, escludendo solo le pubbliche amministrazioni, il lavoro domestico e gli addetti ai servizi familiari. La violazione del divieto è punita con una sanzione amministrativa pecuniaria da 1.000 a 5.000 Euro.

È obbligatoria la consegna al lavoratore, unitamente alla retribuzione, di un prospetto paga, con indicazione analitica delle diverse voci retributive e delle trattenute effettuate (legge n. 4 del 1953), ma la firma del lavoratore sulla busta paga non costituisce prova dell'avvenuto pagamento (art. 1, c. 912, legge n. 205 del 2017).

60.5. *Il principio di proporzionalità*

Proporzionamento alla quantità

La Costituzione impone che la retribuzione sia «proporzionata alla quantità e qualità» del lavoro (art. 36, c. 1, Cost.).

La relazione con la quantità è evidente sia nella retribuzione a tempo, in particolar modo nella disciplina del lavoro a tempo parziale e del lavoro straordinario, sia nella retribuzione a cottimo.

Proporzionamento alla qualità

La relazione con la qualità risulta, innanzitutto, dalla disciplina collettiva che prevede retribuzioni più alte per le qualifiche più elevate, con espressa conferma legislativa a proposito del diritto alla retribuzione corrispondente alle mansioni superiori svolte (cfr. 19.8).

Anche gli scatti di anzianità previsti dai contratti collettivi si spiegano, oltre che in funzione premiale della fedeltà, come mezzo di adeguamento della retribuzione ad una presunta miglior qualità della prestazione derivante dall'esperienza interna all'azienda.

La qualità del lavoro viene compensata anche con i premi di produttività, incentivati dal legislatore mediante l'esonero contributivo.

Superminimi individuali

Infine l'apprezzamento del datore di lavoro per il livello della prestazione fornita dal singolo dipendente può dar luogo all'attribuzione di superminimi *ad personam*, la cui presunzione di assorbibilità nei futuri aumenti della retribuzione collettiva viene esclusa, espressamente o tacitamente, proprio quando il trattamento di miglior favore individuale è legato alla qualità della prestazione.

Tetto legale

Il giudice non può sindacare né la scala qualitativa delle mansioni e della corrispondente retribuzione fissata dai contratti collettivi, né la discrezionale decisione imprenditoriale sull'*an* ed il *quantum* dei superminimi individuali (cfr. 59.3).

Le pubbliche amministrazioni e le società non quotate a totale o prevalente partecipazione pubblica non possono erogare retribuzioni per lavoro dipendente o compensi per lavoro autonomo non professionale superiori al trattamento del primo presidente della Cassazione ed in caso di violazione l'ente erogatore ed il lavoratore percipiente sono tenuti a rimborsare per danno erariale un importo pari a dieci volte l'eccedenza non consentita (art. 3, c. 44, legge n. 244 del 2007). E così, per reprimere alcuni vergognosi eccessi clientelari a favore di soggetti immeritevoli, viene introdotto un livellamento imbecille di stampo sovietico, che impedisce di reclutare sul mercato i migliori, con significativa sfiducia dello Stato in se stesso. È dubbia la compatibilità del divieto con il principio costituzionale di efficienza della pubblica amministrazione e della esagerata sanzione con il principio costituzionale di ragionevolezza. Ma in questo momento di crisi economica si sono aggiunte altre norme dello stesso tipo per il lavoro pubblico da dare in pasto agli elettori.

60.6. *Il principio di sufficienza*

Sufficienza e contesto economico-sociale

La Costituzione, oltre all'esaminato principio di proporzionalità, sancisce anche il principio di sufficienza della retribuzione, che deve essere tale da assicurare al lavoratore ed alla sua famiglia «una esistenza libera e dignitosa» (art. 36, c. 1, Cost.).

I due principi vengono letti congiuntamente, nel senso che, in un determinato sistema economico, la proporzionalità al valore del lavoro implica anche la sufficienza della retribuzione.

In effetti il livello di reddito idoneo a garantire la libertà e dignità di vita personale e familiare del lavoratore è storicamente mutevole, in base all'evoluzione dei rapporti economico-sociali e del costume.

Valutazioni dell'autonomia collettiva

Per questo si tende ad affidare all'autonomia collettiva il compito di individuare, nel concreto dell'esperienza, la misura della retribuzione minima per le diverse qualifiche nei diversi settori produttivi, in base alla capacità delle imprese ed al livello di sviluppo economico del paese.

Il problema sarebbe, così, in gran parte risolto se i contratti collettivi avessero efficacia generale, ma la perdurante inattuazione del meccanismo a tal fine previsto nell'art. 39, c. 2 e ss., Cost. determina la possibilità del dissenso dei datori di lavoro non rappresentati dalle associazioni stipulanti il contratto collettivo di diritto comune.

Immediata precettività del principio costituzionale

Il rimedio è venuto dal riconoscimento della immediata precettività del disposto dell'art. 36, c. 1, Cost., in base al quale la retribuzione ritenuta dal giudice proporzionale e sufficiente viene imposta anche ai datori di lavoro non vincolati da contratti collettivi, mediante la dichiarazione di nullità della clausola retributiva del contratto individuale e la conseguente determinazione giudiziale della giusta retribuzione (art. 2099 cod. civ.).

Valutazioni giudiziali e parametri collettivi

Qui la giurisprudenza più accorta si è rimessa alle valutazioni dell'autonomia collettiva per l'individuazione di importi che presuppongono apprezzamenti macroeconomici globali e di settore sicuramente estranei alla funzione giurisdizionale.

Tuttavia, opportunamente, i giudici non hanno rinunziato né a distinguere, all'interno della disciplina collettiva della retribuzione così esplorata e non avversata, le componenti aggiuntive (ad es. scatti di anzianità, 14ª mensilità) non riconducibili al principio costituzionale di sufficienza che riguarda la retribuzione complessiva e non le singole voci (Corte Cost. nn. 141 del 1980, 34 del 1985, 242 del 1999, 470 del 2002, 287 del 2006, 290 del 2006), né a tenere conto di particolari situazioni ambientali (minore costo della vita; soddisfazioni non mercificate di bisogni) la cui rilevanza, seppur trascurata nel contratto collettivo nazionale, emerge inevitabilmente in un giudizio individuale relativo alla retribuzione sufficiente in uno specifico contesto.

Proprio per questo è esclusa, non solo in senso tecnico ma anche dal punto di vista sostanziale, una definizione dell'operazione in esame come estensione *erga omnes* delle clausole retributive dei contratti collettivi, trattandosi, piuttosto, dell'applicazione giudiziale di un principio generale che trova nelle tariffe collettive un insostituibile parametro di riferimento, da adattare, ove necessario, al caso concreto.

È ammissibile, al cospetto di determinazioni collettive relative ad un ambito vasto, un motivato accertamento giudiziale che sottolinei la peculiarità socio-economica di situazioni particolari e di ambiti più ristretti nei quali la tariffa sindacale si pone, in base alla sua stessa logica, al di sopra della sufficienza. Non è consentita, invece, l'operazione opposta che pretenda di superare, e perfino di invalidare nei confronti dei soggetti direttamente vincolati, valutazioni specifiche dell'autonomia collettiva in nome di un inesistente principio di uniformità.

Contratti di riallineamento ed emersione

Del resto lo stesso legislatore, «al fine di salvaguardare i livelli occupazionali e di consentire la regolarizzazione retributiva e contributiva», ha ammesso nelle aree con tenore di vita anormalmente basso o ad alto tasso di disoccupazione la possibilità di prevedere, mediante accordi collettivi aziendali conformi a contratti provinciali di riallineamento (detti anche di gradualità o di emersione), retribuzioni assai inferiori a quella del contratto collettivo nazionale, assunta solo come traguardo di un progressivo avvicinamento triennale, con fortissime agevolazioni sul piano previdenziale, tributario e della sicurezza del lavoro.

Analoghe agevolazioni, estese anche ai reati ambientali, sono previste per le dichiarazioni di emersione dal lavoro sommerso, che sono state, tuttavia, pochissime.

Nelle successive (2006) disposizioni per l'emersione del lavoro nero sono previste solo agevolazioni per il passato, mediante accordi collettivi e conformi conciliazioni individuali per gli aspetti retributivi e risarcitori, con collegata riduzione e rateizzazione della contribuzione dovuta e con necessario adeguamento delle misure di sicurezza.

Limiti al controllo del giudice

Spetta, dunque, al giudice il controllo sulla retribuzione prevista in un contratto individuale svincolato dal rispetto del contratto collettivo, che funge qui da parametro orientativo per l'individuazione del limite della sufficienza e proporzionalità in concreto, mentre non compete al giudice, che non può invadere la sfera tutelata dall'art. 39 Cost., il controllo sul livello retributivo fissato nei contratti collettivi laddove direttamente applicabili, purché siano effettivamente tali e, quindi, con esclusione di quelli stipulati da sindacati di comodo. Invero, nel sistema della Costituzione, è rimessa all'autonomia collettiva l'individuazione del variabile punto di equilibrio tra interessi contrapposti in ciascuna fase dello sviluppo economico delle diverse regioni, sicché sarebbe senza senso, oltre che pericolosissima per il suo inevitabile soggettivismo, una verifica di conformità della retribuzione collettiva rispetto ai principi di sufficienza e proporzionalità che in essa si inverano.

Legge n. 741 del 1959

Anche il legislatore quando, nella perdurante assenza di contratti collettivi con efficacia generale, è intervenuto direttamente con la legge n. 741 del 1959 «al fine di assicurare minimi inderogabili di trattamento economico e normativo nei confronti di tutti gli appartenenti ad una medesima categoria», lo ha fatto delegando il governo ad emanare decreti con obbligo di uniformarsi a tutte le clausole dei singoli contratti collettivi (cfr. 17.4), confermando, così, la centralità dell'autonomia collettiva nella individuazione della retribuzione sufficiente.

60.7. *I rapporti tra le fonti di disciplina della retribuzione*

In materia retributiva è particolarmente delicato e complesso il rapporto tra le fonti.

Legge e autonomia collettiva

La legge e l'autonomia collettiva sono fonti concorrenti di disciplina, poiché dalla disposizione dell'art. 39 Cost. non si può ricavare una competenza esclusiva dell'autonomia collettiva, ma soltanto la necessità che il legislatore lasci a questa uno spazio adeguato, come avviene per definizione quando la legge si limita a fissare minimi derogabili *in melius* dal contratto collettivo (cfr. 21.1).

Problemi assai più seri si sono posti, invece, con riferimento ad alcune leggi, aventi una funzione opposta rispetto a quella tradizionale di tutela minimale del lavoratore, essendo dirette a favorire l'obiettivo macroeconomico di contenimento dell'inflazione mediante la limitazione degli automatismi salariali ed, in particolare, dell'indennità di contingenza istituita e disciplinata da accordi collettivi.

Il legislatore ha introdotto, così, dei limiti al trattamento retributivo invalicabili dall'autonomia collettiva, che è stata compressa con riferimento al contenuto non solo degli accordi futuri, ma anche di quelli già stipulati, con importanti problemi di legittimità costituzionale (cfr. 21.2).

A fronte di un enorme debito pubblico sono stati previsti tetti di aumenti e, poi, blocchi della contrattazione e delle progressioni e perfino riduzioni delle retribuzioni dei dipendenti pubblici per determinati periodi (art. 9, d.l. n. 78 del 2010 conv. legge n. 122 del 2010). La Corte Costituzionale (n. 223 del 2012) ha dichiarato incostituzionali molte di queste norme qualificandole come prelievo tributario, ma poi si è ravveduta affermando la natura lavoristica di questa disciplina che non viola nessun principio costituzionale (n. 310 del 2013).

Rapporti tra contratti

Per i rapporti tra successivi contratti collettivi del medesimo livello cfr. 19 e 20.1.

Per i rapporti tra contratti collettivi di diverso livello cfr. 20.2.

Per i rapporti tra contratto collettivo e contratto individuale cfr. 18.

60.8. *La tipologia della retribuzione*

La legge (artt. 2099 e 2121 cod. civ.) indica diverse forme di retribuzione: a tempo, a cottimo, partecipazione agli utili o ai prodotti, provvigioni, prestazioni in natura, premi di produzione.

Retribuzione a tempo

La forma principale è quella a tempo in base alla durata della prestazione lavorativa, anche perché è l'unica a garantire una retribuzione sufficiente a prescindere dal risultato dell'attività o dall'andamento dell'azienda.

Retribuzione a cottimo

La retribuzione a cottimo (artt. 2100 e 2101 cod. civ.), invece, è proporzionale al rendimento del lavoro, misurato secondo parametri predeterminati (c.d. tariffe di cottimo).

Il cottimo può essere individuale oppure collettivo (c.d. a squadra o di gruppo).

La legge impone la retribuzione a cottimo nel lavoro a domicilio, nonché quando il lavoratore è vincolato all'osservanza di un determinato ritmo produttivo (ad es. lavoro a catena) o quando la valutazione della prestazione è fatta in base alla misurazione dei tempi di lavorazione (art. 2100 cod. civ.).

Invece il cottimo è vietato per gli apprendisti, onde preservare la finalità formativa del rapporto.

L'imprenditore è obbligato a comunicare preventivamente ai lavoratori a cottimo gli elementi della tariffa, le lavorazioni da eseguire ed il compenso unitario, nonché successivamente la quantità di lavoro svolto ed il tempo impiegato.

La sostituzione o modifica delle tariffe di cottimo è consentita solo se intervengono mutamenti delle condizioni di esecuzione del lavoro, al fine di evitare il c.d. taglio dei tempi in conseguenza della maggiore abilità acquisita dai lavoratori.

La disciplina del lavoro a cottimo è analiticamente stabilita dai contratti collettivi, soprattutto aziendali, a tutela della posizione dei lavoratori.

Retribuzione in natura

La retribuzione in natura è espressamente consentita (art. 2099 cod. civ.), anche se, come è accaduto in passato, un compenso costituito esclusivamente o prevalentemente dai beni prodotti dall'azienda potrebbe creare al lavoratore il problema della trasformazione degli stessi in danaro (c.d. *truck system*).

Attualmente la retribuzione in natura riguarda, solitamente, il vitto, l'alloggio e i *fringe benefits* (automobile per uso personale, telefono cellulare, assicurazioni, ecc.). Si aggiunge il c.d. *welfare* aziendale, di solito disciplinato dai contratti collettivi di impresa, che gode della totale esenzione fiscale.

Per il servizio di mensa aziendale si è discusso se fosse riconducibile, nel suo valore reale e non semplicemente convenzionale, nella retribuzione base per il calcolo degli istituti indiretti, ma alla fine il legislatore ha imposto la soluzione negativa, salvo diverse previsioni dei contratti collettivi (art. 6 legge n. 359 del 1992).

Compensi variabili

Dai compensi fissi si distinguono quelli variabili, sempre però in base a criteri predeterminati confermativi del carattere di obbligatorietà che distingue la retribuzione dalla liberalità.

Provvigioni

Il compenso a provvigione è proporzionale al valore degli affari conclusi dal lavoratore per conto dell'imprenditore. Si tratta di un tipo di compenso diffuso nel lavoro autonomo anche parasubordinato (agenti), ma compatibile anche con il lavoro dipendente (art. 2099 cod. civ.), purché sia comunque raggiunto il livello della sufficienza retributiva.

Partecipazione ai prodotti

La partecipazione ai prodotti (art. 2099 cod. civ.), che sovente costituisce una parte della retribuzione dei lavoratori del settore agricolo e della pesca, è una forma di retribuzione variabile in natura, la cui aleatorietà impone l'aggiunta di un compenso fisso per il rispetto del principio di sufficienza retributiva.

Partecipazione agli utili

La partecipazione agli utili (art. 2099 cod. civ.) è anch'essa una retribuzione aleatoria, collegata, appunto, agli eventuali utili netti, come risultanti dal bilancio per le imprese soggette a questo obbligo (art. 2102 cod. civ.) e gode di una tassazione agevolata.

Azionariato dei lavoratori

Per l'ammontare corrispondente agli utili spettanti ai lavoratori possono essere emesse speciali categorie di azioni da assegnare ai lavoratori medesimi (art. 2349 cod. civ.), con esclusione del diritto di opzione dei soci (art. 2441, c. 4, cod. civ.). L'azionariato dei lavoratori è incentivato mediante apposite esenzioni fiscali e contributive.

Compensi di produttività

Anche i compensi aziendali collegati a programmi di produttività e qualità costituiscono una tipica retribuzione partecipativa, incentivata sul piano fiscale e previdenziale.

La retribuzione fissa si articola in diverse voci, quali la paga base, gli scatti di anzianità, le mensilità aggiuntive, le indennità e i premi.

Paga base

La paga base è fissata nei contratti collettivi nazionali con riferimento alle diverse qualifiche raggruppate in livelli.

Indennità di contingenza

Fino a tutto il 1991 alla paga base si aggiungeva, per effetto di accordi interconfederali e poi della legge n. 38 del 1986, l'indennità di contingenza (denominata nel settore pubblico indennità integrativa speciale) che cresceva automaticamente in base ad un indice calcolato dall'ISTAT in proporzione all'aumento del costo della vita, al fine di adeguare a questo la retribuzione salvaguardandone il potere d'acquisto. Si è già detto (cfr. 21.2) degli effetti inflattivi di tale automatismo e delle conseguenti vicende che hanno condotto alla sua abolizione, sicché, attualmente, la difesa del valore reale della retribuzione è affidata ai rinnovi contrattuali secondo il sistema dell'Accordo quadro del 2009 che ha sostituito quello del Protocollo del 1993.

Scatti di anzianità

Gli scatti di anzianità costituiscono aumenti periodici, di solito biennali, della retribuzione mensile derivanti dall'anzianità di servizio del lavoratore presso la medesima azienda, previsti dai contratti collettivi nazionali in varia misura. Lo scopo di questa erogazione è di premiare la fedeltà del lavoratore e di compensare la presumibile migliore qualità della prestazione derivante dall'esperienza all'interno dell'azienda.

Mensilità aggiuntive Le mensilità aggiuntive, previste dai contratti collettivi con periodicità annuale, sono la tredicesima mensilità (già detta gratifica natalizia) corrisposta nel mese di dicembre e la quattordicesima mensilità corrisposta nel mese di giugno.

Premi Quanto ai premi, si distinguono quelli collegati alla produttività e qualità già esaminati, da quelli legati alla presenza al fine di disincentivare l'assenteismo.

Indennità Con il termine di indennità si definiscono erogazioni assai varie, di solito collegate a particolari condizioni ambientali o di lavoro (disagio, nocività, turno, sottosuolo, cuffia, trasferta, estero) oppure a rischi professionali (cassa, maneggio denaro) o a esigenze del lavoratore (mensa, vestiario, trasporto).

Maggiorazioni Infine con il termine maggiorazioni si indicano le percentuali di aumento della retribuzione dovuta per prestazioni lavorative più penose del normale, come per il lavoro straordinario, notturno e festivo (cfr. 21).

60.9. *La retribuzione di merito nel lavoro pubblico*

Inefficienza della p.a. e rimedi L'inefficienza della pubblica amministrazione, cui si è tentato dapprima inutilmente di porre rimedio con la privatizzazione ben presto rilevatasi un cavallo di troia per un dilagante strapotere sindacale (cfr. 48.3), è stata poi affrontata dal legislatore (d.lgs. n. 150 del 2009 poi modificato dal d.lgs. n. 74 del 2017) con altri strumenti, tra cui il «bastone» di sanzioni rigorose contro l'assenteismo e la scarsa produttività dei dipendenti (cfr. 58.5 e 62.2) e la «carota» di una retribuzione sensibilmente più elevata per i meritevoli.

Valutazione della performance organizzativa e individuale È stato, così, varato un sistema complicato, intitolato «misurazione, valutazione e trasparenza della performance» e «merito e premi» (artt. 2-31 d.lgs. n. 150 del 2009 al quale si riferiscono gli articoli citati qui di seguito senza indicazione), espressamente finalizzato ad «assicurare elevati standard qualitativi ed economici del servizio tramite la valorizzazione dei risultati e della performance organizzativa e individuale» (art. 2), prevedendo «strumenti per premiare il merito e la professionalità» (art. 20, c. 1).

Questa disciplina legale al pari di quella del rinnovato d.lgs. n. 165 del 2001 (cfr. 42.3) e in particolare del sistema sanzionatorio (cfr. 24.5), è espressamente dichiarata inderogabile dalla contrattazione collettiva con efficacia sostitutiva automatica delle clausole difformi (art. 29), al fine di evitare futuri lassismi nel gioco delle concessioni insite in ogni contrattazione. Inoltre nella materia in esame la contrattazione collettiva è consentita nei soli limiti previsti dalla legge (art. 54, che ha novellato l'art. 40, c. 1, d.lgs. n. 165 del 2001).

La misurazione e valutazione della performance riguarda sia l'amministrazione e le sue articolazioni organizzative, sia i singoli dipendenti (art. 3, c. 2).

Al vertice del sistema, dopo le modifiche apportate dal d.lgs. n. 74 del 2017, è collocata l'Autorità nazionale anticorruzione (art. 13).

In ciascuna amministrazione o gruppo associato di amministrazioni è costituito l'Organismo indipendente di valutazione della performance, nominato dall'organo di indirizzo politico amministrativo, con il compito, tra l'altro, di valutare la performance di ciascuna struttura amministrativa, di valutare la Relazione annuale a consuntivo sulla performance organizzativa e individuale dell'anno precedente redatta dall'organo di indirizzo politico amministrativo e di proporre al medesimo organo la valutazione dei dirigenti di vertice (artt. 7, 8, 10, 14).

L'organo di indirizzo politico amministrativo definisce, in collaborazione con i dirigenti di vertice, il Sistema di misurazione e valutazione della performance in coerenza con gli indirizzi impartiti dal Dipartimento della funzione pubblica, il Piano della performance triennale che individua gli indirizzi strategici, gli indicatori per la misurazione e valutazione della performance organizzativa e gli obiettivi del personale dirigente con i relativi indicatori, nonché la Relazione consuntiva annuale sulla performance (artt. 5, 7, 8, 9, 10, 15).

I dirigenti misurano e valutano la performance individuale del personale (artt. 7 e 9 d.lgs. n. 150 del 2009; art. 17, c. 1, lett. e *bis*), d.lgs. n. 165 del 2001, nuovo testo).

Retribuzione di merito e premi

Spetta alla contrattazione collettiva definire i trattamenti economici accessori collegati alla performance individuale e a quella organizzativa (art. 45, c. 3, d.lgs. n. 165 del 2001), utilizzando le risorse a ciò appositamente destinate nell'ambito di quelle previste per il rinnovo del contratto nazionale (art. 45, c. 3 *bis*, d.lgs. n. 165 del 2001).

Il sistema di valutazione della performance individuale è fondamentale, poiché la legge vieta la distribuzione in maniera indifferenziata o automatica di incentivi o premi al di fuori di tale sistema (art. 18, c. 2).

Il contratto collettivo nazionale stabilisce la quota delle risorse destinate a remunerare la performance organizzativa e individuale (art. 19). I cittadini, anche in forma associata, comunicano all'Organismo indipendente il proprio grado di soddisfazione per i servizi erogati (art. 19 *bis*).

Altri strumenti, assai meno rilevanti, per premiare il merito e la professionalità, sono: il bonus annuale delle eccellenze (art. 21); il premio annuale per l'innovazione assegnato dall'Organismo indipendente al miglior progetto, di misura pari al bonus annuale delle eccellenze e nell'ambito dei relativi vincitori (artt. 12 e 21, c. 3), ai quali è riservato anche l'accesso a percorsi di alta formazione e di crescita professionale (artt. 26 e 21, c. 3); l'incidenza della collocazione nelle graduatorie sulla selezione per le progressioni economiche (art. 23) e come titolo nei concorsi per le progressioni di carriera (art. 24); il premio di efficienza costituito da una quota degli sperati risparmi nei costi di funzionamento da assegnare al personale proficuamente coinvolto nei relativi processi di riorganizzazione e innovazione (art. 27).

Trasparenza

Tutto questo sistema deve essere reso trasparente, mediante il Programma triennale per la trasparenza e l'integrità adottato da ciascuna amministrazione, la presentazione in apposite «giornate della trasparenza» (e qui il legislatore supera il limite del ridicolo o, peggio, dell'imbonimento delle masse) del Piano e della Relazione sulla performance, la pubblicazione sul sito istituzionale di ciascuna amministrazione di una apposita sezione su «trasparenza, valutazione e merito» con una serie di notizie analitiche (art. 11).

Sanzioni per i dirigenti

In caso di mancata adozione del Piano della performance (art. 10, c. 5), di mancata adozione e realizzazione del Programma triennale per la trasparenza, e di mancata pubblicazione sul sito istituzionale della sezione «trasparenza» (art. 11, c. 9) e di mancata predisposizione del sistema di valutazione (art. 24, c. 1 *quater*, d.lgs. n. 165 del 2001 introdotto con d.lgs. n. 150 del 2009), ai dirigenti responsabili o coinvolti nell'omissione non può essere corrisposta la retribuzione di risultato.

Questa stessa retribuzione è decurtata di una parte fino all'80 per cento, previa contestazione e contraddittorio, al dirigente che abbia violato il dovere di vigilanza sul rispetto degli standard qualitativi e quantitativi da parte del personale dei propri uffici (art. 21, c. 1 *bis*, d.lgs. n. 165 del 2001, introdotto con d.lgs. n. 150 del 2009).

61. Il trattamento di fine rapporto

61.1. *Il passaggio dall'indennità di anzianità al trattamento di fine rapporto*

Natura dell'indennità di anzianità

Nella originaria disciplina del codice civile (artt. 2120 e 2121) l'indennità di anzianità, che estendeva anche agli operai l'indennità di licenziamento già prevista per gli impiegati, spettava alla fine del rapporto solo al lavoratore «fedele», sicché era esclusa in caso di licenziamento per giusta causa, di dimissioni, di rapporto di lavoro di durata inferiore all'anno e di rapporto di lavoro in prova.

La natura premiale desumibile da questa disciplina era stata, però, superata dagli interventi del legislatore (art. 9 legge n. 604 del 1966) e della Corte Costituzionale (n. 75 del 1968, n. 14 del 1970, n. 204 del 1971, n. 85 del 1972, n. 189 del 1980, n. 63 del 1987), che avevano imposto la corresponsione dell'indennità in ogni caso di cessazione del rapporto attribuendole la natura di retribuzione differita e, quindi, a fini latamente previdenziali.

Meccanismo di calcolo

Il meccanismo di calcolo dell'indennità di anzianità consisteva nella moltiplicazione dell'ultima retribuzione per un coefficiente proporzionale alla durata del rapporto, fissato per i soli impiegati in un mese per ogni anno di servizio (legge n. 1561 del 1960), mentre per gli operai provvedevano liberamente i contratti collettivi con misure normalmente inferiori.

Il riferimento all'ultima retribuzione come base di calcolo determinava l'interesse del lavoratore ad evitare frazionamenti fittizi del rapporto, che avrebbero impedito la proiezione della più elevata retribuzione finale sull'intera anzianità di servizio.

L'anzianità di servizio era qualificata come mera situazione di fatto insuscettibile di prescrizione ed il diritto all'indennità sorgeva solo alla fine del rapporto, momento dal quale iniziava a decorrere la prescrizione estintiva quinquennale *ex* art. 2948, n. 5, cod. civ.

Retribuzione base

La definizione dell'ultima retribuzione utile per il calcolo dell'indennità (art. 2121 cod. civ.) faceva riferimento ad ogni compenso di carattere continuativo, con esclusione dei soli rimborsi spese e delle erogazioni non corrispettive o saltuarie. Per i compensi in natura si computava l'importo monetario corrispondente. Per i compensi variabili era prevista una media relativa all'ultimo triennio.

La limitazione legale del 1977

Nel corso degli anni '70 si pensò di modificare la struttura dell'indennità di anzianità sia per contenerne il costo, sia per eliminare la rigidità moltiplicatoria derivante dall'aggancio all'ultima retribuzione. Si giunse, così, nell'ambito del processo di contenimento degli automatismi retributivi per la lotta all'inflazione, ad escludere dalla base di calcolo dell'indennità di anzianità gli aumenti di contingenza scattati dopo il 31 gennaio 1977 (legge n. 91 del 1977), con un effetto di graduale eutanasia dell'istituto. La riforma fu dichiarata costituzionalmente legittima (Corte Cost. n. 142 del 1980), ma con un monito al legislatore ad intervenire al più presto per evitare l'ulteriore progressivo svuotamento dell'indennità di anzianità che avrebbe determinato una incostituzionalità sopravvenuta.

La legge del 1982 sul nuovo trattamento

Fu presentata anche una richiesta di referendum abrogativo della riforma, che, però, non fu espletato, in quanto il legislatore, sia per rispondere al monito della Corte Costituzionale, sia per evitare lo stesso referendum, approvò la nuova disciplina del trattamento di fine rapporto sostitutivo della indennità di anzianità (legge n. 297 del 1982).

Disciplina transitoria

L'indennità di anzianità maturata fino al 31 maggio 1982 è calcolata secondo la precedente disciplina, ivi compresa l'esclusione dalla base di calcolo degli scatti di contingenza successivi al 31 gennaio 1977, ed accantonata, con la relativa periodica rivalutazione, insieme alle nuove quote di trattamento. Inoltre per il periodo dal 1° giugno 1982 al 31 dicembre 1985 la base di calcolo delle quote del nuovo trattamento è anch'essa decurtata, seppure in misura gradualmente decrescente, degli scatti di contingenza relativi al periodo 1° febbraio 1977-31 maggio 1982.

61.2. *Struttura e natura del trattamento*

Meccanismo di calcolo

La differenza essenziale del trattamento attuale rispetto alla indennità di anzianità riguarda il meccanismo di calcolo, che in passato consisteva, come si è detto, in una moltiplicazione i cui fattori erano l'anzianità di servizio e l'ultima retribuzione in base ad un coefficiente variabile a seconda delle categorie, mentre ora consiste in una somma di quote annue, ottenute dividendo la retribuzione di ciascun anno per il divisore 13,5 e poi accantonate e via via rivalutate dal momento del calcolo a quello dell'erogazione. La fondamentale conseguenza è che gli incrementi retributivi di qualsiasi genere successivi al calcolo della singola quota annuale non incidono sull'entità della stessa, al contrario di quanto avveniva in passato con l'aggancio dell'indennità all'ultima retribuzione. Sicché diviene controllabile la dinamica delle quote pregresse, si evita il fenomeno delle superliquidazioni ed il contenzioso sulle fittizie interruzioni del rapporto.

Natura

Al trattamento di fine rapporto viene riconosciuta natura di retribuzione differita, escludendosi la configurazione di risparmio forzoso in senso tecnico del lavoratore, poiché fino al momento dell'erogazione le somme contabilmente accantonate appartengono al datore di lavoro. Tuttavia è innegabile una funzione latamente previdenziale, in quanto l'importo accantonato è erogato solo in determinate circostanze, quali la cessazione del rapporto o i bisogni del lavoratore che giustificano le anticipazioni.

Maturazione del diritto

È discusso il momento di maturazione del diritto al trattamento di fine rapporto, poiché da un lato si sostiene la maturazione anno per anno in relazione alle singole quote di cui sarebbe differita solo l'esigibilità, mentre dall'altro lato si afferma condivisibilmente, ormai con sostanziale prevalenza, che, come per la vecchia indennità di anzianità, anche per il nuovo trattamento il diritto del lavoratore nasce solo al momento della cessazione del rapporto, che costituisce elemento della fattispecie costitutiva e non termine di adempimento, sussistendo in precedenza meri accantonamenti contabili.

Tuttavia è ammessa nel corso del rapporto l'esperibilità di azioni di accertamento sull'entità delle quote accantonate, anche se il diritto al trattamento non è ancora sorto, in considerazione di elementari esigenze di certezza relative ad una corposa aspettativa.

Prescrizione

La prescrizione estintiva quinquennale (art. 2948, n. 5, cod. civ.) decorre solo dalla fine del rapporto, qualunque sia la tesi accolta in relazione al momento di maturazione del diritto, che comunque non è esigibile nel corso del rapporto, non potendosi far confusione con la distinta fattispecie costitutiva del diritto all'anticipazione.

TFR in busta paga

Con la legge n. 190 del 2014 (art. 1, c. 26 e ss.) è stato previsto che la quota di trattamento di fine rapporto maturanda può essere erogata nella busta paga mensile, a scelta del lavoratore, esclusi i dipendenti pubblici, i lavoratori domestici, i lavoratori agricoli e i dipendenti delle aziende in crisi o sottoposte a procedura concorsuale. La manifestazione di volontà del lavoratore è irrevocabile fino al 30 giugno 2018. I datori di lavoro possono accedere a un finanziamento assistito, se non intendono pagare il TFR in busta paga con risorse proprie.

61.3. *La retribuzione base per il calcolo*

Definizione legale

La definizione legale (art. 2120 cod. civ.) della retribuzione base per il calcolo della quota annuale di trattamento si riferisce a «tutte le somme ... corrisposte in dipendenza del rapporto di lavoro» (art. 2120 cod. civ.).

Erogazioni a titolo non occasionale

Si tiene conto solo delle somme corrisposte «a titolo non occasionale», che è requisito meno rigoroso di quello della continuità previsto per la vecchia indennità di anzianità e per l'indennità di preavviso (art. 2121 cod. civ.).

Si discute se la valutazione della non occasionalità vada riferita alla ordinarietà istituzionale del titolo dell'erogazione oppure alle concrete vicende del singolo rapporto circa la frequenza dell'erogazione.

Prestazioni in natura

È espressamente compreso nella base di calcolo l'«equivalente delle prestazioni in natura», anche qui con maggiore ampiezza testuale rispetto al riferimento al vitto e all'alloggio dell'art. 2121 cod. civ.

Rimborsi spese

È escluso «quanto è corrisposto a titolo di rimborso spese», senza distinzione tra rimborso forfettario o a piè di lista, con onere della prova a carico del datore di lavoro.

Pagamenti tardivi

Si discute se per il computo di somme corrisposte in ritardo rispetto all'anno di competenza occorra adottare un criterio di competenza o di cassa, come sembra preferibile per la semplificazione che ne deriva, ma in tal caso con computo anche degli accessori del credito, altrimenti occorre ricalcolare la quota di competenza e sottoporla alle successive rivalutazioni annue.

Sospensioni del rapporto

Per i casi di sospensione del rapporto occorre distinguere i periodi retribuiti per i quali la quota di trattamento si calcola normalmente, dai periodi non retribuiti, per i quali la mancanza di retribuzione determina automaticamente anche la perdita della corrispondente quota di t.f.r., salvo le ipotesi tassative (malattia, infortunio, gravidanza, puerperio e collocamento in cassa integrazione) per le quali è espressamente previsto l'inserimento nella base di calcolo del t.f.r. di una retribuzione figurativa pari a quella «cui il lavoratore avrebbe avuto diritto in caso di normale svolgimento del rapporto».

Derogabilità da parte dell'autonomia collettiva

La definizione legale della base di calcolo del trattamento fin qui esaminata è espressamente derogabile dall'autonomia collettiva, sia *in melius*, sia *in peius*, in tal modo rimettendosi alle valutazioni dell'autonomia collettiva il rapporto tra retribuzione diretta e retribuzione differita, con il solo limite della non computabilità nella base di calcolo di retribuzioni non effettive.

61.4. *La rivalutazione delle quote*

Per le quote calcolate e accantonate è previsto un meccanismo di indicizzazione al fine di preservarle dalla erosione inflattiva dal momento del calcolo a quello dell'erogazione (art. 2120 cod. civ.).

Il tasso annuo prescelto (1,5 fisso oltre al 75 per cento dell'indice Istat) è tale da assicurare una copertura piena in caso di inflazione al 6 per cento, mentre se l'inflazione è superiore la copertura è parziale e se l'inflazione è inferiore il lavoratore gode di una piccola rendita.

61.5. *Le anticipazioni*

È previsto, al verificarsi di determinate condizioni, un autonomo diritto del lavoratore a percepire una sola volta nel corso del rapporto una anticipazione sul trattamento accantonato (art. 2120 cod. civ.).

Condizioni per l'anticipazione

La prima condizione consiste nell'anzianità aziendale minima di otto anni, calcolando anche quella anteriore alla legge n. 297 del 1982 poiché l'accantonamento comprende anche la relativa quota.

La seconda condizione consiste nell'assenza di precedente anticipazione (art. 2120, c. 9, cod. civ.), al fine di avvantaggiare altri richiedenti.

L'anticipazione è dovuta solo se sussista una delle giustificazioni (spese sanitarie, acquisto della prima casa, spese nei congedi parentali e per formazione) indicate dalla legge, il che conferma la destinazione del trattamento a fronteggiare, proprio mediante il differimento di una parte della retribuzione, spese di una certa entità relative a bisogni essenziali del lavoratore e della sua famiglia. Dal che deriva l'ammissibilità di provvedimenti cautelari a tutela del diritto all'anticipazione.

Misura dell'anticipazione

La misura massima dell'anticipazione è pari al 70 per cento dell'accantonamento esistente, a garanzia sia dell'interesse del datore di lavoro a conservare fondi per l'autofinanziamento, sia dell'interesse del lavoratore ad un introito di una certa consistenza alla fine del rapporto, tranne ovviamente il caso del t.f.r. in busta paga. Nell'ambito di tale limite massimo l'ammontare dell'anticipazione non può, comunque, superare l'importo della spesa che la giustifica, poiché la «necessità» non sussiste per l'eccedenza.

Contingente annuo

Le anticipazioni sono dovute dal datore di lavoro entro i limiti di un contingente annuo a tutela dell'interesse del datore di lavoro a conservare ampi accantonamenti quale fonte di autofinanziamento dell'impresa.

Se i lavoratori aventi titolo all'anticipazione sono in numero superiore al contingente di anticipazioni che il datore di lavoro è tenuto ad erogare nell'anno, si apre un concorso, secondo criteri di priorità fissati dai contratti collettivi o in mancanza dal datore di lavoro.

Deroghe in melius

La legge ammette per il regime delle anticipazioni condizioni di miglior favore per contratto collettivo o individuale, però con il necessario rispetto del concorso tra gli aventi titolo per legge.

Detrazione dall'accantonamento

L'importo dell'anticipazione erogata deve essere immediatamente detratto dall'accantonamento, sicché tale importo non è più soggetto alle successive rivalutazioni fino alla cessazione del rapporto.

61.6. *Il Fondo di garanzia*

Per il caso di insolvenza del datore di lavoro è previsto un apposito Fondo di garanzia per il trattamento di fine rapporto, del quale si dirà nel capitolo sulle garanzie dei crediti del lavoratore (cfr. 90.3).

61.7. *Diritti del coniuge divorziato e indennità in caso di morte*

Diritto del coniuge divorziato

Il coniuge titolare di assegno divorzile se non passato a nuove nozze ha diritto, nei confronti dell'altro coniuge e non del relativo datore di lavoro, ad una percentuale dell'indennità di fine rapporto pari al 40 per cento della quota riferibile agli anni in cui il rapporto è coinciso con il matrimonio (art. 12 *bis* legge n. 898 del 1970 introdotto dall'art. 16 legge n. 74 del 1987).

Indennità in caso di morte

In caso di morte del lavoratore in servizio il trattamento di fine rapporto, al pari dell'indennità di preavviso, deve essere corrisposto ai c.d. superstiti (coniuge, figli, altri parenti e affini viventi a carico del defunto), ripartendolo in base all'accordo dei medesimi o, in mancanza, secondo il bisogno di ciascuno (art. 2122 cod. civ.). L'indennità in caso di morte non può essere oggetto di patti anteriori al decesso del lavoratore, il quale, solo in mancanza dei superstiti suindicati, può disporne per testamento, essendo stata dichiarata incostituzionale la norma che in questo caso imponeva la successione legittima (Corte Cost. n. 8 del 1972). Pertanto i superstiti, e non gli eredi, acquistano l'indennità *iure proprio*, sicché è stata necessaria un'apposita disposizione per affermare anche in questo caso la detrazione dell'eventuale anticipazione già corrisposta al lavoratore. Tra i superstiti c'è anche la parte dell'unione civile (art. 1, c. 17, legge n. 76 del 2016).

61.8. *Campo di applicazione e inderogabilità della disciplina*

Generalità di applicazione

La disciplina del trattamento di fine rapporto si applica a tutti i rapporti di lavoro subordinato, con l'espressa abrogazione di ogni altra norma in materia (art. 4 legge n. 297 del 1982).

Inderogabilità

La disciplina legale è assolutamente inderogabile, salvo le eccezioni ricordate relative alla base di calcolo e al regime delle anticipazioni. Pertanto sono inderogabili sia il divisore 13,5, sia il sistema di indicizzazione delle quote.

Sono fatte salve solo le indennità con natura e funzione diverse, quali le rendite periodiche simili alla pensione e i trattamenti che trovano la loro causa in circostanze ulteriori o diverse dalla mera cessazione del rapporto. Ove sia esclusa la diversità si tratta di mere integrazioni del t.f.r., con conseguente nullità per il futuro ed accantonamento unitamente al t.f.r. di quanto maturato fino al 31 maggio 1982.

Dipendenti pubblici

Dalla normativa sul trattamento di fine rapporto erano in origine esclusi i dipendenti pubblici provvisti di apposita disciplina legislativa, poi direttamente disapplicata nei confronti dei lavoratori assunti dopo il 31 dicembre 2000, che sono destinatari del regime privatistico dell'art. 2120 cod. civ.

Invece i dipendenti pubblici già in servizio possono scegliere se conservare la vecchia disciplina o transitare nella regolazione privatistica del t.f.r.

In ogni caso per i pubblici dipendenti alla gestione ed erogazione dell'indennità di fine rapporto provvedeva l'INPDAP, ora inglobato nell'INPS.

È, dunque, in via di completo superamento, salvo che per i rapporti non privatizzati, la complessa disciplina delle indennità di fine rapporto pubbliche (indennità di buonuscita, indennità premio di servizio), che ricalcavano il modello della vecchia indennità di anzianità, essendo calcolate mediante una moltiplicazione dell'ultima retribuzione per l'anzianità di servizio in base ad un determinato coefficiente.

A tutela delle finanze pubbliche l'indennità di fine rapporto comunque denominata dei dipendenti pubblici viene corrisposta non alla fine del rapporto, come per i dipendenti privati, ma nei termini previsti dalla legge.

61.9. *Il regime previdenziale e tributario. La destinazione ai fondi pensione*

Regime previdenziale e tributario

Il trattamento di fine rapporto è escluso dall'imponibile previdenziale (art. 12, c. 4, lett. a), legge n. 153 del 1969, come novellato dall'art. 6, c. 1, d.lgs. n. 314 del 1997), ma non da quello tributario, essendo stati superati i dubbi sollevati in considerazione della funzione previdenziale dell'istituto, che non esclude la natura di reddito imponibile, salvo che per quella parte di indennità di fine lavoro pubblico imputabile al contributo del dipendente.

La disciplina tributaria fa coincidere il momento dell'imposizione con quello dell'erogazione del trattamento finale o dell'anticipazione, in quest'ultimo caso con un conguaglio all'atto della liquidazione definitiva. Si tratta di tassazione separata, con un'aliquota calcolata in modo da non svantaggiare i rapporti più lunghi. Per le quote maturate a partire dal 1° gennaio 2001 questa disciplina è stata modificata dal d.lgs. n. 47 del 2000 (artt. 11 e 12) al fine di uniformarla al regime fiscale dei fondi pensione nei quali si vuole far confluire il t.f.r. Infatti per le nuove quote la tassazione separata, applicata al momento dell'erogazione del trattamento o dell'anticipazione, è limitata all'importo complessivo degli accantonamenti annuali, mentre l'importo della rivalutazione è ora assoggettato anno per anno ad un'imposta sostitutiva dell'11 per cento, con improvvida disposizione che complica la gestione del personale a scapito soprattutto dei piccoli datori di lavoro.

Destinazione ai fondi pensione

Per fronteggiare la crisi del sistema pensionistico pubblico, causata dalla decrescita del tasso di natalità e dal notevole aumento della vita media (poche culle e poche tombe), si è ritenuto di utilizzare il trattamento di fine rapporto come fonte di finanziamento dei fondi pensione complementari, così sostituendo ad un tradizionale strumento di risparmio una rendita aggiuntiva per la vecchiaia destinata per definizione al consumo corrente.

Già il d.lgs. n. 124 del 1993 (art. 8) prevedeva questa possibilità, ma con poco successo sia per la resistenza dei datori di lavoro a perdere una importante fonte di autofinanziamento, sia per l'assenza di adeguati incentivi per i lavoratori.

Ora il d.lgs. n. 252 del 2005, come modificato dalla legge n. 296 del 2006 (art. 1, c. 749 e ss.), dispone che il finanziamento delle forme pensionistiche complementari può essere attuato, oltre che con i contributi del lavoratore e del datore di lavoro, anche «attraverso il conferimento del t.f.r. maturando» (art. 8, c. 1). Tale conferimento, con effetto dal 1° gennaio 2007, è rimesso alla volontà del lavoratore, anche tacita mediante un meccanismo di silenzio assenso che destina il t.f.r. al fondo di categoria o, in mancanza, al fondo di previdenza complementare non più dell'INPS, ma individuato con decreto Min. lav. e Min. econ. (art. 8, c. 7; art. 23, c. 8; d. Min. lav. 30 gennaio 2007; art. 1, c. 173-176, legge n. 205 del 2017).

Tuttavia, anche nel caso di espressa volontà del lavoratore di non conferire il t.f.r. maturando a forme pensionistiche mantenendolo come tale presso il datore di lavoro, quest'ultimo, se occupa almeno cinquanta dipendenti, ne perde la disponibilità, essendo obbligato a versare mensilmente la quota al suddetto fondo di previdenza complementare (art. 1, c. 755-757, legge n. 296 del 2006; d. Min. lav. 30 gennaio 2007; art. 1, c. 173-176, legge n. 205 del 2017). In tal caso, sia per le anticipazioni che per il trattamento finale, risponde il Fondo per la parte corrispondente alle quote mensili ricevute (art. 1, c. 756, legge n. 296 del 2006), anche se il d. Min. lav. 30 gennaio 2007 pone a carico del datore di lavoro l'intero, ivi compresa la parte dovuta dal Fondo nei limiti in cui vi sia capienza per conguagliare l'importo di questa con i contributi previdenziali dovuti nel mese di erogazione del trattamento.

Il lavoratore è incentivato fiscalmente ad aderire ai fondi pensione sia con la deducibilità, entro certi limiti, dal reddito imponibile dei contributi versati (art. 8, c. 4-6, d.lgs. n. 252 del 2005), sia con la previsione di un'aliquota fiscale ridotta per le prestazioni in rendita o capitale (art. 11, c. 6, d.lgs. cit.) e per le anticipazioni per spese sanitarie (art. 11, c. 7, d.lgs. cit.), sia con la bassa tassazione del rendimento del fondo (art. 17 d.lgs. cit.).

Il datore di lavoro che perde la disponibilità del t.f.r. è compensato sia con la deducibilità dal reddito imponibile di un importo pari al 4 per cento (6 per cento per le imprese con meno di 50 addetti) dell'importo del t.f.r. destinato a forme pensionistiche complementari o al

Fondo per l'erogazione gestito dall'INPS (art. 10, c. 1, d.lgs. cit., come modificato dall'art. 1, c. 764, legge n. 296 del 2006), sia con l'esonero, relativamente al medesimo importo, del versamento del contributo per il Fondo di garanzia del t.f.r. (art. 10, c. 2), sia con un ulteriore esonero contributivo (art. 10, c. 3, che rinvia all'art. 8 d.l. n. 203 del 2005 conv. legge n. 248 del 2005, come modificato dall'art. 1, c. 269, legge n. 266 del 2005 e dall'art. 1, c. 766, legge n. 296 del 2006).

In questo sistema appare iniqua la norma sul silenzio assenso, soprattutto perché le «informazioni» del datore e le «campagne informative» a cura della Presidenza del Consiglio (art. 8, c. 8, d.lgs. n. 252 del 2005; art. 1, c. 765, legge n. 296 del 2006) non hanno affatto chiarito che il t.f.r. mantenuto come tale è garantito nella sua corresponsione dall'apposito Fondo di garanzia, mentre le prestazioni dei fondi pensione non lo sono, trattandosi sovente di investimenti a rischio, come è costretto a riconoscere lo stesso legislatore allorché, con una sorta di ravvedimento operoso, impone «in caso di conferimento tacito del t.f.r., l'investimento di tali somme nella linea a contenuto più prudenziale tale da garantire la restituzione del capitale e rendimenti comparabili ... al tasso di rivalutazione del t.f.r.» (art. 8, c. 9, d.lgs. n. 252 del 2005), con obbligo, però, piuttosto di comportamento che di risultato, mentre la garanzia dell'art. 5 del d.lgs. n. 80 del 1992 riguarda i versamenti ai fondi e non la misura delle prestazioni di questi.

Per i dipendenti pubblici, ai quali per ora non si applica l'onere di scelta ed il meccanismo del silenzio assenso, tutto è affidato alla contrattazione collettiva (art. 3, c. 2, d.lgs. n. 252 del 2005), che per gli assunti dal 1° gennaio 2001 dispone direttamente, mentre per il personale già in servizio a tale data occorre il consenso individuale espresso, incentivato anche da una speciale quota aggiuntiva (art. 2, c. 6, legge n. 335 del 1995; art. 59, c. 56, legge n. 449 del 1997; art. 26, c. 18-19, legge n. 448 del 1998; d.p.c.m. 20 dicembre 1999; d.p.c.m. 2 marzo 2001).

62. Le sospensioni del rapporto

62.1. *Generalità*

Varietà delle cause di sospensione

Il rapporto di lavoro prosegue in determinate situazioni e per determinati periodi di tempo anche in mancanza della prestazione lavorativa e, talvolta, della stessa retribuzione.

Si tratta di vicende assai varie, che di solito riguardano la persona del lavoratore, ma possono anche investire l'azienda.

Vengono in rilievo esigenze di tutela non solo delle condizioni fisiche del prestatore (malattia, infortunio, cure termali, maternità, tossicodipendenza), ma anche dell'adempimento di doveri o funzioni pubbliche (servizio militare e civile, cariche pubbliche elettive, partecipazione ai seggi elettorali) e dell'esercizio di diritti (permessi e aspettative sindacali, sciopero, maternità, permessi per studio).

A seconda dell'evento al lavoratore può essere garantita la sola permanenza del rapporto oppure anche, in tutto o in parte, la retribuzione o una prestazione previdenziale.

Quando, invece, è il datore di lavoro ad avere temporanea difficoltà di proficua utilizzazione della prestazione offerta dal dipendente è prevista, a certe condizioni, la possibilità di prosecuzione del rapporto con la sostituzione, per il tempo non lavorato, di una prestazione previdenziale (integrazione salariale) alla retribuzione.

Attenuazione della corrispettività

Nel complesso tutte queste vicende del rapporto ne attestano l'elasticità e la conseguente resistenza, caratterizzando il nesso tra lavoro e retribuzione nel senso di una attenuazione della corrispettività immediata a favore di una valutazione estesa all'intero arco del rapporto.

62.2. *Infortunio e malattia*

Periodo di comporto

Se il lavoratore è impossibilitato a rendere la prestazione dovuta a causa di una malattia o di un infortunio, è imposta al datore di lavoro la conservazione del rapporto per un determinato periodo (c.d. di comporto) computabile nell'anzianità di servizio, con regolare retribuzione, salvo forme equivalenti di previdenza. Solo al termine di questo periodo è consentito il licenziamento per superamento del comporto del dipendente non ancora guarito (art. 2110 cod. civ.), salva in precedenza la valida intimazione di un licenziamento per ragioni diverse dalla malattia.

La durata del periodo di comporto è fissata dai contratti collettivi o, in mancanza, dal giudice secondo equità. Si distingue il comporto secco o continuativo dal comporto c.d. per sommatoria di più malattie in un certo arco di tempo. Anche in quest'ultimo caso, se non provvede il contratto collettivo, la regola è stabilita secondo equità, trattandosi sempre di un licenziamento per scadenza del periodo di comporto.

L'onere della prova delle assenze integranti il periodo di comporto grava sul datore di lavoro autore del recesso.

La malattia o l'infortunio dovuti a colpa del datore di lavoro non sono utili per il decorso del periodo di comporto, residuando in questo caso, ove ne ricorrano gli estremi, solo il licenziamento per inidoneità.

Il datore di lavoro deve concedere, su richiesta tempestiva del lavoratore, le ferie residue o un'aspettativa, se prevista, al fine di prolungare il tempo utile per la guarigione prima della scadenza del comporto.

Se il lavoratore che abbia superato il periodo di comporto non viene licenziato e, una volta guarito, riprende regolare servizio per un congruo lasso di tempo, non è più consentito il licenziamento, poiché evidentemente il datore di lavoro ha ritenuto nei fatti di poter tollerare un'assenza più lunga di quella impostagli.

Il licenziamento per asserita scadenza di un periodo di comporto invece non ancora esaurito equivale ad un licenziamento nullo per violazione della norma imperativa dell'art. 2110, c. 2, cod. civ.

Il licenziamento con preavviso intimato durante il periodo di malattia per valide ragioni diverse dalla scadenza del comporto non è nullo, ma solo temporaneamente inefficace sino alla fine della malattia o del comporto. A questa situazione veniva assimilata l'ipotesi della malattia sopravvenuta durante il decorso del preavviso di licenziamento, che resta sospeso per la durata della malattia nei limiti del comporto, secondo la tesi della c.d. efficacia reale del preavviso, ora però condivisibilmente superata (cfr. 64.1).

Il licenziamento per giusta causa è valido ed immediatamente efficace anche in costanza di malattia, poiché la tutela del lavoratore malato riguarda solo il recesso con preavviso.

Comunicazione e certificazione della malattia

La malattia deve essere tempestivamente comunicata al datore di lavoro e comprovata con apposito certificato medico, da inviare, con l'indicazione del domicilio al fine della effettuazione dei controlli, anche all'ente previdenziale se questi è tenuto ad erogare il trattamento di malattia, oltre al generale obbligo di invio telematico all'INPS da parte del medico e di trasmissione dall'INPS al datore di lavoro (art. 2 legge n. 33 del 1980, modificato dall'art. 1, c. 149, legge n. 311 del 2004; art. 50, c. 5 *bis*, d.l. n. 269 del 2003 conv. legge n. 326 del 2003 introdotto dall'art. 1, c. 810, legge n. 296 del 2006; art. 55 *septies*, c. 2 e 3, d.lgs. n. 165 del 2001 introdotto dal d.lgs. n. 150 del 2009 per i dipendenti pubblici ed esteso ai dipendenti privati dall'art. 25 legge n. n. 183 del 2010). Se il lavoratore non provvede l'assenza si ritiene ingiustificata, con le relative conseguenze disciplinari e la perdita di ogni trattamento retributivo o previdenziale.

Per malattia si intende qualsiasi situazione in cui lo svolgimento della prestazione lavorativa sia incompatibile con le esigenze di salvaguardia della salute del lavoratore.

Si è già detto della condotta dovuta dal lavoratore malato, per il quale permane l'obbligo di fedeltà, e dei controlli sulla malattia da parte del datore di lavoro (cfr. 57.3), nonché dell'effetto di sospensione delle ferie derivante dalla sopravvenuta malattia (cfr. 55.4).

Contrasto all'assenteismo nel lavoro pubblico

Nella disciplina del lavoro pubblico, per combattere un tasso di assenteismo elevatissimo, sono state introdotte norme molto rigorose (cfr. anche 57.3).

Al lavoratore malato è corrisposto nei primi dieci giorni di malattia solo il trattamento economico fondamentale, salvo specifiche disposizioni più favorevoli anche di contratto collettivo per le ipotesi di infortunio sul lavoro, ricovero ospedaliero, patologie gravi con terapia salvavita (art. 71, c. 1, d.l. n. 112 del 2008 conv. legge n. 133 del 2008).

Per le malattie superiori a dieci giorni o reiterate nell'anno solare, occorre una certificazione rilasciata da struttura sanitaria pubblica oppure, per evitare che il malato sia costretto ad uscire da casa, anche da un medico convenzionato con il SSN (art. 55 *septies*, c. 1, d.lgs. n. 165 del 2001 introdotto dal d.lgs. n. 150 del 2009; ma già in precedenza art. 71, c. 2, d.l. n. 112 del 2008 conv. legge n. 133 del 2008 come integrato dall'art. 17, c. 23, d.l. n. 78 del 2009 conv. legge n. 102 del 2009, e ora abrogato dall'art. 72, c. 1, lett. a), d.lgs. n. 150 del 2009). Questa disposizione è stata poi estesa anche ai lavoratori privati (art. 25 legge n. 183 del 2010).

È imposto, a pena di responsabilità disciplinare e dirigenziale, il controllo anche sulle assenze di un solo giorno e sono state ampliate le fasce orarie di reperibilità (art. 55 *septies*, c. 5 e 6, d.lgs. n. 165 del 2001 introdotto dal d.lgs. n. 150 del 2009; cfr. anche 57.3).

L'assenza ingiustificata per più di tre giorni anche non consecutivi in un biennio o per più di sette giorni in un decennio, nonché la mancata ripresa del servizio entro il termine fissato dall'amministrazione in caso di assenza ingiustificata sono punite con il licenziamento con preavviso (art. 55 *quater*, c. 1, lett. b), d.lgs. n. 165 del 2001 introdotto con d.lgs. n. 150 del 2009).

La falsa attestazione della presenza in servizio mediante alterazione del sistema di rilevamento della presenza o con altre modalità fraudolente, nonché la giustificazione dell'assenza mediante certificazione medica falsa o che attesta falsamente lo stato di malattia sono punite con il licenziamento per giusta causa (art. 55 *quater*, c. 1 e 3, d.lgs. cit.). Si aggiungono la sanzione penale della reclusione da uno a cinque anni applicabile anche al medico e ad altri concorrenti nell'illecito (art. 55 *quinquies*, c. 1, d.lgs. cit.) e il risarcimento del danno pari al compenso del periodo non lavorato e del danno all'immagine della pubblica amministrazione (art. 55 *quinquies*, c. 2), nonché il licenziamento per giusta causa o la decadenza dalla convenzione e la radiazione dall'albo del medico al momento della sentenza penale definitiva per il reato suddetto e comunque nel caso, subito temperato dal Ministero, di certificazione attestante dati clinici non direttamente constatati, né oggettivamente documentati (art. 55 *quinquies*, c. 3).

La mancata trasmissione telematica della certificazione all'INPS comporta a carico del medico inadempiente una sanzione disciplinare conservativa e, in caso di reiterazione dell'omissione, il licenziamento o la decadenza dalla convenzione (art. 55 *septies*, c. 4).

Tubercolosi

Un regime speciale è previsto per la tubercolosi, che, in caso di ricovero, determina la sospensione del rapporto fino a diciotto mesi, senza anzianità e retribuzione, salvo clausole negoziali più favorevoli (art. 10 legge n. 86 del 1953). Per i soli dipendenti da datori di lavoro con più di quindici dipendenti la sospensione spetta per un periodo indeterminato fino a sei mesi dopo la dimissione dal luogo di cura (art. 9 legge n. 1088 del 1970 come modificato dalla legge n. 419 del 1975).

Infezioni da HIV

Per le infezioni da HIV sono vietate penalmente le indagini (art. 6, c. 1 e 2, legge n. 135 del 1990) e le discriminazioni (art. 5, c. 5, legge cit.), ammettendosi, peraltro, a seguito dell'intervento della Corte Costituzionale (n. 218 del 1994), gli accertamenti necessari per evitare rischi alla salute collettiva in relazione al tipo di mansioni svolte dal lavoratore.

62.3. *Le cure termali e per gli invalidi*

Cure termali

Nell'ambito della riduzione di precedenti eccessi ed abusi di tutela si colloca la disciplina restrittiva delle cure termali dei lavoratori attualmente vigente.

Le leggi del 1982 e del 1983

Dopo l'esagerazione in senso rigoristico realizzata con il secco divieto di ogni congedo per cure termali (legge n. 98 del 1982) non a caso dichiarato incostituzionale (Corte Cost. n. 559 del 1987), il legislatore ha consentito, al di fuori delle ferie annuali, permessi per cure termali non superiori a quindici giorni l'anno «esclusivamente per esigenze terapeutiche o riabilitative, su motivata prescrizione di un medico specialista» pubblico (art. 13 legge n. 638 del 1983).

Evoluzione giurisprudenziale

La giurisprudenza, dopo aver chiarito che si tratta di permessi retribuiti, ha aggiunto il requisito della maggiore efficacia della effettuazione immediata della cura, come tale non dilazionabile sino al programmato periodo di ferie. Tuttavia il datore di lavoro è libero di anticipare le ferie per farle coincidere con il periodo di cura termale, salvo che la patologia in atto o il tipo di cura siano incompatibili con il godimento delle ferie.

Conferma legislativa

Il legislatore ha confermato questo orientamento giurisprudenziale, prevedendo un elenco tassativo di patologie che giustificano le cure termali e stabilendo che i permessi per tali cure sono ammessi solo per «affezioni o stati patologici per la cui risoluzione sia giudicato determinante ... un tempestivo trattamento termale motivatamente prescritto da un medico specialista» pubblico (art. 16 legge n. 412 del 1991), che deve esprimere «un motivato giudizio sulla maggiore efficacia ed utilità terapeutica o riabilitativa della cura termale se non differita sino alle ferie e ai congedi ordinari».

Cure per invalidi

I lavoratori mutilati e invalidi civili con riduzione della capacità lavorativa superiore al 50 per cento possono fruire ogni anno, anche in maniera frazionata, di un congedo per cure non superiore a trenta giorni certificate come necessarie dal medico convenzionato o appartenente a struttura pubblica e, poi, documentalmente attestate. Il periodo di cure non rileva ai fini del comporto di malattia, pur essendo coperto dal trattamento economico di malattia (art. 7 d.lgs. n. 1197 del 2011).

62.4. *Tossicodipendenza e alcoldipendenza*

Sospensione per riabilitazione

Il lavoratore a tempo indeterminato, il cui stato di tossicodipendenza o di patologia alcolcorrelata sia accertato dai servizi competenti, ha diritto alla sospensione non retribuita della prestazione lavorativa al fine di partecipare a programmi terapeutici e di riabilitazione (art. 124, d.p.r. n. 309 del 1990; art. 15, c. 3, legge n. 125 del 2001).

Il periodo di sospensione del lavoro con conservazione del posto coincide con il tempo di esecuzione del trattamento riabilitativo, ma non può comunque superare i tre anni, scaduti i quali torna ad applicarsi il normale regime del contratto di scambio, salvo altre cause di sospensione (ad es. malattia) o di estinzione (ad es. licenziamento per inidoneità).

I contratti collettivi possono «determinare specifiche modalità per l'esercizio delle facoltà» in esame e possono prevedere, con disposizioni di miglior favore rispetto alla legge, una qualche forma di assegno per il periodo di sospensione.

Aspettativa per i familiari

Il favore dell'ordinamento per il recupero del tossicodipendente o dell'alcoldipendente si estende fino a toccare il rapporto di lavoro dei suoi familiari, i quali hanno diritto di ottenere una aspettativa non retribuita qualora sia necessario il loro concorso al programma terapeutico o socio-riabilitativo, ovviamente sempre nel limite massimo dei tre anni.

Obblighi e facoltà del datore di lavoro

Di fronte allo stato di tossicodipendenza o di alcoldipendenza del lavoratore il datore di lavoro da un lato è tenuto, sotto comminatoria di sanzione penale, a sottrargli le mansioni comportanti rischi per la sicurezza, l'incolumità e la salute di terzi e dall'altro può, nel proprio interesse, considerarlo inadeguato alle mansioni contrattuali a prescindere dalla tutela dei terzi. Sicché il lavoratore interessato, per non rischiare il licenziamento, è costretto a chiedere l'aspettativa a fini riabilitativi, salvo il regime della malattia ove ne ricorrano gli estremi.

Il lavoratore tossicodipendente è responsabile per eventuali inadempimenti salvo che si tratti ormai di intossicazione cronica, secondo la regola valida anche per l'alcolista.

62.5. *Maternità, paternità e matrimonio*

Le tutele relative alla maternità e alle cure parentali sono andate sempre aumentando (legge n. 1204 del 1971, legge n. 903 del 1977, legge n. 104 del 1992, legge n. 53 del 2000), fino ad essere raccolte in un lungo testo unico (d.lgs. n. 151 del 2001, poi modificato dal d.lgs. n. 115 del 2003, dal d.lgs. n. 80 del 2015 e dal d.lgs. n. 105 del 2022).

Le tutele previste dall'ultimo decreto sono però condizionate quasi tutte alla copertura finanziaria.

Divieti di lavoro

La lavoratrice madre, oltre alla tutela contro il licenziamento (cfr. 66.4), gode di una serie di protezioni a garanzia non solo della salute propria e del figlio, ma della stessa funzione della maternità.

Ovviamente le norme di tutela fisica, con la conseguente responsabilità del datore di lavoro, operano solo dopo la presentazione del certificato medico di gravidanza.

Innanzitutto è posto il divieto assoluto di lavoro penalmente sanzionato nel periodo di due mesi precedenti il parto e di tre mesi dopo il parto. La lavoratrice può scegliere di spostare l'astensione obbligatoria nel periodo da un mese prima del parto a quattro mesi dopo, purché sia certificato che ciò non pregiudica la salute della gestante e del nascituro. In determinate situazioni l'astensione obbligatoria *ante partum* è anticipata a tutela della salute della madre e del nascituro.

Al di fuori delle ricordate ipotesi di divieto assoluto di lavoro la lavoratrice, durante l'intera gestazione e per sette mesi dopo il parto, non può essere adibita ad attività pregiudizievoli, con conseguente modificabilità delle mansioni.

Il padre lavoratore ha diritto di astenersi dal lavoro per un periodo di dieci giorni lavorativi nel periodo dai due mesi precedenti al parto ai cinque mesi successivi, anche durante il congedo di maternità della madre, con una indennità giornaliera pari al 100% della retribuzione (artt. 27 *bis* e 29).

Il padre lavoratore ha diritto di astenersi dal lavoro nei primi tre mesi dalla nascita del figlio in mancanza della madre (morte, grave infermità, abbandono, affidamento esclusivo al padre), con il medesimo trattamento che sarebbe spettato alla madre.

Astensione facoltativa (c.d. congedo parentale)

In aggiunta alle fin qui ricordate sospensioni del rapporto, ciascun genitore ha diritto di astenersi dal lavoro nei primi dodici anni di vita del bambino per un periodo di tre mesi, mentre altri tre mesi spettano in alternativa tra i genitori. Qualora «vi sia un solo genitore» questi ha diritto ad una astensione di nove mesi. I genitori possono, sempre con un preavviso minimo di quindici giorni, astenersi in alternanza o contemporaneamente e l'astensione del padre non è più condizionata al diritto di astensione della madre ed alla relativa rinunzia.

Se il minore è handicappato grave non ricoverato a tempo pieno sono previste maggiori tutele.

Trattamento dei periodi di sospensione

Per il periodo di astensione obbligatoria la lavoratrice madre o, in mancanza, il padre hanno diritto ad un'indennità da parte dell'ente previdenziale competente pari all'80 per cento della retribuzione. In caso di astensione facoltativa la madre e il padre hanno diritto ad una indennità pari al 30 per cento della retribuzione per un periodo complessivo massimo di sei mesi fino al terzo anno di vita del bambino, mentre tale indennità spetta anche per le astensioni successive solo ai lavoratori a basso reddito.

Al termine del periodo di astensione obbligatoria la lavoratrice madre o, in mancanza, il padre ha diritto a riprendere servizio, ovviamente con le stesse mansioni precedenti o con mansioni equivalenti, nella stessa unità produttiva cui era adibita prima della sospensione o in altra unità dello stesso comune e a non essere trasferita fino al compimento di un anno di età del bambino.

Malattie del bambino

Entrambi i genitori, alternativamente, hanno diritto di astenersi dal lavoro durante le malattie del bambino, con dei limiti dopo il terzo anno di età. Inoltre nel primo anno di vita del bambino spettano alla lavoratrice alcune ore di riposo giornaliero.

Diritto di avvicinamento provvisorio

I dipendenti pubblici con figli minori fino a tre anni possono ottenere l'assegnazione provvisoria ad una sede prossima al luogo di lavoro dell'altro genitore.

Adozione e affidamento

Le tutele relative ai periodi di astensione dal lavoro obbligatoria e facoltativa e alle assenze per malattia del bambino sono state estese anche all'adozione e all'affidamento preadottivo e familiare.

Lavoro autonomo

Le lavoratrici autonome e le libere professioniste godono di specifiche tutele. I lavoratori autonomi parasubordinati godono delle stesse tutele previste per il lavoro dipendente.

Congedo matrimoniale

È previsto il diritto dei coniugi ad un congedo in occasione del matrimonio (r.d.l. n. 1334 del 1937), da utilizzare in periodo contiguo e in collegamento funzionale col matrimonio, ma non rigidamente a partire dalla data di questo.

62.6. *Il servizio militare*

Servizio di leva

A proposito del servizio militare occorre distinguere la chiamata di leva dal richiamo alle armi.

Per il servizio di leva, ormai eliminato, era previsto l'effetto della risoluzione del rapporto (art. 2111, c. 1, cod. civ.), ma era stata poi introdotta l'opposta regola della sospensione del rapporto con diritto alla conservazione del posto per tutto il periodo di leva (art. 1, c. 1, d.lgs. c.p.s. n. 303 del 1946 ratificato con legge n. 35 del 1953).

Questa regola era conforme al principio costituzionale per cui l'adempimento del servizio militare «non pregiudica la posizione di lavoro» (art. 52, c. 2, Cost.), che aveva determinato l'incostituzionalità (Corte Cost. n. 144 del 1984) della limitazione della tutela ai soli lavoratori con oltre tre mesi di anzianità di servizio.

Durante il servizio di leva non era prevista alcuna retribuzione o indennità collegata al sospeso rapporto di lavoro.

L'avvenuto espletamento o l'esenzione dal servizio di leva non potevano essere imposti come condizione per l'assunzione (art. 77, c. 4, d.p.r. n. 237 del 1964).

Richiamo alle armi

Per il richiamo alle armi è prevista già nel codice civile, mediante rinvio alle disposizioni sulla malattia, la conservazione del rapporto sospeso, con diritto alla retribuzione o ad una equivalente indennità e al computo del periodo nell'anzianità di servizio (art. 2111, c. 2, cod. civ.; legge n. 370 del 1955).

La tutela economica, inizialmente limitata ai soli impiegati (legge n. 653 del 1940), è stata estesa anche agli operai dalla giurisprudenza costituzionale (n. 136 del 1984).

Licenziamento

Nel periodo di sospensione del rapporto il lavoratore può essere licenziato solo per giusta causa o per cessazione totale dell'attività aziendale.

Ripresa del servizio

Alla fine del servizio di leva o del richiamo alle armi il lavoratore deve riprendere servizio entro i brevi termini fissati dalla legge, poiché in mancanza il rapporto di lavoro è risolto o il lavoratore è considerato dimissionario salvo la prova di un giustificato impedimento.

Servizio civile

Al servizio di leva erano assimilati il servizio civile (legge n. 230 del 98) e l'assistenza ai paesi in via di sviluppo (legge n. 49 del 87). Mentre l'attuale servizio civile nazionale è su base volontaria (legge n. 64 del 2001; d.lgs. n. 77 del 2002).

62.7. *Le funzioni pubbliche elettive*

Tutela costituzionale

La disposizione dell'art. 51, c. 3, Cost. prevede che «chi è chiamato a funzioni pubbliche elettive ha diritto di disporre del tempo necessario al loro adempimento e di conservare il suo posto di lavoro».

In attuazione di questo principio sono previsti vari diritti, a seconda del tipo di carica.

Parlamentari nazionali ed europei e consiglieri regionali

Ai membri del Parlamento nazionale, del Parlamento europeo e delle assemblee regionali è riconosciuta la facoltà di richiedere una aspettativa non retribuita per tutta o parte della durata del mandato (art. 31, c. 1, stat. lav.).

L'assenza di retribuzione, peraltro compensata dall'indennità di carica, non impedisce che tale periodo, a richiesta dell'interessato, sia considerato utile, mediante contribuzione figurativa, ai fini del riconoscimento e della misura della pensione.

Amministratori locali

Per le funzioni pubbliche elettive nelle amministrazioni locali (comuni, province, comunità montane) il lavoratore può scegliere tra l'aspettativa ed una serie di permessi retribuiti e non (artt. 31 e 32 stat. lav., poi sostituiti dalle leggi n. 816 del 1985 e n. 265 del 1999 ed, infine, dal d.lgs. n. 267 del 2000).

L'aspettativa non è retribuita e solo ad alcuni amministratori (sindaci, presidenti di provincia, ecc.) è garantita la posizione previdenziale, mediante contributi versati agli istituti previdenziali dall'ente presso cui il lavoratore è stato eletto.

Se il lavoratore eletto nelle amministrazioni locali sceglie di rimanere in servizio, ha diritto a permessi, retribuiti e non, per partecipare alle adunanze e per l'espletamento del mandato, con oneri a carico dell'ente amministrato.

62.8. *Le funzioni presso i seggi elettorali*

Una sospensione retribuita del rapporto sotto forma di «ferie retribuite» aggiuntive era prevista per i lavoratori investiti di funzioni presso i seggi elettorali (art. 119, T.U. n. 361 del 1957), ma poi questa previsione è stata sostituita con la semplice equiparazione «a tutti gli effetti» dei giorni di partecipazione al seggio a giorni di attività lavorativa (art. 11 legge n. 53 del 1990).

È stato confermato, peraltro, l'obbligo del datore di lavoro di concedere riposi compensativi oppure di pagare una retribuzione aggiuntiva in relazione ai giorni festivi o non lavorativi eventualmente compresi nel periodo di svolgimento delle operazioni elettorali (legge n. 69 del 1992).

62.9. *La Cassa integrazione*

Integrazione salariale ordinaria e straordinaria

Il rapporto di lavoro può essere sospeso, in tutto o in parte, per vicende che riguardano l'azienda e consentono gli interventi previdenziali di integrazione salariale ordinaria (per eventi transitori non imputabili all'imprenditore o per situazioni temporanee di mercato) o straordinaria (per crisi aziendali o per riorganizzazione aziendale).

Per le finalità e l'evoluzione di questa disciplina cfr. 72. Attualmente la Cassa integrazione è disciplinata dal d.lgs. n. 148 del 2015.

La sospensione del rapporto deriva, nonostante difformi opinioni dottrinali, dal provvedimento amministrativo di concessione dell'integrazione salariale, necessariamente preceduto da una procedura di informazione e consultazione sindacale.

L'individuazione dei lavoratori da sospendere deve avvenire secondo criteri oggetto della procedura sindacale, ove possibile con meccanismi di rotazione e, comunque, senza discriminazioni ed in modo ragionevole e coerente rispetto alle finalità dell'istituto. Le lavoratrici madri possono essere sospese solo se è sospesa l'attività dell'intera azienda o del reparto di adibizione.

Se manca o è illegittimo il provvedimento amministrativo, che sostituisce il regime speciale previdenziale al diritto comune, il rapporto rimane assoggettato ai normali principi contrattuali, sicché il datore di lavoro deve retribuire le prestazioni non utilizzate, salvo la prova di una impossibilità oggettiva o di un accordo di sospensione non retribuita.

Contratti di solidarietà

La riduzione dell'orario può derivare anche dai contratti di solidarietà difensivi diretti a salvare l'occupazione (l'art. 21, c. 5, d.lgs. n. 148 del 2015 che ha abrogato l'art. 1 legge n. 863 del 1984) con l'intervento della Cassa integrazione.

62.10. *Altre ipotesi di sospensione*

Congedi per la formazione

I lavoratori studenti, anche universitari, hanno diritto a permessi giornalieri retribuiti per sostenere gli esami, producendo, a richiesta del datore di lavoro, le necessarie certificazioni (art. 10 stat. lav.).

I lavoratori con almeno cinque anni di anzianità di servizio presso il medesimo datore di lavoro possono richiedere, con almeno trenta giorni di preavviso, congedi non retribuiti per undici mesi complessivi nell'arco dell'intera vita lavorativa per fini di studio, anche universitario, o per partecipare ad attività formative estranee al datore di lavoro; la richiesta può essere respinta o differita per comprovate esigenze organizzative; una disciplina più analitica è rimessa ai contratti collettivi (art. 5 legge n. 53 del 2000). Sempre ai contratti collettivi è rinviata la regolamentazione dei congedi per la c.d. formazione continua (art. 6

legge n. 53 del 2000). I congedi in esame sono agevolati con anticipazioni sul trattamento di fine rapporto e sulle prestazioni pensionistiche complementari (art. 7 legge n. 53 del 2000).

Donatori di sangue

I lavoratori donatori di sangue hanno diritto ad una giornata di riposo retribuito in coincidenza con la donazione, che è attestata dal centro di raccolta al datore di lavoro, il quale ha diritto al rimborso di quanto pagato da parte dell'ente previdenziale cui è iscritto il lavoratore per la tutela contro la malattia (legge n. 584 del 1967).

Congedi per ragioni familiari

Uno solo dei familiari prossimi che assistono un soggetto portatore di un grave handicap non ricoverato a tempo pieno (salvo che l'assistenza sia richiesta dai sanitari), ora anche se non convivente ma attestando documentalmente il raggiungimento del luogo di residenza dell'assistito se distante più di 150 chilometri dalla propria residenza, ha diritto a non essere trasferito e a non essere discriminato e ha tre giorni al mese di permesso coperti da contribuzione figurativa e da indennità previdenziale. In alternativa sempre uno solo dei predetti familiari ha diritto, entro sessanta giorni dalla richiesta, ad un congedo continuativo o frazionato non superiore a due anni complessivi nell'arco della vita lavorativa coperto da indennità previdenziale e contribuzione figurativa, ma irrilevante ai fini delle ferie, della tredicesima mensilità e del trattamento di fine rapporto. Il diritto ai permessi o al congedo può essere moltiplicato dal medesimo lavoratore in ragione del numero di parenti assistiti. Il lavoratore disabile ha diritto ai permessi e non può essere trasferito senza il suo consenso.

Il lavoratore ha diritto a tre giorni all'anno di permesso retribuito in caso di decesso o di documentata grave infermità di un familiare (coniuge, parente entro il secondo grado convivente), salvo, in quest'ultimo caso, un diverso accordo alternativo col datore di lavoro sulle modalità di espletamento della prestazione.

Il lavoratore ha diritto ad un congedo non retribuito fino a due anni, continuativo o frazionato, per gravi documentati motivi familiari, con divieto di svolgere qualsiasi lavoro nel periodo di congedo.

Congedi dei consiglieri di parità

I consiglieri di parità hanno diritto a permessi retribuiti e non retribuiti ed al consigliere nazionale può richiedere, in alternativa, di essere collocato in aspettativa non retribuita (art. 17 d.lgs. n. 198 del 2006).

Aspettativa dei dirigenti pubblici

I dirigenti pubblici possono chiedere di essere collocati in aspettativa senza assegni, salvo preminenti esigenze organizzative della amministrazione di appartenenza, per svolgere attività o incarichi presso soggetti pubblici o privati, i quali provvedono a garantire la posizione previdenziale (art. 23 *bis* d.lgs. n. 165 del 2001).

Aspettativa per attività autonome

I dipendenti pubblici, se non ostano esigenze organizzative, possono essere collocati in aspettativa senza assegni e senza incompatibilità per un periodo massimo di dodici mesi al fine di avviare attività professionali e imprenditoriali, che ne possano favorire l'esodo (art. 18 legge n. 183 del 2010).

Altri eventi

Sono trattati altrove la sospensione cautelare nel corso del procedimento disciplinare (cfr. 64.2) e gli effetti sul rapporto causati dalla custodia cautelare del lavoratore (cfr. 65.4).

Importanti ipotesi di sospensione del rapporto attengono, infine, al diritto sindacale (sciopero, serrata, assemblea, permessi e aspettative sindacali), sicché in proposito si rinvia alla relativa trattazione.

Accordo individuale

La sospensione dal lavoro e dalla retribuzione può esser concordata, al di fuori delle ipotesi legali e collettive, dalle parti del rapporto individuale, con onere della prova di tale accordo a carico del datore di lavoro convenuto in giudizio per il pagamento delle retribuzioni.

63. Il trasferimento d'azienda

63.1. *La nozione di trasferimento d'azienda*

Il trasferimento dell'azienda da un imprenditore ad un altro è oggetto non solo della generale disciplina civilistica (artt. 2556 e ss. cod. civ.), ma anche di un'apposita normativa lavoristica volta a tutelare, sotto diversi aspetti, la posizione dei prestatori occupati nell'azienda ceduta (art. 2112 cod. civ. e art. 47 legge n. 428 del 1990 come novellati dal d.lgs. n. 18 del 2001 e dal d.lgs. n. 276 del 2003; direttiva comunitaria 2001/23, che ha abrogato e sostituito la precedente direttiva 1977/187 già modificata dalla direttiva 1998/50).

Nozione

Per individuare il campo di applicazione di questa importante regolamentazione è stata introdotta una apposita nozione di trasferimento d'azienda ai fini lavoristici.

Innanzitutto la vicenda deve consistere nel «mutamento nella titolarità di un'attività economica organizzata, con o senza scopo di lucro». Questa definizione si riferisce con evidenza alla titolarità dell'impresa (art. 2082 cod. civ.), implicando così, imprescindibilmente, la circolazione dell'azienda (art. 2555 cod. civ.) mediante la quale viene esercitata l'impresa, in conformità alla direttiva comunitaria, che fa ora espresso riferimento a un «insieme di mezzi organizzati».

La disciplina riguarda anche il trasferimento di «parte dell'azienda intesa come articolazione funzionalmente autonoma», restando esclusa, invece, la cessione di singoli beni aziendali.

La previsione secondo cui la parte di azienda trasferita doveva essere «preesistente» e conservare «nel trasferimento la propria identità» impediva al cedente di sbarazzarsi dei lavoratori addetti ad una articolazione aziendale costituita, autonomizzata o alterata in vista del trasferimento. Ma tale previsione è stata soppressa, consentendosi che l'articolazione aziendale autonoma sia «identificata come tale dal cedente e dal cessionario al momento del suo trasferimento». Ciò con dubbi di conformità rispetto alla direttiva comunitaria, secondo cui l'entità economia oggetto del trasferimento «conserva la propria identità».

L'integrazione dell'azienda o del ramo aziendale acquisito nella preesistente organizzazione dell'impresa subentrante non esclude la configurabilità di un trasferimento d'azienda, la quale deve avere la propria identità «nel» trasferimento e non dopo.

È escluso dalla nozione in esame il trasferimento di una organizzazione non economica, cioè senza quell'equilibrio tra costi e ricavi che costituisce il requisito minimo per la configurazione di un'impresa anche in assenza di un fine di lucro.

Indifferenza del mezzo tecnico

Il mezzo tecnico utilizzato («tipologia negoziale») dalle parti per il trasferimento è irrilevante, poiché quel che conta è l'effetto di sostituire nella titolarità dell'attività un imprenditore ad un altro. Rientrano nella disciplina in esame anche i trasferimenti non volontari, ma determinati da un «provvedimento» della pubblica autorità, purché si verifichi il passaggio dell'organizzazione.

Trasferimenti temporanei

La legge si applica espressamente anche a trasferimenti temporanei, come l'usufrutto e l'affitto di azienda, e quindi anche alla retrocessione che si verifica al termine di questi.

Vicende societarie

Non determinano circolazione dell'azienda né la modifica della denominazione sociale, né la trasformazione societaria, né la cessione del pacchetto azionario, poiché la società titolare dell'azienda non cambia.

La fusione e la scissione di società, al pari della successione dell'erede nella titolarità dell'impresa individuale, sono vicende che riguardano direttamente i soggetti, come tali non riconducibili al trasferimento a titolo particolare dell'azienda da un soggetto ad un altro. Tuttavia la nuova nozione lavoristica di trasferimento d'azienda è talmente ampia da ricomprendere anche queste fattispecie (cfr. 63.7).

Subentro nell'appalto

Non si verifica, invece, un trasferimento d'azienda nell'ipotesi di subentro di un nuovo imprenditore, con propria organizzazione e senza acquisizione di un complesso aziendale, in un appalto o in una concessione amministrativa in precedenza affidati ad altro imprenditore (cfr. 63.7), neppure se il subentrante assume per obbligo legale o negoziale il personale già impiegato nell'appalto (art. 29, c. 3, d.lgs. n. 276 del 2003).

63.2. *La procedura sindacale*

In conformità alle direttive comunitarie è prevista una procedura di informazione e consultazione sindacale. *Obbligo comunitario*

La procedura riguarda solo le aziende o i rami d'azienda con più di quindici addetti e si articola in una fase necessaria di informazione ed una eventuale di esame congiunto.

L'obbligo di informazione grava su cedente e cessionario, che devono adempierlo mediante comunicazione scritta alle rappresentanze sindacali aziendali unitarie (o alle r.s.a.) delle unità produttive interessate ed ai sindacati di categoria stipulanti il contratto collettivo applicato o, in mancanza di rappresentanze sindacali, ai sindacati di categoria comparativamente più rappresentativi. *Informazione*

L'informazione deve riguardare sia la data e i motivi del programmato trasferimento d'azienda, sia le conseguenze di questo sui rapporti di lavoro.

L'informazione deve essere preventiva («almeno venticinque giorni prima») al trasferimento, come si evince sia dalla frase d'esordio («quando si intenda effettuare ... un trasferimento»), sia dal contenuto dell'informazione («motivi del programmato trasferimento»). La *ratio* della procedura, diretta a consentire al sindacato di conoscere e discutere i programmi imprenditoriali anche al fine di modificarli o di dissuadere il potenziale acquirente, impone lo svolgimento della stessa prima della stipulazione di qualsiasi accordo, anche preliminare, tra i soggetti interessati, sicché sarebbe tardiva un'informazione data dopo la conclusione di un contratto preliminare o, addirittura, nel periodo tra la conclusione del contratto definitivo e la sua efficacia.

Nel termine di sette giorni dall'informazione scritta le rappresentanze sindacali o i sindacati possono richiedere un esame congiunto con cedente e cessionario, che sono obbligati ad avviarlo entro sette giorni dalla richiesta ed a proseguirlo per almeno dieci giorni. *Esame congiunto*

Si tratta di un obbligo di consultazione e non di un obbligo a trattare, né tanto meno a contrarre, sicché, decorso il termine suindicato senza il raggiungimento di un accordo sindacale, i soggetti interessati possono liberamente procedere alla realizzazione del loro programma che è insindacabile nel merito da parte del giudice (art. 30, c. 1, legge n. 183 del 2010).

L'informazione e l'esame congiunto sono dovuti anche se la decisione relativa al trasferimento sia stata assunta da un'impresa controllante, senza possibilità di eccepire l'omessa trasmissione da parte di questa delle informazioni necessarie.

L'informazione deve essere tempestiva, completa e veritiera e la consultazione va condotta lealmente. La trasgressione di questi obblighi da *Condotta antisindacale* parte del cedente o del cessionario o di entrambi costituisce condotta antisindacale reprimibile *ex* art. 28 stat. lav., trattandosi della violazione di diritti sindacali tipizzati dalla legge. Pertanto è superflua la previsione espressa in tal senso. L'ordine del giudice di cessazione della condotta e di rimozione dei suoi effetti può sicuramente imporre il corretto svolgimento della procedura, che, però, avrebbe poco senso in presenza di un trasferimento già attuato. In quest'ultimo caso è, peraltro, difficile sostenere l'invalidazione dello stesso trasferimento e/o delle sue conseguenze sui rapporti di lavoro, non essendo configurabili con certezza come «effetti» della violazione procedimentale atteso che, come si è visto, il sindacato non è titolare di un potere di veto.

63.3. *La prosecuzione dei rapporti di lavoro*

Effetto legale

La prima fondamentale tutela per i lavoratori occupati nell'azienda trasferita consiste nella continuazione del rapporto con il cessionario.

Non si tratta di un obbligo di assunzione, bensì della sostituzione automatica di un soggetto ad un altro nella titolarità del rapporto di lavoro come effetto legale del trasferimento d'azienda. Pertanto il rapporto resta lo stesso, salvo questa modificazione soggettiva, che non richiede consenso costituendo effetto legale automatico.

Decadenza per l'impugnazione

L'impugnazione di questa novazione soggettiva *ex lege*, impropriamente definita «cessione del contratto di lavoro», è sottoposta al termine di decadenza stragiudiziale e giudiziale previsto per l'impugnazione del licenziamento, con decorrenza dalla data del trasferimento (cfr. 68.1).

Licenziamento

Nel testo originario dell'art. 2112 cod. civ., coevo alla regola di licenziamento libero con preavviso (art. 2118 cod. civ.), era prevista la possibilità per il cedente di impedire l'effetto in esame mediante «disdetta in tempo utile», intesa, appunto, come licenziamento con preavviso scadente prima del trasferimento d'azienda. A seguito della introduzione della regola di giustificazione necessaria del licenziamento con tutela reale questa possibilità è venuta meno, essendosi riconosciuto che il trasferimento d'azienda non costituisce di per sé motivo di licenziamento. Ciò è ora espressamente sancito dalla legge.

Pertanto, attualmente, oltre le ovvie ipotesi di dimissioni, risoluzione consensuale o morte del prestatore anteriori al trasferimento, la prosecuzione del rapporto di lavoro con il cessionario è esclusa solo se il cedente intima un valido licenziamento.

Frazionamento fittizio del rapporto

La risoluzione del rapporto con il cedente subito prima del trasferimento d'azienda seguita da immediata riassunzione da parte del cessionario è considerata come un fittizio frazionamento del rapporto in frode alla legge.

Trasferimento parziale

In caso di trasferimento parziale l'effetto legale della automatica prosecuzione del rapporto con il cessionario si verifica solo per gli addetti al ramo trasferito, mentre i lavoratori addetti altrove possono passare alle dipendenze dell'acquirente solo se consentono la cessione del contratto individuale di lavoro.

63.4. *La conservazione dei diritti del lavoratore e la disciplina collettiva*

Conservazione della posizione contrattuale

La prosecuzione del rapporto, con la sola modificazione soggettiva dal lato del datore di lavoro, lascia le parti nella stessa posizione precedente.

Appunto in questo senso di mantenimento per il futuro della posizione contrattuale acquisita va intesa la previsione per cui «il lavoratore conserva tutti i diritti che ne (dal rapporto) derivano». Infatti i crediti già maturati in passato prima del trasferimento d'azienda costituiscono oggetto di altra apposita garanzia (cfr. 63.5).

Il cessionario deve, quindi, riconoscere ai lavoratori divenuti suoi dipendenti i diritti collegati alla pregressa anzianità di servizio e quelli contenuti nel contratto individuale, anche per effetto di eventuali usi aziendali che lo abbiano integrato per fatti concludenti.

La prosecuzione del medesimo rapporto in corso con il cedente determina anche l'obbligo dell'acquirente di corrispondere l'intero trattamento di fine rapporto, senza distinzione tra le quote relative al periodo anteriore al trasferimento e quelle successive, poiché il diritto matura tutto insieme alla fine del rapporto (cfr. 61.2).

È escluso un obbligo di parità di trattamento nei confronti dei lavoratori già dipendenti dell'acquirente.

Disciplina collettiva

Quanto alla disciplina collettiva, che non si incorpora nei contratti individuali, il cessionario è tenuto ad applicare ai lavoratori addetti all'azienda trasferita i contratti collettivi, anche aziendali, applicati dal cedente alla data del trasferimento, ma ciò solo fino alla rispettiva scadenza e ferma la possibilità di sostituzione immediata con i contratti collettivi del medesimo livello applicabili all'impresa dell'acquirente. La successione di fonti collettive, in base ai principi generali, può determinare anche un peggioramento del precedente trattamento, ma di solito, in sede di procedura sindacale, vengono stipulati appositi accordi collettivi di passaggio diretti ad evitare tale conseguenza e ad armonizzare gradualmente il trattamento di vecchi e nuovi dipendenti del cessionario.

Dimissioni

In caso di modifica sostanziale delle condizioni di lavoro, il prestatore passato alle dipendenze del cessionario ha facoltà, nel termine di tre mesi dal trasferimento, di dimettersi senza preavviso e con diritto ad una indennità pari a quella sostitutiva del preavviso di licenziamento.

63.5. *La garanzia dei crediti del lavoratore*

Per i crediti, di qualsiasi tipo, già maturati dal lavoratore al momento del trasferimento dell'azienda è prevista la responsabilità solidale del cedente e del cessionario.

Se il cessionario di un ramo d'azienda esegue un appalto per il cedente committente, operano per i nuovi crediti dei lavoratori addetti all'appalto le garanzie previste per gli appalti.

Per entrambi i profili si rinvia alla apposita trattazione delle garanzie dei crediti del lavoratore (cfr. 90.4).

63.6. *Il trasferimento di azienda in crisi*

Agevolazioni per l'acquirente

Se l'azienda è in crisi, con conseguente serio rischio per l'occupazione dei relativi addetti, il trasferimento ad un nuovo imprenditore disposto a risanarla è considerato uno strumento fondamentale per salvare in tutto o in parte i posti di lavoro. Pertanto tale trasferimento viene agevolato dalla legge, mediante deroghe alle tutele normalmente operanti al fine di rendere conveniente l'acquisto.

Il regime derogatorio si applica in caso di procedure concorsuali senza continuazione di attività (fallimento, concordato preventivo con cessione dei beni, liquidazione coatta amministrativa, amministrazione straordinaria) oppure in caso di amministrazione straordinaria con continuazione dell'attività, di concordato preventivo e di ristrutturazione dei debiti.

Necessità dell'accordo collettivo

Le deroghe, salvo che per l'amministrazione straordinaria, non sono automatiche, bensì dipendono dalla conclusione di un apposito accordo collettivo nel corso della prescritta procedura sindacale. In tal modo è rimessa di volta in volta all'autonomia collettiva la valutazione circa l'opportunità e l'entità delle deroghe, ma si pongono i soliti problemi di efficacia del contratto collettivo ablativo di diritto comune nei confronti dei lavoratori dissenzienti non rappresentati dalle organizzazioni stipulanti.

All'accordo collettivo è concessa la più ampia libertà, poiché può disapplicare tutte o parte delle tutele legali previste per il trasferimento d'azienda. In particolare l'accordo può escludere che il personale ritenuto esuberante dall'acquirente passi alle dipendenze di quest'ultimo, mentre per il personale il cui rapporto prosegue con il subentrante è automaticamente esclusa la conservazione dei diritti acquisiti e la responsabilità solidale dell'acquirente per i crediti vantati da tali lavoratori verso l'alienante, salvo previsioni di miglior favore dell'accordo collettivo.

Per i lavoratori rimasti presso il cedente oppure da questi licenziati è previsto un diritto di precedenza in relazione alle nuove assunzioni eventualmente effettuate dall'acquirente entro un anno dal trasferimento dell'azienda o entro il maggior periodo previsto dall'accordo collettivo, ma restano comunque escluse in caso di assunzione le tutele relative alla posizione contrattuale precedente ed alla garanzia dei vecchi crediti.

Trasferimento del portafoglio

Per il trasferimento del portafoglio di imprese di assicurazione in liquidazione coatta amministrativa, non riconducibile al trasferimento d'azienda, è prevista una disciplina speciale (legge n. 39 del 1977; legge n. 738 del 1978), che tutela i posti di lavoro sacrificando altri interessi dei lavoratori.

63.7. *Altre vicende soggettive*

Vi sono alcune vicende non riconducibili al trasferimento d'azienda, ma che pongono analoghe esigenze di tutela dei lavoratori.

Successione nell'appalto

Innanzitutto va esaminata la successione di un imprenditore ad un altro nella gestione con propria organizzazione di un servizio affidato in appalto, che non costituisce trasferimento d'azienda se non si verifica il mutamento nella titolarità di una organizzazione economica (art. 29, c. 3, d.lgs. n. 276 del 2003 come modificato dall'art. 30 legge n. 122 del 2016).

Neppure le direttive comunitarie, comunque in sé prive di efficacia orizzontale tra i privati, amplia la nozione di trasferimento d'azienda sino a comprendere la mera successione nell'appalto non accompagnata dal passaggio di una entità economica organizzata.

In assenza di tutela legale alcuni contratti collettivi (ad es. per le imprese di pulizia, per le imprese di igiene ambientale e smaltimento rifiuti, per i gestori di mense aziendali) prevedono non solo procedure di informazione e consultazione sindacale, ma anche l'obbligo dell'impresa subentrante di assumere, alle stesse condizioni, i lavoratori già addetti all'appalto da parte dell'impresa uscente. Si tratta di un obbligo a contrarre, la cui esecuzione, anche *ope iudicis ex* art. 2932 cod. civ., dà origine ad un nuovo rapporto di lavoro distinto dal precedente, con conseguente differenza rispetto alla disciplina legale del trasferimento d'azienda ed esclusione di qualsiasi responsabilità del nuovo appaltatore per i crediti del lavoratore nei confronti del vecchio appaltatore.

Nonostante il diverso avviso della Cassazione, il preesistente rapporto di lavoro con il vecchio appaltatore si estingue tipicamente per risoluzione consensuale contestualmente all'assunzione da parte del nuovo appaltatore, sicché i lavoratori che ottengono o pretendono il nuovo rapporto non possono impugnare un licenziamento che non esiste (per l'esclusione espressa di un licenziamento collettivo, cfr. art. 7, c. 4 *bis*, d.l. n. 248 del 2007 conv. legge n. 31 del 2008).

Solo nell'ipotesi in cui il lavoratore rifiuti di utilizzare la tutela collettiva e la conseguente obbligata proposta di assunzione da parte del nuovo appaltatore resta esclusa una risoluzione consensuale del precedente rapporto, sicché l'imprenditore uscente deve scegliere se mantenere in servizio il lavoratore, adibendolo a posizioni disponibili presso altri appalti, oppure licenziarlo per giustificato motivo oggettivo dovuto alla soppressione del posto comprovando l'impossibilità di utilizzarlo altrove.

Subentro nella concessione amministrativa

Un'altra vicenda non configurabile come trasferimento d'azienda è il subentro di un imprenditore con propria organizzazione ad un altro in una concessione amministrativa. Tuttavia nel caso delle concessioni per il servizio di riscossione dei tributi è stato espressamente previsto il diritto del personale addetto alla concessione di essere mantenuto in servizio dal concessionario subentrante senza soluzione di continuità. Analogo diritto era stato riconosciuto, al momento della modifica del sistema, al personale delle vecchie esattorie nei confronti delle nuove concessionarie ed, ora, è riconosciuto al personale della soppressa concessionaria nei confronti della Riscossione s.p.a.

Subentro in servizi aeroportuali

Anche per il mero subentro, senza trasferimento d'azienda, nella gestione di servizi aeroportuali di assistenza a terra era stabilito «il passaggio del personale» dal vecchio al nuovo gestore, da intendersi come prosecuzione automatica del rapporto precedente. Ma la Corte di Giustizia (sent. 9 dicembre 2004) ha ritenuto questa disciplina contraria alla direttiva di liberalizzazione dei suddetti servizi, osservando che l'obbligo di assumere il personale del precedente gestore svantaggia i nuovi concorrenti potenziali e che nella specie non è configurabile un trasferimento d'azienda che solo potrebbe giustificare tale obbligo. La nuova disciplina nazionale si è adeguata, ma ha lasciato libera l'autonomia collettiva, che, seppur con la propria limitata efficacia soggettiva, ha subito reintrodotto il diritto del personale di passare da un gestore all'altro.

Fusione

La fusione non riguarda la circolazione di un bene tra soggetti che erano e restano distinti, bensì investe più radicalmente gli stessi soggetti, di cui almeno uno (nella fusione per incorporazione) o addirittura entrambi (nella fusione con creazione di una nuova società) si estinguevano dando luogo ad una successione a titolo universale o, dopo la riforma del 2003, restano tutti in vita con un nuovo assetto organizzativo.

Con l'introduzione dell'apposita nozione di trasferimento d'azienda ai fini lavoristici avvenuta con il d.lgs. n. 18 del 2001 la disciplina nazionale è stata estesa con certezza anche alla fusione in ottemperanza alla normativa comunitaria, come poi confermato espressamente con la novella del 2003 che fa riferimento ad una «cessione contrattuale o fusione».

Tuttavia la garanzia di diritto comune della posizione del lavoratore di fronte alla fusione è più forte di quella prevista dall'art. 2112 cod. civ., poiché la società che risulta dalla fusione assume i diritti e gli obblighi delle società fuse, con conseguente incondizionata tutela della continuità del rapporto di lavoro, della disciplina collettiva, dei diritti acquisiti e dei crediti del lavoratore.

Sicché le uniche vere tutele aggiuntive derivanti dall'applicazione della disciplina lavoristica consistono nella procedura sindacale e nella facoltà di dimissioni agevolate.

Scissione

La scissione determina una divisione del patrimonio della società scissa tra più soggetti, preesistenti o di nuova costituzione, con i conseguenti problemi di individuazione del titolare dei rapporti di lavoro e dei responsabili per i debiti pregressi.

La società beneficiaria della quota di patrimonio comprensiva dell'azienda, conservata come tale, subentra automaticamente nei relativi rapporti di lavoro in virtù della successione conseguente alla scissione, sicché è assicurato anche il mantenimento dei diritti acquisiti e della disciplina collettiva.

Invece la garanzia dei crediti del lavoratore derivante dalla disciplina di diritto comune della scissione è inferiore a quella prevista per il trasferimento d'azienda.

Tuttavia, ai fini della disciplina lavoristica la scissione era stata già assimilata al trasferimento d'azienda specie in caso di sopravvivenza della società scissa e di trasferimento della quota di patrimonio comprendente l'azienda ad una società preesistente. Ogni residuo dubbio è stato, poi, superato con l'introduzione (d.lgs. n. 18 del 2001) della ricordata nuova definizione d'azienda ai fini lavoristici, nella quale rientra certamente anche la scissione, sebbene nella novella del 2003 sia menzionata solo la fusione e non anche la scissione.

Dismissioni di attività da parte di pubbliche amministrazioni

L'ultima vicenda da esaminare riguarda il trasferimento di attività svolte da pubbliche amministrazioni ad altri soggetti pubblici o privati, essendo disposta, in proposito, l'applicazione di tutta la disciplina lavoristica del trasferimento d'azienda (art. 31 d.lgs. n. 165 del 2001). Si aggiunge l'obbligo delle società private destinatarie delle attività dismesse dalla pubblica amministrazione di mantenere in servizio il personale trasferito per almeno cinque anni o per il superiore periodo di tempo concordato (art. 44, c. 1, legge n. 449 del 1997), il che significa divieto di licenziamento collettivo o individuale per giustificato motivo oggettivo, essendo ovviamente consentito il licenziamento disciplinare.

In precedenza, nell'ambito della privatizzazione degli istituti di credito di diritto pubblico, erano stati fatti salvi per il personale i diritti quesiti e quelli derivanti da leggi speciali, nonché l'intera disciplina previgente fino al rinnovo del contratto collettivo aziendale (art. 3 legge n. 218 del 1990), assicurandosi, così, ai sindacati una trattativa sulla nuova disciplina, con disposizione più favorevole rispetto a quella relativa al trasferimento d'azienda.

CAPITOLO VIII
L'ESTINZIONE DEL RAPPORTO DI LAVORO

A) *IL LICENZIAMENTO INDIVIDUALE*

64. Il regime del codice civile

64.1. *Il licenziamento libero con preavviso*

Recesso ad nutum

L'art. 2118, c. 1, cod. civ. regola uniformemente il recesso del datore di lavoro (licenziamento) e del lavoratore (dimissioni) dal contratto di lavoro a tempo indeterminato, consentendolo liberamente con il solo obbligo del preavviso.

Questo recesso, detto *ad nutum* (= con un cenno), non richiede, dunque, alcuna giustificazione, ma è rimesso alla insindacabile decisione del suo autore.

Si tratta di un negozio unilaterale recettizio, che per produrre effetto deve essere portato a conoscenza del destinatario (art. 1334 cod. civ.).

Preavviso

A tutela della parte che subisce il recesso e deve perciò cercare un altro contraente è previsto, tuttavia, l'obbligo del preavviso, secondo cui l'efficacia del comunicato recesso, e quindi l'estinzione del rapporto, è differita per un determinato periodo di tempo.

La durata del preavviso è fissata dai contratti collettivi, che di solito la differenziano in base all'anzianità di servizio ed alla qualifica del lavoratore, prevedendo, di norma, un preavviso più lungo per il licenziamento rispetto alle dimissioni. In caso di mancanza o inapplicabilità del contratto collettivo occorre far ricorso agli usi o all'equità.

Malattia

Il lavoratore malato non può essere licenziato fino alla scadenza del periodo di comporto (art. 2110, c. 2, cod. civ.), ma se ciò avviene il licenziamento non è nullo, bensì solo temporaneamente inefficace. Da questa regola è stato ricavato il principio secondo cui la malattia sopravvenuta durante il preavviso ne sospende il decorso, essendo impedita la normale funzione (ricerca di altra occupazione) del preavviso medesimo. È fatto salvo solo il licenziamento per giusta causa.

Ferie

Il periodo di preavviso non può essere computato nelle ferie (art. 2109, c. 3, cod. civ.), di cui impedirebbe un sereno godimento, salvo l'ipotesi di ferie non imposte dal datore di lavoro, ma richieste dal lavoratore nel proprio interesse.

Indennità di mancato preavviso

La legge stabilisce espressamente la conseguenza della violazione dell'obbligo di preavviso, prevedendo che «il recedente è tenuto verso l'altra parte a un'indennità equivalente all'importo della retribuzione che sarebbe spettata per il periodo di preavviso» (art. 2118, c. 2, cod. civ.). Si tratta di una indennità, detta appunto di mancato preavviso, che in quanto tale assorbe qualsiasi risarcimento ed è dovuta indipendentemente dalla prova di un danno effettivo.

Tuttavia neppure la corresponsione di questa indennità era considerata idonea a determinare l'estinzione immediata del rapporto, in quanto al preavviso veniva riconosciuta efficacia reale, nel senso che il rapporto proseguiva comunque fino alla scadenza di tale termine, salvo diverso accordo tra le parti. Il lavoratore licenziato poteva beneficiare, così, di una sopravvenuta regolamentazione collettiva o della sospensione del decorso del preavviso per sopravvenuta malattia.

In contrario viene, però, sostenuta la tesi della c.d. efficacia solo obbligatoria del preavviso, sicché il recedente scegliendo di corrispondere l'indennità ha il potere di far cessare immediatamente il rapporto senza il consenso dell'altra parte. Questa posizione appare condivisibile, non solo in base alla chiara lettera della norma, ma anche per la sua funzione diretta non a far proseguire forzatamente il rapporto nel periodo di preavviso, ma ad assicurare alla parte che subisce il recesso, ed in particolare al lavoratore licenziato, un importo pari alla retribuzione del periodo di preavviso senza bisogno della prova di un danno in concreto ed, anzi, con il vantaggio di poter cercare più attivamente una nuova occupazione stante la liberazione dalla prestazione lavorativa.

Qualora sia controversa la causa di cessazione del rapporto, grava sul lavoratore che pretende l'indennità di mancato preavviso l'onere di provare il fatto del licenziamento, che è un elemento costitutivo del diritto da lui vantato.

I criteri per il calcolo dell'indennità di mancato preavviso, su cui devono essere versati i contributi previdenziali, sono previsti dalla legge (art. 2121 cod. civ.), che fissa un principio di omnicomprensività riferendosi ad ogni «compenso di carattere continuativo», ivi compreso «l'equivalente del vitto e dell'alloggio», con esclusione dei soli rimborsi spese e dei compensi non continuativi. In caso di retribuzione in tutto o in parte variabile il calcolo è effettuato sulla media delle retribuzioni degli ultimi tre anni.

In caso di morte del lavoratore l'indennità di mancato preavviso spetta, secondo il bisogno di ciascuno, al coniuge, ai figli, alla parte dell'unione civile e ai parenti e affini se vivevano a carico del lavoratore.

64.2. *Il licenziamento per giusta causa*

Estinzione immediata del rapporto

A differenza del recesso libero con preavviso, il recesso per giusta causa (art. 2119 cod. civ.) riguarda non solo il contratto a tempo indeterminato, ma anche quello a tempo determinato. Quest'ultimo, infatti, essendo sin dall'origine destinato ad estinguersi con la scadenza del termine fino alla quale le parti sono tenute a svolgere le rispettive prestazioni, tollera un recesso *ante tempus* soltanto in presenza di serie ragioni.

La giusta causa è quella «che non consenta la prosecuzione, anche provvisoria, del rapporto», sicché la sua verificazione legittima l'estinzione immediata del rapporto di lavoro. Ciò significa che nel contratto a tempo determinato non occorre attendere la scadenza del termine e nel contratto a tempo indeterminato non occorre il preavviso, parlandosi in proposito di recesso in tronco.

Regime differenziato per le dimissioni

L'uniformità della disciplina codicistica di licenziamento e dimissioni, che è completa per il recesso libero con preavviso, è solo parziale nel recesso per giusta causa, poiché solo il lavoratore che si dimette per giusta causa da un rapporto a tempo indeterminato ha diritto ad una indennità pari a quella di mancato preavviso. Qui, dunque, l'indennità, con rovesciamento della sua funzione, tutela il lavoratore costretto al recesso, considerato in una situazione di difficoltà analoga a quella del lavoratore che lo subisce senza il dovuto preavviso. Mentre nessuna tutela, salvo quella generale risarcitoria e l'esonero dal preavviso, è apprestata per il datore di lavoro che debba recedere per giusta causa, benché anch'egli si trovi improvvisamente costretto a privarsi del dipendente.

Contratto a tempo indeterminato

Nel contratto a tempo indeterminato il licenziamento per giusta causa esclude, come si è detto, il diritto del lavoratore al preavviso e, in passato, escludeva anche il diritto all'indennità di anzianità. Pertanto l'onere di allegazione e prova della giusta causa, quale fatto impeditivo del diritto al preavviso, grava sul datore di lavoro recedente.

Contratto a termine

Anche nel contratto a tempo determinato il datore di lavoro che intenda licenziare *ante tempus* il prestatore deve provare la giusta causa o l'impossibilità sopravvenuta, altrimenti il licenziamento è inefficace ed il rapporto prosegue fino alla scadenza pattuita con il conseguente obbligo retributivo o, come ritiene la giurisprudenza, risarcitorio in misura pari alle retribuzioni perdute con eventuale detrazione di quanto guadagnato altrove.

Malattia

Il licenziamento per giusta causa può riguardare, senza alcun differimento di efficacia, anche il lavoratore malato, essendo la tutela di questi limitata al solo licenziamento con preavviso (art. 2110, c. 2, cod. civ.).

Nozione di giusta causa

Per la nozione di giusta causa, ivi compreso il principio di immediatezza, si rinvia all'esame delle giustificazioni del licenziamento (cfr. 65.2) e alla trattazione delle dimissioni (cfr. 79.2).

65. La regola di giustificazione necessaria

65.1. *Significato e fonti della regola*

Interessi coinvolti dal licenziamento

Il lavoratore, se non possiede una professionalità ambìta sul mercato con conseguente facile reperimento di occupazioni alternative, ha un fortissimo interesse alla conservazione del rapporto e del relativo reddito, sicché il licenziamento equivale sovente ad una vera e propria tragedia, salvo che il lavoratore non appartenga ad una famiglia facoltosa o, comunque, con altre sufficienti fonti di sostentamento.

Pertanto, anche in considerazione dei principi costituzionali di protezione della parte debole (art. 3, c. 2), di tutela del diritto al lavoro (art. 4, c. 1) e di compatibilità della iniziativa economica privata con l'utilità sociale e la salvaguardia della libertà e dignità umana (art. 41, c. 2), si è posto il problema della limitazione del potere di licenziamento mediante l'introduzione di una regola di necessaria giustificazione.

In proposito il contrasto di interessi è violento, poiché il licenziamento libero da un lato costituisce per i datori di lavoro strumento fondamentale per un agevole governo dell'organico con eliminazione insindacabile e quindi certa dei rapporti ritenuti non necessari o non soddisfacenti, mentre dall'altro lato rappresenta per i lavoratori una minaccia permanente, conseguendone un timore che impedisce di fatto la tutela di ogni diritto nel corso del rapporto (cfr. 93.3; 95.1).

Evoluzione della disciplina del licenziamento

In questo contesto è stata in origine respinta l'idea secondo cui la regola di giustificazione necessaria sarebbe ricavabile in via interpretativa dalle ricordate disposizioni costituzionali, la cui attuazione nei rapporti interprivati è stata affidata, invece, al legislatore ordinario con gradualità e modalità rimesse alle sue insindacabili valutazioni discrezionali (Corte Cost. n. 45 del 1965), sicché ora, all'esito dell'evoluzione dell'ordinamento, si considera costituzionalizzata la regola di giustificazione necessaria ma non la tutela reale (Corte Cost. n. 46 del 2000).

Riconosciuta, così, la legittimità costituzionale del potere di licenziamento *ad nutum ex* art. 2118 cod. civ., si è, però, contemporaneamente aperta la strada ad interventi del legislatore e dell'autonomia collettiva diretti a limitare tale potere in modo progressivamente più generale e più intenso. L'evoluzione della disciplina del licenziamento individuale si è realizzata, dunque, lungo due direttrici essenziali, l'una volta a fissare la regola di giustificazione necessaria e ad estenderla ad ambiti sempre più vasti, l'altra volta a sancire sanzioni speciali per la violazione di tale regola nell'alternativa, a seconda delle diverse situazioni, tra una protezione debole meramente economica indennitaria (c.d. tutela obbligatoria) ed una protezione forte con eliminazione dell'effetto estintivo del rapporto (c.d. tutela reale).

Onere della prova

L'imposizione di una adeguata giustificazione per il legittimo esercizio del potere di licenziamento comporta automaticamente, al di là della disposizione espressa (art. 5 legge n. 604 del 1966) dal valore meramente confermativo, l'onere del datore di lavoro di allegare e provare *ex* art. 2697 cod. civ. le circostanze giustificatrici, quale fatto costitutivo della facoltà di licenziamento o, il che è lo stesso, fatto impeditivo dell'azione di impugnazione del medesimo da parte del lavoratore. Proprio questo onere, come sempre derivante dalla disciplina sostanziale (cfr. 95.2), qualifica la limitazione del potere mediante la regola di giustificazione necessaria, distinguendola dalla diversa limitazione fondata sul divieto di discriminazione o di motivo illecito, in cui è il lavoratore a dover dimostrare la violazione del divieto (cfr. 51.2).

Accordi interconfederali e legge n. 604 del 1966

La regola di giustificazione necessaria del licenziamento individuale è stata prevista dapprima da accordi interconfederali e, poi, dal legislatore mediante la disposizione dell'art. 1 della legge n. 604 del 1966, secondo cui «nel rapporto di lavoro a tempo indeterminato ... il licenziamento del prestatore di lavoro non può avvenire che per giusta causa ai sensi dell'art. 2119 cod. civ. o per giustificato motivo».

Pubblico impiego

Nel pubblico impiego, invece, la tradizionale tipizzazione delle cause di estinzione del rapporto escludeva per definizione la possibilità di un licenziamento *ad nutum*, conseguendone il controllo del giudice amministrativo in via di giurisdizione esclusiva su eventuali provvedimenti di destituzione, dispensa, decadenza e collocamento a riposo, con annullamento degli stessi in caso di accertata illegittimità. Questa generale stabilità nell'impiego, con esclusione ora di alcune ipotesi di licenziamento libero (cfr. 71.3), permaneva anche dopo la privatizzazione del rapporto e la devoluzione delle controversie al giudice del lavoro, per effetto della prevista applicazione dell'art. 18 stat. lav. a tutte le pubbliche amministrazioni «a prescindere dal numero dei dipendenti» (art. 51, c. 2, d.lgs. n. 165 del 2001) e, quindi, con tutela più ampia rispetto a quella del lavoro privato. Ora la tutela reale reintegratoria per i dipendenti pubblici privatizzati è prevista dall'art. 63, c. 2, d.lgs. n. 165 del 2001 come integrato dal d.lgs. n. 75 del 2017 (cfr. 71.2). Per i rapporti di lavoro pubblico non privatizzati opera ancora la tradizionale stabilità dell'impiego secondo le regole del diritto amministrativo.

Fonti collettive

La regola di giustificazione necessaria può essere sancita anche dai contratti collettivi, mediante la tipizzazione tassativa delle cause di estinzione del rapporto con esclusione del licenziamento *ad nutum* e con sanzione a volte reale e a volte obbligatoria.

Il giustificato motivo negoziale non coincide, salvo richiamo espresso, con la nozione legale di giustificato motivo, del quale può essere più ampio, come ad esempio è stato riconosciuto a proposito dei contratti collettivi per i dirigenti, ritenendosi sufficiente ad escludere l'indennità supplementare per licenziamento ingiustificato la veridicità, ragionevolezza, non arbitrarietà e non pretestuosità delle ragioni addotte.

Clausole di durata minima

Una compressione del potere di licenziamento deriva anche dalle cosiddette clausole di durata minima talora inserite nei contratti individuali, che appunto impegnano il datore di lavoro a non recedere per un certo periodo o sino al verificarsi di un determinato evento.

65.2. *La giusta causa*

Nozione

Nei rapporti a tempo indeterminato sottoposti alla regola di giustificazione necessaria il licenziamento è consentito, innanzitutto, in presenza di una «giusta causa ai sensi dell'art. 2119 cod. civ.» (art. 1 legge n. 604 del 1966).

Pertanto opera qui come una delle possibili giustificazioni del licenziamento la stessa nozione già utilizzata dal codice civile per escludere il diritto al preavviso nei rapporti a tempo indeterminato, nonché per consentire il recesso *ante tempus* nei contratti a termine (cfr. 64.2).

La definizione di «causa che non consenta la prosecuzione, anche provvisoria, del rapporto» (art. 2119 cod. civ.) indica la particolare rilevanza delle situazioni considerate, tali da rendere inevitabile una brusca cessazione della collaborazione tra le parti per l'indifferibile salvaguardia dell'interesse contrattuale del recedente.

Principio di immediatezza

Proprio questa connotazione di urgenza tipizzata dal legislatore ha condotto la giurisprudenza ad elaborare il principio di immediatezza, secondo cui il licenziamento per giusta causa è ammesso solo in contiguità temporale con la verificazione del fatto o la conoscenza dello stesso da parte del datore di lavoro, restando altrimenti esclusa *per tabulas* l'impossibilità di prosecuzione provvisoria del rapporto. Tuttavia l'immediatezza è intesa in senso relativo, essendo compatibile con il tempo necessario per l'esatto accertamento dei fatti e per la loro adeguata valutazione, con onere della prova sul datore di lavoro interessato a giustificare il ritardo. Il principio di immediatezza viene ormai riferito alla necessaria contestazione dell'addebito (cfr. 77.4), che nel lavoro pubblico deve avvenire entro un termine preciso indicato dalla legge, ma va rispettato anche in relazione al successivo periodo tra la contestazione e l'adozione del provvedimento.

Sospensione cautelare

Nelle more dell'accertamento e valutazione dei fatti e, poi, del procedimento disciplinare (cfr. 67.4), il datore di lavoro che tema pregiudizi dalla presenza in azienda del dipendente può procedere alla sospensione cautelare del medesimo, a fini evidentemente non punitivi. Il potere di sospensione cautelare non è previsto dalla legge, ma è riconosciuto dalla giurisprudenza, che impone peraltro l'obbligo retributivo per il relativo periodo, salvo una diversa disciplina per contratto collettivo. Per i dipendenti pubblici la sospensione cautelare è obbligatoria in caso di condanna penale non definitiva per reati di peculato, concussione e corruzione (legge n. 97 del 2001), mentre è facoltativa in ogni caso di sospensione del procedimento disciplinare per pendenza del processo penale (cfr. 58.5).

Tipizzazioni collettive e individuali

La nozione di giusta causa, come si è visto, è fissata dalla legge (art. 2119, c. 1, cod. civ.) al pari di quella di giustificato motivo (art. 3 legge n. 604 del 1966), sicché le tipizzazioni contenute nei contratti collettivi o nel contratto individuale non vincolano il giudice, ma, in base ad una presunzione giurisprudenziale, sono considerate sufficienti a gravare il lavoratore dell'onere della prova di circostanze tali da fondare lo scostamento dalla valutazione operata dall'autonomia collettiva. Invece la previsione negoziale che ricolleghi ad un determinato fatto solo una sanzione conservativa o consenta il licenziamento solo in presenza di precise circostanze vincola il giudice, trattandosi, in caso di contrasto con la nozione legale di giusta causa o di giustificato motivo, di una condizione di maggior favore fatta espressamente salva dal legislatore (art. 12 legge n. 604 del 1966).

Ora il legislatore, al fine di ridurre l'incertezza derivante da norme a precetto generico, intende valorizzare le tipizzazioni di giusta causa e giustificato motivo di licenziamento contenute nei contratti collettivi e nei contratti individuali certificati (art. 30, c. 3, legge n. 183 del 2010).

La disposizione dice solo che «il giudice tiene conto» di queste tipizzazioni, sicché recepisce il ricordato orientamento giurisprudenziale, secondo cui, stante l'assenza di un rinvio della legge ad altre fonti, il giudice deve applicare direttamente le nozioni legali di giusta causa e di giustificato motivo senza essere vincolato dalle tipizzazioni collettive, dovendo, tutt'al più, motivare, come dovrà fare anche ora, lo scostamento da tale mero parametro valutativo.

La disposizione in esame, dunque, non riduce la discrezionalità del giudice ed, anzi, la salvaguarda ulteriormente. Infatti le tipizzazioni collettive di cui tenere conto sono, ora, solo quelle contenute nei contratti collettivi «stipulati dai sindacati comparativamente più rappresentativi». Ed anche le tipizzazioni contenute nei contratti individuali, certamente ammissibili anche in precedenza quali indicazioni della particolare rilevanza di un determinato compito ai fini della gravità del relativo inadempimento, sono ora solo quelle previste nei contratti certificati.

È stata espressamente confermata (art. 18, c. 4, stat. lav.) la già ricordata salvezza delle clausole più favorevoli ai lavoratori, sicché, se il contratto collettivo prevede per una infrazione una sanzione solo conservativa, il giudice non può ritenere giustificato il licenziamento ai sensi di legge, neppure valorizzando circostanze aggravanti che non modificano la fattispecie e rientrano, quindi, nella valutazione collettiva. Ed, anzi, in questi casi deve essere concessa la tutela reale ove applicabile. Ovviamente restano vincolanti anche le clausole di miglior favore contenute nel contratto individuale a prescindere dalla certificazione.

Tipizzazioni legali

Nel lavoro pubblico, invece, sono tipizzate dalla legge alcune condotte costituenti giusta causa di licenziamento, con esclusione di una valutazione di gravità e proporzionalità da parte del giudice, in quanto tale valutazione è stata effettuata una volta per tutte in astratto dal legislatore, salvo il controllo di costituzionalità sulla ragionevolezza di ciascuna norma (cfr. 58.5).

Procedure concorsuali

La legge esclude espressamente che sia configurabile come giusta causa il fallimento dell'imprenditore o la liquidazione coatta amministrativa (art. 2119, c. 2, cod. civ.), alla quale è equiparata la amministrazione straordinaria delle grandi imprese in crisi, sicché i lavoratori divenuti superflui devono essere licenziati con preavviso.

Fatti incidenti sulla idoneità professionale del lavoratore

La giusta causa non comprende soltanto i gravi inadempimenti contrattuali del dipendente, ma anche altri fatti che, pur essendo in sé estranei allo svolgimento del rapporto, incidano sul medesimo eliminando l'interesse del datore di lavoro alla collaborazione con quel lavoratore. Generalmente si parla di lesione irrimediabile del vincolo di fiducia o di travolgimento della aspettativa di puntuali futuri adempimenti, ma, a ben vedere, quando non è configurabile un inadempimento quel che conta è l'oggettivo venir meno dell'idoneità del lavoratore all'esecuzione della prestazione dedotta in contratto.

Accertamento della giusta causa

Trattandosi dell'applicazione di un concetto indeterminato, e salve le tipizzazioni legali, l'accertamento della giusta causa viene effettuato dal giudice, con valutazione di gravità che tiene conto degli specifici elementi oggettivi e soggettivi della fattispecie concreta, quali il tipo di mansioni affidate al lavoratore, gli eventuali precedenti disciplinari, il carattere doloso o colposo dell'infrazione, le circostanze di luogo e di tempo, le probabilità di reiterazione dell'illecito, il disvalore ambientale della condotta quale modello diseducativo per gli altri dipendenti.

Non occorre che il datore di lavoro abbia subito un danno, né è indispensabile una pluralità di infrazioni quando il singolo episodio è in sé grave, altrimenti può rilevare il cumulo di infrazioni non gravi.

Reati commessi dal lavoratore

Il reato eventualmente commesso dal lavoratore, sia esso inerente o estraneo al rapporto, non costituisce di per sé giusta causa di licenziamento, dovendo, comunque, essere accertata caso per caso la sua idoneità ad impedire la prosecuzione anche provvisoria della collaborazione tra le parti. Solo per i dipendenti pubblici condannati irrevocabilmente per alcuni reati contro la p.a. è prevista l'estinzione automatica del rapporto come pena accessoria (art. 32 *quinquies* cod. pen.).

Le clausole di alcuni contratti collettivi che tipizzano come giusta causa la condanna penale del lavoratore ad una pena detentiva non inferiore ad una certa misura vincolano il giudice solo a favore del lavoratore, nel senso che rendono illegittimo il licenziamento in caso di applicazione di una pena inferiore evidentemente ritenuta dalle parti collettive meritevole solo di una sanzione conservativa, mentre se la pena è pari o superiore a quella indicata in contratto occorre comunque valutare la configurabilità in concreto di una giusta causa in base alla relativa nozione legale.

Il datore di lavoro non ha l'obbligo di attendere l'esito del processo penale per intimare il licenziamento giustificato con il fatto reato e non con la condanna, salvo l'imposizione di una apposita sospensione cautelare da parte del contratto collettivo per la durata di tale processo. Per la particolare disciplina del lavoro pubblico, cfr. 58.5.

Rapporti tra processo civile e processo penale

Il giudicato penale di assoluzione secondo cui il fatto non sussiste o non è stato commesso dal lavoratore imputato vincola nel giudizio sul licenziamento per fatto reato soltanto il datore di lavoro privato che abbia partecipato al processo penale come parte civile (art. 654 cod. proc. pen.), richiedendosi a tal fine una partecipazione effettiva e non soltanto la mera possibilità di partecipazione rimasta inutilizzata. Pertanto il datore di lavoro privato che non abbia partecipato al processo penale conclusosi con l'assoluzione del dipendente può pretendere dal giudice del lavoro un accertamento di fatto diverso da quello del giudice penale, con possibile contrasto di giudicati, poiché prevale il diritto di difesa. Solo il datore di lavoro pubblica amministrazione è sempre vincolato, a prescindere dalla sua partecipazione al processo penale, dal giudicato di assoluzione perché il fatto non sussiste o non costituisce reato o non è stato commesso dal lavoratore imputato (art. 653, c. 1, cod. proc. pen.). In questi casi la pubblica amministrazione, su domanda dell'interessato privo di responsabilità disciplinari o contabili, ha facoltà di ripristinare o proseguire il rapporto, anche oltre i limiti di età, per un periodo pari a quello della sospensione cautelare ingiustamente verificatasi e deve corrispondere il trattamento che sarebbe spettato in assenza della sospensione (art. 3, c. 57, legge n. 350 del 2003; legge n. 126 del 2004 di conv. del d.l. n. 66 del 2004). Se, invece, il procedimento disciplinare contro il dipendente pubblico non è stato sospeso e si è concluso con la irrogazione del licenziamento (o di altra sanzione), ne è prevista la riapertura su istanza del lavoratore (cfr. 58.5).

Il giudicato di assoluzione perché il fatto non costituisce reato non esclude che il giudice civile possa qualificare il medesimo fatto come giusta causa di licenziamento.

Il giudicato penale di condanna o la pronunzia di amnistia che accerti il fatto commesso dal lavoratore fa stato nel procedimento disciplinare contro il dipendente pubblico (art. 653, c. 1 *bis*, cod. proc. pen.) e nel giudizio civile sul licenziamento (art. 654 cod. proc. pen.), salva la valutazione da parte del giudice del lavoro sulla configurabilità come giusta causa di licenziamento di tale fatto. Se il procedimento disciplinare a carico del pubblico dipendente non è stato sospeso e si è concluso con l'archiviazione o con una sanzione diversa dal licenziamento viene riaperto da parte dell'amministrazione (cfr. 58.5).

La sentenza di applicazione della pena su richiesta (c.d. patteggiamento) non ha efficacia nel giudizio civile (art. 445, c. 1 *bis*, cod. proc. pen.), nel quale occorre, dunque, procedere all'accertamento di tutti i fatti invocati come giustificazione del licenziamento, anche se negli ultimi anni si è affermato un orientamento opposto. Tuttavia il patteggiamento può rilevare in sé quando il licenziamento avviene in base a clausole collettive riferentisi all'applicazione di una pena detentiva minima, qui ponendosi, peraltro, la *quaestio voluntatis* se tali clausole, ove non lo prevedano espressamente, riguardino anche il caso di applicazione della pena su richiesta delle parti. Solo nei rapporti di lavoro pubblico la sentenza di applicazione della pena su richiesta ha efficacia di giudicato come ogni altra sentenza di condanna (artt. 445, c. 1 *bis*, e 653 cod. proc. pen., come novellati dalle leggi n. 37 del 2001 e n. 134 del 2003).

Se la sentenza penale non costituisce giudicato ai fini civili possono essere utilizzate, nella causa sul licenziamento, le prove raccolte nel processo penale, ma solo come prove atipiche e, quindi, come elementi per la costruzione di una presunzione semplice ai fini del libero convincimento del giudice. Invece i verbali redatti lecitamente da pubblici ufficiali fanno piena prova fino a querela di falso nel giudizio civile limitatamente ai fatti direttamente percepiti dal verbalizzante (art. 2700 cod. civ.).

Il processo civile sul licenziamento deve essere sospeso per la contemporanea pendenza del processo penale «se questo può dar luogo a una sentenza che abbia efficacia di giudicato nell'altro processo» (art. 211 disp. att. cod. proc. pen.; art. 295 cod. proc. civ.) e, quindi, sicuramente se il datore di lavoro si è costituito parte civile, ma, a ben vedere, anche in relazione alle altre ipotesi di efficacia del giudicato penale sopra ricordate. Mentre le condizioni per la sospensione fissate dall'art. 75, c. 3, cod. proc. pen. sembrano riguardare solo l'azione di danno «proposta in sede civile nei confronti dell'imputato», che è ben diversa dalla causa di impugnazione del licenziamento proposta dal lavoratore imputato.

Conversione del licenziamento

In caso di accertata insussistenza della giusta causa invocata dal datore di lavoro per il recesso in tronco, l'effetto estintivo del rapporto si produce egualmente laddove è consentito il licenziamento libero *ex* art. 2118 cod. civ. Ma anche laddove opera la regola di giustificazione necessaria il licenziamento rimane efficace se il fatto non integrante gli estremi della giusta causa sia qualificabile come giustificato motivo *ex* art. 3 della legge n. 604 del 1966.

Non si tratta di una conversione in senso tecnico del negozio nullo ai sensi dell'art. 1424 cod. civ., che richiederebbe una domanda espressa e l'accertamento della volontà del datore di lavoro di recedere comunque anche in assenza della giusta causa, bensì del riconoscimento dell'efficacia del negozio originario tipicamente ed esclusivamente diretto alla estinzione del rapporto, di cui il giudice deve solo accertare, anche d'ufficio, la conformità all'ordinamento anche in assenza di giusta causa, rilevando, in base alle risultanze degli atti, il regime di libera recedibilità oppure la sussistenza di un giustificato motivo.

In queste ipotesi il lavoratore ha diritto all'indennità di mancato preavviso e ad ogni altra spettanza connessa all'efficacia reale di questo (cfr. 64.1).

Casistica La casistica giurisprudenziale sulla giusta causa di licenziamento è sterminata, sicché si segnalano soltanto, a titolo di esempio, alcune tra le questioni più ricorrenti o più significative.

Quanto ai fatti incidenti sulla idoneità professionale del lavoratore (cfr. 52.3) si ricordano l'acquisto, detenzione e uso di stupefacenti, il contrabbando da parte di un dipendente di compagnia aerea, il possesso illegittimo di armi, la rapina ai danni di una prostituta, l'emissione di assegni a vuoto e l'aver subito protesti cambiari, il matrimonio solo civile di insegnanti di scuola cattolica, il grave dissenso ideologico di un lavoratore addetto a mansioni di tendenza, la falsa testimonianza resa in un giudizio civile tra il datore di lavoro ed altro lavoratore, i rapporti carnali fuori dell'orario di lavoro con la moglie del datore di lavoro titolare di una piccola azienda, la gestione abusiva di scommesse e gioco del lotto, la ripetuta guida in stato di ebbrezza e con eccesso di velocità nella propria vita privata da parte di un autista.

Tra i fatti inerenti allo svolgimento del rapporto, comprensivo non solo dell'esecuzione della prestazione ma anche degli obblighi accessori, si ricordano le assenze ingiustificate, il rifiuto di misure di sicurezza, o di sottoporsi a visita medica, il blocco dei macchinari in occasione di sciopero, la distruzione di un attrezzo aziendale o di beni gestiti dall'azienda, il furto o l'appropriazione indebita o l'uso personale di beni aziendali, la sottrazione o diffusione anche in copia di documenti o dati aziendali riservati anche per uso processuale, la falsificazione delle registrazioni delle presenze o, peggio ancora, dei rapporti attestanti l'attività giornaliera fuori dell'azienda e non soggetta a controllo, la falsificazione di certificati medici presentati al datore di lavoro, la falsificazione della documentazione di spese per il relativo rimborso, la falsificazione o l'omissione degli scontrini fiscali per appropriarsi di somme pagate dal cliente, l'effettuazione o la mancata segnalazione di operazioni irregolari, le ingiurie o la diffamazione e l'aggressione o minacce contro i superiori gerarchici o il datore di lavoro o colleghi o utenti, la registrazione clandestina di conversazioni tra colleghi o con il superiore, le molestie sessuali e gli atti osceni in occasione della prestazione lavorativa, l'abbigliamento incompatibile con l'immagine dell'azienda, il lavoro e le altre attività del malato incompatibili con lo stato di malattia (cfr. 57.3), la grave o reiterata negligenza nella esecuzione della prestazione o l'ingiustificato rifiuto di lavorare (cfr. 96), l'omessa comunicazione all'azienda di informazioni doverose, l'usura nei confronti di un collega, l'effettuazione di prestiti onerosi da parte del bancario o di un dipendente delle poste, l'effettuazione di lavoro esterno vietato, subordinato o autonomo, da parte del dipendente pubblico, l'intralcio dell'attività aziendale, l'ubriachezza nel luogo di lavoro, i rapporti impropri con i fornitori, l'esecuzione o il rifiuto di direttive illegittime.

65.3. *Il giustificato motivo soggettivo*

Giustificato motivo

La regola di giustificazione necessaria del licenziamento nel rapporto a tempo indeterminato è rispettata non solo in presenza di una giusta causa, ma anche ove ricorra un giustificato motivo (art. 1 legge n. 604 del 1966).

La stessa legge (art. 3) provvede a definire il giustificato motivo, distinguendo quello c.d. soggettivo, consistente nel «notevole inadempimento degli obblighi contrattuali del prestatore di lavoro», da quello c.d. oggettivo, consistente in «ragioni inerenti all'attività produttiva, all'organizzazione del lavoro e al regolare funzionamento di essa».

Preavviso

Il giustificato motivo legittima il licenziamento «con preavviso» (art. 3 legge cit.), così differenziandosi dalla giusta causa che, invece, esclude il preavviso in quanto non consente la prosecuzione «anche provvisoria» del rapporto (art. 2119, c. 1, cod. civ.).

Inadempimento notevole

Il giustificato motivo soggettivo richiede un inadempimento «notevole», cioè più grave di quello di non «scarsa importanza» necessario per la risoluzione del contratto secondo la disciplina generale dell'art. 1455 cod. civ.

Se l'inadempimento non è notevole il datore di lavoro può irrogare solo una sanzione disciplinare conservativa del rapporto (cfr. 58).

Scarso rendimento

Lo scarso rendimento del lavoratore, che non è obbligato ad un risultato ma deve collaborare con la prescritta diligenza, consente il licenziamento per giustificato motivo soggettivo solo se integra gli estremi del notevole inadempimento, altrimenti può rilevare come giustificato motivo oggettivo se non ci sono alternative al recesso. Nel lavoro pubblico privatizzato è legalmente tipizzato come giustificato motivo di licenziamento l'insufficiente rendimento rilevato dalla costante valutazione negativa della performance per ciascun anno dell'ultimo triennio (art. 55 *quater*, c. 1, lett. f *quinquies*), d.lgs. n. 165 del 2001, come modificato dal d.lgs. n. 75 del 2017).

Accertamento giudiziale

Come si è già detto a proposito della giusta causa (cfr. 31.2), spetta al giudice, senza vincolo da parte delle tipizzazioni collettive se non a favore del lavoratore, valutare la gravità dell'accertato inadempimento, tenuto conto di tutte le circostanze oggettive e soggettive del caso concreto, e conseguentemente stabilire se ricorra una giusta causa oppure un giustificato motivo soggettivo oppure una situazione che consente solo una sanzione conservativa.

La casistica del giustificato motivo soggettivo si intreccia, così, con quella della giusta causa relativa ad inadempimenti del lavoratore, trattandosi di una differenza solo quantitativa, da valutare caso per caso.

Se l'inadempimento non è così grave da costituire giusta causa, ma è comunque «notevole», il licenziamento rimane valido anche se è stato intimato per giusta causa, salvo l'obbligo di corrispondere l'indennità di mancato preavviso (cfr. 65.2).

Tipizzazioni legali

Nel lavoro pubblico privatizzato sono tipizzate dalla legge alcune ipotesi di licenziamento per giustificato motivo soggettivo, che escludono il controllo del giudice sulla gravità della condotta così tipizzata, salvo il controllo di costituzionalità sulla ragionevolezza di ciascuna norma. Si ricordano, oltre all'insufficiente rendimento di cui si è già detto, l'assenza ingiustificata per un certo numero di giorni, la mancata ripresa del servizio nel termine fissato dall'amministrazione in caso di assenza ingiustificata e il rifiuto ingiustificato del trasferimento (art. 55 *quater*, c. 1, lett. b) e c), d.lgs. n. 165 del 2001 introdotto dal d.lgs. n. 150 del 2009). Altre ipotesi sono previste dal medesimo articolo.

Immediatezza

Il requisito dell'immediatezza, seppur in modo più attenuato rispetto all'ipotesi della giusta causa, sussiste anche in relazione al licenziamento per giustificato motivo soggettivo, poiché anche qui una prolungata tolleranza dell'inadempimento indica la compatibilità di questo con la persistenza del rapporto secondo la stessa valutazione del datore di lavoro e, del resto, una contestazione tempestiva è necessaria anche per consentire al lavoratore di difendersi adeguatamente. Sicché anche qui, come per la giusta causa, è decisiva la tempestività dell'attivazione e conclusione del procedimento disciplinare (cfr. 58).

65.4. *Il giustificato motivo oggettivo*

Definizione

Il giustificato motivo oggettivo è determinato da «ragioni inerenti all'attività produttiva, all'organizzazione del lavoro e al regolare funzionamento di essa» (art. 3 legge n. 604 del 1966).

Insindacabilità delle scelte economiche e organizzative

Il giudice, in base al principio generale ora espressamente ribadito dal legislatore la cui violazione costituisce errore di diritto (art. 30, c. 1, legge n. 183 del 2010), non può sindacare le scelte economico-organizzative del datore di lavoro, tra cui rientrano anche quelle di affidare a lavoratori autonomi o di appaltare a terzi il servizio al quale prima era addetto il dipendente licenziato o di svolgimento personale del lavoro da parte dell'imprenditore persona fisica o degli amministratori della persona giuridica, ma deve soltanto verificare l'effettiva realizzazione di tali scelte ed il nesso causale con il licenziamento.

Soppressione del posto

Al datore di lavoro spetta, dunque, provare, innanzitutto, la reale soppressione del posto cui era addetto il lavoratore licenziato. Ciò non significa necessariamente soppressione delle mansioni già svolte da quest'ultimo, poiché la scelta organizzativa può consistere anche nella loro distribuzione tra altri dipendenti già in servizio oppure nel loro accorpamento in un'altra posizione lavorativa.

Del resto il lavoratore licenziato non può pretendere la comparazione della propria posizione con quella degli addetti ai differenti posti residui, proprio perché l'indispensabile nesso di causalità tra scelta organizzativa e licenziamento sussiste per l'addetto al posto soppresso e non per altri.

Inutilizzabilità aliunde *(c.d.* repêchage*)*

La prova della effettiva soppressione del posto non è, tuttavia, sufficiente da sola ad integrare gli estremi del giustificato motivo oggettivo, essendo necessaria anche la dimostrazione della inutilizzabilità del lavoratore in altre posizioni equivalenti, secondo un consolidato principio giurisprudenziale che invera la tesi del licenziamento come *extrema ratio*.

Non è dovuta una utilizzazione che comporti la modifica della prescelta organizzazione aziendale o maggiori spese.

Vicende personali del lavoratore incidenti sulla organizzazione

Nella nozione di giustificato motivo oggettivo rientrano anche fatti inerenti alla persona del lavoratore, ma incidenti sulla organizzazione aziendale. Si tratta di casi di impossibilità sopravvenuta della prestazione lavorativa, in concreto incompatibile con la prosecuzione del rapporto a causa della sua definitività o della imprevedibilità o eccessività della sua durata.

Inidoneità fisica sopravvenuta

L'ipotesi più frequente è quella della sopravvenuta inidoneità fisica del lavoratore allo svolgimento delle mansioni contrattuali, che rileva anche quando non è definitiva ma di durata imprevedibile, purché non derivi, a prescindere dalla responsabilità del datore di lavoro, da infortunio sul lavoro o malattia professionale (art. 1, c. 7, legge n. 68 del 1999), il che peraltro non può significare, a pena di incostituzionalità (art. 41 Cost.), obbligo di conservazione del rapporto con un lavoratore inutilizzabile.

Un orientamento giurisprudenziale opinabile e contrario a quello consolidato aveva costruito un obbligo per il datore di lavoro, anche in assenza di espressa previsione del contratto collettivo, di assegnare al lavoratore, ove disponibili in azienda, diverse mansioni, anche inferiori, compatibili con il suo stato fisico (Cass. SU n. 7755 del 1998). Questo principio è stato, poi, recepito dal legislatore, che ammette il licenziamento per inidoneità sopravvenuta solo se sia impossibile una utilizzazione del lavoratore in mansioni equivalenti o inferiori, aggiungendo, in caso di assegnazione a mansioni inferiori, il diritto, di dubbia costituzionalità, alla conservazione del trattamento della precedente qualifica (art. 4, c. 4, legge n. 68 del 1999; art. 42 d.lgs. n. 81 del 2008; art. 3, c. 3 *bis*, d.lgs. n. 216 del 2003).

L'accertata insussistenza della inidoneità addotta come giustificazione del licenziamento determina l'applicazione della tutela reale nelle aziende di maggiori dimensioni.

Per gli assunti dopo il d.lgs. n. 23 del 2015 (art. 2, c. 4) si applica la tutela reale per i licenziamenti nulli.

Perdita di requisiti soggettivi

Altre ipotesi riguardano il venir meno di determinati requisiti indispensabili per l'esecuzione della prestazione lavorativa, come la sospensione della patente di guida per il lavoratore con mansioni di autista o del porto d'armi per la guardia giurata o il ritiro del tesserino doganale per il lavoratore aeroportuale, con valutazione in concreto *ex ante* sia delle disfunzioni organizzative in relazione alla prevedibile durata della sospensione, sia della possibilità di utilizzare il dipendente in mansioni equivalenti.

Carcerazione preventiva

Anche la carcerazione preventiva, che rende impossibile la prestazione lavorativa, costituisce giustificato motivo oggettivo di licenziamento solo se, in relazione alla sua prevedibile durata e alle dimensioni dell'azienda, l'assenza del lavoratore determini problemi organizzativi non fronteggiabili con il restante personale o faccia venir meno l'interesse a ulteriori prestazioni. Tuttavia, quando il licenziamento risulti così giustificato, il lavoratore poi riconosciuto innocente in sede penale ha diritto alla reintegrazione nel posto di lavoro (art. 102 *bis* disp. att. cod. proc. pen. introdotto con l'art. 24 legge n. 332 del 1995), che qui non consegue, dunque, ad un illecito contrattuale del datore di lavoro, ma costituisce un mezzo di riparazione per l'ingiusta detenzione, quindi senza risarcimento del danno per il *medio tempore* a carico del datore di lavoro e con esclusione di ogni altro profilo della disciplina della reintegrazione per licenziamento ingiustificato (cfr. 70).

Malattia

Diversamente dalle ipotesi fin qui esaminate il licenziamento del lavoratore malato per superamento del periodo di conservazione del posto è ritenuto estraneo alla nozione di giustificato motivo oggettivo, in quanto viene ricondotto nell'ambito della disciplina speciale dell'art. 2110 cod. civ. e quindi è nullo (cfr. 62.2).

65.5. *L'ingiustificatezza qualificata*

Ingiustificatezza qualificata a tutela reale

Con la legge n. 92 del 2012, il cui art. 1, c. 42 ha novellato l'art. 18 stat. lav., è stata introdotta nell'ordinamento la nozione di ingiustificatezza qualificata, ancora sanzionata con la tutela reale, mentre in caso di normale ingiustificatezza si applica ormai una tutela solo indennitaria. Questa novella non si applica al lavoro pubblico privatizzato, poiché lederebbe i principi costituzionali di buon andamento e di imparzialità della pubblica amministrazione e comunque, ora, la tutela reale per questi lavoratori è prevista dall'art. 63, c. 2, d.lgs. n. 165 del 2001 come integrato dal d.lgs. n. 75 del 2017.

Per i dipendenti privati la tutela reale è prevista oltre che per i licenziamenti vietati o viziati formalmente o per una inidoneità inesistente o per un comporto di malattia non scaduto, solo nei tre casi di ingiustificatezza qualificata tipizzati dalla legge, tutti indicativi di una ingiustificatezza macroscopica.

Insussistenza del fatto

Per il licenziamento per giusta causa o per giustificato motivo soggettivo sono stabilite, così, due vie alternative di accesso alla tutela reale: «insussistenza del fatto contestato» oppure quando «il fatto rientra tra le condotte punibili con una sanzione conservativa sulla base delle previsioni dei contratti collettivi ovvero dei codici disciplinari applicabili» (art. 18, c. 4).

«Insussistenza del fatto» significa che l'accusa rivolta al lavoratore non è risultata vera in punto di fatto e si distingue chiaramente dall'ipotesi del fatto accertato, ma ritenuto di gravità insufficiente a fondare la sanzione espulsiva. Quest'ultima ipotesi, sintetizzabile con l'espressione «fatto insufficiente», rientra nell'ingiustificatezza non qualificata con tutela solo indennitaria.

L'«insussistenza del fatto» che conduce alla tutela reale deve riguardare il nucleo essenziale del fatto contestato.

Se il fatto contestato risulta vero, ma è lecito o manifestamente insufficiente a giustificare il licenziamento, ad esempio intimato per una serie di starnuti o per un ritardo di pochi minuti, ricorre un caso di frode alla legge (art. 1344 cod. civ.) per eludere la tutela reale sancita per l'ipotesi di fatto insussistente, con la conseguente applicazione di questa tutela appunto prevista nell'art. 18, c. 4 e non della tutela per il licenziamento nullo prevista dall'art. 18, c. 1, in sé estranea all'elusione.

Una diversa questione è relativa al requisito di tempestività della contestazione e del licenziamento, la cui violazione è sanzionata con la tutela indennitaria prevista dall'art. 18, c. 5, stat. lav. (da 12 a 24 mensilità), mentre i vizi del procedimento disciplinare sono sanzionati con la tutela indennitaria debole prevista dall'art. 18, c. 6, stat. lav. (da 6 a 12 mensilità).

Tipizzazione di sanzione conservativa

Il presupposto alternativo per l'applicazione della tutela reale al licenziamento disciplinare ingiustificato è la tipizzazione collettiva o per codice disciplinare del fatto contestato tra quelli punibili con sanzione conservativa e, quindi, la tipizzazione della insufficiente gravità del fatto. Qui la tipizzazione favorevole al lavoratore vincola il giudice per espressa volontà di legge (art. 18, c. 4; cfr. già art. 12 legge n. 604

del 1966) con netta differenza rispetto al mero «tiene conto» relativo alle tipizzazioni favorevoli al datore di lavoro (art. 30, c. 3, legge n. 183 del 2010). Se la tipizzazione è contenuta in un contratto collettivo nazionale è ammesso il controllo diretto della Cassazione sul suo significato (art. 360, c. 1, n. 3, cod. proc. civ.). Non sono, ovviamente, consentite interpretazioni estensive, né tanto meno analogiche, sia perché non vi è alcuna lacuna da riempire operando la tutela della ingiustificatezza semplice, sia perché la *ratio* di questa ingiustificatezza qualificata a tutela reale è proprio la sicura e certa conoscenza preventiva da parte del datore di lavoro della tipizzata insufficienza del fatto a giustificare il licenziamento, certezza che verrebbe meno in caso di ampliamento interpretativo della fattispecie. Ma le sentenze più recenti della Cassazione affermano che la clausola del contratto collettivo può esser generica o elastica. È inapplicabile la nomofilachia accelerata *ex* art. 420 *bis* cod. proc. civ. sulla disposizione collettiva, per il contrasto della relativa sospensione del processo con la rapidità del nuovo rito speciale per le controversie sul licenziamento, che difatti non la menziona.

In conclusione nel licenziamento per giusta causa o per giustificato motivo soggettivo se il giudice accerta uno dei due ricordati requisiti alternativi tipici della ingiustificatezza qualificata deve applicare la tutela reale dell'art. 18, c. 4.

Manifesta insussistenza del motivo oggettivo

Nel licenziamento per giustificato motivo oggettivo la ingiustificatezza qualificata deriva dalla «manifesta insussistenza del fatto posto a base del licenziamento» (art. 18, c. 7).

Il «fatto» di cui va accertata la «manifesta insussistenza» è quello indicato nella motivazione del licenziamento, necessariamente riferita alla soppressione del posto cui era addetto il lavoratore licenziato anche per esternalizzazione del servizio o per redistribuzione delle relative mansioni e nella indisponibilità di posizioni libere in cui utilizzarlo proficuamente nell'ambito della organizzazione liberamente predisposta dal datore di lavoro.

La distinzione all'interno dell'ingiustificatezza passa necessariamente dal suo essere o no «manifesta», ma la Corte Costituzionale (n. 125 del 2022) ha dichiarato incostituzionale questo aggettivo in quanto lede il principio di eguaglianza con il licenziamento disciplinare in cui la predetta parola non c'è.

L'accertamento della «manifesta» insussistenza del fatto non bastava per la tutela reale, poiché occorreva anche una ulteriore valutazione del giudice («può»). Ma questa facoltà del giudice è stata dichiarata incostituzionale eliminando la parola "può", in quanto viola il principio di eguaglianza con il licenziamento disciplinare (Corte Cost. n. 59 del 2021).

Oneri probatori

L'accertamento delle tre ipotesi di ingiustificatezza qualificata interessa al lavoratore, sicché l'onere di deduzione e prova delle circostanze necessarie o comunque utili a tale accertamento grava sul lavoratore interessato. È vero che l'onere della prova della giustificazione del licenziamento rimane sul datore di lavoro (art. 5 legge n. 604 del 1966), ma una volta accertata l'ingiustificatezza semplice, il rischio del mancato accertamento degli ulteriori fatti costitutivi della ingiustificatezza qualificata grava sul lavoratore.

In effetti per il necessario convincimento pieno del giudice sulla inesistenza del fatto contestato nel licenziamento disciplinare o sulla manifesta insussistenza del motivo oggettivo potrebbe a volte bastare una totale carenza probatoria della giustificazione da parte dell'onerato datore di lavoro. Qui la nuova disciplina impone di distinguere tra le sentenze fondate sul convincimento del giudice e le sentenze fondate sulla regola finale di giudizio dell'onere della prova con soccombenza della parte onerata non essendosi raggiunto il convincimento pieno (art. 2697 cod. civ.). Se il giudice si convince della sussistenza dei fatti costitutivi della giustificazione dichiara la legittimità del licenziamento rigettando tutte le domande del lavoratore. Se il giudice si convince della inesistenza di tali fatti, si aprono le porte della tutela reale. Se il giudice non raggiunge il convincimento pieno sulla esistenza o sulla inesistenza dei fatti e non può o non intende avvalersi del giuramento suppletorio si verifica una soccombenza reciproca delle parti rispettivamente onerate e, quindi, del datore di lavoro quanto alla prova della giustificazione e del lavoratore quanto alla prova della insussistenza dei fatti, con conseguente accoglimento della domanda di tutela indennitaria per l'ingiustificatezza semplice e rigetto della domanda di tutela reale per l'ingiustificatezza qualificata.

Per le tipizzazioni collettive o del codice disciplinare occorre l'introduzione e la prova in giudizio di questi fatti specifici, nonché delle circostanze che rendono «applicabili» (art. 18, c. 4) al rapporto tali fonti, sicché la mancata tempestiva deduzione o la mancata prova piena da parte del lavoratore sono decisive, salvo, ovviamente, il principio di indifferenza della provenienza delle allegazioni e delle prove.

Regime per i lavoratori assunti dopo il d.lgs. n. 23 del 2015

Per i lavoratori assunti dopo l'entrata in vigore del d.lgs. n. 23 del 2015 è rimasto solo il primo caso di ingiustificatezza qualificata: «l'insussistenza del fatto materiale contestato al lavoratore, rispetto alla quale resta estranea ogni valutazione circa la sproporzione del licenziamento» (art. 3, c. 2).

Così il legislatore per i nuovi assunti ha precisato meglio la norma del 2012, accogliendo la tesi della Cassazione che si era rifatta agli argomenti esposti in questo paragrafo.

66. I divieti di licenziamento

66.1. *Generalità*

Divieti specifici

In tutti i rapporti di lavoro, siano essi sottoposti a regime di licenziamento libero oppure a regime di giustificazione necessaria con tutela reale o meramente obbligatoria, operano indistintamente alcuni specifici divieti di licenziamento, disposti dal legislatore a difesa di valori preminenti.

Onere della prova e sanzione

Caratteristiche essenziali comuni a questi divieti sono da un lato l'onere della prova a carico del lavoratore della situazione fondante il divieto, con evidente profonda differenza rispetto alla regola di giustificazione necessaria della cui prova è onerato il datore di lavoro, e dall'altro lato la tutela reale per la violazione del divieto (art. 18, c. 1-3, stat. lav., nuovo testo), che il lavoratore ha interesse ad invocare non solo nei rapporti a regime di licenziamento libero oppure di giustificazione necessaria ma con tutela debole, ma ormai anche nei rapporti con tutela reale per la sola ingiustificatezza qualificata.

Invero in passato l'interesse del lavoratore a invocare la nullità del licenziamento sussisteva solo nei casi esclusi dalla regola legale di giustificazione necessaria (lavoratori pensionabili, dirigenti, domestici, periodo di prova, fine del periodo di apprendistato) oppure nei rapporti a tutela non reale per il licenziamento ingiustificato (minori aziende e unità produttive, organizzazioni di tendenza).

Ora, però, nelle maggiori aziende o unità produttive, il licenziamento ingiustificato è sottoposto o no a tutela reale a seconda che si tratti o no di ingiustificatezza qualificata (art. 18, c. 4-5 e 7, stat. lav.). E comunque, in questi rapporti, anche il regime sanzionatorio per l'ingiustificatezza qualificata è meno conveniente per il lavoratore rispetto a quello del licenziamento nullo (art. 18, c. 1-3), poiché, fermo l'ordine di reintegrazione e la conseguente prosecuzione del rapporto, è previsto un limite massimo di dodici mensilità per il risarcimento, è esclusa la misura minima di cinque mensilità, si può detrarre dal risarcimento oltre al percepito anche il percepibile, ed, infine, sul piano previdenziale il datore di lavoro deve versare, senza sanzioni per il ritardo, solo il differenziale rispetto all'eventuale contribuzione relativa ad attività svolte dal lavoratore.

Pertanto ora anche i lavoratori ricompresi nel campo di applicazione dell'art. 18 stat. lav. per il licenziamento ingiustificato hanno interesse a invocare la nullità del licenziamento, che garantisce la tutela reale e, comunque, un regime migliore di quello della ingiustificatezza. Può prevedersi, dunque, che in molte cause sarà proposta come domanda principale quella di nullità del licenziamento con il regime dei primi tre commi dell'art. 18. Il che significa, oltre ai limitati casi di licenziamento orale o in periodo di interdizione per matrimonio o maternità, una corsa alla prova della natura discriminatoria o del motivo illecito del recesso.

Regime per i lavoratori assunti dopo il d.lgs. n. 23 del 2015

Per i lavoratori assunti dopo l'entrata in vigore del d.lgs. n. 23 del 2015 i licenziamenti discriminatori o nulli (per motivo illecito; in frode alla legge; in violazione delle tutele per il matrimonio e per la maternità) o intimati in forma orale sono assistiti dalla tutela reale (art. 2, c. 1-3) quasi identica a quella prevista dall'art. 18, c. 1-3, stat. lav.

66.2. *Il licenziamento per motivo illecito ed in frode alla legge*

Motivo illecito

In base alla disciplina generale del negozio giuridico è vietato il licenziamento intimato «esclusivamente per un motivo illecito» (artt. 1324, c. 1 e 1345 cod. civ.).

L'onere di deduzione e di prova del motivo illecito grava sul lavoratore, sicché questa tutela antillecito non solo è assai meno invasiva del potere del datore di lavoro rispetto alla tutela per giustificazione necessaria, ma è anche di più ardua utilizzazione a causa della difficoltà di prova. Solo per il lavoratore licenziato che ha segnalato condotte illecite è prevista l'inversione dell'onere della prova, sicché spetta al datore dimostrare che il licenziamento è fondato su ragioni estranee alla segnalazione.

Il motivo illecito è quello contrario a norme imperative, all'ordine pubblico e al buon costume, qui ricordandosi soltanto, a titolo di esempio, il licenziamento per ritorsione all'azione giudiziaria proposta dal lavoratore oppure alla resistenza del medesimo a pretese illegittime avanzate dal datore di lavoro.

Il motivo illecito rileva solo se è l'unico determinante, sicché il licenziamento è, comunque, valido se è giustificato, a prescindere dall'eventuale concorso di un motivo illecito.

La conseguenza della illiceità del motivo determinante era la nullità del licenziamento (artt. 1324, c. 1, 1345 e 1418, c. 2, cod. civ.), realizzandosi, così, se non si procedeva ad una forzata analogia col licenziamento discriminatorio sottoposto all'art. 18 stat. lav., una tutela reale di diritto comune per cui il rapporto non si estingueva ed al lavoratore rimasto a disposizione per l'esecuzione della prestazione lavorativa spettavano tutte le retribuzioni. Non trovavano, dunque, applicazione le regole speciali relative al licenziamento ingiustificato, differenzianti il regime di tutela a seconda delle dimensioni dell'organico.

Ora al licenziamento per motivo illecito si applica sempre la tutela reale speciale (art. 18, c. 1-3, stat. lav., nel testo novellato dall'art. 1, c. 42, legge n. 92 del 2012; art. 2, c. 1-3, d.lgs. n. 23 del 2015).

Il legislatore si riferisce al licenziamento per «motivo illecito determinante ai sensi dell'art. 1345 del codice civile», sicché non poteva essere più chiaro di così nel confermare integralmente la nozione codicistica, stante il richiamo espresso all'intero articolo con la conseguente sintesi nell'aggettivo «determinante» della formula «determinate a concluderlo esclusivamente per». Resta fermo, altresì, l'ovvio principio che grava il lavoratore dell'onere della prova del motivo illecito, da lui invocato come *causa petendi* nell'immodificabile atto introduttivo del giudizio.

L'accertata giustificazione del licenziamento ne esclude per definizione il motivo illecito.

Mentre l'accertata ingiustificatezza del recesso non consente da sola di presumere il motivo illecito non solo quando il «motivo formalmente addotto» è vero sebbene insufficiente, ma neppure nei casi di ingiustificatezza qualificata ed, in particolare, in quelli per «insussistenza del fatto contestato» come licenziamento per giusta causa o giustificato motivo soggettivo (art. 18, c. 4, stat. lav.) oppure per «insussistenza del fatto posto a base del licenziamento per giustificato motivo oggettivo» (art. 18, c. 7, stat. lav.). Invero anche in queste ipotesi la presunzione motivo inesistente → motivo occulto → motivo illecito è per definizione esclusa dalla tipizzazione legale di un apposito, altrimenti inutile, regime sanzionatorio per l'inesistenza in fatto del motivo formalmente addotto (art. 18, c. 4 e c. 7) diverso dal regime del licenziamento per motivo illecito (art. 18, c. 1-3).

Pertanto il motivo illecito del licenziamento può essere provato anche mediante una presunzione, ma per la costruzione di questa occorrono fatti indizianti diversi rispetto alla ingiustificatezza anche qualificata.

Frode alla legge

La nullità colpisce anche il licenziamento in frode alla legge diretto ad eludere l'applicazione di una norma imperativa (artt. 1324, c. 1, 1344 e 1418, c. 2, cod. civ.), come ad esempio quello intimato prima del trasferimento d'azienda seguito da immediata riassunzione del licenziato da parte dell'acquirente, con aggiramento delle disposizioni dell'art. 2112 cod. civ. sulla responsabilità solidale dell'acquirente e sulla conservazione del precedente trattamento.

Valgono anche qui le considerazioni svolte a proposito del licenziamento per motivo illecito: onere della prova a carico del lavoratore; sufficienza della giustificazione ad escludere l'illecito; tutela reale, prima di diritto comune e ora ai sensi dell'art. 18, c. 1-3, stat. lav. e dell'art. 2, c. 1-3, d.lgs. n. 23 del 2015, conseguente alla nullità; interesse del lavoratore a fruire di questa tutela nei rapporti a regime di licenziamento libero oppure di giustificazione necessaria a tutela debole.

Non costituisce motivo illecito, né frode alla legge l'intimazione di un secondo licenziamento nelle more del giudizio sul primo, che potrebbe essere invalido, o dopo la sentenza, anche non passata in giudicato, che riconosca questa invalidità (cfr. 67.5).

L'art. 14 d.lgs. n. 104 del 2022 vieta il licenziamento fondato sull'esercizio del diritto del lavoratore ad essere informato.

66.3. *Il licenziamento discriminatorio*

Divieti espressi

La legge vieta il licenziamento determinato da ragioni sindacali, politiche, religiose, razziali, etniche, nazionali, di lingua, di sesso, di infezione da HIV, di convinzioni personali, di handicap, di età, di tendenze sessuali, di segnalazione di condotte illecite.

Onere probatorio

L'onere della prova della direzione discriminatoria del licenziamento grava sul lavoratore, sicché è evidente anche qui la netta differenza rispetto alla tutela per giustificazione necessaria.

Proprio in considerazione della difficoltà probatoria della discriminazione la legge inverte l'onere della prova delle discriminazioni in ragione del sesso sulla base di una prova presuntiva speciale, dando così ingresso a una inversione condizionata. Mentre per le altre discriminazioni opera una presunzione semplice, con una sorta di propaganda per il convincimento presuntivo. Solo per il lavoratore che ha segnalato condotte illecite è prevista la totale inversione dell'onere della prova, sicché spetta al datore dimostrare che il licenziamento è fondato su ragioni estranee alla segnalazione.

La mera ingiustificatezza del licenziamento non equivale a discriminatorietà, come si è detto a proposito del motivo illecito. Invece la sussistenza di una valida giustificazione esclude la configurabilità di una discriminazione.

Fattori tipici

I fattori di discriminazione che fanno scattare il divieto di licenziamento sono solo quelli tipici indicati dal legislatore, mentre ogni altra non illecita ragione di differenziazione del trattamento dei lavoratori resta giuridicamente irrilevante (cfr. 59.1).

Nelle aziende di tendenza è configurabile un licenziamento discriminatorio sia per i dipendenti addetti a mansioni neutre, sia in relazione a fattori di discriminazione estranei alla ideologia rilevante per l'organizzazione.

Nullità

Il licenziamento discriminatorio è nullo (art. 4 legge n. 604 del 1966; art. 15 stat. lav.; art. 3 legge n. 108 del 1990) ed è sottoposto alla tutela reale *ex* art. 18 stat. lav. (art. 3 legge n. 108 del 1990; art. 18, c. 1-3, stat. lav. nuovo testo ed *ex* art. 2, c. 1-3, d.lgs. n. 23 del 2015, che in questo caso si applica anche ai dirigenti (art. 3 legge ult. cit.; art. 18, c. 1, stat. lav.), ai lavoratori domestici (art. 4, c. 1, legge ult. cit.), ai lavoratori pensionabili (art. 4, c. 2, legge ult. cit.) ed alle minori aziende e unità produttive (art. 3 legge ult. cit.; art. 18, c. 1, stat. lav.).

Pertanto il lavoratore colpito dal licenziamento discriminatorio ha particolare interesse all'accertamento della violazione del divieto con la conseguente protezione reale qualora il suo rapporto sia disciplinato dal regime di libero licenziamento oppure, pur rientrando nella regola di giustificazione necessaria, non sia assistito dalla tutela reale (cfr. 71.2).

Ulteriori rimedi Senza dire che per alcuni tipi di licenziamento discriminatorio operano, come per gli altri atti discriminatori, ulteriori rimedi e sanzioni (cfr. 59.2).

66.4. *Il licenziamento delle lavoratrici madri e a causa di matrimonio*

Divieti In considerazione della difficoltà di prova del motivo illecito e dell'esigenza di proteggere la funzione familiare della donna (artt. 31 e 37, c. 1, Cost.; direttiva CE n. 85 del 1992) la legge tutela le lavoratrici contro i licenziamenti intimati a causa di matrimonio o durante la maternità vietando, al pari delle clausole di nubilato (art. 35, c. 1, d.lgs. n. 198 del 2006), il licenziamento in prossimità di tali eventi, con salvezza delle sole giustificazioni tipiche e tassative fissate dalla stessa legge con onere della prova a carico del datore di lavoro (art. 54 d.lgs. n. 151 del 2001, che ha sostituito la precedente legge n. 1204 del 1971, per la maternità; art. 35 d.lgs. n. 198 del 2006, che ha sostituito le precedenti leggi n. 7 del 1963 e n. 860 del 1950, per il matrimonio).

Pertanto è vietato il licenziamento della lavoratrice nel periodo dal giorno della richiesta delle pubblicazioni di matrimonio fino ad un anno dopo la celebrazione stessa, nonché nel periodo dall'inizio del periodo di gestazione fino al compimento di un anno di età del bambino. Il divieto di licenziamento, dall'inizio dell'astensione fino al compimento di un anno di età del bambino, si applica anche al padre lavoratore che si astenga dal lavoro nei primi tre mesi dalla nascita del figlio in mancanza della madre (morte, grave infermità, abbandono, affidamento esclusivo al padre) (art. 54, c. 7, d.lgs. n. 151 del 2001).

Eccezioni In questi periodi, salvo l'estinzione del rapporto per scadenza del termine legittimamente pattuito o per valide dimissioni, il licenziamento è ammesso solo per colpa grave della lavoratrice costituente giusta causa oppure per cessazione dell'attività dell'azienda.

Il licenziamento collettivo della lavoratrice madre è consentito solo per cessazione dell'attività dell'azienda (art. 54, c. 4, d.lgs. n. 151 del 2001 come integrato dall'art. 4, c. 2, d.lgs. n. 115 del 2003).

Nullità Se il datore di lavoro non prova la sussistenza della giustificazione tipica il licenziamento è nullo. La nullità, prevista originariamente solo per il licenziamento a causa di matrimonio, è stata ritenuta indispensabile dalla Corte Costituzionale anche per il licenziamento della lavoratrice madre, con la dichiarazione di incostituzionalità della consolidata qualificazione giurisprudenziale in termini di mera inefficacia temporanea del recesso sino allo scadere del periodo di interdizione. Ora la nullità è sancita espressamente anche per il licenziamento della lavoratrice madre (art. 54, c. 5, d.lgs. n. 151 del 2001), sicché il datore di lavoro, che ritenga di poter intimare un licenziamento valido secondo le regole normalmente applicabili al rapporto, deve attendere la fine del periodo di divieto.

Disciplina speciale

La tutela in esame, nata sotto forma di presunzione legale relativa del motivo illecito fondata sulla contiguità del licenziamento all'evento protetto come è ancora evidente nella disciplina del licenziamento a causa di matrimonio (art. 35 d.lgs. n. 198 del 2006), opera ormai oggettivamente in presenza del matrimonio o della maternità, a prescindere dalla loro conoscenza da parte del datore di lavoro al momento del recesso, tant'è che la lavoratrice madre deve presentare al datore di lavoro anche dopo il licenziamento il certificato attestante la situazione ostativa (art. 54, c. 2, d.lgs. n. 151 del 2001).

Si tratta di una tutela speciale che prescinde da quella generale per giustificazione necessaria, della quale erano, dunque, inapplicabili le disposizioni come quelle sul termine di decadenza per l'impugnazione del licenziamento, sul regime sanzionatorio del licenziamento illegittimo o sul campo di applicazione. Ora si applica anche qui la decadenza per l'impugnazione (art. 32 legge n. 183 del 2010) e l'apposita tutela reale dell'art. 18, c. 1-3, stat. lav. e dell'art. 2, c. 1-3, d.lgs. n. 23 del 2015, senza limiti dimensionali e anche ai dirigenti.

Dal divieto di licenziamento per matrimonio o maternità sono escluse soltanto le lavoratrici domestiche (art. 35, c. 9, d.lgs. n. 198 del 2006; art. 62 d.lgs. n. 151 del 2001) non potendosi imporre la presenza di un'estranea nell'intimità familiare, nonché i rapporti di lavoro in prova (art. 54, c. 3, lett. d), d.lgs. n. 151 del 2001).

Rapporti con la tutela generale

Le prime due leggi in materia (n. 860 del 1950 e n. 7 del 1963) rappresentano, soprattutto dal punto di vista degli oneri probatori, una importante anticipazione della generale tutela per giustificazione necessaria (legge n. 604 del 1966; art. 18 stat. lav.), ma con una impostazione più rigoristica che spiega la conservazione della disciplina speciale. Infatti, da un lato le due ipotesi di licenziamento consentito nel periodo di interdizione sono, come si è visto, più ristrette del giustificato motivo *ex* art. 3 della legge n. 604 del 1966 e dall'altro lato la ricordata tutela reale per la violazione del divieto si applica anche a rapporti normalmente esclusi dalla stabilità reale *ex* art. 18 stat. lav. (dirigenti, unità con meno di sedici e aziende con meno di sessantuno dipendenti, aziende di tendenza).

Effetti della tutela speciale

Ne consegue, sebbene ora in parte attenuato dalla tutela anche della paternità, un serio disincentivo all'occupazione femminile, poiché nessun datore di lavoro gradisce di essere obbligato a conservare un rapporto con una dipendente che, a seguito del matrimonio e di alcune gestazioni «difficili», può rimanere assente anche per molti anni consecutivi. Senza dire del grave problema di legittimità costituzionale che si pone per le piccole organizzazioni (ad es. uno studio professionale con una sola segretaria), dove, come nel lavoro domestico, si contrappongono due sfere di libertà personale di pari valore, con conseguente inammissibilità di una eccessiva compressione della posizione del datore di lavoro.

66.5. *Le assenze con diritto alla conservazione del posto*

Sospensioni del rapporto

Un limite temporaneo al potere di licenziamento è previsto in molti casi di sospensione del rapporto di lavoro con diritto alla conservazione del posto (cfr. 28).

In tali periodi il datore di lavoro non solo deve subire l'assenza del lavoratore che lo priva della prestazione pattuita, ma non può neppure esercitare l'ordinaria facoltà di recesso, residuando soltanto la possibilità di un licenziamento per giusta causa o per cessazione dell'attività dell'azienda.

Alcune ipotesi sono: l'ormai eliminato servizio militare di leva, cui era stato espressamente equiparato il servizio civile sostitutivo; il richiamo alle armi; il trattamento riabilitativo per i tossicodipendenti per un periodo non superiore ai tre anni; la chiamata a funzioni pubbliche elettive.

Anche nell'ipotesi più frequente, che è quella della malattia o infortunio del lavoratore, il divieto di licenziamento fino alla scadenza del periodo di comporto (art. 2110, c. 2, cod. civ.) che era qualificato come temporaneamente inefficace, è ora invalido con espressa tutela reale (art. 18, c. 7, stat. lav., nel testo novellato dall'art. 1, c. 42, legge n. 92 del 2012).

67. L'intimazione del licenziamento

67.1. *L'autore del negozio*

Il licenziamento è atto unilaterale del datore di lavoro, sicché deve provenire da questi o da un suo rappresentante, fornito del relativo potere nell'ambito della concreta organizzazione aziendale.

Qualora l'intimazione sia effettuata da un soggetto diverso dal datore di lavoro e privo di potere (*falsus procurator*), è consentita la ratifica con effetto retroattivo, con la stessa forma prescritta per il licenziamento, ritenendosi sufficiente all'uopo anche la costituzione in giudizio del datore di lavoro per resistere all'impugnazione del licenziamento.

67.2. *La forma*

Forma scritta

La disposizione dell'art. 2, c. 1, legge n. 604 del 1966 (novellato dall'art. 2, c. 2, legge n. 108 del 1990) prevede che «Il datore di lavoro, imprenditore o non imprenditore, deve comunicare per iscritto il licenziamento al prestatore di lavoro», con espressa deroga al principio generale della libertà di forma del negozio giuridico.

Eccezioni

L'imposizione della forma scritta, a fini di certezza dell'atto e della sua motivazione, vale per qualsiasi licenziamento, con tre sole eccezioni tutte relative a licenziamenti liberi: i lavoratori in prova; i lavoratori domestici; i lavoratori ultrasessantenni con diritto a pensione.

Dirigenti

In passato la forma scritta non era richiesta neppure per il licenziamento dei dirigenti, ma ora è espressamente estesa anche a questo licenziamento (art. 2, c. 4, legge n. 604 del 1966 come novellato dalla legge n. 108 del 1990; art. 18, c. 1, stat. lav., nuovo testo), che peraltro rimane ancora *ad nutum*.

Comunicazione

Il licenziamento, quale atto unilaterale recettizio, per produrre effetti deve pervenire al lavoratore (art. 1334 cod. civ.). La forma scritta della comunicazione è rispettata anche nel caso in cui il datore di lavoro offra in consegna la lettera di licenziamento al dipendente che rifiuti di riceverla. Opera, altresì, la presunzione di conoscenza secondo cui l'atto si reputa conosciuto nel momento in cui giunge all'indirizzo del destinatario, salva la prova della impossibilità incolpevole di effettiva conoscenza (art. 1335 cod. civ.).

Sanzione

La sanzione per il difetto di forma scritta è l'inefficacia del licenziamento (art. 2, c. 3, legge n. 604 del 1966), disciplinata dal regime speciale dell'art. 18 stat. lav. per tutti i datori di lavoro (art. 18, c. 1-3, stat. lav. nel testo novellato dall'art. 1, c. 42, legge n. 92 del 2012) compresi quelli di minori dimensioni ai quali in precedenza veniva applicato il regime di diritto comune dell'atto inefficace.

Pertanto, per questi ultimi, la violazione della regola relativa alla forma scritta determina una sanzione reale assai più pesante di quella meramente obbligatoria (art. 8 legge n. 604 del 1966) prevista per la ingiustificatezza del licenziamento. Questa diversità di tutela è stata oggetto di critiche e tentativi di livellamento in basso, che però non tengono conto della possibilità di lecita ripetizione per iscritto, sia pure con efficacia solo *ex nunc*, del licenziamento viziato nella forma (cfr. 67.5).

Onere probatorio

Se il datore di lavoro nega il licenziamento orale, spetta al lavoratore che lo impugna in giudizio provarne l'esistenza (cfr. 68.2).

67.3. *La motivazione*

Comunicazione dei motivi

La disposizione dell'art. 2, c. 2 della legge n. 604 del 1966, come novellato dalla legge n. 108 del 1990, prevedeva che il lavoratore aveva facoltà di «chiedere, entro quindici giorni dalla comunicazione, i motivi che hanno determinato il recesso», che il datore di lavoro doveva comunicare per iscritto entro sette giorni dalla richiesta.

Ora questa disposizione è stata novellata dall'art. 1, c. 37, legge n. 92 del 2012 con un onere di comunicazione dei motivi contestuale al licenziamento scritto («La comunicazione del licenziamento deve contenere la specificazione dei motivi che lo hanno determinato»).

Questa novità costituisce una opportuna semplificazione, senza controindicazioni.

Eccezioni

Restano esclusi da questa disciplina solo i lavoratori licenziabili oralmente *ad nutum* (cfr. 67.2), nonché i dirigenti, per i quali è dovuta per legge la forma scritta, ma non la motivazione, imposta solo dai contratti collettivi ove applicabili (cfr. 69.4).

Requisiti della motivazione

La motivazione deve essere specifica ed essenziale, al fine di far comprendere al lavoratore le effettive ragioni del recesso. Non sono dovuti particolari superflui al fine indicato, né vanno comunicate le fonti di informazione mediante le quali il datore di lavoro abbia appreso i fatti posti a base del licenziamento.

I motivi comunicati possono essere plurimi ed in tal caso la giustificazione del licenziamento può risultare dalla fondatezza anche di uno solo di essi.

Anche in passato il lavoratore che non chiedeva nel termine stabilito i motivi poteva egualmente procedere all'impugnazione del licenziamento, di cui conosceva poi le ragioni solo in giudizio, essendo il datore di lavoro onerato della relativa allegazione e prova. Nulla escludeva, peraltro, che il datore di lavoro indicasse già spontaneamente nella lettera di licenziamento i motivi dello stesso, così evitando in radice il rischio di incorrere nel vizio di tardiva risposta alla richiesta del lavoratore.

Del resto il principio della doverosa comunicazione dei motivi solo a richiesta del lavoratore, che potrebbe essere interessato al silenzio su sue condotte riprovevoli, era ormai di fatto superato dalla applicazione della procedura disciplinare, che impone la preventiva contestazione degli addebiti, poi necessariamente richiamati nella eventuale comunicazione del licenziamento.

Licenziamento ingiurioso

Resta illecito, peraltro, il c.d. licenziamento ingiurioso, cioè quello che, a prescindere dalla sua giustificatezza, sia intimato con modalità (forma offensiva, pubblicità) tali da ledere l'onore e il decoro del lavoratore, il quale, se prova tali modalità, ovviamente non riscontrabili nella mera contestazione del fatto fondante il recesso o nella ingiustificatezza di questo, può richiedere il risarcimento dei danni conseguenti anche nelle residue ipotesi di licenziamento libero o di avvenuta decadenza dall'impugnazione.

Immodificabilità dei motivi

I motivi comunicati sono immodificabili, sicché in giudizio il datore di lavoro non potrà invocarne altri, ma soltanto aggiungere qualche fatto confermativo o di contorno. Esula, ovviamente, dal principio di immodificabilità dei fatti la diversa qualificazione giuridica degli stessi, che può dar luogo anche alla conversione del licenziamento per giusta causa in licenziamento per giustificato motivo (cfr. 65.2).

Sanzione

La sanzione della omessa comunicazione dei motivi nel termine di legge era l'inefficacia (art. 2, c. 3, legge n. 604 del 1966, novellato dalla legge n. 108 del 1990), con tutela reale *ex* art. 18 stat. lav. oppure di diritto comune per i datori estranei al campo di applicazione dell'art. 18 stat. lav.

Ora per l'omessa comunicazione dei motivi contestuale al licenziamento è prevista espressamente una tutela solo indennitaria nella misura da 6 a 12 mensilità per i datori di lavoro compresi nel campo di applicazione dei commi da 4 a 7 dell'art. 18 stat. lav. (art. 18, c. 6 e 8, stat. lav., nuovo testo; cfr. 69.4). Ovviamente il lavoratore può chiedere in via principale la più pesante sanzione prevista per l'ingiustificatezza, riservandosi le proprie allegazioni e prove al momento della conoscenza dei motivi dedotti per la prima volta in giudizio dal datore di lavoro. Per i datori di lavoro esclusi dal campo di applicazione dei commi da 4 a 7 stat. lav. la legge tace, sicché rimane la ricordata previsione di inefficacia del licenziamento non motivato (art. 2, c. 3, legge n. 604 del 1966), a causa di una dimenticanza del legislatore che determina l'assurdità di una tutela reale solo per le aziende minori o di tendenza. In proposito, in mancanza di una doverosa correzione legislativa, sarà inevitabile una interpretazione costituzionalmente orientata o un intervento della Corte Costituzionale, che in base agli artt. 3 e 41 Cost. escludano per il vizio in esame la tutela reale anche per i rapporti letteralmente non ricompresi nella nuova disposizione. Per evitare la rilevata assurdità, appare, infatti, costituzionalmente obbligato un ragionamento simile a quello già utilizzato dalle Supreme Magistrature per sottrarre alla tutela reale per il vizio procedimentale del licenziamento disciplinare i rapporti con tutela meramente obbligatoria per il vizio sostanziale di ingiustificatezza (cfr. 67.4).

67.4. *Il licenziamento disciplinare*

Il problema della applicazione del procedimento disciplinare al licenziamento per colpa

Le disposizioni dell'art. 7 stat. lav. prevedono per le sanzioni disciplinari, una procedimentalizzazione del potere del datore di lavoro, tenuto ad affiggere in azienda un codice disciplinare, a contestare preventivamente l'addebito e a consentire la difesa del lavoratore interessato prima di adottare la sanzione (cfr. 58).

Si è subito posto il problema del se queste regole valgano anche per il licenziamento per colpa, sia esso per giusta causa o per giustificato motivo soggettivo, sostenendosi da un lato la risposta negativa, a causa della netta differenza tra le sanzioni conservative del rapporto ed il recesso, e dall'altro lato la risposta affermativa, trattandosi comunque di una reazione del datore di lavoro all'inadempimento del lavoratore, sicché la tutela prevista per i casi meno gravi dovrebbe a maggior ragione applicarsi ai casi più gravi.

Affermazione giurisprudenziale del precetto

È prevalsa questa seconda impostazione, fondata sull'art. 3 Cost., per effetto di importanti pronunzie della Corte Costituzionale (n. 204 del 1982, n. 427 del 1989), con applicazione della tutela procedimentale perfino al licenziamento disciplinare intimato in rapporti esclusi dalla regola di giustificazione necessaria.

Adeguamento della sanzione

In seguito, però, il vento è cambiato e, con la stessa disinvoltura con la quale era stato costruito il precetto, la giurisprudenza, evidentemente resasi conto di essere andata troppo oltre, ha rimediato sul piano della sanzione, abbandonando la tesi, assai onerosa per le piccole imprese, della generale nullità o inefficacia del licenziamento per vizio procedimentale ed attestandosi sulla tesi della c.d. sanzione di area, secondo la quale tale vizio rende inutilizzabile il motivo del licenziamento disciplinare, sottoposto quindi anche in questo caso in ciascun rapporto alla regola (tutela reale, tutela obbligatoria, recesso libero con preavviso) prevista per l'ingiustificatezza sostanziale (Cass. SU n. 3965, n. 3966, n. 4844, n. 4846 del 1994; Corte Cost. n. 388 del 1994, n. 193 del 1995; Cass. SU n. 7880 del 2007).

È seguito l'intervento espresso del legislatore che per il vizio procedimentale in esame ha previsto una tutela solo indennitaria da 6 a 12 mensilità anche nelle maggiori organizzazioni (art. 18, c. 6, stat. lav., nuovo testo). Così costringendo il lavoratore a far valere nel medesimo giudizio gli altri eventuali vizi del licenziamento con sanzione più pesante.

Dirigenti

Inoltre per i dirigenti era stata affermata, in considerazione del particolare vincolo fiduciario, l'inconfigurabilità di un potere disciplinare con radicale esclusione della tutela prevista dall'art. 7 stat. lav. (Cass. SU n. 6041 del 1995), poi, invece, correttamente estesa anche al licenziamento disciplinare del dirigente (Cass. SU n. 7880 del 2007).

Superfluità del codice disciplinare

Quanto al procedimento necessario per il licenziamento disciplinare va, innanzitutto, rilevato che le nozioni legali di giusta causa e di giustificato motivo soggettivo rendono superflua l'affissione del codice disciplinare (Cass. SU n. 4823 del 1987, n. 935 del 1988, n. 1209 del 1988), specie per fatti contrari all'etica comune ed alle fondamentali regole del vivere civile, ai doveri essenziali connessi al rapporto di lavoro e al manifesto interesse dell'impresa, mentre tale affissione è dovuta per altre ipotesi ricavabili solo dalla disciplina collettiva o da una disciplina aziendale difficilmente conoscibile.

Contestazione e difesa

Sono necessarie la preventiva e specifica contestazione dell'addebito, e la possibilità per il lavoratore di discolparsi, ma il datore non dovrebbe essere vincolato dal tempo di attesa minimo di cinque giorni, poiché le ricordate pronunzie di incostituzionalità non si riferiscono a questa disposizione.

Il datore di lavoro, che nelle more del procedimento disciplinare può procedere alla sospensione cautelare dell'incolpato, non è tenuto a replicare alle giustificazioni del dipendente e nella lettera di licenziamento o di risposta alla richiesta dei motivi è sufficiente il richiamo alla immodificabile contestazione.

Funzione anche conciliativa

Il legislatore (art. 1, c. 40, legge n. 92 del 2012 che novella integralmente l'art. 7 legge n. 604 del 1966) ritiene tra loro equivalenti il nuovo procedimento preventivo per il licenziamento per motivo oggettivo nelle maggiori organizzazioni e il procedimento anch'esso preventivo previsto dall'art. 7 stat. lav. per il licenziamento disciplinare applicabile a tutti i datori di lavoro senza limiti dimensionali.

Il richiamo letterale all'intero «articolo 7» stat. lav. non estende, però, al licenziamento disciplinare anche i commi 6 e 7 di questo articolo relativi alla procedura di conciliazione e arbitrato presso la ITL, che resta applicabile alle sole sanzioni conservative. Invero la ricordata nuova disposizione esordisce con un inequivoco «ferma l'applicabilità», sicché al licenziamento disciplinare continua ad applicarsi solo quella parte dell'art. 7 stat. lav. che già si applicava per giurisprudenza costante delle Supreme Magistrature, cioè, come si è visto, solo i primi tre commi sull'affissione del codice disciplinare (peraltro non necessaria per i fatti contrari alle fondamentali regole del vivere civile e al manifesto interesse dell'impresa), sulla contestazione dell'addebito e sulla audizione a difesa. Decisiva conferma in tal senso viene dalla disposizione dell'art. 1, c. 41, sempre della legge n. 92 del 2012 riferita al «licenziamento intimato all'esito del procedimento disciplinare di cui all'art. 7 della legge 20 maggio 1970 n. 300», che non ricomprende certo la procedura innanzi alla ITL relativa al licenziamento già intimato. Pertanto il legislatore ritiene sufficiente, ai fini della auspicabile conciliazione, che, prima della intimazione del licenziamento disciplinare, il lavoratore sappia che cosa bolle in pentola e possa replicare anche richiedendo un incontro tra le parti.

Si applica anche qui la regola antifraudolenta diretta ad evitare malattie di comodo, secondo la quale il licenziamento produce comunque effetto dal momento dell'avvio del procedimento, con la sola eccezione dell'infortunio sul lavoro e della maternità (art. 1, c. 41, legge n. 92 del 2012; cfr. 67.6).

Vizio non rilevabile d'ufficio

L'eventuale vizio procedimentale non è rilevabile d'ufficio, poiché non riguarda un negozio invocato come fondamento della domanda, bensì rappresenta esso stesso *causa petendi* dell'impugnazione dell'atto e, quindi, vera e propria domanda che va proposta espressamente e tempestivamente dalla parte.

Il datore di lavoro aveva facoltà di rinnovare il licenziamento disciplinare invalido per vizio procedimentale (cfr. 67.5), così rimediando, almeno per il futuro, all'errore commesso. Ma, ormai, la sanzione solo indennitaria per tale vizio elimina in radice il problema, poiché ogni ulteriore vizio del licenziamento (violazione di un divieto, ingiustificatezza) deve essere fatto valere e deciso nel medesimo giudizio.

67.5. *La ripetizione del licenziamento*

Nelle ipotesi di applicabilità della tutela reale (e non di quella indennitaria, perché il rapporto in questa ipotesi si estingue comunque) può essere utile ed è consentita l'intimazione di un secondo licenziamento nelle more del giudizio sul primo, che potrebbe essere invalido, o dopo la sentenza, anche non passata in giudicato, che riconosca questa invalidità.

Infatti se il vizio del primo licenziamento è di forma (e non più anche procedimentale essendo ormai qui esclusa l'invalidità) il datore di lavoro può ripetere *ex nunc* il recesso, senza problemi di immediatezza, per gli stessi motivi sostanziali rispettando la forma in precedenza violata. Mentre se il vizio è sostanziale (divieto, ingiustificatezza qualificata) il nuovo licenziamento è ammesso solo per motivi diversi, cioè per un diverso inadempimento o per una diversa situazione organizzativa.

In entrambi i casi non occorre né attendere il provvedimento di reintegrazione in servizio del lavoratore, né che il datore di lavoro revochi o rinunzi a difendere il primo licenziamento, la cui eventuale legittimità renderebbe inutile, ma non illecito, il successivo recesso.

Del resto la legittimità formale e sostanziale di quest'ultimo, sottoposta anch'essa al controllo del giudice, esclude per definizione la configurabilità di un motivo illecito determinante o di una frode alla legge talvolta invocata a sproposito come ritorsione all'azione giudiziaria o elusione della sentenza sul primo licenziamento, l'invalidità del quale, invece, lascia in vita un rapporto normalmente estinguibile *secundum legem*.

67.6. *Il procedimento preventivo al licenziamento per motivo oggettivo nelle maggiori organizzazioni*

Dopo il fallimento e l'abrogazione del generale tentativo obbligatorio di conciliazione preventivo all'introduzione del giudizio sanzionato con l'improcedibilità di questo, il legislatore ci riprova con un procedimento conciliativo obbligatorio stavolta ancora più anticipato in quanto preventivo alla stessa intimazione del licenziamento (art. 1, c. 40, legge n. 92 del 2012 che novella integralmente l'art. 7 della legge n. 604 del 1966).

Campo di applicazione

Il procedimento riguarda solo il licenziamento per giustificato motivo oggettivo, con espressa esclusione del licenziamento per giusta causa o per giustificato motivo soggettivo ai quali resta applicabile il solo procedimento dell'art. 7 stat. lav., come ora il legislatore conferma espressamente (art. 7, c. 1, legge n. 604 del 1996, nuovo testo; art. 18, c. 6, stat. lav., nuovo testo; cfr. anche 67.4).

Ma neppure tutti i licenziamenti per motivo oggettivo sono sottoposti al nuovo procedimento, che opera soltanto per i datori di lavoro aventi «i requisiti dimensionali» per l'applicazione delle disposizioni dell'art. 18 stat. lav. sul licenziamento ingiustificato (art. 7, c. 1, legge n. 604 del 1966, nuovo testo). Sono esclusi, dunque, i datori di lavoro minori sottoposti per il licenziamento ingiustificato al regime dell'art. 8 legge n. 604 del 1966 e, quindi, per coerenza sistematica, anche le organizzazioni di tendenza, anch'esse sottoposte al medesimo regime (art. 2 e art. 4, c. 1, legge n. 108 del 1990).

Infine sono previste tre eccezioni per i datori di lavoro maggiori (art. 7, c. 6, come modificato dall'art. 7, c. 4, d.l. n. 76 del 2013 conv. legge n. 99 del 2013).

La prima ipotesi è quella del «licenziamento per superamento del periodo di comporto di cui all'art. 2110 del cod. civ.» la *ratio* di questa esclusione già poteva essere affermata in via interpretativa. Infatti questo licenziamento non si può qualificare come licenziamento per giustificato motivo oggettivo, trattandosi di una fattispecie peculiare disciplinata non dall'art. 3 della legge n. 604 del 1966, ma appunto dall'art. 2110 del cod. civ. Pertanto è giustificata questa esclusione, proprio perché l'esordio dell'art. 7 in questione si riferisce solo al «licenziamento per giustificato motivo oggettivo di cui all'art. 3, seconda parte, della presente legge» e non al licenziamento *ex* art. 2110 cod. civ.

La seconda ipotesi di esclusione dalla procedura preventiva è contemplata nell'art. 2, c. 34, legge n. 92 del 2012, appositamente richiamato. Si tratta della c.d. ipotesi di «cambio appalto», disciplinata in alcuni contratti collettivi nazionali (ad es. mense, pulizie, ecc.) con la previsione che, se l'appalto è immutato, i dipendenti del precedente appaltatore addetti a quell'appalto vengono riassunti dal nuovo appaltatore senza soluzione di continuità all'esito di una procedura sindacale. Ma se il nuovo appalto è modificato oppure il nuovo appaltatore non applica il contratto collettivo di diritto comune, i dipendenti rimangono in forza al precedente appaltatore che potrebbe licenziarli, anche collettivamente se sono almeno cinque, se mancano possibilità di utilizzarli nella organizzazione. La *ratio* della esclusione dalla procedura preventiva di legge si rinviene nell'esigenza di non duplicare la procedura sindacale e quella legale attinenti alla medesima situazione.

L'ultima ipotesi considerata nel nuovo testo dell'art. 7, c. 6, è quella dei c.d. licenziamenti o interruzioni per «fine lavori» nelle costruzioni edili. Qui la procedura preventiva non serve poiché la situazione è chiara. E non a caso la fattispecie per «fine lavori» nelle costruzioni edili è esclusa anche dalla disciplina del licenziamento collettivo (artt. 4, c. 14 e 24, c. 4, legge n. 223 del 1991).

Funzione

Il legislatore, evidentemente, attribuisce al nuovo procedimento preventivo la funzione di evitare in radice, mediante una conciliazione, le incertezze del regime sanzionatorio previsto per il licenziamento ingiustificato dal nuovo art. 18 stat. lav. Confidando, con buona dose di ottimismo, che proprio tali incertezze possano indurre le parti a conciliare ancor prima del licenziamento.

Procedimento

La procedura preventiva obbligatoria per il licenziamento per motivo oggettivo inizia con una comunicazione del datore di lavoro alla ITL contenente l'intenzione di licenziare, i motivi del preannunziato licenziamento e le solo «eventuali» misure di assistenza alla ricollocazione. La ITL, entro il termine «perentorio» di sette giorni dalla richiesta del datore, convoca innanzi alla Commissione di conciliazione le parti, che possono essere assistite da un rappresentante sindacale, da un legale o da un consulente del lavoro. La procedura, salvo diversa concorde volontà delle parti, deve concludersi entro venti giorni da tale convocazione ed in caso di impedimento del lavoratore è sospesa al massimo per quindici giorni. Il licenziamento può essere intimato, ovviamente per gli stessi motivi già indicati, se la ITL non effettua la convocazione nel previsto termine di sette giorni o se la procedura si conclude senza conciliazione.

Per agevolare una conciliazione con risoluzione consensuale è prevista espressamente l'applicabilità in questo caso della indennità di disoccupazione dell'ASpI e un'assistenza alla ricollocazione.

Il comportamento di ciascuna parte nel procedimento preventivo è valutato sia ai fini della misura dell'indennità risarcitoria per l'ingiustificatezza non qualificata (art. 18, c. 7), sia ai fini del regime delle spese processuali.

Retrodatazione della efficacia del licenziamento

Per evitare che il lavoratore, in vista del licenziamento preannunziato dalla richiesta alla ITL o dalla contestazione disciplinare, dichiari una malattia «di comodo» per sospendere il decorso del termine di preavviso dovuto in caso di successiva intimazione di un licenziamento per giustificato motivo soggettivo o oggettivo, il legislatore, con norma antiabuso, prevede espressamente che il licenziamento «produce effetto dal giorno della comunicazione con cui il procedimento è stato avviato» (art. 1, c. 41, legge n. 92 del 2012). Il preavviso eventualmente dovuto decorre, conseguentemente, da tale comunicazione (art. 1, c. 41, ultimo periodo: «il periodo di eventuale lavoro svolto in costanza della procedura si considera come preavviso»). Mentre l'effetto sospensivo, escluso per la malattia, è fatto espressamente salvo per l'infortunio sul lavoro e per la maternità, ma per quest'ultima impropriamente poiché opera il più radicale effetto interdittivo del recesso e non meramente sospensivo del decorso del preavviso.

Sanzione

La sanzione per il licenziamento intimato senza la prescritta procedura preventiva è un'indennità da 6 a 12 mensilità (art. 18, c. 6, stat. lav., come novellato dall'art. 1, c. 42, legge n. 92 del 2012) (cfr. 69.4.).

L'art. 7, c. 6 della legge n. 604 del 1966, ora modificato dal d.l. n. 76 del 2013 conv. legge n. 99 del 2013, contiene anche una ulteriore aggiunta: «la mancata presentazione di una o entrambe le parti al tentativo di conciliazione è valutata dal giudice ai sensi dell'art. 116 del codice di procedura civile».

La previsione è diversa da quella dell'immodificato art. 7, c. 8, che riguarda la valutazione del comportamento complessivo delle parti in sede conciliativa da parte del giudice dell'introducendo giudizio, al fine della indennità risarcitoria dell'art. 18, c. 7, stat. lav. e del regime delle spese dagli artt. 91 e 92 cod. proc. civ. La nuova disposizione, infatti, si riferisce alla mancata presentazione di una o di entrambe le parti del tentativo stragiudiziale che il giudice potrà valutare come «argomento di prova» (art. 116, c. 2, c.p.c.). Questa espressione significa, per consolidata giurisprudenza, che non si tratta di una vera autosufficiente prova, ma, appunto, di un «argomento» per valutare discrezionalmente le prove raccolte in caso di dubbio.

La norma dell'art. 7 della legge n. 604 del 1966 («novellata dall'art. 1 c. 40, legge n. 92 del 2012») non si applica ai lavoratori assunti dopo l'entrata in vigore del d.lgs. n. 23 del 2015 (art. 3, c. 3).

67.7. *La revoca del licenziamento*

Regime per i lavoratori assunti dopo il d.lgs. n. 23 del 2015

Il licenziamento è atto unilaterale recettizio, sicché, secondo il diritto comune, non era revocabile unilateralmente una volta pervenuto al lavoratore.

La giurisprudenza qualificava conseguentemente l'atto di revoca come una mera proposta del datore di lavoro al lavoratore diretta alla ricostituzione del rapporto se accettata dal lavoratore. Ed anche in caso di accettazione riteneva che persistesse il diritto al risarcimento del danno per il licenziamento illegittimo, salvo il caso in cui il rapporto fosse proseguito senza alcuna soluzione di continuità almeno economica. Tuttavia l'eventuale rifiuto del lavoratore escludeva il diritto al risarcimento del danno per il periodo successivo alla proposta di revoca, in quanto la perdita della retribuzione dipendeva dal fatto del lavoratore (art. 1227, c. 1, cod. civ.), salvo che la proposta fosse condizionata alla rinunzia al risarcimento per il periodo intermedio alla quale il lavoratore non poteva esser costretto.

Ora la legge disciplina espressamente la «revoca del licenziamento», prevedendo che possa essere effettuata «entro il termine di quindici giorni dalla comunicazione al datore di lavoro dell'impugnazione del medesimo», con l'effetto per cui «il rapporto di lavoro si intende ripristinato senza soluzione di continuità», spettando al lavoratore «la retribuzione maturata nel periodo precedente alla revoca» (art. 18, c. 10, stat. lav., nel testo introdotto dall'art. 1, c. 42, lett. b), legge n. 92 del 2012; art. 5 d.lgs. n. 23 del 2015 per i nuovi assunti).

Pertanto, secondo questa disciplina speciale che prevale sul diritto comune, la revoca del licenziamento è ora un diritto potestativo del datore di lavoro, senza più necessità di accettazione da parte del lavoratore.

L'unica condizione è la tempestività dell'esercizio del diritto nel rispetto del predetto termine, oltre il quale ritorna ad operare il diritto comune secondo la elaborazione previgente. Ovviamente la revoca può essere effettuata dal datore di lavoro anche prima di ricevere l'impugnazione del licenziamento, che costituisce solo il momento di scadenza del termine massimo.

La legge non prevede la forma della revoca, ma è comunque necessaria la forma scritta, trattandosi di negozio collegato al licenziamento per il quale è prescritta tale forma.

La revoca elimina qualsiasi effetto del licenziamento, nel senso che il rapporto si considera come mai estinto e prosegue «senza soluzione di continuità». Tant'è che per il periodo tra il licenziamento e la revoca al lavoratore spetta non un risarcimento, ma «la retribuzione maturata» con ogni conseguenza anche sul piano previdenziale, a prescindere dal mancato svolgimento della prestazione, con equiparazione ad una sospensione retribuita.

Pertanto è espressamente escluso qualsiasi regime sanzionatorio del licenziamento («non trovano applicazione i regimi sanzionatori previsti dal presente articolo» o «dal presente decreto»), compresa la scelta del lavoratore per l'indennità sostitutiva della reintegrazione di quindici mensilità e la penale minima di cinque mensilità, escludendosi così qualsiasi condotta speculativa del lavoratore disinteressato a quel rapporto.

Il rifiuto del lavoratore di riprendere servizio entro un termine congruo, che il legislatore avrebbe fatto bene a precisare, dalla comunicazione della revoca del licenziamento costituisce inadempimento, con ogni conseguenza sul piano disciplinare fino al licenziamento se l'assenza ingiustificata dura per un certo tempo. Invece non sono configurabili dimissioni o una risoluzione consensuale per fatti concludenti, essendo ormai necessaria per entrambe la forma scritta (cfr. 79.1 e 80).

La disposizione sulla revoca si applica solo ai licenziamenti regolati dall'art. 18 stat. lav., in considerazione del riferimento espresso ai «regimi sanzionatori previsti dal presente articolo». Del resto in caso di tutela obbligatoria *ex* art. 8 della legge n. 604 del 1966 il datore di lavoro non ha particolare interesse alla revoca, anche perché questo regime di tutela non consente le condotte speculative del lavoratore di cui si è detto.

67.8. *Offerta di conciliazione*

L'art. 6, c. 1, del d.lgs. n. 23 del 2015, come modificato a favore del lavoratore dal d.l. n. 87 del 2018 conv. legge n. 96 del 2018, prevede un'offerta di conciliazione per i licenziamenti intimati ai lavoratori assunti dopo l'entrata in vigore di questo decreto.

Fatte salve tutte le altre forme di conciliazione, il datore di lavoro può offrire al lavoratore licenziato, entro sessanta giorni dal licenziamento, una somma pari a una mensilità di retribuzione per ogni anno di servizio e comunque non inferiore a tre e non superiore a ventisette.

La somma così offerta non è imponibile fiscalmente e previdenzialmente, così agevolando la conciliazione.

La conciliazione deve avvenire nelle sedi assistite previste dalla legge, la somma deve essere erogata mediante assegno circolare e il lavoratore che accetta questa somma deve rinunziare all'impugnazione del licenziamento.

Questa norma accompagna la quasi eliminazione della tutela reale contro il licenziamento ingiustificato, tutto risolvendosi in una trattativa monetaria nei limiti dell'indennità prevista dalla legge.

68. L'impugnazione del licenziamento

68.1. *Il termine di decadenza*

Decadenza legale

Il lavoratore che voglia attaccare il licenziamento deve impugnarlo «a pena di decadenza entro 60 giorni dalla ricezione della sua comunicazione» (art. 6, c. 1, legge n. 604 del 1966).

Questo termine tutela l'ovvia esigenza di certezza del datore di lavoro, che ha interesse a sapere in breve tempo se il licenziamento da lui intimato è o no contestato dal lavoratore.

Decorrenza del termine

Il termine decorre «dalla comunicazione in forma scritta» del licenziamento, mentre, a seguito dell'onere di motivazione contestuale con sanzione solo indennitaria (cfr. 67.3), non ha più senso la successiva parte della norma «ovvero dalla comunicazione, anch'essa in forma scritta, dei motivi ove non contestuale» a quella del licenziamento (art. 6, c. 1, legge n. 604 del 1966 come novellato dall'art. 32, c. 1, legge n. 183 del 2010). Pertanto, in caso di licenziamento con preavviso, la decorrenza avviene già durante il periodo di preavviso anche se il rapporto non è ancora estinto.

Doppio termine

In questa situazione si assisteva ad un intollerabile fenomeno di differimento dell'introduzione del giudizio al fine di lucrare il più possibile senza lavorare il risarcimento parametrato alle retribuzioni perdute nei casi di tutela reale.

Un diffuso lassismo giurisprudenziale aveva agevolato questa distorsione, sia ponendo a carico del datore di lavoro la rigorosa prova dell'eventuale *aliunde perceptum* o *percipiendum*, salvo alcune encomiabili presunzioni di quest'ultimo dopo un certo tempo, sia, soprattutto, svalutando il significato della mera inerzia giudiziale del lavoratore quale condotta attestante il disinteresse per il rapporto e la conseguente risoluzione consensuale dello stesso, o la perdita della situazione soggettiva per lesione dell'altrui affidamento, salvo casi eclatanti di inerzia durata molti anni o accompagnata da altre univoche circostanze.

Ora le disposizioni dell'art. 32, c. 1-4, legge n. 183 del 2010 hanno finalmente arrestato questa speculazione, imponendo a pena di decadenza l'introduzione del giudizio entro un termine ragionevole.

E, così, al primo termine di sessanta giorni per l'impugnazione scritta stragiudiziale, si è aggiunto un secondo termine di centottanta giorni da tale impugnazione per l'introduzione del giudizio o per la comunicazione alla controparte della richiesta di conciliazione o arbitrato, con la previsione in questo caso di un termine di sessanta giorni per l'introduzione del giudizio in caso di rifiuto o di mancato accordo, da riferirsi ovviamente anche alla mancata conciliazione (art. 32, c. 1, che ha così novellato i primi due commi dell'art. 6 legge n. 604 del 1966).

Questa disposizione è un po' farraginosa ed il termine originario di 270 giorni appariva francamente troppo lungo nell'era della informatizzazione, specie se confrontato con il termine di sessanta giorni per l'impugnazione giudiziale degli atti amministrativi già vigente quando non esisteva il telefono e si viaggiava in carrozza. Ed, infatti, questo termine è stato ben presto ridotto a centottanta giorni (art. 1, c. 38, legge n. 92 del 2012, che ha così novellato ancora l'art. 6, c. 2, legge n. 604 del 1966), con riferimento ai licenziamenti intimati dopo l'entrata in vigore di tale legge avvenuta il 18 luglio 2012 (art. 1, c. 39, legge cit.).

Si tratta di termini di decadenza sostanziale, come tali insuscettibili di sanatoria, interruzione o sospensione, neppure per incapacità o per errore del lavoratore. Solo la richiesta del tentativo di conciliazione sospende il decorso di ogni termine di decadenza per la durata di tale tentativo e per i venti giorni successivi alla sua conclusione (art. 410, c. 2, cod. proc. civ.), non occorrendo la comunicazione tempestiva al datore di detta istanza. Tale comunicazione è idonea ad impedire definitivamente la decadenza stragiudiziale per i licenziamenti sottoposti alla tutela debole dell'art. 8 legge n. 604 del 1866 in ragione delle ridotte dimensioni dell'organico (art. 5, c. 5, legge n. 108 del 1990) (cfr. 68.3).

Eccezione di parte

Il verificarsi della decadenza deve essere eccepito dal datore di lavoro nella memoria di costituzione e non è rilevabile d'ufficio.

Ambito di applicazione della decadenza

La decadenza in esame, operante anche nel lavoro pubblico privatizzato, si applica «a tutti i casi di invalidità del licenziamento» (art. 32, c. 2, legge n. 183 del 2010). Pertanto si applica non solo al licenziamento ingiustificato, ma anche, come già in passato, al licenziamento nullo in quanto discriminatorio ed al licenziamento disciplinare viziato per violazione del procedimento previsto dall'art. 7 stat. lav. Si applica, altresì, a differenza del passato, al licenziamento nullo intimato nel periodo di interdizione per matrimonio o maternità, al licenziamento nullo per motivo illecito o frode alla legge e al licenziamento per scadenza del comporto di malattia o infortunio. Per i dirigenti la decadenza si applica in tutti i casi di invalidità del licenziamento, ma non per l'ingiustificatezza di fonte collettiva che è solo un inadempimento e non un caso di invalidità.

Invece la decadenza non si applica, come in passato, al licenziamento orale, poiché il termine decorre dalla comunicazione scritta del licenziamento.

Per l'impugnazione del licenziamento collettivo, in origine esclusa dalla decadenza in esame, si applica per disposizione espressa la medesima disciplina del licenziamento individuale (art. 1, c. 46, legge n. 92 del 2012, che ha così novellato l'art. 5, c. 3, legge n. 223 del 1991). Prima della legge n. 92 del 2012 il termine per l'impugnazione stragiudiziale era previsto con apposita disposizione (art. 5, c. 3, legge n.

223 del 1991), mentre il termine per l'introduzione del giudizio si applicava anche al licenziamento collettivo, poiché la sua estensione a «tutti i casi di invalidità del licenziamento» non è contenuta nell'art. 6 della legge n. 604 del 1966 in sé inapplicabile al licenziamento collettivo (art. 11), bensì in una disposizione (art. 32, c. 2) della legge n. 183 del 2010 diretta a disciplinare tutti i licenziamenti.

La natura sostanziale della nuova decadenza esclude una sua applicazione retroattiva ai licenziamenti intimati prima dell'entrata in vigore della legge n. 183 del 2010.

Effetti della decadenza

Il verificarsi della decadenza impedisce l'azione contro il licenziamento illegittimo sottoposta a tale termine sia in base alla disciplina specifica del licenziamento medesimo, sia in base alla disciplina di diritto comune non invocabile in quanto sostituita dalla anzidetta disciplina speciale, sicché residua soltanto un'azione risarcitoria per eventuali fatti ulteriori rispetto al mero licenziamento, come quella per l'ingiuriosità del recesso non a caso già ammesso nel regime di licenziamento libero.

68.2. *L'impugnazione stragiudiziale e giudiziale*

Impugnazione nel termine di sessanta giorni

L'impugnazione del licenziamento nel termine di decadenza di sessanta giorni deve avvenire «con qualsiasi atto scritto, anche extragiudiziale, idoneo a rendere nota la volontà del lavoratore» (art. 6, c. 1, legge n. 604 del 1966 per il licenziamento individuale; art. 5, c. 3, legge n. 223 del 1991 per il licenziamento collettivo).

Nel caso di impugnazione direttamente giudiziale non basta, nonostante il contrario erroneo avviso delle Sezioni Unite, che nel termine di decadenza di sessanta giorni sia effettuato il deposito del ricorso, ma occorre la notifica dello stesso al datore di lavoro entro detto termine, poiché l'impugnazione è un atto recettizio. L'effetto di impedimento di questa prima decadenza può prodursi anche se l'atto processuale tempestivamente notificato è nullo, valendo in tal caso come atto stragiudiziale se ne possiede i requisiti.

È consentita anche l'impugnazione con atto «extragiudiziale», idoneo a manifestare al datore di lavoro la volontà del lavoratore di opporsi al licenziamento, sempre nel rispetto del termine di decadenza entro cui l'atto recettizio deve pervenire al datore di lavoro e non soltanto essere spedito come ritenuto erroneamente dalle Sezioni Unite (artt. 1334 e 1335 cod. civ.).

L'ampiezza della previsione legale («qualsiasi atto») è voluta a tutela del lavoratore, mentre il vincolo di forma («scritto») risponde ad esigenze di certezza.

Per una valida impugnazione stragiudiziale non occorrono formule sacramentali, né la specificazione delle ragioni dell'impugnazione, purché sia chiara la volontà di contestare il licenziamento.

Impugnazione giudiziale nel termine di 180 giorni

Nei centottanta giorni successivi alla prima impugnazione avvenuta stragiudizialmente il lavoratore deve depositare il ricorso giurisdizionale, anche cautelare (Corte Cost. n. 212 del 2020), o la richiesta di conciliazione o arbitrato (cfr. 34.1). Nel ricorso deve indicare quale *causa petendi* (art. 414, n. 4, cod. proc. civ.) il tipo di vizio del licenziamento (ingiustificatezza, tardività, difetto di forma, violazione procedimentale, illiceità del motivo, violazione dei divieti relativi al matrimonio e alla maternità), essendo preclusa una tardiva deduzione di un vizio non tempestivamente invocato, che non potrebbe neppure essere rilevato d'ufficio a pena di ultrapetizione (art. 112 cod. proc. civ.). Né sembra consentita la proposizione di un altro giudizio contro lo stesso licenziamento fondato sulla denunzia di un vizio non dedotto nel primo processo, poiché il giudicato copre il dedotto ed il deducibile.

Onere della prova del licenziamento

Nell'azione di impugnazione del licenziamento il lavoratore deve provare quale fatto costitutivo della domanda, oltre al rapporto di lavoro subordinato, l'esistenza del licenziamento stesso, certo non desumibile dalla mera circostanza della precedente impugnazione stragiudiziale poiché a nessuno è consentito costituirsi una prova con un proprio atto. Il problema, in concreto, si pone solo per il licenziamento orale negato in giudizio dal datore di lavoro proprio per resistere all'azione di impugnazione proposta dal lavoratore, il quale, peraltro, può agevolmente cautelarsi dalla difficoltà probatoria proponendo contemporaneamente nello stesso processo, per l'ipotesi di mancato accertamento del licenziamento, domanda di pagamento delle retribuzioni sul presupposto della persistenza del rapporto, così costringendo il datore di lavoro a provare le dimissioni o altra causa estintiva del rapporto medesimo per resistere a questa pretesa.

Vecchi abusi

Prima della previsione del termine di decadenza per l'introduzione del giudizio, il lavoratore dopo l'impugnazione stragiudiziale tempestiva, poteva proporre l'azione di annullamento del licenziamento per ingiustificatezza nel termine di prescrizione quinquennale *ex* art. 1442 cod. civ., insuscettibile di interruzione con atto stragiudiziale di costituzione in mora o altrimenti non trattandosi dell'adempimento di un obbligo. Se, invece, il licenziamento era nullo o inefficace non si applicava alcun termine di prescrizione.

In questa situazione, ed ancor più nei casi in cui non operava neppure un termine di decadenza per l'impugnazione del licenziamento, si verificavano condotte maliziosamente speculative del lavoratore, il quale ritardava volutamente l'introduzione del giudizio per lucrare senza fatica le retribuzioni o il risarcimento alle stesse commisurato, talvolta addirittura cumulandolo con i proventi di un lavoro nero difficile da scoprire ai fini dell'eccezione di *aliunde perceptum* riduttivo del risarcimento. Tuttavia una lunga ed ingiustificata inerzia del lavoratore dopo la tempestiva impugnazione stragiudiziale del licenziamento, o anche in assenza di questa ove non dovuta, doveva essere considerata, senza necessità di altre pur significative circostanze (ad es. la richiesta di restituzione del libretto di lavoro, l'accettazione senza riserve delle indennità di fine rapporto, il reperimento di altra stabile occupazione), come acquiescenza al licenziamento o volontà di risoluzione consensuale del rapporto o perdita della situazione soggettiva per condotta contraria a buona fede e correttezza, oppure, quanto meno, come condotta rilevante per la riduzione del risarcimento *ex* art. 1227 cod. civ. Per evitare speculazioni ed incertezze è stato finalmente accolto (art. 32, c. 1, legge n. 183 del 2010) il nostro auspicio per l'introduzione di un termine di decadenza ragionevolmente ampio per la proposizione del giudizio contro qualsiasi licenziamento scritto.

Azione di accertamento del datore di lavoro

In precedenza se il licenziamento era già stato impugnato stragiudizialmente dal lavoratore con la conseguente situazione di obiettiva incertezza, il datore di lavoro aveva interesse (art. 100 cod. proc. civ.) ad agire per far accertare la validità di tale licenziamento. Se il lavoratore, invece di proporre domanda riconvenzionale nello stesso processo, promuoveva a sua volta altro giudizio contro il medesimo licenziamento, si verificava una situazione di litispendenza o di continenza disciplinata dall'art. 39 cod. proc. civ. se le cause erano state proposte innanzi a giudici diversi oppure doveva essere disposta la riunione obbligatoria (art. 273 cod. proc. civ.) se le cause pendevano innanzi allo stesso giudice. È dubbio se anche ora il datore, dopo l'impugnazione stragiudiziale, possa agire entro i centottanta giorni prima dell'azione del lavoratore, poiché la nuova decadenza sembra escludere l'interesse.

Esodo incentivato

Il lavoratore può rinunziare anche in sede non assistita alla impugnazione del licenziamento trattandosi di libera volontà risolutoria. Ciò avviene di solito in cambio di una somma, che è esclusa dall'imponibile previdenziale e gode di un trattamento fiscale agevolato.

68.3. *L'autore dell'impugnazione*

Volontà del lavoratore

L'impugnazione del licenziamento deve provenire dal lavoratore, che è il soggetto interessato di cui, appunto, l'atto deve essere «idoneo a rendere nota la volontà» (art. 6 legge n. 604 del 1966).

Impugnazione giudiziale

Per l'impugnazione giudiziale è sufficiente la sottoscrizione da parte del legale, purché gli sia stata conferita dal lavoratore valida procura alle liti ai sensi dell'art. 83 cod. proc. civ.

Impugnazione stragiudiziale

Per l'impugnazione stragiudiziale l'atto deve essere sottoscritto dal lavoratore, sicché non basta la sottoscrizione di un legale privo di apposita antecedente procura scritta (Cass. SU n. 2179 del 1987).

Impugnazione tramite il sindacato

L'unica eccezione al principio per cui la volontà di impugnazione deve essere manifestata dal lavoratore è quella che consente l'impugnazione «attraverso l'intervento dell'organizzazione sindacale» (art. 6 legge n. 604 del 1966). In questo caso non è necessario, dunque, il conferimento da parte del lavoratore di apposita procura scritta, di cui deve essere munito qualsiasi altro rappresentante diverso dal sindacato.

68.4. *Il rito speciale per le controversie sui licenziamenti regolati dall'art. 18 stat. lav.*

Campo di applicazione

La legge n. 92 del 2012 ha introdotto un rito speciale per le controversie «aventi ad oggetto l'impugnativa dei licenziamenti nelle ipotesi regolate dall'articolo 18 della legge 20 maggio 1970 n 300 e successive modificazioni» (art. 1, c. 47).

Pertanto sono escluse dal rito speciale le controversie relative a licenziamenti in cui non ci sia alcuna domanda di applicazione dell'art. 18 stat. lav. Si tratta di licenziamenti ingiustificati rientranti nel campo di applicazione dell'art. 8 legge n. 604 del 1966 in ragione delle dimensioni dell'organico o della natura di organizzazione di tendenza del datore di lavoro. Tuttavia il rito speciale resta applicabile se il lavoratore deduce l'esistenza di un organico sufficiente all'applicazione dell'art. 18 stat. lav., gravando l'onere della prova del contrario sul datore di lavoro, oppure chiede l'applicazione dell'art. 18, c. 1-3, stat. lav. deducendo trattarsi di un licenziamento vietato o inefficace per difetto di forma. Ed in questo caso anche la domanda subordinata di tutela indennitaria ridotta ai sensi dell'art. 8 della legge n. 604 del 1966 per l'ingiustificatezza del recesso rientrerà per trascinamento nel rito speciale, dovendosi altrimenti ipotizzare una assurda separazione tra domanda principale e domanda subordinata relative allo stesso licenziamento perfino, in ipotesi, per lo stesso vizio di ingiustificatezza.

Sono espressamente e ragionevolmente ricomprese nel rito speciale le «questioni relative alla qualificazione del rapporto di lavoro» (art. 1, c. 47), che sono pregiudiziali alla controversia sul licenziamento se è contestata la titolarità o la natura subordinata del rapporto. Invece se si tratta di rapporto a termine, subordinato o autonomo, l'estinzione del rapporto deriva dalla attuazione del termine e la controversia sulla nullità di questo non riguarda un licenziamento, sicché è estranea al rito in esame e se proposta come impugnazione di un inconfigurabile licenziamento va subito rigettata in punto di diritto.

Sono ammesse anche altre domande «fondate sugli identici fatti costitutivi» (art. 1, c. 48), peraltro davvero difficili da ipotizzare. Del resto sarebbe in sé inammissibile una forzatura interpretativa che aggiungesse un «anche» dopo la parola «fondate», allargando, oltretutto, a dismisura a tutte le domande fondate anche sulla qualificazione del rapporto (ad es. differenze retributive pregresse).

Regime intertemporale

Quanto al regime intertemporale, vi è la previsione espressa per cui il rito speciale si applica solo «alle controversie instaurate successivamente all'entrata in vigore della legge» (art. 1, c. 67). Il riferimento alle «controversie» e non ai «giudizi» significa che il nuovo rito non si applica ai giudizi di impugnazione successivi alla nuova legge in controversie instaurate prima.

Fase sommaria

La controversia viene introdotta con ricorso al Tribunale in funzione di giudice del lavoro (art. 1, c. 48) e, quindi, con le regole di competenza territoriale previste nel rito del lavoro.

Dopo la fissazione dell'udienza entro quaranta giorni, la notifica al convenuto di ricorso e decreto almeno venticinque giorni prima dell'udienza e l'eventuale costituzione di questi almeno cinque giorni prima dell'udienza, il Tribunale procede agli «atti di istruzione indispensabili richiesti dalle parti o disposti d'ufficio» *ex* art. 421 cod. proc. civ. (art. 1, c. 48-49).

La decisione avviene con ordinanza immediatamente esecutiva, la cui efficacia non può essere sospesa o revocata fino alla pronunzia della sentenza che definisce l'eventuale giudizio di opposizione (art. 1. c. 49-50).

Si tratta di una fase sommaria, come si evince dalla limitazione dell'istruttoria ai soli atti «indispensabili» (cfr. art. 669 *sexies* cod. proc. civ.) e non agli atti «ammissibili e rilevanti» come previsto per la fase di opposizione a cognizione piena (art. 1, c. 57). Pertanto in questa prima fase sommaria il convincimento in fatto è per definizione superficiale, riguardando il *fumus* di fondatezza della domanda. Il livello probatorio si abbassa, ovviamente, per tutte le parti onerate e, quindi, non solo per il lavoratore che deve provare il motivo illecito o le ragioni discriminatorie, ma anche per il datore di lavoro che deve provare la giustificazione del licenziamento o la ridotta dimensione dell'organico o la propria natura di organizzazione di tendenza.

Questa prima fase è sommaria, ma non cautelare, poiché non occorre la prova di alcun *periculum* concreto, essendo l'urgenza valutata una volta per tutte dal legislatore per il tipo di controversia, come accade, ad esempio, per il procedimento di repressione della condotta antisindacale disciplinato dall'art. 28 stat. lav.

I tempi della fase sommaria non sono strettissimi, essendo previsti quaranta giorni per l'udienza, non molto riducibili per il necessario rispetto del termine minimo di venticinque giorni a difesa del convenuto, oltre al tempo necessario per l'eventuale istruttoria. Pertanto in astratto non può escludersi un ricorso cautelare *ex* art. 700 cod. proc. civ., ma in proposito il requisito del *periculum* concreto e specifico andrebbe valutato in modo rigorosissimo in considerazione della ricordata fase sommaria tipica, sicché il pregiudizio irreparabile dovrebbe essere così imminente da non poter essere evitato con un provvedimento emesso in un paio di mesi. Il che francamente, salve situazioni davvero eccezionali, appare del tutto improbabile.

Opposizione e impugnazioni

La parte soccombente nella fase sommaria può proporre innanzi al medesimo Tribunale opposizione avverso l'ordinanza entro trenta giorni dalla notificazione o, se anteriore, dalla comunicazione di questa (art. 1, c. 51).

Le statuizioni dell'ordinanza non opposta passano in giudicato.

In caso di soccombenza reciproca ciascuna parte può proporre la propria opposizione principale con successiva riunione, mentre la legge tace sulla proponibilità di una opposizione incidentale anche tardiva, che potrebbe essere ammessa trattandosi di processo bifasico.

L'opposizione si propone «con ricorso contenente i requisiti dell'art. 414 del codice di procedura civile» (art. 1, c. 51) ed a sua volta l'opposto si costituisce con «memoria difensiva a norma e con le decadenze di cui all'art. 416 del codice di procedura civile» (art. 1, c. 53). Pertanto qui scattano per entrambe le parti tutte le preclusioni e decadenze dell'ordinario rito del lavoro, con un certo vantaggio per il lavoratore che in sede di opposizione conosce già la linea difensiva del datore di lavoro, anche se non è consentita l'introduzione di domande nuove rispetto alla fase sommaria.

L'opposizione introduce un giudizio ordinario a cognizione piena, come risulta dal riferimento agli «atti di istruzione ammissibili e rilevanti» di parte e di ufficio *ex* art. 421 cod. proc. civ. (art. 1, c. 57). L'accertamento, non a caso effettuato con «sentenza», deve essere, dunque, *funditus*.

I termini sono: sessanta giorni per la fissazione dell'udienza (art. 1, c. 51); notifica di ricorso e decreto all'opposto almeno trenta giorni prima dell'udienza (art. 1, c. 52); costituzione dell'opposto fino a dieci giorni prima dell'udienza (art. 1, c. 51).

Sono ammesse nel ricorso domande «nei confronti dei soggetti rispetto ai quali la causa è comune o dai quali si intende essere garantiti» (art. 1, c. 51). Anche l'opposto con la memoria di costituzione può chiedere la chiamata in causa di un terzo litisconsorte necessario o al quale la causa è comune o per garanzia, con differimento dell'udienza al fine di consentire la difesa del terzo (art. 1, c. 54 e 55).

È ammessa la proposizione da parte dell'originario convenuto, che in sede di opposizione può essere opponente o opposto, di domande riconvenzionali, escluse nella fase sommaria, ma solo se fondate su fatti costitutivi identici a quelli della domanda principale a pena di separazione (art. 1, c. 56). Anche qui appare assai difficile individuare domande del genere, poiché anche l'azione risarcitoria del datore di lavoro per i danni causati dal lavoratore con l'illecito giustificante il licenziamento presuppone il fatto costitutivo ulteriore consistente appunto nei danni. Non è espressamente previsto lo spostamento dell'udienza a seguito della domanda riconvenzionale, ma sembra inevitabile per consentire alla parte che la subisce di difendersi.

A seguito dell'eventuale istruttoria e di eventuali note difensive, la causa di opposizione è decisa con sentenza esecutiva da depositare entro dieci giorni dall'udienza di discussione (art. 1, c. 57), la cui efficacia può essere sospesa per gravi motivi dalla Corte d'Appello (art. 1, c. 60). Non è prevista la lettura del dispositivo in udienza.

Avverso questa sentenza di primo grado può essere proposto «reclamo», che è in sostanza un appello, davanti alla Corte d'Appello, con ricorso da depositare entro trenta giorni dalla notificazione o, se anteriore, dalla comunicazione della sentenza (art. 1, c. 58). Oppure, in mancanza di entrambe, si applica il termine di sei mesi dal deposito della sentenza previsto dall'art. 327 cod. proc. civ. (art. 1, c. 61). L'udienza deve essere fissata nei sessanta giorni dal deposito del ricorso e i termini sono gli stessi del primo grado (art. 1, c. 60).

Come per l'appello nel rito del lavoro sono ammessi nuovi mezzi di prova solo se indispensabili ai fini della decisione o se non erano proponibili «in primo grado» (art. 1, c. 59). La preclusione di domande ed eccezioni nuove non è espressa, ma si ricava dal sistema.

La decisione avviene anche qui, dopo eventuali note difensive, con sentenza da depositare entro dieci giorni dall'udienza di discussione e senza lettura del dispositivo (art. 1, c. 60). L'efficacia esecutiva di tale sentenza può essere sospesa dalla Corte d'Appello per gravi motivi in pendenza di ricorso per cassazione (art. 1, c. 62).

La sentenza di appello è ricorribile per cassazione entro sessanta giorni dalla comunicazione o, se anteriore, dalla notificazione (art. 1, c. 62) oppure, in mancanza di entrambe, nel termine di sei mesi dal deposito della sentenza previsto dall'art. 327 cod. proc. civ. (art. 1, c. 64).

L'udienza di discussione è fissata dalla Cassazione «non oltre sei mesi dalla proposizione del ricorso» (art. 1, c. 63).

Finalità acceleratoria

Il rito speciale fin qui descritto non era necessario, poiché sarebbe bastato prevedere una fase sommaria e, per il resto, rinviare al rito del lavoro come disposto più saggiamente nel procedimento per repressione della condotta antisindacale.

I termini, comuni ad entrambi i gradi di merito, sono simili a quelli del rito del lavoro, sicché per l'opportuna accelerazione dell'intero procedimento in tutti i suoi gradi, sarebbe bastato prevedere che a queste controversie «devono essere riservati particolari giorni nel calendario delle udienze» (art. 1, c. 65) e che «i capi degli uffici giudiziari vigilano sull'osservanza» di questa disposizione (art. 1, c. 66), oltre alla ricordata celere fissazione dell'udienza in cassazione.

A seguito delle modificazioni della disciplina sostanziale ormai entrambe le parti, e non più solo il datore di lavoro, sono interessate alla celerità del giudizio in tutti i suoi gradi, stante l'elevato grado di incertezza circa il riconoscimento della tutela reale per ingiustificatezza qualificata.

Pertanto la disciplina processuale, pur sovrabbondante, costituisce un fondamentale complemento di quella sostanziale e concorre all'equilibrio complessivo della riforma del 2012.

Abolizione del rito speciale per i lavoratori assunti dopo il d.lgs. n. 23 del 2015

A seguito della quasi eliminazione della tutela reale per i licenziamenti ingiustificati il legislatore con l'art. 11 del d.lgs. n. 23 del 2015 ha abolito il c.d. rito Fornero per i nuovi assunti.

Sicché ora non c'è solo un duplice regime sostanziale, ma anche processuale. Il che complica ulteriormente l'ordinamento.

Sarebbe opportuna la totale abolizione del rito speciale.

69. Il regime di tutela obbligatoria

69.1. *La tutela obbligatoria per le minori organizzazioni: a) l'alternativa tra riassunzione e indennità*

Regime speciale meno rigoroso del diritto comune

Quando il legislatore ha introdotto la regola di giustificazione necessaria del licenziamento, ha anche stabilito le conseguenze della eventuale violazione di tale regola con una disposizione apposita (art. 8 legge n. 604 del 1966), diretta a proteggere l'interesse del datore di lavoro autore dell'illecito, mitigando le ben più pesanti conseguenze che sarebbero, altrimenti, derivate dal diritto comune.

Emerge, dunque, la prudente gradualità della limitazione legale del potere di licenziamento, essendosi bilanciata la fissazione del precetto con il contenimento della relativa sanzione, mentre solo in seguito è stata introdotta, ma limitatamente ad alcuni rapporti, la tutela reale (cfr. 71).

La disposizione in esame statuisce che, in caso di licenziamento ingiustificato, «il datore di lavoro è tenuto a riassumere il prestatore di lavoro entro il termine di tre giorni o, in mancanza, a risarcire il danno versandogli un'indennità», il cui importo è predeterminato dalla stessa legge.

Pertanto nei rapporti così regolati il licenziamento, seppur privo della necessaria giustificazione, può egualmente produrre e conservare il suo effetto estintivo, se il datore di lavoro sceglie di non riassumere il dipendente preferendo l'obbligo di pagamento dell'indennità (Corte Cost. n. 194 del 1970, n. 44 del 1996).

Indennità forfettaria

Questa sostituisce integralmente qualsiasi conseguenza di diritto comune, ad eccezione del preavviso, sicché il datore di lavoro non solo può realizzare la cessazione del rapporto mediante un licenziamento ingiustificato che, in assenza della disciplina speciale in esame, sarebbe nullo per violazione della regola imperativa di giustificazione necessaria, ma non deve neppure risarcire al lavoratore alcun eventuale danno ulteriore rispetto a quello coperto dalla modesta indennità, che assorbe forfettariamente ogni conseguenza del licenziamento ingiustificato.

Ovviamente, trattandosi di una indennità d'importo predeterminato dalla legge, il lavoratore è esonerato dalla prova di un danno effettivo, la cui eventuale mancanza o limitazione non esclude il diritto all'indennità.

Facoltà di scelta anche da parte del lavoratore

L'indennità è dovuta al posto della riassunzione, intesa come costituzione *ex nunc* di un nuovo rapporto, a prescindere dalla ragione per la quale questa non avvenga e, quindi, anche se sia il lavoratore a rifiutarla, essendosi ritenuto inapplicabile, a pena di incostituzionalità, il regime delle obbligazioni alternative (artt. 1285 e ss. cod. civ.) che avrebbe condotto a soluzione opposta.

69.2. *Segue: b) la misura dell'indennità*

Limite minimo e massimo

L'importo dell'indennità dovuta per il licenziamento ingiustificato è «compreso tra un minimo di 2,5 ed un massimo di 6 mensilità dell'ultima retribuzione globale di fatto, avuto riguardo al numero dei dipendenti occupati, alle dimensioni dell'impresa, all'anzianità di servizio del prestatore di lavoro, al comportamento e alle condizioni delle parti» (art. 8 legge n. 604 del 1966, come novellato dall'art. 2, c. 3, legge n. 108 del 1990). Altri criteri, tra cui la situazione del mercato del lavoro locale, sono stati aggiunti dall'art. 30, c. 3, legge n. 183 del 2010.

Aumento del limite massimo

In base alla medesima disposizione, la misura massima di 6 mensilità può essere aumentata, se concorre la duplice condizione dell'organico aziendale superiore a quindici dipendenti e dell'anzianità di servizio del lavoratore licenziato superiore a dieci anni (aumento fino a 10 mensilità) o a venti anni (aumento fino a 14 mensilità).

Determinazione giudiziale entro i limiti legali

Il giudice nel determinare in concreto la misura dell'indennità deve tener conto con adeguata motivazione ma solo degli elementi indicati dal legislatore, ma anche dei parametri fissati dai contratti collettivi stipulati dai sindacati comparativamente più rappresentativi e dai contratti individuali certificati.

Ciascuno degli indicati elementi di giudizio deve essere tempestivamente dedotto e comprovato in causa a cura della parte interessata a farlo valere.

69.3. *Segue: c) il tentativo obbligatorio di conciliazione e l'arbitrato*

Tentativo obbligatorio di conciliazione

In considerazione del modesto importo dell'indennità, per il quale di solito non vale la pena impegnare legali e giudici con le spese conseguenti, una norma intelligente (art. 5 legge n. 108 del 1990) impone un previo tentativo di conciliazione in sede amministrativa o sindacale a pena di improcedibilità del giudizio in cui si invochi la tutela obbligatoria.

Questa disposizione mira ad incentivare la soluzione stragiudiziale di controversie per definizione di limitato valore, non solo obbligando le parti a tentare una conciliazione prima del giudizio, ma anche dissuadendo atteggiamenti stragiudiziali irragionevolmente intransigenti con la previsione per cui il giudice ne tiene conto nelle sue determinazioni in ordine alle spese ed all'eventuale risarcimento del danno per lite temeraria.

Proprio a causa del modesto valore di queste controversie le conciliazioni stragiudiziali sono frequenti, mentre si è rivelata una pia illusione del legislatore che potesse avere altrettanto successo la ora abrogata generalizzazione del tentativo obbligatorio di conciliazione a tutte le controversie di lavoro.

Arbitrato

Sempre per le controversie relative alla tutela obbligatoria è previsto, in caso di mancata conciliazione, un arbitrato facoltativo (art. 5, c. 6, legge n. 108 del 1990), da intendersi di natura irrituale, eccezionalmente consentito anche in mancanza di disposizione collettiva e sottoposto alla disciplina generale dell'arbitrato irrituale in materia di lavoro (cfr. 95.3).

69.4. *La tutela indennitaria per le maggiori organizzazioni*

Licenziamento ingiustificato

Con la legge n. 92 del 2012 che ha novellato l'art. 18 stat. lav. anche per le maggiori organizzazioni o unità produttive prima sempre sottoposte alla tutela reale contro il licenziamento ingiustificato, è stata prevista come regola generale per il vizio di ingiustificatezza una tutela solo indennitaria, mantenendo la tutela reale solo per i tre casi tassativi di ingiustificatezza qualificata (cfr. 31.5), oltre che per la inesistenza dell'inidoneità fisica o della scadenza del comporto.

Si tratta della novità più rilevante della riforma in materia di licenziamenti, perché ora anche nelle maggiori organizzazioni o unità produttive l'assenza di giustificazione del licenziamento lascia fermo l'effetto estintivo del rapporto («risolto il rapporto con effetto dalla data del licenziamento» = art. 18, c. 5, richiamato espressamente nel successivo c. 7: «applica la disciplina di cui al quinto comma»), spettando al lavoratore solo «un'indennità risarcitoria onnicomprensiva determinata tra un minimo di dodici e un massimo di ventiquattro mensilità dell'ultima retribuzione globale di fatto» (art. 18, c. 5, richiamato espressamente nel c. 7).

Si tratta non di un risarcimento, ma di una indennità sganciata dalla prova di un danno effettivo e parametrata dal giudice, «con onere di specifica motivazione al riguardo» (art. 18, c. 5), tra il minimo e il massimo in base ai criteri indicati dalla legge, della cui deduzione e prova è onerato il lavoratore per ottenere una liquidazione superiore al minimo (art. 18, c. 5: «in relazione all'anzianità del lavoratore e tenuto conto del numero dei dipendenti occupati, delle dimensioni dell'attività economica, del comportamento e delle condizioni della parti»; art. 18, c. 7 per cui si tiene conto «oltre ai criteri di cui al quinto comma, delle iniziative assunte dal lavoratore per la ricerca di una nuova occupazione e del comportamento delle parti nell'ambito della procedura» preventiva al licenziamento).

L'indennità è definita «onnicomprensiva» e, quindi, assorbe ogni risarcimento di eventuali danni anche non patrimoniali, al pari della indennità per licenziamento ingiustificato di cui all'art. 8 legge n. 604 del 1966 e della indennità per il termine nullo di cui all'art. 32, c. 5 e ss., legge n. 183 del 2010. Resta escluso solo il risarcimento di eventuali danni di qualsiasi tipo causati da fatti diversi dal licenziamento, come ad esempio l'ingiuriosità della comunicazione di questo.

La legittimità costituzionale di questo regime indennitario è sicura, poiché, come si è detto, la tutela reale non è mai costituzionalmente obbligata.

Vizi procedimentali

Anche per i vizi procedimentali di licenziamenti intimati nelle maggiori organizzazioni o unità produttive è ora prevista una sanzione solo indennitaria da sei a dodici mensilità dell'ultima retribuzione globale di fatto (art. 18, c. 6, nuovo testo) e, quindi, dimezzata rispetto a quella prevista per il licenziamento ingiustificato.

I vizi procedimentali così regolati sono i tre espressamente indicati: difetto di motivazione contestuale, difetto di procedura disciplinare, difetto della procedura preventiva per il giustificato motivo oggettivo. Ovviamente il difetto non è solo la completa omissione, ma anche l'insufficienza, come ad esempio la genericità della motivazione o della contestazione disciplinare.

I tre vizi procedimentali ricordati sono sanzionati assai meno delle violazioni dei divieti o del vizio di ingiustificatezza, sicché il lavoratore proporrà sempre, ove ritenga che ricorrano gli estremi di ciascuna, tutte le domande per tutti i vizi del licenziamento impugnato (cfr. 70.2).

Pertanto è superflua la previsione in tal senso nell'ultimo periodo dell'art. 18, c. 6, che oltretutto dimentica la possibile domanda per licenziamento vietato o privo di forma scritta.

La relativa modestia del regime sanzionatorio per i vizi procedimentali si spiega in considerazione del fatto che il licenziamento viziato procedimentalmente, ove sottoposto a tutela reale, poteva sempre essere ripetuto per lo stesso motivo con il rispetto del procedimento prima violato. Sicché la nuova disposizione, escludendo sempre la tutela reale per i vizi procedimentali, finisce opportunamente per accorpare in un solo processo l'esame di tutti i possibili vizi dello stesso licenziamento. Solo per il vizio di forma è sempre applicabile la tutela reale (art. 18, c. 1-3, stat. lav.: cfr. 67.2), sicché il suo accertamento determina ancora oggi la possibile ripetizione del licenziamento in forma scritta con il conseguente nuovo giudizio (cfr. 67.5).

69.5. *La tutela indennitaria per i nuovi assunti*

Il d.lgs. n. 23 del 2015 ha modificato la tutela contro i licenziamenti illegittimi soltanto per i lavoratori assunti dopo l'entrata in vigore di questo decreto e per i datori di lavoro che supereranno il requisito dimensionale previsto dall'art. 18, c. 8 e 9, stat. lav.

Pertanto adesso ci sono due regimi diversi sia per la tutela obbligatoria, esaminata nel presente paragrafo, sia per la tutela reale.

La tutela indennitaria (art. 3, c. 1) si applica ai licenziamenti per giustificato motivo oggettivo. E si applica anche ai licenziamenti per giusta causa o per giustificato motivo soggettivo, salvo, qui, il solo caso di insussistenza del fatto materiale contestato.

L'indennità, esente dai contributi previdenziali, è pari a due mensilità dell'ultima retribuzione per ogni anno di servizio (c.d. tutele crescenti), comunque non inferiore a sei e non superiore a trentasei mensilità (art. 3, c. 1, come modificato a favore del lavoratore dal d.l. n. 87 del 2018 conv. legge n. 96 del 2018). Ma la Corte Costituzionale (sent. n. 194 del 2018) ha dichiarato incostituzionale questa norma nella parte in cui prevede come unico criterio di commisurazione dell'indennità l'anzianità di servizio del lavoratore ritenendolo irragionevole, sicché ora il Giudice può quantificare l'indennità tra il minimo e il massimo a sua discrezione seguendo criteri ragionevoli.

Per il datore di lavoro che non raggiunga i requisiti dimensionali previsti dall'art. 18, c. 8 e 9, stat. lav. non si applica la tutela reale per il licenziamento viziato da ingiustificatezza qualificata (insussistenza del fatto materiale = art. 3, c. 2) e l'indennità è dimezzata e non può superare le sei mensilità (art. 9, c. 1) anche se la consulta ha fatto un monito al legislatore per aumentare l'indennità (Corte Cost. n. 183 del 2022). Mentre per i vecchi assunti continua ad applicarsi il più favorevole regime previsto dall'art. 8 della legge n. 604 del 1966 (come modificato dalla legge n. 108 del 1990).

Per i vizi formali (assenza di motivazione) e procedurali (violazione della procedura disciplinare) è prevista (art. 4) un'indennità, esente da contribuzione previdenziale, pari ad una mensilità di retribuzione per ogni anno di servizio comunque non inferiore a due e non superiore a dodici mensilità, salvo che il giudice accolga la domanda del lavoratore per la tutela reale o per la tutela obbligatoria contro il licenziamento illegittimo. Anche questa norma è stata dichiarata incostituzionale per gli stessi motivi già indicati (Corte Cost. n. 150 del 2020). Mentre per i vecchi assunti l'indennità andava dalle sei alle dodici mensilità secondo la gravità dell'infrazione.

Nel caso di subentro nell'appalto, l'anzianità di servizio del lavoratore si computa tenendo conto di tutto il periodo in cui il lavoratore era adibito all'appalto (art. 7).

Per le frazioni di anno l'indennità è riproporzionata e le frazioni di mese uguali o superiori a quindici giorni si computano come mese intero (art. 8).

Il lavoratore licenziato illegittimamente ha diritto a un voucher erogato dal centro per l'impiego per la ricollocazione del lavoratore che può essere presentato ad un'agenzia per il lavoro pubblica o privata che assisterà il lavoratore mediante il previsto «contratto di ricollocazione».

69.6. *La tutela obbligatoria di fonte collettiva per i dirigenti*

Disposizioni dei contratti collettivi

Per i dirigenti, esclusi dalla regola legale di giustificazione necessaria (cfr. 71.3), una regola analoga è prevista dai contratti collettivi (cfr. 65.1), che solitamente dispongono, ovviamente nei limiti della loro efficacia soggettiva, l'obbligo del datore di lavoro, in caso di licenziamento ingiustificato, di pagare una indennità c.d. supplementare, di cui fissano la misura minima e quella massima espresse entrambe in un determinato numero di mensilità di retribuzione. Alcuni contratti aumentano l'importo dell'indennità in considerazione dell'età del dirigente, che intorno ai cinquanta anni è ancora lontano dal pensionamento pur incontrando particolari difficoltà nel reperire un'altra occupazione.

Penale con limite minimo e massimo

L'importo dell'indennità supplementare si aggiunge alla indennità sostitutiva del preavviso non lavorato ed al trattamento di fine rapporto.

Si tratta, anche qui, di una penale, che lascia fermo l'effetto estintivo del rapporto derivante dal licenziamento seppur ingiustificato.

Al vizio di ingiustificatezza è equiparato quello di omessa motivazione contestuale, sanzionato anch'esso con l'obbligo di pagamento dell'indennità supplementare, mentre per il vizio di forma, per il licenziamento discriminatorio e nel periodo di interdizione per matrimonio e maternità anche i dirigenti godono della tutela reale legale.

Arbitrato

I contratti collettivi di solito, per l'accertamento sulla giustificatezza o no del licenziamento con eventuale liquidazione dell'indennità supplementare, prevedono un arbitrato, che la giurisprudenza ha ritenuto di natura irrituale ed alternativo alla azione giudiziaria, distinguendo, all'interno delle disposizioni contrattuali, le regole sostanziali, invocabili anche innanzi al giudice, da quelle procedurali relative all'arbitrato.

La parte dissenziente può limitarsi a rifiutare l'arbitrato, costringendo così l'altra parte ad adire il giudice. Ma se l'arbitrato è accettato da entrambe le parti diviene improponibile l'azione giudiziaria, secondo il principio *electa una via non datur recursus ad alteram.*

Il lodo arbitrale è soggetto alle regole generali sull'arbitrato irrituale in materia di lavoro (cfr. 95.3).

Se il dirigente si rivolge al collegio arbitrale deve rispettare il termine di decadenza solitamente previsto nel contratto collettivo, che dovrebbe valere, come termine di decadenza per l'impugnazione almeno stragiudiziale, anche qualora il dirigente proponga la causa direttamente innanzi al giudice.

Indennità per crisi aziendale

Alcuni contratti collettivi prevedono, in alternativa all'indennità per licenziamento ingiustificato, una indennità automaticamente dovuta per i licenziamenti determinati da crisi aziendale accertata in via amministrativa.

70. Il regime di tutela reale

70.1. *L'ordine di reintegrazione nel posto di lavoro*

Tutela reale

Circa quattro anni dopo l'introduzione della regola legale di giustificazione necessaria del licenziamento (legge n. 604 del 1966) bilanciata da un originariamente limitato campo di applicazione e da una blanda tutela meramente obbligatoria, il legislatore aveva compiuto il grande salto con l'art. 18 stat. lav. (legge n. 300 del 1970), che precludeva al licenziamento ingiustificato l'effetto estintivo del rapporto. Ma ciò ormai solo per i licenziamenti intimati prima dell'entrata in vigore (18 luglio 2012) della legge n. 92 del 2012, che, novellando l'art. 18 stat. lav., riserva la tutela reale alle ipotesi tassative di ingiustificatezza qualificata (art. 18, c. 4 e 7, stat. lav. nel testo novellato dall'art. 1, c. 42, legge n. 92 del 2012), oltre che ai casi di licenziamento vietato o orale (art. 18, c. 1-3, nuovo testo).

La tutela reale per il licenziamento ingiustificato non era costituzionalmente necessitata, né di generale applicazione (cfr. 31.1; 37), essendo anche derogabile da contratti collettivi aziendali o territoriali con particolari requisiti (art. 8, d.l. n. 138 del 2011 conv. legge n. 148 del 2011). Ma laddove operava garantiva in modo reale l'interesse del lavoratore alla conservazione del posto, assicurando la prosecuzione del rapporto in mancanza di una giusta causa o di un giustificato motivo. In proposito si parlava di rapporti stabili o resistenti, nei quali il lavoratore perde il timore reverenziale indotto dal potere del datore di lavoro di licenziamento libero o a basso costo e può, quindi, agire a tutela dei propri diritti già nel corso del rapporto (cfr. 93.3; 95.1).

Il legislatore non aveva, però, utilizzato la semplice tutela reale di diritto comune fondata sulla improduttività di effetti dell'atto nullo per contrasto con norma imperativa (artt. 1324 e 1418, c. 1, cod. civ.), ma con il ricordato art. 18 stat. lav. aveva introdotto un regime speciale.

Regime per i lavoratori assunti dopo il d.lgs. n. 23 del 2015 e per i datori di lavoro che cresceranno

Il d.lgs. n. 23 del 2015 ha modificato la tutela reale per i lavoratori assunti dopo l'entrata in vigore di questo decreto e per i datori di lavoro che raggiungeranno i requisiti dimensionali previsti dall'art. 18, c. 8-9, stat. lav.

In questi casi la tutela reale reintegratoria vige solo per i licenziamenti nulli o intimati in forma orale (art. 2), per l'unica ipotesi di ingiustificatezza qualificata (insussistenza del fatto materiale = art. 3, c. 2) o per licenziamenti motivati con l'inidoneità fisica o psichica sopravvenuta (art. 2, c. 4).

Le piccole imprese che non raggiungano i requisiti dimensionali sopra previsti applicano la tutela reale solo per i licenziamenti nulli o orali.

Ordine di reintegrazione

Nei casi in cui è ancora prevista la tutela reale, si parla ancora di ordine di reintegrazione nel posto di lavoro (art. 18, c. 1 e 4, nuovo testo), prima previsto per qualsiasi licenziamento ingiustificato nelle maggiori organizzazioni o unità produttive.

L'ordine di reintegrazione presuppone la persistenza del rapporto e, quindi, l'inidoneità del licenziamento illegittimo a produrre il suo effetto estintivo.

Incoercibilità

L'illusione che sia garantita al lavoratore, mediante tale ordine, una tutela più forte di quella di diritto comune è presto svanita di fronte alla correttamente riconosciuta incoercibilità del fare infungibile del datore di lavoro necessario ad una effettiva ripresa del servizio da parte del dipendente licenziato.

Ciò non solo per le ragioni generali che escludono nel nostro ordinamento l'esecuzione coattiva degli obblighi infungibili (cfr. 95.1), ma anche per l'espressa previsione di una misura compulsoria civile per indurre il datore di lavoro alla effettiva reintegrazione del sindacalista interno illegittimamente licenziato (art. 18, c. 14, stat. lav.), che presuppone proprio la materiale incoercibilità dell'ordine di reintegrazione (cfr. 70.2).

Del resto è lo stesso legislatore a definire con precisione le conseguenze del licenziamento illegittimo sino alla «effettiva reintegrazione» (art. 18, c. 2 e 4, stat. lav.) (cfr. 70.2), possibile, dunque, solo mediante una esecuzione spontanea dell'ordine del giudice.

Né l'inottemperanza del datore di lavoro a quest'ordine è sanzionata penalmente, poiché l'art. 650 cod. pen. riguarda atti amministrativi e non giurisdizionali, mentre l'art. 388 cod. pen. punisce l'elusione fraudolenta di una esecuzione possibile e non la semplice inosservanza del provvedimento civile ineseguibile. Solo nell'ipotesi in cui la reintegrazione in servizio sia stata ordinata all'esito del diverso procedimento di repressione della condotta antisindacale del datore di lavoro, l'inottemperanza di quest'ultimo è sanzionata penalmente in virtù della apposita disposizione dell'art. 28, c. 4, stat. lav. Residua, dunque, solo un'azione risarcitoria per gli eventuali danni, anche non patrimoniali, causati dalla mancata reintegrazione.

Invito a riprendere servizio

Il lavoratore che abbia ottenuto l'ordine giudiziale di reintegrazione non è tenuto ad attivarsi per offrire la prestazione, ma può attendere l'«invito del datore di lavoro» a riprendere servizio, al quale deve obbedire entro trenta giorni a pena di risoluzione automatica del rapporto (art. 18, c. 1 e 4, stat. lav.), salvo un giustificato motivo di assenza.

La reintegrazione deve avvenire nello stesso posto cui era adibito il lavoratore al momento del licenziamento, anche se nel frattempo sia stato occupato da altri, salvo il caso di impossibilità assoluta o di effettiva soppressione del posto con reintegrazione ordinata solo per l'omessa prova della impossibilità di diversa utilizzazione del lavoratore licenziato. Ovviamente il datore di lavoro può, subito dopo la reintegrazione, adottare un provvedimento di trasferimento se ricorre la necessaria giustificazione oppure adibire il lavoratore a mansioni dello stesso livello, in quanto il lavoratore reintegrato è assoggettato, come ogni altro, alla normale disciplina del rapporto.

Il lavoratore vittorioso nel giudizio per la tutela reale deve restituire l'indennità sostitutiva del preavviso ed il trattamento di fine rapporto che abbia ricevuto al momento del licenziamento illegittimo sul presupposto della estinzione del rapporto poi esclusa dalla sentenza.

Fatto estintivo sopravvenuto

L'ordine di reintegrazione è precluso o superato qualora sopravvenga un fatto estintivo del rapporto, come la morte o le dimissioni del lavoratore, la risoluzione automatica del rapporto oppure un nuovo licenziamento non impugnato nel medesimo processo (cfr. 67.5). In tal caso il giudice che accerti l'illegittimità con tutela reale del licenziamento originario deve limitarsi alla condanna risarcitoria fino al momento della sopravvenuta causa estintiva.

Riforma della sentenza

La riforma o la cassazione della sentenza contenente l'ordine di reintegrazione in servizio ne fa cessare immediatamente gli effetti, senza necessità di attendere il giudicato. Pertanto il datore di lavoro che abbia ottemperato all'ordine poi riformato può subito riestromettere il lavoratore dall'azienda in virtù del licenziamento riconosciuto legittimo, senza che sia configurabile un nuovo licenziamento. Cessano, altresì, gli effetti della omessa reintegrazione ed il datore di lavoro non deve più nulla per il futuro.

Procedimento d'urgenza e rito speciale

Quando sussista in concreto un *periculum in mora*, solitamente di natura alimentare o per l'immagine, il lavoratore poteva avvalersi del procedimento d'urgenza *ex* art. 700 cod. proc. civ., per ottenere la sospensione dell'efficacia del licenziamento che, ad una cognizione sommaria, appaia illegittimo, onde assicurare così provvisoriamente gli effetti della eventuale futura decisione di merito, dalla quale il concesso provvedimento d'urgenza può essere assorbito o travolto, a seconda che la sentenza sia favorevole o contraria al lavoratore. Ma dopo l'introduzione nel 2012 del rito speciale per le controversie sui licenziamenti regolati dall'art. 18 stat. lav. l'ammissibilità della tutela cautelare è divenuta del tutto eccezionale (cfr. 68.4).

Tutela dei sindacalisti interni

Di una particolare tutela urgente contro il licenziamento illegittimo godono i sindacalisti interni (art. 18, c. 11-14, stat. lav.) (cfr. 10.10).

Reintegrazione dopo ingiusta detenzione

Del tutto distinta dalla reintegrazione in esame, che consegue ad un licenziamento illegittimo, è la reintegrazione dopo un licenziamento legittimo per carcerazione preventiva in caso di successivo accertamento dell'innocenza del lavoratore (cfr. 65.4).

70.2. *La disciplina del periodo dal licenziamento illegittimo all'effettiva reintegrazione*

Doppio regime

Nei casi in cui è ancora prevista la tutela reale il regime per il periodo dal licenziamento alla effettiva reintegrazione si è sdoppiato per i licenziamenti intimati dopo l'entrata in vigore (18 luglio 2012) della legge n. 92 del 2012.

Regime per i licenziamenti vietati o orali

A) Il primo regime concerne i licenziamenti vietati o orali (art. 18, c. 2) ed è quasi eguale alla disciplina precedente la riforma del 2012, dalla quale si differenzia, a vantaggio del lavoratore, per la prevista indetraibilità dal risarcimento del danno di quanto il lavoratore avrebbe potuto guadagnare attivandosi con l'ordinaria diligenza (art. 1227, c. 2, cod. civ.), poiché ora compare nella norma il riferimento alla detrazione del solo «percepito» (art. 18, c. 2), mentre quando il legislatore del 2012 ha voluto riferirsi anche al percepibile lo ha detto espressamente (art. 18, c. 4 a proposito della ingiustificatezza qualificata).

Indennità parametrata alle retribuzioni

Il legislatore disciplina espressamente i diritti del lavoratore illegittimamente licenziato nel periodo sino alla effettiva reintegrazione, prevedendo che «il giudice con la sentenza di cui al primo comma (ordine di reintegrazione) condanna altresì il datore di lavoro al risarcimento del danno subito dal lavoratore per il licenziamento di cui sia stata accertata la nullità stabilendo a tal fine un'indennità commisurata alla retribuzione globale di fatto dal giorno del licenziamento sino a quello dell'effettiva reintegrazione» (art. 18, c. 2, sostanzialmente identico al precedente art. 18, c. 4).

L'esplicita qualificazione risarcitoria imporrebbe al lavoratore, secondo il diritto comune, l'onere di provare il danno subìto e, quindi, quanto meno l'incolpevole stato di disoccupazione con assenza di redditi da lavoro a seguito del licenziamento illegittimo. Ma la legge, recependo un discutibile orientamento giurisprudenziale formatosi sul testo dell'art. 18 stat. lav. anteriore alla legge n. 108 del 1990, esenta il lavoratore da tale onere, commisurando automaticamente il risarcimento a tutte le retribuzioni perdute.

Natura risarcitoria e sue conseguenze

Se l'«indennità» così stabilita fosse intesa come una vera e propria penale forfettaria, allora resterebbe completamente escluso un regime risarcitorio, con assoluta irrilevanza del danno effettivo. È prevalsa, però, la conservata qualificazione espressa in termini di «risarcimento del danno», sicché la commisurazione legale dell'indennità alle retribuzioni perdute è ritenuta una presunzione relativa suscettibile di prova contraria, sia da parte del datore di lavoro in relazione a fatti che escludono la sua responsabilità (art. 1218 cod. civ.) o riducono il danno, sia da parte del lavoratore per l'aumento del risarcimento in relazione ad eventuali danni diversi da quello della perdita delle retribuzioni, con piena conferma della elaborazione giurisprudenziale precedente.

*Detrazione dell'*aliunde perceptum

In particolare, ormai per disposizione espressa, si detrae dal risarcimento parametrato alle retribuzioni quanto il lavoratore abbia guadagnato altrove (c.d. *aliunde perceptum*) utilizzando il tempo reso libero dal licenziamento o la condizione giuridica di disoccupato secondo il principio della *compensatio lucri cum damno*. Coerentemente la detrazione è esclusa per tutti i guadagni che il lavoratore avrebbe potuto egualmente conseguire pur svolgendo la sua prestazione (c.d. *aliunde* compatibile).

Detrazione del danno evitabile con l'ordinaria diligenza

Per i licenziamenti vietati o orali, con differenza rispetto al precedente regime e a quello vigente per i casi di ingiustificatezza qualificata, non si detrae dall'indennità legalmente predeterminata il danno che il lavoratore «avrebbe potuto evitare usando l'ordinaria diligenza» (art. 1227, c. 2, cod. civ.), come, ad esempio, quanto avrebbe potuto guadagnare attivandosi per reperire un'altra occupazione in base alla situazione del mercato del lavoro relativa alla sua professionalità (c.d. *aliunde percipiendum*) oppure la quota di risarcimento relativa al periodo di ingiustificato notevole ritardo nell'introduzione del giudizio quando non era ancora previsto il relativo termine di decadenza.

L'affermazione dell'*aliunde perceptum* o *percipiendum* non è una mera difesa, poiché si fonda su fatti di cui è necessaria l'acquisizione al processo, ma non è neppure un'eccezione in senso stretto, come tale mai rilevabile d'ufficio. Si tratta, invece, di una eccezione in senso lato, sicché il datore di lavoro ha l'onere di tempestiva allegazione e prova dei relativi fatti fondanti, di cui peraltro il giudice deve tenere conto anche d'ufficio senza necessità di una eccezione espressa e secondo il principio di indifferenza della provenienza dell'allegazione e della prova.

Penale minima pari a cinque mensilità

Una vera e propria penale forfettaria, insuscettibile di qualsiasi riduzione, è solo la misura minima dell'indennità ora prevista solo per il licenziamento vietato o orale, che «in ogni caso ... non potrà essere inferiore a cinque mensilità della retribuzione globale di fatto» (art. 18, c. 2, stat. lav.). Questa somma, comunque dovuta, acquista funzione punitiva dell'illecito nella parte eventualmente eccedente il danno effettivo da riparare con il risarcimento. Mentre se l'importo del risarcimento è pari o superiore alle cinque mensilità di retribuzione tutto rimane assorbito nella funzione risarcitoria, proprio perché il legislatore ha fissato il livello minimo dell'indennità e non una somma aggiuntiva a questa.

Causa estintiva sopravvenuta

La sopravvenienza di un'altra causa estintiva del rapporto (ad es. morte o dimissioni del lavoratore, risoluzione automatica, nuovo licenziamento non impugnato nel medesimo processo) esclude qualsiasi risarcimento per il periodo successivo, salva sempre l'indennità minima di cinque mensilità.

Revoca intempestiva del licenziamento

Il risarcimento del danno derivante dal licenziamento illegittimo può essere chiesto, entro il termine di prescrizione decennale, anche separatamente dalla reintegrazione, ma limitatamente al periodo di effettiva persistenza del rapporto.

La revoca del licenziamento è consentita entro un breve termine dalla comunicazione dell'impugnazione (cfr. 67.7). Dopo la scadenza di questo termine resta applicabile la precedente elaborazione, secondo cui la revoca del licenziamento, proposta dal datore di lavoro, anche se viene accettata dal lavoratore non esclude il diritto al risarcimento del danno per il licenziamento illegittimo, salvo il caso in cui il rapporto sia proseguito senza alcuna soluzione di continuità almeno economica. Ma l'eventuale rifiuto del lavoratore a riprendere servizio, se non può essere inteso come rinunzia all'ordine di reintegrazione, esclude il risarcimento del danno per il periodo successivo alla proposta di revoca, in quanto la perdita della retribuzione dipende dal fatto del lavoratore (art. 1227, c. 1, cod. civ.), salvo che la proposta sia condizionata alla rinunzia al risarcimento per il periodo intermedio, a cui il lavoratore non può essere costretto.

Contribuzione previdenziale

Sempre per il periodo dal licenziamento vietato o orale alla effettiva reintegrazione il datore di lavoro, oltre all'esaminato risarcimento, è tenuto come in passato anche «al versamento dei contributi previdenziali e assistenziali» (art. 18, c. 2, stat. lav.). Anche qui è stato recepito, sin dalla legge n. 108 del 1990, il precedente orientamento giurisprudenziale, che sul presupposto della inidoneità del licenziamento ad estinguere il rapporto di lavoro aveva affermato la persistenza anche del rapporto previdenziale con i relativi obblighi.

Misura compulsoria per i sindacalisti interni

In caso di licenziamento illegittimo di un sindacalista interno l'inottemperanza all'ordine di reintegrazione in servizio obbliga il datore di lavoro «per ogni giorno di ritardo, al pagamento a favore del Fondo adeguamento pensioni di una somma pari all'importo della retribuzione dovuta al lavoratore» (art. 18, c. 14, stat. lav.) (cfr. 10.10).

Distinzione dei periodi pre *e* post *sentenza nella disciplina anteriore al 1990*

Il testo dell'art. 18 stat. lav. anteriore alla legge n. 108 del 1990 distingueva nettamente da un lato il periodo tra il licenziamento illegittimo e la sentenza di reintegrazione in servizio, per il quale prevedeva un regime risarcitorio, e dall'altro lato il periodo successivo all'ordine del giudice, per il quale disponeva, sino alla effettiva reintegrazione, il pagamento delle «retribuzioni».

Da questa distinzione si facevano derivare due importanti conseguenze.

Regime risarcitorio e regime retributivo

Innanzitutto la detraibilità dell'*aliunde perceptum* o *percipiendum* era limitata al regime risarcitorio *ante* sentenza, mentre era esclusa per il periodo *post* sentenza trattandosi di retribuzioni come tali insuscettibili di riduzione.

Somme ripetibili e non

In secondo luogo, in caso di riforma o cassazione della sentenza di reintegra, si ammetteva la ripetizione da parte del datore di lavoro solo di quanto pagato a titolo risarcitorio per il periodo precedente l'ordine di reintegrazione. Veniva, invece, escluso l'obbligo del lavoratore di restituire quanto percepito a titolo di retribuzioni nel periodo tra le due sentenze, non solo, come è ovvio, nell'ipotesi di effettiva reintegrazione e quindi di avvenuto scambio tra lavoro e retribuzione, ma anche nell'ipotesi di pagamento senza reintegrazione. A tal proposito l'irripetibilità era stata dapprima sostenuta attribuendo al pagamento delle retribuzioni anche una funzione compulsoria (c.d. misura coercitiva indiretta patrimoniale) dell'ottemperanza all'ordine di reintegrazione, ma si trattava di tesi non condivisibile, sia perché l'unica misura compulsoria prevista dalla legge è quella già ricordata relativa ai soli sindacalisti interni, sia perché non si può assegnare al medesimo pagamento una duplice funzione, sia perché la parte definitivamente soccombente deve restituire tutto quanto, a qualsiasi titolo, ricevuto in esecuzione della sentenza riformata. Non convinceva neppure il successivo tentativo di fondare l'irripetibilità sulla disposizione dell'art. 2126 cod. civ., che riguarda la retribuzione di prestazioni effettivamente eseguite in attuazione di un contratto invalido e non la retribuzione per prestazioni solo offerte in base ad una sentenza sbagliata e non eseguita dal datore di lavoro proprio per l'impossibilità derivante dalla giustificazione del licenziamento, poi riconosciuta dalla sentenza di riforma, con conseguente incostituzionalità della tesi della irripetibilità.

Conseguenze della nuova disciplina

Il vigente testo dell'art. 18 stat. lav., al pari di quello precedente introdotto dalla legge n. 108 del 1990, prevede, come si è detto, un indistinto regime risarcitorio dal licenziamento illegittimo sino alla effettiva reintegrazione, sicché è possibile sostenere la detrazione dell'*aliunde perceptum* e, ove ancora consentito, *percipiendum* anche per il periodo successivo all'ordine di reintegrazione, mentre la erronea tesi della irripetibilità delle somme pagate in questo periodo resta definitivamente travolta.

Sospensione dell'esecuzione

La sentenza di reintegrazione e condanna al risarcimento per il *medio tempore* era provvisoriamente esecutiva per disposizione specifica (art. 18, c. 6, stat. lav., vecchio testo), sicché si era sostenuto che non sarebbe ammissibile la sospensione dell'esecuzione da parte del giudice di appello (art. 431, c. 3, cod. proc. civ.), ma erroneamente perché, almeno per il risarcimento *medio tempore*, potevano operare i rimedi previsti dal sistema. Ora la disposizione specifica è stata eliminata dal nuovo testo dell'art. 18 stat. lav. introdotto dalla legge n. 92 del 2012, sicché la sospensione dell'esecuzione è sicuramente ammissibile secondo la regola generale anche per l'ordine di reintegrazione.

Regime per il vizio di ingiustificatezza qualificata

B) La tutela reale applicabile nei casi di ingiustificatezza qualificata e di licenziamento ingiustificato per asserita inidoneità o scadenza del comporto è quella sancita nell'art. 18, c. 4, stat. lav., che differisce da quella prevista dall'art. 18, c. 2, per i licenziamenti vietati o orali.

Le differenze non riguardano l'eliminazione degli effetti del licenziamento con ordine di reintegrazione, né l'indennità sostitutiva di questa, sicché si tratta anche qui di una vera e propria tutela reale e sarebbe fuorviante parlare di tutela reale depotenziata o ridotta. Riguardano, invece, il regime risarcitorio, poiché non è prevista la penale minima di cinque mensilità ed è consentita la detrazione dal risarcimento non solo del percepito in altre attività, ma anche di quanto il lavoratore «avrebbe potuto percepire dedicandosi con diligenza alla ricerca di una nuova occupazione», conformemente alla precedente elaborazione giurisprudenziale fondata sull'art. 1227, c. 2, cod. civ.

La differenza più importante, anche rispetto al regime del vecchio art. 18 stat. lav., è sicuramente quella consistente nel limite massimo di «dodici mensilità» per la misura della indennità risarcitoria. La norma è scritta male, poiché potrebbe sembrare che questo limite riguardi tutto il periodo sino alla «effettiva reintegrazione», il che eliminerebbe di fatto la tutela reale. Ma così evidentemente non è per la contraddizione che non consente, sicché questo limite va riferito al solo periodo fino al provvedimento di reintegrazione, così come è stato ritenuto a proposito della indennità per il termine illegittimo anch'essa priva di disposizione sul periodo di riferimento. Tuttavia nel nostro caso non si tratta di una indennità forfetaria sostitutiva del regime risarcitorio, bensì di un limite massimo al risarcimento, che resta tale come si evince anche dalla espressa detraibilità del percepito e del percepibile per altre attività. La legittimità costituzionale anche di questa nuova disposizione è comunque certa, poiché anche qui, come per il termine nullo, è stata conservata la tutela reale che non è costituzionalmente obbligata, sicché il contenimento degli effetti di questa per il solo periodo fino al provvedimento di reintegrazione rientra nella discrezionalità del legislatore ordinario, tanto più che il rito speciale accelerato è diretto a ridurre i tempi di decisione della causa. Del resto se è costituzionalmente consentita la tutela solo indennitaria prevista per l'ingiustificatezza semplice, a maggior ragione è consentita una limitazione degli effetti della tutela reale prevista per l'ingiustificatezza qualificata.

Un'ultima differenza riguarda il regime previdenziale, poiché per il periodo fino all'effettiva reintegrazione è dovuto solo l'importo «differenziale» «tra la contribuzione che sarebbe stata dovuta» in assenza del licenziamento e la eventuale contribuzione «accreditata al lavoratore in conseguenza dello svolgimento di altre attività lavorative», con espresso addebito al datore di lavoro dei costi dell'eventuale trasferimento di questa contribuzione da una gestione ad un'altra.

Domande gradate

In conclusione nei rapporti rientranti nell'area di applicazione dell'art. 18 stat. lav., il lavoratore licenziato proporrà sovente una domanda principale per il regime di tutela reale del licenziamento vietato o orale (art. 18, c. 1-3), una domanda subordinata per il regime di tutela reale della ingiustificatezza qualificata (art. 18, c. 4 e 7), una domanda ulteriormente subordinata per il regime di tutela solo indennitaria della ingiustificatezza semplice (art. 18, c. 5 e 7), una domanda estremamente subordinata per il regime di tutela indennitaria dimezzata per eventuale vizio procedimentale (art. 18, c. 6; cfr. 69.5). Di questo vi è una traccia espressa nei periodi finali dei c. 6 e 7 dell'art. 18, ma si tratta di previsioni parziali e comunque superflue.

Incertezza

L'incertezza applicativa del nuovo regime sanzionatorio del licenziamento ingiustificato è riconosciuta dal legislatore, sia laddove tenta di evitarla in radice con una conciliazione addirittura preventiva al licenziamento (cfr. 67.6), sia laddove introduce un rito speciale con fase sommaria e poi accelerato in tutti i suoi gradi per raggiungere il prima possibile l'accertamento definitivo (cfr. 68.4). In effetti il problema dell'incertezza e della durata del giudizio ora grava anche sul lavoratore, che potrebbe conseguire una tutela solo indennitaria o una tutela reale con il tetto risarcitorio di dodici mensilità fino al provvedimento di reintegra. Può ben dirsi che il rimedio ad una intollerabile incertezza è, per ora, un sistema ancora più complicato: le vie del Signore sono davvero infinite.

Effetti sul decorso della prescrizione

In questa situazione non sembra possa più sostenersi il decorso della prescrizione dei crediti retributivi nel corso del rapporto (cfr. 93.3), poiché la stabilità di questo escludente il timore reverenziale non è più sempre garantita, stante la tutela solo indennitaria per l'ingiustificatezza semplice. Ovviamente i diritti retributivi già prescritti durante il regime di stabilità anteriore all'entrata in vigore della riforma restano prescritti. Anche il periodo di prescrizione decorso, seppur non ancora compiuto all'entrata in vigore della riforma, rimane valido e, dopo il periodo di sospensione per la sopravvenuta instabilità, si cumula con il periodo successivo alla fine del rapporto.

Regime per i lavoratori assunti dopo il d.lgs. n. 23 del 2015 e per i datori di lavoro che cresceranno

Il d.lgs. n. 23 del 2015 ha modificato la tutela reale per i lavoratori assunti dopo l'entrata in vigore di questo decreto e per i datori di lavoro che raggiungeranno i requisiti dimensionali previsti dall'art. 18, c. 8-9, stat. lav.

Per quanto riguarda la sanzione per i licenziamenti nulli o intimati in forma orale le differenze tra l'art. 18, c. 1-3, stat. lav. e l'art. 2 del suddetto decreto sono quasi inesistenti. Infatti i licenziamenti per motivo illecito, per matrimonio e per maternità, sono compresi nella nozione di licenziamento nullo. Mentre la eliminazione del licenziamento nullo dei dirigenti appare una mera dimenticanza, imputabile al campo di applicazione generale definito dall'art. 1 («operai, impiegati e quadri») poiché la legge non ha mai tutelato il licenziamento dei dirigenti salvo il caso della nullità dello stesso.

Per quanto riguarda la tutela reintegratoria per i licenziamenti motivati con un fatto materiale insussistente, l'art. 3, c. 2, del decreto è molto simile al c. 4 dell'art. 18, eliminando solo le disposizioni previdenziali, ridotte a quelle di sempre («versamento dei contributi previdenziali e assistenziali dal giorno del licenziamento fino a quello dell'effettiva reintegrazione»).

70.3. *L'indennità sostitutiva della reintegrazione*

Il lavoratore licenziato illegittimamente ha «la facoltà di chiedere al datore di lavoro in sostituzione della reintegrazione nel posto di lavoro un'indennità pari a quindici mensilità dell'ultima retribuzione» (art. 18, c. 3 e c. 4, stat. lav., nuovo testo; artt. 2, c. 3 e 3, c. 2, d.lgs. n. 23 del 2015).

Facoltà di scelta del solo lavoratore

Qui la scelta tra prosecuzione del rapporto e indennità spetta solo al lavoratore e non anche al datore di lavoro, come invece nel regime di tutela obbligatoria (cfr. 69.1). Sicché la norma in esame non indebolisce la tutela reale, ma rafforza ulteriormente la posizione del prestatore illegittimamente licenziato, che in alcune situazioni (ad es. per l'avvenuto reperimento di una migliore occupazione) può avere interesse ad ottenere una somma di denaro invece del posto di lavoro.

Si è imposta la qualificazione come obbligazione con facoltà alternativa dal lato del creditore lavoratore, secondo lo schema civilistico «*una res in obligatione, duae autem in facultate solutionis*». Ne consegue che se l'obbligazione reintegratoria diviene impossibile (ad es. per morte del lavoratore), non è dovuta neppure l'indennità sostitutiva.

Termine

La scelta del lavoratore per l'indennità sostitutiva deve essere fatta «entro trenta giorni dalla comunicazione del deposito della sentenza» che ordina la reintegrazione (art. 18, c. 3, stat. lav.), ma se in precedenza il lavoratore abbia accettato senza riserve di riprendere servizio resta preclusa l'opzione per l'indennità sostitutiva in quanto l'obbligazione è già stata adempiuta dal datore di lavoro con la reintegrazione.

Il lavoratore può anticipare la sua scelta per l'indennità sostitutiva, richiedendola già nel giudizio di impugnazione del licenziamento dalla cui illegittimità dipende il diritto all'indennità. Può, altresì, salvaguardare la facoltà di scelta rifiutando la intempestiva proposta del datore di lavoro di revoca del licenziamento.

Momento di estinzione del rapporto

Era discusso, nel silenzio della legge, se il rapporto di lavoro si estinguesse con la scelta del lavoratore per l'indennità oppure con il pagamento dell'indennità medesima fino al quale persisteva un indecoroso lucro del lavoratore che pure aveva già dichiarato di non voler riprendere servizio.

Ora finalmente il legislatore ha stabilito la immediata estinzione del rapporto al momento della richiesta della indennità sostitutiva di reintegrazione (art. 18, c. 3, stat. lav. nel testo novellato dall'art. 1, c. 42, legge n. 92 del 2012: «la cui richiesta determina la risoluzione del rapporto»).

Con la stessa norma è stato anche chiarito che la richiesta dell'indennità deve avvenire entro trenta giorni dal deposito della sentenza o dall'invito a riprendere servizio se anteriore e che l'indennità «non è assoggettata a contribuzione previdenziale».

Cumulo con l'indennità risarcitoria

Per il periodo dal licenziamento illegittimo sino alla cessazione del rapporto o al precedente rifiuto di riprendere servizio è dovuto al prestatore il risarcimento del danno ai sensi dell'art. 18, c. 2 e 4 (cfr. 60.2), espressamente tenuto «fermo» dal legislatore (art. 18, c. 3).

Questo cumulo tra risarcimento del danno e indennità sostitutiva della reintegrazione è stato ritenuto conforme agli artt. 3, 24 e 41 Cost. in considerazione della diversa funzione delle due attribuzioni e della possibilità per il datore di lavoro di ripeterle entrambe in caso di esito per lui vittorioso delle impugnazioni.

Irretroattività

La disciplina dell'indennità sostitutiva di reintegrazione non è retroattiva, sicché non si applica ai licenziamenti intimati prima dell'entrata in vigore della legge n. 108 del 1990. Così come la novella del 2012 non si applica ai licenziamenti intimati prima della sua entrata in vigore.

70.4. *La scomparsa della tutela reale legale di diritto comune*

Nullità o inefficacia di diritto comune

La disciplina speciale dell'art. 18 stat. lav. non era di generale applicazione (cfr. 71.2), sicché, oltre alle ipotesi di tutela obbligatoria e di licenziamento libero, residuavano alcuni licenziamenti illegittimi sottoposti alla tutela reale di diritto comune, consistente nella nullità o inefficacia del recesso con conseguente ininterrotta prosecuzione del rapporto e diritto del lavoratore a percepire la retribuzione per le prestazioni rifiutate dal datore di lavoro in *mora credendi*.

Ipotesi

Questa situazione, che sovente la giurisprudenza riconduceva ad un regime risarcitorio, si verificava in caso di licenziamento per motivo illecito o in frode alla legge (cfr. 66.2), di licenziamento della lavoratrice nei periodi di interdizione per matrimonio o maternità (cfr. 66.4), nonché di licenziamento inefficace per difetto di forma o omessa comunicazione dei motivi in un rapporto escluso dall'area di applicazione dell'art. 18 stat. lav. (cfr. 67.2).

Ora tutte queste ipotesi sono state ricondotte nella tutela reale speciale (art. 18, c. 1-3, stat. lav., come novellato dall'art. 1, c. 42, legge n. 92 del 2012; art. 2 d.lgs. n. 23 del 2015), ad eccezione della omessa motivazione per cui è prevista una tutela solo indennitaria (art. 18, c. 6, nuovo testo; art. 4 d.lgs. n. 23 del 2015).

Pertanto non esistono più precetti legali in materia di licenziamento con tutela reale di diritto comune.

Tuttavia nei rapporti privi di tutela reale di fonte legale i contratti collettivi possono ancora introdurre una tutela reale negoziale, anch'essa idonea ad eliminare l'effetto estintivo del licenziamento ingiustificato.

Anche le c.d. clausole di durata minima inserite nei contratti individuali, che impegnano il datore di lavoro a non recedere per un certo periodo o sino al verificarsi di un determinato evento, possono avere efficacia reale.

71. Il campo di applicazione dei diversi regimi

71.1. *Le tutele generali*

Tutela reale per i licenziamenti vietati o orali

Per i licenziamenti vietati (cfr. 66) o orali (cfr. 67.2) è sempre applicabile, a prescindere da qualsiasi limite dimensionale, l'apposita tutela reale (art. 18, c. 1-3, stat. lav., nel testo novellato dall'art. 1, c. 42, legge n. 92 del 2012; art. 2 d.lgs. n. 23 del 2015) (cfr. 70).

Regola generale di giustificazione necessaria

Anche la regola di giustificazione necessaria del licenziamento (cfr. 65) è stata generalizzata a prescindere da ogni limite dimensionale (art. 2, c. 1, legge n. 108 del 1990), con la sola eccezione dei residui casi di licenziamento libero (cfr. 71.3).

La regola di giustificazione necessaria è ritenuta, infatti, costituzionalmente obbligata, mentre in precedenza erano stati ammessi limiti dimensionali anche per questa regola.

Tutele differenziate per il vizio di ingiustificatezza

Invece la tutela reale che rimuove gli effetti del licenziamento ingiustificato (cfr. 70) non è ritenuta costituzionalmente obbligata, sicché è legittimamente riservata alle maggiori organizzazioni e unità produttive (cfr. 71.2), ed anche qui, ormai, dopo la legge n. 92 del 2012, e il d.lgs. n. 23 del 2015 per i neoassunti, ai soli casi tassativi di ingiustificatezza qualificata (cfr. 65.5) oppure di insussistenza della inidoneità fisica o della scadenza del comporto di malattia. È possibile, ovviamente, una modifica del sistema, anche mediante referendum abrogativi, sia nel senso della estensione della tutela reale, sia nel senso opposto della sua totale eliminazione.

Attualmente nella generalità dei casi, salvo appunto quelli tassativi in cui opera la tutela reale, la sanzione per il licenziamento ingiustificato è solo indennitaria con salvezza dell'effetto estintivo del rapporto. L'indennità è di importo più alto nelle maggiori organizzazioni e unità produttive (cfr. 69), qui sostituendo per i licenziamenti intimati dopo l'entrata in vigore (18 luglio 2012) della legge n. 92 del 2012 la precedente tutela reale.

Ed il d.lgs. n. 23 del 2015 per i neo assunti ha modificato la tutela indennitaria aderendo alla tesi delle tutele crescenti in base all'anzianità di servizio poi dichiarato incostituzionale (cfr. 69.5).

Oneri probatori

Alla generalizzazione della regola di giustificazione necessaria con tutela obbligatoria minore consegue la sua automatica applicazione, non dovendo il lavoratore provare alcun presupposto.

Nonostante il contrario erroneo avviso delle Sezioni Unite sul lavoratore licenziato dovrebbe gravare, come in passato, l'onere di tempestiva allegazione e di prova dei requisiti dimensionali (cfr. 71.2) che rendono applicabile la tutela reale o la tutela indennitaria maggiore da lui eventualmente invocata, trattandosi di un fatto costitutivo della sua domanda, come risulta dalla lettera della legge e dalla posizione sistematica della tutela reale, ed ora anche della tutela indennitaria maggiore, nella speciale disciplina del licenziamento ingiustificato, che non consente impropri richiami al diritto comune delle obbligazioni derogato, appunto, da tale disciplina speciale. Mentre, trattandosi di questione interpretativa, resta, come sempre, irrilevante l'argomento equitativo che vorrebbe onerare la parte più vicina alla prova. Ma ormai si è consolidato il principio affermato dalla Sezioni Unite secondo cui l'onere di allegazione e prova dei requisiti dimensionali spetta al datore di lavoro.

A sua volta il datore di lavoro ha l'onere di allegare e provare sia le situazioni (cfr. 71.3) legittimanti l'eccezionale esclusione della regola generale e, quindi, il licenziamento *ad nutum*, sia lo svolgimento di una delle attività (cfr. 71.2) esonerate dalla tutela reale e dalla tutela indennitaria maggiore.

71.2. *Le tutele collegate alle dimensioni dell'organico e alla natura del datore*

Tutele non generali

Le tutele collegate alle dimensioni dell'organico sono quelle previste nell'art. 18, c. 4-7, nuovo testo: tutela reale per l'ingiustificatezza qualificata (cfr. 65.5) e per inesistenza dell'inidoneità fisica (cfr. 65.4) o della scadenza del comporto di malattia (cfr. 62.2); tutela indennitaria maggiore per l'ingiustificatezza semplice (cfr. 69.5); tutela indennitaria dimezzata per i vizi procedimentali (cfr. 69.5).

I due requisiti dimensionali alternativi

Queste tutele, salvo deroghe previste dai contratti collettivi aziendali o territoriali con specifici requisiti (art. 8 d.l. n. 138 del 2011 conv. legge n. 148 del 2011), si applicano ai datori di lavoro, ora anche non imprenditori, che occupano complessivamente più di sessanta dipendenti a prescindere dalle dimensioni dell'unità produttiva oppure, nelle organizzazioni minori, limitatamente alle unità produttive o agli ambiti comunali in cui siano occupati più di quindici dipendenti (o più di cinque per le imprese agricole) (art. 18, c. 8, stat. lav. nel testo novellato dalla legge n. 92 del 2012).

La spiegazione connessa alla problematicità della eventuale reintegrazione in collettività di lavoro ristrette per le connesse tensioni interpersonali si attaglia, come in passato, alla previsione fondata sulle dimensioni dell'organico nell'unità produttiva o nel comune. Mentre per la via alternativa di accesso alla tutela reale basata esclusivamente sulla dimensione complessiva dell'organico introdotta dalla legge n. 108 del 1990 questa spiegazione non regge, potendo essere eventualmente ordinata la reintegrazione anche in piccole unità produttive. Sicché occorre far riferimento alla possibilità, ove ne sussistano i presupposti, di un trasferimento del lavoratore reintegrato o alla maggior forza economica dei datori di lavoro più grandi ritenuti in grado di sopportare, se necessario per evitare più gravi problemi gestionali, il costo del lavoratore lasciato inutilizzato nonostante l'ordine di reintegrazione oppure il costo della indennità maggiore.

L'esclusione della tutela reale per l'ingiustificatezza semplice, unitamente alla applicazione della tutela reale per ingiustificatezza qualificata anche alle minori unità produttive di imprese con più di sessanta dipendenti ed ai datori di lavoro non imprenditori con gli stessi limiti dimensionali delle imprese, ha posto fine alla coincidenza, sancita dal vecchio art. 35 stat. lav., tra tutela reale contro il licenziamento e tutele dell'attività sindacale in azienda, di cui prima della legge n. 108 del 1990 erano stati rilevati gli effetti sinergici per un'effettiva garanzia della posizione del lavoratore nel corso del rapporto.

Rilevanza del numero dei dipendenti

Il riferimento al numero dei dipendenti, invece che ad altri elementi (ad es. il fatturato), appare congruo, sia per l'identificazione dell'unità produttiva o dell'ambito comunale, qui rilevando proprio la dimensione della comunità di lavoro nella quale deve avvenire la reintegrazione, sia per l'individuazione del datore di lavoro ritenuto in grado di sopportare, in ragione dell'entità globale delle retribuzioni erogate al proprio personale, il costo aggiuntivo del risarcimento sino alla effettiva reintegrazione e della indennità sostitutiva di questa eventualmente richiesta dal lavoratore.

Unità produttiva

La nozione di unità produttiva contenuta nel nuovo testo dell'art. 18, c. 9, stat. lav. riprende la formulazione dell'art. 35, c. 1, stat. lav., rimasta in vigore solo per i diritti di attività sindacale nei luoghi di lavoro. Si tratta di un'articolazione organizzativa (sede, stabilimento, ufficio, reparto) idonea a conseguire anche in parte, con autonomia amministrativa e funzionale, lo scopo del datore di lavoro, secondo una definizione valida per tutte le disposizioni (sul licenziamento, sul trasferimento, sui diritti sindacali) che si riferiscono, appunto, all'unità produttiva.

Lavoratori computabili

Le dimensioni dell'organico, sia nell'unità produttiva o nel comune, sia nella complessiva organizzazione del datore di lavoro sono espressamente riferite (art. 18, c. 8, stat. lav.) ai «dipendenti» o ai prestatori occupati «alle sue dipendenze», con conseguente esclusione dal computo dei lavoratori non subordinati (lavoratori autonomi anche parasubordinati, amministratori, soci di cooperative).

L'organico da prendere in considerazione è quello normale, costante nel tempo, con irrilevanza dei fattori di variabilità transitoria. Pertanto non si possono cumulare il lavoratore assente a quello assunto a termine in sostituzione, mentre si devono calcolare i lavoratori in prova.

I lavoratori a termine sono computabili solo quando siano addetti ad esigenze non provvisorie ed occasionali, non valendo qui la regola del computo in base al numero medio mensile degli ultimi due anni stabilita per il campo di applicazione del titolo III dello Statuto (art. 8 d.lgs. n. 368 del 2001).

Gli apprendisti erano computabili nelle imprese non artigiane, ma poi è intervenuta una secca esclusione dal computo, ma non dalla tutela, per incentivare l'occupazione giovanile (art. 7, c. 3, d.lgs. n. 167 del 2011; ma già art. 21, u.c., legge n. 56 del 1987 e art. 53, c. 2, d.lgs. n. 276 del 2003. Per lo stesso motivo era disposta analoga esclusione dal computo dei lavoratori con contratto di formazione e lavoro (art. 3, c. 10, legge n. 863 del 1984).

Sono esclusi i lavoratori assunti con l'ormai abrogato contratto di inserimento (art. 59, c. 2, d.lgs. n. 276 del 2003).

Sono espressamente esclusi dal computo nell'organico dell'utilizzatore i lavoratori somministrati (art. 22, c. 5, d.lgs. n. 276 del 2003), onde incentivare questo tipo di occupazione.

Altra esclusione, ovviamente utile solo per veri e propri rapporti di lavoro subordinato e non per altre forme di collaborazione (ad es. lavoro gratuito, impresa familiare) già in sé irrilevanti, riguarda il «coniuge ed i parenti del datore di lavoro entro il secondo grado in linea diretta e in linea collaterale» (art. 18, c. 9, stat. lav. nuovo testo), al fine di favorire l'occupazione dei familiari.

Per i lavoratori a tempo parziale è previsto il computo solo di quelli «a tempo indeterminato» e solo per «la quota di orario effettivamente svolto, tenendo conto, a tale proposito, che il computo delle unità lavorative fa riferimento all'orario previsto dalla contrattazione collettiva di settore» (art. 18, c. 9, stat. lav. nuovo testo, con differente espressione rispetto al criterio generale fissato nell'art. 6, c. 1, d.lgs. n. 61 del 2000.

Sono computabili i lavoratori in trasferta e quelli che operano normalmente all'esterno dell'unità produttiva cui appartengono.

I lavoratori a domicilio subordinati sono esclusi dal computo in quanto per definizione estranei all'organizzazione, come risulta dalla specialità del rapporto.

I lavoratori comandati temporaneamente presso altra azienda continuano a computarsi nell'organico del proprio datore di lavoro, che li retribuisce.

I dipendenti di società collegate, le quali sono soggetti giuridici distinti con la conseguente autonomia dei rispettivi rapporti anche di lavoro, non possono cumularsi tra loro, salvo l'accertamento di una effettiva volontà, manifestata anche per fatti concludenti, di costituzione di tutti tali rapporti con un unico datore di lavoro o di una utilizzazione fraudolenta dello schema societario con unicità di struttura organizzativa integrata e centro decisionale e con adibizione promiscua dei dipendenti (cfr. 43.2).

Organizzazioni di tendenza

Pur in presenza dei requisiti dimensionali fin qui esaminati restano esclusi dalle tutele dell'art. 18, c. 4-7, stat. lav. ed assoggettati alla sola tutela indennitaria minore dell'art. 8 della legge n. 604 del 1966 i «datori di lavoro non imprenditori che svolgono senza fini di lucro attività di natura politica, sindacale, culturale, di istruzione ovvero di religione o di culto» (art. 4, c. 1, legge n. 108 del 1990).

Pertanto l'agevolazione per i datori di lavoro non imprenditori, che in precedenza era generale, costituisce ora un'eccezione, con onere probatorio a carico del datore di lavoro, limitata alle attività tassativamente elencate secondo l'insindacabile discrezionalità del legislatore. Queste possono essere, peraltro, intese in senso ampio e, quindi, anche se economicamente autosufficienti, altrimenti non si spiegherebbe il requisito espresso dell'assenza di «fini di lucro» riferito a datori di lavoro non imprenditori e ad attività intrinsecamente non lucrative.

In particolare l'attività «di religione», anche in virtù della separata menzione dell'attività «di culto», comprende anche l'assistenza nelle sue più svariate forme, tra cui ad esempio quella agli infermi, ove assunta come fine essenziale nelle costituzioni dell'ente ecclesiastico.

La norma non distingue tra mansioni di tendenza, cioè direttamente collegate alle finalità del datore di lavoro, e mansioni neutre, essendo diretta ad agevolare l'organizzazione in sé, mentre tale distinzione rileva in relazione alla giustificazione del licenziamento intimato per incompatibilità ideologica (cfr. 65.2).

Per un difetto di coordinamento normativo tra l'eccezione qualitativa in esame ed i campi di applicazione dimensionali, le attività di tendenza svolte da datori di lavoro con più di sessanta dipendenti sembrerebbero sfuggire anche alla tutela indennitaria minore dell'art. 8 legge n. 604 del 1966, ma è possibile un'interpretazione sistematica correttiva nel senso della applicazione di questa tutela, essendo altrimenti inevitabile la dichiarazione di incostituzionalità per l'irragionevolezza del miglior trattamento (licenziamento libero) riservato alle più grandi organizzazioni.

E non a caso il d.lgs. n. 23 del 2015 per i neoassunti applica alle organizzazioni di tendenza tutto il decreto (art. 9, c. 2), distinguendo le maggiori organizzazioni da quelle più piccole (art. 9, c. 1).

Licenziamenti orali e vietati

Al licenziamento orale discriminatorio, per motivo illecito e nei periodi di interdizione per matrimonio e maternità, è sempre applicabile la tutela reale a prescindere dai requisiti dimensionali (art. 18, c. 1-3, stat. lav.; art. 3 legge n. 108 del 1990) e dalla ricorrenza di una delle residue ipotesi di licenziamento libero (artt. 3 e 4 legge cit.).

Questa applicazione della tutela reale anche ai piccoli datori di lavoro e perfino, quanto al licenziamento discriminatorio, ai datori di lavoro domestico pone seri problemi di legittimità costituzionale, qui contrapponendosi due sfere di libertà personale di pari valore, come si è già detto a proposito del divieto di licenziamento delle lavoratrici madri e a causa di matrimonio (cfr. 66.4).

Apprendisti

La tutela legale contro il licenziamento si applica anche agli apprendisti non nominati nell'art. 10 della legge n. 604 del 1966, ma equiparati, sotto il profilo in esame, ai lavoratori subordinati per tutta la durata del loro rapporto, ferma restando la libertà di disdetta con preavviso *ex* art. 2118 cod. civ. alla fine del periodo di tirocinio (art. 2, c. 1, lett. l) e m), d.lgs. n. 167 del 2011).

Naviganti

L'esclusione dalla tutela legale del personale navigante, che era stata ricavata implicitamente dal silenzio in proposito dell'art. 10 della legge n. 604 del 1966 ed esplicitamente dal rinvio alla contrattazione collettiva disposto dall'art. 35, u.c., stat. lav., è stata dichiarata incostituzionale a seguito della constatata lunga inerzia dell'autonomia collettiva.

Lavoro pubblico

Per i rapporti di lavoro privatizzati con la pubblica amministrazione era prevista l'applicazione della tutela reale *ex* art. 18 stat. lav. «a prescindere dal numero di dipendenti» dell'ente datore di lavoro (art. 51, c. 2, d.lgs. n. 165 del 2001), dovendosi intendere qui sopravvissuto per rinvio materiale il vecchio testo dell'art. 18 stat. lav. fino alla prevista «armonizzazione» (art. 1, c. 7 e 8, legge n. 92 del 2012).

Ora, però, c'è una norma apposita (art. 63, c. 2, d.lgs. n. 165 del 2001 come integrato dal d.lgs. n. 75 del 2017), secondo cui la sentenza che annulla o dichiara nullo il licenziamento condanna l'amministrazione alla reintegrazione del lavoratore e al pagamento di una indennità per il periodo dal giorno del licenziamento fino a quello dell'effettiva reintegrazione commisurata all'ultima retribuzione ma non superiore a 24 mensilità detratto quanto percepito, oltre al versamento dei contributi previdenziali ed assistenziali per il medesimo periodo.

Questa norma, per quanto riguarda il licenziamento nullo, svantaggia il dipendente pubblico nei confronti del dipendente privato la cui indennità non ha limiti (art. 18, c. 2, stat. lav. nuovo testo; art. 2 d.lgs. n. 23 del 2015). Mentre per il licenziamento annullabile è favorevole al dipendente pubblico in quanto la reintegra per i dipendenti privati è prevista solo nei casi tassativi di ingiustificatezza qualificata e solo per i datori il cui organico supera il limite previsto dalla legge. Inoltre il limite massimo dell'indennità per il medio tempore è di 24 mensilità, mentre per i dipendenti privati è di 12 mensilità (art. 18, c. 4 e 7, stat. lav. nuovo testo; art. 3 d.lgs. n. 23 del 2015).

Per i rapporti non privatizzati opera ancora la tradizionale stabilità nell'impiego secondo il diritto amministrativo.

71.3. *Le ipotesi residue di licenziamento libero*

Tassatività delle ipotesi di licenziamento libero

La regola legale di giustificazione necessaria, prima esclusa per le organizzazioni minori e le piccole unità produttive, non incontra più, sin dalla legge n. 108 del 1990, alcun limite dimensionale, residuando solo alcune ipotesi tassative di licenziamento *ad nutum*.

Dirigenti

Innanzitutto la legge consente il licenziamento libero dei dirigenti, poiché la disposizione dell'art. 10 della legge n. 604 del 1966 menziona solo gli operai e gli impiegati, ai quali sono equiparati anche i quadri (art. 2, c. 3, legge n. 190 del 1985).

Questa esclusione dalla tutela legale contro il licenziamento ingiustificato è stata ritenuta compatibile con la Costituzione in considerazione dello stretto vincolo fiduciario che caratterizza il rapporto di lavoro del dirigente. L'eccezione riguarda tutti i veri dirigenti, apicali e minori, rientranti nella definizione collettiva della categoria, mentre non si applica agli pseudodirigenti, che hanno solo il nome ed il trattamento, ma non la posizione del dirigente, non essendo consentito il baratto di una tutela legale inderogabile come quella relativa al licenziamento.

L'esclusione è stata ritenuta inapplicabile ai dirigenti pubblici con riferimento al recesso dal rapporto fondamentale a tempo indeterminato, per il quale è previsto (art. 22 d.lgs. n. 165 del 2001) il parere obbligatorio, ma non più vincolante di un Comitato di garanti.

I dirigenti godono, peraltro, di una seria tutela per contratto collettivo, ove applicabile, contro il licenziamento ingiustificato, nonché delle garanzie legali relative alla forma scritta del recesso ed al divieto del licenziamento per motivo illecito e discriminatorio e del licenziamento delle lavoratrici madri e a causa di matrimonio.

Lavoratori in prova La seconda esclusione dalla tutela legale riguarda i lavoratori in prova, per tutta la durata di questa fino ad un massimo di sei mesi (art. 10 legge n. 604 del 1966).

Pertanto il datore di lavoro non deve intimare per iscritto e giustificare il recesso per valutazione negativa dell'esperimento, che può avvenire senza preavviso in qualsiasi momento del pattuito periodo di prova salva la previsione di una durata minima (art. 2096, c. 3, cod. civ.). La disciplina legale del licenziamento inizia, dunque, ad applicarsi dopo il superamento della prova, che altrimenti non avrebbe senso.

Anche questa limitazione della tutela legale è stata ritenuta conforme alla Costituzione, ammettendosi, tuttavia, l'impugnazione del licenziamento intimato per esito negativo della prova da parte del lavoratore che dimostri il motivo illecito o discriminatorio oppure il mancato svolgimento dell'esperimento pattuito o il superamento dello stesso.

Solo per gli invalidi obbligatoriamente assunti (cfr. 50.2) si discute se il licenziamento per esito negativo della prova richieda una motivazione, che, pur non integrando gli estremi di una vera e propria giustificazione, consenta di escludere l'inammissibile incidenza sulla valutazione del datore di lavoro dell'eventuale minor rendimento dovuto allo stato di invalidità.

Domestici Il licenziamento libero è consentito, a fini di tutela della famiglia (art. 31, c. 1, Cost.), per i lavoratori domestici, esclusi espressamente dalla tutela reale e obbligatoria (art. 4, c. 1, legge n. 108 del 1990), mentre in passato la stessa conclusione derivava dal riconoscimento del potere di recesso *ad nutum* ai datori di lavoro non imprenditori con meno di trentasei dipendenti (art. 11, c. 1, legge n. 604 del 1966 ora abrogato).

La nuova norma, invece di riferirsi semplicemente ai lavoratori domestici, utilizza la locuzione «rapporti disciplinati dalla legge 2 aprile 1958 n. 339», così creando una grave complicazione, in quanto tale legge riguarda solo i lavoratori con orario di «almeno quattro ore giornaliere» (art. 1, c. 1, legge n. 339 del 1958), sicché o si adotta un'interpretazione correttiva che estende il potere di licenziamento libero anche ai domestici con orario inferiore oppure è inevitabile pervenire al medesimo risultato mediante dichiarazione di incostituzionalità per ingiustificata disparità di trattamento.

Anche per i lavoratori domestici, come per i dirigenti, è fatta espressamente salva (art. 4, c. 1, legge n. 108 del 1990) la tutela reale contro il licenziamento discriminatorio, con i gravi problemi già segnalati (cfr. 71.2).

Atleti professionisti Sono sottratti alla tutela contro il licenziamento anche gli atleti professionisti lavoratori subordinati (art. 4, c. 8, legge n. 91 del 1981), nonché i lavoratori a domicilio.

Lavoratori ultrasessantenni con diritto a pensione

L'ultima ipotesi di licenziamento *ad nutum* concerne i «prestatori di lavoro ultrasessantenni in possesso dei requisiti pensionistici» (art. 4, c. 2, legge n. 108 del 1990), intendendosi per tali quelli della pensione di vecchiaia. Si tratta di una regola molto importante, che riguarda tendenzialmente tutti i dipendenti alla fine della vita lavorativa, sicché il potere di licenziamento libero conserva ancora un ampio spazio nell'ordinamento.

La ragione della eliminazione della tutela contro il licenziamento consiste nella sopravvenienza del reddito previdenziale, che rende tollerabile l'eventuale perdita del posto di lavoro anche se priva di giustificazione. Inoltre la norma in esame da un lato sconta l'idea che il lavoratore pensionabile abbia già compiuto la propria realizzazione personale mediante il lavoro (art. 3, c. 2, Cost.) e dall'altro lato mira ad agevolare il *turn over*, così favorendo l'occupazione dei giovani.

Liberazione del potere dal vincolo

In base alla lettera della legge («Le disposizioni ... non si applicano ...»), e salvo clausole negoziali di risoluzione automatica (cfr. 80), il conseguimento del diritto a pensione da parte del lavoratore ultrasessantenne non costituisce una causa di risoluzione automatica del rapporto, né una giustificazione del licenziamento, ma libera il potere dal vincolo, consentendone da quel momento l'esercizio senza necessità di giustificazione e di forma scritta, permanendo soltanto il divieto di licenziamento discriminatorio (art. 4, c. 2, legge n. 108 del 1990).

Pertanto se il licenziamento viene intimato in anticipo rispetto al conseguimento del diritto a pensione, anche se «in vista» dello stesso, si tratta di licenziamento ingiustificato, con tutte le relative conseguenze a seconda del regime legale o negoziale applicabile, ivi compresa la necessità di impugnazione nel termine di decadenza. Sicché non può essere condivisa la tesi secondo cui sarebbe legittimo il licenziamento intimato al lavoratore non ancora pensionabile con preavviso scadente in coincidenza con il raggiungimento del diritto a pensione. Se invece il licenziamento viene intimato al raggiungimento dell'età pensionabile il lavoratore ha diritto al preavviso o alla relativa indennità sostitutiva.

L'espressa indicazione del «possesso dei requisiti pensionistici» esclude il licenziamento *ad nutum* per il sol fatto dell'età avanzata del lavoratore, invece consentito in passato per gli ultrasessantacinquenni anche se privi del diritto a pensione con disposizione (art. 11, c. 1, legge n. 604 del 1966) peraltro già dichiarata incostituzionale. Sempre nel senso dello stretto collegamento tra libertà di licenziamento e effettiva percezione della pensione di vecchiaia opera la disposizione per cui tale libertà sopravviene solo «al momento della decorrenza del trattamento pensionistico di vecchiaia» (art. 6, c. 2 *bis*, d.l. n. 248 del 2007 conv. legge n. 31 del 2008). Se il lavoratore pensionabile opta per la prosecuzione del rapporto fino a 70 anni è necessario il consenso del datore di lavoro, altrimenti l'eventuale licenziamento è legittimo (art. 24, c. 4, d.l. n. 201 del 2011 conv. legge n. 214 del 2011).

Parità uomo-donna

Il requisito dell'età minima («ultrasessantenni») previsto in aggiunta a quello del diritto a pensione esclude il licenziamento *ad nutum* di chi consegua tale diritto prima dei sessanta anni. Mentre in precedenza il collegamento del licenziamento libero al solo requisito pensionistico (art. 11, c. 1, legge n. 604 del 1966) aveva creato un problema di parità di trattamento tra uomini e donne, poiché per queste ultime il vantaggio sul piano previdenziale di potersi pensionare di vecchiaia cinque anni prima dell'uomo (55 anni invece che 60) si trasformava in un pregiudizio sul piano del rapporto di lavoro anticipandosi automaticamente anche la licenziabilità *ad nutum*. Il problema, peraltro, era stato già risolto dapprima con un intervento del legislatore (art. 4 legge n. 903 del 1977), che aveva concesso alle donne di sottrarsi a questa anticipata precarizzazione del rapporto mediante una semplice tempestiva dichiarazione al datore di lavoro, e poi con una radicale sentenza di incostituzionalità sopravvenuta della disparità di trattamento in ordine al licenziamento, che aveva reso superflua anche la ricordata dichiarazione, ritenuta, quindi, essa stessa un onere incostituzionale. Pertanto in questa sistemazione, poi recepita nella già ricordata disposizione dell'art. 4, c. 2, legge n. 108 del 1990, la donna, pur conservando la possibilità di pensionarsi a cinquantacinque anni, manteneva fino a sessanta anni, al pari dell'uomo, il regime di tutela contro il licenziamento applicabile al suo rapporto di lavoro.

La situazione è, però, nuovamente cambiata, poiché l'esigenza di ridurre il deficit degli enti previdenziali, messi in crisi dai noti fattori demografici, ha determinato un'evoluzione dell'ordinamento dapprima nel senso della incentivazione alla prosecuzione del rapporto anche dopo il conseguimento dei requisiti pensionistici e, poi, più drasticamente nel senso di un innalzamento d'imperio dell'età pensionabile.

Il sistema delle opzioni

Già con la disposizione dell'art. 6 della legge n. 54 del 1982, fatta espressamente salva dall'art. 4, c. 2, legge n. 108 del 1990 («sempre che non abbiano optato per la prosecuzione del rapporto ...»), veniva riconosciuta, previa semplice comunicazione del lavoratore al datore di lavoro, la permanenza della tutela contro il licenziamento anche dopo il compimento dei sessanta anni di età per il periodo utile ad incrementare l'anzianità contributiva ai fini pensionistici e comunque non oltre i 65 anni, a condizione che non fosse richiesta la pensione. Con evidente intreccio tra l'interesse del lavoratore a scegliere la prosecuzione del rapporto al posto del già possibile pensionamento al fine di accrescere l'importo della futura pensione e l'interesse dell'ente previdenziale a differire l'erogazione della pensione continuando nelle more ad ottenere il gettito contributivo.

Con la successiva disposizione dell'art. 6 della legge n. 407 del 1990 il diritto del lavoratore pensionabile all'opzione per la prosecuzione del rapporto con differimento del pensionamento dapprima fino a sessantadue anni e, poi, fino a sessantacinque (art. 1, c. 2, d.lgs. n. 503 del 1992) era stato attribuito anche a chi avesse già raggiunto la massima anzianità contributiva, emergendo così l'obiettivo essenziale di tutela del bilancio degli enti previdenziali, seppur ancora affidato alla libera scelta del lavoratore incentivata con una «maggiorazione del trattamento pensionistico ... in relazione al periodo di continuazione della prestazione» (art. 6, c. 6, legge n. 407 del 1990).

Innalzamento dell'età pensionabile

In seguito questo obiettivo era stato perseguito d'imperio con l'innalzamento graduale dell'età pensionabile fino a 65 anni per l'uomo ed a 60 per la donna (art. 1, c. 1, d.lgs. n. 503 del 1992 e successive modifiche), spostandosi di conseguenza in avanti anche la liberazione del potere di licenziamento. In questo sistema la donna aveva il vantaggio di potersi pensionare di vecchiaia prima dell'uomo, ma conservava, senza neppure l'onere di opzione reintrodotto dall'art. 30, c. 1, d.lgs. n. 198 del 2006 e dichiarato incostituzionale, la tutela contro il licenziamento fino alla stessa età prevista per l'uomo, purché non richiedesse la pensione di vecchiaia condizionata alla cessazione del rapporto (art. 1, c. 7, d.lgs. n. 502 del 1992).

Infine ogni questione è stata drasticamente risolta con l'innalzamento graduale per legge dell'età per la pensione a 67 anni per uomini e donne (d.l. n. 201 del 2011 conv. legge n. 214 del 2011). Ma ora è stato emanato il d.l. n. 4 del 2019, secondo cui, in via sperimentale per il triennio 2019-2021, la pensione di vecchiaia spetta ai lavoratori, senza distinzione di sesso, che abbiano compiuto 62 anni di età e che abbiano versato almeno 38 anni di contributi.

Invece le disposizioni di incentivazione del posticipo dell'ormai abrogato pensionamento di anzianità (art. 75 legge n. 388 del 2000, poi abrogato e sostituito dall'art. 1, c. 12-17, legge n. 243 del 2004) non investivano il potere di licenziamento, poiché riguardavano soggetti non aventi diritto alla pensione di vecchiaia e, quindi, non ancora licenziabili liberamente.

Lavoro con le pubbliche amministrazioni

Per i rapporti di lavoro con le pubbliche amministrazioni gli attuali contratti collettivi, in conformità alle precedenti fonti eteronome, prevedono formalmente il collocamento a riposo obbligatorio senza preavviso al raggiungimento di una determinata età coincidente con il pensionamento, sicché non è consentita una ulteriore prosecuzione del rapporto, che è, invece, possibile senza alcun limite nei rapporti con datori di lavoro privati fino a quando una delle parti eserciti il proprio potere di recesso. Questi contratti devono, però, rispettare la legislazione privatistica, sicché, se il limite di età previsto è inferiore a

65 anni, deve essere consentita al dipendente l'opzione disciplinata dalla legge n. 407 del 1990 per la prosecuzione del rapporto fino a tale età. È salva, in ogni caso, con la sola eccezione di magistrati, professori universitari e dirigenti medici di struttura complessa, la facoltà dell'amministrazione di risolvere unilateralmente il rapporto con un preavviso di sei mesi nel caso di compimento dell'anzianità massima di servizio effettivo di 40 anni (art. 72, c. 11, d.l. n. 112 del 2008 conv. legge 133 del 2008, come modificato dall'art. 6, c. 3, legge n. 15 del 2009 e, poi, sostituito dall'art. 17, c. 35 *novies*, legge n. 102 del 2009).

I dirigenti medici e del ruolo sanitario del servizio sanitario nazionale hanno diritto, con apposita istanza, a rimanere in servizio oltre i 65 e al massimo fino a 70 anni di età al fine di raggiungere i quaranta anni di servizio effettivo (art. 15 *nonies*, c. 1, cit., come modificato dall'art. 22 legge n. 183 del 2010).

I lavoratori che abbiano fruito dei congedi formativi *ex* art. 5, c. 1, legge n. 53 del 2000 possono richiedere, almeno sei mesi prima del compimento dell'età pensionabile, di prolungare il rapporto per un periodo corrispondente alla durata dei suddetti congedi (art. 8 legge n. 53 del 2000). La formulazione della norma è tale da riferirla ai soli dipendenti delle pubbliche amministrazioni.

B) *IL LICENZIAMENTO COLLETTIVO*

72. La rilevanza sociale del licenziamento collettivo e le risposte dell'ordinamento

Problemi sociali

Se il licenziamento individuale colpisce interessi fondamentali del singolo lavoratore, il licenziamento collettivo per riduzione di personale determina anche un problema sociale tanto più grave quanto più elevato è il numero dei licenziati.

Per questo il legislatore e l'autonomia collettiva, non potendo impedire l'insindacabile scelta organizzativa dell'imprenditore garantita dal principio di libertà di iniziativa economica dell'art. 41 Cost. (Corte Cost. n. 191 del 1985), hanno predisposto, in una complessa evoluzione normativa, una serie di strumenti diretti ad evitare, o quanto meno a contenere quantitativamente, il licenziamento collettivo oppure a fronteggiarne le conseguenze.

Procedura sindacale

Un primo filtro, creato dagli accordi collettivi e poi recepito dalla legge, è costituito dalla procedura sindacale preventiva, nel corso della quale il confronto tra imprenditore e sindacati può fare emergere soluzioni idonee al riassorbimento, totale o parziale, dell'eccedenza di personale. L'accordo eventualmente raggiunto al fine della conservazione dell'occupazione può eliminare, anche per effetto di apposite autorizzazioni legali, precedenti rigidità organizzative o normative, riducendo la retribuzione, flessibilizzando o riducendo, anche temporaneamente, l'orario di lavoro, peggiorando le mansioni, consentendo il comando presso altre imprese, agevolando il trasferimento d'azienda e così via. Se l'esubero di personale risulta comunque, in tutto o in parte, inevitabile, l'accordo collettivo può limitarne drasticamente le conseguenze pregiudizievoli per i lavoratori fissando come criterio di scelta quello del possesso dei requisiti per il pensionamento o per il prepensionamento (Corte Cost. n. 268 del 1994), sicché i licenziati non perdono il reddito, ma sostituiscono la retribuzione con la prestazione previdenziale.

Cassa integrazione

Il principale ammortizzatore sociale delle eccedenze di personale è stato, però, a partire dagli anni '70, l'intervento della Cassa integrazione guadagni straordinaria, che consente all'imprenditore di evitare il licenziamento collettivo conservando il rapporto con lavoratori non utilizzati, o utilizzati solo parzialmente, i quali beneficiano della integrazione salariale per il tempo non lavorato (cfr. 62.9). Questo sistema, già in sé iniquo poiché riservato soltanto ad alcuni settori economici ed alle imprese di maggiori dimensioni, era ben presto degenerato in uno strumento di blocco dei licenziamenti nelle aziende in crisi per mantenere in vita a lungo, a carico della finanza pubblica, rapporti di lavoro non più riattivabili, talvolta addirittura imputati formalmente ad imprenditori senza più azienda o ad imprese fallite.

La legge n. 223 del 1991

La reazione a questa situazione era venuta con la legge n. 223 del 1991, che, rovesciando l'impostazione precedente, limitava l'integrazione salariale ad un periodo di tempo ragionevole ed alle ipotesi in cui effettivamente sia prevedibile un rientro dei lavoratori sospesi, consentendo il licenziamento collettivo anche senza previo ricorso alla CIGS e spostando la tutela previdenziale dei lavoratori esuberanti al periodo successivo all'estinzione del rapporto.

Il licenziamento collettivo non era più scoraggiato come in passato, in quanto la nuova garanzia previdenziale consistente nella indennità di mobilità non era, come invece l'integrazione salariale, alternativa a tale licenziamento, ma lo presuppone. Si tendeva, così, a realizzare una maggiore trasparenza del mercato del lavoro, nel senso che i lavoratori definitivamente esuberanti dovevano essere immediatamente espulsi dall'azienda, beneficiando solo successivamente dell'indennità di mobilità e dello speciale statuto diretto ad incentivarne la rioccupazione. Il lavoratore poteva ottenere in unica soluzione il trattamento di integrazione salariale e l'indennità di mobilità al fine di intraprendere un'attività autonoma.

Privilegio per l'area assistita

Tuttavia l'indennità di mobilità, con il connesso onere contributivo a carico dell'imprenditore, non era prevista per tutte le ipotesi di licenziamento collettivo, ma solo quando questo riguardava lavoratori in cassa integrazione o comunque era intimato da imprese rientranti nel campo di applicazione della disciplina della CIGS. Sicché i lavoratori dipendenti da imprenditori estranei a questa area non solo non potevano usufruire durante il rapporto del trattamento speciale di integrazione salariale, ma non avevano neppure diritto all'indennità di mobilità, in caso di licenziamento collettivo, beneficiando soltanto degli incentivi alla rioccupazione previa iscrizione nelle liste di mobilità al pari dei lavoratori licenziati individualmente da imprese con meno di quindici dipendenti per giustificato motivo oggettivo consistente nel ridimensionamento dell'organico.

Sistema universale

Questa ingiusta separazione tra area assistita ed area non assistita, secondo una linea di demarcazione segnata dal campo di applicazione della integrazione salariale straordinaria, esteso anche all'indennità di mobilità, è stata dapprima attenuata (art. 45, c. 1, lett. g), legge n. 144 del 1999; art. 13 d.l. n. 35 del 2005 conv. legge n. 80 del 2005; art. 1, c. 410, legge n. 266 del 2005) e, poi, superata con la legge n. 92 del 2012 che ha generalizzato, anche mediante l'autonomia collettiva o l'intervento sostitutivo della pubblica amministrazione, il sostegno al reddito in costanza di rapporto ed ha eliminato, sia pure con gradualità, l'indennità di mobilità universalizzando la tutela contro la disoccupazione denominata Aspi.

In precedenza, in risposta alla crisi economica, sono stati varati i c.d. ammortizzatori in deroga, mediante leggi che autorizzano provvedimenti ministeriali di concessione della indennità di disoccupazione per mere sospensioni del rapporto e della integrazione salariale e indennità di mobilità anche nei settori finora esclusi.

D.lgs. n. 148 del 2015

Attualmente vige il d.lgs. n. 148 del 2015, le cui norme regolano la Cassa integrazione ordinaria e straordinaria e i contratti di solidarietà.

Prepensionamenti ed esodi agevolati

È proseguita, inoltre, la tecnica dei prepensionamenti, alla quale si è affiancata, nei settori esclusi dalla CIGS, quella dell'esodo agevolato con «accompagnamento» economico e contributivo, a carico del datore di lavoro o di appositi fondi istituiti dal contratto collettivo, fino al raggiungimento del diritto a pensione da parte dei lavoratori interessati.

73. La disciplina anteriore alla legge n. 223 del 1991

Esclusione dalla disciplina dei licenziamenti individuali

Prima della legge n. 223 del 1991 il licenziamento collettivo per riduzione di personale era regolato dagli accordi interconfederali per l'industria 20 dicembre 1950 e 5 maggio 1965, che prevedevano, tra l'altro, un'apposita procedura sindacale. Il legislatore, invece, nominava tale licenziamento solo per escluderlo dalla disciplina dei licenziamenti individuali, per bloccarne o sospenderne l'intimazione in determinate situazioni onde consentire la mobilità collettiva del personale mediante l'intervento della cassa integrazione guadagni, per imporre un principio di proporzionalità tra gli invalidi obbligatoriamente assunti e quelli sottoposti al licenziamento collettivo e per assegnare ai lavoratori licenziati collettivamente una precedenza in caso di nuove assunzioni entro un anno (ora ridotto a sei mesi) presso la medesima azienda.

Direttiva comunitaria

Vigeva, inoltre, una direttiva comunitaria in materia (n. 129 del 17 gennaio 1975) e l'Italia era stata condannata due volte dalla Corte di Giustizia per non averla attuata, ma ingiustamente, perché, per effetto di una ampia elaborazione giurisprudenziale, si era affermata una seria protezione del lavoratore contro il licenziamento collettivo, non a caso ritenuta conforme a Costituzione (Corte Cost. n. 191 del 1985).

Definizione del licenziamento collettivo

Invero per sottrarre determinati atti di recesso alla disciplina vincolistica del licenziamento individuale era, innanzitutto, inevitabile definire la fattispecie esclusa. Sicché la natura collettiva del licenziamento era riconosciuta, anche nei settori privi di accordo collettivo, solo in presenza dei seguenti requisiti: pluralità di licenziamenti; riduzione o trasformazione di attività o di lavoro; nesso di causalità tra la insindacabile scelta economica presupposta e la soppressione di un certo tipo e numero di posti di lavoro; rispetto delle procedure sindacali ove applicabili.

Riduzione o trasformazione di attività o di lavoro

In particolare il requisito della riduzione o trasformazione di attività o di lavoro era inteso nel senso della non indispensabilità di un ridimensionamento materiale delle strutture aziendali o di una riduzione della produzione, ritenendosi sufficiente, appunto in base alla disgiuntiva «o», una effettiva e non transeunte riduzione di lavoro, cioè una riduzione del personale, anche se, in ipotesi, accompagnata, in virtù di investimenti o di una migliore organizzazione aziendale, da un aumento del prodotto o del fatturato.

Nesso di causalità

Nel mentre il requisito del nesso di causalità era ben riferito al rapporto di congruità tra scelta economico-organizzativa e soppressione di un certo tipo e numero di posti e non, come nel licenziamento individuale, alla individuazione dei singoli lavoratori da licenziare, qui rimessa all'applicazione dei criteri di scelta tipici del licenziamento collettivo da applicare nell'ambito di tutti i lavoratori coinvolti dalla riduzione dell'organico.

Rapporti con il licenziamento individuale

La nozione di licenziamento collettivo così elaborata era, ovviamente, funzionale a quell'assetto normativo, costituendo esclusivamente un salvacondotto per sfuggire alla disciplina vincolistica del licenziamento individuale, che non a caso ritornava automaticamente applicabile ogni qual volta non ricorressero in concreto tutti gli estremi del licenziamento collettivo. In un sistema del genere, dunque, l'imprenditore aveva sempre la facoltà di avvalersi del licenziamento individuale, assumendosi l'onere della prova del giustificato motivo oggettivo, ove ritenesse conveniente, ad esempio per evitare la procedura sindacale, costringersi nelle strettoie della disciplina legale vincolistica.

Invece, una volta intimato in presenza dei relativi presupposti il licenziamento come collettivo, l'eventuale violazione dei criteri di scelta dei lavoratori da licenziare comportava una sanzione meramente risarcitoria.

74. La definizione della fattispecie

Legge n. 223 del 1991

Con la legge n. 223 del 1991 la situazione è profondamente cambiata, perché è stata introdotta una definizione legale del licenziamento collettivo che, ricorrendone gli estremi, deve essere intimato come tale.

Rapporti con il licenziamento individuale

Pertanto, in caso di licenziamenti intimati come individuali ed attaccati in giudizio in base ad una asserita natura collettiva, il datore di lavoro non può più limitarsi a sostenere l'esistenza di un giustificato motivo oggettivo, ma deve difendere l'effettiva natura individuale dei recessi negando l'esistenza degli elementi costitutivi del licenziamento collettivo.

Licenziamento collettivo e collocamento in mobilità

La legge n. 223 del 1991 distingue il licenziamento per riduzione di personale dal collocamento in mobilità, ma quest'ultimo non è altro che un licenziamento collettivo intimato da un'impresa già ammessa al trattamento di integrazione salariale straordinaria a quei lavoratori sospesi che divengano definitivamente esuberanti. Tant'è che, poi, la disciplina è sostanzialmente la stessa.

La differenza principale, a prescindere dal numero minimo di cinque licenziamenti che non si applica al collocamento in mobilità, era estrinseca ed eventuale, riguardando la tutela previdenziale per il periodo successivo al licenziamento, in quanto l'indennità di mobilità, sempre dovuta ai lavoratori collocati in mobilità, spettava anche ai lavoratori licenziati collettivamente solo se l'azienda rientrava in astratto nel campo di applicazione della integrazione salariale straordinaria. Sicché, per i non imprenditori e per le imprese escluse dalla disciplina della CIGS, si verificava un licenziamento collettivo senza indennità di mobilità, con esonero dell'imprenditore dalla apposita contribuzione previdenziale.

Dal 1° gennaio 2017 l'indennità di mobilità non esiste più, in quanto sono stati abrogati gli articoli della legge n. 223 del 1991 che prevedevano questa indennità (art. 2, c. 71, legge n. 92 del 2012).

Campo di applicazione

La disciplina legale non riguardava i dirigenti, ma la Corte di Giustizia (13 febbraio 2014, causa c-596 del 2012) ha compreso anche i dirigenti nella procedura preventiva prevista dalla direttiva n. 98 del 1959. È seguito l'inserimento del c. 1 *quinquies* nell'art. 24 legge n. 223 del 1991 (cfr. art. 16 legge n. 161 del 2014), che prevede l'applicazione anche ai dirigenti delle norme che disciplinano i licenziamenti collettivi, affermando una tutela indennitaria da dodici a ventiquattro mensilità dell'ultima retribuzione per la violazione della procedura o dei criteri di scelta, facendo salve le disposizioni collettive sulla misura dell'indennità. La legge si applica alle «imprese che occupino più di quindici dipendenti» o, per quanto riguarda il collocamento in mobilità, «alle imprese che abbiano occupato mediamente più di quindici lavoratori nel semestre precedente la data di presentazione della richiesta» di integrazione salariale straordinaria.

I datori di lavoro non imprenditori, in origine esclusi in contrasto con la direttiva comunitaria, sono ora ricompresi nella disciplina del licenziamento collettivo, purché occupino anche essi più di quindici dipendenti (d.lgs. n. 110 del 2004).

Sono esclusi, dunque, i datori di lavoro, imprenditori e non, con meno di sedici dipendenti, i quali possono, quindi, intimare solo licenziamenti sottoposti alla disciplina legale del licenziamento individuale.

Sono esclusi, altresì, i casi di «scadenza dei rapporti di lavoro a termine, di fine lavoro nelle costruzioni edili» e le «attività stagionali o saltuarie».

Definizione legale

La definizione legale del licenziamento collettivo ricalca quella dell'accordo interconfederale per l'industria, facendo riferimento alla «conseguenza di una riduzione o trasformazione di attività o di lavoro». È confermata, così, in virtù della disgiuntiva «o», la sufficienza anche di una mera riduzione del personale, purché effettiva e non transeunte, senza necessità di una ristrutturazione materiale, né di un ridimensionamento dell'attività.

È confermato, altresì, il requisito del nesso di causalità («in conseguenza di») tra la insindacabile scelta economico-organizzativa e i posti da sopprimere.

L'onere della prova della sussistenza di questi presupposti sostanziali del licenziamento collettivo grava sull'imprenditore, che deve dimostrare solo l'effettività della decisione riduttiva per definizione insindacabile del giudice (art. 30, c. 1, legge n. 183 del 2010).

Requisito numerico

Quanto alla pluralità dei licenziamenti è prevista una soglia numerica, poiché deve trattarsi di «almeno cinque licenziamenti», salvo il caso di collocamento in mobilità.

Il limite numerico è subito temperato con la previsione della non necessaria contestualità di tali licenziamenti, purché intimati «nell'arco di centoventi giorni» e «comunque riconducibili alla medesima riduzione o trasformazione», anche se relativi a diverse unità produttive site «nell'ambito del territorio di una stessa provincia».

Cessazione dell'attività aziendale

La legge estende espressamente la disciplina del licenziamento collettivo anche al caso di cessazione dell'attività senza esclusione delle procedure concorsuali, mentre in precedenza i licenziamenti così motivati erano ritenuti individuali. Tuttavia la disposizione in esame riguarda i datori di lavoro anche non imprenditori con più di quindici dipendenti («di cui ai medesimi commi»), sicché i datori di lavoro con organico inferiore continuano legittimamente ad intimare licenziamenti individuali per cessazione di attività.

Collocamento in mobilità

Per il collocamento in mobilità la situazione legittimante il recesso risulta dalla combinazione tra il programma che aveva consentito l'intervento della CIGS («ristrutturazione, riorganizzazione o conversione aziendale») e la sopravvenuta impossibilità «di garantire il reimpiego a tutti i lavoratori sospesi». Sicché qui è sufficiente la definitiva eliminazione di un certo numero, anche inferiore a cinque, di posizioni lavorative in conseguenza di una scelta economico-organizzativa.

Valutazioni insindacabili di convenienza economica

La valutazione dell'imprenditore di «non poter ricorrere a misure alternative», di «non poter adottare misure idonee a porre rimedio alla predetta situazione ed evitare, in tutto o in parte, la dichiarazione di mobilità» e di non ritenere possibile una «utilizzazione diversa di tale personale, o di una sua parte, nell'ambito della stessa impresa» costituisce un giudizio di convenienza economica, insuscettibile di controllo giudiziario (art. 30, c. 1, legge n. 183 del 2010) e rilevante solo come oggetto necessario dell'informativa e dell'esame congiunto con i sindacati (Cass. SU n. 302 del 2000).

L'imprenditore non è neppure costretto, prima di procedere al licenziamento collettivo, a richiedere la concessione o la proroga della integrazione salariale, poiché questa presuppone una prospettiva di reimpiego dei lavoratori sospesi palesemente incompatibile con la insindacabile decisione di definitivo ridimensionamento dell'organico. Del resto la stessa legge contempla espressamente l'ipotesi del licenziamento collettivo non preceduto dall'intervento della CIGS.

75. La procedura

Procedura sindacale

La legge impone al datore di lavoro che intenda effettuare un licenziamento collettivo di seguire una procedura analiticamente disciplinata.

Finalità

La procedura è diretta ad assicurare il controllo sindacale sulla riduzione di personale, mediante diritti di informativa e di esame congiunto per la verifica della effettività e della inevitabilità, totale o parziale, del programmato ridimensionamento dell'organico.

Si tratta di posizioni strumentali garantite ai sindacati solo per lo svolgimento di un proficuo e corretto confronto con l'imprenditore, sicché per la legittima intimazione dei licenziamenti non è richiesto l'assenso dei sindacati stessi, tant'è che la legge prevede l'accordo come meramente eventuale, essendo completamente libera la scelta riduttiva.

Informazione

La procedura si apre con una comunicazione obbligatoria scritta del datore di lavoro alle r.s.a., ove esistenti, e ai sindacati di categoria, nonché alla Direzione regionale del lavoro.

Il contenuto dell'informazione è analiticamente indicato dalla legge e riguarda i motivi dell'eccedenza, le ragioni dell'inevitabilità del licenziamento, la precisa individuazione delle posizioni lavorative da sopprimere e di quelle residue, i tempi previsti per l'intimazione dei licenziamenti, le eventuali misure per fronteggiare le conseguenze sul piano sociale, il metodo di calcolo di tutti i superminimi individuali.

L'informazione deve essere effettuata anche se la decisione di aprire la procedura sia stata presa da un'impresa controllante, senza possibilità di eccepire l'omessa trasmissione da parte di questa delle informazioni necessarie.

L'informazione deve essere sin dall'origine vera, completa e corretta, anche se fisiologicamente per dettagli e chiarimenti v'è adeguato spazio nel corso del successivo esame congiunto.

L'effetto della disposizione in esame è di inchiodare il datore di lavoro alle sue iniziali dichiarazioni scritte, dalle quali non può discostarsi neppure in giudizio, sicché l'eventuale causa di impugnazione dei licenziamenti per carenza dei presupposti sostanziali non è introdotta «al buio», essendo sufficiente per i lavoratori ricorrenti contestare le circostanze originariamente addotte dal datore di lavoro.

Versamento anticipato del contributo previdenziale

Se il datore di lavoro era un'impresa rientrante nel campo di applicazione della integrazione salariale straordinaria, con conseguente diritto dei lavoratori all'indennità di mobilità, era tenuto, a riprova della serietà delle sue intenzioni, a versare in anticipo all'INPS una parte dello speciale contributo proporzionale al numero delle eccedenze e doveva allegare alla comunicazione una copia della ricevuta di tale versamento, salvo poi recuperare mediante conguaglio quanto pagato indebitamente nel caso di rinunzia al licenziamento o di riduzione del programmato numero di esuberi.

L'omissione del tempestivo versamento dell'anticipo e della sua documentazione, nonché del successivo saldo non comportavano né la sospensione della procedura di mobilità, né la perdita da parte dei lavoratori interessati del diritto all'indennità di mobilità, sicché l'imprenditore restava debitore dell'ente previdenziale, ma i licenziamenti erano validi.

Dal 1° gennaio 2017 l'indennità di mobilità e il relativo contributo sono stati eliminati (art. 2, c. 71, legge n. 92 del 2012).

Esame congiunto

Entro sette giorni dalla comunicazione del datore di lavoro le r.s.a. e del o i sindacati territoriali possono richiedere un esame congiunto della situazione per verificare le cause dell'eccedenza, la possibilità di evitare in tutto o in parte i licenziamenti e, in caso negativo, la possibilità di ricorrere a misure sociali di accompagnamento, in particolare per la riqualificazione e la riconversione dei lavoratori licenziati.

È previsto un termine massimo di quarantacinque giorni per l'espletamento della consultazione ed in caso di esito negativo la Regione, informata da una delle parti, deve convocarle per un ulteriore esame formulando anche proposte per un accordo entro un termine massimo di trenta giorni.

I termini sono ridotti alla metà se le eccedenze sono inferiori a dieci ed il termine per la consultazione sindacale di 45 giorni è ridotto a 30 per le imprese in procedura concorsuale.

In questo periodo i rapporti di lavoro proseguono a tutti gli effetti ed i lavoratori, salvo che non siano collocati in CIGS, devono essere regolarmente retribuiti.

Il datore di lavoro, a pena di violazione delle procedure e conseguente inefficacia dei licenziamenti deve condurre la consultazione in entrambe le fasi secondo correttezza e buona fede, senza sottrarsi alle richieste di chiarimenti o di informazioni ulteriori, salvo le effettive esigenze di riservatezza per ragioni commerciali, e ad un leale confronto con i sindacati, le cui osservazioni e proposte, al pari di quelle della Regione, devono essere prese in seria considerazione.

L'eventuale riduzione del numero delle eccedenze inizialmente comunicato costituisce un auspicabile esito fisiologico della procedura.

Eventualità dell'accordo

Trattandosi di un semplice dovere di consultazione, il datore di lavoro non è tenuto ad accogliere le istanze sindacali, che può legittimamente respingere in tutto o in parte, né a concludere un accordo, essendo legittimato alla fine della procedura ad effettuare comunque i programmati licenziamenti.

Il raggiungimento di un accordo non è, peraltro, indifferente, per diverse ragioni.

Contenuto ed effetti dell'accordo

Innanzitutto in questo caso il contributo dovuto all'impresa per l'indennità di mobilità (ora abrogata) era ridotto sensibilmente, qui configurandosi un incentivo alla conclusione dell'accordo.

Inoltre l'accordo sindacale può prevedere l'eliminazione o la riduzione delle eccedenze mediante l'assegnazione dei lavoratori interessati sia a mansioni «diverse», sia presso altra impresa, regolandone il distacco o comando temporaneo, quindi anche al di là dei limiti segnati dall'elaborazione giurisprudenziale di questo istituto.

L'accordo può anche modificare il termine di centoventi giorni previsto dalla legge per l'intimazione dei licenziamenti dopo la conclusione della procedura.

Infine, pur in presenza di contrasti giurisprudenziali, la conclusione dell'accordo, salvo il caso della successiva scoperta di un inganno operato dal datore di lavoro, avrebbe dovuto rendere inattaccabile la procedura da parte dei sindacati firmatari e dei loro iscritti, fondando, altresì, nei confronti di chiunque una presunzione di correttezza della procedura e di sussistenza dei presupposti sostanziali del licenziamento collettivo. Ora il legislatore ha previsto espressamente che i vizi della procedura «possono essere sanati, ad ogni effetto di legge, nell'ambito di un accordo sindacale concluso nel corso della procedura» (art. 1, c. 45, legge n. 92 del 2012 che ha aggiunto questo periodo all'art. 4, c. 12, legge n. 223 del 1991). Sicché se viene concluso un accordo sindacale con espressa previsione di sanatoria di tali vizi, non bastando secondo la lettera della legge un qualsiasi accordo che non li menzioni, i vizi sanati non potranno più essere invocati né dai sindacati stipulanti l'accordo, né dai singoli lavoratori.

Quanto all'efficacia soggettiva di tale accordo o si accede, come in questo caso appare corretto, alla tesi della Corte Costituzionale (n. 268 del 1994) sulla efficacia generale dei contratti gestionali per rinvio legale espresso oppure non saranno vincolati né i sindacati partecipanti alla consultazione ma non stipulanti, né i relativi iscritti.

Procedura preventiva

La legge n. 234 del 2021 (art. 1, c. 224 e ss.) ha previsto che i datori che abbiano occupato mediamente nell'anno precedente almeno 250 lavoratori e che intendono procedere alla chiusura di una sede/stabilimento/filiale/reparto autonomo situati nel territorio nazionale con cessazione definitiva della relativa attività e con un licenziamento non inferiore a 50 lavoratori, devono inviare una comunicazione, almeno 90 giorni prima dell'avvio della procedura di licenziamento collettivo, alla r.s.a., alle sedi territoriali delle associazioni sindacali maggiormente rappresentative, alle regioni interessate, al Ministero del lavoro, al Ministero dello sviluppo economico e all'ANPAL.

Nei successivi 60 giorni dalla predetta comunicazione il datore deve elaborare un piano per limitare le ricadute occupazionali ed economiche derivanti dalla chiusura ed entro 30 giorni dalla sua presentazione tale piano viene discusso con i predetti destinatari e potrebbe esserci un accordo. Altrimenti il datore può avviare la procedura per il licenziamento collettivo, ma senza l'esame congiunto previsto dall'art. 4, c. 5 e 6, legge n. 223 del 1991 in quanto ci sarebbe una inutile duplicazione.

Se il datore di lavoro non esperisce la predetta procedura preventiva i licenziamenti individuali per giustificato motivo oggettivo o collettivi sono nulli.

76. La selezione dei licenziandi

Intimazione dei licenziamenti

Alla fine della procedura, anche in assenza di accordo sindacale, il datore di lavoro ha facoltà di intimare i licenziamenti, in forma scritta e con obbligo di preavviso, senza necessità di specifica motivazione bastando il richiamo alla natura collettiva del recesso ed alla procedura svolta.

I licenziamenti possono essere scaglionati, ma entro il limite massimo di centoventi giorni dalla conclusione della procedura, salvo diversa indicazione nell'eventuale accordo sindacale.

Selezione dei licenziandi

La selezione dei licenziandi viene effettuata unilateralmente dal datore di lavoro al di fuori della procedura sindacale di cui presuppone l'esaurimento.

La scelta non è libera, ma deve rispettare, a pena di invalidità del licenziamento e con onere della prova sul datore di lavoro, i criteri previsti dai contratti collettivi o, in mancanza, quelli sanciti dalla legge, che, dunque, hanno funzione meramente suppletiva.

Tutela delle donne e dei lavoratori assunti obbligatoriamente

Il licenziamento collettivo della lavoratrice madre è consentito solo in caso di cessazione dell'attività dell'azienda.

In ogni caso deve essere salvaguardata la proporzione della manodopera femminile occupata nelle mansioni esuberanti, essendo espressamente vietata ogni discriminazione per sesso, diretta e indiretta. La stessa regola di proporzionalità valeva anche per i lavoratori obbligatoriamente assunti presenti in azienda, ma ora è stata sostituita dal più rigoroso e costituzionalmente dubbio divieto di licenziamento per riduzione di personale e per giustificato motivo oggettivo di disabili per il sol fatto che, all'esito dello stesso, risulti scoperta la quota riservata e, quindi, anche se la scopertura preesisteva al licenziamento.

Criteri per accordo collettivo

I criteri fissati dai contratti collettivi devono essere obiettivi e generali e non possono violare norme imperative, né il divieto di discriminazioni, mentre possono legittimamente prevedere la prevalenza delle esigenze tecnico produttive e l'espulsione prioritaria dei lavoratori prepensionabili, che sono quelli meno pregiudicati dal licenziamento in quanto sostituiscono il reddito da lavoro con quello previdenziale (Corte Cost. n. 268 del 1994).

Efficacia dell'accordo

Per l'eventuale accordo collettivo sui criteri di scelta si pone il problema della efficacia generale al fine di poterli utilmente applicare a tutti i lavoratori coinvolti, compresi quelli dissenzienti non rappresentati dai sindacati stipulanti (cfr. 17.6).

Criteri legali suppletivi

I criteri fissati dalla legge corrispondono a quelli dell'accordo interconfederale per l'industria del 1965, dovendosi tenere conto dei «carichi di famiglia», dell'«anzianità» di servizio e delle «esigenze tecnico-produttive ed organizzative», da applicare «in concorso tra loro», ma con possibile ragionevole prevalenza di un criterio sugli altri due.

Di «esigenze tecnico-produttive ed organizzative» la legge parla anche prima della elencazione dei criteri, riferendole però in questa premessa al «complesso aziendale», sicché può ritenersi che in prima battuta le esigenze aziendali giocano per la individuazione dell'ambito (stabilimento, reparto) interessato alla riduzione del personale in conformità alla originaria informazione, applicandosi, poi, all'interno del gruppo così delimitato in base ad un oggettivo nesso di causalità, i criteri selettivi attinenti alla situazione dei singoli.

Comunicazione alla pubblica amministrazione e ai sindacati

Il datore di lavoro deve comunicare per iscritto ai competenti uffici pubblici, nonché ai sindacati rappresentati in azienda o, in mancanza, a quelli aderenti alle confederazioni maggiormente rappresentative l'elenco dei lavoratori licenziati con una serie di dati individuali e con «puntuale indicazione delle modalità con le quali sono stati applicati i criteri di scelta».

Questa comunicazione doveva avvenire «contestualmente» alla intimazione dei licenziamenti, ma la rigidità è stata opportunamente attenuata consentendo che la comunicazione avvenga «entro sette giorni» dai licenziamenti (art. 4, c. 9, come novellato dall'art. 1, c. 44, legge n. 92 del 2012).

L'onere di comunicazione è assai importante, poiché costringe il datore di lavoro a divulgare immediatamente ed analiticamente le modalità selettive in concreto seguite per la formazione della graduatoria e consente il controllo da parte dei sindacati e della pubblica amministrazione, e quindi indirettamente anche da parte dei singoli interessati, sulla congruità di tali modalità e sulla loro corretta applicazione. Sicché nel successivo eventuale giudizio il datore di lavoro è inchiodato alle sue dichiarazioni, mentre i lavoratori ricorrenti possono e debbono articolare specificamente le loro censure.

L'omissione, incompletezza, genericità o tardività della comunicazione in esame rendeva inefficaci i licenziamenti, poiché tale incombente, pur essendo successivo all'esaurimento della procedura sindacale, rientra nel più vasto ambito delle «procedure previste nel presente articolo», che erano tutte come tali richiamate e sanzionate con l'inefficacia dei recessi. Era consentita la rinnovazione, con efficacia *ex nunc*, della comunicazione omessa o viziata (Cass. SU n. 302 del 2000, n. 461 del 2000). Ora, però, per la violazione delle procedure è prevista solo una tutela indennitaria che non travolge l'efficacia dei licenziamenti (cfr. 77), sicché non serve più alcuna rinnovazione.

Selezione in caso di collocamento in mobilità

Nel caso in cui l'esigenza di riduzione del personale riguardi un'impresa ammessa al trattamento di integrazione salariale straordinaria, la selezione deve avvenire, con i criteri sopra indicati, nell'ambito dei «lavoratori sospesi», di parte dei quali, appunto, l'azienda non è «in grado di garantire il reimpiego».

Diritto di precedenza nelle assunzioni

I lavoratori licenziati collettivamente hanno diritto di precedenza in caso di nuove assunzioni effettuate dal medesimo datore di lavoro entro sei mesi dal licenziamento.

77. Le sanzioni

Impugnazione

Per la forma ed i termini di impugnazione dei recessi sono previste per rinvio espresso (art. 5, c. 3, legge n. 223 del 1991 come novellato dall'art. 1, c. 46, legge n. 92 del 2012) regole analoghe a quelle del licenziamento individuale (cfr. 67.2 e 68). In precedenza era previsto che l'impugnazione doveva avvenire «con qualsiasi atto scritto, anche extragiudiziale, idoneo a rendere nota la volontà del lavoratore anche attraverso l'intervento delle organizzazioni sindacali» entro il termine di decadenza di «sessanta giorni dal ricevimento della comunicazione» (art. 5, c. 3, legge n. 223 del 1991, vecchio testo). Inoltre per il licenziamento collettivo era esplicitata dalla legge la regola per cui la decadenza dall'impugnazione non si applica in caso di licenziamento non intimato per iscritto (art. 5, c. 3, vecchio testo), conformemente al principio giurisprudenziale formatosi in tema di licenziamento individuale. Anche la nuova ulteriore decadenza per l'introduzione del giudizio dopo l'impugnazione stragiudiziale (art. 32, c. 2, legge n. 183 del 2010) si applicava già al licenziamento collettivo, poiché la sua estensione a «tutti i casi di invalidità del licenziamento» non è contenuta nell'art. 6 della legge n. 604 del 1966 in sé inapplicabile al licenziamento collettivo, bensì nella ricordata disposizione della legge n. 183 del 2010 diretta a disciplinare tutti i licenziamenti.

Vizio di forma

La legge prevede che al licenziamento collettivo intimato «senza l'osservanza della forma scritta» si applica il regime di tutela reale dell'art. 18 stat. lav. Ora il legislatore rinvia espressamente al regime dell'art. 18, c. 1 (*recte* c. 1-3) previsto per i licenziamenti individuali inefficaci per vizio di forma (art. 1, c. 46, legge n. 92 del 2012 che novella l'art. 5, c. 3, legge n. 223 del 1991). E lo stesso fa il d.lgs. n. 23 del 2015 (art. 2) per il licenziamento dei lavoratori assunti dopo l'entrata in vigore di questo decreto. Sicché per questo vizio non vi è alcuna differenza tra licenziamento collettivo e licenziamento individuale, entrambi sottoposti alla più rigorosa delle tutele. Ovviamente il licenziamento viziato nella forma, sia esso collettivo o individuale, può essere ripetuto nel rispetto della forma prescritta, non ostando per il licenziamento collettivo il periodo massimo dalla conclusione della procedura, così come non osta per il licenziamento individuale per colpa il requisito della tempestività, essendo comunque avvenuta l'estromissione del lavoratore dall'azienda.

Vizi procedimentali

Invece per la violazione delle procedure, ivi compresa la comunicazione finale, la sanzione, che era la stessa tutela reale prevista per il vizio di forma, è ora ridotta a quella della indennità da 12 a 24 mensilità (art. 1, c. 46, legge n. 92 del 2012 che ha novellato l'art. 5, c. 3, legge n. 223 del 1991: «si applica il regime di cui al terzo periodo del settimo comma del predetto art. 18». E lo stesso fa il d.lgs. n. 23 del 2015 per il licenziamento dei lavoratori assunti dopo l'entrata in vigore di questo decreto, solo cambiando il numero della mensilità (art. 10, che rinvia alla indennità prevista dall'art. 3, c. 1). Pertanto la sanzione del vizio procedimentale del licenziamento collettivo è equiparata a quella del vizio di ingiustificatezza semplice del licenziamento individuale, anche qui senza alcun problema di legittimità costituzionale, trattandosi di scelta discrezionale del legislatore non essendo costituzionalmente obbligata la tutela reale. Del resto il legislatore ha tenuto conto della diversità di funzione della procedura del licenziamento collettivo, che assicura una tutela sindacale dei lavoratori in considerazione della inammissibilità del controllo giudiziale sulla scelta riduttiva, rispetto alla funzione meramente conciliativa dei procedimenti preventivi al licenziamento individuale. Sicché per il vizio procedimentale del licenziamento collettivo ha stabilito una indennità di importo doppio rispetto a quella del vizio procedimentale dei licenziamenti individuali.

Violazione dei criteri di scelta

Per la violazione dei criteri di scelta si applica la stessa tutela reale prevista per l'ingiustificatezza qualificata del licenziamento individuale (art. 1, c. 46, legge n. 92 del 2012, che ha novellato l'art. 5, c. 3, legge n. 223 del 1991: «si applica il regime di cui al quarto comma del medesimo art. 18»). La ragione di questo maggior rigore rispetto al vizio di procedura non è nella maggiore gravità del vizio, bensì nella possibilità del datore di lavoro di realizzare comunque la scelta riduttiva in caso di violazione dei criteri di scelta, licenziando «un numero di lavoratori pari a quello dei lavoratori reintegrati senza dover esperire una nuova procedura» (art. 17 legge n. 223 del 1991). È vero che questo meccanismo sostitutivo è risultato di ardua applicazione, forse anche perché i datori di lavoro non lo hanno adeguatamente coltivato chiedendo l'integrazione del contraddittorio con i lavoratori rimasti in servizio in base alla contestata graduatoria affinché l'eventuale sentenza di annullamento dei licenziamenti faccia stato per tutti i partecipanti al giudizio, evitandosi così possibili contrasti di giudicati in relazione ai nuovi licenziamenti sostitutivi. Ora, con il limite massimo di dodici mensilità al risarcimento per il *medio tempore* e con la celerità del processo in tutti i suoi gradi, questa soluzione può diventare davvero utile e praticabile. Solo per i lavoratori assunti dopo il d.lgs. n. 23 del 2015 non si applica la tutela reale per la violazione dei criteri di scelta, essendo stata sostituita dalla indennità prevista dall'art. 3, c. 1, (art. 10).

Carenza dei presupposti sostanziali

La legge non prevede, invece, la sanzione per il caso di licenziamento collettivo intimato in carenza dei suoi presupposti sostanziali, consistenti nella effettiva e definitiva riduzione o trasformazione di attività o di lavoro e nel nesso di causalità tra questa scelta economica e le posizioni lavorative soppresse. Pertanto ritorna qui, a differenza delle ipotesi di violazione formale o procedimentale, il ragionamento sistematico per cui un licenziamento se non è collettivo non può che essere individuale, con conseguente applicazione della disciplina di quest'ultimo.

Aziende di tendenza

Al licenziamento collettivo illegittimo intimato da «datori di lavoro non imprenditori che svolgano, senza fini di lucro, attività di natura politica, sindacale, culturale, di istruzione ovvero di religione o di culto» si applica la disciplina della sola legge n. 604 del 1966 (art. 24, c. 1 *ter* e c. 1 *quater*, legge n. 223 del 1991 introdotti dal d.lgs. n. 110 del 2004), con eccezione analoga a quella prevista per il licenziamento individuale al cui esame si rinvia (cfr. 71.2).

Pertanto nelle aziende di tendenza la tutela reale si applica solo per il vizio di forma e per i licenziamenti vietati.

Licenziamento in sostituzione dei lavoratori reintegrati

Nel caso in cui sussistano i presupposti sostanziali del licenziamento collettivo, ma uno o più licenziamenti siano viziati per violazione dei criteri di scelta con conseguente reintegrazione in servizio dei prestatori illegittimamente licenziati, il datore di lavoro ha facoltà di licenziare «un numero di lavoratori pari a quello dei lavoratori reintegrati senza dover esperire una nuova procedura», purché ne dia previa comunicazione alle r.s.a. (art. 17). Questa facoltà sarebbe priva di senso se la reintegrazione fosse dovuta alla carenza dei presupposti sostanziali del licenziamento collettivo, poiché allora sarebbe segnata anche la sorte dei nuovi recessi innestati sulla procedura già esperita.

Pertanto si evince dal sistema la destinazione della norma in esame all'ipotesi di violazione dei criteri di scelta.

L'espressa salvezza della procedura sindacale correttamente espletata consegue coerentemente alla autonomia della successiva fase di individuazione dei licenziandi e di intimazione dei recessi, affidata alla unilaterale iniziativa dell'imprenditore. Sicché eventuali vizi di quest'ultima fase non pregiudicano la precedente, che, dunque, può costituire valido presupposto per la intimazione di nuovi licenziamenti al posto di quelli viziati per difetto di selezione o di forma.

La reintegrazione che fa sorgere la facoltà di intimare, in base alla stessa procedura, i nuovi licenziamenti in sostituzione di quelli illegittimi non consiste nel relativo ordine del giudice in sé incoercibile in forma specifica, bensì nella effettiva esecuzione di tale ordine con riammissione in servizio dei lavoratori illegittimamente licenziati, poiché solo in tal modo si ridetermina in concreto la necessaria situazione di eccedenza di personale.

A maggior ragione è escluso il licenziamento sostitutivo se il lavoratore illegittimamente licenziato abbia rinunziato alla reintegrazione optando per l'indennità economica *ex* art. 18, c. 5, stat. lav.

In presenza della norma in esame il datore di lavoro previdente che si veda convenuto in giudizio dai lavoratori licenziati per una asserita violazione dei criteri di scelta provvederà a chiedere l'integrazione del contraddittorio con gli altri lavoratori posti a confronto e rimasti in servizio in base alla contestata graduatoria, affinché l'eventuale sentenza di annullamento dei licenziamenti nel fissare una diversa graduatoria faccia stato per tutti i partecipanti al giudizio, evitandosi così possibili contrasti di giudicati in relazione ai nuovi licenziamenti.

Naturalmente ciò non solo non mette al riparo il datore di lavoro da tutte le conseguenze negative dell'illegittimo licenziamento, dovendo comunque essere risarcito agli interessati il danno per il periodo di estromissione dall'azienda, ma non dà neppure alcuna sicurezza fino al passaggio in giudicato della sentenza che può richiedere molti anni. Sicché il funzionamento in concreto del meccanismo dell'art. 17 si rivela arduo, anche perché a distanza di tempo la stessa situazione aziendale potrebbe essere mutata con conseguente incongruità della intimazione di licenziamenti sostitutivi su presupposti non più esistenti.

Deroghe collettive

I contratti collettivi aziendali e territoriali stipulati da sindacati comparativamente più rappresentativi o da loro rappresentanze aziendali possono derogare, anche con efficacia generale, le disposizioni di legge relative alle «conseguenze» del licenziamento (art. 8 d.l. n. 138 del 2011 conv. legge n. 148 del 2011), sicché possono, anche per il licenziamento collettivo, escludere la tutela reale o l'indennità sostitutiva di reintegrazione oppure sostituire una indennità forfettaria al risarcimento per il medio tempore.

78. La gestione delle eccedenze di personale nelle pubbliche amministrazioni

Fonti di disciplina

Il problema delle eccedenze di personale è stato espressamente regolato anche per le pubbliche amministrazioni (artt. 33, 34 e 34 *bis* d.lgs. n. 165 del 2001).

Sono richiamate le disposizioni della legge n. 223 del 1991, con salvezza della disciplina specifica appena ricordata.

Procedura sindacale

È prevista una procedura sindacale se i lavoratori esuberanti sono almeno dieci nell'arco di un anno.

La procedura si apre con una informazione scritta alla r.s.u. e ai sindacati firmatari del contratto collettivo nazionale, con contenuto analogo a quello previsto per il licenziamento collettivo delle imprese private.

Segue, a richiesta dei sindacati, una doppia fase di consultazione al fine di verificare le possibilità di un accordo sulla ricollocazione, totale o parziale, del personale eccedente o nell'ambito della stessa amministrazione, anche mediante flessibilizzazione di orario o contratti di solidarietà, oppure presso altre amministrazioni secondo criteri e procedure stabilite dai contratti collettivi nazionali.

Eventuale accordo

L'eventuale accordo può prevedere, come nel settore privato, la salvezza dell'occupazione mediante l'adibizione a mansioni diverse, anche non equivalenti.

Messa in disponibilità

Dopo la fine della procedura, oppure direttamente se si tratta di meno di dieci eccedenze nell'arco di un anno, l'amministrazione colloca in disponibilità il personale ancora eccedente e quello che abbia rifiutato la ricollocazione presso altre amministrazioni, dando luogo, così, ad una sospensione del rapporto.

Selezione

La individuazione dei lavoratori da collocare in disponibilità avviene con le stesse modalità previste nel settore privato.

Permanenza temporanea del rapporto

Il personale collocato in disponibilità non lavora e non riceve la retribuzione, ma ha diritto ad una indennità a carico dell'amministrazione, per un periodo massimo di ventiquattro mesi, utile ai fini pensionistici e dell'anzianità di servizio.

Estinzione automatica del rapporto

Se il lavoratore in disponibilità, iscritto in appositi elenchi, non trova, neppure mediante una riqualificazione professionale, ricollocazione presso altre amministrazioni, il rapporto di lavoro si estingue comunque automaticamente allo scadere del ricordato periodo di ventiquattro mesi.

Mobilità

Al fine di promuovere la ricollocazione, le pubbliche amministrazioni che intendano bandire un concorso per assunzione devono previamente comunicare l'esistenza dei posti vacanti e sono tenute a immettere in ruolo con prosecuzione del rapporto preesistente, e quindi senza prova, i lavoratori assegnati dal Dipartimento della funzione pubblica secondo l'anzianità di iscrizione negli elenchi di disponibilità. La procedura concorsuale, dunque, può essere avviata solo se non viene effettuata tale assegnazione. Eventuali assunzioni in violazione di queste disposizioni sono nulle (art. 34 *bis* d.lgs. n. 165 del 2001). Il lavoratore in disponibilità può presentare alle amministrazioni interessate un'istanza di ricollocazione nei posti vacanti anche per un posto inferiore di un solo livello in deroga al principio della equivalenza delle mansioni (art. 34, c. 4, d.lgs. n. 165 del 2001).

Differenza rispetto alla disciplina del settore privato

In conclusione la principale differenza rispetto alla disciplina delle eccedenze nel settore privato è il momento della cessazione del rapporto di lavoro, che per i dipendenti privati precede la messa in mobilità con eventuale indennità previdenziale, mentre per i dipendenti pubblici segue il periodo biennale di disponibilità con indennità comunque garantita.

C) *ALTRE CAUSE DI ESTINZIONE DEL RAPPORTO*

79. Le dimissioni

79.1. *Le dimissioni libere con preavviso*

Libertà di dimissioni

La libertà personale del lavoratore esige che questi, salva la stipulazione di una lecita clausola di durata minima, possa recedere dal contratto a tempo indeterminato in qualsiasi momento, fermo restando l'obbligo del preavviso a tutela del datore di lavoro. Pertanto per le dimissioni è rimasto intatto il regime codicistico (art. 2118, c. 1, cod. civ.) (cfr. 64.1), che invece è stato quasi completamente superato per il licenziamento.

Negozio unilaterale recettizio

Le dimissioni sono un negozio unilaterale recettizio, sicché non occorre l'accettazione del datore di lavoro, ma è sufficiente che pervengano a conoscenza di questi (art. 1334 cod. civ.). La revoca delle dimissioni è, dunque, efficace solo se giunge al datore di lavoro prima delle dimissioni stesse.

Forma La legge non imponeva per le dimissioni una determinata forma, sicché erano valide anche le dimissioni orali o per fatti concludenti, salva diversa previsione contrattuale.

Ne conseguiva, talvolta, una notevole incertezza sulla effettiva causa di estinzione del rapporto di lavoro, nel dubbio tra un licenziamento orale o dimissioni orali o per fatti concludenti. La soluzione corretta era nel senso che spettasse al lavoratore provare il licenziamento nell'azione di impugnazione dello stesso, mentre era il datore di lavoro a dover provare le dimissioni o altra causa estintiva del rapporto per resistere alla pretesa di pagamento delle retribuzioni avanzata dal lavoratore sul presupposto della persistenza del rapporto stesso. Sicché la proposizione da parte del lavoratore prudente di entrambe le domande determinava una «tenaglia» cui il datore non può sfuggire. Da questo punto di vista, dunque, non occorreva alcun intervento protettivo del legislatore.

Un diverso problema riguardava il caso delle dimissioni scritte senza data consegnate dal lavoratore al datore di lavoro al momento dell'assunzione a tanto condizionata. In proposito era difficilmente configurabile la violenza o minaccia necessaria per il reato di estorsione o per l'annullamento delle dimissioni non essendo configurabile come «male ingiusto» (art. 1435 cod. civ.) la mancata assunzione. Più convincente e risolutiva, invece, era l'impostazione nel senso della nullità di tali dimissioni per frode alle leggi limitative del potere di licenziamento (art. 1344 cod. civ.), permanendo, peraltro, per il lavoratore la necessità di provare la vicenda.

Con la legge n. 188 del 2007 si era tentato di risolvere entrambi i problemi ricordati, imponendo, a pena di nullità, che le dimissioni fossero rassegnate in forma scritta su un apposito modulo di data certa valido per soli quindici giorni dalla sua emissione. Mentre restava libera da vincoli di forma la risoluzione consensuale. Questa legge era stata subito abrogata (art. 39, c. 10, lett. l), d.l. n. 112 del 2008 conv. legge n. 133 del 2008), soprattutto a causa della irragionevole applicazione amministrativa che non si limitava al rilascio del modulo, ma pretendeva di validare le dimissioni, creando molti più problemi di quanti non ne risolvesse.

Ma il legislatore è ritornato alla carica, reintroducendo, stavolta non solo per le dimissioni ma anche per la risoluzione consensuale, una disciplina diretta nuovamente a risolvere i problemi dell'incertezza delle dimissioni o risoluzione consensuale senza data (prima con l'art. 4, c. 16 e ss., legge n. 92 del 2012 e poi con l'art. 26 del d.lgs. n. 151 del 2015 che ha abrogato la precedente normativa).

Le dimissioni e la risoluzione consensuale devono avvenire, a pena di inefficacia, esclusivamente con modalità telematiche su appositi moduli resi disponibili dal Ministero del lavoro (art. 26, c. 1 e 3).

La trasmissione dei moduli al datore e all'Ispettorato territoriale del lavoro competente può essere effettuato anche per il tramite dei patronati, dei sindacati, degli enti bilaterali, delle commissioni di certificazione, dei consulenti del lavoro e dell'Ispettorato del lavoro (art. 26, c. 4).

Entro sette giorni dalla data di trasmissione del modulo, il lavoratore può revocare le dimissioni e la risoluzione consensuale con le medesime modalità (art. 26, c. 2).

Queste norme non sono applicabili ai pubblici dipendenti privatizzati, al lavoro domestico e nel caso in cui le dimissioni o la risoluzione consensuale intervengano in sede assistita (art. 2113, c. 4, cod. civ.) o avanti alla commissione di certificazione (art. 26, c. 8).

Per il datore che alteri i moduli è prevista una sanzione amministrativa pecuniaria (da 5.000 a 30.000 Euro), salvo che il fatto costituisca reato (art. 26, c. 5).

Preavviso

Se il lavoratore dimissionario non dà il dovuto preavviso è tenuto *ex* art. 2118, c. 2, cod. civ. al pagamento della indennità sostitutiva (cfr. 64.1).

Anche al preavviso di dimissioni era riconosciuta efficacia reale, con la conseguente prosecuzione del rapporto fino alla scadenza, salvo un accordo, espresso o tacito, per la estinzione immediata. Ma ormai la giurisprudenza si è attestata sull'efficacia meramente obbligatoria del preavviso.

Tuttavia al lavoratore malato non spetta alcuna tutela in caso di dimissioni, poiché la disposizione dell'art. 2110, c. 2, cod. civ. si riferisce solo al licenziamento.

Clausole di fidelizzazione

Per particolari professionalità ricercate sul mercato il datore di lavoro, anche per tutelare eventuali investimenti nella formazione, tende a disincentivare le dimissioni del dipendente. In proposito non sembra consentito l'accordo individuale per un preavviso di dimissioni di durata maggiore rispetto a quello previsto dal contratto collettivo, trattandosi di una deroga peggiorativa per il lavoratore interessato a liberarsi dal rapporto il più agevolmente possibile. È considerata, però, legittima la pattuizione di un periodo di durata minima del rapporto con una clausola penale in caso di dimissioni anticipate. A maggior ragione sembra ammissibile la pattuizione di un apposito compenso superminimale quale premio di fedeltà collegato ad una determinata durata del rapporto oppure condizionato al rispetto di un maggior preavviso di dimissioni, che qui non costituisce un obbligo per il lavoratore, ma un semplice onere per conseguire o conservare lo speciale compenso.

79.2. *Le dimissioni per giusta causa*

Giusta causa Quando sussiste una giusta causa, il lavoratore può dimettersi *ante tempus* nel contratto a tempo determinato e senza dare il preavviso nel contratto a tempo indeterminato (art. 2119, c. 1, cod. civ.).

Definizione La giusta causa è definita, infatti, dal legislatore come «una causa che non consenta la prosecuzione, anche provvisoria, del rapporto» (art. 2119, c. 1, cod. civ.).

Si tratta di una definizione comune al licenziamento ed alle dimissioni, ma, evidentemente, sono differenti le situazioni che, rispettivamente, costringono il datore di lavoro o il lavoratore al recesso in tronco.

Casistica Per le dimissioni rilevano, di solito, gravi inadempimenti del datore di lavoro che ledono irrimediabilmente la fiducia del lavoratore nella successiva regolare esecuzione del contratto. E così, ad esempio, costituiscono giusta causa di dimissioni con onere probatorio a carico del lavoratore: la violazione dell'obbligo di sicurezza; le molestie sessuali; il mancato pagamento di una parte significativa della retribuzione; una seria dequalificazione; l'omesso versamento dei contributi previdenziali; l'effettuazione di indagini o controlli vietati. Invece, per espressa previsione di legge (art. 2119, c. 2, cod. civ.), le procedure concorsuali non costituiscono giusta causa.

Immediatezza Se il fatto qualificabile come giusta causa deve essere tale da impedire la prosecuzione del rapporto anche temporaneamente per il periodo di preavviso o fino alla scadenza del termine, si spiega l'elaborazione giurisprudenziale del principio di immediatezza, secondo cui il recesso per giusta causa deve avvenire subito dopo la verificazione o la conoscenza del fatto, in quanto l'eventuale tolleranza spontanea indicherebbe la possibilità di prosecuzione provvisoria del rapporto che esclude per definizione la giusta causa.

Tuttavia il principio di immediatezza è opportunamente inteso in senso relativo, non solo in relazione all'esigenza di accertamento e ponderata valutazione dei fatti, ma in particolare per le dimissioni anche al fine della verifica della almeno tendenziale irreversibilità della situazione lesiva. Invero, a differenza del datore di lavoro, il lavoratore, normalmente interessato a conservare l'occupazione e il relativo reddito, ricorre a questa autotutela estintiva del rapporto solo in casi estremi (cfr. 96), sicché il principio di immediatezza può ritenersi rispettato anche quando le dimissioni per giusta causa siano differite di qualche tempo nella, in concreto ed *ex ante* non irragionevole seppur poi delusa, speranza di superamento della situazione pregiudizievole.

Indennizzo per il lavoratore Il lavoratore che si dimette per giusta causa nel contratto a tempo indeterminato non solo non deve dare il preavviso, ma ha diritto di ricevere dal datore di lavoro una indennità pari a quella di mancato preavviso (art. 2119, c. 1, secondo periodo, cod. civ.), poiché, come il lavoratore licenziato senza il dovuto preavviso, resta improvvisamente disoccupato, essendo indotto al recesso dalla giusta causa. L'assimilazione alla posizione del lavoratore licenziato si ferma qui, sicché il dimissionario per giusta causa non ha diritto al trattamento previsto per il licenziamento ingiustificato, mentre le conseguenze pregiudizievoli derivanti dalla perdita dell'occupazione sono interamente assorbite dalla indennità in esame, residuando solo la risarcibilità di eventuali danni diversi.

Nel contratto a tempo determinato la giusta causa consente, come si è detto, le dimissioni *ante tempus*, ma non attribuisce al lavoratore il diritto al risarcimento del danno pari alle retribuzioni perdute, come vorrebbe un discutibile orientamento giurisprudenziale seppur con la detrazione dell'eventuale *aliunde perceptum* e *percipiendum*.

79.3. *Le dimissioni in situazioni tipiche*

Dimissioni contigue al matrimonio e alla condizione di genitore

Per le dimissioni rassegnate dalla lavoratrice nel periodo che va dalla richiesta delle pubblicazioni di matrimonio a un anno dopo la celebrazione dello stesso è necessaria, a pena di nullità, la conferma entro un mese presso l'Ispettorato territoriale del lavoro (art. 35, c. 4, d.lgs. n. 198 del 2006), al fine di garantire la effettiva e libera volontà della lavoratrice evitando che sia eluso il divieto di licenziamento previsto per lo stesso periodo (cfr. 66.4). Per le dimissioni della lavoratrice in gravidanza e dei genitori naturali, adottivi o affidatari è disposta analoga tutela per tre anni dalla nascita o dall'ingresso del bambino in famiglia, con l'espressa previsione che la mancanza di convalida presso l'ITL determina non la nullità, ma la sospensione dell'efficacia delle dimissioni (art. 55, c. 4, d.lgs. n. 151 del 2001, come novellato dall'art. 4, c. 16 legge n. 92 del 2012). Ma ora le dimissioni e la risoluzione consensuale sono disciplinati dal d.lgs. n. 151 del 2015 (cfr. 79.1).

Per le dimissioni della lavoratrice madre o del padre in congedo di paternità, nonché della lavoratrice licenziata a causa di matrimonio ed invitata a riprendere servizio è stabilito, inoltre, il diritto della dimissionaria, così agevolata, all'indennità sostitutiva del preavviso di licenziamento (cfr., rispettivamente, art. 55, c. 1 e 2, d.lgs. n. 151 del 2001 e art. 35, c. 7, d.lgs. n. 198 del 2006).

Da tutte queste tutele sono esclusi gli addetti ai servizi familiari e domestici (art. 35, c. 9, d.lgs. n. 198 del 2006; art. 62 d.lgs. n. 151 del 2001) (cfr. 66.4 per l'analoga esclusione delle tutele contro il licenziamento).

Trasferimento d'azienda

In caso di modifica sostanziale delle condizioni di lavoro a seguito del trasferimento d'azienda, il prestatore passato alle dipendenze del cessionario ha facoltà, nel termine di tre mesi dal trasferimento, di dimettersi senza preavviso e con diritto ad una indennità pari a quella sostitutiva del preavviso di licenziamento (art. 2112, c. 4, cod. civ.).

Dirigenti

Alcuni contratti collettivi per i dirigenti (ad es. di aziende industriali, di aziende commerciali, di imprese assicuratrici) disciplinano in modo specifico le dimissioni per determinati motivi, quali il mutamento di proprietà dell'azienda, la modifica della posizione sostanziale del dirigente, il trasferimento del medesimo.

In questi casi, pur non ricorrendo una giusta causa, le dimissioni vengono agevolate esonerando il dirigente dall'obbligo del preavviso ed attribuendogli anche il diritto ad una indennità.

Non si tratta, evidentemente, della sanzione per un inesistente illecito dell'imprenditore, bensì di una normativa di favore per il dirigente che preferisca dimettersi, non ritenendo conveniente trasferirsi o lavorare in un'altra posizione o collaborare con i nuovi proprietari.

Queste dimissioni agevolate devono essere rassegnate entro brevi termini di decadenza fissati dagli stessi contratti collettivi e che possono tranquillamente decorrere durante il rapporto non stabile, non essendo configurabile alcun *metus* in relazione ad un atto estintivo del rapporto.

79.4. *L'annullamento delle dimissioni*

Vizi della volontà e incapacità

Alle dimissioni, quale negozio unilaterale recettizio, si applicano, in quanto compatibili (art. 1324 cod. civ.), le disposizioni sull'annullamento per vizi della volontà (errore, dolo, violenza) (artt. 1427 e ss., cod. civ.) e per incapacità di intendere o di volere (art. 428 cod. civ.).

È stato ammesso, così, l'annullamento delle dimissioni per errore di diritto riconoscibile, per incapacità naturale stante il «grave pregiudizio» consistente nella perdita dell'occupazione, per violenza morale.

Onere della prova

L'onere di allegare e provare la causa dell'annullamento grava sul lavoratore secondo il principio generale dell'art. 2697 cod. civ.

Prescrizione

L'azione di annullamento si prescrive nel termine di cinque anni (artt. 428, c. 3 e 1442, c. 1, cod. civ.), entro il quale occorre iniziare il giudizio, essendo esclusa una interruzione del termine con atto stragiudiziale di costituzione in mora inconcepibile se riferito all'annullamento di un atto.

Effetti della sentenza di annullamento

La sentenza di annullamento ha efficacia retroattiva, ma, trattandosi di un contratto di scambio, il risarcimento parametrato alle retribuzioni è dovuto solo dal momento dell'offerta della prestazione lavorativa che determina la *mora credendi* del datore di lavoro.

Dimissioni e atti di disposizione

Infine le dimissioni, che sono dirette alla estinzione del rapporto, non possono essere confuse con una rinunzia, diretta alla disposizione di un diritto, sicché non sono impugnabili *ex* art. 2113 cod. civ. Solo se risultano inserite in una transazione, di cui costituiscono una delle prestazioni, restano travolte dall'eventuale annullamento di tale transazione.

80. Altre ipotesi di cessazione del rapporto

Risoluzione consensuale

Il rapporto di lavoro, oltre che per volontà unilaterale di una delle parti costituente recesso (licenziamento; dimissioni), può estinguersi anche per «mutuo consenso» (art. 1372, c. 1, cod. civ.), che dà luogo alla cosiddetta risoluzione consensuale del contratto con effetto immediato o differito.

Non era previsto alcun vincolo di forma, sicché l'accordo risolutivo può essere raggiunto anche oralmente o per fatti concludenti.

Questo mezzo di estinzione del rapporto era riguardato con un certo sospetto, paventandosi una elusione della disciplina limitativa del licenziamento oppure dell'obbligo di preavviso. Ma la configurazione di un negozio in frode alla legge (art. 1344 cod. civ.) era assai ardua, poiché l'estinzione del rapporto è un risultato in sé legittimo. Sicché è intervenuto il legislatore (prima con l'art. 4, c. 16 e ss. della legge n. 92 del 2012 e poi con l'art. 26 del d.lgs. n. 151 del 2015 che ha abrogato la precedente normativa), prevedendo per la risoluzione consensuale le stesse regole contestualmente imposte per le dimissioni in generale (cfr. 79.1) e per le dimissioni della lavoratrice in gravidanza e dei genitori naturali o adottivi (cfr. 79.3).

Gli eventuali vizi della volontà del lavoratore (errore, violenza, dolo, incapacità) possono essere fatti valere secondo le regole del diritto comune, come avviene, del resto, anche per le dimissioni (cfr. 79.4).

Se, dunque, la volontà delle parti sussiste effettivamente e non è viziata, nulla impedisce l'accordo risolutivo, che può essere liberamente pattuito nel rispetto delle ricordate regole imposte dalla legge con effetto immediato o con efficacia differita.

Del resto la risoluzione consensuale non costituisce un atto di disposizione impugnabile *ex* art. 2113 cod. civ., salvo che non sia inserita come elemento essenziale nell'ambito di un più ampio accordo transattivo.

La risoluzione consensuale è agevolata mediante un regime previdenziale e fiscale di favore per l'indennità di incentivazione all'esodo.

Clausole di risoluzione automatica

Diverse dalla risoluzione consensuale, quale accordo individuale direttamente estintivo del rapporto, sono le cosiddette clausole di risoluzione automatica, spesso inserite nei contratti collettivi, che prevedono la futura cessazione del rapporto al verificarsi di un determinato evento, senza necessità di recesso e di preavviso.

L'asserita generale illegittimità di queste clausole, per contrasto con le norme inderogabili sul preavviso e sul contratto a tempo determinato, non sembra condivisibile, poiché qui non esiste un recesso da preavvisare, ma opera una precedente clausola ben nota alle parti, mentre il contratto rimane a tempo indeterminato, sicché occorre valutare di volta in volta se la clausola risolutiva sia in concreto diretta ad eludere la normativa sul termine.

Solo la mancanza del diritto a pensione oppure la tempestiva opzione per la prosecuzione del rapporto secondo le leggi vigenti escludono in radice l'operatività delle clausole di risoluzione automatica del rapporto al compimento di una determinata età.

Nel lavoro con le pubbliche amministrazioni non si dubita della conformità all'interesse pubblico del previsto collocamento a riposo per limiti di età.

Scadenza del termine

Nel contratto a tempo determinato, come pure nel vecchio contratto di formazione e lavoro e nel contratto di lavoro temporaneo a termine, la scadenza del termine comporta di per sé l'estinzione del rapporto senza necessità di alcuna manifestazione di volontà, secondo il brocardo «*dies interpellat pro homine*».

La conseguente estromissione del lavoratore dall'azienda costituisce attuazione del termine e non è configurabile come licenziamento, del quale non si applica, dunque, la disciplina (cfr. 83.1).

Morte del lavoratore e del datore di lavoro

La morte del lavoratore estingue il rapporto in considerazione del carattere personale della prestazione dedotta in contratto. La legge prevede, a tutela dei familiari superstiti, l'obbligo del datore di lavoro di corrispondere loro, *iure proprio* e non *iure hereditatis*, oltre al trattamento di fine rapporto accantonato anche l'indennità sostitutiva del preavviso, accomunati nella cosiddetta indennità in caso di morte (art. 2122 cod. civ.).

Invece la morte del datore di lavoro non determina la cessazione del rapporto quando permane l'organizzazione nella quale è inserito il lavoratore.

Impossibilità sopravvenuta

Ogni altra ipotesi di impossibilità sopravvenuta della prestazione, sia per ragioni attinenti alla persona del lavoratore, sia per ragioni aziendali, viene fatta valere con il recesso, nel quale resta assorbito lo strumento civilistico della risoluzione *ex* artt. 1463 e 1464 cod. civ.

Altre cause di estinzione

Infine il rapporto si estingue automaticamente per cause indicate specificamente dalla legge, come la mancata tempestiva ripresa del servizio da parte del lavoratore a tanto invitato dal datore di lavoro dopo la reintegrazione giudiziale, il pagamento dell'indennità sostitutiva della reintegrazione scelta dal medesimo lavoratore, la mancata tempestiva ripresa del servizio da parte del lavoratore al termine del servizio militare, la condanna irrevocabile del pubblico dipendente ad almeno tre anni di reclusione per alcuni reati contro la pubblica amministrazione, la decadenza automatica dall'impiego del pubblico dipendente per svolgimento di attività incompatibili, la cessazione automatica del rapporto del pubblico dipendente condannato alla pena accessoria della interdizione perpetua dai pubblici uffici.

Capitolo IX

ARTICOLAZIONI INTERNE AL LAVORO SUBORDINATO

81. Le differenziazioni di disciplina nell'ambito del lavoro subordinato e il modello base del lavoro a tempo pieno e indeterminato nell'impresa

Discipline differenziate

Il problema della graduazione delle tutele non si pone soltanto nel confronto tra lavoro subordinato ed altri tipi di lavoro (cfr. 37.2), ma anche all'interno del lavoro subordinato.

Ragioni

I caratteri del rapporto cui si ricollega l'adozione di discipline differenziate sono molteplici: la natura del datore di lavoro, le dimensioni dell'organizzazione, il settore produttivo, l'area territoriale, la dissociazione tra datore di lavoro e utilizzatore della prestazione, la durata del rapporto, la fase sperimentale dello stesso, il tipo di prestazione, la durata ed il luogo della medesima, l'inserimento dell'obbligo formativo nella causa del contratto.

Alle volte la regolamentazione specifica mira ad una migliore protezione del lavoratore, altre volte è, invece, diretta a contenere tale protezione per la tutela dell'interesse del datore di lavoro o dell'interesse all'occupazione.

Fonti

La fonte delle diverse discipline è spesso la legge, che regola organicamente determinati rapporti oppure limita in origine il campo di applicazione di alcune tutele o le deroga successivamente in presenza di certe condizioni. Ma anche l'autonomia collettiva concorre ampiamente alla differenziazione di disciplina, sia mediante i diversi contratti di categoria o territoriali o aziendali, sia derogando in determinate situazioni alcune tutele legali su autorizzazione della legge medesima.

I c.d. rapporti speciali

Emerge, così, un quadro assai complesso, in cui si inserisce la tradizionale disputa sui limiti di configurabilità di rapporti di lavoro speciali, in base alla generale elaborazione delle nozioni di tipo e sottotipo negoziale.

Occorre, comunque, prendere atto che l'ordinamento vigente prevede una disciplina del rapporto di lavoro subordinato assai articolata, da sistemare attentamente secondo le diverse ragioni ispiratrici, che, peraltro, non intaccano il tipo lavoro subordinato, ma possono, tutt'al più, consentire l'individuazione di alcuni sottotipi.

Modello base codicistico

Il modello base di disciplina è dettato dal codice civile a proposito del lavoro subordinato nell'impresa (art. 2094 e ss.) e riprende la precedente normativa sull'impiego privato (r.d.l. n. 1825 del 1924), estendendola anche agli operai ed integrandola con alcune acquisizioni della contrattazione collettiva corporativa.

Estensione e suoi limiti

Nel sistema del codice questa disciplina si applica, con il limite espresso della compatibilità con la specialità del rapporto, anche al lavoro subordinato con datori non imprenditori (art. 2239 cod. civ.), al lavoro a domicilio (art. 2128 cod. civ.) ed all'apprendistato (art. 2134 cod. civ.). I rapporti di lavoro con gli enti pubblici economici e le imprese esercitate dagli altri enti pubblici erano e sono sottoposti allo stesso regime dei rapporti con gli imprenditori privati (art. 2093 cod. civ.), mentre per i rapporti di lavoro con lo Stato e con gli enti pubblici non economici la disciplina codicistica era applicabile solo in mancanza di diversa regolamentazione legale (art. 2129 cod. civ.), ma ormai è intervenuta la privatizzazione di quasi tutti tali rapporti. Solo il lavoro nautico aveva e conserva la sua peculiare disciplina nel codice della navigazione, pur ormai integrata con alcune tutele comuni.

Tutele aggiuntive

Il modello centrale del lavoro nell'impresa, dopo l'entrata in vigore della Costituzione, si è progressivamente arricchito di importanti tutele, talvolta di generale applicazione anche al di fuori dell'impresa, taltra riservate alle sole imprese di una certa dimensione.

Flessibilizzazione

Proprio questa divisione dei rapporti di lavoro subordinato in aree a disciplina sensibilmente differenziata ha prodotto ulteriori complicazioni dell'ordinamento, con una serie di interventi del legislatore diretti a flessibilizzare le condizioni di impiego della manodopera laddove le rigidità normative si sono rivelate così intense da pregiudicare l'interesse all'occupazione. Così, ad esempio, l'esigenza dell'imprenditore di instaurare rapporti di lavoro temporanei, onde disporre di un'organizzazione elastica e perciò più adatta ad affrontare le variazioni del mercato e la competizione internazionale, ha determinato non solo un sensibile ridimensionamento dello sfavore legale per il contratto a termine (cfr. 83.1), ma anche l'introduzione dei nuovi modelli del contratto di formazione e lavoro (cfr. 85.3), del contratto di inserimento (cfr. 85.4) e della somministrazione di lavoro a termine (cfr. 83.2). E sempre al fine di rendere utilizzabile ogni occasione di lavoro, stavolta a prescindere dalla durata non del rapporto ma della prestazione, è stato regolato anche il lavoro a tempo parziale (cfr. 83.3) ed il lavoro intermittente (cfr. 85.5).

È opportuno, dunque, passare in rassegna vecchi e nuovi nuclei di disciplina che, per una ragione o per l'altra, si staccano dal regime del modello base del lavoro a tempo pieno e indeterminato nell'impresa.

82. Le discipline adattate all'interesse tipico dell'organizzazione: lavoro con privati non imprenditori, domestico, pubblico, nautico, autoferrotranviario, con società pubbliche

82.1. *Il lavoro con i privati non imprenditori*

Datori di lavoro non imprenditori

La disposizione dell'art. 2239 cod. civ. prevede che «i rapporti di lavoro subordinato che non sono inerenti all'esercizio di un'impresa sono regolati» dalle norme stabilite per il lavoro nell'impresa «in quanto compatibili con la specialità del rapporto».

Tuttavia per le generali tutele contemplate nello stesso codice civile non si sono posti all'interprete particolari problemi di compatibilità, mentre è stato lo stesso legislatore ad escludere espressamente i rapporti con datori di lavoro non imprenditori da importanti tutele introdotte successivamente, limitandole ai soli dipendenti delle imprese (integrazione salariale, licenziamento collettivo, sostegno dell'attività sindacale in azienda).

Quanto alla protezione contro il licenziamento individuale ingiustificato, ai dipendenti dei datori di lavoro non imprenditori è stata per molto tempo riconosciuta la sola tutela obbligatoria e non anche quella reale, poi estesa anche a questi rapporti con la legge n. 108 del 1990, ma ancora con esclusione delle attività non imprenditoriali di tendenza, destinatarie di una tutela solo obbligatoria anche in caso di licenziamento collettivo illegittimo.

Organizzazioni di tendenza

Queste ultime attività, caratterizzate dal fine ideologico (politico, sindacale, religioso, ecc.), impongono, inoltre, al lavoratore addetto non a mansioni neutre (ad es. le pulizie), ma collegate con la tendenza dell'organizzazione di adeguarsi alla stessa, con conseguente giustificazione di atti del datore di lavoro (ad es. mancata assunzione, licenziamento) motivati proprio dall'inadeguatezza ideologica del prestatore, che sarebbero in ogni altra situazione considerati discriminatori e, quindi, nulli (art. 15 stat. lav.).

In conclusione la minor tutela spettante ai dipendenti dei datori di lavoro non imprenditori, ed in particolare delle organizzazioni di tendenza, rispetto ai dipendenti delle imprese si fonda esclusivamente sulla scelta legislativa di privilegiare le organizzazioni con fini non economici, specialmente se ideologici. In questa prospettiva il rispetto dei principi costituzionali di parità di trattamento e di tutela del lavoro deve essere valutato non tanto dal punto di vista dei lavoratori e dei loro sindacati, quanto dal punto di vista delle diverse organizzazioni, le cui caratteristiche possono giustificare un differente regime giuslavoristico (Corte Cost. n. 159 del 1975, n. 2 del 1986).

82.2. *Il lavoro domestico*

Fonti di disciplina

Tra i rapporti con datori di lavoro non imprenditori rientra quello di lavoro domestico, regolato dal codice civile (artt. 2240 e ss.), dalla legge n. 940 del 1953 per la sola tredicesima mensilità e dalla legge organica n. 339 del 1958. Quest'ultima, peraltro, è applicabile solo ai rapporti non alla pari «di almeno 4 ore giornaliere presso lo stesso datore di lavoro» (art. 1) e con espressa salvezza della precedente disciplina «per tutto quanto non espressamente previsto dalla presente legge» (art. 21).

Definizione

Il lavoro domestico ha ad oggetto l'opera svolta «per il funzionamento della vita familiare» (art. 1 legge n. 339 cit.), ma si ritiene configurabile anche con riferimento ad altre comunità di tipo familiare, come ad esempio quelle religiose.

Esigenze di protezione della famiglia

La ragione essenziale della disciplina speciale è il contemperamento delle esigenze di tutela del lavoratore con quelle di protezione della famiglia (art. 31 Cost.).

Proprio queste ultime spiegano e giustificano: la facoltà di assunzione diretta; la presunzione di un patto di prova in deroga alla necessità dell'atto scritto; l'esclusione di un orario di lavoro, salvo un «conveniente riposo durante il giorno» e «non meno di 8 ore consecutive di riposo notturno», anche se poi i contratti collettivi, ove applicabili, hanno previsto un orario massimo, con conseguente configurabilità di lavoro straordinario; l'esclusione del divieto di licenziamento delle lavoratrici a causa di matrimonio e nel periodo di maternità, ritenuta costituzionalmente legittima proprio per la tutela della famiglia che non può sopportare costi eccessivi o l'imposizione giudiziale della presenza della lavoratrice (Corte Cost. n. 27 del 1974, n. 9 del 1976, n. 86 del 1994, n. 193 del 1995); la permanenza del potere di licenziamento *ad nutum ex* art. 2118 cod. civ., salvo il caso del licenziamento discriminatorio; l'obbligo del lavoratore di «mantenere la necessaria riservatezza per tutto quanto si riferisce alla vita familiare» (art. 6, c. 1, legge n. 339 del 1958; art. 115, c. 2, d.lgs. n. 196 del 2003).

Tutele del lavoratore compatibili con la famiglia

Per il resto il lavoro domestico gode di ampie tutele ritenute compatibili con la famiglia, previste sia dalla legge, sia dai contratti collettivi, di cui è consentita la stipulazione anche per questo tipo di lavoro a seguito della dichiarazione di incostituzionalità del precedente divieto di cui all'art. 2068, c. 2, cod. civ. (Corte Cost. n. 68 del 1969).

Tutele speciali

Si segnalano, inoltre, una serie di tutele speciali della persona che tengono conto della particolare situazione del lavoratore domestico inserito nella famiglia del datore di lavoro: la necessità per i lavoratori domestici minorenni di un'autorizzazione scritta dell'esercente la potestà genitoriale in cui si consente al minore di convivere presso la famiglia del datore di lavoro, che a sua volta è tenuto a curare lo sviluppo e a rispettare la personalità del minore; l'obbligo del datore di lavoro di fornire al lavoratore convivente un ambiente non nocivo e una nutrizione sana, nonché a tutelarne la salute particolarmente quando vi siano in famiglia fonti di infezione; l'obbligo del datore di lavoro di fornire le cure e l'assistenza medica necessarie per le malattie di breve durata del lavoratore; l'obbligo del datore di lavoro di rispettare la personalità e la libertà morale del lavoratore e, in particolare, di lasciargli il tempo necessario per adempiere agli obblighi civili e ai doveri essenziali del suo culto; il diritto del lavoratore durante il periodo di preavviso alla libertà necessaria, non inferiore a otto ore settimanali, per la ricerca di un'altra occupazione.

82.3. *Il lavoro con le pubbliche amministrazioni*

Vecchia disciplina del pubblico impiego

Mentre la disciplina del lavoro con gli enti pubblici economici e con le imprese esercitate dagli altri enti pubblici è tradizionalmente la stessa del lavoro privato (art. 2093 cod. civ.; art. 37 stat. lav.; art. 409, n. 4, cod. proc. civ.), il regime del lavoro con lo Stato e con gli enti pubblici non economici è rimasto a lungo in un corpo normativo separato.

È vero che la disposizione dell'art. 2129 cod. civ. estendeva la disciplina del lavoro nell'impresa anche ai dipendenti pubblici, ma con espressa salvezza di una diversa regolazione di legge, che, in effetti, esisteva, dando luogo, appunto, ad un regime proprio del pubblico impiego.

Questi rapporti venivano definiti di natura non contrattuale, ma autoritativa in funzione del prevalente interesse pubblico ed erano conseguentemente costituiti e disciplinati da atti eteronomi, quali la legge, il regolamento e i provvedimenti amministrativi, con esclusione dell'autonomia privata individuale e collettiva.

La giurisdizione su tali rapporti era riservata in via esclusiva al giudice amministrativo, che conosceva, dunque, sia dei diritti, sia degli interessi legittimi del pubblico dipendente.

Ne risultava un'area fortemente protetta, sia perché le ricordate fonti eteronome prevedevano serie garanzie previdenziali e sul piano del rapporto, sia perché era sostanzialmente assicurata la stabilità del posto fino al pensionamento, sia perché gli atti della pubblica amministrazione, incidenti direttamente o indirettamente sul rapporto di lavoro, erano sottoposti al controllo del giudice amministrativo anche con riferimento all'eccesso di potere.

Accanto a queste tutele tradizionali, dopo l'entrata in vigore della Costituzione, sono stati riconosciuti anche nel pubblico impiego la libertà sindacale e il diritto di sciopero e, poi, via via i diritti di attività sindacale nei luoghi di lavoro, l'azione per la repressione della condotta antisindacale della pubblica amministrazione e la possibilità di stipulare accordi collettivi.

Questa stratificazione di tutele improntate a logiche diverse, probabilmente inconciliabili tra loro, ha avuto un effetto dirompente sull'efficienza della pubblica amministrazione.

Privatizzazione dei rapporti di lavoro

Al fine di modificare questa insostenibile situazione, accrescendo l'efficienza (art. 97, c. 1, Cost.: «il buon andamento e l'imparzialità») delle amministrazioni pubbliche, utilizzando al meglio il personale e contenendone il costo, il legislatore ha ritenuto di privatizzare i rapporti di lavoro con le pubbliche amministrazioni.

In base alla legge delega n. 421 del 1992 è stato emanato, così, il d.lgs. n. 29 del 1993, poi ripetutamente integrato e modificato (d.lgs. n. 470 del 1993, n. 546 del 1993) anche in attuazione della successiva legge delega n. 59 del 1997 (d.lgs. n. 396 del 1997, n. 59 del 1998, n. 80 del 1998, n. 387 del 1998), sicché alla fine è stato emanato un apposito testo unico (d.lgs. n. 165 del 2001), al quale occorre riferirsi.

Dalla privatizzazione sono esclusi i magistrati ordinari, amministrativi e contabili, gli avvocati dello Stato, il personale militare e della Polizia di Stato, il personale della carriera diplomatica e della carriera prefettizia per le qualifiche più elevate, il personale della Banca d'Italia, nonché i professori e ricercatori universitari.

Tutti gli altri rapporti con le pubbliche amministrazioni sono privatizzati, nel senso che: vengono costituiti mediante contratti individuali; sono regolati dalla disciplina del lavoro nell'impresa privata contenuta nel codice civile e nelle altre leggi privatistiche, nonché dai contratti collettivi del settore pubblico ora con efficacia diretta sul rapporto; sono gestiti dalla pubblica amministrazione «con la capacità e i poteri del privato datore di lavoro» e, quindi, con atti privatistici e non autoritativi, come tali non funzionalizzati e non sottoposti al controllo per eccesso di potere (Cass. SU n. 41 del 2000; Corte Cost. n. 275 del 2001) e alla legge sul procedimento amministrativo.

Rimane di competenza della legge e della potestà amministrativa l'organizzazione dei pubblici uffici, sicché è rispettato il principio dell'art. 97, c. 1, Cost., che non impedisce, invece, di affidare il rapporto di lavoro alla disciplina privatistica contrattuale, intesa proprio come strumento di realizzazione della finalità costituzionale del «buon andamento dell'amministrazione» (Corte Cost. n. 313 del 1996, n. 309 del 1997).

Fonti di disciplina

Le vecchie norme sul pubblico impiego sono derogabili dai contratti collettivi e, comunque, sono inapplicabili dal momento della sottoscrizione del contratto collettivo del quadriennio 1998-2001 per ciascun ambito di riferimento (art. 69, c. 1), sicché sono destinate ad essere incorporate nei contratti collettivi o a sparire (cfr. gli elenchi delle norme divenute inefficaci allegati al T.U. n. 165 del 2001 secondo le disposizioni del relativo art. 71, che prevedono anche un aggiornamento di tali elenchi al termine della tornata contrattuale 1998-2001).

Alla fine di questo regime transitorio sono rimaste, come norme di legge diverse dalla disciplina privatistica, solo quelle contenute nello stesso T.U. n. 165 del 2001 (art. 2, c. 2), già esaminate a proposito di ciascun istituto (mansioni, potere disciplinare, licenziamento, ecc.). Eventuali altre disposizioni di legge, regolamento o statuto che introducano una disciplina speciale per il lavoro con le pubbliche amministrazioni sono derogabili dai contratti collettivi nazionali (art. 2, c. 2, come modificato dall'art. 2 d.lgs. n. 75 del 2017).

Sono poi sopravvenuti il d.lgs. n. 150 del 2009 e il d.lgs. n. 75 del 2017 al solito fine di migliorare l'efficienza della pubblica amministrazione, ma stavolta mediante strumenti di contenimento degli abusi dei sindacati e dei lavoratori (restrizione degli ambiti della contrattazione collettiva; rafforzamento dei poteri e responsabilità della dirigenza; selettività per progressioni economiche e di carriera e per l'attribuzione del trattamento accessorio in base ad un complesso sistema di valutazione della performance; contrasto alla scarsa produttività e all'assenteismo). Il conseguente timore di interventi lassisti della contrattazione collettiva spiega la reiterata previsione di inderogabilità assoluta delle norme di legge da parte dei contratti collettivi, in cui sono inserite automaticamente e le cui clausole contrarie a norme imperative, tra cui tutte quelle del d.lgs. n. 165 del 2001 (art. 2, c. 2) e del d.lgs. n. 150 del 2009 (art. 29), e ai limiti fissati alla contrattazione collettiva sono nulle e sostituite di diritto con la norma violata (artt. 2, c. 3 *bis* e 55, c. 1, d.lgs. n. 165 del 2001 come novellato dal d.lgs. n. 150 del 2009; art. 29 d.lgs. n. 150 del 2009). Il medesimo timore spiega, altresì, la completa esclusione della contrattazione collettiva per le materie attinenti alla organizzazione degli uffici, che insieme alla gestione del personale è rimessa «in via esclusiva» agli organi preposti (art. 5, c. 2, d.lgs. n. 165 del 2001 come novellato dal d.lgs. n. 150 del 2009), per le materie oggetto di partecipazione sindacale individuate dai contratti nazionali (anche qui, peraltro, con esclusione della organizzazione degli uffici e della gestione del personale, per la quale può essere prevista solo una informazione ai sindacati: art. 5, c. 2 e art. 9) e per la materia afferente alle prerogative dei dirigenti e al conferimento e revoca dei relativi incarichi (art. 40, c. 1, d.lgs. n. 165 del 2001 come novellato dal d.lgs. n. 150 del 2009). Spiega, infine, la limitazione della contrattazione collettiva ai soli aspetti consentiti dalla legge nella materia relativa alle sanzioni disciplinari, alla valutazione delle prestazioni, alla mobilità (art. 40, c. 1, cit.).

Il trattamento economico è definito dai contratti collettivi (art. 45), che travolgono ogni diversa disposizione eteronoma preesistente e fissano le modalità per il riassorbimento dei trattamenti più favorevoli in godimento (art. 2, c. 3).

Giurisdizione del giudice del lavoro

Infine la privatizzazione comporta, per il periodo di rapporto successivo al 30 giugno 1998 (art. 69, c. 7, d.lgs. n. 165 del 2001), la devoluzione delle controversie di lavoro dei dipendenti pubblici al giudice del lavoro (cfr. 61.3), che ha anche il potere di disapplicare gli atti amministrativi presupposti ove illegittimi e rilevanti per la decisione (art. 63, c. 1, d.lgs. n. 165 del 2001). Sono assegnate al giudice del lavoro anche le controversie relative alla condotta antisindacale delle pubbliche amministrazioni e alle procedure di contrattazione collettiva (art. 63, c. 3). Restano al giudice amministrativo solo le controversie in materia di concorsi per assunzione, nonché, in sede di giurisdizione esclusiva, quelle relative ai rapporti non privatizzati (art. 63, c. 4), ivi comprese quelle su condotte antisindacali plurioffensive.

Regole speciali

Nonostante la avvenuta privatizzazione, la natura pubblica del datore di lavoro continua a condizionare sensibilmente la disciplina del rapporto.

In particolare si ricordano: il complesso sistema di misurazione e valutazione della performance al fine della attribuzione selettiva dei trattamenti collegati al merito; l'apposito regime del sistema sanzionatorio e delle assenze per malattia; la speciale disciplina della contrattazione collettiva anche per il rispetto delle limitate disponibilità finanziarie delle pubbliche amministrazioni (artt. 40 e ss.); la disciplina degli accordi di interpretazione autentica o modifica della clausola controversa dei contratti collettivi nazionali (art. 64); l'obbligo di parità di trattamento contrattuale (art. 45, c. 2) inesistente per i datori di lavoro privati; l'obbligo di assunzione mediante procedure selettive (art. 35, in conformità all'art. 97, c. 3, Cost.), con conseguente inapplicabilità del principio di instaurazione di un rapporto di lavoro subordinato a tempo indeterminato in caso di termine illegittimo (art. 36, c. 5) o di somministrazione illegittima (art. 86, c. 9, d.lgs. n. 276 del 2003); l'esclusione, per la stessa ragione, della promozione automatica per esercizio di fatto di mansioni superiori e della dichiarazione di un rapporto di lavoro a tempo pieno per vizi del contratto a tempo parziale; la speciale disciplina della dirigenza; il blocco delle assunzioni di personale a tempo indeterminato, salvo, entro certi limiti, il *turn over*, nonché i limiti di spesa e di utilizzazione per i contratti a termine e le collaborazioni continuative e coordinate; la conservazione della tutela reale contro il licenziamento ingiustificato (art. 63, c. 2, d.lgs. n. 165 del 2001 come integrato dal d.lgs. n. 75 del 2017).

Permane, purtroppo, una diffusa inefficienza della pubblica amministrazione, da imputarsi, soprattutto, allo strapotere sindacale e alle ingerenze politiche. Da qui, come si è detto, la legge delega n. 15 del 2009 e il d.lgs. n. 150 del 2009 e poi il d.lgs. n. 75 del 2017, diretti, tra l'altro, a ridurre le materie oggetto di contrattazione collettiva, a rafforzare poteri e responsabilità dei dirigenti, a premiare il merito e a punire la scarsa produttività e l'assenteismo. Ma il vero rimedio, consistente nel ripristino di una seria catena di comando, indispensabile per il funzionamento di qualsiasi organizzazione, non sembra conseguibile neppure con queste disposizioni, specie se i concorsi e il conferimento degli incarichi continueranno ad essere gestiti a fini clientelari e non nell'interesse pubblico.

82.4. *Il lavoro nautico*

Disciplina speciale del codice della navigazione

La disciplina del lavoro nella navigazione marittima ed aerea è contenuta nel codice della navigazione, che si presenta come un sistema autosufficiente, prevedendo l'applicazione del diritto civile solo «ove manchino disposizioni del diritto della navigazione e non ve ne siano di applicabili per analogia» (art. 1, c. 2, cod. nav.).

La ragione di questa disciplina speciale consiste nell'esigenza di contemperare la tutela dei lavoratori con l'interesse pubblico alla sicurezza e regolarità della navigazione.

Si spiegano così, ad esempio, l'obbligo di iscrizione del lavoratore nell'apposita anagrafe della gente di mare previo accertamento iniziale e periodico della idoneità fisica, l'attribuzione al comandante della nave o dell'aeromobile di ampi poteri anche pubblicistici nei confronti dei membri dell'equipaggio, il divieto di sciopero durante la navigazione con conseguente legittimità costituzionale del reato di ammutinamento.

Limiti alla applicazione delle tutele ordinarie

Alla stessa ragione risponde la cautela nell'applicazione al personale navigante delle tutele dello statuto dei lavoratori, distinguendosi (art. 35, c. 2) le disposizioni direttamente operanti (libertà di manifestazione del pensiero, divieto di indagini sulle opinioni, rappresentante per la sicurezza, libertà sindacale) da tutte le altre, i cui principi sono affidati esclusivamente alla attuazione da parte dei contratti collettivi. Ma la Corte Costituzionale è intervenuta per assicurare l'efficacia diretta almeno della tutela contro il licenziamento (n. 96 del 1987 e n. 41 del 1991) e del procedimento disciplinare (n. 364 del 1991), ritenendo queste garanzie imprescindibili e compatibili con la peculiare posizione dei naviganti.

Resiste, invece, l'affidamento ai contratti collettivi della applicazione dei principi dell'art. 13 stat. lav. in tema di mansioni, nonché la speciale disciplina del contratto a termine (Corte Cost. n. 80 del 1994; Corte Giust. 3 luglio 2014, c-362/13).

Prescrizione

La lontananza dal luogo di residenza, determinata proprio dalla navigazione, è considerata dal relativo codice come *ratio* di particolari tutele, tra le quali spicca quella sulla decorrenza della prescrizione, che ha anticipato la generale evoluzione dell'ordinamento, mantenendo, peraltro, la propria specificità (cfr. 93.3).

Garanzie speciali

Sono previsti anche speciali privilegi e garanzie della retribuzione (cfr. 90), nonché una assoluta impignorabilità e insequestrabilità di alcune erogazioni, mentre è stato eliminato per illegittimità costituzionale il divieto di pignoramento e sequestro della retribuzione nei limiti del quinto per crediti diversi da quelli alimentari e dell'armatore (cfr. 91.1).

Processo del lavoro

Al lavoro nautico si applica il processo del lavoro, la cui legge istitutiva (n. 533 del 1973) ha implicitamente abrogato le precedenti disposizioni processuali del codice della navigazione (Corte Cost. n. 29 del 1976, n. 66 del 1977).

82.5. *Il lavoro degli autoferrotranvieri*

Disciplina speciale

Il rapporto di lavoro degli autoferrotranvieri, addetti ai servizi di trasporto pubblico locale (autolinee urbane e extraurbane, ferrovie di superficie e sotterranee, tranvie, filovie, funivie, navigazione interna), è sottoposto ad una disciplina speciale, contenuta nel r.d. 8 gennaio 1931, n. 148.

Questa disciplina riguarda quasi tutti gli istituti fondamentali, sicché il diritto comune del lavoro si applica solo in via residuale per le materie non regolate.

La normativa speciale per rapporti già all'epoca privatistici mira a salvaguardare le esigenze del servizio pubblico, ma, mutuando a tal fine principi propri del pubblico impiego, ha anticipato alcune importanti tutele che solo in seguito sarebbero state introdotte per il lavoro privato.

Attualmente, all'esito dell'evoluzione dell'ordinamento, le differenze più rilevanti rispetto al diritto del lavoro comune riguardano: il patto di prova, con durata massima fino ad uno o due anni (art. 13, All. A, r.d. n. 148 del 1931), mentre nel diritto comune il limite è di sei mesi; la promozione per esercizio di mansioni superiori, qui prevista (art. 18, All. A, r.d. cit.) solo se tali mansioni siano state assegnate con provvedimento del direttore dell'azienda e se l'adibizione su posto vacante è durata almeno sei mesi, con esclusione, comunque, delle assegnazioni su posti da coprire mediante concorso; la disciplina del trasferimento d'azienda e del subentro nell'appalto (art. 26, All. A, r.d. cit.).

Invece sono stati eliminati: il regime privilegiato della malattia (art. 1, c. 148, legge n. 311 del 2004, che ha abrogato l'Allegato B al r.d. n. 148 del 31), seppur con affidamento alla contrattazione collettiva della facoltà di introdurre eventuali trattamenti aggiuntivi (art. 3 ter legge n. 58 del 05, seguito dall'accordo 19 settembre 2005); la devoluzione al giudice amministrativo delle controversie sulle sanzioni disciplinari, ivi compreso il licenziamento per colpa (art. 58, All. A, r.d. cit.), che è stata ritenuta implicitamente abrogata nell'evoluzione del sistema.

Rapporto tra le fonti

Permane, infine, rispetto al diritto del lavoro comune, una forte diversità in relazione al rapporto tra le fonti. Nel settore in esame, infatti, la contrattazione collettiva nazionale di categoria è autorizzata a derogare la disciplina speciale del r.d. n. 148 del 1931 (art. 1, c. 2, legge n. 270 del 1988), a sua volta sostitutiva del diritto comune. Sicché la contrattazione collettiva è completamente libera, salvo il rispetto dei principi costituzionali, di stabilire la disciplina più adeguata per il settore, senza alcun limite di legge ordinaria. Con profonda differenza non solo rispetto al lavoro privato, dove l'autonomia collettiva può derogare la legge solo *in melius*, ma anche rispetto al lavoro pubblico privatizzato, dove la legge (art. 2, c. 2, d.lgs. n. 165 del 2001) consente al contratto collettivo di derogare senza limiti solo eventuali discipline speciali al fine di riaffermare il diritto comune, che rimane inderogabile *in peius*.

82.6. *Il lavoro nelle società pubbliche*

Le società a partecipazione pubblica (art. 2449 cod. civ.) sono soggetti privati ed intrattengono con i propri dipendenti rapporti di lavoro di diritto privato in qualità di datori di lavoro privati.

Tuttavia, al fine di evitare assunzioni clientelari purtroppo assai diffuse, è ora previsto che le società a totale partecipazione pubblica che gestiscono servizi pubblici locali devono rispettare per il reclutamento del personale e il conferimento di incarichi i principi (pubblicità, imparzialità, trasparenza, ecc.) fissati dall'art. 35, c. 3, d.lgs. n. 165 del 2001 per il reclutamento del personale nelle pubbliche amministrazioni (art. 18, c. 1, d.l. n. 112 del 2008 conv. legge n. 133 del 2008 ora abrogato e sostituito dall'art. 19 d.lgs. n. 175 del 2016).

I generali principi di trasparenza, pubblicità e imparzialità devono essere rispettati anche per il reclutamento del personale e il conferimento di incarichi da parte di qualsiasi società a partecipazione pubblica totale o di controllo (cfr. la norma già indicata).

Queste disposizioni non si applicano alle società pubbliche quotate su mercati regolamentati.

La violazione delle ricordate disposizioni, che impongono una selezione privatistica, determina la nullità del contratto di lavoro per violazione di norme imperative, con applicazione del regime dell'art. 2126 cod. civ., sicché resta esclusa anche la dichiarazione giudiziale di un rapporto di lavoro subordinato a tempo indeterminato in caso di contratti a termine illegittimi o di contratto di lavoro autonomo eseguito in concreto come lavoro subordinato.

Per le società c.d. *in house*, affidatarie di un servizio pubblico con controllo da parte dell'ente affidante analogo a quello esercitato sui propri uffici, sono previste procedure ad evidenza pubblica per l'assunzione del personale (art. 23 *bis*, c. 10, lett. a), d.l. cit.).

83. Dalla rigidità alla ricerca della flessibilità: lavoro a termine, interposizione, appalti, somministrazione e distacco; lavoro a tempo parziale, intermittente, ripartito

83.1. *Il lavoro a termine*

Termine di efficacia

Il termine finale è un elemento accidentale del contratto, la cui scadenza determina automaticamente (*dies interpellat pro homine*) l'estinzione del rapporto che fino a quel momento entrambe le parti sono obbligate ad eseguire, salvo un'eventuale giusta causa di recesso anticipato.

Il codice civile del 1865 disponeva che «nessuno può obbligare la propria opera all'altrui servizio che a tempo o per una determinata impresa» (art. 1628), al fine di evitare rapporti a vita pericolosamente simili al lavoro servile. Tuttavia era diffusa la prassi di rapporti di lavoro a tempo indeterminato, che veniva legittimata anche dalla giurisprudenza probivirale in virtù della riconosciuta facoltà di disdetta idonea ad escludere un vincolo perpetuo. *Codice civile del 1865*

Consolidatasi la regola della libera recedibilità ed attenuatosi nell'evoluzione sociale il timore di rapporti servili, l'ordinamento capovolgeva la precedente impostazione in un aperto sfavore per il lavoro a termine (art. 2097 cod. civ.), che ostacolava l'interesse alla continuità dell'occupazione e privava il dipendente delle tutele riservate al rapporto a tempo indeterminato. *Successivo disfavore per il contratto a termine*

Questa linea di contenimento del contratto a termine veniva, poi, notevolmente rafforzata con la legge n. 230 del 1962, le cui disposizioni assorbivano quelle dell'art. 2097 cod. civ., conseguentemente abrogato. *Legge n. 230 del 1962*

La legge imponeva la forma scritta per la pattuizione del termine, consentita solo in alcune ipotesi tassative (ad es. attività stagionali, sostituzione di lavoratori assenti, opere e servizi definiti e predeterminati aventi carattere straordinario od occasionale). In mancanza di questi requisiti formali e sostanziali il contratto si reputava a tempo indeterminato.

Erano disciplinate con rigore la proroga del contratto, la riassunzione a termine dello stesso lavoratore e la prosecuzione di fatto dell'attività dopo la scadenza del termine, anche qui, in caso di trasgressione, con la conseguenza della considerazione del contratto come a tempo indeterminato.

Dopo qualche anno questa disciplina si combinava con la sopravvenuta tutela reale contro il licenziamento ingiustificato (1970), sicché i suoi effetti divenivano dirompenti, in quanto la dichiarazione di illegittimità del termine dava luogo ad un rapporto a tempo indeterminato stabile con definitivo accrescimento per via giudiziale dell'organico aziendale.

Dalla fine degli anni '70, però, l'ordinamento invertiva nuovamente la rotta, con una progressiva riduzione delle precedenti rigidità onde ampliare l'area di legittima utilizzazione del lavoro a termine quale strumento di flessibilità dell'organizzazione aziendale e di riduzione della disoccupazione. *Flessibilizzazione della disciplina*

Tra l'altro si consentiva il lavoro a termine per le «punte» di attività aziendale previa autorizzazione amministrativa, peraltro non necessaria nel settore del trasporto aereo e dei servizi aeroportuali, e si ammettevano ipotesi aggiuntive di legittima apposizione del termine, individuate dai contratti collettivi con limiti quantitativi percentuali rispetto all'organico aziendale.

D.lgs. n. 368 del 2001 Poi è stato emanato il d.lgs. n. 368 del 2001. I vincoli al lavoro a termine sono stati in parte modificati, ma non aboliti, ed il nostro ordinamento rimane assai più garantista rispetto ai livelli di tutela imposti dalla direttiva comunitaria.

D.lgs. n. 81 del 2015 Ora la disciplina del lavoro a termine, che aveva subito molte modifiche dopo il d.lgs. n. 368 del 2001, è stata accorpata nel d.lgs. n. 81 del 2015 (artt. 19 e ss.), che ha abrogato tutte le precedenti disposizioni.

Legge n. 96 del 2018 Ma questo decreto è stato modificato dal c.d. decreto dignità (d.l. n. 87 del 2018 conv. legge n. 96 del 2018), che ha ripristinato le causali per i contratti superiori a dodici mesi.

Forma scritta È confermata la necessità di stipulazione scritta del termine a pena di inefficacia (art. 19, c. 4), cui consegue l'instaurazione di un rapporto a tempo indeterminato.

Nell'atto scritto devono essere espressamente richiamati i diritti di precedenza per le successive assunzioni (art. 24, c. 4).

Se il contratto viene rinnovato, l'atto scritto deve contenere la specificazione delle ragioni che giustificano il termine (art. 19, c. 4). Mentre in caso di proroga questa norma si applica solo se il termine complessivo eccede i dodici mesi (art. 19, c. 4).

Il datore di lavoro deve consegnare copia dell'atto scritto al lavoratore entro cinque giorni lavorativi dall'inizio della prestazione (art. 19, c. 4), ma la formazione dell'atto deve essere anteriore o contestuale all'inizio del lavoro.

L'onere della prova della stipulazione per iscritto grava sulla parte interessata a far valere il termine.

La forma scritta non è necessaria per i rapporti non superiori a dodici giorni (art. 19, c. 4).

Giustificazione Il contratto a termine doveva essere giustificato rimanendo una eccezione rispetto alla «forma comune» del lavoro a tempo indeterminato.

Per fronteggiare l'interpretazione eccessivamente rigida della giustificazione la legge n. 92 del 2012 aveva previsto la libertà di stipulazione del primo contratto a termine senza alcuna giustificazione di durata non superiore a dodici mesi, ma, poi, il d.l. n. 34 del 2014 conv. legge n. 78 del 2014 aveva abrogato completamente la regola di giustificazione sostituendola con il limite massimo di durata di trentasei mesi.

Ora il d.l. n. 87 del 2018 conv. legge n. 96 del 2018, modificando gli artt. 19 e 21 del d.lgs. n. 81 del 2015, ha ripristinato la giustificazione per i contratti a termine di durata superiore a dodici mesi elencando le causali specifiche: esigenze temporanee e oggettive, estranee all'ordinaria attività; esigenze di sostituzione di altri lavoratori; esigenze connesse a incrementi temporanei, significativi e non programmabili dell'attività ordinaria (art. 19, c. 1). Ed anche i contratti collettivi possono prevedere la giustificazione del termine per esigenze specifiche (art. 19, c. 1.1, introdotto dal d.l. n. 73 del 2021 conv. legge n. 106 del 2021).

In mancanza di giustificazione il contratto si trasforma in contratto a tempo indeterminato dalla data di superamento del termine di dodici mesi (art. 19, c. 1 *bis*).

Durata massima complessiva

Salvo diverse disposizioni dei contratti collettivi, è prevista, a pena di conversione automatica in contratto a tempo indeterminato, una durata massima complessiva di ventiquattro (prima della legge n. 96 del 2018 erano trentasei) mesi riferita, a prescindere dai periodi di interruzione, a tutti i contratti a termine, comprensivi di proroghe e rinnovi, intercorsi tra le stesse parti per lo svolgimento di mansioni di pari livello e categoria (art. 19, c. 2).

Ai fini del computo del periodo massimo di ventiquattro mesi, si cumulano con i periodi di lavoro a termine anche quelli di somministrazione a tempo determinato, ovviamente con lo stesso datore/utilizzatore per lo svolgimento di mansioni di pari livello e categoria (art. 19, c. 2).

La successione tra due contratti a termine può essere esclusa in via interpretativa solo in presenza di un congruo intervallo tipicamente idoneo ad evitare rischi di precarizzazione, che la giurisprudenza comunitaria individua in tre mesi, mentre la lettura sistematica dell'ordinamento italiano sembra condurre ad un intervallo di quattro mesi pari a quello sancito per la libera autodeterminazione del lavoratore di impugnazione del termine (art. 28, c. 1). Salva, ovviamente, nonostante il rispetto di questo intervallo, la prova da parte del lavoratore della frode alla legge.

Oltre il limite massimo complessivo è consentito un solo ulteriore contratto a termine, a condizione che sia stipulato presso la direzione territoriale del lavoro con l'assistenza di un rappresentante sindacale e per una durata non superiore a dodici mesi (art. 19, c. 3).

Il limite di durata massima complessiva non si applica alle attività stagionali e a quelle previste dai contratti collettivi nazionali (art. 19, c. 2).

Limite quantitativo

La legge ha sostituito la giustificazione non solo con il limite massimo di durata, ma anche con il limite quantitativo del 20 per cento del numero dei lavoratori a tempo indeterminato occupati dal datore di lavoro (art. 23, c. 1).

I contratti collettivi possono modificare, in alto o in basso, questa proporzione (art. 23, c. 1).

Il limite quantitativo è escluso nei seguenti casi: sostituzione di lavoratori assenti, lavori stagionali, specifici spettacoli e programmi radiotelevisivi, o nella fase di avvio di nuove attività per periodi non necessariamente uniformi in ogni area o comparto determinati dai contratti collettivi nazionali, per le imprese start-up innovative per un periodo limitato per l'assunzione di lavoratori ultracinquantacinquenni, per i contratti stipulati dalle Università e enti di ricerca di durata pari al progetto di ricerca (art. 23, c. 2 e 3).

L'onere della prova del rispetto del limite quantitativo o della ricorrenza di una delle ipotesi esentate grava sulla parte interessata a far valere il termine.

La violazione del predetto limite quantitativo è sanzionata non con la conversione del contratto a termine in contratto a tempo indeterminato, ma con una indennità pari al 50 per cento della retribuzione per ogni mese di durata del rapporto (art. 23, c. 4).

Ipotesi particolari

Resta in vigore provvisoriamente fino al 1° gennaio 2017 (art. 55, c. 2) la disposizione sulle quote di organico flessibile nei settori del trasporto aereo e dei servizi aeroportuali, poi estesa, alle imprese concessionarie di servizi postali. Dopo tale data la disciplina è rimessa ai contratti collettivi (artt. 19, c. 2 e 21, c. 2).

È ritrascritta anche la disciplina dei rapporti brevi per speciali servizi nel settore del turismo e dei pubblici esercizi, ora rafforzata dalla espressa esclusione di tutta la generale disciplina del lavoro a termine (art. 29, c. 2, lett. b).

Divieti

Sono previste alcune ipotesi di divieto di assunzione a termine (art. 20), analoghe a quelle relative alla somministrazione di lavoro e al lavoro intermittente.

L'interesse tutelato con il divieto prevale in via assoluta sull'interesse all'apposizione del termine.

I divieti riguardano: la sostituzione di scioperanti, al fine di tutelare l'interesse sindacale alla riuscita dello sciopero; le imprese che non abbiano effettuato la valutazione dei rischi, al fine di promuovere la effettività della sicurezza del lavoro; le unità produttive interessate nei sei mesi precedenti da licenziamenti collettivi di personale con le stesse mansioni, presumendosi l'inesistenza di esigenze di assunzione a termine, salvo alcune eccezioni; le imprese con trattamento di integrazione salariale in corso per personale con le stesse mansioni, che deve essere utilizzato per coprirne qualsiasi esigenza riducendo il periodo di sospensione.

L'onere della prova della ricorrenza del divieto grava sulla parte che intenda attaccare il termine.

Prosecuzione di fatto

Se il lavoro prosegue di fatto dopo la scadenza del termine originario o validamente prorogato o dopo il periodo di durata massima complessiva di trentasei mesi, per alcuni giorni (trenta oppure cinquanta, a seconda della durata del contratto) è dovuta soltanto una maggiorazione retributiva, mentre se la prosecuzione oltrepassa questo breve periodo «cuscinetto» il contratto si considera drasticamente a tempo indeterminato a far data da tale sconfinamento (art. 22, c. 1 e 2).

Proroga

La proroga del contratto, se è consentita dal lavoratore, è valida se la durata del contratto era inferiore a 24 mesi (art. 21, c. 1), ma la proroga è libera solo nei primi dodici mesi del contratto, mentre successivamente deve essere giustificata ai sensi dell'art. 19, c. 1, altrimenti il contratto si trasforma a tempo indeterminato (art. 21, c. 01).

La proroga può essere ripetuta fino a quattro volte, sempre nell'arco di durata massima del contratto di ventiquattro mesi (art. 21, c. 1).

Se la proroga sfora questo termine massimo o si ripete per più di quattro volte il contratto si considera a tempo indeterminato dalla data della proroga illegittima (art. 21, c. 1).

Riassunzione a termine

Il rinnovo del contratto a termine è consentito solo se esistono le giustificazioni previste dall'art. 19, c. 1, altrimenti il contratto si trasforma in contratto a tempo indeterminato (art. 21, c. 01).

In ogni caso la riassunzione non è consentita a breve distanza di tempo dalla scadenza del precedente contratto (10 giorni se il precedente contratto era di durata fino a sei mesi; 20 giorni se il precedente contratto era di durata superiore). In caso di violazione di questo divieto si considera a tempo indeterminato il secondo contratto (art. 21, c. 2).

Tuttavia da questa disposizione sono esentati sia gli addetti alle attività stagionali, sia le imprese start-up innovative, sia le ipotesi individuate dai contratti collettivi (art. 21, c. 2).

Azione dichiarativa

L'estromissione del lavoratore dall'azienda per scadenza del termine illegittimo costituisce una mera attuazione di fatto di quest'ultimo e non un licenziamento, la cui disciplina resta totalmente inapplicabile, dovendo il giudice limitarsi ad una pronunzia dichiarativa della nullità o dello sforamento del termine o della invalidità della proroga, accertando conseguentemente l'esistenza di un rapporto a tempo indeterminato. Dopo la sentenza di conversione il datore di lavoro, se non utilizza il lavoratore, è in *mora credendi*.

Conseguenze della illegittimità del termine

L'effetto legale sostitutivo dell'autonomia privata con trasformazione del contratto a termine in contratto a tempo indeterminato è previsto per la prosecuzione di fatto del lavoro oltre il termine, per la riassunzione a termine senza il prescritto intervallo e per il superamento del limite massimo di durata complessiva.

Per la violazione dei divieti di lavoro a termine è prevista la trasformazione del contratto a termine in contratto a tempo indeterminato (art. 20, c. 2). La giurisprudenza precedente affermava questo principio, anche se non ancora previsto espressamente dalla legge.

Mentre per la violazione dei limiti quantitativi il legislatore ha espressamente previsto solo un'indennità (art. 23, c. 4).

Risarcimento per i periodi non lavorati

Fino alla legge n. 183 del 2010 rimaneva applicabile la precedente elaborazione per cui in caso di successive assunzioni a termine illegittime con accertamento di un unico rapporto a tempo indeterminato, la retribuzione degli intervalli non lavorati, qualificata come risarcimento per *mora accipiendi*, spettava solo se il lavoratore provava che era tenuto a restare a disposizione e aveva offerto la prestazione in questi periodi, il che valeva anche per il periodo successivo alla fine del lavoro, sempre con detrazione dell'*aliunde perceptum* e *percipiendum*.

Termine di decadenza

In questa situazione molti lavoratori dopo l'offerta della prestazione ritardavano anche di diversi anni l'introduzione del giudizio al fine di speculare lucrando senza lavorare, spesso in cumulo con un reddito da lavoro nero, il risarcimento da *mora accipiendi* parametrato alle retribuzioni. E la giurisprudenza era alquanto restia a desumere da questa lunga inerzia giudiziale l'estinzione del rapporto per risoluzione consensuale o abuso del diritto oppure quanto meno la riduzione del risarcimento mediante una presunzione di *aliunde percipiendum*.

Sicché opportunamente è intervenuto il legislatore imponendo, con decorrenza dalla scadenza del termine illegittimo, l'impugnazione stragiudiziale entro 180 giorni e quella giudiziale nei successivi 180 giorni (art. 28, c. 1, d.lgs. n. 81 del 2015, come modificato dal d.l. n. 87 del 2018 conv. legge n. 96 del 2018).

Le perplessità relative alle serie di contratti a termine sono infondate, perché da un lato 180 giorni sono più che sufficienti al lavoratore per valutare, anche con l'assistenza di un legale, la convenienza della impugnazione stragiudiziale del termine anche rispetto alla opportunità di nuove assunzioni, e dall'altro lato il limite massimo complessivo di trentasei mesi opera comunque, cumulandosi anche contratti legittimi o non impugnati. Mentre, al di là di questa valutazione di ragionevolezza ai sensi dell'art. 3 Cost., non sarebbe prospettabile alcuna questione con riferimento né all'art. 4 Cost., perché la stabilità dell'occupazione non è costituzionalmente garantita neppure a fronte di un licenziamento, né all'art. 36 Cost., perché qui non si tratta di diritti retributivi.

Indennità per il periodo fino alla sentenza

Il termine di decadenza per l'introduzione del giudizio non risolve tutti i problemi delle controversie a importo crescente, poiché il processo può durare a lungo, considerando anche che il lavoratore soccombente in primo grado può riuscire successivamente vittorioso.

Ed allora, per l'ipotesi del termine nullo, è stato introdotto un regime speciale con la disposizione dell'art. 32, c. 5, legge n. 183 del 2010, poi sostituito dall'art. 28, c. 2, d.lgs. n. 81 del 2015, secondo cui «in caso di conversione del contratto a tempo determinato, il giudice condanna il datore di lavoro al risarcimento del danno a favore del lavoratore stabilendo un'indennità onnicomprensiva nella misura compresa tra un minimo di 2,5 ed un massimo di 12 mensilità dell'ultima retribuzione», da liquidare con i criteri dell'art. 8 legge n. 604 del 1966.

L'espressione gergale «conversione del contratto a tempo determinato» è comunque chiara ed indica la fattispecie regolata, che riguarda tutti i casi di «conversione». Pertanto la norma non esclude la «conversione», ma la disciplina in modo speciale rispetto al diritto comune, assegnando alla nullità effetto solo *ex nunc* dal momento della sentenza che la dichiara come ormai risulta dalla disposizione di interpretazione autentica che parla di «ricostituzione» del rapporto (art. 1, c. 13, legge n. 92 del 2012 poi sostituita dall'art. 28, c. 2, d.lgs. n. 81 del 2015). Sicché per il periodo precedente il rapporto non sussiste e non decorre l'anzianità, ma spetta solo l'indennità punitiva dell'illecito a prescindere dall'offerta della prestazione e da un danno effettivo, non essendo conseguentemente dovuta la contribuzione previdenziale (Circ. INPS n. 40 del 2011; art. 28, c. 2, cit.).

L'«indennità» assorbe qualsiasi «risarcimento», come risulta dall'aggettivo «onnicomprensiva». Quindi anche il risarcimento da *mora accipiendi* per il periodo dalla fine del lavoro alla sentenza dichiarativa della nullità del termine, come ormai definitivamente confermato con disposizione di interpretazione autentica (art. 1, c. 13, legge n. 92 del 2012 poi sostituito dall'art. 28, c. 2 cit.).

Ogni questione di costituzionalità è stata rigettata (Corte Cost. n. 303 del 2011).

Non è proponibile una valutazione in termini di retribuzione con riferimento all'art. 36 Cost., anche perché qui manca il rapporto, ormai dichiarato dalla sentenza solo *ex nunc*, e, comunque, manca la prestazione lavorativa.

Del resto la ragionevolezza del regime speciale, sotto tutti i punti di vista, è sicura perché sostituisce la liquidazione del risarcimento, finora effettuata caso per caso dal giudice anche mediante presunzioni semplici sull'*aliunde perceptum e percipiendum*, con una indennità comunque dovuta a prescindere da un danno effettivo e, quindi, non sottoposta a contribuzione previdenziale al pari della indennità per licenziamento ingiustificato *ex* art. 8 legge n. 604 del 1966. I limiti dell'indennità predeterminati dal legislatore tengono conto, in un equilibrato bilanciamento degli interessi, del vantaggio per il lavoratore derivante dal mantenimento della regola di «conversione», sia pure solo *ex nunc*, e dell'incertezza a carico del datore di lavoro derivante dal precetto generico sulla giustificazione del termine combinato con un processo lungo che può determinare l'esito vittorioso del lavoratore solo dopo anni a seguito delle impugnazioni.

Né si pongono problemi di conformità al diritto comunitario, che da un lato lascia al legislatore nazionale la scelta di prevedere «se del caso» la trasformazione, qui comunque confermata *ex nunc*, in contratto a tempo indeterminato della serie illegittima di contratti a termine, come è stato riconosciuto proprio per l'esclusione di tale regola nella disciplina italiana del lavoro pubblico, e dall'altro lato consente arretramenti anche del livello generale di tutela purché riferibili ad un «valido motivo», qui, come si è visto, addirittura macroscopico. In ogni caso non è leso neppure il principio di parità di trattamento con i lavoratori a tempo indeterminato, poiché l'indennità prevista per il contratto a termine fino alla conversione è una tutela considerevolmente diversa e quindi non compatibile con la tutela per il licenziamento illegittimo nel contratto a tempo indeterminato (Corte Giust. 12 dicembre 2013, c-361/12, Carratù).

È stata dichiarata ragionevole e conforme a Costituzione anche la riduzione alla metà dell'indennità in esame, qualora, secondo la lettura preferibile, il lavoratore già occupato a termine scelga di non avvalersi del diritto all'assunzione a termine o a tempo indeterminato previsto dal contratto collettivo preferendo far valere la nullità del termine con le conseguenze di legge (art. 32, c. 6, poi sostituito dall'art. 28, c. 3, d.lgs. n. 81 del 2015). Non è leso, infatti, il diritto di azione in giudizio e resta salvo, in caso di vittoria del lavoratore, l'accertamento di un rapporto di lavoro a tempo indeterminato, riducendosi solo l'indennità per il passato quale incentivo alla adesione alla soluzione pacifica concordata dalle organizzazioni sindacali «comparativamente più rappresentative sul piano nazionale». E certo ben può il legislatore, nella sua insindacabile discrezionalità, disporre questo incentivo per la gestione collettiva del contenzioso seriale, attenta ai veri interessi del personale e delle aziende. Solo una persistente nefasta idolatria del conflitto esasperato potrebbe disconoscere l'alto valore sistematico della disposizione in esame.

Parità di trattamento

Al fine di disincentivare il lavoro a termine come strumento di elusione delle tutele del rapporto a tempo indeterminato è stato ribadito, in conformità alla direttiva comunitaria (Corte Giust. 3 settembre 2007, Del Cerro), che al lavoratore a termine spetta, in proporzione al periodo di lavoro svolto, ogni trattamento in atto nell'impresa per i lavoratori a tempo indeterminato comparabili, cioè inquadrati nello stesso livello, salva l'obiettiva incompatibilità di un particolare trattamento con il lavoro a termine (art. 25, c. 1).

Per la violazione di questo principio, in aggiunta alla tutela giurisdizionale del diritto del lavoratore, è prevista una sanzione amministrativa pecuniaria, aumentata se l'inosservanza riguarda più di cinque lavoratori (art. 25, c. 2).

Tempo parziale

Il contratto a termine è ammesso anche a tempo parziale.

Computo nell'organico

In attuazione della direttiva comunitaria i lavoratori con contratto a termine (sulla base del numero medio mensile degli ultimi due anni) sono computabili nell'organico aziendale ai fini del raggiungimento del requisito numerico necessario per la costituzione delle r.s.a. e l'esercizio dei diritti di attività sindacale in azienda (art. 27).

Formazione

Il lavoratore a termine deve ricevere dal datore di lavoro la formazione necessaria per la sicurezza del lavoro.

Invece la formazione per migliorare la professionalità dei lavoratori a termine, prevista dalla direttiva comunitaria «nella misura del possibile», è affidata ai contratti collettivi (art. 26).

Informazione ai lavoratori

In conformità alla direttiva comunitaria, i lavoratori a termine hanno diritto di essere informati di eventuali posti a tempo indeterminato disponibili, secondo le modalità definite dai contratti collettivi (art. 19, c. 5).

Diritto di precedenza

I lavoratori a termine con attività superiore a sei mesi hanno diritto di precedenza con riferimento alle assunzioni a tempo indeterminato per le medesime mansioni effettuate dal medesimo datore di lavoro entro i dodici mesi successivi alla cessazione del lavoro a termine, purché comunichino la volontà di avvalersi di tale precedenza entro sei mesi da tale cessazione e salve diverse disposizioni di contratti collettivi di qualsiasi livello stipulati dai sindacati comparativamente più rappresentativi sul piano nazionale (art. 24, c. 1 e 4). I lavoratori stagionali hanno diritto di precedenza limitatamente alle assunzioni a termine per la medesima attività stagionale, a condizione che ne abbiano fatto richiesta al datore di lavoro entro tre mesi dalla cessazione del rapporto (art. 24, c. 3 e 4).

Alle lavoratrici a termine in congedo di maternità è riconosciuto sia il diritto di utilizzare questi congedi ai fini del periodo di sei mesi relativo al diritto di precedenza, sia il diritto di precedenza per le assunzioni a tempo determinato esercitabile entro tre mesi dalla cessazione del rapporto (art. 24, c. 2 e 4).

In ogni caso entrambi i diritti di precedenza indicati, che devono essere richiamati nel contratto a termine scritto, si estinguono entro un anno dalla data di cessazione del lavoro a termine (art. 24, c. 4).

Informazioni sindacali

In attuazione della direttiva comunitaria è previsto l'obbligo del datore di lavoro di fornire alle rappresentanze dei lavoratori informazioni sul lavoro a termine secondo modalità e contenuti definiti dai contratti collettivi (art. 23, c. 5).

Esclusioni totali

La disciplina generale del lavoro a termine fin qui illustrata non si applica in numerose ipotesi.

Innanzitutto sono esclusi i rapporti a termine forniti di una propria specifica disciplina: lavoratori somministrati assunti a termine, contratti di apprendistato, rapporti formativi non costituenti lavoro subordinato.

Per la stessa ragione sono esclusi i contratti a termine brevi nei settori del turismo e dei pubblici esercizi (art. 29, c. 2, lett. b) e, come in passato, il lavoro a termine del personale navigante.

Vi sono, poi, rapporti a termine sottratti alla disciplina generale e privi di limitazioni specifiche, con conseguente assoluta libertà, come gli operai agricoli a termine (art. 29, c. 1, lett. b) e per gli sportivi professionisti (artt. 4, c. 8 e 5, c. 1, legge n. 91 del 1981).

Esclusioni parziali

Altri rapporti sono esclusi solo da una parte della generale disciplina del lavoro a termine.

Lavoro pubblico

Al lavoro pubblico, che rientra nel campo di applicazione della direttiva comunitaria, non si applica mai il principio di trasformazione in rapporto a tempo indeterminato per la necessaria salvaguardia del principio del concorso (art. 36, c. 5, d.lgs. n. 165 del 2001; Corte Cost. n. 89 del 2003; Cass. SU n. 5072 del 2016). Tuttavia la prevista sanzione risarcitoria deve essere proporzionata, effettiva, dissuasiva ed equivalente (Corte Giust. 4 luglio 2006, Adeneler; 7 settembre 2006, Marrosu; 23 aprile 2009, Angelidaki; 1° ottobre 2010, Affatato; 12 dicembre 2013, Papalia). La giurisprudenza italiana parametra il risarcimento all'indennità prevista dall'art. 32, c. 5, legge n. 183 del 2010 (da 2,5 a 12 mensilità), salvo l'ulteriore danno che deve essere provato dal lavoratore (Cass. SU n. 5072 del 2016). Per i precari della scuola, dopo la sentenza della Corte di Giustizia (26 novembre 2014, Mascolo) secondo cui la disciplina italiana contrastava con la direttiva comunitaria, è intervenuta la legge n. 107 del 2015 ritenuta legittima dalla Corte Costituzionale (n. 187 del 2016) e dalla Cassazione (n. 2252 del 2016).

Il nostro legislatore ha limitato il precariato nelle pubbliche amministrazioni imponendo tetti di spesa e forti restrizioni nelle causali (esigenze temporanee ed eccezionali). I dirigenti che violano queste disposizioni e quelle sul lavoro a termine, incorrono in responsabilità amministrativa per il risarcimento del danno pagato dall'amministrazione al lavoratore, nonché in responsabilità dirigenziale e perdono l'indennità di risultato. Mentre i previsti procedimenti di stabilizzazione per i lavoratori a termine non dirigenti con servizio almeno triennale assunti mediante selezioni concorsuali o, in mancanza, previo espletamento delle stesse sono stati limitati a poche unità con termine ultimo di espletamento entro il 31 dicembre 2010, e sostituiti da una riserva di posti o da punteggi aggiuntivi nei concorsi per assunzione (art. 17, c. 10 e 11, d.l. n. 78 del 2009, conv. legge n. 102 del

2009). Ma queste stabilizzazioni sono state risuscitate, sempre però con il limite dei fondi disponibili (d.l. n. 101 del 2013 conv. legge n. 125 del 2013).

Ed anche l'art. 20 del d.lgs. n. 75 del 2017 si propone di «superare il precariato» nelle pubbliche amministrazioni assumendo a tempo indeterminato i lavoratori reclutati previa selezione a tempo determinato che abbiano maturato almeno tre anni di servizio anche non continuativi negli ultimi otto oppure bandendo per il 50 pe cento dei posti disponibili procedure concorsuali riservate al personale titolare di un contratto di lavoro flessibile che abbia maturato almeno tre anni di contratto anche non continuativi negli ultimi otto.

Dirigenti

Per i dirigenti è consentita, come in passato, l'assunzione a termine senza giustificazione per un periodo non superiore a cinque anni e con facoltà del dirigente di dimettersi con preavviso dopo tre anni (art. 29, c. 2, lett. a). Tuttavia se il contratto iniziale o prorogato raggiunge i cinque anni, una eventuale ulteriore assunzione o proroga potrebbe ritenersi in frode alla legge.

Produzioni musicali

I rapporti del personale artistico e tecnico delle fondazioni di produzione musicale sono esclusi dalla disciplina del termine di durata massima complessiva, delle riassunzioni e delle proroghe (art. 29, c. 3).

Lavoratori in mobilità

I lavoratori in mobilità possono essere assunti con contratto a termine (art. 29, c. 1, lett. a).

Disincentivi del lavoro a termine

Lo sfavore dell'ordinamento per il lavoro a termine si manifesta anche con norme disincentivanti, come quelle che riservano al solo lavoro a tempo indeterminato la riduzione del c.d. cuneo contributivo e fiscale o quelle che prevedono un contributo previdenziale aggiuntivo dell'1,4 per cento, in parte restituibile in caso di trasformazione in contratto a tempo indeterminato.

Rapporti con l'ordinamento comunitario

La direttiva comunitaria 1999/70 del 28 giugno 1999 sul lavoro a tempo determinato recepisce l'accordo quadro a livello comunitario concluso il 18 marzo 1999 tra le parti sociali (CES, UNICE, CEEP).

La direttiva tiene espressamente conto delle esigenze contrapposte di conservare i contratti di lavoro a tempo indeterminato come «forma comune dei rapporti di lavoro» (considerando 6) e di «modernizzare l'organizzazione del lavoro, comprese forme flessibili di lavoro, onde rendere produttive e competitive le imprese e raggiungere il necessario equilibrio tra la flessibilità e la sicurezza» (considerando 5).

Per contemperare queste due esigenze la direttiva si limita a porre due soli vincoli al lavoro a termine: il «principio di non discriminazione» del lavoratore a termine rispetto al lavoratore a tempo indeterminato comparabile (clausola 4); le misure «per prevenire gli abusi derivanti dall'utilizzo di una successione di contratti o rapporti di lavoro a tempo determinato» (clausola 5, c. 1).

Si aggiungono alcune disposizioni minori circa l'informazione ai lavoratori a termine sui posti vacanti disponibili, la formazione professionale, l'informazione sindacale, il computo dei lavoratori a termine nell'organico aziendale rilevante per la costituzione della rappresentanza dei lavoratori.

Sono espressamente esclusi dalla applicazione della direttiva la somministrazione, l'apprendistato e i rapporti formativi.

Pertanto la direttiva comunitaria non pone alcuna condizione per la stipulazione del primo o unico contratto a termine, che rimane assolutamente libera in considerazione della sua utilità sia per fronteggiare insindacabili esigenze aziendali, sia quale volano per un eventuale successivo contratto a tempo indeterminato tra le stesse parti.

Viene considerata socialmente pericolosa solo la successione di contratti a termine, perché potenzialmente idonea a determinare abusi nel senso di una persistente occupazione precaria dello stesso lavoratore da parte dello stesso datore.

Per prevenire tali abusi gli Stati membri devono adottare «una o più» delle tre misure indicate dalla direttiva con riferimento alla successione di contratti a termine tra le stesse parti. Tali misure, che, si ripete, non sono imposte cumulativamente, ma in alternativa tra loro, salva la decisione del singolo Stato di adottarne più d'una, consistono in: «a) ragioni obiettive per la giustificazione del rinnovo ...; b) la durata massima totale dei contratti ... successivi; c) il numero dei rinnovi ...» (clausola 5, c. 1).

La direttiva lascia agli Stati membri stabilire in quali casi debba essere prevista la conseguenza della sostituzione del contratto a termine illegittimo con un contratto a tempo indeterminato (clausola 5, c. 2), ma l'alternativa sanzione risarcitoria deve essere proporzionata, effettiva, dissuasiva ed equivalente.

La direttiva si chiude con la consueta previsione per cui gli Stati membri possono mantenere o introdurre disposizioni più favorevoli per i lavoratori di quelle stabilite nella direttiva medesima (clausola 8, c. 1).

I due principi di tutela fondamentali imposti dalla direttiva erano e sono ampiamente rispettati dalla legge italiana.

Il principio di non discriminazione, come si è visto, è attuato addirittura come un rigoroso principio di parità di trattamento.

La prevenzione degli abusi nelle riassunzioni a termine è realizzata sia con il limite di durata massima complessiva, sia con la ripristinata giustificazione ai sensi della legge n. 96 del 2018.

Inoltre la regola dell'intervallo minimo, pur non coincidendo con alcuna delle misure indicate nella direttiva, costituisce una seria tutela aggiuntiva.

Senza dire che il nostro ordinamento disciplina rigorosamente anche altre vicende successive al primo contratto a termine, quali la proroga e la prosecuzione di fatto del lavoro oltre la scadenza del termine, apprestando, così, un complesso di tutele assai più analitiche e penetranti di quelle previste dalla direttiva.

Inoltre il limite quantitativo, ora imposto direttamente dalla legge, si aggiunge alla durata massima complessiva.

In questo indiscutibile quadro di conformazione all'ordinamento comunitario è stato, tuttavia, sollevato il problema del rispetto della disposizione della direttiva (clausola 8, c. 3) secondo cui l'attuazione della direttiva medesima da parte del singolo Stato membro «non costituisce un motivo valido per ridurre il livello generale di tutela offerto ai lavoratori nell'ambito coperto dall'accordo (*recte* direttiva) stesso» (c.d. principio di non regresso).

Ma il regresso vietato dalla direttiva è solo quello il cui «motivo» sia esclusivamente l'attuazione della direttiva medesima, mentre nel caso in esame la riforma della disciplina nazionale, ove pure costituisse un regresso, risponde anche ad altre serie ragioni.

Solo per completezza, dunque, si aggiunge che il legislatore italiano non ha affatto ridotto «il livello generale di tutela», poiché è stata conservata la rigorosa disciplina della parità di trattamento, della prosecuzione di fatto del lavoro e della riassunzione a termine. Mentre le modifiche del regime della proroga non intaccano il «livello generale di tutela», la cui conservazione certo non si identifica con la intangibilità della disciplina di ogni particolare aspetto del lavoro a termine, proprio perché il riferimento è al livello «generale» e non alle specifiche «disposizioni». Infatti le «disposizioni più favorevoli ai lavoratori» sono considerate in un precedente comma della stessa clausola della direttiva (8, c. 1) solo come oggetto di possibile mantenimento («gli Stati membri ... possono mantenere»), il che esclude, ovviamente, un contraddittorio dovere di mantenerle tutte, essendo imposte solo quelle necessarie a garantire la soglia minima di tutela prevista dalla direttiva.

Quanto alla giustificazione del contratto, ora in parte ripristinata dalla legge n. 96 del 2018, pur potendo essere presa in considerazione nella identificazione del livello generale di tutela da non ridurre pretestuosamente, è solo una delle misure alternative previste dalla direttiva per prevenire gli abusi da successione, fronteggiati appositamente dal limite massimo di durata complessiva e dai limiti quantitativi.

Senza dire che la stessa direttiva, come si è visto, lascia agli Stati membri di stabilire, perfino per le successioni di contratti a termine, in quali casi debba operare un effetto legale sostitutivo.

Del resto il «livello generale di tutela offerto ai lavoratori» non riguarda solo i lavoratori occupati, ma anche quelli che aspirano ad un'occupazione, sicché eventuali innovazioni dirette ad agevolare la conclusione del contratto a termine quale volano selettivo per l'assunzione stabile a tempo indeterminato non implicano di per sé una riduzione del livello generale di tutela, specie nel descritto quadro di persistente conformazione dell'ordinamento nazionale alla direttiva comunitaria.

In ogni caso il divieto di riduzione pretestuosa del livello generale di tutela non ha efficacia orizzontale diretta e non può essere applicato dal giudice nazionale, che deve solo procedere, ove possibile, ad una interpretazione del diritto interno conforme al diritto comunitario, ma senza per questo violare i canoni interpretativi e la certezza del diritto con una interpretazione *contra legem*.

83.2. *Interposizione illecita, appalti, somministrazione e distacco*

Dissociazione tra datore di lavoro ed effettivo utilizzatore della prestazione

Una forma di elusione delle tutele del lavoratore consiste nella imputazione del rapporto ad un soggetto diverso dall'effettivo utilizzatore della prestazione lavorativa, il quale invece è il vero datore di lavoro secondo la norma inderogabile dell'art. 2094 cod. civ. che si riferisce alla collaborazione «nell'impresa» alle dipendenze dell'«imprenditore», tipicamente individuato in colui che organizza i fattori della produzione stipulando, appunto, per l'elemento personale i necessari contratti di lavoro subordinato. Con l'elusione in esame si tende ad escludere non solo il complesso di garanzie che sarebbero dovute dal reale datore di lavoro (ad es. trattamento previsto dal contratto collettivo), ma anche la responsabilità patrimoniale (art. 2740 cod. civ.) di quest'ultimo per i crediti del lavoratore e degli enti previdenziali.

Evoluzione normativa

Per reprimere questo fenomeno fraudolento il legislatore è intervenuto con secchi divieti, ma, poi, per esigenze di flessibilità dell'organizzazione, sono state consentite ampie eccezioni, seppur solo a determinate condizioni e con serie garanzie per i lavoratori.

A) *La vecchia disciplina della legge n. 1369 del 1960*

Divieto di interposizione nel cottimo

Già nel codice civile era «vietato all'imprenditore di affidare a propri dipendenti lavoro a cottimo da eseguirsi da prestatori di lavoro assunti e retribuiti direttamente dai dipendenti medesimi» (art. 2127, c. 1, cod. civ.). Si trattava, però, solo di un caso particolare del più ampio fenomeno interpositorio con la sola conseguenza della responsabilità dell'imprenditore per i crediti dei lavoratori assunti dal proprio dipendente (art. 2127, c. 2, cod. civ.).

Legge n. 1369 del 1960

Con la successiva legge n. 1369 del 1960 (poi abrogata dall'art. 85, c. 1, lett. c), d.lgs. n. 276 del 2003) era è stata introdotta, invece, una disciplina completa e rigorosissima del fenomeno interpositorio, che assorbiva anche la disposizione codicistica.

Divieto generale di interposizione

Il divieto era generale, riguardando non solo l'interposizione nel lavoro a cottimo realizzata mediante qualsiasi intermediario («dipendenti, terzi o società anche se cooperative»), ma qualsiasi forma (appalto, subappalto, ecc.) di affidamento della «esecuzione di mere prestazioni di lavoro mediante impiego di manodopera assunta e retribuita» dall'interposto, chiunque esso fosse (appaltatore, subappaltatore, società cooperativa) e per qualunque tipo di attività.

Pertanto l'imprenditore poteva lecitamente affidare a terzi, mediante contratto d'appalto (art. 1655 cod. civ.) o altrimenti, il compimento di un'opera o di un servizio anche interno al proprio ciclo produttivo, ma non l'esecuzione di mera attività lavorativa, poiché la legge imponeva che l'imprenditore effettivo beneficiario di tale attività assumesse anche in proprio la qualità di datore di lavoro.

Presunzione legale

La difficoltà di distinguere in concreto l'opera o servizio, svolto con organizzazione e gestione propria dell'appaltatore, dalla mera prestazione di lavoro aveva indotto il legislatore a prevedere una insuperabile presunzione assoluta, secondo cui era «considerato appalto di mere prestazioni di lavoro ogni forma di appalto o subappalto, anche per esecuzione di opere o di servizi, ove l'appaltatore impieghi capitali, macchine ed attrezzature fornite dall'appaltante, quand'anche per il loro uso venga corrisposto un compenso all'appaltante». Ne conseguiva che anche un vero appalto, relativo ad un'opera o un servizio eseguito dall'appaltatore con propria organizzazione e gestione, rientrava nel divieto in esame per il sol fatto della utilizzazione di capitali, macchine e attrezzature fornite dal committente anche se a titolo oneroso. L'azione in giudizio del lavoratore era così fortemente agevolata, essendo sufficiente la prova di questo semplice fatto base al posto della più difficile prova della intera fattispecie interpositoria, che rimaneva, altrimenti, necessaria (Corte Cost. n. 192 del 1983).

Effetti dell'interposizione

La conseguenza dell'interposizione vietata, oltre alla sanzione penale per imprenditore e interposto, era che i lavoratori così occupati venivano «considerati, a tutti gli effetti, alle dipendenze dell'imprenditore che effettivamente abbia utilizzato le loro prestazioni». In tal modo, mediante una surrogazione soggettiva *ex lege*, risultavano radicalmente frustrate le finalità dell'interposizione, assicurandosi la coincidenza tra soggetto datore di lavoro e soggetto beneficiario della prestazione lavorativa.

Tutela dei lavoratori addetti agli appalti interni veri

La legge n. 1369 del 1960 sanciva un importante principio di tutela del lavoro anche con riferimento agli appalti veri, cioè relativi ad «opere o servizi» eseguiti «con organizzazione e gestione propria dell'appaltatore», quando fossero interni all'impresa, non necessariamente in senso topografico, ma come appartenenza al ciclo produttivo. In tal caso, infatti, la genuinità dell'appalto escludeva l'interposizione, ma era previsto il diritto dei lavoratori addetti a questi appalti alla parità di trattamento economico e normativo rispetto ai dipendenti dell'imprenditore appaltante (Corte Cost. n. 120 del 1963), nonché la responsabilità solidale di quest'ultimo sia per tale trattamento, sia per la contribuzione previdenziale, responsabilità che i lavoratori interessati potevano far valere entro il termine di decadenza di un anno dalla cessazione dell'appalto.

Questa tutela, era, peraltro, esclusa in una serie di ipotesi tassativamente previste: costruzioni edilizie e installazione di impianti; manutenzione straordinaria; trasporti; facchinaggio, pulizia e manutenzione ordinaria da parte di appaltatori con personale dipendente addetto presso più imprese contemporaneamente previa autorizzazione del Servizio ispettivo del lavoro. In tali casi operava solo da tutela generale dell'art. 1676 cod. civ. (cfr. 56.4).

Per gli appalti concessi da imprese esercenti un pubblico servizio era prevista una speciale disciplina.

Ordinamento comunitario

Il divieto di interposizione, insieme a quello di mediazione privata, era stato considerato in contrasto con l'ordinamento comunitario in presenza di un monopolio pubblico del servizio di collocamento non in grado di soddisfare per tutti i tipi di attività la domanda esistente sul mercato del lavoro. Ma l'abolizione di tale monopolio aveva eliminato il contrasto, sicché il divieto di interposizione rimaneva tranquillamente in vigore.

Lavoro temporaneo

Tuttavia questo divieto aveva trovato una importante deroga nella disciplina del lavoro temporaneo (detto anche interinale), diretta a consentire, con molte cautele, una nuova forma di utilizzazione flessibile della forza lavoro (artt. 1-11, legge n. 196 del 1997, poi abrogati dall'art. 85, c. 1, lett. f), d.lgs. n. 276 del 2003).

Era previsto, infatti, che apposite società potessero assumere lavoratori con contratto di lavoro temporaneo per metterli, con contratto di fornitura, a disposizione di un altro soggetto che ne utilizzava la prestazione esercitando il potere direttivo proprio del datore di lavoro.

Il sistema era articolato, dunque, su due contratti, l'uno di lavoro subordinato tra la società fornitrice ed il lavoratore e l'altro di fornitura di mere prestazioni di lavoro tra la società fornitrice e l'utilizzatore delle prestazioni medesime, che poteva essere un'impresa o un non imprenditore.

La disciplina legale inderogabile di questi contratti, tra loro collegati, era assai penetrante con sanzioni rigorosissime.

L'esperienza applicativa della legge aveva confermato in pieno la valutazione iniziale. Invero la contrattazione collettiva aveva previsto le stesse causali per il lavoro a termine e per il lavoro temporaneo, ribadendo così la fungibilità dei due istituti nella stessa considerazione delle parti sociali. Del resto l'entità del fenomeno del lavoro temporaneo era modesta, trattandosi di un fenomeno di nicchia, che poteva contribuire ben poco alla lotta contro la disoccupazione, con buona pace delle quanto meno incaute dichiarazioni che avevano accompagnato l'emanazione della legge.

B) *La disciplina vigente*

D.lgs. n. 276 del 2003

Con il d.lgs. n. 276 del 2003, emanato in attuazione della legge delega n. 30 del 2003, sono state espressamente abrogate (art. 85, c. 1) sia la legge n. 1369 del 1960, sia le disposizioni sul lavoro temporaneo della legge n. 196 del 1997, ed è stata, quindi, ridisciplinata l'intera materia.

L'abrogazione non ha effetto retroattivo, sicché le fattispecie anteriori a questa disciplina continueranno ad essere giudicate in base al pregresso regime.

Principi fondamentali

Nel nuovo sistema è confermato il divieto di interposizione, pur con eliminazione della previgente presunzione assoluta e con ampliamento della eccezione, ora denominata somministrazione di lavoro e consentita anche a tempo indeterminato.

È confermata, altresì, la completa libertà dell'imprenditore di appaltare a terzi l'esecuzione di opere o servizi anche interni al proprio ciclo produttivo, purché si tratti di un appalto vero e non di mere prestazioni di lavoro.

Pertanto l'imprenditore ha tre possibilità: eseguire direttamente l'opera o il servizio con proprio personale; eseguire direttamente l'opera o il servizio utilizzando personale somministrato da apposite agenzie nelle ipotesi consentite; appaltare l'opera o il servizio ad un terzo, che lo esegua con propria organizzazione ed a proprio rischio.

Appalto vero e interposizione illecita

L'appalto vero *ex* art. 1655 cod. civ., denominato anche «genuino» (art. 84, c. 2), si distingue dalla «interposizione illecita» (art. 84, c. 2) e dalla «somministrazione di lavoro» proprio in quanto l'appaltatore non si limita a fornire personale, ma organizza i mezzi necessari e assume il rischio di impresa (artt. 29, c. 1 e 84, c. 2).

L'appalto può essere eseguito dall'appaltatore anche utilizzando il ramo d'azienda in precedenza cedutogli dal committente (art. 32, c. 2).

È opportunamente precisato che in determinati appalti, da identificare interpretativamente in quelli che non richiedono un rilevante impiego di beni strumentali, il criterio discretivo legittimante può consistere nell'esercizio da parte dell'appaltatore «del potere organizzativo e direttivo nei confronti dei lavoratori utilizzati nell'appalto» (art. 29, c. 1).

Pertanto resta confermata la migliore elaborazione giurisprudenziale relativa al pregresso regime.

Ai fini della distinzione tra appalto vero e interposizione illecita può essere utilizzata la procedura di certificazione (art. 84, c. 1) (cfr. 45), con applicazione in tale sede di «codici di buone pratiche e indici presuntivi» individuati con decreto ministeriale recependo, ove esistano, le indicazioni degli accordi interconfederali o nazionali (art. 84, c. 2).

La conseguenza dell'interposizione illecita, in cui rientra l'appalto di mere prestazioni di lavoro (c.d. pseudoappalto), è la medesima rigorosissima del vecchio regime, essendo anche ora prevista la costituzione di un rapporto di lavoro alle dipendenze dell'utilizzatore nei casi in cui non sia configurabile un vero appalto, con legittimazione ad agire riservata al lavoratore interessato e senza litisconsorzio necessario con l'interposto.

Questa azione è sottoposta al termine di decadenza stragiudiziale e giudiziale previsto per il licenziamento (cfr. 68.1), peraltro qui senza indicazione espressa del momento da cui decorre il termine (art. 29, c. 3 *bis*).

I pagamenti retributivi e previdenziali, nonché gli atti di gestione del rapporto effettuati dall'interposto sono imputabili all'effettivo utilizzatore della prestazione (art. 29, c. 2).

Per i veri appalti di opere o di servizi è stata eliminata la tutela consistente nella parità di trattamento dei lavoratori addetti all'appalto rispetto ai dipendenti del committente.

È confermata, invece, con estensione anche agli appalti non interni, la responsabilità solidale del committente per i trattamenti retributivi e i contributi previdenziali dei dipendenti dell'appaltatore e degli eventuali subappaltatori, con azione da esercitare entro il termine di decadenza ora prolungato a due anni dalla cessazione dell'appalto (art. 29, c. 2). A sua volta l'appaltatore è solidalmente responsabile con il subappaltatore (art. 35, c. 28, d.l. n. 223 del 2006 conv. legge n. 248 del 2006). In ogni caso il committente che abbia pagato ha azione di regresso contro i coobligati (art. 29, c. 2). Mentre il beneficio della preventiva escussione del patrimonio dell'appaltatore o degli eventuali subappaltatori è stato eliminato dall'art. 2, d.l. n. 25 del 2017 conv. legge n. 49 del 2017, che ha copiato il quesito del referendum abrogativo ammesso dalla Corte Costituzionale (sent. n. 27 del 2017) e non più tenuto a seguito di questo intervento del legislatore.

Questa responsabilità solidale è stata estesa anche al risarcimento dei danni non indennizzati dall'INAIL e al versamento delle ritenute sui redditi di lavoro dipendente e dell'IVA per prestazioni inerenti all'appalto.

Sono sottoposti al vincolo di solidarietà anche i committenti non imprenditori (art. 29, c. 2), con la sola esclusione delle persone fisiche non esercenti attività di impresa o professionale (art. 29, c. 3 *ter*) e delle pubbliche amministrazioni che, come si è detto, sono completamente escluse dalla disciplina del d.lgs. n. 276 del 2003 su interposizione e appalti (art. 1, c. 2; art. 9, c. 1, d.lgs. n. 76 del 2013 conv. legge n. 99 del 2013).

Questa responsabilità solidale è stata estesa anche per i compensi e per la contribuzione previdenziale dei lavoratori autonomi dell'appaltatore (art. 9, c. 1, d.l. n. 76 del 2013 conv. legge n. 99 del 2013).

È prevista la facoltà dei contratti collettivi aziendali o territoriali stipulati da sindacati comparativamente più rappresentativi o da loro rappresentanze aziendali di eliminare o limitare, anche con efficacia generale, la regola legale di solidarietà (art. 8 d.l. n. 138 del 2011 conv. legge n. 148 del 2011).

La tutela in esame opera anche in caso di appalto eseguito utilizzando il ramo d'azienda ceduto dal committente all'appaltatore (art. 32, c. 2).

Somministrazione di lavoro

L'eccezione al divieto di dissociazione tra datore di lavoro ed utilizzatore della prestazione lavorativa è stata ampliata e denominata «somministrazione di lavoro» (cfr. art. 30 e ss. del d.lgs. n. 81 del 2015, che ha abrogato con l'art. 55 parte delle norme del d.lgs. n. 276 del 2003 relative alla somministrazione). In materia vige anche la direttiva comunitaria 2008/104.

L'istituto è articolato su due contratti, l'uno di somministrazione tra l'agenzia somministrante e l'utilizzatore (art. 30) e l'altro di lavoro subordinato tra l'agenzia ed il lavoratore (art. 34).

L'agenzia autorizzata provvede, dunque, ad assumere lavoratori, per poi inviarli, in esecuzione del contratto di somministrazione, presso l'utilizzatore, che beneficia della loro attività esercitando il potere direttivo e di controllo (art. 30).

Il contratto di lavoro con l'agenzia non corrisponde completamente al tipo dell'art. 2094 cod. civ., poiché il lavoratore è obbligato a collaborare non nell'impresa del datore di lavoro, ma in imprese di terzi. Tuttavia, trattandosi comunque di un lavoro dipendente, la disciplina prevista è quella del normale lavoro subordinato a tempo indeterminato (art. 34, c. 1) o a termine (art. 34, c. 2), salvo i necessari adattamenti alla ricordata dissociazione soggettiva.

Non si tratta di una flessibilizzazione selvaggia, ma minuziosamente normata al fine non solo di garantire la persona e gli interessi economici del lavoratore somministrato, ma anche di contenere entro limiti fisiologici l'utilizzazione dell'istituto.

Agenzie di somministrazione

L'attività di somministrazione di lavoro può essere esercitata solo da apposite «agenzie» autorizzate e controllate dal Ministro del lavoro ed iscritte nell'albo delle agenzie per il lavoro, previa verifica del possesso dei rigorosi requisiti giuridici e finanziari prescritti per garantirne la serietà e la solvibilità (artt. 4 e 5 d.lgs. n. 276 del 2003).

Gratuità per il lavoratore

È vietato alle agenzie esigere o percepire, anche indirettamente, compensi dal lavoratore per l'assunzione o per l'assegnazione presso l'utilizzatore (art. 11, c. 1, d.lgs. n. 276 del 2003), ma i contratti collettivi possono disapplicare questo divieto per lavoratori altamente specializzati o per specifici servizi (art. 11, c. 2, d.lgs. n. 276 del 2003).

Divieto di indagini

Alle agenzie è vietato anche, in funzione antidiscriminatoria, effettuare indagini, trattamenti di dati e preselezioni in base ad opinioni o condizioni personali dei lavoratori irrilevanti per l'attitudine professionale (art. 10 d.lgs. n. 276 del 2003).

Facoltà di rapporto diretto

Nella somministrazione a termine e a tempo indeterminato, al fine di agevolare una occupazione stabile, è previsto un obbligo di informazione a carico dell'utilizzatore circa i propri posti vacanti (art. 31, c. 4, d.lgs. n. 81 del 2015). È nulla qualsiasi clausola diretta a limitare la facoltà dell'utilizzatore di assumere direttamente il lavoratore alla fine della somministrazione, salvo che al lavoratore sia corrisposta un'adeguata indennità stabilita dal contratto collettivo applicabile al somministratore (art. 35, c. 8).

Secondo il d.lgs. n. 276 del 2003 la somministrazione, sia a tempo indeterminato sia a termine doveva essere giustificata, ma il legislatore degli anni 2014 e 2015 aveva cambiato opinione. Ora, però, il c.d. decreto dignità (d.l. n. 87 del 2018 conv. legge n. 96 del 2018) ha ripristinato la giustificazione per il contratto a termine tra il somministratore e il lavoratore rinviando alle norme sul contratto a termine con alcune esclusioni (art. 34, c. 2).

Limite quantitativo

La somministrazione a tempo indeterminato, non applicabile alle pubbliche amministrazioni (art. 31, c. 5, d.lgs. n. 81 del 2005), non può eccedere il 20 per cento del numero dei lavoratori a tempo indeterminato in forza presso l'utilizzatore, salvo diverse disposizioni dei contratti collettivi applicati dall'utilizzatore (art. 31, c. 1).

Per la somministrazione a tempo determinato è posto il limite quantitativo del 30 per cento, salva diversa previsione dei contratti collettivi applicati dall'utilizzatore (art. 31, c. 2). Sono esenti da questi limiti: i lavoratori in mobilità, i soggetti disoccupati che godano da almeno sei mesi di un trattamento di disoccupazione e di ammortizzatori sociali, i lavoratori svantaggiati o molto svantaggiati (art. 31, c. 2).

Divieti di somministrazione

La somministrazione, come il lavoro a termine ed il lavoro intermittente, è vietata: per la sostituzione di lavoratori legittimamente scioperanti; presso unità produttive nelle quali siano stati licenziati collettivamente nei sei mesi precedenti oppure siano sospesi con trattamento di integrazione salariale lavoratori con le stesse mansioni di quelli somministrati, salvo diversi accordi sindacali e alcune eccezioni (sostituzione di lavoratori assenti, assegnazione di lavoratori in mobilità, durata iniziale non superiore a tre mesi); presso imprese che non abbiano effettuato la valutazione dei rischi (art. 32 d.lgs. n. 81 del 2015).

Controllo sindacale

A cadenza annuale sono stabiliti precisi obblighi di informazione sindacale a carico del soggetto utilizzatore nei confronti delle rappresentanze aziendali o unitarie o, in mancanza delle associazioni territoriali di categoria (art. 36, c. 3).

Forma e contenuto del contratto di somministrazione

Il contratto di somministrazione deve essere stipulato per iscritto e deve contenere una serie di indicazioni: estremi dell'autorizzazione del somministratore; inizio e durata della somministrazione; numero dei lavoratori da somministrare con relative mansioni ed inquadramento; luogo, orario e trattamento economico-normativo delle prestazioni lavorative; eventuali rischi e relative misure di prevenzione (art. 33, c. 1, lett. a-g).

Il contratto di somministrazione deve contenere anche gli impegni essenziali delle parti come l'obbligo dell'utilizzatore di rimborsare al somministratore i costi per i lavoratori somministrati (art. 33, c. 2). In caso di inadempimento del somministratore, l'utilizzatore deve provvedere direttamente al pagamento delle retribuzioni e al versamento dei contributi, salvo il diritto di rivalsa verso il somministratore (art. 35, c. 2).

Ovviamente il contratto di somministrazione stabilisce anche il compenso dovuto dall'utilizzatore al somministratore, che, come si è visto, nulla può, invece, ricevere dal lavoratore, salvo eccezioni.

Contratti di lavoro

Per il contratto di lavoro subordinato stipulato dalla agenzia di somministrazione con il lavoratore non è prescritta una forma particolare.

Tuttavia se il lavoratore è assunto a termine la forma scritta è imposta dalla disciplina del lavoro a termine, qui espressamente richiamata (art. 34, c. 2).

Riguarda, invece, tutti i contratti di lavoro, sia a termine che a tempo indeterminato, l'obbligo, che non incide sulla forma del contratto (cfr. 11), del somministratore di comunicare per iscritto al lavoratore, al momento della stipulazione del contratto o al momento dell'invio presso l'utilizzatore, tutte le già ricordate informazioni contenute nel contratto di somministrazione, nonché la data d'inizio e la prevedibile durata dell'attività lavorativa presso l'utilizzatore (art. 33, c. 3).

Per la somministrazione a tempo indeterminato l'agenzia può avvalersi solo di lavoratori assunti anch'essi a tempo indeterminato (art. 31, c. 1).

Per la somministrazione a termine, invece, la legge indica come strumento normale il contratto di lavoro a termine (art. 32, c. 2). Ma sono espressamente escluse molte norme di tutela sul rapporto a termine. La proroga è consentita, con il consenso del lavoratore e per atto scritto, nei casi previsi dal contratto collettivo applicato dal somministratore (art. 34, c. 2).

La vecchia disposizione per cui nella somministrazione non si applicano la disciplina delle assunzioni obbligatorie e la riserva di posti per i lavoratori a rischio di esclusione sociale è stata dichiarata incostituzionale in quanto lesiva della competenza legislativa delle Regioni (Corte Cost. 28 gennaio 2005, n. 50).

L'assunzione a tempo parziale è ammessa sia per i contratti a tempo indeterminato, sia per i contratti a termine.

Indennità di disponibilità

Nel caso di assunzione a tempo indeterminato il somministratore deve corrispondere al lavoratore, nei periodi in cui questi rimane in attesa di assegnazione, una indennità di disponibilità (art. 34, c. 1).

La misura dell'indennità deve essere indicata nel contratto individuale in conformità alla previsione del contratto collettivo applicabile al somministratore e, comunque, non può essere inferiore a quella fissata in un apposito decreto del Ministro del lavoro (art. 34, c. 1).

L'indennità di disponibilità è espressamente esclusa dalla base di calcolo di ogni istituto di fonte legale e collettiva (art. 34, c. 1).

Potere direttivo e di controllo

Il lavoratore somministrato svolge la propria attività «nell'interesse, nonché sotto la direzione e il controllo dell'utilizzatore» (art. 30). Anche l'eventuale adibizione a mansioni superiori o inferiori a quelle dedotte in contratto è disposta dall'utilizzatore, che deve darne immediata comunicazione scritta al somministratore (art. 35, c. 5). Se l'utilizzatore non adempie all'obbligo di comunicazione, risponde in via esclusiva per le differenze retributive derivanti dalle mansioni superiori e per l'eventuale risarcimento del danno derivante dalle mansioni inferiori (art. 35, c. 5).

Potere disciplinare

Il potere disciplinare, invece, è esercitato dal somministratore, sulla base delle comunicazioni dell'utilizzatore (art. 35, c. 6). Il rifiuto ingiustificato del somministratore di esercitare tale potere costituisce inadempimento del contratto di somministrazione, legittimando l'utilizzatore all'eccezione di inadempimento (art. 1460 cod. civ.) o alla richiesta di risoluzione del contratto se l'inadempimento non è di scarsa importanza (artt. 1453 e ss. cod. civ.).

Obbligo di sicurezza

L'utilizzatore deve assolvere tutti gli obblighi di sicurezza nei confronti del lavoratore somministrato come se fosse un suo dipendente (artt. 35, c. 4 e 3, c. 5, d.lgs. n. 81 del 2008). Al somministratore spetta il generale dovere di informazione e formazione relativo alle mansioni di assunzione (art. 35, c. 4).

Responsabilità verso i terzi

L'utilizzatore risponde dei danni provocati a terzi dal lavoratore somministrato nell'esercizio delle sue mansioni (art. 35, c. 7), con implicita esclusione della responsabilità *ex* art. 2049 cod. civ. del somministratore datore di lavoro.

Non computo nell'organico dell'utilizzatore

Il lavoratore somministrato non si computa nell'organico dell'utilizzatore ai fini dell'applicazione di qualsiasi norma di legge o di contratto collettivo, ad eccezione di quelle in materia di igiene e sicurezza (art. 34, c. 3).

Retribuzione e contribuzione previdenziale

L'obbligo di pagare la retribuzione e di versare i contributi previdenziali grava sul somministratore (art. 35, c. 2) nella sua qualità di datore di lavoro.

Parità di trattamento con i dipendenti dell'utilizzatore

Il lavoratore somministrato ha diritto ad un trattamento economico e normativo complessivamente non inferiore a quello dei dipendenti dell'utilizzatore con pari mansioni (art. 35, c. 1).

La parità di trattamento si estende alle retribuzioni di risultato o collegate all'andamento dell'impresa, nonché alla fruizione dei servizi sociali e assistenziali con alcune eccezioni (art. 35, c. 3).

L'avverbio «complessivamente» consente, peraltro, una certa elasticità nell'applicazione del principio in esame mediante compensazioni tra i diversi istituti.

Il somministratore può anche detrarre dalla retribuzione dovuta quanto percepito dal lavoratore a titolo di indennità di mobilità o di disoccupazione, purché il contratto duri almeno nove mesi (art. 13, c. 1, lett. b), d.lgs. n. 276 del 2003; circ. Min. lav. n. 41 del 2004).

Responsabilità solidale dell'utilizzatore

L'utilizzatore è obbligato in solido con il somministratore per il pagamento delle retribuzioni spettanti ai lavoratori somministrati e per il versamento dei relativi contributi previdenziali (art. 35, c. 2), ivi compreso in via interpretativa il risarcimento del danno per l'eventuale inadempimento.

L'utilizzatore costretto a pagare ha diritto di rivalsa nei confronti del somministratore (art. 35, c. 2).

Diritti sindacali

I lavoratori somministrati possono esercitare presso l'utilizzatore i diritti di libertà e attività sindacale e partecipare alle assemblee del personale dell'utilizzatore (art. 36, c. 2).

Estinzione del rapporto

Il rapporto di lavoro a termine si estingue con la scadenza di questo, salvo il verificarsi in precedenza di altro legittimo fatto estintivo (ad es. recesso per giusta causa).

Il rapporto di lavoro a tempo indeterminato è soggetto a tutte le normali cause estintive con la precisazione che la fine della somministrazione a tempo indeterminato cui era addetto il lavoratore può dar luogo ad un licenziamento individuale e non collettivo (art. 34, c. 4).

Fondi bilaterali

Il somministratore è tenuto a versare ad appositi fondi bilaterali nazionali di categoria un contributo pari al 4 per cento della retribuzione corrisposta ai lavoratori somministrati, con destinazione delle risorse differenziata (percorsi di qualificazione, integrazione del reddito ecc.) a seconda della provenienza da contratti a termine o da contratti a tempo indeterminato (art. 12 d.lgs. n. 276 del 2003 come modificato dall'art. 48, c. 4, legge n. 183 del 2010).

Sanzioni civili

Il lavoratore somministrato viene considerato dipendente dell'utilizzatore sin dall'inizio della somministrazione sia quando il contratto di somministrazione non venga stipulato per iscritto (art. 38, c. 1), sia in caso di somministrazione irregolare per violazione dei limiti e delle condizioni legittimanti (agenzia autorizzata, limite quantitativo, divieti, numero dei lavoratori indicato nel contratto di somministrazione, inizio e durata della somministrazione indicati nel medesimo contratto) (art. 38, c. 2).

In effetti le due disposizioni non sono identiche, poiché per il vizio di forma è sancito un effetto legale («sono considerati») come tale oggetto di azione di accertamento da parte del soggetto interessato, mentre per i vizi sostanziali è prevista un'azione costitutiva da parte del lavoratore sia pur anch'essa «con effetto dall'inizio della somministrazione».

L'azione per il riconoscimento del rapporto in capo all'utilizzatore è sottoposta al medesimo termine di decadenza stragiudiziale e giudiziale previsto per l'impugnazione del licenziamento, e il termine decorre dalla data di cessazione dell'attività presso l'utilizzatore (art. 39, c. 1).

In caso di somministrazione irregolare il rapporto di lavoro che si costituisce con l'utilizzatore è a tempo indeterminato, perché se la somministrazione era a tempo determinato c'è una duplice conversione soggettiva e oggettiva. In ogni caso, per il periodo dalla cessazione dell'attività fino alla sentenza, spetta l'indennità onnicomprensiva da 2,5 a 12 mensilità (art. 39, c. 2).

È confermato, sia pure con formula impropria, che il somministratore non è litisconsorte necessario nella causa tra lavoratore e utilizzatore (art. 38, c. 2).

È confermato, altresì, in conformità ai principi generali sull'adempimento del coobbligato oppure del terzo, che tutti i pagamenti, a titolo retributivo o previdenziale, effettuati dal somministratore irregolare valgono comunque a liberare l'utilizzatore nei limiti di quanto pagato (art. 38, c. 3), con conseguente esclusione di qualsiasi diritto di ripetizione da parte dell'autore del pagamento.

È opportunamente sancito che tutti gli atti per la costituzione e la gestione del rapporto compiuti dal somministratore irregolare sono riferibili all'utilizzatore (art. 38, c. 3, secondo periodo).

Sanzioni penali

Alle ricordate conseguenze civilistiche si aggiungono serie sanzioni penali: per il somministratore non autorizzato, anche con confisca dell'eventuale mezzo di trasporto dei lavoratori (art. 18, c. 1, d.lgs. n. 276 del 2003 come sostituto dal d.lgs. n. 251 del 2004); per l'utilizzatore che si rivolga a soggetti non autorizzati (art. 18, c. 2, d.lgs. n. 276 del 2003, come sostituito dal d.lgs. n. 251 del 2004); per chiunque esiga o riceva compensi da parte dei lavoratori per l'avvio a lavoro somministrato (art. 18, c. 4, d.lgs. n. 276 del 2003) o per l'assunzione da parte dell'utilizzatore (art. 18, c. 4 *bis*, d.lgs. n. 276 del 2003); per il somministratore che effettui indagini vietate (art. 18, c. 5, d.lgs. n. 276 del 2003. In alcuni casi alle sanzioni penali si aggiunge a carico del somministratore la sospensione o la revoca dalla autorizzazione (art. 18, c. 5, d.lgs. n. 276 del 2003) o la cancellazione dall'albo (art. 18, c. 4, d.lgs. n. 276 del 2003).

In caso di somministrazione fraudolenta, cioè posta in essere con la specifica finalità di eludere norme inderogabili di legge o di contratto collettivo, il somministratore e l'utilizzatore sono puniti con la pena dell'ammenda di 20 euro per ciascun lavoratore coinvolto e per ciascun giorno di somministrazione (art. 38 *bis*).

L'art. 603 *bis* cod. pen. (introdotto nel 2011) prevede il reato di «Intermediazione illecita e sfruttamento del lavoro» punito con la reclusione da 1 a 6 anni, ma se il reato viene commesso mediante violenza o minaccia la reclusione va da 5 a 8 anni.

Sanzioni amministrative

La violazione delle regole di somministrazione è punita anche con una sanzione amministrativa pecuniaria (art. 40).

Campo di applicazione

La disciplina della somministrazione si applica a tutti gli utilizzatori privati anche nell'edilizia e in agricoltura, con espressa salvezza, fino a nuovo accordo o a recesso, delle clausole dei contratti collettivi nazionali che avevano sperimentalmente introdotto il lavoro temporaneo tramite agenzia anche in questi specifici settori (art. 86, c. 3, d.lgs. n. 276 del 2003).

Per il lavoro portuale era già prevista una deroga espressa al divieto di interposizione (artt. 17 e 21 legge n. 84 del 1994), poi adeguata all'ordinamento comunitario (legge n. 186 del 2000) ed ora espressamente fatta salva, con la precisazione che i riferimenti al lavoro temporaneo si intendono alla somministrazione (art. 86, c. 5, d.lgs. n. 276 del 2003).

Le pubbliche amministrazioni non possono avvalersi della somministrazione a tempo indeterminato (art. 31, c. 5, d.lgs. n. 81 del 2015), ma soltanto della somministrazione a termine in virtù di disposizione espressa (art. 86, c. 9, d.lgs. n. 276 del 2003), ma ormai con un limite di spesa non eccedente il 50 per cento di quella del 2009 (art. 9, c. 28, d.l. n. 78 del 2010, conv. legge n. 122 del 2010). Tuttavia non opera nei confronti della pubblica amministrazione, per il necessario rispetto del principio del concorso, la regola di costituzione del rapporto in capo all'utilizzatore in caso di somministrazione irregolare (art. 38, c. 4), con espressa specificazione del principio generale che esclude la costituzione di rapporti a tempo indeterminato con le pubbliche amministrazioni in caso di violazione di norme imperative sull'assunzione o l'impiego di lavoratori (art. 36 d.lgs. n. 165 del 2001). Una particolare deroga al divieto di interposizione è prevista per le Province e i Comuni (art. 6 *bis*, c. 1, legge n. 67 del 1993).

Comando o distacco

Anche nel fenomeno del comando (o distacco) del lavoratore da un'impresa ad un'altra si verifica una dissociazione tra il soggetto titolare del rapporto che retribuisce il lavoratore ed il soggetto che beneficia della prestazione esercitando il potere direttivo, ma non quello disciplinare. Qui, tuttavia, a differenza della somministrazione, si tratta di una vicenda interna ad un normale contratto di lavoro subordinato destinato, per il resto, a svolgersi nell'impresa del datore di lavoro.

Già la giurisprudenza, alla quale si era conformato il Ministro del lavoro (nota 11 aprile 2001), riteneva lecito il comando, a condizione che fosse consentito dal lavoratore, fosse temporaneo e fosse giustificato da un interesse del datore di lavoro distaccante, come accade sovente tra società collegate (cfr. 43.2). E lo stesso legislatore contemplava espressamente il comando temporaneo come uno strumento mediante il quale gli accordi sindacali possono evitare le riduzioni di personale (art. 8, c. 2, legge n. 236 del 1993, ora confermato dall'art. 30, c. 4, d.lgs. n. 276 del 2003) o come una possibile forma di utilizzazione del prestatore nell'ambito del contratto di formazione e lavoro (art. 16, c. 10, legge n. 451 del 1994).

Ora il distacco è espressamente consentito dal legislatore, che lo individua «quando un datore di lavoro, per soddisfare un proprio interesse, pone temporaneamente uno o più lavoratori a disposizione di altro soggetto per l'esecuzione di una determinata attività lavorativa» (art. 30, c. 1, d.lgs. n. 276 del 2003). L'interesse dell'impresa distaccante sorge automaticamente nell'ipotesi in cui il distacco avvenga tra aziende che abbiano sottoscritto un contratto di rete (art. 30, c. 4 *ter*). In mancanza delle condizioni legittimanti il distacco (temporaneità, interesse del distaccante, indicazione dell'attività da svolgere), il rapporto di lavoro si costituisce in capo all'utilizzatore, con legittimazione ad agire riservata al lavoratore interessato (art. 30, c. 4 *bis*, introdotto dal d.lgs. n. 251 del 2004), con l'aggiunta di serie sanzioni penali (art. 18, c. 5 *bis*, introdotto dal d.lgs. n. 251 del 2004).

È ribadito che il datore di lavoro che effettua un legittimo distacco rimane l'unico obbligato per il trattamento economico e normativo del lavoratore (art. 30, c. 2, d.lgs. cit.), nonché per le obbligazioni previdenziali (circ. Min. lav. n. 3 del 2004), mentre per l'adempimento dell'obbligo di sicurezza risponde il distaccatario (art. 3, c. 6, d.lgs. n. 81 del 2008).

Il distacco costituisce, ormai, una normale forma di esercizio del potere direttivo, tant'è che non è più richiesto il consenso del lavoratore, se non quando il distacco «comporti un mutamento di mansioni» (art. 30, c. 3, d.lgs. cit.), che devono, comunque, essere dello stesso livello e categoria, poiché qui la previsione del consenso costituisce una tutela aggiuntiva e non una deroga alla disciplina della modificazione delle mansioni.

Se il distacco comporta un trasferimento da una unità produttiva ad un'altra la giustificazione («ragioni tecniche, organizzative, produttive o sostitutive») è imposta solo se la nuova unità produttiva disti più di 50 Km da quella di provenienza (art. 30, c. 3, d.lgs. cit.). Questa disposizione va riferita a spostamenti solo temporanei, come è per definizione il distacco (circ. Min. lav. n. 3 del 2004), sicché l'uso del termine «trasferimento» è improprio. Altrimenti la disposizione sarebbe in contrasto con l'art. 3 Cost., poiché la disciplina del distacco non può essere meno rigorosa di quella del semplice trasferimento da una unità produttiva ad un'altra nella stessa impresa per il quale la giustificazione è sempre richiesta a prescindere dalla distanza. Ne consegue un inevitabile irrigidimento del requisito della temporaneità del distacco, da intendersi in modo non meno rigoroso che per la distinzione tra trasferimento e trasferta.

Per il personale delle pubbliche amministrazioni è consentita l'assegnazione temporanea del lavoratore con il suo consenso presso altra amministrazione o presso un'impresa privata per progetti di interesse specifico dell'amministrazione di provenienza (art. 23 *bis* d.lgs. n. 165 del 2001). È prevista, inoltre, l'assegnazione temporanea presso altra amministrazione per motivate esigenze organizzative di questa e per un periodo non superiore a tre anni (art. 30, c. 2 *sexies*, d.lgs. n. 165 del 2001). I lavoratori in comando hanno diritto, a domanda, al passaggio diretto alle dipendenze dell'amministrazione utilizzatrice che disponga di un posto vacante della stessa qualifica per il quale intenda bandire un concorso, appunto reso superfluo e impedito da tale passaggio (art. 30, c. 2 *bis*, d.lgs. n. 165 del 2001).

Distacco transnazionale

In attuazione delle direttive comunitarie n. 71 del 1996 e n. 67 del 2014 è stato emanato il d.lgs. n. 136 del 2016, che ha abrogato il precedente d.lgs. n. 72 del 2000, in materia di distacco transnazionale.

Questo provvedimento si applica alle imprese e alle agenzie di somministrazione stabilite in un altro stato membro della UE che distaccano o somministrano lavoratori in Italia. Le norme più importanti si applicano anche alle imprese stabilite in uno stato terzo.

Il distacco deve essere temporaneo ed autentico. Altrimenti se l'impresa distaccata esercita solo attività di mera gestione del personale, il lavoratore è considerato dipendente dell'impresa distaccataria.

Durante il periodo di distacco in Italia si applicano le norme italiane. Per i crediti del lavoratore distaccato o somministrato sono solidalmente responsabili entrambe le imprese.

L'impresa distaccante ha l'obbligo: di comunicare il distacco al Ministero del lavoro; di conservare per due anni il contratto, i prospetti ferie e altri documenti; di designare un referente in Italia. Per il mancato adempimento di questi obblighi è prevista una sanzione amministrativa pecuniaria.

83.3. *Il lavoro a tempo parziale*

Fonti

Il lavoro a tempo parziale era stato regolato prima dall'art. 5 della legge n. 863 del 1984, poi dal d.lgs. n. 61 del 2000 ed infine dagli artt. 46 e ss. del d.lgs. n. 276 del 2003.

Le norme comunitarie (principio di non discriminazione; principio *pro rata temporis*; obblighi di informazione) sono contenute nella direttiva n. 81 del 1997.

Ora il lavoro a tempo parziale è disciplinato dagli artt. 4 e ss. del d.lgs. n. 81 del 2015.

Definizione

Nel lavoro a tempo parziale la prestazione lavorativa dedotta in contratto è quantitativamente inferiore a quella del normale lavoro a tempo pieno determinata dalla legge o dai contratti collettivi (art. 4, c. 2; cfr. anche art. 3 direttiva comunitaria n. 81 del 1997).

Finalità della disciplina

La regolamentazione del lavoro a tempo parziale risponde ad una duplice esigenza: da un lato evitare abusi da parte del datore di lavoro e dall'altro lato rendere possibile e incentivare questa forma di lavoro, che può soddisfare l'interesse di alcune fasce di lavoratori indisponibili ad un lavoro a tempo pieno (ad es. donne con impegni familiari, studenti lavoratori) e può contribuire a ridurre la disoccupazione (cfr. il preambolo e l'art. 1 della direttiva comunitaria n. 81 del 1997).

Part time *orizzontale, verticale e misto*

Il lavoro a tempo parziale viene detto «orizzontale», quando è distribuito su tutti i giorni lavorativi della settimana con riduzione del solo orario giornaliero, oppure «verticale», quando è concentrato in determinati periodi dell'anno, del mese o della settimana oppure «misto» quando risulta dalla combinazione degli altri due tipi (art. 4, c. 2, lett. c), d) ed e)).

Il lavoro a tempo parziale è ammesso anche nei contratti a termine (art. 4, c. 1, d.lgs. cit.), mentre per l'apprendistato e per il contratto di inserimento occorre valutare caso per caso la compatibilità con la rispettiva funzione.

Non sono previsti limiti percentuali rispetto all'organico aziendale e di tipo di mansioni, ma i contratti collettivi potrebbero introdurli.

Forma scritta

Per il contratto di lavoro a tempo parziale è necessaria la forma scritta (art. 5, c. 1, d.lgs. cit.), qualificata espressamente come *ad probationem*, con le relative conseguenze di diritto comune (ammissibilità di giuramento, confessione, prova testimoniale solo dello smarrimento incolpevole del documento).

In mancanza di prova della stipulazione del contratto a tempo parziale il lavoratore può ottenere la dichiarazione della sussistenza di un rapporto di lavoro a tempo pieno, ma con effetto solo dalla data dell'accertamento giudiziale, salvo, ovviamente, il diritto alla retribuzione per le prestazioni effettivamente rese in precedenza (art. 10, c. 1).

Indicazione della durata della prestazione

Il contratto di lavoro a tempo parziale deve, ovviamente, indicare la durata della prestazione lavorativa (art. 5, c. 2). In mancanza è prevista anche qui la dichiarazione giudiziale del rapporto a tempo pieno, oltre ad un risarcimento per il passato che si aggiunge alla retribuzione dovuta per le prestazioni effettivamente rese (art. 10, c. 2).

Distribuzione prestabilita dell'orario

Il contratto di lavoro a tempo parziale deve contenere l'indicazione della distribuzione dell'orario con riferimento al giorno, alla settimana, al mese e all'anno (art. 5, c. 2).

In mancanza non è travolto l'intero contratto, ma solo l'attribuzione, espressa o implicita, al datore di lavoro della facoltà di disporre a comando del dipendente (c.d. lavoro a chiamata), con affidamento al giudice del potere di determinare la distribuzione dell'orario, con valutazione equitativa che contemperi le esigenze del datore di lavoro con quelle del lavoratore (responsabilità familiari; necessità di svolgimento anche di un altro lavoro per integrare il reddito) (art. 10, c. 2).

Per il periodo antecedente la pronunzia è sancito il diritto del lavoratore ad un risarcimento del danno per il suo stato di continua disponibilità in aggiunta alla retribuzione corrispettiva delle prestazioni rese (art. 10, c. 2).

Clausole di variabilità

È riconosciuta la facoltà delle parti del contratto individuale anche a termine di prevedere il potere del datore di lavoro di variare la collocazione temporale della prestazione (c.d. clausole flessibili) o di aumentare la durata della prestazione nei rapporti di tipo verticale o misto (c.d. clausole elastiche) (art. 6, c. 7-10).

I contratti collettivi possono fissare condizioni, modalità e limiti della variabilità (art. 6, c. 8). Il patto è consentito anche in assenza di disciplina collettiva, ma in questo caso il patto deve essere stipulato davanti alla commissione di certificazione (art. 6, c. 10).

Non si tratta, evidentemente, di una inammissibile modifica unilaterale della distribuzione o della quantità concordata, bensì di un apposito patto di variabilità, contestuale o successivo al contratto di lavoro a tempo parziale (art. 6, c. 7).

Il carattere potenzialmente pregiudizievole per il lavoratore di tale patto induce alcuni vincoli formali e sostanziali: forma scritta del patto; preavviso di variazione di almeno due giorni lavorativi, salvo diverse intese fra le parti; specifiche compensazioni fissate dai contratti collettivi; esclusione di un giustificato motivo di licenziamento per il rifiuto di stipulare il patto di variabilità (art. 6, c. 7, 8 e 9 e art. 8, c. 9).

Tra le previsioni rinviate ai contratti collettivi c'è quella relativa a «condizioni e modalità che consentono al lavoratore di richiedere l'eliminazione ovvero la modifica delle clausole flessibili e delle clausole elastiche» (art. 6, c. 8). Inoltre, pur essendo escluso un generale diritto di ripensamento, la legge prevede direttamente che il lavoratore ha «facoltà di revocare» il relativo consenso se è un lavoratore studente, se sussiste una patologia oncologica propria o dei congiunti, se ha un figlio minore di 13 anni o disabile (art. 6, c. 11).

Alla violazione delle prescrizioni legali o collettive in materia di prestazioni elastiche o flessibili consegue solo il diritto ad un risarcimento del danno in aggiunta alla retribuzione dovuta (art. 10, c. 3), con sicura esclusione della non prevista trasformazione in rapporto a tempo pieno.

Prestazioni supplementari

Nel lavoro a tempo parziale orizzontale la prestazione di lavoro aggiuntivo entro il limite del tempo pieno (art. 4, c. 2, lett. f) è consentita in conformità alle previsioni dei contratti collettivi (art. 6, c. 2), che stabiliscono il limite massimo delle ore supplementari, nonché le conseguenze per le relative trasgressioni (art. 6, c. 2) ed eventuali maggiorazioni retributive (art. 6, c. 4). Se il contratto collettivo non prevede prestazioni supplementari il datore può richiedere queste prestazioni in misura non superiore al 15 per cento dell'orario concordato (art. 6, c. 5).

Il consenso del lavoratore è richiesto solo in assenza di disciplina collettiva e per le prestazioni superiori al 15 per cento dell'orario (art. 6, c. 3).

Prestazioni straordinarie

Nel lavoro a tempo parziale verticale o misto è consentito lo svolgimento di lavoro straordinario, con la medesima disciplina vigente per i rapporti a tempo pieno (art. 6, c. 6).

Obblighi di informazione

In attuazione della direttiva comunitaria n. 81 del 1997, era previsto un obbligo di informazione annuale a carico del datore di lavoro in favore delle rappresentanze sindacali aziendali avente ad oggetto le assunzioni a tempo parziale, la relativa tipologia e l'effettuazione di lavoro supplementare. Ma nella disciplina vigente questo obbligo non è più previsto.

Trasformazione del rapporto da tempo pieno a tempo parziale

La trasformazione del rapporto da tempo pieno a tempo parziale è consentita solo per accordo scritto (art. 8, c. 2).

Il rifiuto del lavoratore di trasformare il rapporto non giustifica il licenziamento (art. 8, c. 1), neppure per motivo oggettivo, mentre la stessa direttiva comunitaria consente il licenziamento per esigenze aziendali qualora la conservazione dell'occupazione sia possibile solo mediante la trasformazione in esame, spingendo verso un'interpretazione conforme del diritto interno laddove il motivo del licenziamento non sia il rifiuto, ma la situazione aziendale.

I lavoratori a tempo pieno devono essere informati dal datore di lavoro delle programmate assunzione a tempo parziale nel medesimo ambito comunale e possono avanzare domanda di trasformazione del rapporto, che deve essere presa in considerazione con applicazione dei criteri eventualmente previsti dai contratti collettivi (art. 8, c. 8). Questa disposizione protegge l'interesse del lavoratore a passare a tempo parziale, riconoscendo così che tale trasformazione del rapporto non è sempre pregiudizievole per il prestatore.

I lavoratori affetti da patologie oncologiche con capacità lavorativa ridotta accertata da apposita commissione medica hanno diritto alla trasformazione del rapporto a tempo pieno in rapporto a tempo parziale e, poi, alla ritrasformazione a tempo pieno ove la richiedano (art. 8, c. 3).

La sola priorità della trasformazione del lavoro a tempo pieno in lavoro a tempo parziale è riconosciuta se la patologia oncologica riguarda il coniuge, il figlio o i genitori del lavoratore oppure se una persona convivente con il lavoratore è invalida al 100 per cento con necessità di assistenza continua oppure se il figlio convivente con il lavoratore è di età non superiore a tredici anni o è portatore di handicap (art. 8, c. 4 e 5).

Il lavoratore può chiedere per una sola volta in luogo del congedo parentale la trasformazione del rapporto da tempo pieno a tempo parziale per un periodo corrispondente, con una riduzione di orario non superiore al 50 per cento (art. 8, c. 7).

Nel settore pubblico, onde ridurre la spesa per il personale, la trasformazione in esame era garantita a semplice domanda del dipendente (art. 1, c. 58, legge n. 662 del 1996), ma, a tutela dell'efficienza organizzativa, questa disposizione è stata modificata nel senso che spetta all'amministrazione decidere se concedere o no la trasformazione richiesta (art. 73, c. 1, lett. a), d.l. n. 112 del 2008 conv. legge n. 133 del 2008) ed eventualmente revocare «nel rispetto dei principi di correttezza e buona fede» le trasformazioni avvenute nel vecchio regime (art. 16 legge n. 183 del 2010).

Tutti i lavoratori che hanno ottenuto la trasformazione del rapporto da tempo pieno a tempo parziale hanno diritto di precedenza nelle assunzioni a tempo pieno per le stesse o equivalenti mansioni (art. 8, c. 6).

Trasformazione del rapporto da tempo parziale a tempo pieno

La trasformazione del rapporto da tempo parziale a tempo pieno, essendo considerata vantaggiosa per il dipendente, richiede solo l'accordo delle parti senza particolari formalità.

Tuttavia anche qui, come nella trasformazione da tempo pieno a tempo parziale, il rifiuto del lavoratore non giustifica il licenziamento (art. 8, c. 1), neppure per ragioni oggettive, invece ammesse dalla direttiva comunitaria, che induce ad una interpretazione conforme del diritto interno se il motivo del licenziamento non è il rifiuto, ma la situazione aziendale.

Il contratto individuale può prevedere per i lavoratori a tempo parziale un diritto di precedenza, prima invece sancito dalla legge, in relazione alle nuove assunzioni a tempo pieno per mansioni eguali o equivalenti nello stesso comune.

Trattamento del lavoratore a tempo parziale

In attuazione della direttiva comunitaria n. 81 del 1997, è previsto un principio di parità di trattamento del lavoratore a tempo parziale rispetto a quello del lavoratore a tempo pieno inquadrato nello stesso livello (c.d. lavoratore comparabile). Tale principio è formulato in senso negativo («non deve ricevere un trattamento meno favorevole ... per il solo fatto di lavorare a tempo parziale») (art. 7, c. 1).

L'applicazione del principio *pro rata temporis*, previsto dalla direttiva comunitaria, comporta un ovvio proporzionamento alla ridotta durata della prestazione dell'importo della retribuzione e di ogni trattamento economico, con salvezza delle eventuali clausole di miglior favore dei contratti collettivi e individuali (art. 7, c. 2). I contratti collettivi possono modulare la durata del periodo di prova, del periodo di preavviso e, solo per i rapporti a tempo parziale verticale, del periodo di comporto (art. 7, c. 2).

Per la determinazione dell'organico aziendale al fine dell'applicazione delle leggi o contratti collettivi che vi fanno riferimento, i lavoratori a tempo parziale si computano in proporzione all'orario svolto (art. 9).

I contributi previdenziali per il lavoro a tempo parziale sono calcolati in proporzione alla ridotta prestazione e retribuzione (Corte Cost. n. 202 del 1999), ma anche l'anzianità contributiva è proporzionata alla ridotta prestazione (art. 11).

Incentivi per il lavoro a tempo parziale

Al fine di incentivare il lavoro a tempo parziale, come strumento di crescita dell'occupazione specialmente dei giovani e di gestione degli esuberi, sono previste riduzioni degli oneri contributivi previdenziali.

È previsto, altresì, il c.d. accordo di solidarietà tra generazioni, con il quale un lavoratore ultracinquantacinquenne accetta di trasformare il proprio rapporto di lavoro da tempo pieno a tempo parziale al fine di consentire l'assunzione di un giovane con rapporto a tempo parziale per un orario pari a quello liberato dal lavoratore anziano.

La norma che imponeva al datore di lavoro di trasmettere alla Direzione territoriale del lavoro copia del contratto di lavoro a tempo parziale è stata dichiarata in contrasto con la direttiva comunitaria

97/81 per i possibili effetti disincentivanti del lavoro a tempo parziale (Corte Giust. 24 aprile 2008, n. 56/07).

Il lavoro a tempo parziale è agevolato per i lavoratori prossimi alla pensione di vecchiaia, se c'è un contratto che riduca l'orario di lavoro in cambio di una somma versata dal datore di lavoro corrispondente alla contribuzione previdenziale non più dovuta e alla contribuzione figurativa per la prestazione non effettuata (art. 1, c. 248, legge n. 208 del 2015). Ma questa norma non ha avuto successo, in quanto i lavoratori vogliono conservare l'intera retribuzione del tempo pieno.

Lavoro pubblico

Le norme che disciplinano il lavoro a tempo parziale si applicano anche al lavoro pubblico (art. 12).

Però non si applicano alla pubbliche amministrazioni, per il necessario rispetto del principio del concorso, le disposizioni sulla dichiarazione di un rapporto di lavoro a tempo pieno per vizi del contratto a tempo parziale e sul potere giudiziale di distribuzione dell'orario (art. 12).

Le nuove assunzioni nel settore pubblico devono avvenire per almeno il 50 per cento con contratti di lavoro a tempo parziale o altre tipologie contrattuali flessibili.

I dipendenti pubblici a tempo parziale non superiore al 50 per cento del tempo pieno e i docenti universitari a tempo definito potevano esercitare le libere professioni iscrivendosi ai relativi albi (art. 1, c. 56 e 56 *bis*, legge n. 662 del 1996; art. 53, c. 6, d.lgs. n. 165 del 2001; Corte Cost. n. 189 del 2001), ma poi è stato introdotto un divieto per la professione forense fatti salvi i docenti universitari (legge n. 393 del 2003; Corte Cost. n. 390 del 2006 e n. 166 del 2012).

83.4. *Il lavoro intermittente*

Definizione

Con il contratto di lavoro intermittente, già previsto dal d.lgs. n. 276 del 2003, il lavoratore si pone a disposizione del datore di lavoro, che decide liberamente se e quando utilizzarne la prestazione (artt. 13 e ss. del d.lgs. n. 81 del 2015).

Questo contratto si distingue dal normale contratto di lavoro subordinato, ma anche dal lavoro a tempo parziale, per la mancata predeterminazione della quantità della prestazione lavorativa.

Distinzione di due sottotipi

Il primo sottotipo di lavoro intermittente è quello in cui il lavoratore è obbligato a rispondere a ciascuna chiamata percependo in cambio l'indennità di disponibilità.

Si tratta di contratto a causa complessa, nel quale al tipico scambio tra lavoro e retribuzione nei periodi di effettiva utilizzazione del lavoratore si aggiunge negli altri periodi lo scambio tra la disponibilità e l'indennità che la compensa.

Nel lavoro intermittente l'obbligo di disponibilità non costituisce, dunque, un mero obbligo preparatorio all'adempimento di una prestabilita prestazione lavorativa, ma un obbligo principale, pur se funzionale all'altro obbligo principale di lavorare se e quando arriverà la chiamata.

Tecnicamente questa incertezza deriva dal fatto che la parte di contratto relativa allo scambio tra lavoro e retribuzione è sottoposta ad una condizione tipica sospensiva di efficacia consistente nella chiamata da parte del datore di lavoro.

In conclusione il lavoro intermittente integra un contratto a causa complessa che è perfetto al momento della stipulazione in entrambe le sue parti, sia quella immediatamente efficace relativa allo scambio tra disponibilità e indennità, sia quella ad efficacia condizionata relativa allo scambio tra lavoro e retribuzione.

Invece il secondo sottotipo di lavoro intermittente, che è quello senza obbligo di disponibilità e senza la relativa indennità (art. 13, c. 4), non presenta una causa complessa, essendo previsto solo lo scambio tra lavoro effettivo e retribuzione.

La condizione di efficacia di questo scambio non consiste solo, come nel primo sottotipo, nella chiamata da parte del datore di lavoro, ma richiede anche l'accettazione di tale chiamata da parte del lavoratore. Sicché qui non c'è, come si è detto, una causa complessa, bensì una condizione complessa.

Casi tassativi

Il lavoro intermittente è consentito nei casi individuati dai contratti collettivi anche con riferimento a periodi predeterminati nell'arco della settimana, del mese, dell'anno (art. 13, c. 1).

In mancanza di contratto collettivo il ministro del lavoro interviene con un decreto (art. 13, c. 1).

L'unica giustificazione del lavoro intermittente prevista direttamente dalla legge e la condizione soggettiva di giovani con meno di ventiquattro anni con durata massima del contratto fino al compimento di 26 anni oppure di lavoratori ultracinquantacinquenni anche pensionati (art. 13, c. 2).

Limite quantitativo

È previsto anche un limite quantitativo di 400 giornate di effettivo lavoro con il medesimo datore nell'arco di tre anni solari, con trasformazione in rapporto a tempo pieno e indeterminato in caso di superamento del predetto limite. Da questo limite sono eccettuati solo i settori del turismo, dei pubblici servizi e dello spettacolo (art. 13, c. 3).

Divieti

Il lavoro intermittente, come il lavoro a termine e la somministrazione di lavoro, è vietato: per la sostituzione di lavoratori legittimamente scioperanti; presso unità produttive nelle quali siano stati licenziati collettivamente nei sei mesi precedenti oppure siano sospesi con trattamento di integrazione salariale lavoratori con le stesse mansioni di quelli intermittenti; presso imprese che non abbiano effettuato la valutazione dei rischi (art. 14, c. 1).

Certificazione

Ai fini della qualificazione del contratto come di lavoro intermittente e, quindi, della valutazione della sussistenza in concreto delle condizioni legittimanti, può essere utilizzata la procedura di certificazione.

Sanzione

Per l'assenza in concreto di una ipotesi giustificativa o la violazione di un divieto la legge non prevede espressamente l'effetto di conversione del contratto di lavoro intermittente in contratto a tempo pieno. Si deve quindi affermare la necessaria applicazione del principio generale della nullità dell'intero contratto in caso di accertata volontà ipotetica negativa sulla conservazione dello stesso senza la clausola di intermittenza (art. 1419, c. 1, cod. civ.).

Forma e contenuto del contratto

Per il contratto di lavoro intermittente è stabilita la forma scritta *ad probationem* (art. 15, c. 1).

Il contratto, che può essere a tempo indeterminato o a termine (art. 13, c. 1), deve indicare, nel rispetto delle disposizioni collettive: l'ipotesi giustificativa; l'eventuale durata; il luogo e le modalità della disponibilità e della chiamata; il preavviso di chiamata non inferiore a un giorno lavorativo; il trattamento economico e normativo; l'indennità di disponibilità; eventuali misure di sicurezza specifiche (art. 15, c. 1).

Comunicazione preventiva

Per evitare il lavoro nero, è stato introdotto per il datore di lavoro intermittente un obbligo («è tenuto») di comunicazione alla ITL della «chiamata» prima dell'inizio della prestazione. L'obbligo è temperato dal possibile riferimento della comunicazione alla «durata» di «un ciclo integrato di prestazioni di durata non superiore a trenta giorni», dovendosi riferire tale limite alla durata del ciclo e non alla somma delle prestazioni che possono svolgersi solo in alcuni giorni del ciclo. L'altro temperamento consiste nelle «modalità semplificate» della comunicazione, che può avvenire anche «mediante sms o posta elettronica» o con altre modalità individuate da un decreto del Ministro del lavoro anche «in funzione dello sviluppo delle tecnologie». La violazione dell'obbligo di comunicazione non incide sul rapporto di lavoro, ma è punita solo con sanzione amministrativa pecuniaria, oltretutto con esclusione della diffida accertativa (art. 15, c. 3).

Obbligo di informazione sindacale

Il datore di lavoro deve informare le rappresentanze sindacali con cadenza annuale sull'andamento del ricorso al contratto di lavoro intermittente (art. 15, c. 2).

Trattamento

Il trattamento economico e normativo spetta al lavoratore intermittente solo per la prestazione lavorativa effettivamente eseguita e non per i periodi di disponibilità, sicché è previsto il riproporzionamento non solo della retribuzione, ma anche di altri istituti, quali le ferie, il trattamento di malattia, infortunio e maternità, i congedi parentali (art. 17, c. 2).

Il trattamento base da riproporzionare non deve essere complessivamente inferiore a quello del normale lavoratore con le stesse mansioni (art. 17, c. 1).

Indennità di disponibilità

Al lavoratore spetta una indennità mensile nella misura stabilita dai contratti collettivi e comunque non inferiore al minimo fissato, e periodicamente aggiornato, con decreto ministeriale (art. 16, c. 1).

L'indennità di disponibilità è esclusa dalla base di calcolo di qualsiasi istituto di fonte legale o collettiva (art. 16, c. 2).

Impossibilità sopravvenuta

Il lavoratore malato o, comunque, oggettivamente impossibilitato a rispondere alla chiamata è tenuto ad informare il datore di lavoro e non matura il diritto all'indennità per il periodo di indisponibilità. L'omessa tempestiva informazione determina, salvo diversa previsione del contratto individuale, la perdita dell'indennità per un periodo di quindici giorni, anche se la effettiva indisponibilità sia stata più breve (art. 16, c. 4).

Rifiuto della chiamata

Il rifiuto ingiustificato della chiamata da parte del lavoratore obbligatosi alla disponibilità costituisce inadempimento e può costituire un motivo di licenziamento e può comportare la restituzione delle quote di indennità di disponibilità riferite al periodo successivo all'ingiustificato rifiuto (art. 16, c. 5).

Computo nell'organico

Il lavoratore intermittente si computa nell'organico dell'impresa in proporzione all'orario di lavoro effettivamente svolto nell'arco di ciascun semestre (art. 18, c. 1).

Legittimità costituzionale

Il lavoro a tempo parziale a chiamata è stato considerato costituzionalmente illegittimo, in quanto impedisce al lavoratore di programmare un'altra attività lavorativa o il proprio tempo libero.

Questa conclusione non vale per il lavoro intermittente, in cui, come nel contratto di lavoro a tempo indeterminato con le agenzie di somministrazione, il lavoratore si obbliga a rimanere a disposizione del datore di lavoro in cambio della indennità di disponibilità, valutando liberamente la convenienza di questo assetto di interessi in relazione ai propri programmi di vita, con facoltà di estinguere il contratto a tempo indeterminato mediante libere dimissioni in qualsiasi momento dovesse cambiare tale valutazione di convenienza.

Contratto senza obbligo di disponibilità

Il contratto di lavoro intermittente può escludere l'obbligo di disponibilità del lavoratore, che in tal caso può liberamente rifiutare la singola chiamata e non ha diritto all'indennità di disponibilità (art. 13, c. 4).

Anche in questo caso il contratto rimane di lavoro subordinato se è stipulato come tale, poiché è lo stesso datore di lavoro a consentire la indicata limitazione dei suoi poteri, riservandosi di esercitarli solo quando il lavoratore accetta la chiamata.

83.5. *Il lavoro ripartito*

Il d.lgs. n. 276 del 2003 (artt. 41 e ss.) aveva disciplinato il contratto di lavoro ripartito (c.d. *job sharing*) con il quale due lavoratori assumono in solido una obbligazione lavorativa unica, che si può estinguere indifferentemente con l'adempimento di uno qualsiasi dei coobbligati, secondo una scelta effettuata discrezionalmente da questi ultimi e subita dal datore di lavoro.

Ma questa disciplina legale è stata abrogata dal d.lgs. n. 81 del 2015 (art. 55, c. 1, lett. d).

Ora il lavoro ripartito può essere previsto da un contratto innominato (cfr. circ. Min. lav. 7 aprile 1998 n. 43).

84. Il lavoro a domicilio e il lavoro agile

84.1. *Il lavoro a domicilio*

Il problema del lavoro a domicilio

Quando il lavoratore svolge l'attività «nel proprio domicilio o in locale di cui abbia la disponibilità» (art. 1, c. 1, legge n. 877 del 1973) si configura il lavoro a domicilio, la cui qualificazione non è, però, agevole.

Se, infatti, appartiene sicuramente al lavoro autonomo il lavoro a domicilio svolto per un consumatore, i problemi sorgono allorché il committente sia un'impresa, che in tal modo decentra parte del proprio ciclo produttivo. In questa seconda ipotesi il lavoro a domicilio rischia di diventare uno strumento di evasione delle tutele proprie del lavoro subordinato, sicché risulta decisiva la qualificazione del rapporto come autonomo o subordinato.

La disposizione dell'art. 2128 cod. civ. non affronta la questione, riferendosi, evidentemente, al solo lavoro a domicilio subordinato, al quale estende la disciplina del lavoro nell'impresa in quanto compatibile con la specialità del rapporto. Già in precedenza, del resto, ai lavoratori a domicilio subordinati era stata attribuita la tutela previdenziale contro l'invalidità e la vecchiaia.

Solo con la legge n. 264 del 1958 si era tentata una prima compiuta disciplina del fenomeno, ma senza successo.

Legge n. 877 del 1973

È intervenuta, così, la legge n. 877 del 1973, tuttora vigente, che ha abrogato la precedente legge e contiene una precisa definizione ed un'ampia regolazione del lavoro a domicilio subordinato, con prescrizioni vincolistiche sulle quali la Corte Costituzionale (n. 49 del 2000) non ha ammesso il referendum abrogativo ritenendole costituzionalmente necessitate in base alla generica tutela del lavoro prevista dall'art. 35 Cost., che così inteso impedirebbe l'abrogazione di gran parte dell'attuale ordinamento del lavoro.

Fattispecie legale del lavoro a domicilio subordinato

Gli elementi della fattispecie legale sono: l'esecuzione dell'attività nel domicilio del lavoratore o in un locale di cui questi abbia la disponibilità, purché non si tratti di locale fornito, anche dietro compenso, dall'imprenditore committente, poiché in tal caso si costituirebbe un normale rapporto di lavoro subordinato a tempo indeterminato; la facoltà del lavoratore di utilizzare l'aiuto «accessorio» di membri della sua famiglia conviventi e a carico, ma non di dipendenti o apprendisti; la facoltà del lavoratore di svolgere attività anche in proprio e per più imprenditori committenti; l'indifferenza della appartenenza di materie prime e attrezzature al lavoratore o all'imprenditore; il «vincolo di subordinazione» che, «in deroga a quanto stabilito dall'art. 2094 del codice civile», si verifica in presenza dell'obbligo del lavoratore a domicilio di «osservare le direttive dell'imprenditore circa le modalità di esecuzione, le caratteristiche e i requisiti del lavoro da svolgere» in relazione a «prodotti oggetto dell'attività dell'imprenditore committente».

Pertanto, per la configurabilità del lavoro a domicilio subordinato, non basta che lo stesso concerna lavorazioni appartenenti al ciclo produttivo dell'impresa committente, ma occorre anche il vincolo di subordinazione, da intendersi, peraltro, in base alla espressa deroga all'art. 2094 cod. civ., come sottoposizione del prestatore a direttive sulle modalità di esecuzione e sui requisiti del lavoro compatibili con l'assenza dell'imprenditore dal luogo di svolgimento dell'attività, quindi insuscettibile di quel rigoroso controllo contestuale tipico del lavoro nell'impresa.

Telelavoro

Dalla fattispecie del lavoro a domicilio, viene distinto il fenomeno del telelavoro, disciplinato da accordi interconfederali e dal d.p.r. n. 70 del 1999.

Il datore di lavoro è tenuto a garantire il rispetto della professionalità e della libertà morale degli addetti al telelavoro (art. 115, c. 1, d.lgs. n. 196 del 2003).

Sfavore legale per il decentramento produttivo

Lo sfavore della legge per il decentramento produttivo mediante lavoro a domicilio risulta dal divieto di servirsi di tale lavoro per un periodo di un anno a carico di aziende che abbiano effettuato licenziamenti collettivi o sospensioni. È stato abrogato, invece, il divieto di proseguire con lavoro a domicilio, mediante cessione di macchinari e attrezzature, lavorazioni prima eseguite in fabbrica.

Divieto di intermediazione

Il timore della evasione delle tutele mediante prestanome spiega il divieto di avvalersi di intermediari, con sanzione rigorosissima consistente nella costituzione di normali rapporti di lavoro subordinato del reale committente con lavoratori e intermediari.

Per un più agevole controllo del lavoro a domicilio sono previste una serie di annotazioni nel libro unico del lavoro. *Disciplina*

Sono costituite, inoltre, commissioni provinciali, regionali e centrali per il lavoro a domicilio.

I lavoratori a domicilio devono essere retribuiti a cottimo pieno, essendo preclusa una retribuzione a tempo per l'impossibilità di controllare la durata della prestazione.

Al lavoratore a domicilio non sembrano applicabili le tutele contro il licenziamento, proprio perché lo stesso è collocato fuori dall'impresa.

Non si applica neppure la normativa sulla sicurezza del lavoro, poiché l'ambiente ove questo si svolge non è nella disponibilità dell'imprenditore. Ciò spiega anche il divieto di affidare a domicilio lavorazioni nocive o pericolose.

La lavoratrice e il lavoratore a domicilio godono del divieto di licenziamento e dell'indennità per il periodo di astensione obbligatoria per maternità.

Ai lavoratori a domicilio spettano tutte le tutele previdenziali, ad eccezione dell'integrazione salariale.

In origine per le trasgressioni da parte del committente erano previste sanzioni penali, ora sostituite con sanzioni amministrative, mentre rimane punita penalmente la sola intermediazione. *Sanzioni*

84.2. *Il lavoro agile*

Il lavoro agile (legge n. 81 del 2017), che è una «modalità di esecuzione del rapporto di lavoro subordinato» (art. 18, c. 1), viene svolto in parte all'interno dei locali aziendali in parte all'esterno, senza una postazione fissa e senza precisi vincoli di orario o di luogo di lavoro, salvo il rispetto dei limiti di durata massima dell'orario di lavoro giornaliero e settimanale (art. 18, c. 1). Viene riconosciuta la priorità alle domande delle lavoratrici e dei lavoratori con figli fino a dodici anni e senza alcun limite di età nel caso di figli in condizioni di disabilità (art. 18, c. 3 *bis*).

Il trattamento economico e normativo del lavoro agile non può essere inferiore a quello del lavoro subordinato svolto esclusivamente all'interno dell'azienda (art. 20, c. 1).

Il lavoro agile deve essere previsto da un accordo tra le parti stipulato per iscritto *ad probationem*, che disciplina l'esecuzione della prestazione lavorativa svolta all'esterno dei locali aziendali, le forme di esercizio del potere direttivo riguardo a questa prestazione, i tempi di riposo e le misure per assicurare la disconnessione (art. 19, c. 1 e 2), l'esercizio del potere di controllo sulle prestazioni rese all'esterno dei locali aziendali nel rispetto dell'art. 4 stat. lav., le condotte illecite relative a queste prestazioni che danno luogo a sanzioni disciplinari (art. 21, c. 1 e 2).

Questo accordo, che può essere a termine o a tempo indeterminato, si inserisce nel contratto di lavoro, sicché quando cessa rimane il contratto con le sue regole. Solo così si può comprendere la norma secondo cui ciascuno dei contraenti dell'accordo può recedere prima della scadenza del termine o senza dare il preavviso se l'accordo è a tempo indeterminato solo in presenza di un giustificato motivo (art. 19, c. 2).

Il datore di lavoro è tenuto ad adempiere l'obbligo di sicurezza anche consegnando al lavoratore un'informativa scritta annuale relativa ai rischi ed il prestatore deve collaborare all'attuazione delle misure di prevenzione per le attività svolte all'esterno di locali aziendali (art. 22). Il lavoratore ha diritto all'assicurazione contro gli infortuni sul lavoro e le malattie professionali anche per le prestazioni rese all'esterno dei locali aziendali, compreso anche l'infortunio in itinere dall'abitazione al luogo in cui deve essere eseguita la prestazione (art. 23, c. 2).

La disciplina del lavoro agile può essere applicata anche dalle pubbliche amministrazioni (art. 18, c. 3).

85. I contratti di lavoro con finalità di formazione e di inserimento

85.1. *Generalità*

Apprendistato e c.f.l.

La formazione professionale può essere estranea ad un rapporto di lavoro subordinato, come in alcune ipotesi già ricordate (cfr. 40.3 e 40.4), oppure può essere svolta all'interno di un vero e proprio contratto di lavoro subordinato, la cui causa di scambio tra prestazione e retribuzione si arricchisce con l'obbligo formativo gravante sul datore di lavoro distinto tra formazione interna, di competenza della legge statale, e formazione esterna, di competenza della legge regionale (Corte Cost. n. 50 del 2005, n. 24 del 2007).

In quest'ultimo caso si configurano contratti a causa mista, quali l'apprendistato (o tirocinio) ed il contratto di formazione e lavoro. Si tratta di contratti nominati, ciascuno provvisto di apposita disciplina legale e collettiva, alla quale si affianca la normativa generale del lavoro subordinato ove non espressamente derogata dalla ricordata disciplina speciale.

I contratti in esame, riservati entrambi a lavoratori giovani, appunto bisognosi di formazione, godono di notevoli agevolazioni, che li hanno resi estremamente appetibili per i datori di lavoro, tanto che nei periodi e nelle aree geografiche di massima incentivazione si è verificata una esplosione delle assunzioni di questo tipo. In proposito si è dovuto riconoscere che la finalità di incremento dell'occupazione e di emersione del lavoro nero ha finito per prevalere nettamente sulla finalità formativa. Come conferma il crollo delle stipulazioni di nuovi contratti di formazione e lavoro quando e dove sono state ridotte le agevolazioni e sono divenuti più incisivi i vincoli formativi.

I vantaggi per i datori di lavoro che spiegano questa interessante vicenda sono di vario tipo: fortissima riduzione del costo del lavoro per effetto non solo di retribuzioni inferiori a quella del normale lavoro subordinato, ma soprattutto di sgravi contributivi assai rilevanti; licenziamento libero alla fine dell'apprendistato e natura a termine del contratto di formazione lavoro, con conseguente sicura eliminazione alla scadenza dei lavoratori inefficienti o esuberanti; esclusione dal computo nell'organico aziendale, con conseguente possibilità di ampliare il numero dei lavoratori occupati senza superare la soglia che fa scattare l'applicazione di gravose tutele; facoltà di scelta del lavoratore e altre facilitazioni nei confronti del vecchio monopolio pubblico del collocamento.

D.lgs. n. 276 del 2003

Con il d.lgs. n. 276 del 2003 è stato eliminato per i datori di lavoro privati il contratto di formazione e lavoro, che può essere ancora utilizzato solo dalle pubbliche amministrazioni (art. 86, c. 9).

La finalità formativa per i giovani nel settore privato e ora anche pubblico è stata riservata al contratto di apprendistato.

Per il solo settore privato era stato introdotto, per varie categorie di lavoratori svantaggiati nel reperimento di un'occupazione, il nuovo contratto di inserimento per l'adattamento delle competenze professionali ad un determinato contesto lavorativo (artt. 54-59), che riproponeva, per una platea più ampia, molte delle caratteristiche dell'abrogato contratto di formazione lavoro, per finalità sostanzialmente analoghe a quelle che quest'ultimo aveva assunto nella prassi con il beneplacito della giurisprudenza. Ma con la legge n. 92 del 2012 è stato eliminato anche il contratto di inserimento, in accoglimento del nostro auspicio alla semplificazione del sistema, rimanendo solo il contratto di apprendistato riformato quale «modalità prevalente di ingresso dei giovani nel mondo del lavoro» (art. 1, c. 1, lett. b), legge cit.).

Formazione e causa del contratto

La formazione entra nella causa del contratto solo nei sottotipi negoziali a finalità formativa, mentre nel normale contratto di lavoro subordinato l'eventuale previsione di obblighi formativi (ad es. il piano annuale di formazione per il personale della p.a. *ex* art. 7 *bis* d.lgs. n. 165 del 2001) non incide sullo scambio tipico tra lavoro e retribuzione.

85.2. *L'apprendistato*

L'istituto più antico, risalente addirittura alle corporazioni medievali, è l'apprendistato (o tirocinio) (artt. 2130-2134 cod. civ.), attualmente disciplinato dagli artt. 41 e ss. del d.lgs. n. 81 del 2015. In precedenza era disciplinato dal Testo Unico (T.U.) approvato con d.lgs. n. 167 del 2011 e ancora prima da tutte le precedenti disposizioni.

Definizione L'apprendistato è definito come «un contratto di lavoro a tempo indeterminato finalizzato alla formazione e alla occupazione dei giovani» (art. 41, c. 1).

L'apprendista può essere assunto anche da agenzie di somministrazione per essere avviato in esecuzione di un contratto di somministrazione a tempo indeterminato. Invece è vietata la somministrazione a termine di apprendisti in conformità alla natura di contratto a tempo indeterminato dell'apprendistato (art. 42, c. 3).

Vengono distinti tre tipi di apprendistato: per la qualifica, per il diploma e la specializzazione (art. 41, c. 2 e art. 43); apprendistato professionalizzante (art. 41, c. 2 e art. 44); apprendistato di alta formazione e ricerca (art. 41, c. 2 e art. 45). A questi si aggiunge l'apprendistato per i lavoratori in mobilità (art. 47, c. 4).

Disciplina Si applicano le norme sul lavoro subordinato in quanto compatibili con la specialità dell'apprendistato (art. 2134 cod. civ.). Coerentemente con questa impostazione sono state dichiarate costituzionalmente illegittime alcune generali disposizioni di tutela che escludevano ingiustificatamente gli apprendisti dal loro campo di applicazione.

La speciale disciplina dell'apprendistato è rimessa ad accordi interconfederali o contratti collettivi nazionali stipulati da associazioni comparativamente più rappresentative sul piano nazionale (art. 42, c. 5), che però non hanno efficacia generale. Tali accordi e contratti devono rispettare una serie di principi fissati dalla legge (art. 42, c. 5, lett. a-h).

Qualunque datore di lavoro di qualsiasi settore può stipulare contratti di apprendistato. Ora l'apprendistato professionalizzante e quello di alta formazione sono utilizzabili anche da parte della pubblica amministrazione (artt. 44 e 45).

Forma È prevista la forma scritta *ad probationem* del contratto e del piano formativo individuale definito in forma sintetica anche sulla base di moduli e formulari stabiliti dalla contrattazione collettiva o dagli enti bilaterali (art. 42, c. 1). Per l'apprendistato per la qualifica e per quello di alta formazione il piano formativo individuale è predisposto dall'istituzione formativa (art. 42, c. 1).

Limite numerico Il numero degli apprendisti presso ciascuna azienda non può superare il rapporto di 3 a 2 rispetto al numero dei lavoratori specializzati e qualificati. Se il datore di lavoro occupa meno di dieci dipendenti questo rapporto è ridotto al 100 per cento. Se le maestranze specializzate o qualificate mancano o sono meno di tre è consentita comunque l'assunzione di tre apprendisti (art. 42, c. 7).

In contrasto con il dichiarato fine di incentivare l'apprendistato, è stata introdotta una seria rigidità consistente nel divieto di assumere nuovi apprendisti, salvo uno, se il datore di lavoro che occupa almeno cinquanta dipendenti non abbia proseguito il rapporto con almeno il 20 per cento degli apprendisti che abbiano concluso il periodo di formazione nei trentasei mesi precedenti la nuova assunzione. Dal computo della percentuale sono esclusi i rapporti cessati per mancato superamento della prova, per dimissioni o per licenziamento per giusta causa. Gli apprendisti assunti in violazione del divieto si considerano *ab origine* normali lavoratori subordinati a tempo indeterminato, con la più forte delle sanzioni possibili (art. 42, c. 8).

Età

Possono essere assunti come apprendisti: nel contratto del primo tipo soggetti che abbiano compiuto quindici anni (art. 43) con un limite massimo di età di 24 anni; per i contratti del secondo e del terzo tipo soggetti di età compresa fra i 18 e i 29 anni (artt. 44 e 45), ma per l'apprendistato professionalizzato l'età può essere anticipata al 17° anno in presenza del conseguimento di una qualifica professionale (art. 43). Le età indicate si riferiscono, ovviamente, alla data di stipulazione del contratto di apprendistato, sicché possono essere superate nel corso dell'esecuzione dello stesso. Nessun limite di età è, ovviamente, previsto per l'apprendistato dei lavoratori in mobilità.

Durata

La durata dell'apprendistato era fissata dai contratti collettivi con un limite minimo legale 5. Ora è prevista una durata minima di sei mesi per tutti i contratti di apprendistato, con la sola eccezione delle attività stagionali (art. 42, c. 2). Per i contratti del primo tipo è prevista una durata massima di 3 o 4 anni (art. 43); per i contratti del secondo tipo la durata è rimessa agli accordi interconfederali e ai contratti collettivi con un limite massimo di 3 o 5 anni (art. 42); per i contratti del terzo tipo la disciplina della durata è rimessa alle Regioni per i profili formativi (art. 45). Il periodo di apprendistato può essere prolungato in caso di malattia, infortunio o altra causa di sospensione involontaria del rapporto superiore ai trenta giorni (art. 42, c. 5, lett. g).

Obbligo formativo

La formazione nell'apprendistato per la qualifica e il diploma professionale è rimessa alle Regioni (art. 43). La formazione dell'apprendistato professionalizzante è rimessa agli accordi inteconfederali e ai contratti collettivi (art. 44), integrata dalla offerta formativa pubblica disciplinata dalle Regioni per un massimo di 120 ore nel triennio (art. 44). La disciplina dell'apprendistato per alta formazione, in assenza di regolamentazione regionale concordata con sindacati e università, è rimessa a convenzioni tra datori di lavoro e Università (art. 45). È prevista la presenza di un tutore o referente aziendale (art. 42, c. 5, lett. c).

La violazione dell'obbligo formativo per esclusiva responsabilità del datore di lavoro in misura tale da impedire la realizzazione della finalità dell'apprendistato determina l'obbligo per il datore di lavoro di versare all'ente previdenziale il doppio della differenza tra la contribuzione versata e quella dovuta per l'inquadramento da conseguire (art. 47, c. 1). Può determinare, altresì, il riconoscimento di una volontà effettiva delle parti di realizzare un normale rapporto di lavoro subordinato nonostante il diverso contratto originario. Ciò senza necessità di una norma espressa o dell'accertamento di una simulazione, ma in base al principio generale della prevalenza della volontà manifestata per fatti concludenti nella fase di concreta attuazione del rapporto, al pari di quanto accade per la distinzione tra lavoro autonomo e lavoro subordinato.

Proprio a salvaguardia della finalità formativa sono previsti sia l'obbligo di destinare l'apprendista solo «ai lavori attinenti alla specialità professionale a cui si riferisce il tirocinio» (art. 2132 cod. civ.), sia il divieto di retribuzione a cottimo (art. 42, c. 5, lett. a).

Inquadramento

L'apprendista può essere inquadrato in una categoria fino a due livelli inferiore a quella corrispondente alla qualifica da conseguire (art. 42, c. 5, lett. b).

Retribuzione

In alternativa a questo inquadramento, la retribuzione prevista per gli apprendisti può essere inferiore a quella dei normali lavoratori subordinati della qualifica da acquisire e proporzionata all'anzianità di servizio, scontando il minor apporto produttivo del tirocinante ed il tempo destinato alla formazione (art. 42, c. 5, lett. b).

Licenziamento e dimissioni

La normativa di tutela del posto di lavoro opera per l'apprendista nel corso del periodo di formazione, ma alla fine di questo il datore di lavoro è libero di mantenere in servizio l'interessato con un normale rapporto di lavoro oppure di licenziarlo *ad nutum* ai sensi dell'art. 2118 cod. civ. con preavviso decorrente dalla fine del periodo di formazione con persistente applicazione della disciplina dell'apprendistato (art. 42, c. 3 e 4). L'apprendista al termine del periodo si può dimettere *ex* art. 2118 cod. civ. con preavviso decorrente dal predetto termine (art. 42, c. 4).

Nell'apprendistato per la qualifica costituisce giustificato motivo di licenziamento il mancato raggiungimento degli obiettivi formativi (art. 42, c. 3).

Non computabilità

Gli apprendisti non si computano nell'organico dell'azienda ai fini del raggiungimento della soglia dimensionale necessaria per l'applicazione delle tutele legali e collettive a tanto condizionate (art. 47, c. 3).

L'agevolazione contributiva per l'apprendistato, che equivaleva ad uno sgravio quasi totale dei contributi a carico del datore di lavoro, fino alla introduzione dell'aliquota del 10 per cento (art. 1, c. 773, legge n. 296 del 2006), è condizionata all'applicazione dei trattamenti economici previsti dai contratti collettivi e all'adempimento dell'obbligo di formazione (art. 53, c. 3, d.lgs. n. 276 del 2003) e può essere estesa in via sperimentale anche ai relativi tutori (art. 16, c. 2, legge n. 196 del 1997; art. 4 d.m. 8 aprile 1998, che rinvia ad ulteriori decreti ministeriali di settore). Al fine di incentivare il mantenimento in servizio dell'interessato con normale contratto di lavoro subordinato è prevista l'applicazione dello sgravio contributivo ancora per un anno dopo la fine del periodo di formazione (art. 47, c. 7). *Agevolazione contributiva*

85.3. *Il contratto di formazione e lavoro*

Diversamente dall'apprendistato il contratto di formazione e lavoro (d'ora in avanti CFL) per i giovani è di origine relativamente recente (legge n. 285 del 1977) e trova la sua disciplina attuale nella legge n. 863 del 1984 (art. 3) con le successive modifiche (art. 8 legge n. 407 del 1990; art. 16 legge n. 451 del 1994; art. 15 legge n. 196 del 1997). *Fonti*

Con la disposizione dell'art. 86, c. 9, d.lgs. n. 276 del 2003 il CFL è stato eliminato per tutti i datori di lavoro privati, essendo ormai consentito solo per le pubbliche amministrazioni, dove, peraltro, sono state previste procedure per la stabilizzazione con proroga nelle more, sicché il CFL dovrebbe sparire. *Eliminazione per il settore privato*

Ovviamente i contratti in corso e quelli stipulati transitoriamente fino al 31 ottobre 2004 con datori di lavoro privati restano efficaci fino alla scadenza, sicché il relativo contenzioso durerà ancora per anni, rendendo necessaria la disamina dell'istituto.

Si tratta di un contratto a causa mista, in cui allo scambio tra lavoro e retribuzione si aggiunge l'obbligo formativo a carico del datore di lavoro. *Causa*

Il contratto di formazione e lavoro è a tempo determinato, essendo rimessa alla libera scelta del datore di lavoro l'eventuale trasformazione in contratto di lavoro a tempo indeterminato al termine dell'esecuzione del CFL. *Termine*

Al CFL si applica la disciplina legislativa del lavoro subordinato in quanto non derogata da speciali disposizioni. *Disciplina*

È vietata la stipulazione di CFL per le stesse professionalità per le quali l'impresa abbia in atto una sospensione di lavoro o abbia proceduto nei dodici mesi precedenti ad una riduzione di personale (art. 3, c. 1, legge n. 863 del 1984), onde evitare una sostituzione fraudolenta di lavoratori asseritamente esuberanti. È vietata la stipulazione di *Divieti* nuovi CFL da parte di datori di lavoro che non abbiano effettuato la trasformazione in contratto a tempo indeterminato di almeno il 60 per cento dei CFL scaduti nel biennio precedente.

Limite percentuale Per limitare l'utilizzo di rapporti precari, in analogia a quanto stabilito per il lavoro a termine, per il lavoro somministrato a termine e per il contratto di inserimento, è previsto un numero massimo di CFL in proporzione alle dimensioni dell'organico aziendale mediante disposizioni dei contratti collettivi oppure mediante i criteri amministrativi per l'approvazione dei progetti di CFL.

Età Possono essere assunti con CFL solo giovani di età compresa tra i 16 ed i 24 anni, elevati a 29 per i laureati, mentre il precedente limite più avanzato è stato fulminato dalla Corte di Giustizia.

Progetto Il CFL può essere concluso solo in base ad un progetto approvato in via amministrativa o conforme a regolamentazioni collettive recepite dal Ministro del lavoro.

CFL «forte» Sono previsti due tipi di CFL. Il primo, detto «forte»: riguarda l'acquisizione di professionalità elevate o intermedie, individuate dai contratti collettivi; ha una durata massima di 24 mesi; deve prevedere una quantità minima di formazione retribuita pari a 80 ore per le professionalità intermedie e a 130 ore per le professionalità elevate; gode di una riduzione dei contributi previdenziali a carico del datore di lavoro pari al 25 per cento elevata al 40 per cento per le imprese del settore commercio e turismo con meno di 15 dipendenti, mentre per le imprese artigiane e nelle aree ad alta disoccupazione si applica ancora lo sgravio quasi totale previsto per l'apprendistato in origine garantito a tutti i CFL.

CFL «leggero» Il secondo tipo di CFL, detto «leggero»: riguarda professionalità inferiori a quelle elevate o intermedie, restando escluse solo le professionalità elementari individuate dai contratti collettivi nel più basso livello di inquadramento; ha una durata massima di dodici mesi; deve prevedere una quantità minima di formazione retribuita di 20 ore; beneficia delle medesime riduzioni contributive del tipo «forte», però condizionate alla trasformazione del CFL in contratto di lavoro a tempo indeterminato ed applicate solo dopo tale trasformazione per un periodo pari a quello del CFL.

L'incentivo alla stipulazione di CFL consistente nella non computabilità dei lavoratori così assunti nell'organico aziendale ai fini del raggiungimento della soglia numerica prevista per l'applicazione di disposizioni legali o collettive è stato eliminato con riferimento alle importanti ipotesi della integrazione salariale, mobilità e licenziamento individuale.

Forma Il CFL deve essere stipulato in forma scritta, in mancanza della quale il lavoratore si intende assunto con normale contratto a tempo indeterminato.

È ammessa la stipulazione di un patto di prova, che però deve tenere conto della causa mista del CFL, sicché la valutazione sull'esito dell'esperimento va riferita alla attitudine a formarsi e ad utilizzare in concreto tale formazione nello svolgimento del lavoro. *Prova*

Qualora il lavoratore assunto con CFL sia già in possesso della professionalità per la quale si dovrebbe formare, deve considerarsi nulla per difetto di causa o per frode alla legge la parte del contratto relativa alla formazione ed al connesso termine, restando in vita il normale contratto di lavoro a tempo indeterminato che sia stato concretamente attuato. *Inutilità della formazione*

La violazione dell'obbligo formativo provoca, con esclusione dei datori di lavoro pubblici (art. 36, c. 2, d.lgs. n. 165 del 2001; Corte Cost. n. 89 del 2003), la conversione legale del CFL in contratto di lavoro a tempo indeterminato sin dall'origine, ma la giurisprudenza tollera scostamenti anche rilevanti dal progetto formativo sottolineando la funzione principale di ingresso guidato nel mondo del lavoro. *Violazione dell'obbligo formativo*

I lavoratori assunti con CFL possono essere inquadrati in un livello inferiore a quello di destinazione, con conseguente riduzione del costo del lavoro (c.d. salario d'ingresso) che incentiva la stipulazione di CFL. I contratti collettivi possono anche legittimamente escludere per il CFL alcune voci retributive, in considerazione dell'obbligo formativo e della ridotta attività lavorativa. *Retribuzione*

In caso di sospensione del rapporto per maternità, servizio militare, integrazione salariale o lunga malattia, il termine originario viene prorogato, salvo che la formazione sia oggettivamente impossibile al rientro. *Sospensione*

La trasformazione del CFL in contratto di lavoro a tempo indeterminato è stata variamente incentivata, soprattutto con agevolazioni contributive. Ora anche nel settore pubblico sono avviate procedure di conversione dei CFL in rapporti a tempo indeterminato con proroga nelle more, sicché il CFL dovrebbe sparire del tutto. *Incentivi alla trasformazione*

A seguito della decisione 11 maggio 1999 della Commissione europea (confermata da Corte Giust. 7 marzo 2002) le riduzioni contributive eccedenti quella generale del 25 per cento spettano solo per la stipulazione di CFL comportanti creazione netta di occupazione oppure con giovani di età inferiore ai 25 anni (o fino a 29 se laureati) oppure con disoccupati da almeno un anno e per la trasformazione di CFL che incrementano l'occupazione nelle aree ad alto tasso di disoccupazione. *Problemi comunitari*

85.4. *Il contratto di inserimento*

Introduzione e abrogazione

Contestualmente alla ricordata eliminazione del CFL nel settore privato, il d.lgs. n. 276 del 2003 aveva introdotto il nuovo contratto di inserimento (circ. Min. lav. n. 31 del 2004).

Ma la legge n. 92 del 2012 ha abrogato completamente il contratto di inserimento, facendo salvi solo i contratti stipulati fino al 31 dicembre 2012 con la relativa disciplina (art. 1, c. 14 e 15, con abrogazione degli artt. da 54 a 59 del d.lgs. n. 276 del 2003).

Si tratta di un intervento coerente con la dichiarata finalità di privilegiare per i giovani il contratto di apprendistato, peraltro consentito anche per i lavoratori in mobilità di qualsiasi età (art. 7, c. 4, d.lgs. n. 167 del 2011).

Per gli altri soggetti svantaggiati è ora prevista la somministrazione a termine (cfr. 49.2). Sicché resta confermato che i modelli attualmente privilegiati, come tali sottratti al dominio del normale contratto di lavoro subordinato a tempo indeterminato, sono l'apprendistato e la somministrazione.

Qui di seguito viene ancora esposta la disciplina del contratto di inserimento, che regolerà ancora per anni, considerata anche la lunghezza dei processi, i contratti di inserimento stipulati fino al 31 dicembre 2012.

Definizione

Il contratto di inserimento è anch'esso un contratto di lavoro subordinato a causa mista, in cui allo scambio tra lavoro e retribuzione si aggiunge la realizzazione di un progetto individuale di adattamento delle competenze professionali del lavoratore ad un determinato contesto lavorativo al fine dell'inserimento o reinserimento nel mercato del lavoro, con formazione ulteriore solo eventuale.

Soggetti

A differenza del CFL il contratto di inserimento non è riservato ai giovani, ma può essere stipulato, oltre che con i giovani di età tra 18 e 29 anni, anche con altre categorie di lavoratori svantaggiati, quali i disoccupati di lunga durata di età da 29 a 32 anni, i disoccupati ultracinquantenni, i disoccupati da oltre due anni, le donne di qualsiasi età residenti in un'area con alto tasso di disoccupazione femminile, gli handicappati gravi.

Termine

Come il vecchio CFL il contratto di inserimento è a tempo determinato, sicché alla scadenza il datore di lavoro può liberamente scegliere se mantenere o no in servizio il lavoratore con rapporto a tempo indeterminato.

È prevista una durata minima di nove mesi e massima di diciotto mesi, elevati a trentasei per i lavoratori affetti da grave handicap. Il contratto non è rinnovabile tra le stesse parti, ma può essere prorogato nel rispetto della ricordata durata massima complessiva.

Progetto

Il contratto di inserimento è consentito solo se viene consensualmente definito un progetto individuale di inserimento, secondo piani le cui modalità fissate dai contratti collettivi o, in mancanza degli stessi nonostante la doverosa promozione del ministro del lavoro, con decreto di quest'ultimo.

Forma del contratto

Il contratto di inserimento deve essere stipulato in forma scritta e deve indicare il progetto individuale concordato. In difetto di forma scritta il contratto è nullo e, in virtù di un effetto legale espresso, si intende costituito tra le parti un normale contratto di lavoro a tempo indeterminato.

Disciplina

Al contratto di inserimento si applica la disciplina del lavoro a termine, con il limite della compatibilità e salvo diversa disciplina collettiva, per ora contenuta nell'accordo interconfederale 11 febbraio 2004 in attesa di contratti collettivi più specifici. In ogni caso non si applicano al contratto di inserimento né le regole di giustificazione necessaria, né le regole relative a proroghe e dimissioni, essendo qui la proroga disciplinata appositamente. Si applica, invece, il regime del lavoro a termine sulla prosecuzione di fatto oltre la scadenza.

Divieti

Oltre ai divieti previsti per il lavoro a termine, il contratto di inserimento è vietato anche nel caso in cui il datore di lavoro non abbia effettuato la trasformazione in contratti a tempo indeterminato di almeno il 60 per cento dei contratti di inserimento scaduti nei diciotto mesi precedenti, con precise indicazioni circa tale computo. Ciò al fine di incentivare detta trasformazione, aumentando l'occupazione stabile, con disposizione simile a quella relativa al CFL e ora ripresa per l'apprendistato.

Limite quantitativo

I contratti collettivi possono stabilire le percentuali massime dei contratti di inserimento, al fine di contenere il numero dei lavoratori precari, con previsione analoga a quelle relative al lavoro a termine, al CFL e alla somministrazione di lavoro a termine.

Incentivi

Il contratto di inserimento è incentivato da un punto di vista normativo sia con la prevista possibilità di inquadrare il lavoratore in una categoria fino a due livelli inferiore a quella corrispondente alla qualifica da conseguire, sia con l'esclusione dal computo nell'organico aziendale ai fini della soglia dimensionale necessaria per l'applicazione di tutele legali e collettive.

È prevista anche una incentivazione economica mediante l'applicazione delle riduzioni contributive stabilite per il CFL, con la sola esclusione, salvo le donne nelle aree ad alto tasso di disoccupazione femminile, dei contratti con i giovani così spinti verso l'apprendistato.

Inadempimento del progetto

Eventuali gravi inadempienze nella realizzazione del progetto individuale di inserimento obbligano il datore di lavoro a versare all'ente previdenziale il doppio della contribuzione risparmiata.

In questo caso non è previsto, invece, a differenza della disciplina del CFL, un effetto legale automatico di conversione in contratto a tempo indeterminato, sicché l'inadempimento in esame può essere solo valutato, nel concorso di altri elementi, ai fini dell'accertamento della effettiva volontà delle parti, che, dunque, come nell'apprendistato, non è mai sostituita, ma sempre rispettata anche laddove si riconosca la sussistenza in concreto di un normale contratto di lavoro a tempo indeterminato.

Contratto di reinserimento

La disciplina del diverso contratto di reinserimento prevista dall'art. 20 della legge n. 223 del 1991 è espressamente fatta salva «se più favorevole», da intendersi con riferimento alla misura della incentivazione mediante riduzione contributiva.

86. Il lavoro giornalistico

Definizione

L'attività del giornalista consiste nella raccolta ed elaborazione di notizie attuali al fine di predisporre, con apporto creativo, il messaggio informativo scritto o audiovisivo.

Subordinazione

Questo lavoro può essere svolto in forma autonoma oppure subordinata, con una certa difficoltà di distinzione a causa della libertà di movimento e di orario e della discrezionalità tipica della prestazione intellettuale, che attenuano sensibilmente la subordinazione, riconoscibile essenzialmente nell'assoggettamento del giornalista al potere direttivo e di controllo con vincolo di disponibilità.

Iscrizione all'albo

L'attività giornalistica è riservata per legge agli iscritti all'apposito albo, tuttavia se viene svolta di fatto in forma subordinata dal non iscritto si ritiene comunque dovuta per le prestazioni effettuate la retribuzione *ex* art. 2126, c. 1, cod. civ.

Categorie di giornalisti

La legge distingue i giornalisti «professionisti», che esercitano in modo «esclusivo e continuativo» il loro lavoro, dai «pubblicisti», la cui attività è definita semplicemente «non occasionale e retribuita», normalmente coesistente con altri impieghi o professioni e, quindi, qualificabile come subordinata solo in presenza di un chiaro vincolo di dipendenza.

A sua volta il contratto collettivo di lavoro giornalistico, che è un tipico contratto di «mestiere», distingue, nell'ambito dei giornalisti subordinati, varie figure: quella del redattore, caratterizzata dalla quotidianità della prestazione inserita nella redazione; quella del collaboratore fisso, che può essere un professionista o un pubblicista, tenuto ad una prestazione continuativa, seppur non quotidiana, quale responsabile di un particolare settore o argomento; quella del corrispondente, che fornisce alla redazione notizie relative all'area geografica in cui opera.

L'azienda giornalistica costituisce una tipica organizzazione di tendenza, nella quale i giornalisti devono seguire, a pena di licenziamento, la linea ideologica prescelta dal datore di lavoro ed attuata per il tramite del Direttore. Per questo il contratto collettivo prevede il diritto del comitato di redazione ad essere consultato in occasione del mutamento della proprietà o della direzione del giornale. *Azienda di tendenza*

Per la stessa ragione il contratto collettivo contempla la c.d. clausola di coscienza, che consente al giornalista di dimettersi in tronco con un indennizzo economico in caso di mutamento dell'indirizzo politico del giornale. *Clausola di coscienza*

87. Il lavoro sportivo

Il lavoro sportivo disciplinato prima dalla legge n. 91 del 1981 ora abrogata e poi dal d.lgs. n. 36 del 2021 riguarda gli sportivi professionisti, individuati negli atleti, allenatori, direttori tecnici e sportivi, preparatori atletici e direttori di gara che esercitano l'attività sportiva a titolo oneroso. *Sportivi professionisti*

I contratti di lavoro con atleti professionisti possono essere stipulati solo da società per azioni o a responsabilità limitata affiliate alle federazioni riconosciute dal CONI. *Società sportive*

Datori di lavoro e lavoratori da un lato concorrono, seppur non paritariamente, alla gestione dell'attività sportiva nell'ambito del CONI e delle federazioni, e dall'altro lato si contrappongono nel conflitto di interessi relativo alle condizioni di lavoro.

Il rapporto può essere di natura subordinata oppure autonoma, in base ad una speciale distinzione di carattere quantitativo, essendo qualificato come autonomo il contratto che riguardi un'attività svolta nell'ambito di una singola manifestazione o di più manifestazioni collegate in un breve periodo di tempo oppure che non vincoli l'atleta ad effettuare sedute di preparazione o allenamento oppure che preveda una prestazione non superiore a otto ore settimanali o a cinque giorni al mese o a trenta giorni all'anno. *Subordinazione*

Il contratto individuale di lavoro deve essere stipulato per iscritto a pena di nullità e depositato presso la federazione per l'approvazione. Tale contratto deve essere conforme al contratto-tipo predisposto dalla federazione competente ogni tre anni in base ad un accordo sindacale e le eventuali clausole peggiorative sono sostituite di diritto da quelle del contratto-tipo. Non si tratta di una attribuzione di efficacia generale al contratto collettivo, poiché vi è il diaframma dell'atto della federazione, cui sono affiliate sia le società sportive, sia gli sportivi professionisti. *Forma e contenuto del contratto*

Lo sportivo è tenuto al rispetto delle istruzioni tecniche e delle prescrizioni impartite per il conseguimento degli scopi agonistici, essendo così specificato dallo stesso legislatore il generale dovere di obbedienza *ex* artt. 2094 e 2104, c. 2, cod. civ.

Disciplina

Al rapporto in esame non si applicano i divieti di controlli a distanza e sanitari, nonché la disciplina delle mansioni.

Sono vietate clausole di non concorrenza o comunque limitative della libertà professionale dello sportivo per il periodo successivo alla estinzione del rapporto.

Sono previsti controlli medici obbligatori e tutele previdenziali.

Le regole sul procedimento disciplinare si applicano alle sanzioni irrogate dalla società datrice di lavoro per inadempimenti contrattuali, ma non alle sanzioni irrogate dalle federazioni ai propri tesserati per i c.d. illeciti sportivi devoluti alla competenza degli organi di giustizia sportiva.

Ordinamento sportivo

La legge riconosce espressamente l'autonomia dell'ordinamento sportivo (d.l. n. 220 del 2003 conv. legge n. 280 del 2003), nell'ambito del quale il CONI svolge una funzione amministrativa. Ne consegue la nullità dei contratti contrari alle norme di legge che rinviano all'ordinamento sportivo, ad esempio per le regole relative alla cessione del contratto.

Clausola compromissoria

Sempre a proposito dei rapporti tra ordinamento generale e ordinamento sportivo assume particolare rilievo la previsione legale del possibile recepimento nel contratto individuale di una clausola compromissoria per la risoluzione mediante un arbitrato irrituale delle eventuali controversie tra la società e lo sportivo.

Durata del contratto

Di fondamentale importanza è il regime della durata e della cessione del contratto.

Prima della legge n. 91 del 1981 era previsto il cosiddetto «vincolo sportivo», che secondo i regolamenti federali legava senza limiti di tempo l'atleta alla società di appartenenza, alla quale era consentito anche trasferire l'atleta ad altra società senza il consenso del medesimo.

Con la legge n. 91 del 1981 a tutela della libertà dell'atleta tale vincolo è stato abolito e questa eliminazione è stata ribadita dal d.lgs. n. 36 del 2021. Sicché ora è consentito o un contratto a tempo indeterminato con facoltà di recesso di entrambe le parti *ex* art. 2118 cod. civ., essendo espressamente esclusa l'applicazione delle disposizioni limitative del potere di licenziamento oppure, come solitamente accade, un contratto a termine di durata non superiore a cinque anni, con facoltà di rinnovo.

Cessione del contratto

Prima della scadenza del termine è ammessa la cessione del contratto da una società ad un'altra solo se lo sportivo vi acconsenta e nel rispetto delle norme federali. In questi limiti sopravvive il cosiddetto mercato degli atleti, che in alcuni sport, come il calcio, sposta da una società ad un'altra importi molto rilevanti.

Libertà di stipulazione del nuovo contratto

Per il periodo successivo alla fine del contratto lo sportivo è libero di stipulare un nuovo contratto con la medesima società oppure con un'altra società, regolando la propria convenienza anche in base all'ingaggio propostogli. La legge n. 91 del 1981 prevedeva, però, con una sorta di compensazione per l'abolizione del «vincolo sportivo», un diritto della società di provenienza a percepire dalla nuova società una indennità di preparazione e promozione, secondo parametri fissati dalla federazione. Ciò finiva per ostacolare la conclusione del contratto dello sportivo con la nuova società, che doveva subire l'onere del pagamento dell'indicata indennità. Sicché la Corte di Giustizia comunitaria, con la nota sentenza Bosman (15 dicembre 1995), ha ritenuto che norme del genere contrastano con il principio di libertà di circolazione dei lavoratori nell'ambito comunitario. Il legislatore italiano si è subito adeguato con la legge n. 586 del 1996, che ha soppresso l'indennità in questione non solo per i trasferimenti da uno Stato ad un altro, ma anche per quelli tra società italiane.

Tutela del settore giovanile

Solo nel caso di primo contratto professionistico è previsto a carico della società stipulante un premio di formazione tecnica, nella misura fissata dalla federazione, a favore della società o associazione sportiva presso la quale l'atleta svolgeva la sua ultima attività giovanile o dilettantistica.

Sportivi extracomunitari

Per i calciatori extracomunitari è stato rimosso il limite al numero di quelli schierabili in campo per contrasto con il principio di parità di trattamento e con particolari accordi tra Comunità Europea e Stati terzi, ma non il limite al numero dei tesserabili considerato conforme alla regola delle quote.

Ovviamente nessun limite può riguardare i lavoratori comunitari.

88. Il lavoro dei detenuti

Finalità

Il lavoro dei detenuti, disciplinato dalla legge n. 354 del 1975, modificata dalla legge n. 296 del 1993 e dal d.p.r. n. 431 del 1976, modificato dal d.p.r. n. 248 del 1989, fa parte del trattamento rieducativo (art. 27, c. 3, Cost.), sicché non ha carattere afflittivo ed è remunerato.

Disciplina

Il lavoro del detenuto, imputato o condannato, può svolgersi sia all'interno dell'istituto penitenziario, sia all'esterno.

Quando il datore di lavoro, anche per effetto di appositi incentivi (legge n. 193 del 2000), è un soggetto distinto dalla amministrazione penitenziaria si applica la disciplina comune del lavoro subordinato.

Quando, invece, il lavoro è svolto a favore dell'amministrazione penitenziaria opera un regime speciale, che peraltro non esclude la qualificazione del rapporto come di lavoro subordinato, cui consegue anche la competenza del giudice del lavoro (Corte Cost. n. 341 del 2006).

L'organizzazione e i metodi del lavoro penitenziario devono riflettere quelli del lavoro nella società libera, la durata delle prestazioni lavorative non può superare i limiti vigenti per il normale lavoro subordinato, sono garantiti il riposo festivo, le ferie (Corte Cost. n. 158 del 2001) e la tutela assicurativa e previdenziale, spettano gli assegni per il nucleo familiare, è prevista l'esclusione dal lavoro in caso di rifiuto di adempiere i compiti assegnati e di scarso rendimento.

Retribuzione

La retribuzione dovuta dalla amministrazione penitenziaria viene definita «mercede» e deve essere equitativamente stabilita da una apposita commissione in relazione alla quantità e qualità del lavoro in misura non inferiore ai due terzi del trattamento economico previsto dai contratti collettivi (Corte Cost. n. 1087 del 1988).

La retribuzione dovuta al detenuto dalla amministrazione penitenziaria o da altro datore di lavoro non è corrisposta nelle mani del lavoratore, bensì è tenuta in deposito dalla direzione dell'Istituto costituendo il cosiddetto peculio, utilizzabile dal detenuto per invii ai familiari o per l'acquisto di oggetti personali, salvo la consegna del residuo all'atto della dismissione dall'istituto.

Dalla retribuzione sono prelevate le somme dovute dal condannato a titolo di risarcimento del danno per il reato e di rimborso delle spese di mantenimento e del procedimento, ma deve rimanere riservata al lavoratore una quota pari a tre quinti, pignorabile solo per obbligazioni alimentari e soggetta a prelievo da parte dell'amministrazione penitenziaria per eventuali danni arrecati dal detenuto alle cose mobili e immobili di quest'ultima.

La prescrizione del diritto alla retribuzione del detenuto non decorre durante il rapporto, in considerazione della particolare situazione che potrebbe dissuadere il detenuto dall'esercizio dei propri diritti.

Lavori non subordinati

I detenuti, a determinate condizioni, possono essere ammessi a svolgere, in alternativa al lavoro subordinato, un'attività culturale, artigianale o artistica, oppure un lavoro autonomo.

89. Il lavoro con elementi di internazionalità

89.1. *Il lavoro all'estero*

A volte il rapporto di lavoro è caratterizzato da elementi di internazionalità, come ad esempio la diversa nazionalità delle parti o la diversità del luogo di esecuzione della prestazione rispetto al Paese di origine di una o di entrambe le parti.

Tutela del lavoro italiano all'estero

In questi casi si pone il problema di individuare la legge sostanziale applicabile al rapporto ed il giudice titolare della giurisdizione.

La Costituzione «riconosce la libertà di emigrazione» e «tutela il lavoro italiano all'estero» (art. 35, c. 4).

A questo fine l'Italia ha sottoscritto una serie di convenzioni internazionali multilaterali e bilaterali.

Individuazione della legge sostanziale

Ma per la individuazione della legge sostanziale, per i contratti conclusi prima dell'entrata in vigore (1° aprile 1991) della Convenzione di Roma del 19 giugno 1980 sulla legge applicabile alle obbligazioni contrattuali (ratificata dall'Italia con legge n. 975 del 1984), hanno continuato ad operare i principi degli artt. 25 e 31 delle disposizioni preliminari al codice civile (cfr. art. 17 Convenzione).

In base a questi principi le obbligazioni contrattuali, comprese quelle derivanti dal rapporto di lavoro, erano regolate dalla legge scelta dalle parti oppure, in mancanza di scelta, dalla legge nazionale comune o, in caso di nazionalità diversa, dalla legge del luogo di conclusione del contratto.

Era escluso che rientrassero nell'«ordine pubblico» internazionale tutte le norme italiane inderogabili di tutela del lavoratore, con conseguente loro prevalenza sulla legge straniera meno favorevole eventualmente scelta dalle parti o applicabile in mancanza di scelta.

Per i contratti conclusi dal 1° aprile 1991 l'art. 6 della Convenzione di Roma del 1980, cui rinvia per le obbligazioni contrattuali l'art. 57 della legge n. 218 del 1995 sulla riforma del sistema italiano di diritto internazionale privato, prevede che, in mancanza di scelta o nonostante la scelta ad opera delle parti di una legge meno favorevole al lavoratore, al contratto di lavoro è applicabile la legge del paese in cui il lavoratore compie abitualmente il suo lavoro (c.d. principio di territorialità) o, in assenza di un luogo abituale, la legge del paese ove si trova la sede che ha proceduto all'assunzione.

Può accadere, così, che il lavoratore italiano addetto abitualmente all'estero, dipendente o no da un'azienda italiana, resti privo della maggior tutela della legge italiana che non sia stata scelta «espressamente» o «in modo ragionevolmente certo».

In questi casi si potrebbe sostenere l'applicabilità della legge italiana solo affermando che «dall'insieme delle circostanze» risulta che il contratto di lavoro presenta con l'Italia «un collegamento più stretto» rispetto al paese di utilizzazione abituale, anche se, all'uopo, non sembra sufficiente la sola eventuale nazionalità comune italiana.

Le disposizioni di diritto del lavoro, pur essendo imperative, non rientrano, invece, nell'ambito delle norme di «applicazione necessaria» che, in caso di «stretto legame» con la situazione concreta, possono integrare il diverso ordinamento applicabile (art. 7, c. 1, Conv. Roma).

Resta la previsione di applicabilità della legge sostanziale imperativa del «paese del giudice» (art. 7, c. 2, Conv. Roma), ma la formulazione della norma («La presente Convenzione non può impedire l'applicazione ...») fa pensare alla salvaguardia della coincidenza voluta dalle parti tra paese del giudice e paese della legge sostanziale e non alla imposizione di tale coincidenza, che altrimenti, essendoci sempre un giudice, determinerebbe una tendenziale sterilizzazione di tutti gli altri criteri fissati dalla Convenzione.

Infine è vietata al giudice «l'applicazione di una norma» della legge straniera individuata secondo i criteri della Convenzione, qualora «tale applicazione sia manifestamente incompatibile con l'ordine pubblico del foro» (art. 16 Conv. Roma). Si tratta di un limite negativo, riferito oltretutto all'applicazione concreta di una singola norma, da cui non consegue la sostituzione dell'intera legge regolatrice, ma solo la necessità di colmare la lacuna mediante la corrispondente norma della legge che presenta con il contratto il collegamento più stretto. Solo in via di *extrema ratio*, si può ricorrere al diritto interno, comunque mai nella sua interezza, ma solo nella parte sufficiente a riempire la lacuna. Quanto alla nozione di ordine pubblico sarebbe errato sostenerne la coincidenza con tutta la disciplina legale inderogabile di tutela del lavoratore, come già correttamente rilevato nel vecchio regime dell'art. 31 disp. prel. cod. civ., dovendosi intendere come di ordine pubblico solo i principi fondanti l'eticità dell'intero ordinamento in base a valori universali. Sicché sono stati esclusi dall'ordine pubblico il t.f.r., la tredicesima mensilità, il divieto di interposizione, mentre è stata ritenuta di ordine pubblico la regola di giustificazione necessaria del licenziamento ma non la relativa tutela reale.

La Convenzione di Roma è stata sostituita dal Regolamento CE n. 593 del 2008 (c.d. Roma I) per i contratti conclusi dopo il 17 dicembre 2009 (artt. 24 e 28 Regolamento).

La disciplina contenuta nell'art. 6 della Convenzione per i contratti di lavoro è stata riprodotta nell'art. 8 del Regolamento.

È stata riprodotta (art. 21 Regolamento) anche la norma sulla inapplicabilità delle disposizioni incompatibili con l'ordine pubblico del foro (art. 16 Convenzione).

Quanto alle norme di applicazione necessaria (art. 9 Regolamento) è ormai chiarissimo il riferimento ad un nucleo ristretto («cruciale») non confondibile con la ben più ampia nozione di norma inderogabile (cfr. art. 3, c. 3 e art. 8, c. 1, Regolamento).

Individuazione del giudice

Quanto alla individuazione del giudice la legge n. 218 del 1995 afferma la giurisdizione italiana, oltre che nei casi previsti dalla Convenzione di Bruxelles del 27 settembre 1968, quando il convenuto è domiciliato o residente in Italia o vi ha un rappresentante autorizzato a stare in giudizio oppure quando le parti la abbiano accettata convenzionalmente con forma scritta *ad probationem* ovvero il convenuto si costituisca senza eccepire immediatamente il difetto di giurisdizione.

La deroga pattizia alla giurisdizione italiana è ammessa solo se vi è la forma scritta *ad probationem* e si tratti di diritti disponibili, mentre i diritti del lavoratore derivanti da norme inderogabili di legge o di contratto collettivo sono solo limitatamente disponibili (art. 2113 cod. civ.).

Pertanto quando il datore di lavoro ha in Italia la residenza o il domicilio o un rappresentante autorizzato a stare in giudizio, il lavoratore, anche se ha lavorato all'estero ed a prescindere dalla legge sostanziale applicabile, può introdurre una causa in Italia.

Tutela previdenziale

Infine il lavoratore italiano occupato da datori di lavoro italiani o stranieri in paesi extracomunitari con i quali non sono in vigore accordi di sicurezza sociale ha diritto, anche se assunto all'estero, alla tutela previdenziale in Italia (art. 1 legge n. 398 del 1987), essendo stata dichiarata incostituzionale la precedente esclusione (Corte Cost. n. 369 del 1985).

Autorizzazione amministrativa

È stata imposta una autorizzazione del Ministro del lavoro per l'assunzione o il trasferimento all'estero di lavoratori italiani, che viene rilasciata solo a determinate condizioni, tra le quali la previsione di un trattamento economico-normativo complessivamente non inferiore a quello del contratto collettivo di categoria vigente in Italia.

Il reddito da lavoro svolto all'estero in via continuativa è sottoposto ad uno speciale regime fiscale, mentre in passato era esente da imposte.

89.2. *Il lavoro nell'ambito dell'Unione Europea*

Libertà di circolazione, stabilimento e lavoro

I cittadini degli Stati dell'Unione Europea hanno diritto di circolare, stabilirsi e lavorare in qualsiasi paese membro (artt. 48 e 49, corrispondenti agli attuali artt. 39 e 40, del Trattato istitutivo; regolamento n. 1612 del 1968; direttiva n. 360 del 1968; regolamento n. 1251 del 1970). In Italia la materia è regolata dal d.lgs. n. 30 del 2007. Per i cittadini di otto dei dieci nuovi paesi entrati a far parte dell'Unione Europea dal 1° maggio 2004 è previsto un periodo transitorio con programmazione di flussi.

Per quanto riguarda la legge sostanziale applicabile al rapporto di lavoro e il giudice competente valgono le stesse regole già esposte (cfr.

89.1), anche se, per effetto delle ormai numerose direttive in materia di lavoro, gli ordinamenti dei paesi membri tendono a ravvicinarsi. Permangono, peraltro, ancora marcate differenze che rendono importante, anche nell'ambito comunitario, la individuazione della legge regolatrice del rapporto, come è già avvenuto per l'ipotesi di distacco transnazionale.

Tutela previdenziale

Solo per la tutela previdenziale il problema è risolto in radice mediante la equiparazione dei lavoratori comunitari a quelli residenti, la valutazione cumulativa, ai fini delle prestazioni, di tutti i periodi di contribuzione maturati nei diversi paesi dell'Unione ed il diritto al pagamento delle prestazioni nel paese di residenza (art. 51, corrispondente all'attuale art. 42, del Trattato istitutivo; regolamenti n. 1408 del 1971, n. 547 del 1972, n. 1247 del 1992).

Per questo la ricordata legge n. 398 del 1987 (cfr. 89.1) è stata necessaria solo per la protezione previdenziale dei lavoratori italiani operanti nei paesi extracomunitari.

89.3. *Il lavoro degli extracomunitari in Italia*

Disciplina della immigrazione di extracomunitari

Il nostro ordinamento, se non può vietare o condizionare in alcun modo l'accesso in Italia dei lavoratori comunitari, può, invece, regolare secondo convenienza l'accesso dei lavoratori extracomunitari, salvo i vincoli derivanti da eventuali trattati bilaterali.

Attualmente la materia è disciplinata dal T.U. approvato con d.lgs. n. 286 del 1998 (modificato dalla legge n. 189 del 2002, dal d.l. n. 241 del 2004 conv. legge n. 27 del 2004 e dal d.l. n. 10 del 2007 conv. legge n. 46 del 2007; cfr. anche legge n. 94 del 2009), che impone per il lavoro degli extracomunitari in Italia un sistema di quote annue, la stipulazione di un apposito «contratto di soggiorno» ed una complessa procedura amministrativa, sia per ragioni di ordine pubblico, sia per ragioni di regolazione del mercato del lavoro.

Si è tentato, così, anche mediante ripetute sanatorie, di incanalare nell'alveo della legalità il flusso di immigrazione iniziato verso la fine degli anni '70 e, poi, divenuto, in alcuni periodi, davvero impetuoso anche per effetto di vicende economiche e politiche nei paesi di origine. Ma i risultati non sono stati soddisfacenti, se è vero che i lavoratori extracomunitari irregolari presenti in Italia sono ancora moltissimi. In proposito la direttiva comunitaria 2009/52 impone l'applicazione di severe sanzioni per la violazione del divieto di assunzione di lavoratori extracomunitari senza permesso di soggiorno.

Parità di trattamento

Il principio generale di «parità di trattamento e piena eguaglianza di diritti rispetto ai lavoratori italiani», nonché l'obbligo di rispettare le «prescrizioni del contratto collettivo di lavoro applicabile alla fattispecie», sono diretti non solo alla tutela degli immigrati, ma anche alla protezione dei lavoratori italiani e comunitari da una concorrenza fondata sul minor costo della prestazione lavorativa.

Divieto di discriminazioni

Al divieto di discriminazione per motivi razziali e religiosi si è aggiunto quello per motivi di colore, etnici e nazionali, nonché uno speciale procedimento giurisdizionale per la repressione di tutte tali discriminazioni.

Disciplina previdenziale

Con la legge n. 189 del 2002 è stato opportunamente soppresso il precedente riconoscimento ai lavoratori extracomunitari che lascino il territorio nazionale del diritto di ottenere dagli enti previdenziali la liquidazione dei contributi versati in loro favore con l'interesse del 5 per cento annuo, poiché in tal modo si spezzava la solidarietà generale e si impediva agli enti previdenziali, in un regime a ripartizione, di compensare gli effetti dell'invecchiamento della popolazione nazionale con l'apporto di queste nuove forze lavorative. Tuttavia i lavoratori extracomunitari sono ancora privilegiati sul piano previdenziale dalla disapplicazione nei loro confronti del requisito contributivo minimo per la pensione di vecchiaia.

In effetti sia il decrescente tasso di natalità, sceso ormai in Italia al di sotto del livello di sostituzione con i conseguenti problemi di trasferimento di risorse tra generazioni, sia l'esistenza di occasioni di lavoro rifiutate dagli italiani inducono a considerare favorevolmente una immigrazione opportunamente controllata e regolata. Sulla adeguatezza ed effettività di tale disciplina si giocano, dunque, nei prossimi anni delicati equilibri economico-sociali. In questa prospettiva va valutata la facoltà prevista con la legge n. 102 del 2009 di regolarizzare i rapporti di lavoro in corso con badanti e domestici in deroga al sistema delle «quote».

89.4. *Immunità giurisdizionale degli Stati ed enti internazionali*

Per i rapporti di lavoro con Stati esteri ed enti internazionali si pone il problema della immunità di questi soggetti rispetto alla giurisdizione italiana.

L'immunità, che impedisce al lavoratore di far valere i propri diritti innanzi al giudice del lavoro italiano, non opera sempre.

Sono compresi nell'immunità i rapporti c.d. *iure imperii* inerenti alle finalità istituzionali dello Stato estero o dell'ente internazionale, onde evitare ingerenze dei giudici italiani nell'attività di realizzazione di tali scopi.

Tuttavia, anche per questi rapporti, l'immunità opera solo per le pretese incidenti sull'organizzazione (ad es. impugnazione del licenziamento; conversione del rapporto a termine in rapporto a tempo indeterminato), mentre è salva la giurisdizione italiana per le pretese meramente patrimoniali.

L'immunità è, invece, completamente esclusa, salva la tutela del potere di autorganizzazione, per i rapporti c.d. *iure gestionis* non attinenti alla realizzazione delle finalità istituzionali dello Stato estero o ente internazionale, anche in considerazione del basso livello delle mansioni assegnate al lavoratore.

CAPITOLO X

GARANZIE E TUTELE DEI DIRITTI DEL LAVORATORE

90. Le garanzie per la realizzazione dei crediti del lavoratore

90.1. *La rivalutazione monetaria e gli interessi*

I crediti pecuniari del lavoratore, ed in particolare la retribuzione, godono di apposite garanzie, dirette ad assicurare l'effettiva realizzazione del diritto.

La prima di queste garanzie attiene alla conservazione del valore del credito in caso di inadempimento del datore di lavoro, con conseguente soddisfazione tardiva.

Disciplina civilistica

Invero nel diritto civile vige il principio nominalistico, secondo cui le obbligazioni pecuniarie costituiscono debiti non di valore ma di valuta, che «si estinguono con moneta avente corso legale nello Stato al tempo del pagamento e per il suo valore nominale» (art. 1277, c. 1, cod. civ.). In caso di inadempimento sono dovuti dal giorno della costituzione in mora gli interessi legali (art. 1224, c. 1, cod. civ.), nonché l'eventuale «ulteriore risarcimento» solo se il creditore «dimostra di avere subito un danno maggiore» non coperto dagli interessi (art. 1224, c. 2, cod. civ.). La prova di questo maggior danno è, peraltro, agevolata da una presunzione giurisprudenziale, relativa al pregiudizio normalmente subito per la mancata disponibilità del denaro (Cass. SU n. 19499 del 2008).

Disciplina lavoristica

Invece per i crediti pecuniari del lavoratore rimasti inadempiuti è previsto che il giudice «deve determinare, oltre gli interessi nella misura legale, il maggior danno eventualmente subito dal lavoratore per la diminuzione di valore del suo credito ... con decorrenza dal giorno della maturazione del diritto» (art. 429, c. 3, cod. proc. civ., come novellato dalla legge n. 533 del 1973), applicando l'indice dei prezzi calcolato dall'Istat.

Differenza

È evidente la differenza di disciplina a favore del lavoratore, ritenuta costituzionalmente legittima (Corte Cost. n. 13 del 1977, n. 76 del 1981, n. 207 del 1994): rivalutazione monetaria e interessi sono liquidabili anche d'ufficio, senza bisogno di domanda; non occorre la costituzione in mora del debitore, stante la decorrenza automatica dalla maturazione del diritto; non occorre la prova, neppure presuntiva, del maggior danno, individuato tipicamente dalla legge nella eventuale diminuzione di valore del credito causata dall'inflazione; è irrilevante il dolo o la colpa del datore di lavoro debitore, quindi non ammesso a provare l'impossibilità incolpevole *ex* art. 1218 cod. civ.; è irrilevante la condotta del creditore, restando inapplicabile la disposizione dell'art. 1227 cod. civ.

Cumulo di interessi e rivalutazione

Una giurisprudenza costante, e stranamente poco contrastata, aveva aggiunto un altro fortissimo beneficio per il lavoratore, affermando il cumulo integrale di rivalutazione monetaria ed interessi nonostante il riferimento letterale dell'art. 429, c. 3, cod. proc. civ. al «maggior danno», da intendersi correttamente (Corte Cost. n. 394 del 1992), come nella disciplina generale dell'art. 1224, c. 2, cod. civ., quale danno non coperto dagli interessi legali, quindi non cumulabili con l'intera rivalutazione ma solo con l'importo di questa eventualmente eccedente tali interessi. Del resto, anche sul piano della *ratio legis*, l'idea del cumulo integrale presupponeva l'assurdo economico di una contemporanea destinazione da parte del lavoratore della medesima somma sia al consumo, e da qui la rivalutazione monetaria, sia al risparmio, e da qui gli interessi (Cass. SU n. 5299 del 1989). Tanto che la stessa Corte costituzionale (n. 207 del 1994, n. 139 del 1995), per giustificare in qualche modo il diritto vivente, aveva dovuto rifugiarsi nella generica tesi dello speciale regime di favore per i lavoratori.

Questa non condivisibile impostazione aveva, tra l'altro, generato l'intricata questione del se gli interessi andassero calcolati sulla pura sorte oppure sulla sorte via via rivalutata nel tempo (Cass. SU n. 38 del 2001) oppure sulla sorte interamente rivalutata.

Per ristabilire quella che sarebbe dovuta essere sin dall'inizio la corretta interpretazione dell'art. 429, c. 3, cod. proc. civ. era stato, così, necessario un intervento, peraltro non limpidissimo, del legislatore, il quale, per le retribuzioni (oltre che per le erogazioni pensionistiche e assistenziali) maturate dopo il 31 dicembre 1994, aveva escluso il cumulo integrale di rivalutazione monetaria e interessi (art. 22, c. 36, legge n. 724 del 1994). Ma questa norma è stata dichiarata incostituzionale, ritenendosi necessitata una supertutela dei crediti retributivi dei dipendenti privati per incentivarne l'adempimento da parte dei datori di lavoro privati (Corte Cost. n. 459 del 2000). Questa pronunzia non è condivisibile, poiché si pone in netto contrasto con la precedente giurisprudenza della stessa Corte costituzionale che, per estendere la disciplina della rivalutazione anche ai crediti previdenziali e dei dipendenti pubblici, aveva dovuto abbandonare proprio l'impostazione in termini di remora all'inadempimento ora resuscitata.

Natura sostanziale della disciplina

La disciplina dell'art. 429, c. 3, cod. proc. civ. è evidentemente di natura non processuale, ma sostanziale di deroga al diritto comune delle obbligazioni, con conseguente esclusione del principio di applicazione immediata proprio del diritto processuale. Si configura, dunque, come una non condivisibile forzatura l'efficacia retroattiva per il periodo anteriore all'entrata in vigore della legge n. 533 del 1973 affermata dalla giurisprudenza (Corte Cost. n. 13 del 1977, n. 161 del 1977; Cass. SU n. 1670 del 1982) pur in mancanza della necessaria previsione legale (art. 11, c. 1, disp. prel. cod. civ.). Ed è sempre la natura sostanziale della disposizione a consentire la autonoma richiesta di rivalutazione monetaria ed interessi nel caso di pagamento tardivo stragiudiziale della sola sorte.

La norma in esame non riguarda solo la retribuzione, ma anche tutti gli altri crediti pecuniari del lavoratore, compresi quelli risarcitori.

La Corte costituzionale (n. 300 del 1986, n. 204 del 1989, n. 567 del 1989) ha imposto la decorrenza della rivalutazione monetaria anche nel periodo successivo all'apertura delle procedure concorsuali.

La rivalutazione monetaria e gli interessi si calcolano sulla sorte lorda e sono assoggettati a prelievo fiscale come redditi da lavoro dipendente, ma non a contribuzione previdenziale.

Dipendenti pubblici

Il regime dell'art. 429, c. 3, cod. proc. civ., che opera anche per i lavoratori parasubordinati (art. 409, n. 3, cod. proc. civ.), non si applicava ai pubblici dipendenti, le cui controversie erano escluse dal rito del lavoro (art. 409, n. 5, cod. proc. civ.) in quanto devolute alla giurisdizione esclusiva del giudice amministrativo. Questa diversità di trattamento era stata dichiarata conforme a Costituzione, in considerazione della natura pubblica del datore di lavoro come tale non sospettabile di comportamenti maliziosamente dilatori (Corte Cost. n. 43 del 1977, n. 71 del 1981). Successivamente, però, la giurisprudenza creativa del Consiglio di Stato (Ad. plen. n. 7 del 1981, n. 27 del 1983, n. 13, 18 e 19 del 1985), cui erano devolute anche le questioni relative a rivalutazione monetaria ed interessi, aveva ritenuto automaticamente rivalutabili i crediti dei pubblici dipendenti a prescindere dalla disposizione dell'art. 429, c. 3, cod. proc. civ. Sicché la Corte costituzionale (n. 52 del 1986) aveva potuto prendere atto del definitivo superamento della questione in base al diritto vivente, che garantiva adeguatamente la funzione alimentare dei crediti di lavoro anche dei pubblici dipendenti. Del resto le controversie relative ai rapporti di impiego con la pubblica amministrazione concernenti diritti sorti dopo il 30 giugno 1998 sono ormai devolute al giudice del lavoro, con conseguente applicazione diretta anche della disposizione dell'art. 429, c. 3, cod. proc. civ. Permane, tuttavia, in virtù della ricordata giurisprudenza costituzionale, la diversità di trattamento rispetto ai dipendenti privati con riferimento al cumulo di interessi e rivalutazione imposto solo per questi ultimi.

Crediti previdenziali

Il regime speciale del maggior danno da svalutazione monetaria non era, in origine, applicabile neppure ai crediti previdenziali, in quanto il rinvio dell'art. 442 cod. proc. civ. alle disposizioni relative alle controversie di lavoro non poteva riguardare una norma sostanziale come quella dell'art. 429, c. 3, cod. proc. civ. Anche qui la Corte Costituzionale (n. 162 del 1977, n. 408 del 1988, n. 350 del 1990) aveva inizialmente ritenuto legittimo il peggior trattamento del credito previdenziale rispetto al credito di lavoro, in considerazione della natura pubblica del debitore e, poi, per la inammissibilità di una indiscriminata estensione della tutela speciale anche a soggetti non bisognevoli della stessa. Ai crediti previdenziali veniva, dunque, applicato il regime generale dell'art. 1224 cod. civ., ammettendosi la liquidazione del maggior danno da svalutazione monetaria anche mediante una presunzione fondata sulle condizioni di modesto consumatore del lavoratore creditore, sicché, rispetto al trattamento dei crediti di lavoro, la differenza più rilevante rimaneva l'esclusione del cumulo integrale di rivalutazione e interessi (Cass. SU n. 5299 del 1989). Tuttavia, anche qui dopo alcune importanti pronunzie del Consiglio di Stato (Ad. plen. n. 7, 12 e 14 del 1989), secondo cui anche i crediti previdenziali si dovevano rivalutare automaticamente in quanto aventi finalità di sostentamento del lavoratore, la Corte Costituzionale (n. 156 del 1991) cambiava idea e imponeva per i crediti previdenziali una disciplina analoga a quella dei crediti di lavoro in considerazione del collegamento di entrambi con le esigenze di vita del lavoratore, estendendo così la stramba idea del cumulo integrale di interessi e rivalutazione. Il legislatore ha, però, reagito seccamente a tutela del bilancio degli enti debitori escludendo per i crediti previdenziali tale cumulo (art. 16, c. 6, legge n. 412 del 1991), ma con disposizione non retroattiva che lo lascia in vita, fino al momento del pagamento, per i ratei di prestazione maturati prima del 31 dicembre 1991. La nuova norma è stata riconosciuta conforme ad una interpretazione rigorosamente letterale dell'art. 429, c. 3, cod. proc. civ. e dichiarata costituzionalmente legittima in ragione della sua irretroattività, della discrezionalità del legislatore di differenziare all'epoca il regime dei crediti previdenziali da quello dei crediti di lavoro e della necessità di contenere la spesa pubblica previdenziale (Corte Cost. n. 394 del 1992, n. 207 del 1994, n. 459 del 2000).

In conclusione, a seguito delle nuove disposizioni sui crediti previdenziali e sulle retribuzioni, era stato superato l'irragionevole principio, privo di base normativa, del cumulo integrale di interessi e rivalutazione monetaria, ma la ricordata sentenza della Corte Costituzionale n. 459 del 2000 lo ha reintrodotto solo per i crediti retributivi dei dipendenti privati.

90.2. *I privilegi*

Il lavoratore trova la garanzia dei suoi crediti nel patrimonio del datore di lavoro (art. 2740 cod. civ.).

Nell'ipotesi di insufficienza di tale patrimonio a soddisfare tutti i creditori, lavoratori e non, questi concorrono tra loro paritariamente, «salve le cause legittime di prelazione» (art. 2741 cod. civ.), tra cui i privilegi accordati dalla legge «in considerazione della causa del credito» (art. 2745 cod. civ.).

Privilegio generale sui mobili

Al lavoratore subordinato è riconosciuto il privilegio generale su tutti i beni mobili del datore di lavoro per le retribuzioni, le indennità di fine rapporto, il risarcimento del danno da omissione contributiva e da licenziamento illegittimo (art. 2751 *bis*, n. 1, cod. civ.).

La giurisprudenza costituzionale (Corte Cost. n. 326 del 83, n. 228 del 01, n. 220 del 02, n. 113 del 04) ha erroneamente ricompreso in questo privilegio anche crediti estranei alla retribuzione e pensione e ai risarcimenti sostitutivi di queste, senza considerare l'equilibrio del sistema, che ragionevolmente tutela tutti i crediti del lavoratore quando il soggetto passivo è il datore di lavoro, mentre limita le garanzie solo ai fondamentali crediti retributivi e pensionistici, con i risarcimenti per la loro perdita, quando soggetti passivi sono terzi (creditori del lavoratore quanto al pignoramento e al sequestro; altri creditori del datore di lavoro concorrenti con il lavoratore quanto ai privilegi).

Il privilegio sui mobili del datore di lavoro, proprio per la essenziale funzione dei crediti così assistiti, è anteposto ad ogni altro, salvo i crediti per spese di giustizia (artt. 2777 e 2778 cod. civ.).

Subito dopo il privilegio a favore dei lavoratori subordinati sono collocati quelli per i compensi dei lavoratori autonomi (artt. 2751 *bis* n. 2 e ss., 2777 e 2778 cod. civ.).

Collocazione sussidiaria sul prezzo degli immobili

Qualora i beni mobili siano insufficienti per la soddisfazione degli anzidetti crediti del lavoratore, questi sono collocati sussidiariamente sul prezzo ricavato dalla vendita degli immobili, con preferenza, però, rispetto ai soli crediti chirografari (art. 2776 cod. civ.). In questa collocazione sussidiaria i crediti per trattamento di fine rapporto e per indennità di preavviso sono anteposti agli altri crediti del lavoratore (art. 2776 cod. civ.).

Privilegi speciali

Si ricordano, infine, due privilegi speciali: quello per le retribuzioni dei lavoratori agricoli sui frutti che hanno concorso a produrre e che si trovano ancora nel fondo o nelle sue dipendenze (art. 2757 cod. civ.); quello per le retribuzioni del personale navigante sulla nave o sull'aeromobile e relative pertinenze e sul nolo del viaggio durante il quale è sorto il credito (artt. 552, n. 2 e 1023, n. 2, cod. nav.).

90.3. *Il Fondo di garanzia per il trattamento di fine rapporto e le ultime retribuzioni*

Per l'ipotesi in cui il credito di lavoro rimanga insoddisfatto a causa dell'insolvenza del datore di lavoro la direttiva comunitaria n. 987 del 1980, modificata dalla direttiva n. 74 del 2002, impone agli Stati membri di adottare disposizioni di tutela del lavoratore.

Garanzia del trattamento di fine rapporto

Il nostro legislatore ha inizialmente provveduto con riferimento al solo credito per trattamento di fine rapporto, istituendo un Fondo di garanzia presso l'INPS (art. 2, c. 1, legge n. 297 del 1982) che assicura, mediante un tipico meccanismo previdenziale con finanziamento ad esclusivo carico dei datori di lavoro, la certezza dell'erogazione contro il rischio di insolvenza dell'obbligato.

Il Fondo interviene in caso di procedure concorsuali, rimanendo esclusa l'amministrazione controllata, poiché qui manca la dichiarazione di insolvenza.

La garanzia del Fondo riguarda non solo le procedure concorsuali, ma anche l'insolvenza dell'interposto, nonché i dipendenti di datori di lavoro non soggetti a procedure concorsuali in caso di infruttuosa esecuzione forzata.

Il lavoratore può avanzare la domanda al Fondo dopo quindici giorni dal deposito dello stato passivo nel fallimento e nella liquidazione coatta e dalla sentenza di omologazione nel concordato preventivo.

Nel caso in cui siano proposte opposizioni occorre attendere la sentenza che le decide, ma non il giudicato.

Il pagamento da parte del Fondo deve avvenire entro sessanta giorni dalla richiesta ed il Fondo è surrogato di diritto nel privilegio del lavoratore sul patrimonio del datore di lavoro.

In effetti il Fondo, mediante un accollo *ex lege*, subentra nello stesso debito del datore di lavoro e, quindi, in un debito di natura retributiva, qui attenendo il meccanismo previdenziale alla certezza e non alla sostanza dell'erogazione. Se ne deduce un vincolo di solidarietà tra datore di lavoro e Fondo, con le relative conseguenze di diritto comune.

La garanzia del Fondo e la relativa contribuzione sono esclusi per l'importo di t.f.r. devoluto ai fondi di previdenza complementare o al fondo tesoreria gestito dall'INPS (art. 10, c. 2, d.lgs. n. 252 del 2005).

Garanzia delle ultime retribuzioni

La limitazione della garanzia in esame al credito per trattamento di fine rapporto, mentre il credito per le ultime retribuzioni non era garantito, costituiva inadempimento della più ampia direttiva comunitaria n. 987 del 1980, sicché l'Italia veniva condannata per tale inadempimento (Corte Giust. 2 febbraio 1989), ma il nostro legislatore tardava ad adeguarsi. Seguiva un'altra sentenza della Corte di Giustizia comunitaria (19 novembre 1991), che riconosceva il diritto del singolo lavoratore leso dalla mancata attuazione della direttiva ad ottenere il risarcimento del danno da parte dello Stato inadempiente.

Per fronteggiare gli effetti dirompenti di questa pronunzia è stata finalmente emanata una disciplina che non solo attua la direttiva per il futuro, ma regola anche le conseguenze derivanti dalla precedente inadempienza (d.lgs. n. 80 del 1992, in esecuzione della delega di cui all'art. 48 legge n. 428 del 1990).

La garanzia è assicurata dall'estensione dell'intervento dello stesso Fondo già istituito per il t.f.r., che anche qui investe sia le procedure concorsuali, sia i datori di lavoro non soggetti a tali procedure.

La tutela però, è assai limitata, riguardando solo i crediti di lavoro inerenti agli ultimi tre mesi del rapporto, oltretutto a condizione che rientrino nei dodici mesi precedenti l'apertura della procedura concorsuale o l'inizio dell'esecuzione per i datori di lavoro non assoggettabili a tali procedure.

È previsto, inoltre, un massimale, nel senso che l'erogazione del Fondo «non può essere superiore ad una somma pari a tre volte la misura massima del trattamento straordinario di integrazione salariale mensile al netto delle trattenute previdenziali e assistenziali».

La garanzia non opera qualora e nella misura in cui il lavoratore interessato consegua redditi alternativi da lavoro o previdenziali nel periodo immediatamente precedente o successivo alla fine del rapporto, ritenendosi in tal caso insussistenti le condizioni di bisogno che giustificano l'intervento del Fondo. Si manifesta, così, la profonda differenza rispetto alla garanzia del t.f.r., che non è sottoposta a simile condizione, assicurando direttamente ed esclusivamente il rischio di insolvenza del datore di lavoro debitore, mentre per le retribuzioni finali è assicurato il diverso rischio dello stato di bisogno del lavoratore solo eventualmente determinato da tale insolvenza.

Il procedimento per ottenere, ove spettante, il pagamento da parte del Fondo con la conseguente surroga di quest'ultimo, è lo stesso previsto per la garanzia del t.f.r., all'uopo espressamente richiamato.

L'intervento del Fondo di garanzia è previsto solo per le procedure successive all'entrata in vigore del d.lgs. n. 80 del 1992. Per le situazioni pregresse, in cui come si è detto si configura un obbligo risarcitorio dello Stato verso il lavoratore, sono state fissate la misura e le condizioni per l'indennizzo, richiamando, per i soli datori di lavoro assoggettati a procedure concorsuali, le disposizioni che regolano per il futuro la garanzia del Fondo, così in sostanza dotate di una sorta di indiretta efficacia retroattiva in chiave di commisurazione del risarcimento.

La direttiva comunitaria n. 74 del 2002 è stata attuata con il d.lgs. n. 186 del 2005, per cui, in caso di situazioni transnazionali, l'organismo di garanzia competente è quello dello Stato membro sul cui territorio il lavoratore svolgeva abitualmente il proprio lavoro.

90.4. *Altre garanzie*

Garanzia della posizione previdenziale

In caso di omissione contributiva per l'assicurazione invalidità, vecchiaia e superstiti da parte di un datore di lavoro poi sottoposto a procedura concorsuale i contributi omessi e prescritti si considerano come versati (art. 3 d.lgs. n. 80 del 1992).

Se l'omissione contributiva del datore di lavoro poi sottoposto a procedura concorsuale riguarda forme di previdenza complementare, il lavoratore che abbia conseguentemente perduto la prestazione ha diritto al versamento dei contributi omessi ad opera di un apposito Fondo di garanzia istituito presso l'INPS (art. 5 di legge n. 80 del 1992) e finanziato con una parte del contributo di solidarietà dovuto dal datore di lavoro ai fondi pensione complementare (art. 16 d.lgs. n. 252 del 2005).

Responsabilità solidale

In alcune situazioni il legislatore, per accrescere le possibilità di effettiva soddisfazione dei crediti del lavoratore, prevede che siano solidalmente obbligati al relativo adempimento più soggetti.

Trasferimento d'azienda

Una prima ipotesi riguarda il trasferimento d'azienda, in cui il cedente e il cessionario sono obbligati in solido per tutti i crediti che il lavoratore aveva al tempo del trasferimento, salvo che il lavoratore stesso consenta la liberazione del cedente in sede di conciliazione *ex* artt. 410 e 411 cod proc. civ. (art. 2112, c. 2, cod. civ.). La disposizione riposa sulla considerazione per cui la principale garanzia dei crediti del lavoratore è costituita dai beni aziendali, sicché la responsabilità viene estesa all'acquirente, di cui non è prevista neppure la possibilità di liberazione. Con la ricordata novella del 1990 la garanzia è stata rafforzata, eliminando la precedente condizione secondo cui i crediti dovevano essere conosciuti dall'acquirente o risultare dai libri dell'azienda trasferita. Per incentivare il trasferimento dell'azienda in crisi un accordo collettivo può prevedere la disapplicazione della garanzia in esame (art. 47, c. 5 e 6, legge n. 428 del 1990).

Appalti

Un'altra ipotesi riguardava, con alcune esclusioni tassative, gli appalti leciti interni alle aziende (art. 3 legge n. 1369 del 1960) ed è stata confermata senza più eccezioni per tutti gli appalti purché inerenti al ciclo produttivo, essendo sancita la responsabilità solidale dell'appaltatore datore di lavoro e del committente, ora estesa anche al subappalto e alle ritenute fiscali, oltre che a retribuzioni, contribuzioni e risarcimenti non indennizzati dall'INAIL (cfr. 83.2).

Appalti in genere

Un diverso tipo di garanzia consiste nel diritto dei dipendenti dell'appaltatore addetti all'esecuzione dell'appalto di «proporre azione diretta contro il committente per conseguire quanto è loro dovuto, fino alla concorrenza del debito che il committente ha verso l'appaltatore nel tempo in cui essi propongono la domanda» (art. 1676 cod. civ.). Si tratta di azione non surrogatoria, ma diretta mediante la quale il prezzo dell'appalto viene destinato immediatamente alla soddisfazione dei crediti dei lavoratori indicati, senza passare per le mani dell'appaltatore, al fine di evitare il rischio che questi lo utilizzi diversamente. Dal momento della richiesta il committente deve pagare il residuo prezzo non all'appaltatore, ma ai lavoratori fino a soddisfazione dei loro crediti. L'obbligo del committente è limitato all'importo del prezzo ancora da pagare, con evidente differenza rispetto alla illimitata responsabilità solidale prevista a carico dell'imprenditore committente di appalti di servizi.

La garanzia dell'art. 1676 cod. civ. è richiamata espressamente nel caso di appalto eseguito utilizzando il ramo d'azienda trasferito dal committente all'appaltatore.

Somministrazione di lavoro

Anche l'utilizzatore del lavoratore somministrato è solidalmente responsabile con l'agenzia per retribuzioni e contributi (cfr. 83.2).

Marittimi

Una responsabilità solidale, peraltro di discussa estensione, è anche quella del raccomandatario per le retribuzioni dei marittimi italiani imbarcati su navi straniere (art. 5, c. 3, legge n. 135 del 1977).

Infine una peculiare garanzia è prevista a favore dei lavoratori marittimi componenti dell'equipaggio, i quali «hanno diritto ad essere mantenuti a bordo anche dopo la cessazione o la risoluzione del contratto di arruolamento, finché siano interamente soddisfatti delle somme loro dovute» (art. 350, c. 1, cod. nav.), continuando a percepire la retribuzione per tutto il periodo in cui restano a bordo (art. 350, c. 2, cod. nav.). In tal modo l'armatore viene incentivato ad adempiere la sue obbligazioni onde evitare ulteriori esborsi.

91. I limiti alla aggredibilità dei crediti del lavoratore

91.1. *Il pignoramento e il sequestro conservativo*

Per assicurare la funzione tipica della retribuzione di sostentamento del lavoratore e della sua famiglia (art. 36, c. 1, Cost.) la legge non solo prevede garanzie attive per l'effettiva realizzazione di tale credito (cfr. 90), ma tutela il lavoratore anche nella sua eventuale posizione di debitore, limitando il diritto dei suoi creditori di soddisfarsi e garantirsi sulle retribuzioni dovute dal datore di lavoro.

Pignoramento

Pertanto è stabilito che le retribuzioni del lavoratore debitore possono essere pignorate presso il terzo datore di lavoro solo nella misura di un quinto per i tributi e per ogni altro credito (art. 545, c. 4, cod. proc. civ.), mentre per i crediti alimentari la misura è quella autorizzata dal giudice (art. 545, c. 3, cod. proc. civ.). Se concorrono più crediti o più azioni esecutive il pignoramento non può, comunque, eccedere la metà della retribuzione (art. 545, c. 5, cod. proc. civ.).

Questi limiti non riguardano solo la retribuzione corrente, ma anche qualsiasi altra indennità dovuta dal datore di lavoro, comprese le indennità di fine rapporto (art. 545, c. 3, cod. proc. civ.), tra le quali si ricordano l'indennità sostitutiva del preavviso, il trattamento di fine rapporto, le indennità per licenziamento ingiustificato previste dalla legge o dai contratti collettivi. Invece gli altri crediti del lavoratore (ad es. risarcitori) esulano dai limiti in esame e sono, quindi, integralmente pignorabili.

La disciplina in esame concerne esclusivamente il pignoramento presso il terzo datore di lavoro del credito del lavoratore per retribuzioni non ancora erogate, mentre se il pagamento è già avvenuto la somma non è più distinguibile all'interno del patrimonio mobiliare del lavoratore, che può essere aggredito senza limiti in base al principio generale della responsabilità patrimoniale (art. 2740 cod. civ.).

Fatto salvo solo il caso di accrediti dello stipendio sul conto corrente bancario o postale del lavoratore debitore, in cui devono essere distinte due ipotesi: se l'accredito ha avuto luogo in data anteriore al pignoramento, questo è efficace solo per le somme eccedenti il triplo dell'assegno sociale; se invece l'accredito ha avuto luogo in data pari o successiva al pignoramento si applicano solo i limiti normali già esposti (art. 545, c. 8, cod. proc. civ. aggiunto dal d.l. n. 83 del 2015 conv. legge n. 132 del 2015).

Sequestro conservativo

Il sequestro conservativo (art. 2905 cod. civ. e art. 671 cod. proc. civ.) dei crediti retributivi del lavoratore può essere autorizzato dal giudice negli stessi limiti in cui è consentito il pignoramento.

Dipendenti pubblici

I dipendenti pubblici godevano di un regime ancora più favorevole, ma la Corte Costituzionale dopo una iniziale tolleranza motivata con la necessità di garantire l'efficienza della pubblica amministrazione (n. 49 del 1976 e n. 337 del 1985), ha imposto una parziale parificazione ai dipendenti privati, consentendo anche per i dipendenti pubblici il pignoramento ed il sequestro conservativo delle retribuzioni nella misura di un quinto per qualsiasi credito (n. 89 del 1987, n. 878 del 1988, n. 115 del 1990, n. 359 del 2004). Ha resistito, invece, il regime di favore previsto per l'ipotesi del concorso di più crediti (Corte Cost. n. 359 del 2004).

Anche le indennità di fine rapporto di lavoro pubblico sono state assimilate dalla Corte Costituzionale (n. 340 del 1990, n. 99 del 1993), per la loro prevalente natura retributiva, al trattamento di fine rapporto dei dipendenti privati, con conseguente ammissione del pignoramento e del sequestro conservativo dapprima per i crediti alimentari e, poi, per ogni altro credito con il limite del quinto.

In questo contesto la disposizione (art. 1, c. 137, legge n. 311 del 2004) che ha esteso al lavoro privato la disciplina del lavoro pubblico prevista nel d.p.r. n. 180 del 1950 deve essere riferita solo alla cessione dei crediti retributivi, per la quale colma una lacuna, e non anche al regime del pignoramento e del sequestro che rimane quello codicistico, di cui appare insostenibile una abrogazione tacita.

Personale navigante

Per il personale navigante il pignoramento ed il sequestro conservativo delle retribuzioni erano consentiti nel limite del quinto solo per crediti alimentari o per crediti dell'armatore o esercente derivanti dal rapporto di lavoro (artt. 369, c. 1 e 930, c. 1, cod. nav.). Ma questa disciplina speciale è stata dichiarata incostituzionale (Corte Cost. n. 72 del 1996), con conseguente applicazione della disciplina generale dell'art. 545 cod. proc. civ., non essendo più invocabili né la *ratio* originaria di difesa della destinazione familiare della retribuzione contro il cosiddetto libertinaggio dei marinai, né l'assimilazione al regime dei pubblici dipendenti anch'esso, come si è visto, dichiarato incostituzionale, né i profili pubblicistici del contratto di arruolamento ritenuti in via di sensibile attenuazione. Sono rimaste in vigore, invece, le disposizioni sulla assoluta impignorabilità e insequestrabilità della quota di retribuzione corrispondente al vitto e delle somme dovute dall'armatore o esercente per il rimpatrio o per spese di cura (artt. 369, c. 2 e 930, c. 2, cod. nav.).

Rapporti di famiglia

Per l'assegno di mantenimento del coniuge divorziato e dei figli il versamento diretto da parte del datore di lavoro pubblico o privato del coniuge obbligato, il pignoramento ed il sequestro delle retribuzioni sono consentiti nel limite della metà (art. 8, c. 6 e 7, legge n. 898 del 1970 come modificato dall'art. 12 legge n. 74 del 1987).

Invece per il mantenimento della prole in costanza di matrimonio da parte dei genitori e dei loro ascendenti e per l'assegno di mantenimento del coniuge separato il versamento diretto da parte del datore di lavoro ed il sequestro delle retribuzioni sono previsti nella misura determinata dal giudice (artt. 148, c. 2 e 156, c. 6, cod. civ.).

Pensioni Le pensioni, che sono crediti del lavoratore di natura non retributiva, ma previdenziale, erano estranee alla disciplina dell'art. 545 cod. proc. civ. (Corte Cost. n. 231 del 1989).

Tuttavia, trattandosi di redditi anch'essi destinati al sostentamento del lavoratore e della sua famiglia, godono di limiti alla pignorabilità e sequestrabilità ancora più rigorosi di quelli previsti per la retribuzione.

Infatti le pensioni dei dipendenti pubblici erano sottoposte al regime originariamente previsto anche per le retribuzioni e, quindi, erano pignorabili e sequestrabili solo per crediti alimentari nel limite di un terzo e per tributi o per crediti della Amministrazione datrice di lavoro derivanti dal rapporto nel limite di un quinto, elevabile alla metà solo in caso di concorso con crediti alimentari (artt. 1 e 2, d.p.r. n. 180 del 1950), restando assolutamente escluso il pignoramento o il sequestro per ogni altro credito.

Le pensioni dei dipendenti privati erogate dall'INPS erano pignorabili e sequestrabili solo per crediti di stabilimenti pubblici ospedalieri o di ricoveri o per crediti dello stesso INPS per prestazioni indebite o omissioni contributive (art. 128 r.d.l. n. 1827 del 1935; art. 69 legge n. 153 del 1969), mentre le rendite erogate dall'INAIL erano assolutamente impignorabili e insequestrabili (art. 110 T.U. n. 1124 del 1965). È stato necessario un doppio intervento della Corte costituzionale (n. 1041 del 1988, n. 572 del 1989) per consentire il pignoramento e il sequestro almeno per i crediti alimentari nel limite di un terzo di pensioni INPS e rendite INAIL, con equiparazione sul punto al regime delle pensioni pubbliche.

L'assoluta impignorabilità ed insequestrabilità delle pensioni dei dipendenti pubblici e privati per ogni altro credito non nominato ha resistito a lungo (Corte Cost. n. 231 del 1989), ma infine è stata dichiarata incostituzionale (Corte Cost. n. 506 del 2002; n. 468 del 2002). Seguita dalla norma per cui le pensioni possono essere pignorate solo per la parte eccedente la misura massima dell'assegno sociale aumentata della metà e sempre con i limiti previsti per il pignoramento delle retribuzioni (art. 545 cod. proc. civ., c. 7, aggiunto dal d.l. n. 83 del 2015 conv. legge n. 132 del 2015). Si applica anche alle pensioni la norma relativa all'accredito sul conto corrente (art. 545, c. 8, cod. proc. civ.).

In conclusione la Corte costituzionale ha meritoriamente eliminato una serie di ingiustificati eccessi di tutela, realizzando anche un opportuno riequilibrio tra le posizioni dei dipendenti privati e di quelli pubblici.

Le prestazioni pensionistiche complementari e le relative anticipazioni per spese sanitarie sono sottoposte agli stessi limiti di pignorabilità, sequestrabilità e cedibilità delle pensioni pubbliche, mentre i crediti per riscatto e per anticipazioni ad altri fini non sono protetti (art. 11, c. 10, d.lgs. n. 252 del 2005).

91.2. *La compensazione*

La compensazione dei crediti retributivi con eventuali crediti del datore di lavoro verso il dipendente avrebbe anch'essa l'effetto di privare il lavoratore del reddito necessario al sostentamento proprio e della famiglia, sicché sono stabiliti gli stessi limiti previsti per il pignoramento (art. 1246, n. 3, cod. civ.).

Tuttavia se il datore di lavoro, per resistere ad una domanda di retribuzione, oppone un proprio credito, anche risarcitorio, nascente dal rapporto di lavoro, non è configurabile una vera compensazione in senso tecnico, ma un semplice conto di dare e avere nell'ambito del medesimo rapporto, al quale restano inapplicabili i limiti previsti per la compensazione, che attiene esclusivamente a crediti derivanti da rapporti diversi (Corte Cost. n. 259 del 2006).

91.3. *La cessione*

Disciplina codicistica

A differenza delle norme sul sequestro conservativo e sulla compensazione, la disciplina codicistica della cessione del credito non richiama i limiti previsti per il pignoramento.

Né un limite relativo alle retribuzioni sembra ricavabile dalla disposizione (art. 1260, c. 1, cod. civ.) che esclude la cessione per i crediti di «carattere strettamente personale», trattandosi di tutela non del creditore, ma del debitore che subisce la cessione senza potersi opporre («anche senza il consenso del debitore»).

Pertanto l'esclusione di limiti per la cessione dei crediti retributivi appariva voluta dal legislatore, in considerazione della differenza tra tale cessione, che è un atto libero del lavoratore sovente finalizzato ad un utile finanziamento, ed il pignoramento, il sequestro e la compensazione, che il lavoratore deve, invece, subire.

Estensione al lavoro privato della disciplina del lavoro pubblico

Ma, ormai, anche la cessione dei crediti retributivi dei dipendenti privati, anche a termine, e dei lavoratori parasubordinati è stata regolata mediante estensione della previgente disciplina del lavoro pubblico (art. 1, c. 137, legge n. 311 del 2004 che ha così modificato il campo di applicazione del d.p.r. n. 180 del 1950; art. 13 *bis* d.l. n. 35 del 2005 conv. legge n. 80 del 2005; art. 1, c. 346, legge n. 266 del 2005).

Pertanto, salva la cedibilità integrale del t.f.r., la cessione è consentita solo nel limite del quinto e, qualora venga effettuata a fronte di prestiti, solo per un periodo non superiore a dieci anni, solo se il prestito è effettuato da soggetti istituzionali e solo se sono fornite al cessionario adeguate garanzie di recupero del proprio credito residuo per il caso di riduzione dello stipendio o di cessazione del rapporto di lavoro con insufficiente indennità (artt. 1, 5, 52, 53, 54 d.p.r. n. 180 del 1950).

La cessione era vietata senza eccezioni per le pensioni pubbliche, mentre era assimilata al pignoramento e al sequestro per le pensioni dei dipendenti privati e le rendite INAIL. Ora la cessione è stata consentita anche per le pensioni alle seguenti condizioni: limite del quinto; prestito contratto con soggetti istituzionali; durata massima decennale; assicurazione per garantire il recupero del residuo credito in caso di decesso del pensionato (art. 13 *bis*, d.l. n. 35 del 2005 conv. legge n. 80 del 2005). Le stesse regole valgono per la cessione delle prestazioni pensionistiche complementari (art. 11, c. 10, d.lgs. n. 252 del 2005).

92. Le rinunzie e le transazioni del lavoratore

92.1. *La funzione della disciplina dell'art. 2113 cod. civ.*

Inderogabilità delle tutele

L'inderogabilità unilaterale delle disposizioni di legge e di contratto collettivo che tutelano il lavoratore vieta la pattuizione a livello individuale di una disciplina peggiorativa, che sarebbe automaticamente sostituita da quella della fonte superiore non rispettata.

Pertanto la regolamentazione inderogabile del futuro svolgimento del rapporto opera a prescindere da eventuali patti contrari ed il lavoratore acquisisce comunque tutti i diritti previsti dalla legge e dai contratti collettivi.

Limiti alla disposizione dei diritti

Questo semplice ed efficace meccanismo protettivo sarebbe, però, facilmente superabile se fosse poi consentito al lavoratore di disporre liberamente dei diritti in tal modo maturati. Infatti il datore di lavoro, consapevole della inutilità della imposizione in via preventiva di una disciplina peggiorativa, potrebbe far valere la sua forza successivamente, inducendo il lavoratore a disporre, con una rinunzia o una transazione, dei diritti già sorti per effetto di norme inderogabili.

Proprio per evitare l'incoerenza di una inderogabilità operante solo per la genesi dei diritti e non anche per la loro disposizione, l'art. 2113 cod. civ., ora vigente nel testo novellato dall'art. 6 della legge n. 533 del 1973 e dall'art. 31, c. 7, legge n. 183 del 2010, prevede l'invalidità delle rinunzie e transazioni del lavoratore relative a diritti derivanti da norme inderogabili di legge o di contratto collettivo.

L'ordinamento completa, così, la protezione inderogabile del lavoratore considerato come soggetto debole, da tutelare contro la sua stessa libertà negoziale sia nella fase di disciplina del rapporto, sia nella fase di disposizione dei diritti.

92.2. *L'individuazione della rinunzia o della transazione*

Volontà negoziale

La rinunzia costituisce un negozio unilaterale recettizio con cui il titolare di un diritto lo dismette, mentre la transazione è un contratto mediante il quale «le parti, facendosi reciproche concessioni, pongono fine ad una lite già incominciata o prevengono una lite che può sorgere tra loro» (art. 1965, c. 1, cod. civ.).

Per la configurabilità di tali negozi è necessario che il lavoratore abbia piena consapevolezza del proprio diritto e manifesti inequivocamente la volontà di disporne.

Quietanze a saldo

Pertanto non sono qualificabili come rinunzie o transazioni le cosiddette quietanze a saldo liberatorie, con le quali il lavoratore dichiara di ricevere una determinata somma, con valore di confessione stragiudiziale (art. 2735 cod. civ.), e di non avere nulla altro a pretendere dal datore di lavoro, con dichiarazione di scienza priva di valore negoziale transattivo o abdicativo, salvo che dallo stesso documento o da altre circostanze concorrenti, il cui onere probatorio grava sul datore di lavoro interessato, risulti una vera rinunzia o transazione, come ad esempio nel caso di evidente collegamento con una precedente disputa o trattativa sulla entità del dovuto.

Per una effettiva rinunzia o transazione deve, quindi, essere espresso, o almeno ricavabile con certezza dalle particolari circostanze del caso concreto, il riferimento agli specifici diritti che ne costituiscono oggetto.

Rinunzia tacita

È ammissibile una rinunzia tacita, ossia per fatti concludenti, ma le circostanze devono essere effettivamente tali da far emergere senza equivoci la volontà del lavoratore di dismettere consapevolmente il proprio diritto o di fare acquiescenza ad un determinato provvedimento del datore di lavoro.

Per la transazione è prevista, invece, la forma scritta *ad probationem* (art. 1967 cod. civ.), con la conseguente esclusione della prova testimoniale, ma non della confessione e del giuramento.

Oneri di allegazione e di prova

Grava sul datore di lavoro interessato l'onere di allegazione tempestiva e di prova della rinunzia o della transazione del lavoratore, trattandosi non di una mera difesa, ma di una eccezione fondata sulla introduzione in giudizio di un apposito fatto estintivo del diritto azionato dal lavoratore.

92.3. *L'oggetto della rinunzia o della transazione*

Diritti inderogabili

Le rinunzie e transazioni sottoposte alla speciale disciplina dell'art. 2113 cod. civ. sono solo quelle «che hanno per oggetto diritti del prestatore derivanti da disposizioni inderogabili della legge e dei contratti o accordi collettivi».

Solo per questi diritti, infatti, si pone l'illustrata esigenza di completare il sistema della inderogabilità delle tutele del lavoratore. Ed opportunamente, con la novella del 1973, è stato aggiunto il riferimento alle disposizioni inderogabili dei contratti e accordi collettivi di diritto comune, mentre in precedenza erano nominate solo la legge e le norme corporative.

Diritti disponibili

Pertanto restano estranee al campo di applicazione della disposizione in esame le rinunzie e le transazioni relative a diritti la cui fonte è il contratto individuale (ad es. trattamenti retributivi superminimali), ritenendosi in proposito che il lavoratore, se è stato in grado di pattuire il diritto, è altrettanto capace di disporne.

Diritti futuri

Le rinunzie e le transazioni non possono avere ad oggetto diritti non ancora sorti, ossia mere aspettative, poiché i negozi riguardanti diritti futuri attengono alla disciplina del rapporto e non alla disposizione dei diritti dalla stessa derivanti.

Negozi estintivi o sospensivi del rapporto

Le dimissioni e la risoluzione consensuale del rapporto, al pari della rinunzia ad impugnare il licenziamento o al diritto alla reintegrazione, non costituiscono atti di disposizione di un diritto inderogabile, bensì negozi diretti alla estinzione del rapporto o alla accettazione di questa, sicché restano estranee alla disciplina dell'art. 2113 cod. civ., salvo che non appartengano ad un più ampio regolamento transattivo.

La medesima conclusione vale per gli accordi di sospensione non retribuita del rapporto.

Posizione previdenziale

Il lavoratore non può disporre della contribuzione previdenziale di cui è titolare l'ente, né della prestazione previdenziale pubblica. Può disporre, invece, del diritto al risarcimento del danno o alla costituzione di rendita vitalizia in caso di prescrizione dei contributi omessi.

Lavoro parasubordinato

La tutela in esame, nei limiti indicati, non riguarda soltanto i diritti dei lavoratori subordinati, ma, dopo la novella del 1973, anche quelli dei lavoratori autonomi parasubordinati di cui all'art. 409, n. 3, cod. proc. civ.

92.4. *L'onere di impugnazione tempestiva*

Termine di impugnazione

Il lavoratore che intenda invalidare la propria rinunzia o transazione deve impugnarla entro il termine di decadenza di sei mesi, che decorre dalla data di cessazione del rapporto se l'atto di disposizione è precedente, oppure dalla data dell'atto se è successiva a tale cessazione (art. 2113, c. 2, cod. civ.).

Decorso del termine

La ragione del decorso del termine solo dopo la cessazione del rapporto viene rinvenuta nel timore reverenziale del prestatore nei confronti del datore di lavoro in costanza di rapporto, che potrebbe determinare una inerzia forzata.

Invece l'estensione dell'invalidità anche alle rinunzie e transazioni successive alla fine del rapporto, seppur con decorso immediato del termine di decadenza, si spiega con la posizione di debolezza socio-economica del lavoratore fuori dal rapporto, che potrebbe indurlo ad accettare regolazioni non convenienti.

Impugnazione stragiudiziale e giudiziale

L'impugnazione può avvenire, oltre che con la proposizione dell'azione giudiziaria, «con qualsiasi atto scritto, anche stragiudiziale, del lavoratore idoneo a renderne nota la volontà» (art. 2113, c. 3, cod. civ.).

L'impugnazione stragiudiziale non esige formule sacramentali, purché emerga la volontà del lavoratore di invalidare l'atto di disposizione e questo sia individuabile con certezza. Se, invece, nel termine viene introdotto il giudizio è sufficiente che il lavoratore chieda il riconoscimento dei diritti rinunziati o transatti, ritenendosi implicita l'impugnazione del precedente negozio dispositivo.

Annullabilità

L'imposizione dell'esaminato onere di impugnazione comporta la qualificazione dell'invalidità non come nullità, ma come annullabilità, con tutte le conseguenze: irrivelabilità d'ufficio; prescrizione estintiva quinquennale dell'azione una volta evitata la decadenza; natura costitutiva della sentenza.

In effetti se il lavoratore ritiene conveniente l'atto di disposizione compiuto può renderlo definitivamente valido con la semplice omissione dell'impugnazione nel termine di decadenza. Sicché i diritti del prestatore derivanti da norme inderogabili di legge o di contratto collettivo, salvo alcune eccezioni espresse come le ferie o il riposo settimanale (art. 36, c. 3, Cost.), non sono indisponibili, ma a disponibilità condizionata dalla mancanza di tempestiva impugnazione. Solo se intesa in questo senso può essere accettata la diffusa formula secondo cui si tratterebbe di diritti «relativamente indisponibili».

La particolarità di questa disciplina è stata ritenuta costituzionalmente legittima, non potendosi imporre al legislatore ordinario, per diritti che, come ad esempio la retribuzione, non sono indisponibili, la scelta del più drastico modello della nullità, né potendosi comparare la brevità del previsto termine di decadenza per l'impugnazione dell'atto con il più lungo termine di prescrizione del diritto, proprio perché in questo secondo caso non v'è un negozio da rimuovere (Corte Cost. n. 77 del 1974).

Nell'ipotesi in cui il lavoratore impugni tempestivamente la transazione e azioni in giudizio l'intera sua pretesa originaria, il datore di lavoro può richiedere in via riconvenzionale la restituzione di quanto versato in esecuzione della transazione medesima, salvo l'eventuale conguaglio ad opera del giudice in base all'accertamento dell'effettivo dovuto.

92.5. *Le conciliazioni valide* ab origine

L'esigenza di consentire al lavoratore di disporre validamente dei propri diritti, anche derivanti da norme inderogabili, contemporaneamente evitando il rischio di negozi non convenienti conclusi per mera debolezza o soggezione nei confronti del datore di lavoro, viene soddisfatta mediante la previsione di conciliazioni sottratte alla comminatoria di invalidità (art. 2113, c. 4, cod. civ., come novellato dall'art. 31, c. 7, legge n. 183 del 2010).

Si tratta delle conciliazioni raggiunte in sede giudiziale, in sede amministrativa innanzi agli appositi Collegi e Commissioni istituite presso l'Ispettorato del lavoro o innanzi ad un singolo funzionario di tale Ispettorato, in sede sindacale secondo le procedure previste dai contratti collettivi ed ora anche presso le sedi di certificazione e innanzi al Collegio di conciliazione e arbitrato costituito liberamente dalle parti.

In questi casi si ritiene che il lavoratore sia adeguatamente consigliato, con conseguente garanzia di convenienza di quanto concordato. In effetti sovente al prestatore può essere utile rinunziare ad una parte della propria pretesa ottenendo in cambio l'immediato riconoscimento del residuo, pur di superare sia le lungaggini e le incertezze in fatto ed in diritto di una lite sulla fondatezza di tale pretesa, sia la difficoltà di realizzare coattivamente il proprio credito insoddisfatto.

Per la validità della conciliazione è necessario che il lavoratore sia effettivamente assistito, non essendo sufficiente la mera sottoscrizione dell'accordo da parte dei soggetti garanti.

La volontà decisiva rimane, comunque, quella del lavoratore, sicché correttamente si parla di volontà assistita. Non a caso la sola volontà del sindacato, in assenza di specifico mandato o di successiva ratifica, non è ritenuta idonea per la disposizione dei diritti già maturati dal lavoratore (cfr. 17.7).

È prevista anche la «certificazione» delle rinunzie e transazioni del lavoratore innanzi alle commissioni di certificazione (cfr. 45). Ma qui solo per la garanzia della volontà abdicativa e, quindi, con dubbi quanto alla inoppugnabilità della volontà così manifestata.

92.6. *L'impugnazione di diritto comune*

La disciplina speciale dell'art. 2113 cod. civ. non esclude che gli atti di disposizione dei diritti del lavoratore possano essere attaccati in base ai principi di diritto comune sulla nullità e annullabilità del negozio.

Ciò, evidentemente, non ha concreta utilità nelle ipotesi in cui il lavoratore abbia potuto impugnare tempestivamente la rinunzia o la transazione entro il previsto termine di decadenza ai sensi dell'art. 2113 cod. civ. Ma quando detto termine sia scaduto oppure quando si tratti di conciliazione sottratta alla impugnazione speciale, il lavoratore può avere interesse, ricorrendone i presupposti e gravandosi dei relativi oneri probatori, ad invocare il diritto comune per invalidare l'atto di disposizione altrimenti inattaccabile.

La stessa conciliazione giudiziale può essere impugnata per i vizi relativi al negozio sostanziale in essa racchiuso.

Pertanto il lavoratore può chiedere l'annullamento del negozio per incapacità naturale (art. 428 cod. civ.) o per un vizio della volontà (artt. 1427 e ss. cod. civ.), con esclusione del solo errore di diritto relativo alle questioni oggetto della transazione (art. 1969 cod. civ.).

93. La prescrizione

93.1. *Prescrizione estintiva e prescrizione presuntiva*

Prescrizione estintiva

Anche i diritti del lavoratore si estinguono per prescrizione qualora il titolare rimanga inerte per il periodo determinato dalla legge (art. 2934, c. 1, cod. civ.). Ciò al fine di dare certezza ai rapporti giuridici evitando che il debitore resti esposto indefinitamente alle pretese del creditore.

Termine ordinario e termini brevi

Il termine di prescrizione estintiva ordinaria è decennale (art. 2946 cod. civ.), ma alcuni importanti diritti del lavoratore sono sottoposti a prescrizioni brevi per una più rapida certezza.

Innanzitutto la legge prevede la prescrizione estintiva quinquennale di «tutto ciò che deve pagarsi periodicamente ad anno o in termini più brevi» (art. 2948, n. 4, cod. civ.). Sicché ricadono sotto questa generale disposizione civilistica anche le retribuzioni periodiche, sia quella cosiddetta corrente (mensile, quindicinale, settimanale), sia le erogazioni a periodicità annuale (mensilità aggiuntive, gratifiche, premi di produzione o di rendimento). Rimane, invece, operante la prescrizione decennale per le erogazioni *una tantum*, come ad esempio il premio di fedeltà o l'indennità di trasferimento.

Per le retribuzioni degli impiegati dello Stato era prevista una prescrizione estintiva biennale, che però è stata dichiarata incostituzionale (Corte Cost. n. 50 del 1981) con equiparazione al ricordato termine quinquennale già applicabile ai dipendenti degli altri enti pubblici. Invece ha resistito, in quanto inserito in un particolare regime della prescrizione estintiva (cfr. 93.3), il termine biennale fissato per i diritti del personale navigante (artt. 373, c. 1 e 937, c. 1, cod. nav.).

È prevista una specifica prescrizione estintiva quinquennale per le «indennità spettanti per la cessazione del rapporto di lavoro» (art. 2948, n. 5, cod. civ.), tra le quali l'indennità sostitutiva del preavviso ed il trattamento di fine rapporto. Questa disposizione si applica anche ai lavoratori autonomi aventi diritto a indennità di fine rapporto.

Il diritto al risarcimento del danno da fatto illecito si prescrive in cinque anni (art. 2947, c. 1, cod. civ.), ma se il fatto costituisce reato con un più lungo termine di prescrizione si applica quest'ultimo anche all'azione civile (art. 2947, c. 3, cod. civ.). Queste disposizioni riguardano solo la responsabilità extracontrattuale del datore di lavoro, mentre al risarcimento da inadempimento contrattuale, in quanto tale richiesto al giudice del lavoro, si applica l'ordinaria prescrizione decennale *ex* art. 2946 cod. civ.

Il diritto alla qualifica superiore è soggetto alla ordinaria prescrizione estintiva decennale che ricomincia a decorrere giorno dopo giorno se la situazione genetica permane, mentre le conseguenti differenze retributive si prescrivono in cinque anni (Cass. SU n. 11263 del 1992).

Prescrizione presuntiva

Del tutto diversa dalla prescrizione estintiva fin qui esaminata è la prescrizione presuntiva, consistente in una presunzione di adempimento, superabile solo con la confessione giudiziale (art. 2959 cod. civ.) o con il giuramento (art. 2960 cod. civ.) del debitore di non avere adempiuto.

Le retribuzioni del lavoratore sono sottoposte a prescrizione presuntiva annuale se hanno periodicità non superiore al mese (art. 2955, n. 2, cod. civ.) ed a prescrizione presuntiva triennale se hanno periodicità superiore al mese (art. 2956, n. 1, cod. civ.). Sono, invece, escluse dalla prescrizione presuntiva le indennità di fine rapporto.

93.2. *L'oggetto della prescrizione*

Diritti

La prescrizione riguarda diritti soggettivi perfetti (art. 2934, c. 1, cod. civ.), come quelli appena esaminati, sicché non si prescrivono i meri fatti, come ad esempio l'anzianità di servizio, ma solo i diritti che eventualmente ne derivino, come ad esempio gli scatti di anzianità.

Aspettative

Non si prescrivono neppure le aspettative di diritti futuri, anche se giuridicamente tutelate.

Viene esclusa anche la prescrittibilità del, pur ammesso, accertamento della esistenza e durata di un rapporto di lavoro subordinato, prescrivendosi soltanto gli eventuali conseguenti diritti.

Diritti indisponibili

Non sono soggetti a prescrizione i diritti indisponibili (art. 2934, c. 2, cod. civ.), ma quelli del lavoratore non sono tali, salvo alcune eccezioni espresse come il diritto alla sicurezza (art. 2087 cod. civ.) oppure le ferie e il riposo settimanale (art. 36, c. 3, Cost.). In questi casi, però, è disponibile, e si può quindi prescrivere nell'ordinario termine decennale, il diritto al risarcimento del danno contrattuale derivante dalla lesione del diritto indisponibile, ferma restando la prescrizione quinquennale del diritto alla retribuzione dovuta per la prestazione resa in luogo del riposo.

Azioni di invalidità

Non si prescrivono le azioni di nullità (art. 1422 cod. civ.), come ad esempio quelle relative al licenziamento discriminatorio o al termine illegittimamente apposto al contratto di lavoro, ma ora si deve tener conto delle decadenze stragiudiziali e giudiziali ove previste (art. 32 legge n. 183 del 2010). È salva, ovviamente, un'eventuale sopravvenuta risoluzione consensuale del rapporto anche per fatti concludenti o una perdita dell'azione per abuso da ritardo. Sono, invece, sottoposte alla prescrizione breve di cinque anni le azioni di annullamento (art. 1442, c. 1, cod. civ.; art. 428, c. 3, cod. civ.), come quelle relative alle dimissioni oppure alla rinunzia o transazione invalida, sempre che siano state impedite, con tempestiva impugnazione stragiudiziale, le decadenze ove previste.

93.3. *La decorrenza del termine di prescrizione*

Maturazione del diritto

La prescrizione comincia a decorrere dal giorno in cui il diritto può essere fatto valere (art. 2935 cod. civ.), sicché i diritti del lavoratore che maturano durante il rapporto possono essere perduti a causa dell'inerzia mantenuta dal loro titolare nel periodo di successiva prosecuzione del rapporto stesso.

Rapporto in corso

Solo per la retribuzione la Corte Costituzionale (n. 63 del 1966), ha ritenuto in contrasto con il principio dell'art. 36, c. 1, Cost. la possibilità che il lavoratore perda tale diritto per essere rimasto inerte in costanza di rapporto, considerando tale inerzia indotta dal timore reverenziale nei confronti del datore di lavoro in base alla indicazione sistematica ricavabile dal differimento alla fine del rapporto del decorso del termine di decadenza per la impugnazione delle rinunzie e transazioni (art. 2113, c. 2, cod. civ.). Pertanto, mediante una ardita assimilazione della prescrizione ad una rinunzia implicita, sono state dichiarate incostituzionali non, come sarebbe stato più logico, le norme sulla decorrenza della prescrizione o sulle cause di sospensione della stessa, bensì le disposizioni sulla prescrizione estintiva (art. 2948, n. 4, cod. civ.) e presuntiva (artt. 2955, n. 2 e 2956, n. 1, cod. civ.) nella parte in cui consentono che la prescrizione del diritto alla retribuzione decorra durante il rapporto di lavoro.

Stabilità Questa rivoluzionaria pronunzia, è stata successivamente temperata dalla stessa Corte Costituzionale (n. 143 del 1969, n. 86 del 1971, n. 174 del 1972, n. 115 del 1975, nn. 40-44 del 1979, n. 13 del 1981) con l'affermazione che il timore reverenziale non sussiste nei rapporti di lavoro dotati di stabilità, sicché in tali casi la prescrizione del diritto alla retribuzione può decorrere liberamente anche durante il rapporto.

La stabilità sussiste solo laddove è riconosciuto al lavoratore il diritto alla eliminazione degli effetti del licenziamento ingiustificato, con accertamento della persistenza del rapporto, anche se resta incoercibile l'ordine di reintegrazione nel posto di lavoro (Cass. SU n. 1268 del 1976, n. 1073 del 1984, n. 38 del 2001).

Pertanto nel lavoro privato, dopo la legge n. 92 del 2012 che ha novellato l'art. 18 stat. lav. conservando la tutela reale solo nei casi di nullità del licenziamento e nei casi tassativi di ingiustificatezza qualificata e il d.lgs. n. 23 del 2015 per i nuovi assunti che ha ridotto i casi di ingiustificatezza qualificata, prevedendo per la semplice ingiustificatezza una tutela solo indennitaria, non è più sostenibile il decorso della prescrizione dei crediti retributivi durante il rapporto, poiché non è più garantita la stabilità di questo che escludeva il timore reverenziale (Cass. n. 26246 del 2022). Ovviamente i diritti retributivi già prescritti durante il regime di stabilità anteriore all'entrata in vigore della riforma restano prescritti. Anche per il periodo di prescrizione decorso, seppur non ancora compiuto all'entrata in vigore della riforma, rimane valido e, dopo il periodo di sospensione per la sopravvenuta instabilità, si cumula con il periodo successivo alla fine del rapporto.

Trattandosi del superamento della soggezione psicologica del lavoratore, contava la situazione di fatto e non quella di diritto, sicché la prescrizione non decorreva nel corso di rapporti ai quali il datore di lavoro non riconoscesse la stabilità, ad esempio negando la natura subordinata del rapporto stesso oppure la sussistenza di un contratto a tempo indeterminato (Cass. SU n. 575 del 2003).

L'onere di allegare tempestivamente e provare le circostanze che determinavano la stabilità (le dimensioni dell'organico dell'azienda o dell'unità produttiva) gravava sul datore di lavoro che eccepiva la prescrizione per resistere ad una azione di condanna al pagamento di retribuzioni (Cass. SU n. 2249 del 1988, n. 38 del 2001). Tuttavia la conclusione si era rovesciata secondo la non condivisibile posizione delle Sezioni Unite (n. 141 del 2006) circa l'esonero del lavoratore dall'onere di provare i requisiti per la tutela reale (cfr. 71.1).

Diritti non retributivi

La decorrenza della prescrizione estintiva ordinaria *ex* art. 2946 cod. civ., prevista per diritti (ad es. qualifica; risarcimento del danno contrattuale) diversi dalla retribuzione periodica, rimane consentita durante qualsiasi rapporto anche privo di stabilità (Corte Cost. n. 115 del 1975, nn. 40-41 del 1979).

Naviganti

Per il personale navigante la prescrizione estintiva biennale di tutti i diritti, non solo retributivi, decorre dal giorno dello sbarco nel porto di arruolamento (o nel luogo di assunzione per la navigazione aerea) successivamente alla cessazione del rapporto (artt. 373, c. 1 e 937, c. 1, cod. nav.). Si tratta di una interessante anticipazione del principio di non decorrenza della prescrizione durante il rapporto di lavoro, oltretutto qui fissato in via generale e quindi anche per i rapporti resistenti, per ragione diversa dal timore del licenziamento ed individuato nella lontananza dal foro (Corte Cost. n. 354 del 2006). Ragione che, però, non sembra più attuale con conseguente necessità di esaminare il profilo della incostituzionalità sopravvenuta. Il differimento ulteriore al momento dello sbarco nel luogo di partenza si spiega con il timore del navigante di essere abbandonato in luoghi lontani e, comunque, con la difficoltà di esercizio dei diritti durante la navigazione.

Detenuti

Neppure per i detenuti la prescrizione dei crediti di lavoro decorre durante il rapporto, per la particolarità della loro condizione che potrebbe dissuaderli dalla tutela dei propri diritti.

Lavoratori autonomi

I compensi dei lavoratori autonomi, anche parasubordinati, si prescrivono normalmente nel corso del rapporto, non potendo essere assimilati alla retribuzione del lavoratore dipendente (Corte Cost. n. 365 del 1995).

93.4. *L'interruzione della prescrizione*

La prescrizione, fino a quando non si è compiuta, può essere interrotta, con conseguente inizio di un nuovo periodo di prescrizione (art. 2945, c. 1, cod. civ.). L'interruzione può avvenire mediante un atto stragiudiziale di costituzione in mora (art. 2943, c. 4, cod. civ.), consistente in una intimazione scritta ad adempiere un determinato debito (art. 1219, c. 1, cod. civ.). Pertanto non sono utili comunicazioni prive di intimazione o che, comunque, non indichino con precisione i crediti insoddisfatti, pur sembrando sufficiente la chiara esplicitazione del titolo specifico senza necessità di quantificazione.

È valida la costituzione in mora sottoscritta da rappresentanti del lavoratore, come il legale o il sindacato, senza necessità di previa procura scritta non trattandosi di atto negoziale, cui sarebbe, invece, applicabile *ex* art. 1324 cod. civ. la regola di identità di forma tra contratto da concludere e relativa procura (art. 1392 cod. civ.).

La comunicazione al datore di lavoro della richiesta di espletamento del tentativo di conciliazione interrompe la prescrizione.

La prescrizione è interrotta anche dalla notificazione dell'atto introduttivo del giudizio (art. 2943, c. 1, cod. civ.) ed in tal caso resta sospesa fino alla sentenza passata in giudicato (art. 2945, c. 2, cod. civ.), salvo il caso di estinzione del giudizio che lascia fermo solo l'effetto interruttivo di singoli atti (art. 2945, c. 3, cod. civ.).

L'azione di annullamento (ad es. di una transazione invalida o delle dimissioni) non riguarda l'adempimento di un debito, sicché il relativo termine di prescrizione non può essere interrotto mediante un atto stragiudiziale di costituzione in mora, ma soltanto dall'introduzione del giudizio.

L'interruzione della prescrizione costituisce eccezione in senso lato rilevabile d'ufficio, purché il fatto interruttivo sia stato dedotto tempestivamente nella prima udienza utile.

94. La decadenza

94.1. *La decadenza legale*

Per effetto della decadenza il diritto si estingue se nel termine previsto non viene compiuto un determinato atto (impugnazione, reclamo, ecc.).

A differenza della prescrizione la decadenza riguarda solo specifici diritti ed è assai più rigorosa, sia per la brevità del termine, sia perché insuscettibile di interruzione o sospensione (art. 2964 cod. civ.). Pertanto nella decadenza l'esigenza di rapida certezza giustifica una maggiore compressione della posizione del titolare del diritto.

Una eccezionale sospensione dei termini di decadenza è prevista come effetto della comunicazione al datore di lavoro della richiesta di espletamento del tentativo di conciliazione delle controversie individuali di lavoro.

Tra le decadenze legali in materia di lavoro spiccano: quella relativa all'impugnazione stragiudiziale e giudiziale del licenziamento, del termine illegittimo, del trasferimento, dell'interposizione, degli effetti del trasferimento d'azienda, del recesso del committente nel lavoro parasubordinato (art. 6 legge n. 604 del 1966; art. 32 legge n. 183 del 2010); quella relativa alla impugnazione delle rinunzie e transazioni nel termine di sei mesi.

94.2. *La decadenza convenzionale*

La decadenza può essere prevista non solo dalla legge, ma anche dall'autonomia privata, purché, a pena di nullità, non renda eccessivamente difficile l'esercizio del diritto (art. 2965 cod. civ.).

I contratti collettivi, ora con minor frequenza che in passato, contengono clausole di decadenza per alcuni diritti del lavoratore.

In proposito la giurisprudenza dapprima ha equiparato seccamente la decadenza ad una rinunzia tacita, con conseguente automatica applicazione della disciplina protettiva dell'art. 2113 cod. civ., ma, poi, più correttamente, ha assunto tale disciplina solo come parametro di riferimento per la valutazione della congruità della decorrenza e durata del termine di decadenza convenzionale in relazione alla tipica posizione di debolezza del lavoratore in costanza di rapporto. E così è stato considerato eccessivamente difficile l'esercizio del diritto sia nel caso di decorrenza del termine durante il rapporto, sia nel caso di durata del termine inferiore a quella, prima di tre ed ora di sei mesi, prevista per l'impugnazione delle rinunzie e transazioni.

Tuttavia questa impostazione, fondata su una tipica presunzione giurisprudenziale, è stata temperata da una presunzione contraria, ritenendosi che il termine di decadenza possa validamente decorrere anche nel corso del rapporto quando questo sia stabile, con evidente analogia rispetto alla evoluzione dei principi giurisprudenziali in tema di prescrizione (cfr. 93.3).

95. La tutela giurisdizionale civile

95.1. *Il problema della effettività della tutela giurisdizionale*

Tutela specifica e tutela per equivalente

Quando l'ordinamento riconosce un diritto soggettivo perfetto si apre un ventaglio di soluzioni protettive fortemente differenziate tra loro, sicché la scelta del legislatore per l'una o per l'altra segna in modo decisivo il limite di concreta soddisfazione dell'interesse considerato.

Si pone, così, il problema della effettività della tutela giurisdizionale dei diritti, distinguendosi essenzialmente l'ipotesi in cui è garantita la precisa realizzazione dell'interesse protetto (cosiddetta tutela specifica) dall'ipotesi in cui la lesione di tale interesse non viene rimossa dovendosi il titolare accontentare di un eventuale risarcimento (cosiddetta tutela per equivalente).

L'esclusione della tutela specifica, se non dipende dalla impossibilità materiale di ripristinare la situazione precedente all'illecito, deriva dal voluto rispetto della sfera di libertà del debitore secondo scelte di politica legislativa non sovvertibili dall'interprete.

L'alternativa, espressamente indicata nell'art. 185 cod. pen., tra tutela specifica, restitutoria-ripristinatoria della situazione alterata dall'illecito o satisfattoria dell'interesse dedotto in obbligazione, e tutela per equivalente, con sostituzione di una somma di denaro al bene originario in base ad una funzione riparatoria che presuppone il danno e la responsabilità, indica, dunque, l'effettiva forza di cui è dotato un diritto.

Il nostro ordinamento assicura una tutela specifica sia ai crediti pecuniari, mediante la tecnica dell'espropriazione forzata dei beni del debitore (art. 2910 cod. civ.; artt. 483 e ss. cod. proc. civ.), sia ai diritti reali ed ai diritti di credito relativi a cose determinante, mediante la tecnica dell'esecuzione per consegna di beni mobili o per rilascio di beni immobili (art. 2030 cod. civ.; artt. 605 e ss. cod. proc. civ.), sia agli obblighi di fare e di non fare fungibili, cioè aventi ad oggetto una prestazione eseguibile da terzi indicati dal giudice, mediante l'apposita tecnica esecutiva (artt. 2931 e 2933 cod. civ.; artt. 612 e ss. cod. proc. civ.).

Obblighi di fare e non fare infungibili

Rimangono, invece, privi di tutela specifica gli obblighi di fare e di non fare infungibili, per il cui inadempimento è utilizzabile solo la tutela risarcitoria. Qui il debitore inadempiente non viene costretto, né direttamente, né indirettamente ad eseguire la prestazione dovuta o a cessare la condotta vietata rimuovendone gli effetti. Secondo l'impostazione del codice, e salvo particolari previsioni di norme speciali (ad es. l'art. 28 stat. lav. per la condotta antisindacale), in questi casi al creditore non resta che la tutela risarcitoria per equivalente per la riparazione dell'eventuale danno derivante dall'inadempimento. Ferma restando, ovviamente, la nullità dell'atto contrario a norme imperative.

Questa scelta si fonda, come si è detto, sul rispetto per la posizione del debitore, di cui intende tutelare la libertà anche quando questa sia stata volontariamente e lecitamente limitata nell'ambito di un rapporto obbligatorio, così evitando, ad esempio, di costringere, sia pure attraverso semplici misure compulsorie, il lavoratore inadempiente a svolgere effettivamente la prestazione cui si è impegnato.

Il conseguente sacrificio dell'interesse del creditore si giustifica certamente quando si tratta di un interesse patrimoniale, che opportunamente cede all'altrui libertà, ma la situazione è assai diversa se anche il creditore è portatore di un interesse esistenziale che non possa essere adeguatamente soddisfatto con un equivalente monetario, sicché qui emerge con prepotenza la tensione all'adempimento in natura. Quando si fronteggiano due libertà, non è facile accettare che debba nei fatti prevalere quella di chi ha torto, sia pure con il costo del risarcimento.

Tuttavia l'ordinamento continua ad affiancare alle ipotesi di infungibilità materiale, in cui è naturalisticamente impossibile la sostituzione dell'obbligato, ipotesi di infungibilità solo giuridica, in cui la surrogazione, materialmente possibile, è esclusa solo in virtù del riconoscimento normativo di una sfera o di un potere esclusivo del debitore non intaccabili da terzi. Come, ad esempio, a proposito del principio di libertà di iniziativa economica (art. 41 Cost.) quale garanzia di esclusività dell'attività dell'imprenditore, che conseguentemente, fin quando conserva la sua posizione, non può essere mai sostituito nel compimento di singoli atti.

Misure coercitive indirette

Nel nostro ordinamento, a differenza di altri (cfr. ad es. il generale sistema francese dell'*astreinte*), anche le misure coercitive indirette, di natura penale o patrimoniale, per ottenere l'ottemperanza all'ordine del giudice erano limitate a pochi casi tipici, tra cui la repressione della condotta antisindacale, la tutela dei sindacalisti interni illegittimamente licenziati, le discriminazioni collettive per sesso. È stata, infatti, correttamente esclusa l'esistenza di una generale coercizione indiretta, addirittura penale, che si sarebbe voluta erroneamente fondare sulle disposizioni dell'art. 650 cod. pen., relativo all'inosservanza dei soli provvedimenti amministrativi, e dell'art. 388 cod. pen., che punisce solo l'elusione di un'esecuzione possibile e non la mera inosservanza di un ordine giudiziale in sé incoercibile. Ora con l'art. 614 bis cod. proc. civ., introdotto con la riforma del 2009, è prevista una generale misura compulsoria patrimoniale per la condanna ad un fare infungibile o a un non fare. Ma da questa disposizione sono espressamente escluse le controversie di lavoro, per le quali appare opportuna una apposita disciplina.

Mentre non vanno confuse con le ricordate misure compulsorie dell'ottemperanza all'ordine giudiziale le sanzioni, di varia natura (penale, civile, amministrativa), previste direttamente per la violazione del precetto normativo.

Tutele del lavoratore

Nel quadro fin qui descritto il lavoratore gode, dunque, di una tutela specifica integralmente satisfattiva per i crediti pecuniari, di natura retributiva o risarcitoria.

Invece per i diritti aventi ad oggetto comportamenti infungibili dell'imprenditore (ad es. adozione delle misure di sicurezza; assegnazione di mansioni dello stesso livello; reintegrazione in servizio dopo il licenziamento illegittimo) la tutela specifica incontra l'ostacolo della incoercibilità di tale condotte. Sicché, con riferimento alle limitazioni dei poteri del datore di lavoro, sono utilmente esperibili solo l'azione di invalidità o inefficacia dell'atto contrario al divieto (ad es. assegnazione di mansioni inferiori; trasferimento ingiustificato; sanzione disciplinare illegittima; atto discriminatorio) e l'azione risarcitoria per la riparazione dell'eventuale danno, mentre la condanna all'adempimento dell'obbligo di fare o di non fare infungibile è insuscettibile di esecuzione forzata, tanto che si dubita addirittura della sua ammissibilità.

Il problema è particolarmente rilevante in quanto, di norma, il lavoratore, in una situazione di diffusa disoccupazione, ha un interesse vitale alla prosecuzione del rapporto per conservare il relativo reddito, sicché, a differenza del datore di lavoro che non ha remore ad utilizzare il licenziamento per reagire ad inadempimenti del prestatore, tende ad evitare l'autotutela estintiva del rapporto (dimissioni per giusta causa) e necessita, quindi, di una adeguata tutela giurisdizionale. Quella stessa disparità di forza contrattuale che è alle origini del diritto del lavoro costituisce, così, il fattore essenziale di differenziazione delle parti del rapporto rispetto alla esigenza di effettività della tutela giurisdizionale.

Interesse alla conservazione del rapporto

D'altro canto è proprio il medesimo interesse del lavoratore alla conservazione del rapporto a condizionare di fatto il ricorso alla tutela giurisdizionale.

Infatti il prestatore, se non gode della protezione reale contro il licenziamento ingiustificato, evita durante il rapporto di reagire agli inadempimenti del datore di lavoro proprio per timore del licenziamento, come viene espressamente riconosciuto dalla ricordata elaborazione giurisdizionale in tema di prescrizione dei diritti retributivi e di clausole di decadenza. Pertanto se il rapporto non è resistente il lavoratore è indotto a differire alla fine di questo sia le azioni a tutela dei crediti retributivi, sia le azioni relative all'illegittimo esercizio dei poteri del datore di lavoro che finiscono così per ridursi ad azioni risarcitorie, essendo ormai a quel punto inutile l'azione di adempimento. Si verifica, quindi, per l'intera durata del rapporto non resistente un sostanziale congelamento della tutela giurisdizionale del prestatore.

Assai diversa era la situazione del lavoratore protetto in modo reale contro il licenziamento ingiustificato, di cui la pronunzia del giudice era perciò idonea ad eliminare gli effetti con conseguente persistenza del rapporto. Qui il prestatore aveva minori remore ad esperire ogni utile tutela giurisdizionale già durante il rapporto, sicché, di fronte all'inadempimento del datore, poteva reagire tempestivamente, sia chiedendo eventuali differenze retributive, sia chiedendo l'invalidazione di atti illegittimi e l'adempimento di obblighi con il relativo risarcimento del danno per il ritardo.

La tutela reale contro il licenziamento ingiustificato si poneva, dunque, al centro del sistema, costituendo un essenziale spartiacque proprio nella prospettiva della concreta fruibilità di importanti tutele giurisdizionali offerte dall'ordinamento al lavoratore. La conseguente suddivisione del mondo del lavoro in aree distinte, a seconda non solo della qualità e quantità di garanzie sostanziali per il lavoratore, ma anche della loro effettiva azionabilità, è stata attenuata con l'eliminazione della tutela reale per il caso di licenziamento semplicemente ingiustificato, essendo stata conservata questa tutela solo per le ipotesi tipiche di ingiustificatezza qualificata, oltre che per i licenziamenti vietati o orali.

95.2. *L'onere della prova*

Regola precostituita di giudizio

L'onere della prova (art. 2697 cod. civ.) costituisce una regola di giudizio per consentire la decisione della causa nelle ipotesi in cui il giudice, al termine dell'istruttoria, sia ancora incerto su di un fatto rilevante. In tali casi il giudice deve pronunziare egualmente nel merito, decretando la soccombenza della parte onerata della prova del fatto sulla cui esistenza o inesistenza non sia stato possibile raggiungere un convincimento pieno.

La mera verosimiglianza (c.d. *semiplena probatio*) non consente di ritenere accertato il fatto.

La ripartizione degli oneri probatori è precostituita, nel senso che non può essere fissata arbitrariamente dal giudice, ma, in relazione alla concreta pretesa avanzata in giudizio, discende dal diritto sostanziale, la cui interpretazione deve mirare, oltre che alla individuazione degli elementi della fattispecie, anche alla ascrizione di tali elementi rispettivamente all'area dei fatti costitutivi, della cui prova è onerato l'attore, oppure all'area dei fatti impeditivi, modificativi ed estintivi, della cui prova è onerata il convenuto. Ne consegue anche che la ripartizione degli oneri probatori rimane invariata in tutti i processi in cui l'attore in senso formale è convenuto in senso sostanziale, essendo stato costretto al giudizio dell'aggressione del titolare della pretesa: opposizione a decreto ingiuntivo, a ordinanza ingiunzione, a cartella di pagamento; azioni di accertamento negativo (cfr. 97.2).

In questo contesto si inquadra l'esigenza di protezione del lavoratore, considerato, non sempre a ragione, quale soggetto debole anche dal punto di vista della adduzione delle prove e, quindi, sovente in difficoltà nell'assolvere gli oneri a lui incombenti, con il conseguente rischio della vanificazione della tutela garantitagli da norme inderogabili.

Poteri istruttori del giudice del lavoro

Sul versante processuale il legislatore, per ridurre le occasioni di applicazione della regola di giudizio dell'onere della prova, ha accresciuto la possibilità di accertamento dei fatti di causa allegati dalle parti mediante l'attribuzione al giudice del lavoro di poteri istruttori d'ufficio anche fuori dei limiti del codice civile (art. 421, c. 2, cod.

proc. civ.), così agevolando la ricerca della verità materiale ed attenuando il profilo soggettivo dell'onere della prova.

Il richiamo alla peculiarità di un processo avente ad oggetto diritti di grande rilievo sociale, appunto garantiti da norme inderogabili, se spiega il ricordato intervento del legislatore, non giustifica, invece, l'inaccettabile tentativo di arbitraria inversione equitativa caso per caso dell'onere della prova per un'invocata esigenza di protezione della parte debole, la cui tutela è incorporata nel diritto sostanziale anche con riferimento alla distribuzione dei carichi probatori, da individuarsi, appunto, in via interpretativa, con tutte le connesse difficoltà, ma anche con le relative garanzie e controlli.

Centralità della disciplina sostanziale

Se, dunque, sul versante processuale è solo riducibile, mediante l'esercizio dei poteri istruttori del giudice, ma non è certo eliminabile il rischio di soccombenza del lavoratore per il mancato accertamento dei fatti della cui prova egli è onerato, risulta evidente come un effettivo salto di tutela possa derivare soltanto dalla evoluzione della disciplina sostanziale dei singoli istituti, con la modifica del contenuto e della ripartizione degli oneri probatori.

95.3. *Processo del lavoro, conciliazione e arbitrato*

Gratuità

La tutela giurisdizionale dei diritti del lavoratore è agevolata dalla previsione di un apposito processo del lavoro (legge n. 533 del 1973, che ha novellato gli artt. 409 e ss. cod. proc. civ.), di cui era stabilita la completa gratuità, successivamente limitata ai soli lavoratori a basso reddito.

Campo di applicazione

La disciplina del processo del lavoro si applica alle controversie relative: ai rapporti di lavoro subordinato, compreso il lavoro nautico, con datori di lavoro privati, con enti pubblici economici e con le pubbliche amministrazioni, salvo per queste ultime eccezioni (concorsi per assunzione; rapporti non privatizzati) e regole transitorie connesse alla precedente devoluzione alla giurisdizione esclusiva del giudice amministrativo; ai rapporti associativi agrari; ai rapporti di lavoro parasubordinato anche con le pubbliche amministrazioni; ai rapporti previdenziali e assistenziali; alla repressione della condotta antisindacale del datore di lavoro privato e pubblico; alle procedure di contrattazione collettiva per il settore pubblico. Per le controversie sui licenziamenti regolati dall'art. 18, stat. lav. è previsto un rito speciale accelerato in tutti i gradi (cfr. 88.4).

Introduzione del giudizio

La competenza territoriale è disciplinata dalle disposizioni dell'art. 413 cod. proc. civ. Il giudizio è introdotto con ricorso al giudice, poi notificato, unitamente al decreto di fissazione dell'udienza, al convenuto, che deve costituirsi almeno dieci giorni prima di detta udienza.

Il fondamentale obiettivo della celerità è stato conseguito solo in talune sedi.

Celerità

In effetti per evitare una durata del processo così lunga da equivalere ad un sostanziale diniego di giustizia occorre che l'organico dei magistrati sia adeguato al numero delle cause, sicché o si aumenta il primo, peraltro con i noti problemi di adeguatezza della selezione e di reperimento delle risorse finanziarie, oppure si tenta seriamente di ridurre il secondo, vincendo la resistenza dei fautori della giustizia statale a tutti i costi.

Preclusioni

In ogni caso lo strumento tecnico indispensabile, seppur come si è appena detto da solo insufficiente, per la celerità del processo è costituito dalle preclusioni, che impongono ad entrambe le parti di esporre all'inizio del procedimento tutte le rispettive domande, eccezioni e richieste di prove, senza possibilità di successive modifiche o integrazioni (artt. 414 e 416 cod. proc. civ.).

In tal modo il giudice, salvo modificazioni da lui stesso autorizzate per gravi motivi (art. 420, c. 1, cod. proc. civ.), è in grado di conoscere effettivamente la causa prima dell'udienza, nella quale può, quindi, espletare speditamente l'interrogatorio delle parti ed il tentativo di conciliazione, per poi procedere, in caso di mancata conciliazione, all'istruttoria eventualmente necessaria ed alla decisione.

Onere di allegazione e limiti dell'istruttoria

L'onere dell'allegazione tempestiva va inteso come monopolio delle parti private per la immodificabile delimitazione dell'ambito di fatto della lite, con esclusione in proposito, in base al principio della domanda e della corrispondenza tra chiesto e pronunziato, di qualsiasi potere del giudice, che può istruire anche d'ufficio e considerare ai fini della decisione solo i fatti ritualmente affermati dalle parti (Cass. SU n. 1099 del 1998, n. 11353 del 2004, n. 8202 del 2005). Questo onere produce un innegabile costo in termini di allontanamento dalla verità materiale, ma si tratta di un sacrificio inevitabile sull'altare della ragionevole durata del processo e della necessaria imparzialità del magistrato.

Onere di contestazione

La legge impone al convenuto di contestare in modo preciso i fatti allegati dal ricorrente (art. 416, c. 3, cod. proc. civ.), che, se non contestati, vengono considerati pacifici e, come tali, non bisognosi di prova (Cass. SU n. 761 del 2002, n. 11353 del 2004, n. 8202 del 2005).

Questa equiparazione tra fatto non contestato e fatto pacifico è stata estesa in via di interpretazione sistematica anche ai fatti fondanti le eccezioni del convenuto che non vengano contestati dal ricorrente alla prima udienza, altrimenti si porrebbe una fondata questione di legittimità costituzionale per la violazione del principio di parità di trattamento delle parti del processo (artt. 3 e 24 Cost.).

Ora il nuovo testo dell'art. 115 cod. proc. civ. (riforma del 2009) recepisce il principio giurisprudenziale ricordato, definendo pacifici i fatti non specificamente contestati dalla parte costituita.

Per una valida contestazione sembra sufficiente, nonostante il diverso avviso della Cassazione, la negazione del fatto affermato dall'altra parte, in sé idonea per definizione ad escludere l'ammissione implicita del fatto stesso.

Oralità L'oralità è un valore garantito solo in primo grado, poiché di solito il giudice d'appello decide sulle carte, fissando definitivamente il fatto mediante la lettura dei verbali redatti in primo grado e, quindi, senza alcun contatto con le parti che hanno reso l'interrogatorio e con i testimoni che hanno deposto.

Provvedimenti del giudice Nel corso del processo di primo grado il giudice può emanare una ordinanza esecutiva, non autonomamente impugnabile, per il pagamento delle somme non contestate a favore della parte interessata oppure, a favore del solo lavoratore, delle somme che ritiene spettanti nei limiti della prova già raggiunta (art. 423 cod. proc. civ.).

Nelle controversie relative a rapporti di lavoro con la pubblica amministrazione il giudice del lavoro può disapplicare per illegittimità (incompetenza, violazione di legge, eccesso di potere) gli atti amministrativi presupposti rilevanti, la cui eventuale impugnazione innanzi al giudice amministrativo non sospende il processo del lavoro (art. 63, c. 1, d.lgs. n. 165 del 2001). Invece gli atti di gestione del rapporto di lavoro sono ormai di natura privatistica, sicché possono essere attaccati in giudizio solo se ledono un diritto soggettivo del dipendente e non più, come nella precedente giurisdizione esclusiva del giudice amministrativo, anche per la lesione di ormai inconfigurabili interessi legittimi (Cass. SU n. 41 del 2000). Il giudice del lavoro può emettere sentenze costitutive di effetti e di condanna anche a fare o non fare.

La decisione della causa deve essere resa subito nota mediante lettura nella stessa udienza di discussione del dispositivo della sentenza e della sua motivazione, salvo il rinvio del deposito solo di quest'ultima in caso di particolare complessità (art. 429, c. 1, cod. proc. civ.), il che incentiva la concessione di un termine per note difensive prima di tale udienza (art. 429, c. 2, cod. proc. civ.).

Provvisoria esecutività La sentenza completa di motivazione viene depositata successivamente (art. 430 cod. proc. civ.) e, se contiene un capo di condanna, è provvisoriamente esecutiva *ope legis*, non solo, come era in origine, a favore del lavoratore (art. 431, c. 1, cod. proc. civ.), ma ora anche a favore del datore di lavoro in conformità alla nuova disciplina generale del processo civile (art. 431, c. 5, cod. proc. civ., introdotto dalla legge n. 353 del 1990). La differenza di trattamento tra le due parti rimane sia in relazione alla facoltà, riconosciuta al solo lavoratore, di procedere all'esecuzione già con il dispositivo in caso di motivazione non contestuale (art. 431, c. 2, cod. proc. civ.), sia in relazione ai requisiti per la sospensione dell'esecuzione da parte del giudice d'appello, che il datore di lavoro esecutato può ottenere solo comprovando un «gravissimo danno» (art. 431, c. 3, cod. proc. civ.), mentre il lavoratore esecutato può limitarsi ad invocare i più ampi «gravi motivi» (art. 431, c. 6, cod. proc. civ.). Se l'istanza di sospensione è inammissibile o manifestamente infondata è prevista una pena pecuniaria (art. 431, c. 7).

Appello

Nel giudizio d'appello è escluso lo *ius novorum*, essendo stabilito che «non sono ammesse nuove domande ed eccezioni» (art. 437, c. 2, cod. proc. civ.), sicché le parti rimangono inchiodate sulle posizioni che avevano assunto nel processo di primo grado, salve soltanto eventuali ulteriori mere difese ed eccezioni in senso lato rilevabili d'ufficio. Non sono ammessi neppure nuovi mezzi di prova, salvo il giuramento decisorio e suppletorio e, anche d'ufficio, le prove «indispensabili ai fini della decisione della causa», identificate in quelle idonee ad evitare l'applicazione della regola di giudizio dell'onere della prova, salve le decadenze già verificatesi in primo grado.

Giudizio di cassazione

Il giudizio di cassazione si svolge con le regole del processo civile ordinario, ma è affidato alla apposita Sezione lavoro. Al fine di ridurre il contenzioso, per i contratti collettivi nazionali è previsto il controllo diretto della Cassazione (art. 360, n. 3, cod. proc. civ.), con interpretazione nomofilattica accelerata mediante una sentenza non definitiva del giudice di primo grado sulle questioni di interpretazione, validità ed efficacia delle clausole contrattuali impugnabile solo con ricorso immediato per cassazione (art. 420 *bis* cod. proc. civ.; artt. 63 e 64 d.lgs. n. 165 del 2001) (cfr. 13.2).

Procedure concorsuali

In caso di fallimento dell'imprenditore l'azione del lavoratore per la condanna al pagamento di crediti retributivi o risarcitori subisce la *vis attractiva* della procedura concorsuale, esclusa solo per le domande di altro tipo, come la reintegrazione in servizio per illegittimità del licenziamento o l'accertamento del diritto alla qualifica superiore e per i crediti sorti nel corso dell'eventuale prosecuzione del rapporto di lavoro con gli organi della procedura in quanto assimilati ai crediti di massa.

Tutela cautelare

Il mancato conseguimento dell'obiettivo della celerità del processo ha determinato un largo uso della tutela cautelare d'urgenza *ex* art. 700 cod. proc. civ. per la protezione di beni essenziali del lavoratore, esposti nelle more del processo ordinario ad un pregiudizio imminente ed irreparabile (ad es. salute, immagine, dignità, professionalità, retribuzione alimentare). Il *periculum in mora* deve essere dimostrato in concreto dal ricorrente, mentre per il *fumus boni iuris* opera nel procedimento d'urgenza la normale ripartizione degli oneri probatori, il cui assolvimento non richiede, però, una prova piena, stante il carattere sommario dell'accertamento. Non può essere mai concessa, in via cautelare, una protezione più forte di quella conseguibile con la decisione di merito, di cui il provvedimento d'urgenza deve limitarsi ad «assicurare provvisoriamente gli effetti».

Esecuzione

L'esecuzione delle sentenze in materia di lavoro avviene secondo le norme del processo civile (artt. 474 e ss. cod. proc. civ.), salva la competenza del giudice del lavoro per le opposizioni a precetto e, con alcuni limiti, per le opposizioni all'esecuzione e agli atti esecutivi (art. 618 *bis* cod. proc. civ.).

Invece l'attuazione del provvedimento d'urgenza non avente ad oggetto somme di denaro è interamente rimessa al giudice che lo ha emanato (art. 669 *duodecies* cod. proc. civ.).

I pubblici dipendenti, anche dopo il passaggio alla giurisdizione del giudice del lavoro, possono avvalersi del giudizio di ottemperanza, che assicura la conformazione della pubblica amministrazione alla decisione del giudice anche mediante la nomina di un commissario *ad acta*. Ma, trattandosi di sentenza del giudice ordinario, occorre attenderne il passaggio in giudicato.

Conciliazione stragiudiziale

Per ridurre il contenzioso giudiziario del lavoro, già esorbitante e poi ulteriormente accresciuto con la devoluzione al giudice del lavoro anche delle controversie relative ai dipendenti delle pubbliche amministrazioni inerenti al periodo di rapporto successivo al 30 giugno 1998, il legislatore confida sulla conciliazione stragiudiziale e sull'arbitrato.

Il tentativo di conciliazione in sede sindacale o innanzi agli appositi collegi e commissioni istituiti presso le Direzioni provinciali del lavoro o presso gli organismi di certificazione era stato reso obbligatorio a pena di improcedibilità della domanda (cfr. il vecchio testo degli artt. 410, 410 *bis*, 412 e 412 *bis* cod. proc. civ. ed artt. 65 e 66 d.lgs. n. 165 del 2001).

Questa imposizione del tentativo di conciliazione preventivo, ritenuta costituzionalmente legittima (Corte Cost. n. 276 del 2000) era esclusa per le cause relative al distacco transnazionale, nonché per i procedimenti speciali d'urgenza e cautelari (cfr. il vecchio testo dell'art. 412 *bis*, u.c., cod. proc. civ.; art. 4, c. 14, legge n. 125 del 1991 nel testo novellato dal d.lgs. n. 196 del 2000) e per il procedimento monitorio.

Ma un tentativo obbligatorio di conciliazione stragiudiziale è inutile, poiché le parti, prima di rivolgersi al giudice, conciliano solo le controversie per le quali i loro rappresentanti, siano essi sindacalisti, consulenti del lavoro o avvocati, siano riusciti a raggiungere un accordo. Si tratta di soggetti tecnicamente competenti, sicché nessun conciliatore, per quanto preparato e a conoscenza dei termini della controversia, potrà mai aumentare sensibilmente il numero delle conciliazioni preventive.

L'unico conciliatore efficace è il giudice o l'arbitro già nominato tale, poiché solo chi ha il potere di decidere la controversia può fare pressione sulle parti con parole misurate, che, pur non anticipando la decisione, rappresentano a ciascuna parte concretamente e nell'immediato i rischi di tale decisione.

Pertanto il tentativo di conciliazione preventivo è stato opportunamente ritrasformato da obbligatorio in facoltativo sia nel lavoro privato che in quello pubblico (art. 410, cod. proc. civ. nel testo novellato dall'art. 31, c. 1, legge n. 183 del 2010: «può» invece che «deve»; abrogazione degli artt. 410 *bis* e 412 cod. proc. civ. ad opera dell'art. 31, c. 16, legge cit.; abrogazione degli artt. 65 e 66 d.lgs. n. 165 del 2001 ad opera dell'art. 31, c. 9, legge cit.). In tal modo si potranno continuare a conciliare le controversie che già si conciliano, con il vantaggio, negli altri casi, di escludere una inutile attesa o formalità prima della introduzione del giudizio. Il tentativo di conciliazione resta obbligatorio solo per le controversie relative a contratti di lavoro certificati (art. 31, c. 2, legge cit.), al fine di rafforzare gli effetti della certificazione, nonché per le controversie relative a licenziamenti con regime di tutela solo indennitaria (art. 5 legge n. 108 del 1990).

Per il lavoro pubblico è appositamente ribadito che la conciliazione «non può dare luogo a responsabilità, salvo i casi di dolo o colpa grave», con giusta estensione di questa regola anche alla conciliazione giudiziale (art. 410, u.c., cod. proc. civ., nuovo testo).

Non è condivisibile la eccessiva procedimentalizzazione della conciliazione in sede amministrativa, che serve a poco e crea seri disagi per chi ha già deciso di conciliare. Per fortuna sono state conservate le altre sedi di conciliazione inoppugnabile (sede sindacale, commissioni di certificazione), che le parti potranno utilizzare per sfuggire alle pastoie della conciliazione in sede amministrativa.

Sarebbe opportuna una seria incentivazione della conciliazione mediante agevolazioni fiscali e contributive ed esclusione di sanzioni civili e amministrative.

Invece sarebbe inutile qualsiasi meccanismo di conciliazione endoprocessuale con conciliatore diverso dal giudice, che non solo non eviterebbe l'introduzione del giudizio, con tutti i conseguenti adempimenti degli uffici, ma, addirittura, per la nota insufficienza dei locali, dovrebbe operare in luogo diverso dalla sede giudiziaria con concreto rischio di smarrimento dei fascicoli. Senza dire della pericolosità di qualsiasi manomissione di un modello processuale ben funzionante.

Di grande rilievo, se sarà effettivamente applicata, è, invece, la previsione per cui il giudice, alla prima udienza, non si deve limitare a tentare la conciliazione, ma deve anche formulare alle parti una proposta transattiva (art. 420, c. 1, cod. proc. civ., nuovo testo). Infatti il potere di convincimento da parte di chi, in caso di rifiuto della propria proposta, deve decidere la lite è molto forte, a differenza della noncuranza con cui vengono e verranno trattate le proposte del mero conciliatore. Da questo punto di vista il tentativo di conciliazione da parte del collegio arbitrale è efficace come quello del giudice.

Sempre al fine di deflazionare il contenzioso sono previsti (artt. 11 e 12 d.lgs. n. 124 del 2004) la c.d. conciliazione monocratica in connessione con l'attività ispettiva dei funzionari delle Direzioni provinciali del lavoro, nonché l'accertamento amministrativo dei crediti di lavoro con efficacia esecutiva incentivante la conciliazione (cfr. 97.1).

Arbitrato In Italia dopo la Costituzione si sono contrapposte due ideologie: da un lato quella della CGIL e della dottrina fiancheggiatrice di orientamento comunista, fautrice delle tutele di fonte legale, se non addirittura desunte dai principi generali della Costituzione, e della loro effettività mediante la giurisdizione statuale; dall'altro lato quella della CISL e della dottrina moderata di ispirazione cattolica, fautrice della sussidiarietà della legge rispetto all'autonomia collettiva e della amministrazione collettiva anche arbitrale delle tutele.

Per lungo tempo è prevalsa la prima ideologia.

A cavallo tra gli anni '60 e '70 del secolo scorso la legge (n. 604 del 1966; n. 300 del 1970) intervenne con forza per limitare i poteri del datore di lavoro e introdusse il processo del lavoro (legge n. 533 del 1973) per una protezione celere ed effettiva dei diritti dei lavoratori.

L'arbitrato irrituale venne massacrato con l'art. 5 della legge n. 533 del 1973, che, oltre alla costituzionalmente necessitata non obbligatorietà dell'arbitrato, lo consentiva solo nei casi previsti dalla legge e dai contratti collettivi e prevedeva l'impugnabilità del lodo per violazione di disposizioni inderogabili di legge e di contratti e accordi collettivi, dichiarandolo addirittura travolgibile con una mera impugnazione stragiudiziale *ex* art. 2113 cod. civ.

Infatti un lodo arbitrale impugnabile innanzi al giudice per violazione delle disposizioni legali e collettive relative al merito della controversia non serve a nulla, poiché è sempre il giudice ad avere l'ultima parola. Ed allora tanto vale rivolgersi direttamente al giudice, come in effetti è avvenuto.

Alla fine degli anni '90 il legislatore, al fine di ridurre il contenzioso giudiziario, era intervenuto sulla disciplina dell'arbitrato irrituale, cercando di renderlo più appetibile.

Erano stati, così, abrogati i c. 2 e 3 dell'art. 5 della legge n. 533 del 1973 (art. 43, c. 7, d.lgs. n. 80 del 1998; art. 72, c. 1, lett. c), d.lgs. n.

165 del 2001) relativi all'impugnabilità del lodo irrituale per violazione di norme inderogabili di legge ovvero di contratti o accordi collettivi. Ed anche la contestualmente reintrodotta impugnabilità del lodo per violazione solo di norme di legge (art. 412 *quater*, c. 1, cod. proc. civ., nel testo di cui all'art. 39 d.lgs. n. 80 del 1998) era stata subito eliminata (art. 414 *quater*, c. 1, nel testo di cui all'art. 19, c. 14, d.lgs. n. 387 del 1998).

Ma, nonostante questa inequivoca vicenda legislativa, una interpretazione sleale aveva sostenuto che le controversie sulla «validità del lodo» di cui all'art. 414 *quater*, c. 1, cod. proc. civ. fossero ancora quelle per la violazione di norme inderogabili di legge relative al merito della controversia. E, soprattutto, essendo stato salvato il monopolio sindacale dell'arbitrato irrituale (art. 5, c. 1, legge n. 533 del 1973, non abrogato; art. 414 ter, c. 1, cod. proc. civ.), i contratti ed accordi collettivi si erano affrettati a prevedere l'impugnabilità del lodo per violazione di norme inderogabili di legge o di contratto collettivo, facendo così rientrare dalla finestra l'instabilità, e conseguente inappetibilità, del lodo che era uscita dalla porta.

Con una delle riforme del codice di procedura civile (d.lgs. n. 40 del 2006) è stata finalmente sancita con chiarezza la distinzione dell'arbitrato rituale dall'arbitrato irrituale.

Per il lodo arbitrale rituale, che costituisce accertamento e produce gli effetti della sentenza pronunciata dall'autorità giudiziaria (art. 824 *bis*), la regola generale è che gli arbitri decidono secondo le norme di diritto salvo che le parti abbiano disposto la pronuncia secondo equità (art. 822) e che l'impugnazione per violazione delle regole di diritto relative al merito della controversia è ammessa solo se espressamente disposta dalle parti o dalla legge, altrimenti è ammessa comunque l'impugnazione per contrarietà all'ordine pubblico (art. 829, c. 3). Ma per le controversie di lavoro è sempre ammessa l'impugnazione del lodo rituale per violazione delle regole di diritto (art. 829, c. 4, n. 1) e per violazione dei contratti e accordi collettivi (art. 829, c. 5).

Invece per il lodo arbitrale irrituale, che in espressa deroga alla disposizione dell'art. 824 *bis* non produce gli effetti della sentenza ma costituisce «determinazione contrattuale» (art. 808 *ter*, c. 1, primo periodo), ed al quale non si applicano le disposizioni dell'intero titolo del codice dedicato all'arbitrato (art. 808 ter, c. 1, secondo periodo), non è, ovviamente, prevista l'impugnazione per violazione delle regole di diritto relative al merito della controversia, neppure per le controversie di lavoro, per le quali soltanto, come si è visto, era assurdamente stabilita in passato con disposizione poi abrogata nel 1998. Non ha senso, infatti, che una «determinazione contrattuale» o «lodo contrattuale» (art. 808 *ter*), con effetto dispositivo di vantati diritti equivalente a quello della transazione, possa essere impugnata per errore di diritto. Restando possibile, in aggiunta ai motivi di impugnazione previsti dal c. 2 dell'art. 808 *ter* (invalidità o violazione della convenzione arbitrale, eccesso dal mandato, invalidità della nomina e incapacità degli arbitri, violazione del principio del contraddittorio), solo l'impugnazione per contrarietà all'ordine pubblico, che è, ovviamente, cosa ben diversa rispetto alle norme di legge inderogabili, come risulta *per tabulas* dalla disposizione relativa all'arbitrato rituale (art. 829, c. 3).

Ora con l'art. 31 della legge n. 183 del 2010 l'idolatria per la giustizia statale in materia di lavoro è stata definitivamente travolta.

È stato superato il monopolio legale-sindacale dell'arbitrato irrituale delle controversie di lavoro consentendo, anche nel lavoro pubblico (art. 31, co. 9 e 12), l'arbitrato scelto liberamente dalle parti di volta in volta per ciascuna controversia (art. 412 *quater*), in aggiunta a quello di fonte collettiva (art. 412 *ter*), a quello in sede amministrativa (art. 412) e a quello istituito dagli organi di certificazione (art. 31, c. 12).

L'arbitrato è definito espressamente «irrituale» «ai sensi dell'articolo 808 *ter*» (art. 412 *quater*, c. 1; art. 31, c. 12, legge n. 183 del 2010) e gli effetti del lodo sono conseguentemente quelli contrattuali propri di questo arbitrato, come ribadito con l'espressione «produce tra le parti gli effetti di cui agli articoli 1372 e 2113, quarto comma, del codice civile» (artt. 412, c. 3 e 412 *quater*, c. 10; art. 31, c. 12, legge n. 183 del 2010), con piena equiparazione di tali effetti a quelli della transazione in sede assistita, anche per quanto attiene alle modalità per la dichiarazione giudiziale di esecutività, che sono precisamente quelle previste dall'art. 411 (artt. 412, c. 4, e 412 *quater*, c. 10; art. 31, c. 12, legge n. 183 del 2010).

L'impugnazione del lodo è prevista espressamente «ai sensi dell'art. 808 *ter*» (artt. 412, c. 4, e 412 *quater*, c. 10; art. 31, c. 12, legge n. 183 del 2010), sicché resta esclusa per definizione l'impugnazione per violazione di norme inderogabili di legge o di contratto collettivo relative al merito della controversia, secondo la disciplina generale dell'arbitrato irrituale, qui rafforzata dal richiamo agli effetti della conciliazione, come tale non impugnabile per errore di diritto.

La previsione di una «eventuale richiesta di decidere secondo equità, nel rispetto dei principi generali dell'ordinamento e dei principi regolatori della materia anche derivanti da obblighi comunitari» (artt. 412, c. 2, n. 2 e 412 *quater*, c. 3), esplicita un potere delle parti già previsto nella disposizione dell'art. 808 *ter*, c. 2, n. 4, secondo cui il lodo irrituale è annullabile «se gli arbitri non si sono attenuti alle regole imposte dalle parti come condizione di validità del lodo». Ma se le parti non impongono la ricordata decisione secondo equità, la conseguenza non è, come nell'arbitrato rituale, la decisione secondo diritto, bensì una determinazione contrattuale svincolata dal rispetto delle norme inderogabili, con il solo limite dell'ordine pubblico.

L'arbitrato irrituale con il ricordato regime di limitata impugnabilità del lodo è sempre liberamente scelto dalle parti, sicché non si pone alcun problema di costituzionalità.

E neppure sul piano dell'opportunità può essere discussa la scelta delle parti di far risolvere la controversia da un terzo svincolato dal rispetto delle norme inderogabili. Altrimenti si dovrebbe negare alle parti anche la possibilità di transigere la controversia, invece espressamente riconosciuta con l'assistenza di un terzo affidabile (art. 2113 cod. civ.), come è per definizione anche l'arbitro. Si tratta sempre di una definizione «contrattuale» della lite alternativa all'accertamento giurisdizionale, in un caso alle condizioni convenute direttamente dalle parti e nell'altro secondo la valutazione di un terzo liberamente scelto a tal fine dalle parti medesime nel rispetto della convenzione arbitrale e del principio del contraddittorio.

In entrambi i casi non è in alcun modo calpestata l'inderogabilità delle norme protettive, che non esclude affatto la disponibilità dei diritti soggettivi derivanti dalle stesse, poiché l'inderogabilità rimane nell'ambito del diritto civile e non costituisce un sistema pubblicistico oggettivo di tutele ad inveramento necessario come sarebbe se fosse imposto sempre un accertamento con divieto assoluto di disposizione.

Lo scandalo per una definizione negoziale della lite senza controllo del giudice risulta ancora più avventuroso con riferimento a tutte le numerose importanti disposizioni a precetto generico (ad es. giustificazione del licenziamento, del trasferimento, del termine, della somministrazione, equivalenza delle mansioni), che inducono un'elevata discrezionalità del giudice di merito nell'apprezzamento del caso concreto, senza alcuna reale possibilità di controllo nomofilattico della Cassazione. Davvero non si capisce perché questa valutazione discrezionale sarebbe effettuata meglio da uno o più giudici invece che dall'arbitro scelto da entrambe le parti.

I problemi della clausola compromissoria (art. 31, c. 10 e 11) sono completamente diversi, riguardando l'opportunità e la legittimità costituzionale della volontà del lavoratore espressa una volta per tutte di non rivolgersi al giudice per le future controversie.

Da qui le garanzie: della certificazione con eventuale assistenza di un legale o di un sindacalista; della pattuizione dopo il superamento della prova o in mancanza di prova dopo almeno trenta giorni dalla stipulazione del contratto; della esclusione delle controversie sulla risoluzione del rapporto; della disciplina mediante accordi interconfederali o contratti collettivi stipulati dalle organizzazioni comparativamente più rappresentative e solo in via sussidiaria mediante decreto ministeriale. Sarebbe stata opportuna anche la previsione di un termine massimo di durata della clausola compromissoria.

Ma quel che segna davvero una buona evoluzione dell'ordinamento è che sia finalmente possibile, senza massacranti barriere legali e veti sindacali, l'arbitrato irrituale inoppugnabile per violazione di norme inderogabili di fonte legale e collettiva, scelto liberamente dalle parti assistite dai rispettivi legali per ciascuna controversia al fine di una risoluzione rapida e definitiva che svelenisca il conflitto. E se, poi, come in effetti è nell'art. 412 *quater*, l'arbitro è un esperto di comune fiducia, la stragrande maggioranza delle controversie saranno conciliate, secondo le convincenti indicazioni di persona affidabile e con il potere di decidere.

Istituti specifici del processo del lavoro pubblico

Il processo del lavoro si applica anche alle controversie di lavoro pubblico privatizzato, escluse quelle relative ai concorsi per assunzione. Vigono, però, alcune regole particolari, come quella che consente alle amministrazioni di essere rappresentate nel giudizio di primo grado da propri dipendenti (art. 417 *bis* cod. proc. civ.) e quella che, per le controversie in cui rilevano questioni di validità, efficacia o interpretazione di contratti collettivi nazionali impone un rinvio obbligatorio del processo al fine di incentivare accordi collettivi di interpretazione autentica o modifica della clausola controversa (art. 64, c. 1 e 2, d.lgs. n. 165 del 2001). Nelle medesime controversie è ammesso l'intervento e il potere di impugnazione da parte dell'ARAN e dei sindacati stipulanti (art. 64, c. 3 e ss., d.lgs. cit.).

L'ARAN può comunque intervenire in qualsiasi controversia di lavoro pubblico privatizzato «al fine di garantire la corretta interpretazione e l'uniforme applicazione dei contratti collettivi», mentre per i rapporti non privatizzati devoluti alla giurisdizione del giudice amministrativo questo potere di intervento spetta al Dipartimento della funzione pubblica (art. 63 *bis* d.lgs. n. 165 del 2001, introdotto dall'art. 1, c. 134, legge n. 311 del 2004).

Sempre al Dipartimento della funzione pubblica spetta un potere di intervento *ad adiuvandum ex* art. 105 cod. proc. civ. nelle controversie di lavoro pubblico, anche privatizzato, dalle quali potrebbero derivare significativi oneri aggiuntivi per la finanza pubblica, specie in considerazione del numero di soggetti anche indirettamente interessati (art. 61, c. 1 *bis*, d.lgs. n. 165 del 2001, introdotto dall'art. 1, c. 133, legge n. 311 del 2004).

Le pubbliche amministrazioni possono, in presenza di precedenti conformi, estendere agli altri lavoratori nelle medesime condizioni la statuizione della sentenza d'appello favorevole ad un dipendente (art. 24 legge n. 144 del 1999). Questa norma non sembra coordinata con il ricordato sistema diretto ad una rapida formazione del principio nomofilattico da parte della Cassazione. I limiti della spesa globale, alterati da decisioni giurisdizionali o dalla loro estensione, vengono ripristinati mediante una nuova disciplina legislativa su iniziativa del Ministero del Tesoro (art. 61 d.lgs. n. 165 del 2001). Intanto, però, proprio per evitare nell'immediato oneri aggiuntivi per la finanza pubblica, è stata vietata, salvo diversa determinazione del Dipartimento della funzione pubblica, qualsiasi estensioni di decisioni giurisdizionali relative al personale.

La stessa finalità di contenimento della spesa pubblica fonda, fuori dal processo, il potere della pubblica amministrazione di annullamento di ufficio di provvedimenti illegittimi, con il solo limite triennale dall'acquisizione di efficacia anche se con esecuzione perdurante (art. 1, c. 136, legge n. 311 del 2004).

95.4. *Il risarcimento dei danni alla persona del lavoratore*

La configurazione della lesione dei beni personali come danno non patrimoniale risarcibile ulteriore rispetto al danno patrimoniale è stata elaborata nell'ambito generale del diritto civile, ma si è subito estesa all'ambito lavoristico.

Qui si tratta tipicamente di responsabilità contrattuale per inadempimento degli obblighi gravanti sul datore di lavoro, essendo sempre ricostruibili come obbligazioni di fare o non fare anche le limitazioni ai poteri del datore di lavoro.

Ne consegue che a fronte dell'inadempimento dedotto dal lavoratore l'onere della prova dell'adempimento o della causa non imputabile ex art. 1218 cod. civ. grava sul debitore datore di lavoro, con la sola eccezione dei divieti (ad es. controlli illeciti), in cui è il creditore lavoratore ad essere gravato dell'onere probatorio dell'inadempimento, cioè della violazione del divieto.

Gli illeciti contrattuali che possono causare danni alla persona del lavoratore sono i più vari, riguardando tutti gli aspetti del rapporto (sicurezza, mansioni, trasferimento, licenziamento, retribuzione, riposi, controlli, sanzioni, discriminazioni, persecuzioni, mobbing).

Spesso si tratta di illeciti permanenti, rispetto ai quali la funzione riparatoria del risarcimento per equivalente di un danno già verificatosi non esime dalla ricerca di altre tecniche dirette a prevenire e arrestare l'illecito per evitare la stessa produzione o l'aggravarsi del danno (cfr. 95.1, 96, 97, 98).

Ma se queste tecniche non funzionano resta solo il risarcimento, che richiede l'esistenza di un illecito, del cui onere probatorio si è già detto, nonché di un danno causato dall'illecito, con onere di deduzione specifica e tempestiva e di prova del danno e del nesso causale tra inadempimento e danno sul lavoratore asseritamente danneggiato.

La prova può essere raggiunta anche mediante presunzioni semplici, provviste dei requisiti dell'art. 2729 cod. civ.

La liquidazione equitativa del risarcimento *ex* art. 1226 cod. civ., è consentita solo se siano stati già accertati l'illecito, il danno e il nesso causale.

Nel contratto di lavoro, oltre al danno patrimoniale, è risarcibile il danno non patrimoniale, poiché sono coinvolti diritti inviolabili della persona del lavoratore (art. 2087 cod. civ.; artt. 1, 2, 4, 32 e 35 Cost.). Il danno non patrimoniale comprende vari pregiudizi, da risarcire unitariamente ed integralmente, ma senza duplicazioni, quali: la lesione temporanea o permanente dell'integrità psicofisica (c.d. danno biologico), per la cui quantificazione è invalso l'uso di tabelle che assegnano un determinato valore a ciascun punto di invalidità, tenuto conto dell'età e dell'invalidità complessiva; la sofferenza interiore (c.d. danno morale soggettivo) per la lesione della dignità personale, comprendente anche la compromissione del fare areddituale (c.d. danno esistenziale), della realizzazione della persona nel lavoro (c.d. danno alla professionalità, che si aggiunge ai danni patrimoniali per l'impoverimento delle capacità acquisite e la perdita di possibilità di carriera e di incremento retributivo), della reputazione e dell'immagine (Cass. SU n. 6572 del 2006, n. 26972 del 2008, n. 4063 del 2010).

Il problema del risarcimento dei danni al lavoratore è stato affrontato, in particolare, a proposito del demansionamento (cfr. 53.7) e della sicurezza del lavoro (cfr. 56.3).

96. L'autotutela individuale del lavoratore

Autotutela conservativa

Nei rapporti di lavoro coperti dalla tutela reale contro il licenziamento ingiustificato, il prestatore, di fronte agli inadempimenti del datore di lavoro, non solo tende ad utilizzare le tutele giurisdizionali già nel corso del rapporto, ma è concretamente in grado di ricorrere anche alla autotutela individuale consistente nel rifiuto della prestazione non dovuta, nell'eccezione di inadempimento o nella resistenza a pretese illegittime.

In tal modo il lavoratore riesce a sottrarsi alla situazione pregiudizievole causata dall'illecito dell'imprenditore senza rinunziare al rapporto ed al conseguente reddito, come avverrebbe invece con le dimissioni per giusta causa, ma semplicemente avvalendosi della ricordata autotutela conservativa.

Rifiuto della prestazione non dovuta

Innanzitutto, se l'imprenditore non rispetta i limiti posti dalla legge o dal contratto ai suoi poteri, la prestazione conseguentemente richiesta non è dovuta, sicché il lavoratore può legittimamente rifiutarla, come accade, ad esempio, in caso di trasferimento ingiustificato o di assegnazione di mansioni inferiori o di altre ipotesi di comportamento illegittimo del datore. In questi casi il lavoratore che rifiuta la prestazione indebita continua legittimamente ad offrire l'esatta prestazione restando a disposizione del datore di lavoro per lo svolgimento delle mansioni spettanti nel luogo dovuto. Sicché se il datore di lavoro non riceve questa prestazione, insistendo nel suo provvedimento illegittimo, non si verifica un inadempimento del dipendente, che quindi non può essere sanzionato, bensì una situazione di *mora credendi* del datore, il quale rimane obbligato al pagamento della retribuzione.

Eccezione di inadempimento

Dal rifiuto della prestazione non dovuta si distingue l'altra forma di autotutela individuale consistente nell'eccezione di inadempimento (art. 1460 cod. civ.), che consente al lavoratore colpito dall'inadempimento dell'imprenditore (ad es. al divieto di controlli o indagini) di rifiutare proprio la prestazione contrattualmente dovuta. In questa situazione il lavoratore non può essere considerato a sua volta inadempiente, mentre il datore di lavoro, pur non essendo tenuto a retribuire una prestazione non effettuata, deve risarcire il danno causato al lavoratore dal proprio inadempimento, ivi compreso il mancato guadagno parametrabile alla retribuzione perduta.

Per legittimare l'eccezione di inadempimento occorre che la stessa sia conforme a «buona fede» avuto riguardo alle «circostanze», argomentandosi da ciò la necessità dell'equivalenza tra le prestazioni rispettivamente inadempiuta o rifiutata. In particolare il mancato pagamento di una parte consistente della retribuzione per un certo tempo priva il lavoratore dei mezzi di sostentamento e costituisce un inadempimento molto grave, che giustifica il rifiuto delle successive prestazioni lavorative.

Resistenza a pretese illegittime

Per evitare le conseguenze pregiudizievoli dell'illecito del datore di lavoro il dipendente può, in alcuni casi, limitarsi a resistere alla pretesa illegittima (ad es. tentativo di molestie sessuali), realizzando così la più semplice delle forme di autotutela. Tuttavia quando la pretesa indebita non è episodica, ma viene reiterata con sistematicità in occasione dello svolgimento della prestazione, finisce per rendersi necessaria l'eccezione di inadempimento onde sottrarre il dipendente ad una logorante tensione di resistenza, salva, in ogni caso, l'azione risarcitoria per gli eventuali danni già provocati dall'illecito imprenditoriale.

Rischio della autotutela

L'attuazione delle esaminate forme di autotutela del lavoratore è utile se tempestiva, onde evitare il prodursi o l'aggravarsi della lesione del bene minacciato dall'atto illegittimo dell'imprenditore. Questa esigenza di immediatezza della reazione del lavoratore impedisce, però, di conseguire in anticipo l'accertamento giudiziale definitivo dell'illecito del datore di lavoro e della conseguente legittimità dell'autotutela. Pertanto l'autotutela tempestiva è per definizione rischiosa, potendo, alla fine del giudizio, risultare legittimo l'atto dell'imprenditore oppure sproporzionata la reazione del lavoratore, esposto, così, alla perdita della retribuzione ed al licenziamento.

Spetta quindi al lavoratore decidere, di volta in volta, in considerazione della gravità dell'illecito del datore di lavoro e delle conseguenti probabilità di definitiva vittoria in giudizio, se attuare o no in difesa dei propri interessi una tempestiva autotutela, eventualmente sulla scorta di un provvedimento d'urgenza favorevole, idoneo, in ogni caso, ad escludere almeno il rischio di licenziamento.

Ed è proprio l'incertezza circa il definitivo esito dell'accertamento giudiziale sull'illecito del datore ad escludere che, in precedenza, l'autotutela del lavoratore possa essere considerata doverosa.

97. La tutela amministrativa

97.1. *L'azione amministrativa*

Tra i compiti della pubblica amministrazione vi sono anche quelli relativi alla tutela del lavoro, tant'è che esiste l'apposito Ministero, articolato in organi periferici regionali e provinciali.

Vigilanza Una prima attività consiste nella vigilanza sul rispetto della normativa di protezione dei lavoratori (d.lgs. n. 124 del 2004). All'uopo provvedono l'Ispettorato nazionale del lavoro con i suoi organi periferici, i funzionari degli enti previdenziali e i servizi ispettivi delle ASL.

Le attività di ispezione sono regolate analiticamente ed in particolare è previsto: il rilascio di un verbale di primo accesso ispettivo che, tra l'altro, deve contenere l'identificazione dei lavoratori e la descrizione della modalità del loro impiego; le violazioni eventuali accertate vanno contestate con il verbale unico di accertamento e notificazione che, tra l'altro, deve contenere gli esiti dettagliati dell'accertamento con indicazione puntuale delle fonti di prova (art. 13 d.lgs. n. 124 del 2004 come novellato dall'art. 33 legge n. 183 del 2010).

L'accertamento di eventuali infrazioni, agevolato dall'esercizio dei riconosciuti poteri di polizia giudiziaria, dà luogo ad ordini, variamente denominati (diffida, disposizione, prescrizione), di conformazione della condotta del datore di lavoro al precetto di tutela, nonché all'applicazione di sanzioni civili e amministrative ed, in caso di reato, alla trasmissione della *notitia criminis* al magistrato competente per l'esercizio dell'azione penale.

Conciliazione L'azione amministrativa concerne anche le controversie individuali, delle quali è diretta ad agevolare la risoluzione stragiudiziale, mediante collegi e commissioni di conciliazione istituiti presso l'Istituto territoriale del lavoro o mediante singoli funzionari di questo oppure mediante collegi arbitrali.

Accertamento esecutivo di crediti pecuniari del lavoratore

Con riferimento ai «crediti patrimoniali» (*recte* pecuniari) dei singoli lavoratori nei confronti del datore di lavoro derivanti da «inosservanza alla disciplina contrattuale» accertata in sede di vigilanza, il personale ispettivo diffida il datore di lavoro a corrispondere gli importi dovuti e, se le parti non conciliano, la diffida acquista «efficacia di titolo esecutivo» mediante provvedimento del direttore della Direzione territoriale (art. 12, c. 1-3, d.lgs. n. 124 del 2004; circ. Min. lav. n. 24 del 2004).

Il datore di lavoro può impugnare la diffida con ricorso amministrativo al Comitato per i rapporti di lavoro e, nelle more della decisione o della formazione del silenzio-rigetto, l'esecutività è automaticamente sospesa (art. 12, c. 4, d.lgs. cit.).

La legge nulla dice sulle forme della insopprimibile (art. 24 Cost.) tutela giurisdizionale dei diritti del datore di lavoro eventualmente lesi dai provvedimenti amministrativi in esame.

È sicura, trattandosi di diritti soggettivi e correlati obblighi derivanti dal rapporto di lavoro, la giurisdizione del giudice ordinario del lavoro, che ha il potere di disapplicare gli atti amministrativi illegittimi.

La pubblica amministrazione non è sostituto processuale del lavoratore interessato, sicché l'accertamento giurisdizionale promosso dal datore di lavoro della inesistenza totale o parziale del credito deve avvenire nel contraddittorio con il lavoratore. L'onere di allegazione e di prova dei fatti costituitivi dell'asserito credito grava sull'amministrazione e sul lavoratore appunto convenuti in accertamento negativo, quali attori in senso sostanziale come nei giudizi di opposizione a decreto ingiuntivo o a ordinanza ingiunzione, mentre il valore probatorio del verbale ispettivo è limitato solo ai fatti percepiti direttamente dal funzionario.

L'efficacia di titolo esecutivo, attribuita all'atto amministrativo appare incostituzionale nella sua irragionevolezza (artt. 3 e 24 Cost.), poiché il «progetto di sentenza» di un funzionario sottoposto ad un controllo eventuale da parte di un comitato amministrativo, è per definizione privo di quell'altissimo grado di certezza che solo potrebbe giustificare la creazione di un titolo esecutivo di fonte amministrativa a favore del privato lavoratore. Una ulteriore autonoma ragione di incostituzionalità è l'omessa previsione di un potere del giudice di sospendere l'efficacia esecutiva.

È, pertanto, necessario modificare l'incostituzionale istituto in esame, limitando l'accertamento amministrativo dei crediti di lavoro solo a quelli per retribuzione sufficiente in rapporto non regolarizzato e attribuendo a tale accertamento il valore di titolo idoneo a fondare un decreto ingiuntivo provvisoriamente esecutivo. Tuttavia nel primo periodo di applicazione del nuovo istituto la pubblica amministrazione si è opportunamente autolimitata, utilizzandolo solo per crediti retributivi sostanzialmente incontestabili.

Assistenza Alla pubblica amministrazione è affidato anche il compito di verificare la genuinità della volontà del lavoratore in relazione ad atti potenzialmente sfavorevoli, come è previsto sia per le dimissioni della lavoratrice nel prefissato periodo contiguo al matrimonio o alla maternità, sia per la trasformazione del rapporto di lavoro a tempo pieno in rapporto a tempo parziale.

Consulenza Il Ministero del lavoro e gli enti previdenziali rispondono a quesiti generali (c.d. diritto di interpello) inoltrati da associazioni di categoria, ordini professionali ed enti pubblici.

Mediazione Un'altra importante attività riguarda i conflitti collettivi, per la cui composizione si adoperano diversi organi della pubblica amministrazione, di livello man mano più elevato, fino allo stesso Ministro del lavoro, in rapporto all'importanza del conflitto. Alcune disposizioni contemplano espressamente questa attività di mediazione, come ad esempio in materia di licenziamento collettivo.

Regolazione dei rapporti L'azione amministrativa incide, poi, sulla stessa regolazione dei rapporti di lavoro mediante provvedimenti per lo più diretti ad autorizzare, a determinate condizioni, la stipulazione del contratto e particolari modalità di svolgimento del rapporto.

Controlli Alla pubblica amministrazione sono affidati alcuni controlli sulla persona del lavoratore a fini di imparzialità e tutela della dignità, come il controllo sulle assenze per malattia e sulla idoneità fisica.

Mercato del lavoro Infine la pubblica amministrazione agevola, anche mediante le cosiddette politiche attive del lavoro, l'incontro tra la domanda e l'offerta di lavoro (cfr. 50.1).

97.2. *Le sanzioni amministrative*

Sanzioni amministrative Del tutto distinto dall'azione multiforme fin qui esaminata è il potere della pubblica amministrazione di irrogare sanzioni amministrative ai trasgressori delle norme per le quali ciò sia espressamente previsto dalla legge del tempo della condotta (art. 1 legge n. 689 del 1981).

In materia di lavoro e previdenza, anche a seguito della realizzata vasta depenalizzazione, sono ormai numerose le fattispecie corredate di sanzione amministrativa pecuniaria, quale deterrente dell'illecito, mediante importi severamente inaspriti.

La sanzione amministrativa non sostituisce il rimedio civile, ma si aggiunge a questo in tutti i casi in cui dal precetto sanzionato derivi anche una precisa regola del rapporto tra le parti.

La sanzione amministrativa deve essere preceduta a pena di nullità dalla contestazione dell'infrazione.

Diffida

Il personale ispettivo, quando accerta una violazione in materia di lavoro, di legislazione sociale, di previdenza e di assistenza punibile con sanzione amministrativa, diffida il datore di lavoro a regolarizzare entro un termine preciso le inosservanze sanabili. Il datore di lavoro che ottempera alla diffida è ammesso al pagamento della sanzione in misura ridotta, con conseguente estinzione del procedimento amministrativo (art. 13 d.lgs. n. 124 del 2004).

Contestazione

Qualora il datore di lavoro non ritenga di ottemperare alla diffida o questa non sia possibile trattandosi di inosservanza non sanabile, l'autorità amministrativa competente procede, a pena di nullità, alla contestazione dell'in-frazione entro il termine di legge, che è interrotto dalla ricordata diffida.

Una volta ricevuta la contestazione l'interessato può scegliere se procedere al pagamento di una somma in misura ridotta oppure inoltrare una memoria difensiva all'autorità amministrativa competente.

Ordinanza ingiunzione

Quest'ultima, se ritiene sussistente l'illecito, applica la sanzione amministrativa mediante una ordinanza ingiunzione motivata costituente titolo esecutivo a carico del responsabile e degli obbligati solidali, tra i quali sono compresi la persona giuridica per le infrazioni commesse dal rappresentante e l'imprenditore per le infrazioni commesse dai dipendenti.

Ricorsi amministrativi

Avverso l'ordinanza ingiunzione emessa dall'Ispettorato il datore di lavoro, prima di proporre opposizione al giudice, può proporre ricorso amministrativo e, nelle more della decisione o della formazione del silenzio rigetto, è previsto il potere di sospensione dell'esecutività dell'ordinanza.

Qualora l'ordinanza ingiunzione o il verbale di accertamento degli enti previdenziali abbiano ad oggetto la sussistenza o la qualificazione dei rapporti di lavoro, il relativo ricorso amministrativo è deciso dal Comitato per i rapporti di lavoro, mentre il potere di sospensione resta affidato all'Ispettorato.

Opposizione giurisdizionale

Avverso l'ordinanza ingiunzione gli interessati possono proporre opposizione al giudice civile ordinario anche per le violazioni in materia di lavoro, mentre solo l'opposizione contro l'ordinanza ingiunzione emessa dall'ente previdenziale è devoluta alla competenza del giudice del lavoro, che andrebbe coerentemente estesa alle opposizioni in materia di lavoro. Ed, invece, l'art. 6 d.lgs. n. 150 del 2011, disciplinando l'opposizione alle ordinanze ingiunzioni in materia di lavoro, ha confermato la competenza del Tribunale civile, estendendo solo il rito del lavoro.

Il giudice, nelle more del procedimento, può sospendere l'esecuzione dell'ordinanza per «gravi motivi».

Nel giudizio di opposizione all'ordinanza ingiunzione, così come in quello di opposizione a decreto ingiuntivo, a cartella di pagamento e ad avviso di addebito oppure di accertamento negativo, l'attore in senso sostanziale è il convenuto, sul quale grava l'onere di allegazione e prova dei fatti costitutivi della sua pretesa.

I verbali dei pubblici ufficiali di accertamento dell'infrazione fanno piena prova fino a querela di falso *ex* art. 2700 cod. civ. soltanto per i fatti percepiti direttamente dal verbalizzante, mentre non hanno valore probatorio né l'esposizione di quanto appreso da terzi, tenuti a rendere la propria deposizione come testi innanzi al giudice e nel contraddittorio tra le parti, né le soggettive elaborazioni, ricostruzioni e qualificazioni operate dal verbalizzante medesimo, che non possono, dunque, invertire l'onere della prova.

Sanzioni promozionali

Infine non devono essere confuse con le sanzioni amministrative vere e proprie fin qui esaminate le cosiddette sanzioni promozionali, così denominate in quanto il godimento da parte del datore di lavoro di un determinato vantaggio nei confronti della pubblica amministrazione è condizionato ad un suo preciso comportamento, la cui attuazione interessa al legislatore. In proposito si ricordano: la perdita del beneficio finanziario o creditizio, l'esclusione da futuri benefici e appalti e la perdita dello sgravio contributivo in caso di mancata applicazione ai lavoratori di condizioni non inferiori a quelle dei contratti collettivi; la revoca del beneficio e l'esclusione da ulteriori agevolazioni o appalti nel caso di determinate discriminazioni; la perdita dello sgravio contributivo prevista per il mancato rispetto degli obblighi formativi nel contratto di formazione e lavoro; l'esclusione da benefici e appalti a carico degli imprenditori che impieghino una consistente quota di personale in nero o violino reiteratamente la disciplina dell'orario di lavoro o del riposo settimanale.

98. La tutela penale

98.1. *L'incriminazione penale diretta*

Funzione

Quando le tutele giurisdizionali civili risultano inidonee a proteggere interessi rilevanti l'ordinamento ricorre a sanzioni afflittive, che scattano automaticamente per effetto della violazione del precetto, con funzione dissuasiva dell'illecito.

Nel diritto del lavoro la tecnica punitiva penale, quale deterrente dell'inadempimento del datore di lavoro, è sovente utilizzata come rimedio alla incoercibilità degli obblighi di fare e di non fare infungibili ed alla scarsa efficacia della tutela risarcitoria per equivalente laddove si profili ardua la prova del danno.

È stata, però, da tempo criticata l'eccessiva estensione di questa tecnica, che non solo risulta scarsamente efficace come deterrente dell'illecito quando la pena è modesta ed è consentita l'oblazione, ma presenta anche seri problemi di individuazione dell'effettivo responsabile nelle organizzazioni in cui si verifica la delega di determinati compiti. *Limitazione*

Conseguentemente si è andata progressivamente affermando l'opportuna tendenza a riservare la tutela penale diretta ai soli illeciti più gravi, fissando in questi casi pene adeguate.

Sono state, ad esempio, trasformate in illecito amministrativo le violazioni in materia di assunzioni obbligatorie, di orario di lavoro, di riposi, di lavoro a termine, di apprendistato, di lavoro minorile e delle donne ad eccezione delle violazioni relative alla sicurezza e alla salute.

La tutela penale diretta, così limitata ai soli beni più rilevanti del lavoratore (integrità fisica, dignità, riservatezza) la cui lesione è meritevole di pene abbastanza severe, può svolgere una seria efficacia deterrente, mentre il compito della polizia giudiziaria di impedire che i reati «vengano portati a conseguenze ulteriori» (art. 55, c. 1, cod. proc. pen.) finisce per assicurare una sorta di tutela specifica con effetti assimilabili a quelli di una inibitoria.

Senza dire che dalla attribuzione di natura penale all'illecito deriva un rafforzamento della stessa tutela civile risarcitoria, estesa in questi casi anche al danno morale soggettivo (artt. 2059 cod. civ. e 185, c. 2, cod. pen.), anche se ora l'intero danno non patrimoniale può essere liquidato al lavoratore trattandosi di un caso tipico di diritti costituzionalmente protetti.

98.2. *La tecnica penale ingiunzionale*

La preferenza per l'effettività della tutela di determinati beni rispetto alla punizione dei trasgressori, di cui si sottolinea così il carattere strumentale, ha generato importanti norme in base alle quali l'osservanza di un ordine amministrativo o giurisdizionale esclude la sanzione penale altrimenti applicabile (c.d. tecnica penale ingiunzionale).

Si tratta di una tecnica assai efficace a causa della specificità del comando, della certezza dello svolgimento del processo penale in caso di inottemperanza e della responsabilità personale del legale rappresentante della persona giuridica destinatario diretto dell'ordine, senza possibilità di eccepire, quindi, una delega di funzioni.

Questa tecnica, utilizzata in materia di sicurezza del lavoro (cfr. 56.1) e di repressione della condotta antisindacale (cfr. 33.2), è ora stata estesa a tutti i reati in materia di lavoro e di legislazione sociale puniti con la sola ammenda o con la pena alternativa dell'arresto o dell'ammenda (art. 15 d.lgs. n. 124 del 2004).

99. La certezza del diritto

Il valore della certezza

La certezza costituisce la funzione essenziale del diritto, nella sua sacralità per la sicurezza dell'individuo e per una ordinata vita sociale.

Il tramonto del diritto naturale con l'affermazione del giuspositivismo illuminista, insieme al relativismo etico ed al pensiero debole, accresce l'importanza della certezza come fondamento e scopo del diritto, altrimenti degradato ad asettico «nomodotto» per qualsiasi soluzione vincente nella competizione politica.

Il diritto serve a rassicurare ciascuno nei rapporti con gli altri, consentendogli di vivere, di scegliere e di programmare.

Il bene della certezza giuridica può essere considerato, dunque, come oggetto di un diritto inviolabile della persona, che va protetta non solo contro le aggressioni criminali, ma anche contro le aggressioni giudiziarie civili e penali consentite da normative incerte.

A maggior ragione il diritto deve essere semplice, stabile e certo nella attuale società complessa, che ha fatto del cambiamento permanente, funzionale allo sviluppo capitalistico, la sua incivile bandiera, costringendo l'individuo ad uno sterile impegno di continuo aggiornamento per inseguire l'effimero in tutte le dimensioni dell'esistenza a scapito di radicamenti affettivi e ideali.

Invece la velocità del cambiamento ha, purtroppo, investito in pieno anche l'ordinamento, che ormai non governa l'economia ma ne è governato, fino a non essere più degno del proprio nome poiché non crea ordine ma disordine.

La persona si scontra ogni giorno, in tutte le direzioni del suo agire, con l'incertezza del diritto, dal quale non si sente più difesa, soffrendo, anzi, anche su questo versante, l'angoscia dell'incertezza che travolge la qualità della vita. Ormai molti tra i più gravi pericoli per la libertà dell'individuo vengono proprio dall'incertezza del diritto, che finisce per privilegiare i furbi e i forti nei confronti dei semplici onesti. Sicché libertà e ordine non possono più essere disgiunti.

Ogni generazione di giuristi ha il dovere di coltivare il valore che, in quel momento storico, appare il più importante per la tutela della persona. Così come l''800 è stato il secolo del riconoscimento delle libertà formali ed il '900 il secolo della affermazione delle libertà sostanziali anche nei confronti dei poteri privati, il primo secolo del nuovo millennio richiede un lucido impegno per la semplificazione e la stabilità dell'ordinamento anche mediante normative idonee a creare certezza.

Inderogabilità e uniformità

Il diritto del lavoro è costruito sulla tecnica della norma inderogabile di fonte legale o collettiva, che protegge il lavoratore contraente debole impedendo all'autonomia individuale di stabilire una disciplina pregiudizievole per gli interessi del lavoratore stesso.

Questa tecnica ha funzionato egregiamente, sicché può ben dirsi che il diritto del lavoro, insieme al diritto tributario, ha inverato la soluzione riformista della questione sociale, contemperando gli interessi del capitale con quelli del lavoro e realizzando una epocale evoluzione nel senso della eguaglianza sostanziale e della libertà dei lavoratori in attuazione del programma costituzionale.

Tuttavia l'inderogabilità della normativa legale e collettiva, insieme alla obbligatorietà della previdenza sociale, genera una uniformità oppressiva, che non si giustifica più per i lavoratori che, in virtù della loro forza sul mercato o di una adeguata assistenza negoziale, sono in grado di convenire nel contratto individuale una disciplina adeguata alle loro specifiche e concrete esigenze.

Precetti generici e incertezza

La norma inderogabile se è a precetto generico determina, inoltre, una fortissima incertezza, poiché la legittimità del patto o dell'atto così regolato non è conoscibile *ex ante*, tutto essendo rimesso alla poco prevedibile valutazione successiva da parte del giudice circa la riconducibilità o no della fattispecie concreta al precetto generico.

Si ricordano, in proposito, con rapido elenco esemplificativo: la definizione del lavoro subordinato; la definizione dell'interposizione illecita in contrapposizione a quella dell'appalto vero; la definizione dell'obbligo di sicurezza; la giustificazione necessaria per il licenziamento e per il trasferimento; la definizione delle discriminazioni vietate; la definizione della condotta antisindacale.

In tutti questi casi l'encomiabile elaborazione della dottrina e della giurisprudenza circa il significato delle norme riesce soltanto ad attenuare l'incertezza, che permane comunque con riferimento alla sussunzione delle multiformi vicende della vita entro schemi normativi generali.

La scelta per questo tipo di regolazione, a volte inevitabile, equivale a una sorta di delega del potere legislativo al potere giudiziario, che ne esce onerato e rafforzato quale protagonista della mediazione tra interessi contrapposti realizzata formalmente in via interpretativa, ma sostanzialmente attraverso giudizi di valore. Oltretutto questa mediazione è in gran parte rimessa alle diversificate opzioni dei giudici di merito, poiché la Cassazione può svolgere utilmente la propria funzione di nomofilachia solo quando nell'applicazione delle norme generali emerge una questione di principio suscettibile di ripetersi invariata, mentre per il resto la specificità dei fatti impregna l'attività sussuntiva del giudice di merito rendendone inutile un controllo nomofilattico.

L'incertezza derivante dalla norma inderogabile generica risulta accentuata laddove manchino decadenze per l'esercizio dell'azione e comunque a causa della lunghezza del processo in tutti i gradi. Solo con l'accertamento passato in giudicato si conosce, infatti, finalmente e immutabilmente se il negozio o la condotta così disciplinati erano o no legittimi.

Questo protrarsi dell'incertezza fino all'accertamento giurisdizionale definitivo è ancora più grave nelle ipotesi in cui la conseguenza della violazione del precetto non sia fissa, ma consista in retribuzioni, contribuzioni o risarcimenti che si accrescono nel corso del processo col perdurare della situazione alla fine ritenuta illegittima (ad es. azioni contro il licenziamento, il trasferimento, la dequalificazione, l'interposizione).

Incentivazione del contenzioso

Per molti anni il nostro ordinamento del lavoro ha considerato il conflitto come un bene, non solo a livello collettivo, ma anche a livello individuale perché la condizione dei lavoratori appariva talmente disastrosa da esigere quanti più cambiamenti e tutele possibili.

E così alla omessa regolazione legislativa dello sciopero, della contrattazione collettiva e della partecipazione dei lavoratori alla gestione delle imprese, con il conseguente voluto clima di conflittualità permanente anche all'interno delle aziende, si è accompagnata una forte incentivazione delle controversie individuali, sia mediante un processo del lavoro rapido, almeno in origine e in alcune sedi, e gratuito, affidato a giudici preparati appartenenti ad apposite sezioni, sia mediante una prassi di compensazione delle spese in caso di soccombenza del lavoratore, sia mediante una schiera di legali vicini ai sindacati disposti a difese gratuite fino all'eventuale esito vittorioso del giudizio, sia mediante l'introduzione, ora in parte abrogata, della tutela reale contro il licenziamento ingiustificato che escludeva la precedente remora alle azioni giudiziali in costanza di rapporto.

Si è verificata, di conseguenza, una vera e propria esplosione del contenzioso lavoristico, con sistematico sfruttamento di ogni profilo di incertezza anche per avventure giudiziarie comunque senza costi, e quindi senza freni, per i lavoratori.

Tentativi di riduzione del contenzioso

Solo dalla fine degli anni '90 è iniziata una inversione di tendenza, mediante una serie di interventi del legislatore diretti a ridurre il contenzioso giurisdizionale, la cui mole esorbitante rispetto al numero dei magistrati di fatto pregiudica l'obiettivo della celerità e della effettività della tutela dei crediti degli stessi lavoratori, con una vera e propria nemesi per gli eccessi e gli abusi verificatisi.

Si ricordano: l'obbligo, ora abrogato, del tentativo preventivo di conciliazione stragiudiziale; la promozione della interpretazione autentica dei contratti collettivi nazionali del settore pubblico e, in mancanza, della nomofilachia accelerata della Cassazione sui contratti collettivi nazionali anche del settore privato; l'eliminazione della impugnabilità del lodo arbitrale irrituale per violazione di norme inderogabili di legge o di contratto collettivo; la certificazione dei contratti di lavoro; la diffida accertativa degli ispettori del lavoro in funzione promozionale della conciliazione stragiudiziale.

Tutte queste disposizioni non riducono l'incertezza della disciplina del rapporto di lavoro, ma tentano solo di contenerne gli effetti sulla quantità delle controversie giurisdizionali. Oltretutto per lo più senza successo, per inadeguatezza allo scopo (tentativo obbligatorio, certificazione), per ostilità sindacale (arbitrato) o per incostituzionalità (diffida accertativa).

Tuttavia le norme in esame hanno un rilevante significato sistematico, poiché attestano il superamento della idolatria per il conflitto e il progressivo affermarsi del valore della certezza, sia pure per ora con strumenti impropri e inefficaci.

Tecniche per una effettiva riduzione dell'incertezza

L'auspicabile effettiva riduzione dell'incertezza può derivare da altre appropriate tecniche, da utilizzare di volta in volta secondo il prudente apprezzamento del legislatore.

Occorre, innanzitutto, intervenire sui precetti inderogabili generici, sostituendoli con precetti legali specifici e, soprattutto, con rinvii alla contrattazione collettiva o alla regolazione amministrativa, come, ad esempio, già disposto per: i criteri di scelta nel licenziamento collettivo; la definizione della base di calcolo del trattamento di fine rapporto; la disciplina dello sciopero nei servizi pubblici essenziali; la misura del comporto di malattia; l'autorizzazione dei controlli *ex* artt. 4 e 6 stat. lav.; l'autorizzazione alla sospensione o riduzione di orario con trattamento di integrazione salariale; le riduzioni di tutela in caso di trasferimento d'azienda in crisi.

Occorre, poi, introdurre un sistema di volontà individuale assistita, autorizzata per legge, proprio in virtù dell'assistenza di un soggetto competente (sindacato, ente bilaterale), a derogare alcune disposizioni di legge e di contratto collettivo, per realizzare una disciplina equa, certa e adeguata alle esigenze del concreto rapporto.

Occorre, infine, secondo il nostro auspicio finalmente accolto dalla legge n. 183 del 2010, accelerare i tempi di eliminazione della situazione di incertezza, mediante l'introduzione di termini di decadenza per la proposizione dell'azione giudiziale e di un arbitrato irrituale con lodo inoppugnabile per violazione delle norme relative al merito della controversia qualora entrambe le parti convengano per la singola controversia di affidarsi ad un soggetto imparziale di comune fiducia invece che al giudice.

In conclusione devono essere limitate all'indispensabile le tutele fondate sul binomio, foriero di incertezza, norma generica inderogabile – giudice, privilegiando le tecniche alternative di fissazione preventiva della regola specifica da parte dell'autonomia collettiva o dell'autorità amministrativa o dell'autonomia individuale assistita.

La regola specifica preventiva e certa non distrugge la norma inderogabile astratta, ma la presuppone come riferimento per le ricordate valutazioni in concreto. Quello che cambia è il mediatore di interessi, che non è più il giudice chiamato *ex post* a sussunzioni nella norma generica inevitabilmente sfocianti in imprevedibili opzioni di valore, bensì un altro soggetto (sindacato, enti paritetici, pubblica amministrazione) chiamato a regolare preventivamente la situazione concreta o ad assistere la volontà individuale con benefico effetto di certezza.

Purtroppo l'ordinamento ha continuato a evolversi mediante una irragionevole moltiplicazione di sottotipi negoziali, considerati come strumenti di flessibilità, mentre costituiscono una mostruosa complicazione del sistema, che accresce il contenzioso sulla qualificazione della fattispecie aumentando l'incertezza e non risolvendo il problema della graduazione delle tutele.

L'evoluzione davvero necessaria è rimasta bloccata dall'idolatria del conflitto a livello collettivo e a livello individuale. Sono stati vittime del terrorismo gli economisti e i giuristi per i quali la cura dell'interesse generale poteva richiedere limiti e alternative al conflitto (Tarantelli 1985, D'Antona 1999, Biagi 2002). E lo stesso Giugni, dopo aver segnalato l'irrazionalità del vigente sistema di diritto del lavoro, subì un attentato (1983) solo per caso non mortale.

Il conflitto è diabolico, perché disordina e divide. Va accettato solo quando è inevitabile, ma qualsiasi ordinamento viene meno alla sua funzione sacra se accresce l'incertezza ed il conflitto invece di ridurli.

I diritti dei lavoratori sono fondamentali, ma è altrettanto fondamentale il dovere di solidarietà contro qualsiasi esasperazione e strumentalizzazione del conflitto.

Ora, finalmente, la legge n. 183 del 2010 introduce norme importanti, dirette a tutelare certezza e lealtà dei rapporti, anche mediante una gestione rapida e condivisa delle controversie. Contiene, infatti, disposizioni antiabuso (termine di decadenza per l'introduzione di giudizi accertativi del rapporto), disposizioni antincertezza (regime del lavoro a termine per il periodo precedente alla dichiarazione giudiziale di un rapporto a tempo indeterminato), disposizioni anticonflitto (arbitrato irrituale con lodo inoppugnabile per violazione di regole legali e collettive relative al merito della controversia; rafforzamento della certificazione).

E l'art. 8 del d.l. n. 138 del 2011 conv. legge n. 148 del 2011 consente ai contratti collettivi territoriali o aziendali stipulati da sindacati affidabili di predisporre anche in deroga alla legge e ai contratti nazionali, discipline specifiche e certe adeguate alle esigenze concrete.

Finito di stampare nel mese di gennaio 2023
nella Stampatre s.r.l. di Torino
Via Bologna, 220